U0902823

# 康熙會稽縣志

蔡元培题

校注本

（清）王元臣 修　（清）董钦德　金　炯 纂　金水福 校注　绍兴市档案馆 编

中国文联出版社

## 《〈康熙会稽县志〉校注本》编辑委员会



封面题字：蔡元培(见于民国绍兴县修志委员会校刊本《康熙会稽县志》)

# 序言

2023年末,我收到金水福先生寄来的《〈康熙会稽县志〉校注本》稿子。看到这份稿子,我一下子想起了30多年前的往事。

1991年3月,绍兴县地方志编纂委员会及其办公室成立,我随后调入绍兴县地方志编纂委员会办公室(以下简称"县志办")。因为当时绍兴县的修志进度远远落后于全省各县(市),要在进度上赶上大多数县(市)已经没有可能,于是,县志办主任朱志飞先生、《绍兴县志》主编傅振照先生等商议,认为《绍兴县志》的编纂只能也必须在质量方面后来居上。为了打造高质量的《绍兴县志》,我们采取了一系列有效措施,其中之一就是刊印包括《康熙会稽县志》在内的绍兴历史上的一些名志、佳志。

众所周知,地方志是资料性文献。民国时期和中华人民共和国成立后的资料,有档案资料、书籍资料、报刊资料、口述资料等可供查阅、收集、整理,而民国以前的情况,大多只能依赖一些留存至今的典籍,特别是各地数量不一的旧志。要修好一地的新志,充分利用好当地的旧志,是许多地方首轮修志的不二选择。因此,我们当时首先想到的就是影印、重印历史上的那些名志、佳志,作为编纂《绍兴县志》的重要资料提供给全县各地、各个部门(单位)的修志人员。

我是当时县志办两位在编人员之一,也是最年轻的专业编纂人员,所以,一些志书编纂工作以外的杂事也就更多地落到我的肩上,如书籍、刊物的编辑、印务工作等。我去柯桥、赴杭州、到南京,跑相关的印刷厂、出版社。有些旧志,如《嘉泰会稽志》《宝庆会稽续志》《康熙会稽县志》,当时没有正式出版过,我们就让绍兴鲁迅印刷厂直接影印;如《越绝书》《吴越春秋》,当时已经有公开出版的本子,我们就联系相关出版社,采取合作的方式让其重印。

《嘉泰会稽志》《宝庆会稽续志》《康熙会稽县志》《嘉庆山阴县志》,这几部旧志，都是绍兴历史上的名志、佳志，《绍兴县志》的编纂自然离不开它们。但因为那时的时间非常紧迫，我们须尽快地把这些旧志提供给广大编纂人员，所以，除了《嘉庆山阴县志》作了标点以外，其余几本都只能采取影印的方式付印，以加快出书进度。

正因为有这样一段工作经历，所以，看到这部《〈康熙会稽县志〉校注本》的稿子，便感到特别熟悉；而《〈康熙会稽县志〉校注本》正是以1992年我们重印的"绍兴县志资料之六"《康熙会稽县志》为底本的，更是感到特别亲切。

关于旧志的整理，历来有两种不同的观点，一种认为旧志影印即可，不必点校，惟其如此，方能最大限度地保存旧志的原貌，以便"原汁原味"地呈现给读者；另一种观点认为，旧志应该点校、注释，这样才可以让当今更多的读者更好地读懂志书，更好地利用志书。

其实，这两种看似"针锋相对"的观点并不矛盾，虽然一个强调的是"原汁原味"，另一个强调的是"更好地利用"，但从目的和功效看，都是为了保护、传承、弘扬优秀传统文化，殊途同归。

当然，如果结合不同的境况，两者还是可以有所选择的。当年我们为服务于《绍兴县志》的编纂这一目的，希望尽快地把旧志送交到广大编纂人员手中，影印就是我们的选择，因为这可以最大限度地为我们节省时间。

而现在，没有这么迫切的修志资料需求等在眼前，再加上当下人们对传承与弘扬优秀传统文化的热情空前高涨，从旧志的角度而言，能够为大家提供一个点校本、注释本甚至全译本，就不失为一种好的选择。事实上，近年来绍兴先后出版了数种旧志、典籍的点校本、注释本、全译本，如张仲清先生《越绝书校注》（国家图书馆出版社2009年版）、《越绝书》（中华经典名著全本全注全译丛书，中华书局2020年版），李能成先生《（南宋）会稽二志点校》（安徽文艺出版社2012版）、《万历〈绍兴府志〉点校本》（宁波出版社2012年版）、《光绪〈上虞县志校续〉点校本》（中国文史出版社2016年版）等，就是明证。

实事求是地说，影印本与点校本在读者的受众面和阅读的便捷性上是有区别的。从普通读者的角度看，点校本得益多一些；如果是高质量的点校本，他们的得益就更大一点。所以，点校者的功底、投入的时间与精力以及有没有认真严谨、踏实细致的工作态度，就成了关键的关键。

确实，包括点校在内的旧志整理是一项极其费时费力的工作。漆永祥先生曾经指出："古籍整理非人人可为的简易机械工作"，因为"古籍整理是一项需要坚实的文献学基础知识功底的工作，需要从事此项工作的人员能够交叉运用文字、音韵、训诂、目录、版本、校勘、辑佚、辨伪等多方面的知识，还需要整理者有极大的甘于寂寞、久久方能有功的耐心与决心，任何急功近利、急于求成的做法，都是行不通的。"（漆永祥：《当前古籍整理诸问题刍议——兼谈对〈文献〉杂志的小小建议》，载《文献》2019 年第 5 期）所以，金水福先生、张仲清先生、李能成先生等乡贤，尽管所从事的职业不同，但都不畏艰难险阻，不惧费时费力，几年如一日，全身心地投入到旧志点校、古籍整理之中，造福于乡里百姓，积善于地域文化，实在是一项功德无量的大事、实事、好事。作为一个绍兴人，也作为一名地方志工作者，对他们，我心怀崇敬与感激！

2017 年 1 月，中共中央办公厅、国务院办公厅印发了《关于实施中华优秀传统文化传承发展工程的意见》；2022 年 4 月，中共中央办公厅、国务院办公厅印发了《关于推进新时代古籍工作的意见》；2023 年 6 月 2 日，习近平总书记在北京出席文化传承发展座谈会并发表重要讲话。作为优秀传统文化的主要载体，包括旧志在内的古籍的重要性在这些文件、讲话中被反复强调，这对推动新时代古籍整理、旧志整理工作具有极其重要的意义。

旧志整理是一项专业性很强的工作，如何把习近平总书记的重要指示精神、把党和国家的方针政策落到实处，是一项长期而艰巨的任务。从这意义上讲，金水福先生等人的工作就显得尤为可贵，《〈康熙会稽县志〉校注本》的出版也就自然而然地呈现出其独特的价值。有鉴于此，我不揣浅陋，写下以上文字，且为之序。

颜越虎

2024 年元月

（颜越虎为《浙江通志》副总纂，浙江省社会科学院研究员）

# 前言

会稽，自隋始立县，直至明代万历年间始成县志，历千有余年。明嘉靖中，无锡华舜钦任会稽知县，嘱会稽金阶、马尧相辑县志，未成。后南充张鉴来，嘱余姚岑原道为之，又未成。隆庆初，祥符杨节为会稽知县，复举修志事，杨节以召行又未成。万历间，丹徒杨维新任会稽知县，时张元忭丁父忧家居，遂与徐渭合撰《会稽县志》，志成存世。万历《会稽县志》立类新颖，每书冠以总论，每门各有分论，内容丰富，资料翔实，堪称佳志。其中以地书、治书、户书、礼书纲领全志，在我国古代地方志中独此一例。

入清，我国古代方志编纂进入全盛时代。康熙、乾隆、嘉庆三朝三次下令组织编纂一统志。每次纂修一统志之前，诏令各地编纂地方志书。康熙十一年(1672)七月，保和殿大学士卫周祚进奏，建议各省纂修通志，并以《河南通志》"颁诸天下以为式"。康熙七年始任绍兴知府的张三异催促绍兴府八县修志，并撰《重修绍兴府志并八邑志檄》，檄文提出了八县修志的一些范式。康熙十一年吕化龙创修的《会稽县志》即修成于此。根据张岱《琅嬛文集·与张噩仍》一文以及康熙十二年姜希辙序[①]等记载可知，此志曾邀张岱参与编纂，因不满原稿"挂一漏万，留三增七"，张岱仅参与编订了《凡例》十则而罢。吕化龙创修的《会稽县志》，目前可见的有两种：一种卷第二十"选举制中"下条目为举人、进士、驰封、任子，其中驰封、任子两条目仅设论，无具体内容，卷第二十八"序志"下条目为府檄、申约、总论、凡例、旧序、后跋，书末董钦德后跋落款作"康熙十一年岁在壬子菊月吉旦董钦德谨跋"；另一种卷第二十"选举制中"下条目为举人、进士，卷第二十八"序志"下条目为旧志序、旧志凡例、旧志总论，书末董钦德后跋落款作"康

① 姜希辙序详见本书附录。

熙十二年岁在癸丑暮春三月会稽董钦德跋”。以上两种《会稽县志》之间的其他内容几无差异，不过与万历《会稽县志》相比，他们新增了学校、武备、序志三卷，体例以及内容更显完备，同时，“田赋志”仍然沿用百余年前万历《会稽县志》的数据和内容，不得不说是一大遗憾。

十年后的康熙二十二年(1683)，礼部再次奉旨檄催天下各省设局纂修通志，并限期完成。任务下压，时间仓促，会稽县便以前志为基础续修呈送，此志便是康熙二十二年王元臣所修的《会稽县志》。康熙二十二年《会稽县志》(以下简称“本志”)体例继续严格按照绍兴知府张三异的修志檄文，疆域、城池、署廨、山川、图画、古迹、物产、风俗、灾祥、田赋、水利、学校、祠祀、武备、职官、选举、人物、序志凡十八则，以纲领目，纲举目张，结构谨严；内容上则在沿用前志的基础上略有增修，“选举志”之“举人”，由康熙十一年壬子科增录至康熙二十年辛酉科，“进士”则由康熙九年庚戌科增录至康熙二十一年壬戌科；删除了康熙十一年本“选举志”下有目无实的“驰封”① “任子”② 两目及设论；继续大量使用舆图，四境、府城、所城、县署、会稽山、秦望山、云门山、若耶溪等二十七幅，图文并茂。

明清两代数修《会稽县志》，然完整存世且最晚近者，当推本志。道光朝虽有重修县志，但二十五卷今仅存十四卷(学校、武备等或原阙或佚失)，惜为残本。加之道光朝后再无重修县志，“学校”“武备”等内容仅见于包括本志在内的康熙朝两种县志，弥足珍贵。

在肯定续志的同时，我们也注意到康熙二十二年王元臣所续修的《会稽县志》是全本沿用吕化龙创修本内容并少量增补的应付之作，续志用力甚少，就连主纂者董钦德的两志跋文也仅是文末一句之差。或许董钦德早就猜测会被后人诟病，因此在跋文中为自己作了“部限甚严，时值盛暑”的辩解。

该志《八千卷楼藏书目》《古越藏书楼书目》等著录，原刻本今存，国家图书馆、上海图书馆、绍兴图书馆等有藏本，又有民国二十五年(1936)绍兴县修志委员会校补并铅印发行，流传较广。

该志主修者王元臣，昆山籍江南青浦县人，青浦县学生。康熙八年乡试举人，九年三甲一百五十一名进士，十九年任浙江会稽知县。主纂者董钦德，据《会稽

① 驰封：古代文武官员以自身所受的封爵名号呈请朝廷移授给直系亲属。

② 任子：古代高官子弟凭借父兄的功绩而得以保任授予官职的制度。

董氏名人录》载："字哲文，又字天心，号心庐，邑庠生，生崇祯五年，卒康熙五十四年。"董另纂康熙二十二年王之宾主修之《绍兴府志》。纂者金炯，据《两浙辅轩续录》卷一载：金炯，字子弢，会稽人，山阴诸生。又载：康熙癸亥《会稽县志》，炯亦与修，并为之序。金炯另有《会稽学官碑记》《重修三江闸西江塘记》等文存世。

地方志是重要的地方文献，康熙朝会稽县属境今主要在绍兴市越城区、柯桥区、上虞区和嵊州市行政区域内，因此整理出版《康熙〈会稽县志〉校注本》，既是我市档案史料的收集编研工作，也是方便广大市民挖掘绍兴优秀传统文化的基础工程。

# 凡例

本次整理以绍兴县地方志编纂委员会1992年12月重印之《绍兴县志资料之六:康熙会稽县志》为底本(以下简称“底本”),该底本影印自民国二十五年(1936)七月绍兴县修志委员会的校刊本,该校刊本内容为清康熙二十二年续修《会稽县志》,时经绍兴县修志委员会校雠并铅印,质量上乘,流布较广。本次整理所用通校本两种,分别是绍兴丛书编辑委员会编、中华书局出版的《绍兴丛书》第一辑依国家图书馆藏(中国人民大学图书馆配补)康熙二十二年《会稽县志》影印本(以下简称国图本)和网络在线资源日本内阁文库藏康熙二十二年《会稽县志》(以下简称内阁本)。另外还参阅了《绍兴丛书》影印之天津图书馆藏万历三年《会稽县志》(以下简称万历本),《绍兴丛书》影印国家图书馆藏康熙十三年刻《会稽县志》(以下简称十三年本),网络在线资源美国哈佛大学图书馆藏《会稽县志》(以下简称哈佛本),网络在线资源国家图书馆藏康熙二十二年本民国钞本《会稽县志》(以下简称民钞本),《中国方志丛书》影印绍兴县修志委员会民国二十五年《道光会稽县志稿》(以下简称道光本)。

一、本次整理主要是对底本文字的简化、标点,辅之以一些注释,目的是给普通读者提供一部忠实原文又易得易读的普及本。底本为繁体竖排,本次整理调整为简体横排。底本中出现的讹、脱、衍、倒问题,在整理中尽量保留原貌,并辅以脚注。

二、本次整理时对底本进行标点,标点符号的使用依据2012年6月1日实施的《标点符号用法》(GB/T 15834-2011),但不使用破折号、省略号、着重号、连接号、专名号等标点符号。为保持原志面貌,整理过程中一般不新划段落,保留原用来划分前后的符号“○”。个别篇幅较长的段落因包含重要内容而另起段落,如“一条鞭考”文末的《会稽县每户钱粮由帖》。

三、底本为旧方志中“纂辑派”之作，以引述各类文献典籍为纂辑的主要方式，且一般多为择其要点，间断引述，故整理中凡不致歧义或误读之处，一般不再使用引号；反之，则使用引号以便阅读。

四、本次整理中标题和正文以黑体、宋体、仿宋等字体及不同字号表述，以显示层次上的区别。底本中小字双列的注补按语等文字，整理时改为小五号的仿宋字，并加括号以示区别。

五、本次整理尽量保留原书原貌，故底本存在的异体字、俗体字、通假字、古今字等，酌情予以保留。但如“艸”与“草”，“谿”与“溪”，“誌”与“志”之类已明确规范、简化的，则本次整理中径改成常用、规范的简化文字。本次整理中，一些涉及人名、书名、地名等的异体字，循“名从主人”等原则，仍其旧，如人名中保留“濬”字而不用“浚”字、保留“燦”字而不用“灿”字。明显的刊刻问题，根据上下文可断是非者，本次整理时径改，如“己”“已”“巳”，“日”与“曰”，“傳”与“傅”，“圮”与“圯”，“戊”“戍”“戌”等。电脑打字输出时确有困难的，如“蜡”字，本次整理时径改为正字。为尽量保留原书原貌，避讳字不改。本书中，“句践”“勾践”统一为“句践”。

六、底本中文字漫漶不可辨识者，但凡可用参阅本或其他文献足之者，尽量补足，并脚注说明；无法补足者，则以相应数量的“□”符号代替。

七、为直观反映区域面貌，底本卷首图画（舆图）予以影印收录；图画由两半幅拼接成一整幅，提升阅读体验；图画中文字，不改为简化字，不加标点。

八、因底本书末已附录勘误，故凡底本已勘误者，正文均径改不出脚注。

# 目录

# 康熙會稽縣志

蔡元培題

中华民国二十五年七月

绍兴县修志委员会①校刊

① 民国二十四年(1935)三月,《绍兴县修志委员会简章草案》形成,对人事设置、会期、修志期限等作了规定。五月八日,绍兴县修志委员会正式成立,初址绍兴县商会,不久转绍兴县立图书馆,最后迁入开元寺(今址绍兴古城东街大悦城附近)。

# 康熙会稽县志序[①]

夫一邑之治可推于天下，天下之治必先于一邑。以吏，则兵、农、礼、乐，备六官之事；以籍，则编年、表、传，集诸史之长。方策之与人政，良如肤骼相丽，非可离合。

会稽文献超轶区宇[②]，然自隋始立县，讫明万历，千有余年，方克成志。殆由会稽之名后先棼错，为郡为县，或并或析，揆时按事，难于考据而然乎？抑以见昔人慎重著书，宁迟勿骤，有若此者，张、徐[③]洞精淹贯，驱驾一时。然非经纬于二杨[④]，编摹于金、马[⑤]，岁月营综，固亦未易言也。若夫续之与创，劳逸悬殊，究其指归，难易则一。谋始之事，详于溯源，难者考索，易者传信；踵事之图，萃于究委，典章易迹，人物难求。何者？百年之间，亦远亦近，远而尚罕论定之书，近而未邀耳目之察。登降或乖，吾为此惧。余初承乏兹土，尝有意貂续，顾亦未敢轻言。会有诏纂《一统志》，令天下郡县，刻期三月，籍上春官[⑥]。承之心惕，惟虑弗胜。爰进董生钦德[⑦]、金生炯而谋之，相与参酌义例，裨补阙略，比类连词，循绳属事，可幸无失者，如斯而已。至于嘉言懿轨，独行潜修，虽旁搜逖揽，听纳为疲，而鞅掌尘容，逡巡晷漏，得无淮西碑颂，坐遗李愬之勋，柱下鸿文，并列韩非之目。又或披威凤之苞，而

① 国图本、内阁本，吕化龙序置于王元臣序之前。

② “宇”，底本误作“寓”，勘误作“宇”；国图本、内阁本作“寓”；“寓”通“宇”。

③ 张、徐：张元忭、徐渭。

④ 二杨：杨节、杨维新。杨节，祥符人（今河南开封），隆庆四年任会稽知县。杨维新，丹徒人（今江苏镇江），万历元年任会稽知县。

⑤ 金、马：金阶、马尧相。金阶，字允升，嘉靖中会稽贡生，万历中任金华县训导。马尧相，字伯彝，嘉靖中会稽贡生。

⑥ 春官：唐光宅年间曾改礼部为春官，后“春官”遂为礼部的别称。

⑦ 董钦德（1632—1715），字哲文，号心庐，会稽人，康熙六年（1667）丁未科进士。

不知一羽之可尊；抱琼琚之屑，而翻昧尺璧之为大。征事貌人，宁无锦练，要期撷秀标华，克完吾虑，搜遗涤荟，悬待后贤。则知我固知，罪我亦未尝不知已。是为序。时康熙二十二年，岁次癸亥初秋，赐进士第、文林郎、知会稽县事、玉峰恒斋王元臣谨撰。

康熙癸亥仲春，赐进士第、文林郎、知会稽县事、云间王元臣捐俸重修。[①]

① 内阁本，王元臣序后有金炯"续修会稽县志序"，参见本书附录。

# 康熙会稽县志旧序

圣天子大一统，湛恩遐布，东渐西被，讫于无外。凡亲上亲下之伦，莫不欣荣条畅，遂其生成而鼓舞于大化之中。是以类族、以辨物，因质以披文。考《禹贡》[①]之书，综《周官》《周礼》之所记载，仿之太师采风、小史掌邦国之义，斯志之所为作也。夫以覆载之广博，缕而析之，及于一邑；以郡邑之森列，积而数之，及于会稽。以会稽肇邑之久远，编年纪事而及于今日，斯《会稽志》之所为作也。会稽之名山也，始于夏；名郡也，始于秦；其名邑也，始于隋；邑之有志也，始于宋，继以明。夫宋以施郡判之综核，陆待制之风雅；明以张宫谕[②]之典则，徐文学[③]之宏通。维时邑令，前有杨公节，后有杨公维新。兹数公者，览山川之胜概，辨风俗之贞淫，察原隰之高下，计物产之盈虚。其所为疆域之规、险隘之势、人材盛衰之等，祀神、保民、礼教之方，岂不厘然具备？且生于其地者，古人之遗迹犹有存焉。然张宫谕、徐文学犹逊谢不遑，求之马尧相、金阶二子之藏草而书乃成，是知志会稽者之难也。迨于今九十余年，搜讨之役起于辛亥，前令集邑中诸士而书未成。余受事伊始，愧不敏焉，将以是而统于郡，上于省，会备十五国之风，而不遗于弹丸下邑之逸事，不甚难哉！虽然遐陬僻壤，逖听风声，矧会稽素称礼义之乡乎！闻之“玉卮无当，虽宝非用；侈言无验，虽丽非经。”[④]余乃自壬子秋出试闱，辄取是编，删繁征信，博采旁咨，凡四阅月。学博沈君以牒来曰：有俞生嘉谟[⑤]，实堪斯举。余固蚤识俞生，授以

---

① 《尚书·禹贡》是战国时魏国的人士托名大禹的著论，因以《禹贡》名。全篇1193字，以山脉、河流等为标志，将全国划分为九州，并对每州的疆域、山脉、河流、植被、土壤、物产、贡赋等予以详细记载。

② 张宫谕，即张元忭，与孙鑛合纂万历《绍兴府志》，与徐渭同纂万历《会稽县志》。

③ 徐文学，即徐渭。

④ 语出晋左思《三都赋序》。

⑤ 俞生嘉谟：俞嘉谟，会稽人，康熙壬子科副榜生员。

全编，重为参订而书成。甚矣，志会稽之难也！是为序。

时康熙十二年岁在癸丑夏四月，文林郎、知会稽县事、冈州吕化龙[1]撰。

① 吕化龙：广东冈州人（今江门市新会区），举人，康熙十年任会稽知县。

# 目录

---

① 底本原作“池”“塘”“溇”三条目。此据正文改，以与“卷之九”有关条目区别。

# 总论

王者大一统，郡国岁上其志于天子，而职方以时稽核焉。故职方所载疆域，一本《禹贡》。盖禹亲历天下山川而纪纲之，是以后世职方之书，未有及《禹贡》之详且赡也。而会稽之先，其国为禹后，于春秋为越国，郡始于秦、汉，县建于陈、隋，其疆域固不待章亥[①]之步、隶首之数，而可悉之也。夫汉高虽都关中，过沛而作《大风歌》曰"吾神灵犹应思沛"，况圣人所端冕藏璧地乎？缅想当日夏禹所至，执玉帛者万国，会于涂山，计其浮磬、孤桐、大贝、南金、锡贡、则壤于此中者，当何如耶？猗与盛哉！不啻如躬跻夔龙[②]之列，而纪其王会之图矣。志疆域第一。

夫儒者之学，贵有济于斯人，空言亦何补哉！观于越大夫种、蠡，非昔儒所谓霸者佐乎？然考其为越所建城郭，皆仰观俯察，研晰于阴阳消息而为之。故所筑不必擘灵践华，借箸于鱼复之浦，所谓蠡城廓而外周，《蓬莱》之赋已纪其盛事于千古矣。纵隋之杨素尝大筑斯城而修之，亦在其范围中矣[③]。志城池第二。

夫名人好游佳山水，名人亦好志佳山水，然而佳山水不能悉游，更不能悉志。古轩辕氏铸镜于此湖，镜成而仙去，故秦皇慕其事而来游。计当日秦皇所至，雄悍大臣，剑戟武士，燕赵粉黛，锦帐翠辇，牙樯画鹢，无不扈从。而求所谓神仙者，又安在耶？乃赤珪如日、碧珪如月之书藏于宛委之禹穴，汉太史令司马迁探得之，故著《史记》一书。人谓其蓝本，有所自云。志山川第三。

望银汉之胥涛，而兴其忠君之念；读黄绢之汉篆，而发其孝亲之心。古人之迹，今人之志也；今人之迹，古人之志也。然而善书者不必尽仿《花放》《云门》之帖；善舞者不必皆华阴之土，而拭于耶溪之剑。惟是鹤羽独来于樵径，彩笔飞梦于江

① 章亥：大章和竖亥，古代传说中善走的人。国图本、内阁本误作"豕"。

② 夔龙：喻指辅弼重臣。

③ "范围中矣"，国图本、内阁本作"范围中尔"。

郎。虽今人性灵不能遽胜于古人，而古人性灵正自会通于今人。夏云钗脚，兵曹特妙，又况于古人之迹也。志古迹第四。

盛王之世，天不爱道，地不爱宝，故万物之育，即天地之位也。纪《夏书》者，锡贡于橘柚；入三湘者，撷芳于兰蕙。昔贤云："爱养花木者，如爱养英才；爱养英才者，如爱养花木。"言经纶之无不在也。篠簜尽东南之美，玉芝发晏岭之奇，亦采风者之所必录矣。志物产第五。

夫子曰："性相近也，习相远也。"言习之足移乎性也。自身心之教息，而声色之足以动民也；自人伦之道衰，而鬼神之足以惑民也；自圣贤之学微，而佛老之足以诱民也。千岩竞秀，万壑争流，多梵宫琳宇。又士大夫之所学，半堕于禅宗窠臼而不能自出，何怪乎"无冬无夏，值其鹭羽"、"大姬之好，日在民间"？而家弦户诵之儒，视临春、结绮之尚为空谷足音也。吾安能载杞人之笔，呵沅湘之壁而问焉！志风俗第六。

志天下之灾祥者，志焉而有益于天下也；志一邑之灾祥者，志焉而有益于一邑也。盖东南之民，不病旱而病水，不患于山之灾而患于水之害。至于海飓，为加甚焉。惟在筑塘以捍其猛迅之势，护闸以调其常流之分，视河防之工为相半焉。毋徒曰"人在镜中，舟行画图"，置良蚕佳麦于不问也。志灾祥第七。

夫取吾民之力而夏赋、秋税之，其去古什一之征也几何矣。果尽仿"一条鞭"之法而征之乎？果共遵"赋役之书"而征之乎？为民上者，念吾民于数十年之前，念吾民于数十年之后。令吾民知有田赋，且不知有田赋则不止为一邑之田赋，谋而后可以宰天下之田赋，上计于司农之书矣。志田赋第八。

越多贤郡守，皆加意于水利而著绩于水利焉。盖越固水国，读马公之疏、汤公之碑，几有水之利而无水之害。然两袖清风，披拂于钱清之渡；八百图画，缥缈乎镜水之滨。而其源皆发于舜之江，观之者亦可溯其源而得其利矣。曾子固[①]《鉴湖图说》又不可不读也。志水利第九。

学之由来尚矣。离经辨志，操缦安弦，皆居其地而为之，习其师而亲之。未有人自为师，家自为讲，不登作者之堂，而跻于圣贤之域者也。故郡县之学，必如太学之制，朝虔而夕纠焉。庶几天下之所谓学者，可比隆于三代之所谓学矣。虽然，治世之斋、良知之席、鹅湖之院，又当取白鹿之遗规而读之。固不仅在浩然所云"襄阳山水间"也。志学校第十。

---

① 曾子固：即曾巩，熙宁二年(1069)至五年任越州通判，撰有《越州鉴湖图序》。

古之动民者，以实不以文，以人不以神。盖得乎人之所以为人，始得乎神之所以为神。当日忠孝节烈之士，岂意后人春秋尸祝而后为之哉？人自春秋尸祝之耳。吾学之不正，由于吾心之不正，虽欲二端之不盛也，其可得乎？“右军宅化空王寺，贺监家为羽士宫。何似先生旧池馆，春风常在杏坛中”，深味此诗[①]，亦可得乎祠祀之所尚矣。司风教者，其加之意焉。志祠祀第十一。

越以君子八千人沼吴，而会盟于上国。至天王，且赐贺以黼黻、金鼓。吴虽有犀兕之甲、荼墨之军，亦何为也哉？故会稽竹箭之美，比于淇园，而淇园之竹又何如淇园之玉也？厥贡瑶琨，切磋琢磨焉。以君子之学，而为公侯腹心之选，则海防、泛堠之法，不可不夙讲也。志武备第十二。

国家有《百官志》，而百官于所职之事各有题名。记亦曰：自歌《鸣鹿》而来，无不题其名。兹不可以不题其名，所以著戒而垂后也。或戴星而治，或鸣琴而理，劳逸贤否，无不视此矣。观于昔之所因，而可以得今之所革；观于前之所是，而可以知后之所非。中牟之令、蓝田之尉，又何古今人不相及乎！志职官第十三。

科目可以得贤人乎？曰：否。辟召可以得贤人乎？曰：否。惟辟召与科目并行不悖，而后可以得贤人也[②]。汉以四科取士，不专尚制策；唐、宋以十等取士，不专尚词赋。辟召所得之士，亦与科目相半焉。近代所谓炳耀竹帛、垂誉钟鼎者，非科目不为功，亦独何哉？然羊裘而钓于富春，著《易》而隐于金庭，又不可得而辟召之矣。是在盛王之蒲纁有以待之。志选举第十四。

天地生才不一人，而人之不负其所生非一事。惟不一人而人之出奇者无穷，惟不一事而事之出奇者无穷。然其人其事不恒有，而适远于性，分所固然，此人物之所以无穷也。会稽自越君臣辛苦谋国，习诵石室、玉门之书，盖有禹之遗烈焉。夫圣人可学而至，而忠孝节烈本吾所自有。虞翻所陈与十朋所赋，惟在上有以作，而下有以应。则风流如大令，至行如江公，皆玉皇仙吏之所长养也。志人物第十五。（董念陛[③]）

---

① 诗见宋王十朋《吴先生祠》。

② “惟辟召与科目并行不悖，而后可以得贤人也”，国图本、内阁本作“惟辟召与科目并行而不悖，后可以得贤人也”。

③ 董念陛，其人物传见本志卷第二十四。

# 凡例

一、是书于康熙辛亥岁[①]开馆于陶文简公[②]之祠内，钦德三年辛苦，始得告成。其志引如沿革、设官、山川、古迹、物产、风俗、灾祥、田赋(上、中)、水利、祠祀、职官、选举、名宦、列传系徐文长先生原稿，如荐辟、贡生、举人、进士、武科、寓贤、理学、儒林、忠节、孝义、隐逸、仙释、方技、列女本之张阳和先生之郡志，因郡、邑两志俱出自先生手定故也。其田赋(下)系新《赋役全书》，学校、武甲、特用原系新入志，引出自先君之笔。未几而印板残阙，渐成汲冢。邑侯昆山王公[③]慨然念之，正值纂修之命，捐俸详订，始得完书，其有功于是书者不浅矣。

一、旧志以郡事入邑为悖，欲明乎沿革也。但未建邑以前有“神禹会计”、“始皇游幸”二大事，则邑所必载，谨备录以溯源委。

一、旧志阙学校，今志独学校为最详。盖朝廷建学育才，督以宪臣，联以师儒，典莫重焉。故源[④]本《阙里志》[⑤]《苏州府学志》[⑥]参酌成之。

一、兵农者，郡邑之大政。邑为郡辅，郡志辑武备，而邑志何阙焉？谨遵郡志，参贯古今，酌定条目，折衷于大《易》设险之义，故增武备，以补昔贤所未及。

一、朝廷最重易名之典，而会稽之赐谥诸公，皆有功德于当时，彰彰于国史者，略举其人，以志不朽：唐徐季海谥“定”，元韩明善谥“庄节”，明先中峰谥“文简”，陶南川谥“庄敏”，陶虞臣谥“文僖”，陶泗桥谥“恭惠”，罗一甫谥“文懿”，陶石篑谥

---

① “康熙辛亥岁”，即康熙十年(1671)，时年起康熙帝反复下诏督促地方修志。

② “陶文简公”，即陶望龄，其人物传见本志卷第二十四。陶文简公祠，康熙《绍兴府志》有载：“在江桥右，地隶山阴。明天启间建，祀祭酒陶望龄。”江桥，今存，在上大路、下大路东端。

③ 昆山王公：即知县王元臣，详见“前言”。

④ “源”，国图本、内阁本作“原”。

⑤ 《阙里志》：二十卷，明陈镐撰，记孔庙、圣学事多。

⑥ 《苏州府学志》：明张国维辑，记载苏州府学人物、碑刻等甚丰。

“文简”，王墨池谥“恭简”，倪鸿宝谥“文贞”。

一、节烈与列传不同：列传有事业之高下，节烈则同一坚贞而已。如曰旌而后传，惟素封之家子孙昌大者，斯力为之，否则，尽湮没矣。故舆论所推许者，多载数人，以励廉耻。至无子守节，尤不敢遗。若妾之守贞，旧无旌表之例，故多阙焉；确有见闻，亦必及之。

# 会稽县志卷首

## 图画（共二十七幅）[1]

| | | | |
|---|---|---|---|
| 四境 | 府城 | 所城 | 县署 |
| 会稽山 | 秦望山 | 云门山 | 若耶溪 |
| 鉴湖 | 海塘 | 应宿闸 | 海防 |
| 府学 | 县学 | 社稷坛 | 山川坛 |
| 厉坛 | 城隍庙 | 南镇 | 禹陵 |
| 宋陵 | 孝女庙 | 唐将军庙 | 云门寺 |
| 广孝寺 | 显圣寺 | 平阳寺 | |

案[2]：康熙二十二年板本增加“若耶溪”图一幅，删去“云门山”图，而图目仍循十二年旧本，以致名实不符。兹仍取十二年“云门山”图补入，俾成足本。[3]

① 国图本、内阁本刻本均作“二十七幅”。

② 按语不见于国图本、内阁本等刻本。

③ 底本版框外有“绍兴文茂山房镌图”。绍兴文茂山房是民国时期王锦寅等开设的金石刻字铺。

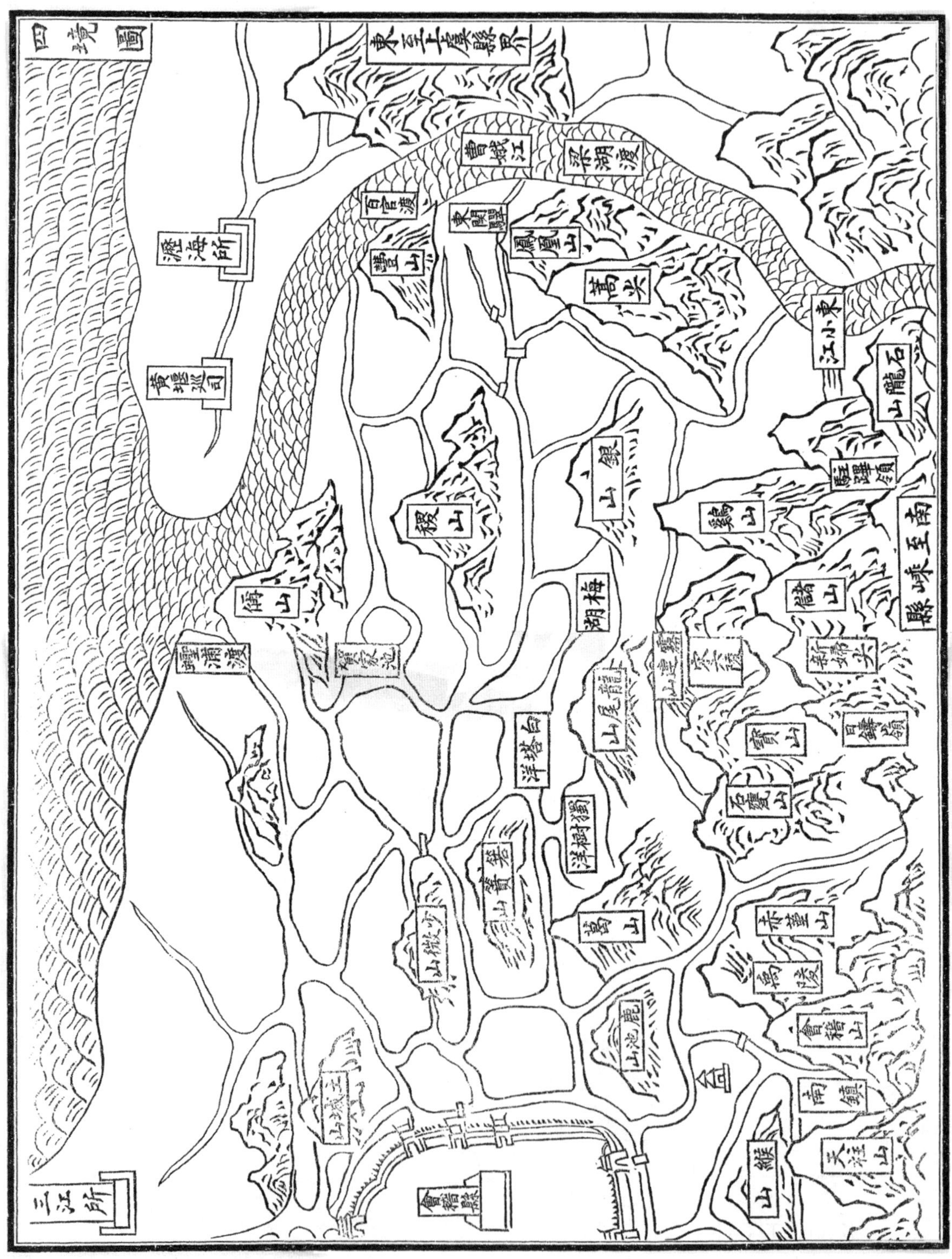

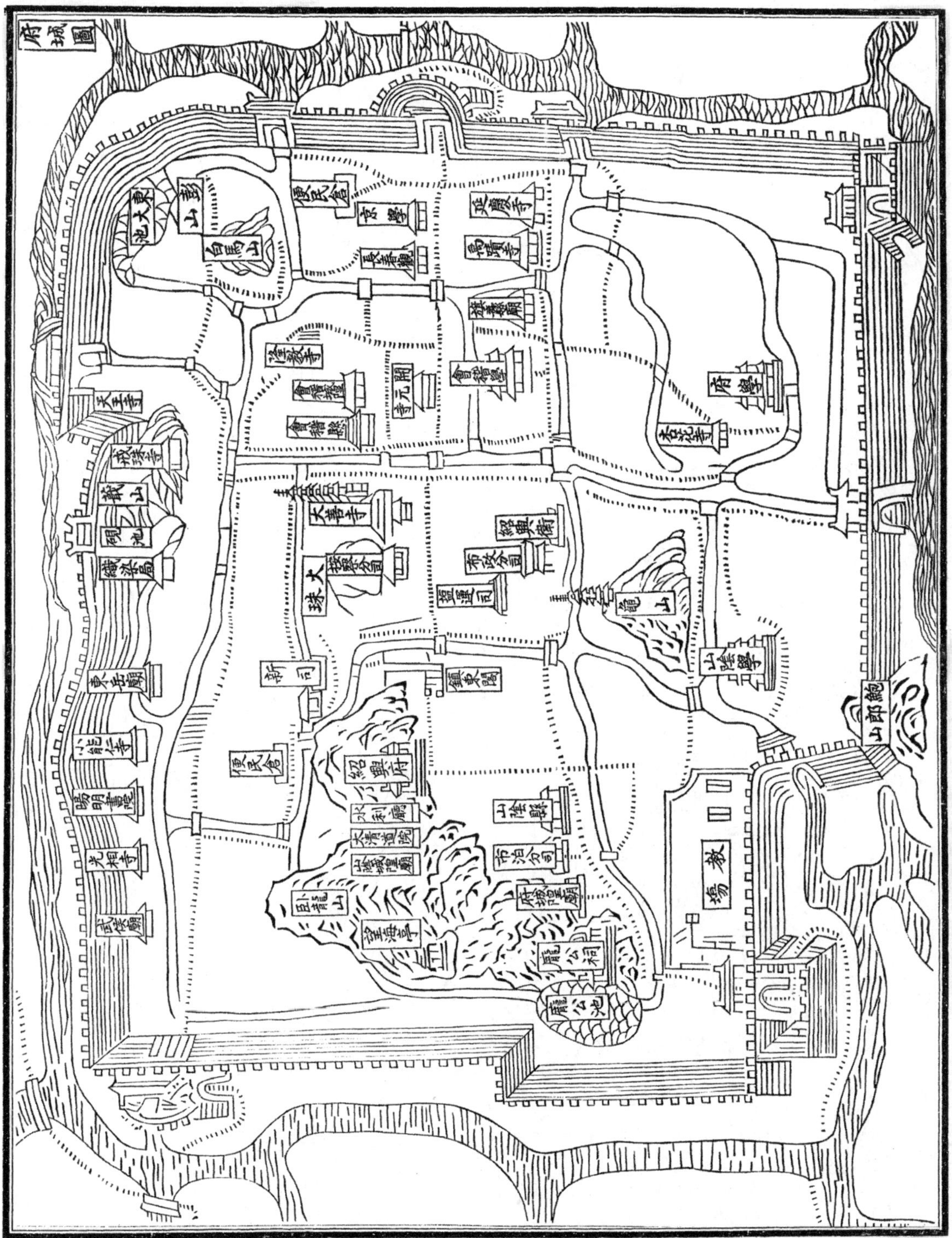
府城圖
蕺山
戒珠寺
東岳廟
陽明書院
光相寺
開元寺
會稽縣
大善寺
府學
龍山
紹興府
山陰縣
臥龍山
望海亭
教場

瀝海所圖
張神廟
烽堠
瀝海所
荷花池
烽堠
烽堠
烽堠
張神廟

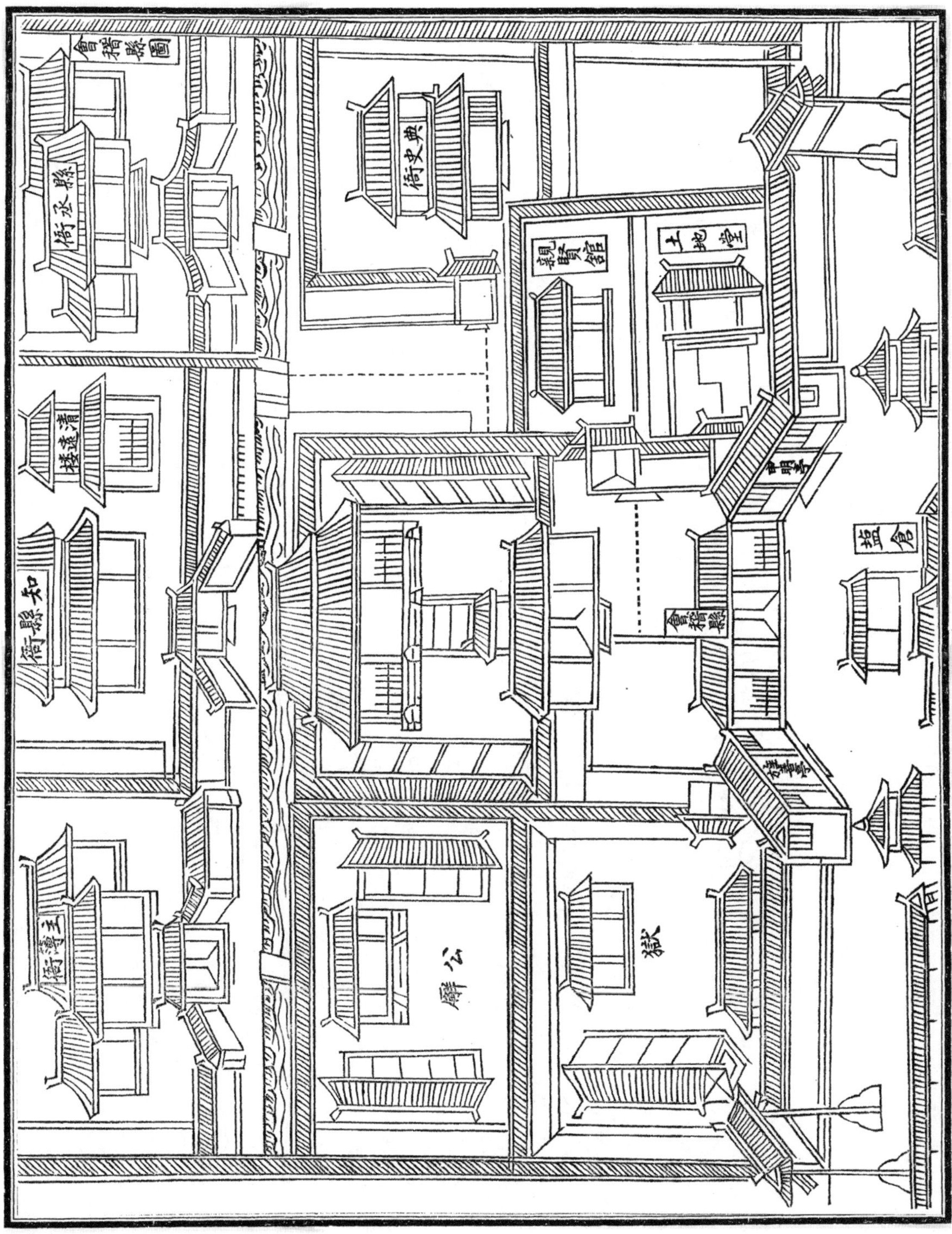
會稽縣圖
縣丞衙
典史衙
清遠樓
知縣衙
主簿衙
見賓館
土地堂
申明亭
會稽縣
旌善亭
公廨
獄

會稽山圖
衡山
防山
覆鬴山
東北观嶺
降仙臺
苗山
石傘峯
葛龍仙臺
思古亭
越王舊城
養魚池
香爐峯
茗隖
淘沙徑
南鎮
社稷壇
菲泉
禹陵

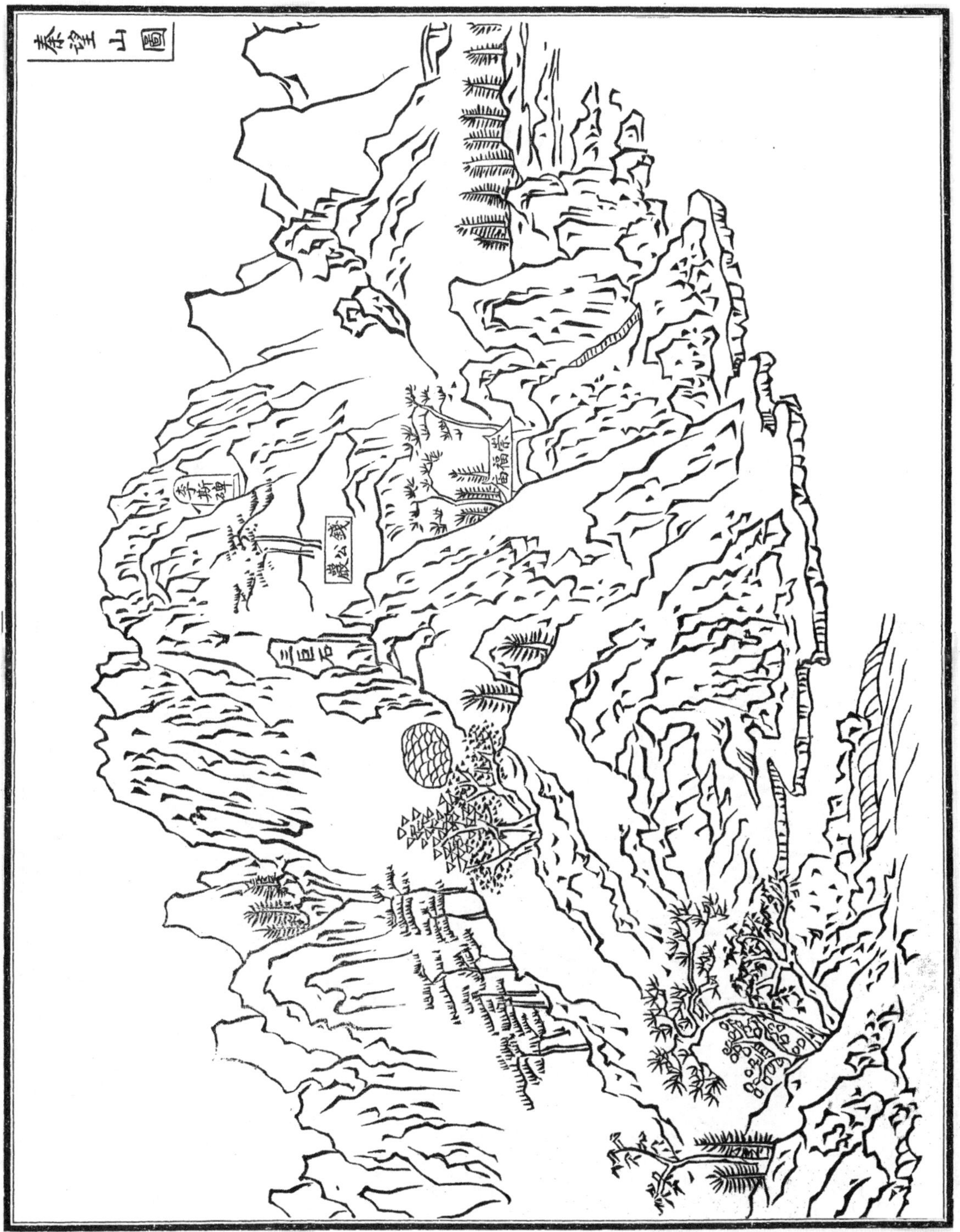
秦望山圖
李斯碑
三巨石

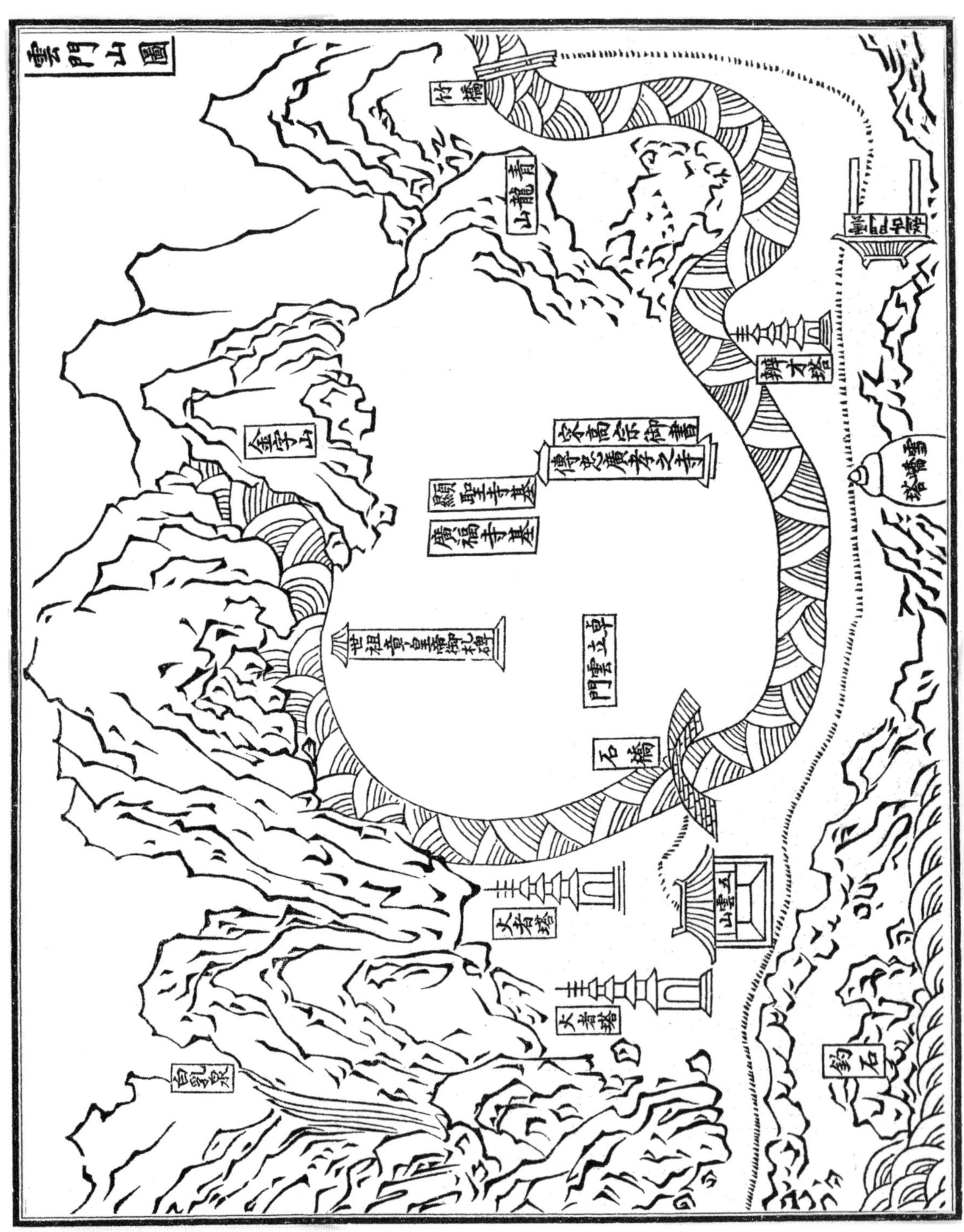
雲門山圖
竹橋
青龍山
金字山
宋高宗御書
傳忠廣孝之寺
顯聖寺基
廣福寺基
世祖章皇帝御札碑
石橋
五雲山
釣石
辯才塔
雪嶠塔

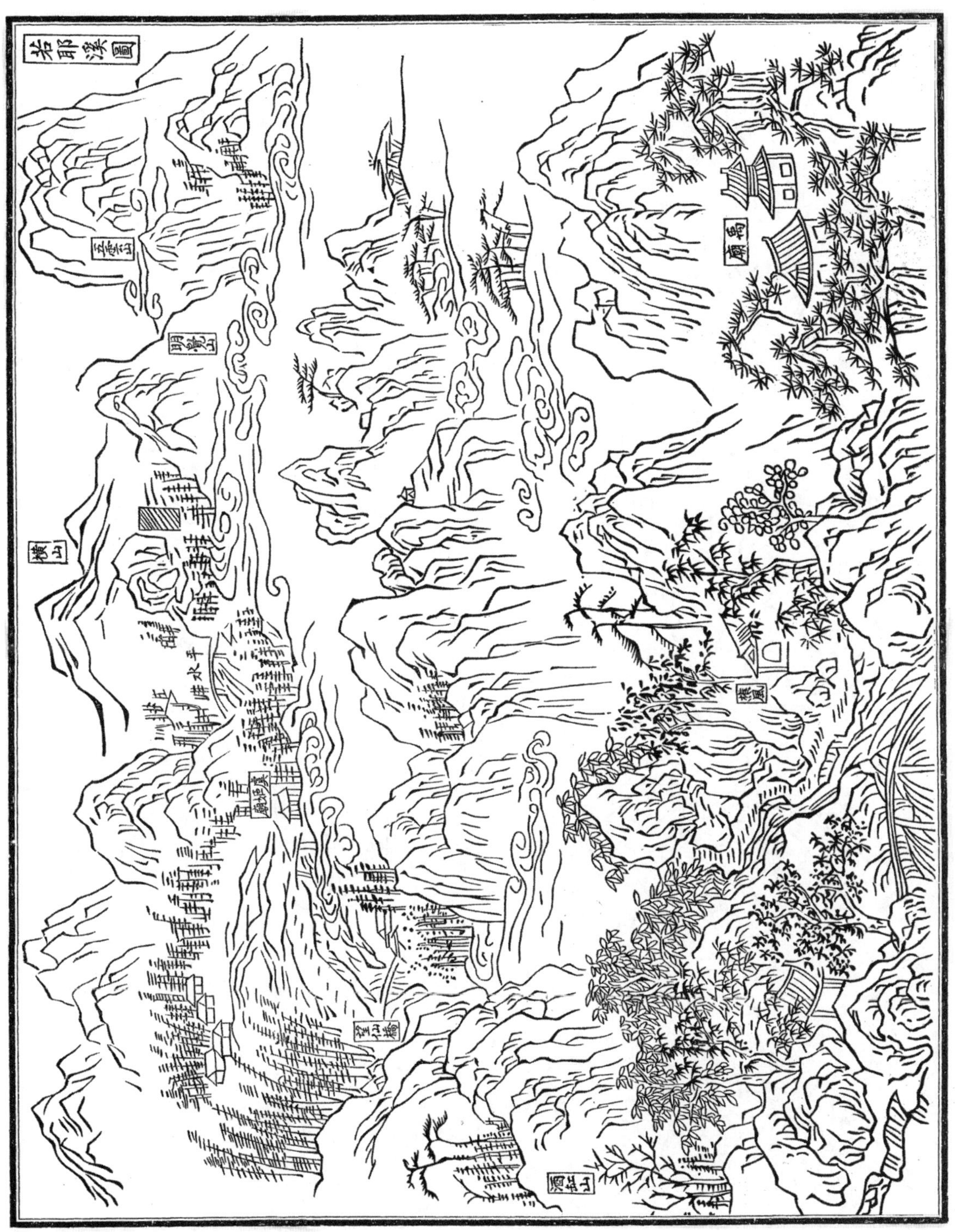

若耶溪圖

鑑湖圖
秦望山
天柱山
南鎮
會稽山
禹陵
道士庄
和尚橋
西小江
東小江

海塘圖

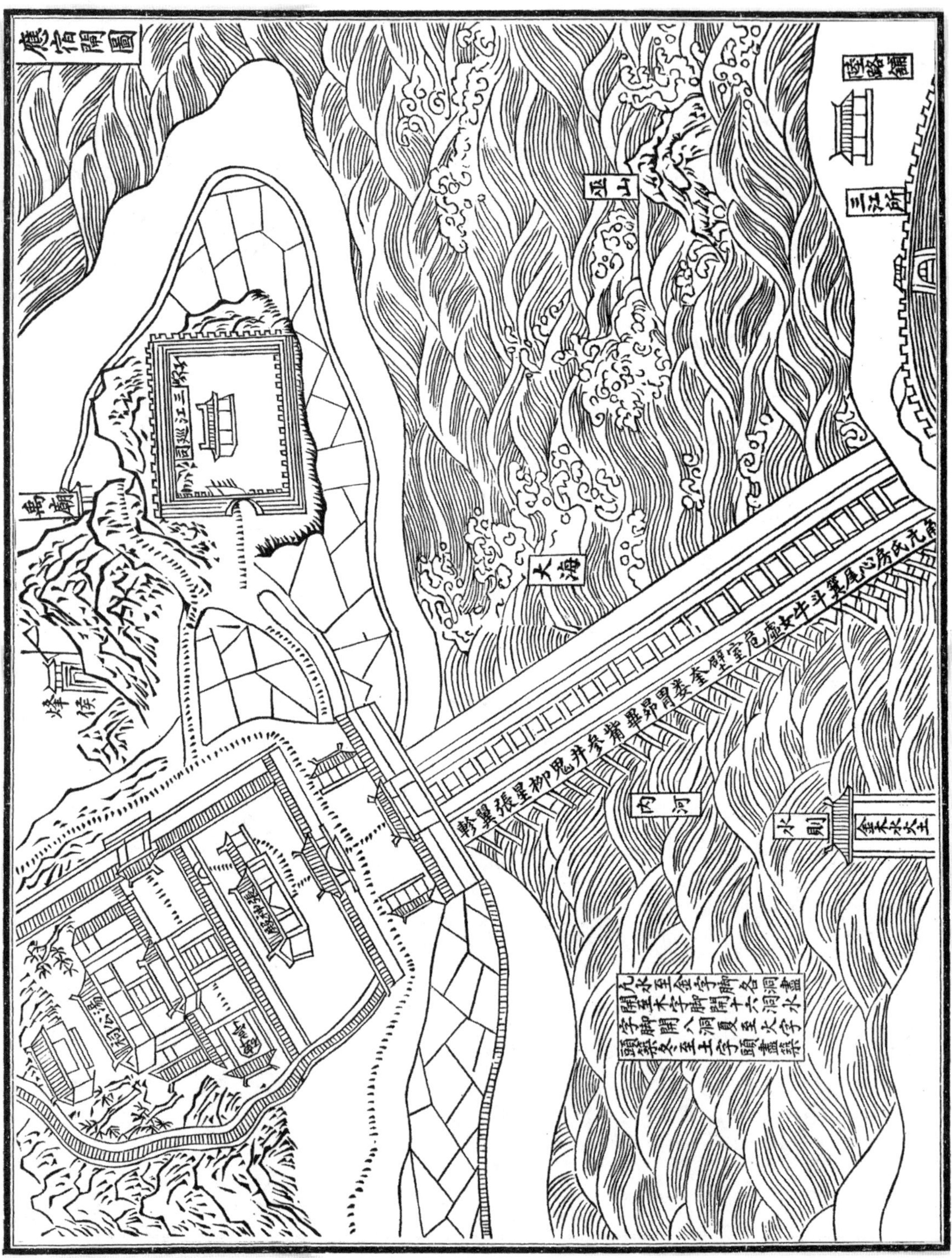
應宿閘圖
陡亹鋪
三江所
山
大海
高廟
峰
三江巡司
內河
水則
金木水火土
角亢氐房心尾箕斗牛女虛危室壁奎婁胃昴畢觜參井鬼柳星張翼軫
凡水至金字脚各洞盡開至木字脚開十六洞至水字脚開八洞夏至火字頭築冬至土字頭盡築

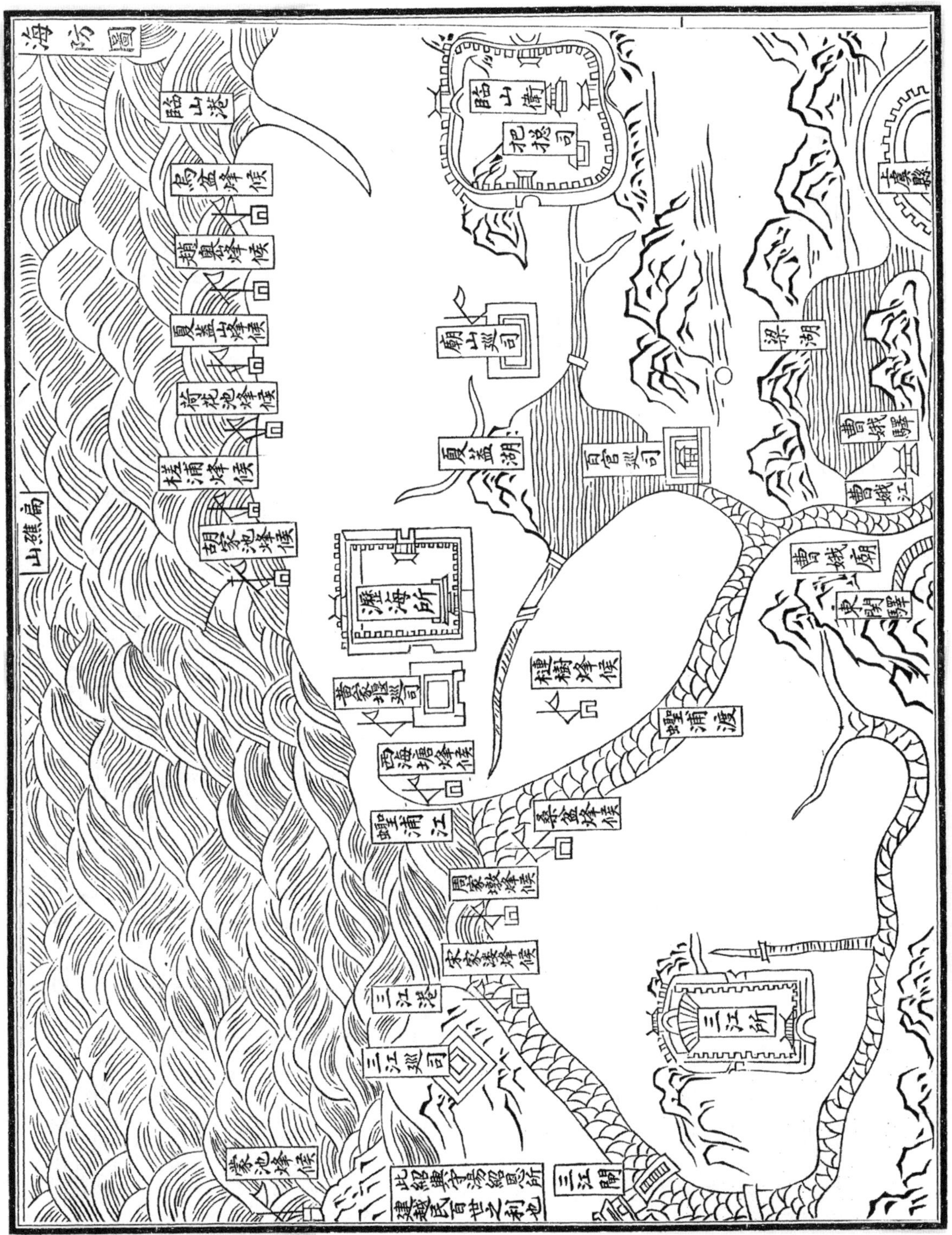
海防圖
臨山港
烏盆烽堠
夏蓋山烽堠
荷花池烽堠
桂浦烽堠
胡家池烽堠
瀝海所
西滙嘴烽堠
蟶浦江
周家路烽堠
宋家漊烽堠
三江港
三江巡司
三江閘
三江所
臨山衛
把總司
廟山巡司
夏蓋湖
百官巡司
梁湖
曹娥驛
曹娥江
曹娥廟
東關驛
上虞縣
蟶浦渡

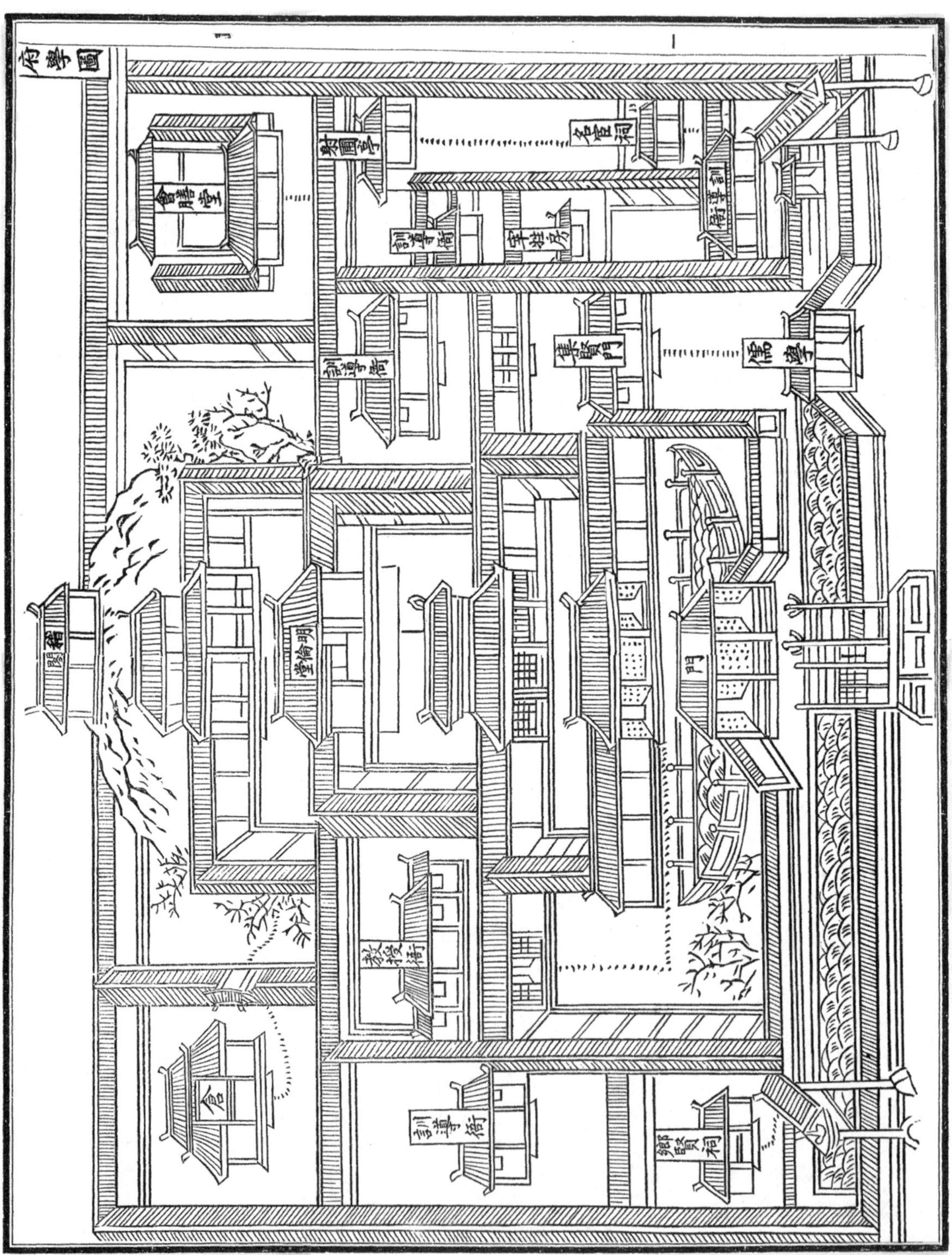
府學圖

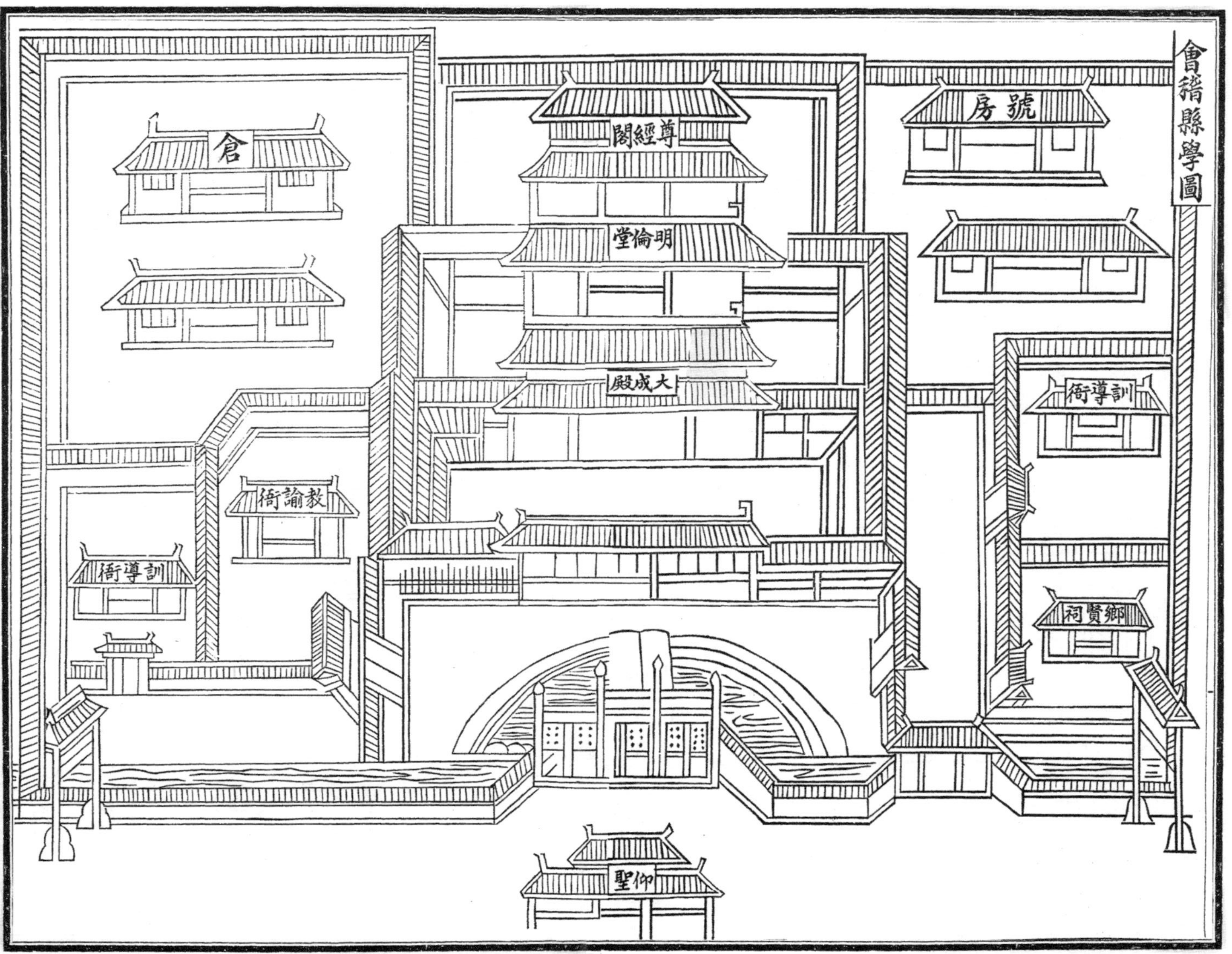
會稽縣學圖
號房
尊經閣
明倫堂
大成殿
倉
訓導衙
鄉賢祠
教諭衙
訓導衙
仰聖

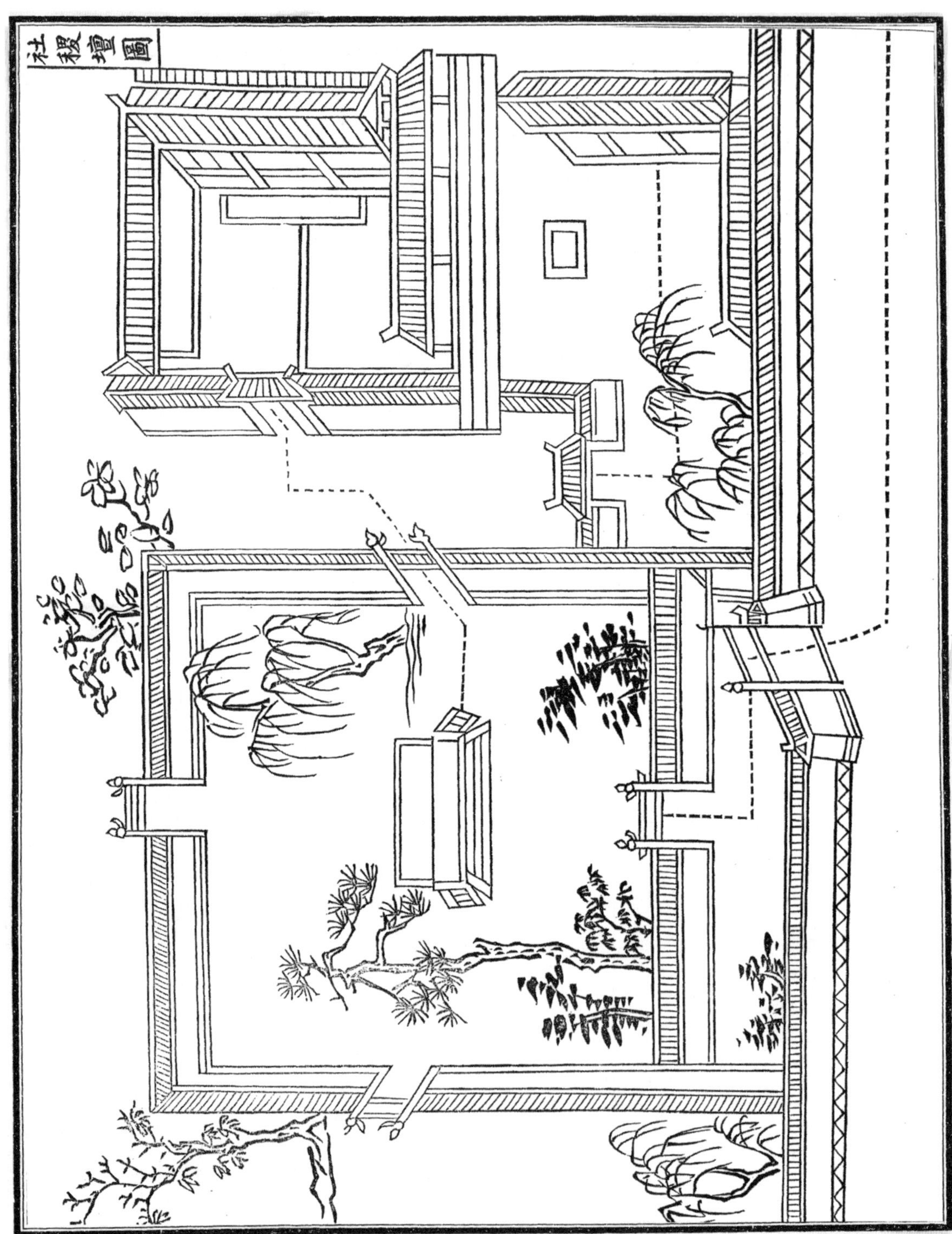
社稷壇圖

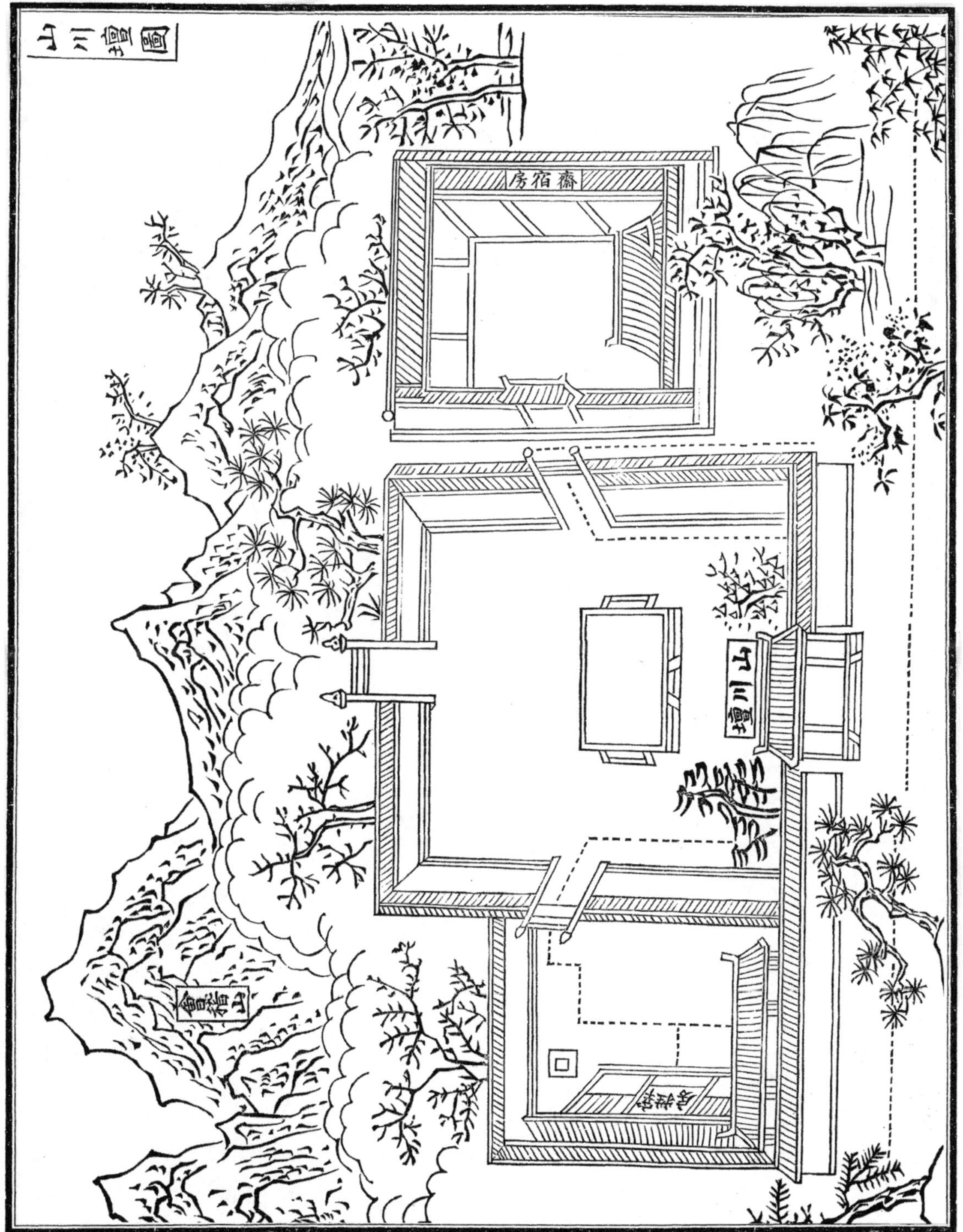
齋宿房

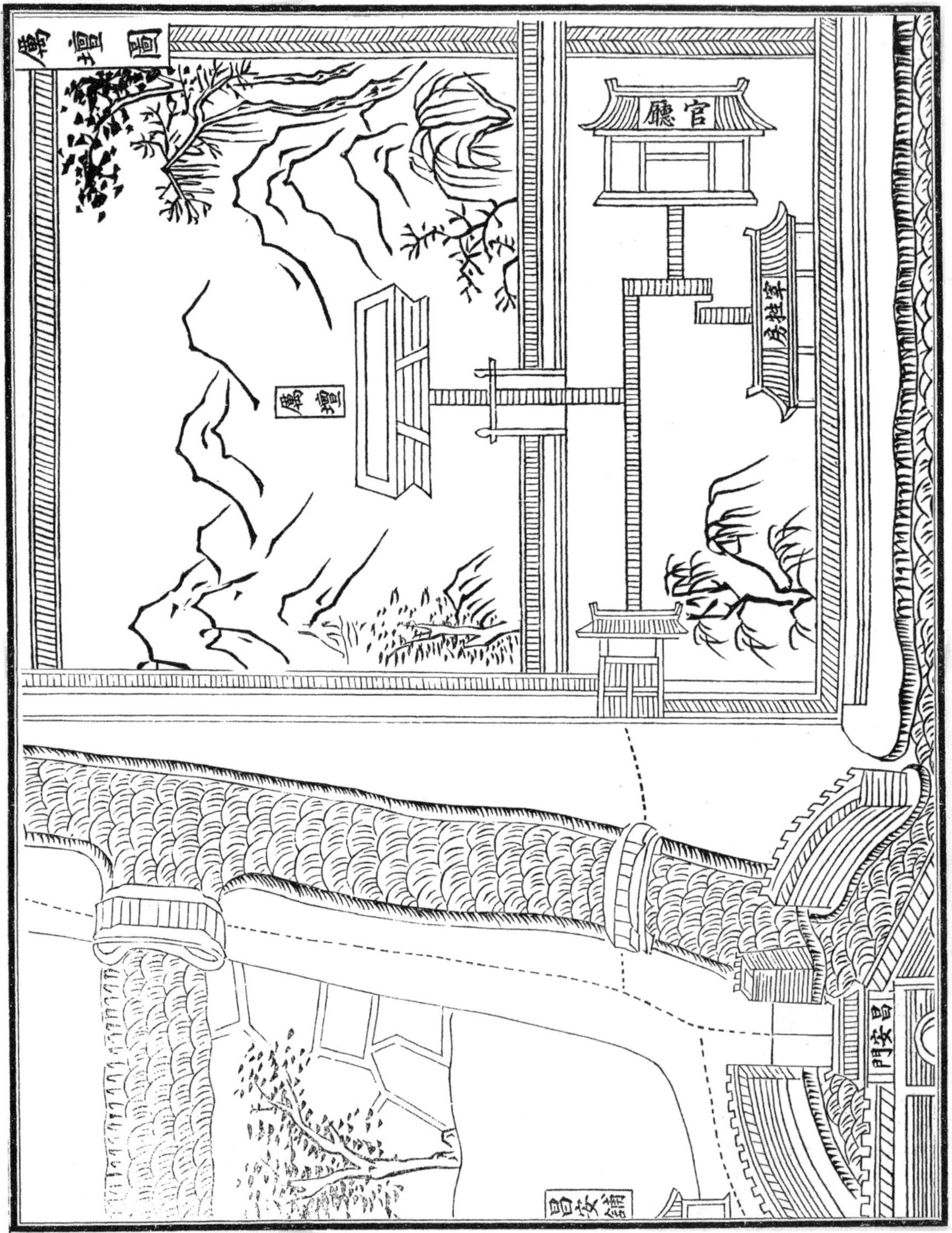
官廳
昌安門

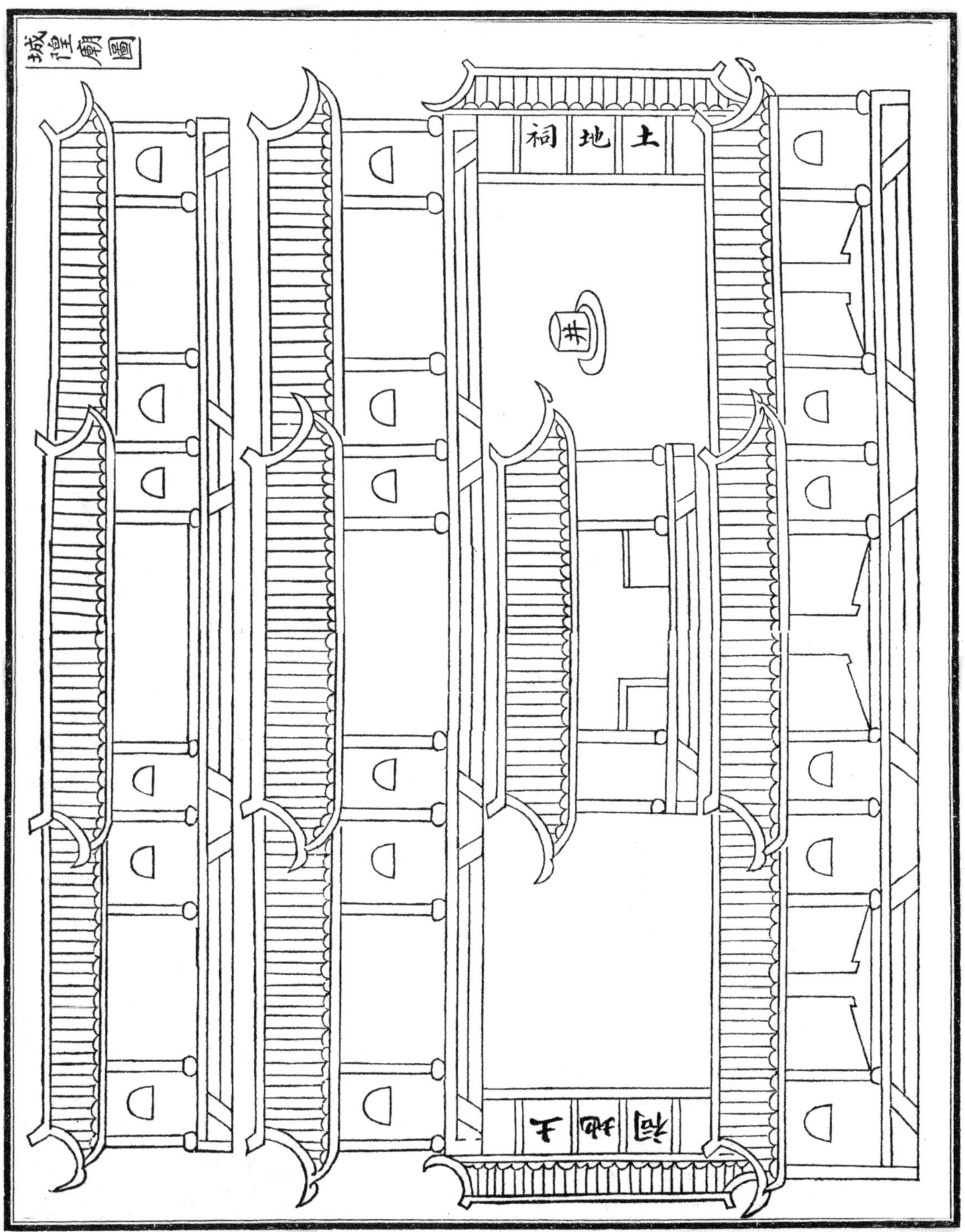
城隍廟圖
土地祠
井
土地祠

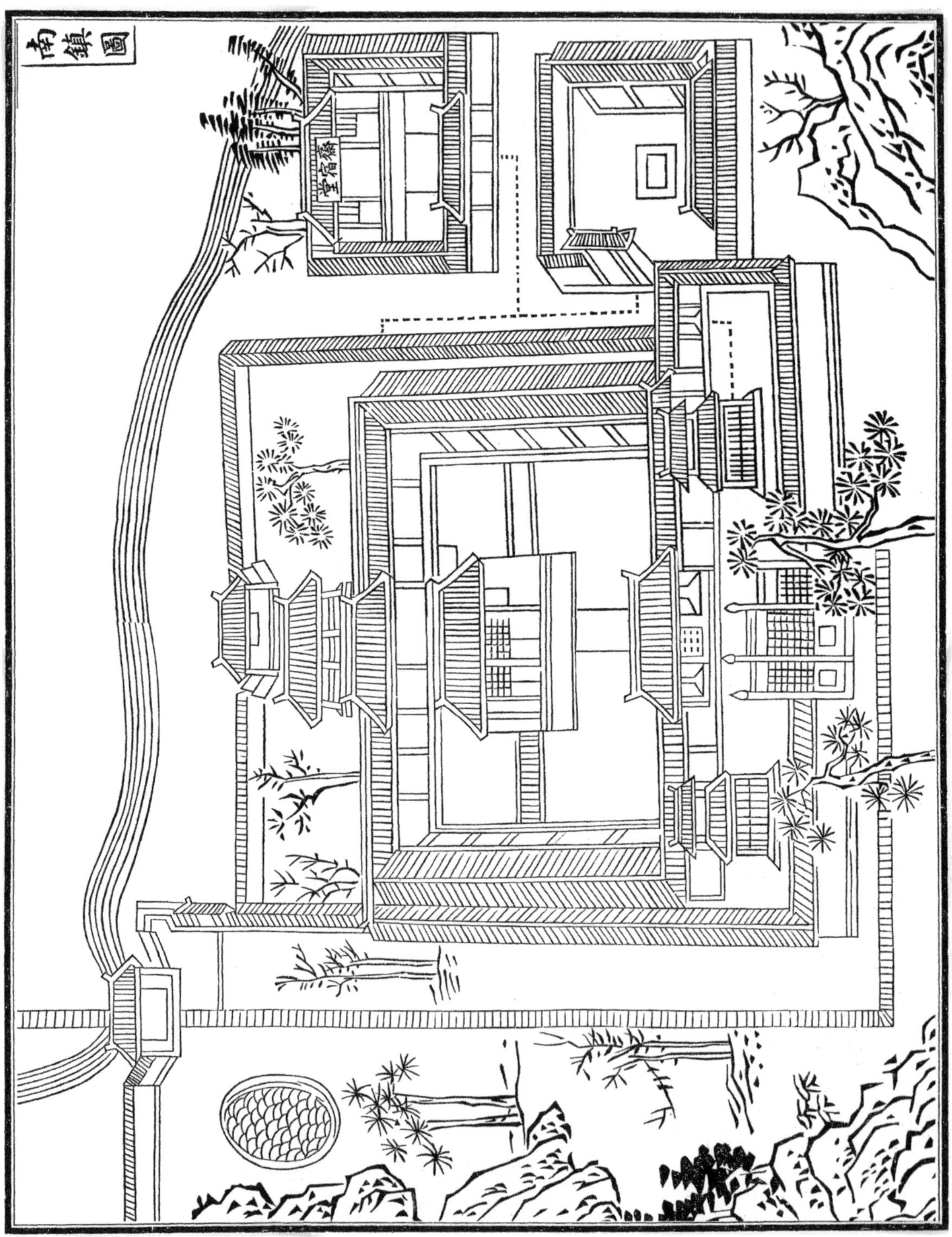
南鎮圖
齋宿堂

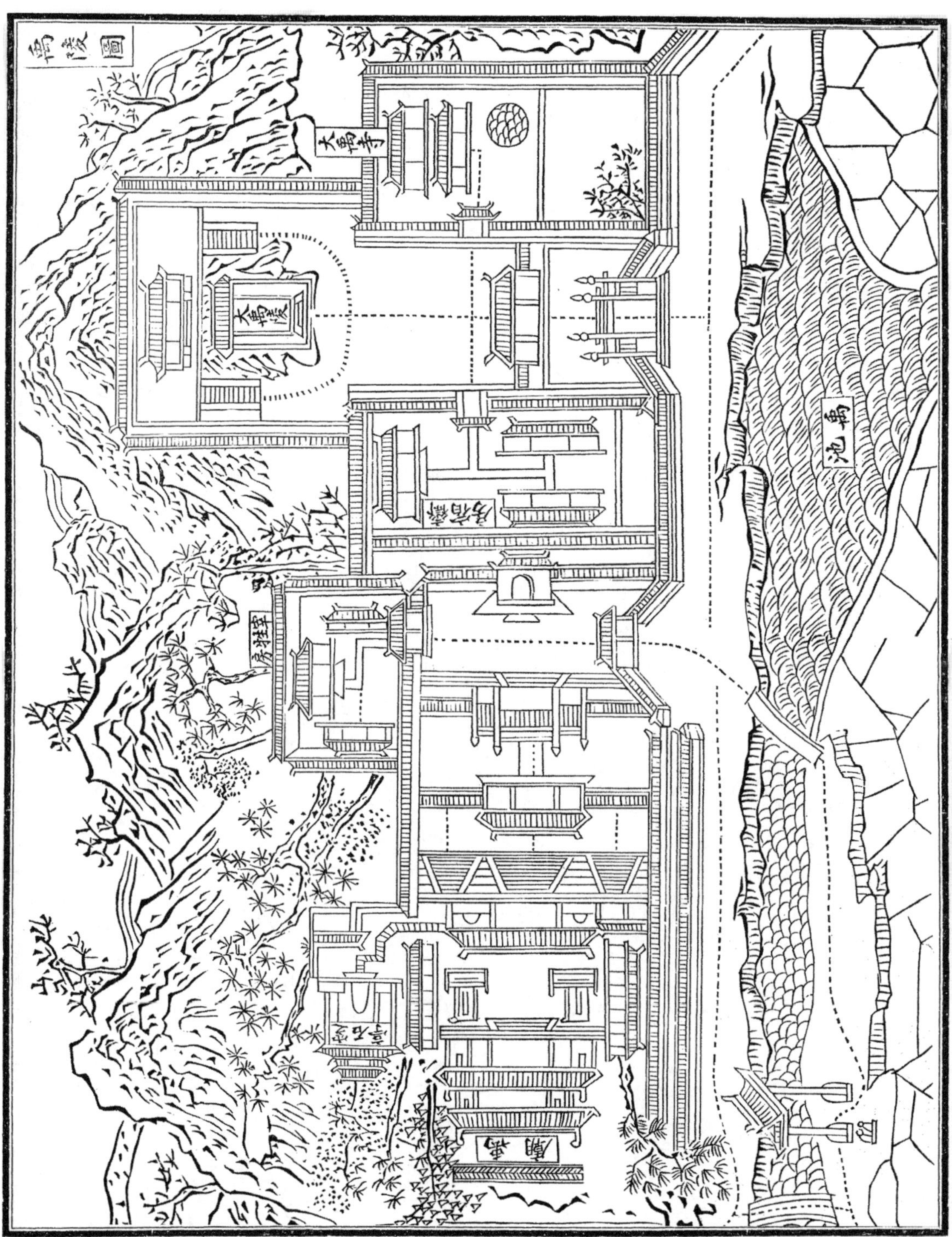
禹陵圖
大禹寺
大禹陵
窆石亭
禹廟

宋六陵圖
寧宗
光宗
理宗
孝宗
霧連山
新婦尖
度宗
宰牲房
高宗
井亭
通泰橋
太寧橋
郭太尉廟
太寧寺

孝女廟圖

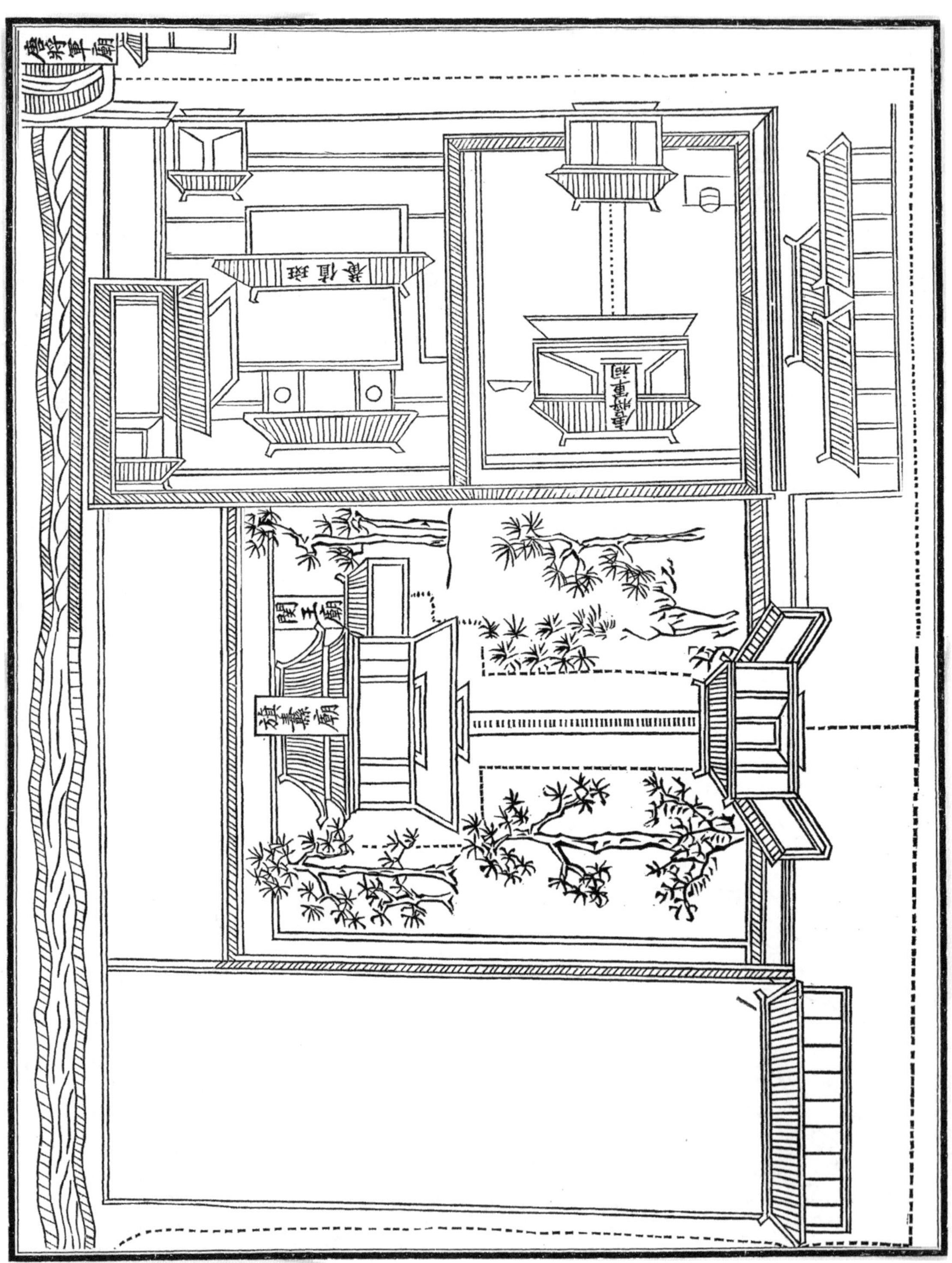
唐將軍廟
閻王廟
旗纛廟

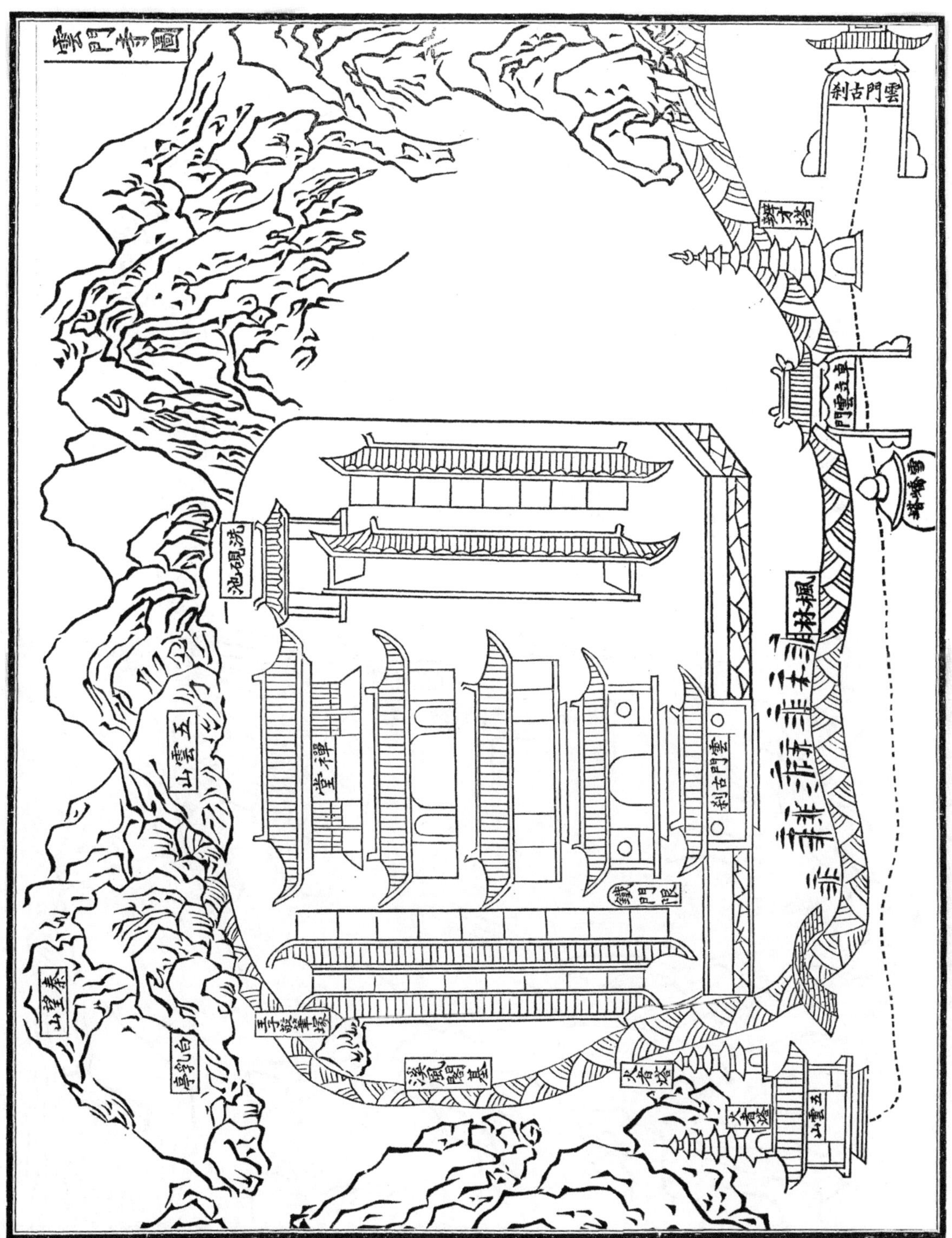
雲門寺圖
雲門古刹
洗硯池
楓林
五雲山
雲門古刹

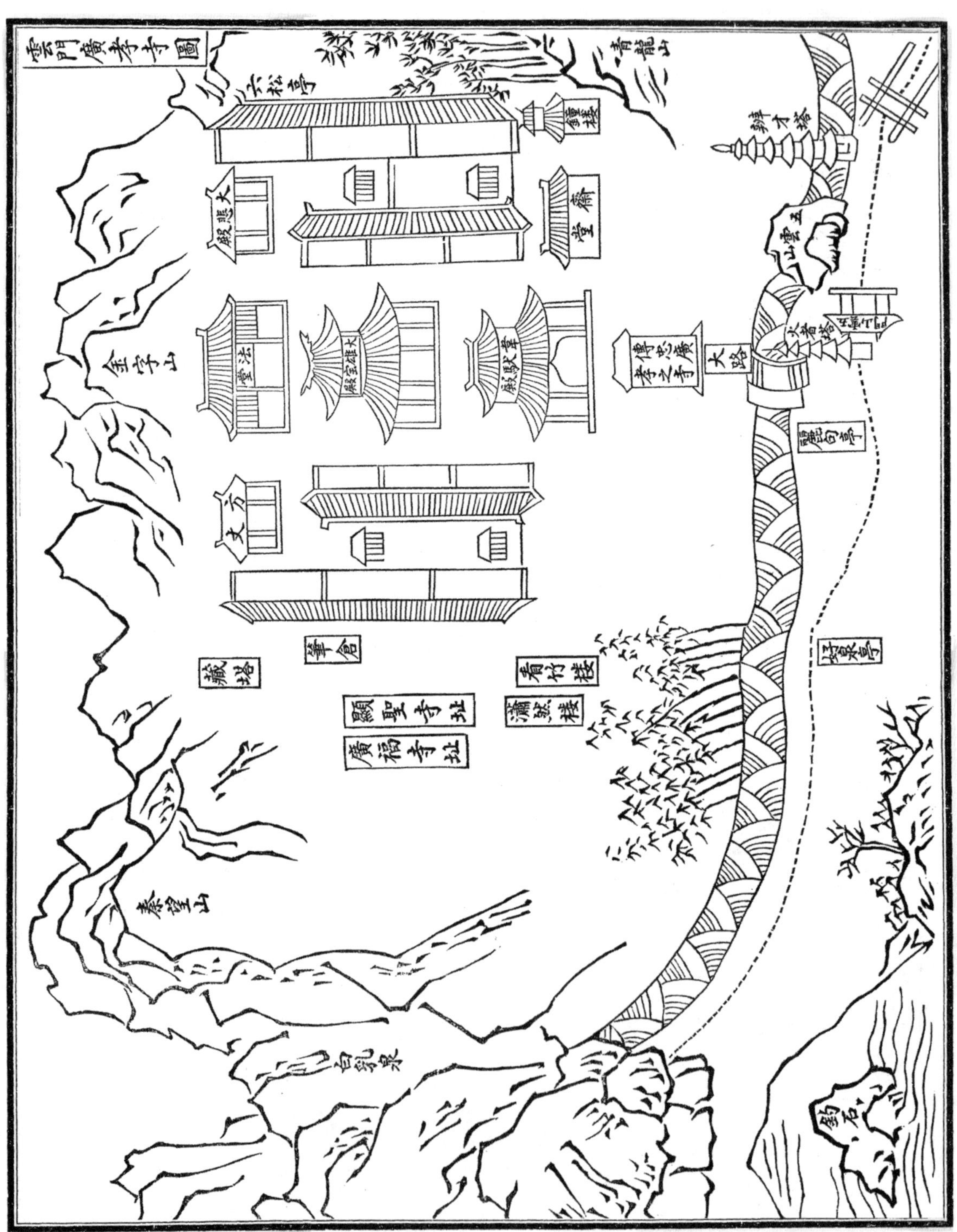
雲門廣孝寺圖
六松亭
青龍山
鐘樓
辯才塔
大悲殿
齋堂
五雲山
法堂
大雄寶殿
天王殿
傳忠廣孝之寺
大路
金字山
方丈
看竹樓
瀟灑樓
顯聖寺址
廣福寺址
秦望山
釣石

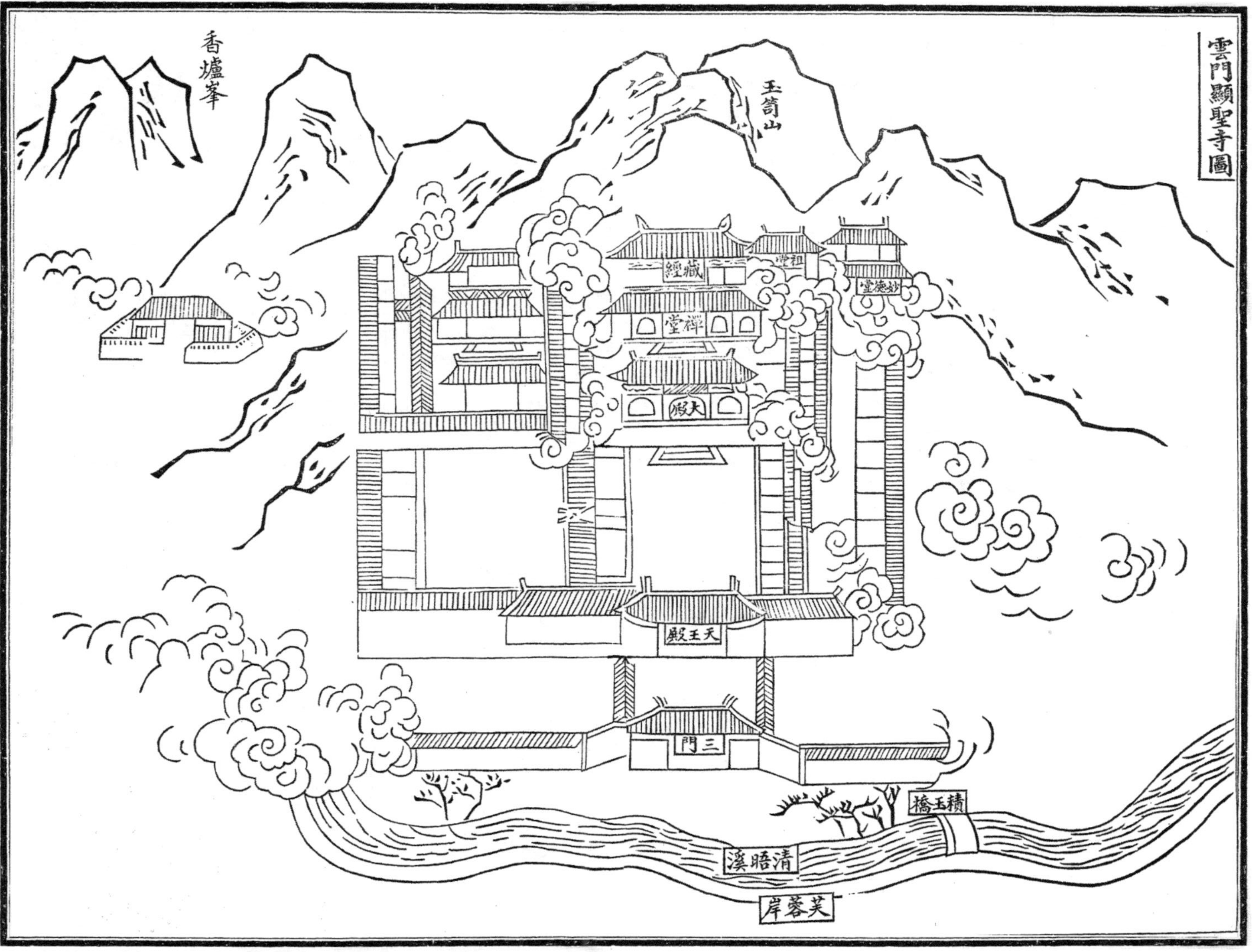

雲門顯聖寺圖
香爐峯
玉笥山
藏經
祖堂
妙德堂
禪堂
大殿
天王殿
三門
積玉橋
芙蓉岸

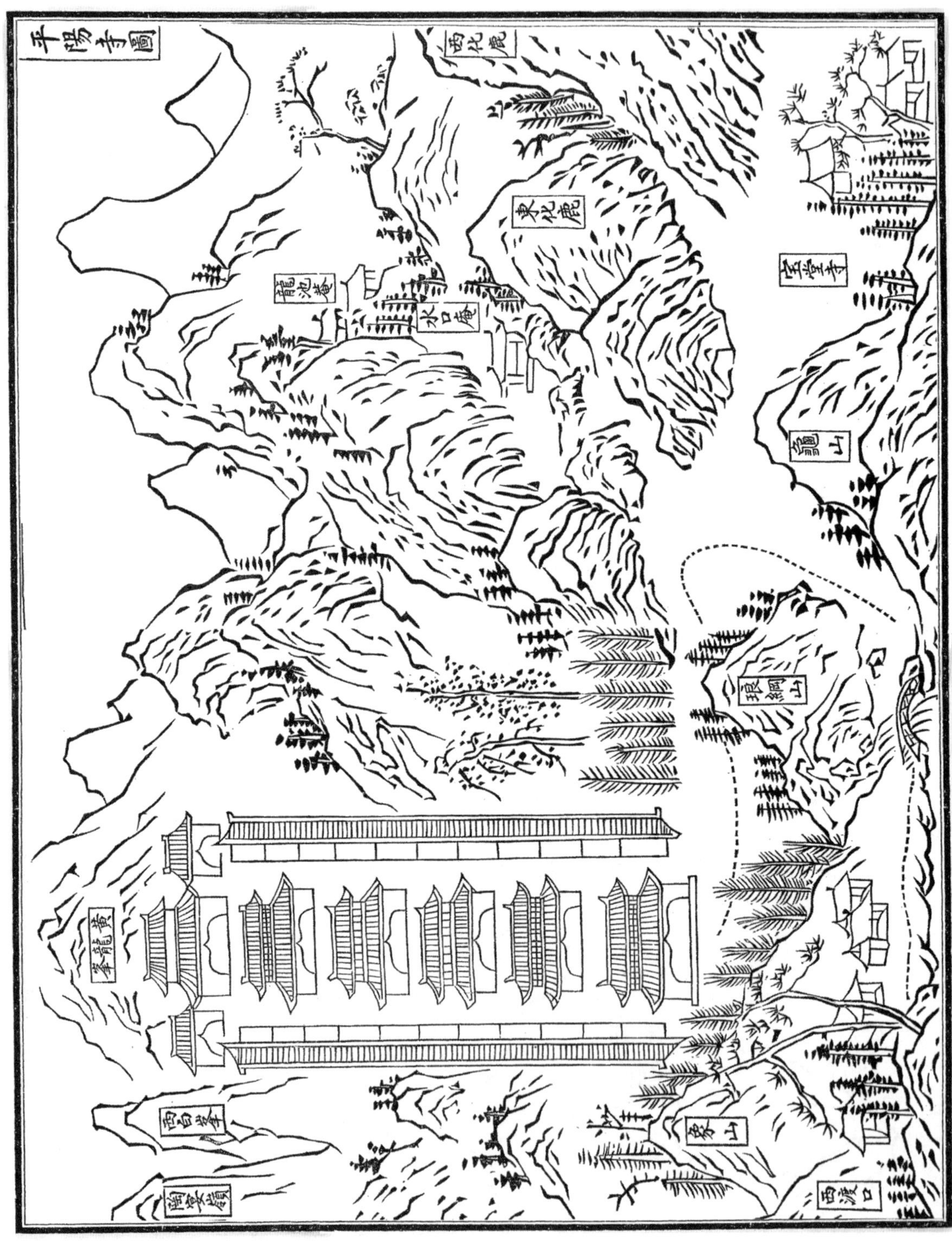
平陽寺圖
西化鹿
東化鹿
龍池庵
水口庵
龜山
象山
西渡口

# 康熙会稽县志卷第一[①]

## 疆域志

沿革　分野　区界　衢路　坊里　市镇　邮舍　津梁

## 沿革

考诸史，会稽之为邑，自隋开皇九年始。则是开皇以前至于秦，史册中凡称“会稽”者，并郡也。而今之志邑者，往往取郡事以入邑，岂非以会稽之名通乎郡邑，而不深考其在何时则专以名郡，在何时则兼以名邑之过欤？开皇以前，有会稽郡，无会稽邑，而会稽一邑，其时尚分为山阴、上虞、永兴、始宁四邑。开皇以后，有会稽郡，亦有会稽邑，而山阴、上虞、永兴、始宁四邑，始并为会稽一邑。由此推之，开皇以前，凡史册中所纪人物，有不指其邑漫称曰“会稽”者，盖一郡全属之人悉得而冒之，岂直四邑中人哉？而今顾欲以未经称邑之“会稽”以当之，亦悖矣。如此又乌取于沿革哉？故今之志会稽邑也，凡有关于邑者，悉自肇邑时始，隋开皇九年，则其时也。（徐渭）

会稽地属扬州，古荒服国。禹东巡，会诸侯于国之苗山以计功，始更名其山曰“会稽”。（禹崩，遂葬会稽山。）至少康，以其地封庶子无余，奉禹祀，国号“於越”。（按：《吴越春秋》，禹周行天下，还归大越，登茅山（即苗山），以朝四方群臣。则会稽在禹之时，似已称“大越”矣。而贺循《会稽记》又曰：少康封其少子，号曰“於越”，越国之称始此。则《吴越春秋》

① 国图本作“会稽县志卷第一”，无“康熙”两字，后此条多异文，不注。

所谓“大越”者，殆追称者耶？）自夏历商、周，传三十世，至无疆[①]，亡入于楚。楚灭，入秦。秦郡县天下，悉以故越地。（吴、曲阿、乌伤、毗陵、余暨、阳羡、诸暨、无锡、山阴、丹徒、余姚、娄、上虞、海盐、剡、由拳、太末、乌程、句章、余杭、鄞、钱唐、鄮、富春，凡二十四县。）置会稽郡，治吴。（吴，今之江南苏州府吴县。）汉以其地封荆王贾，又封吴王濞。濞灭，复为会稽郡，并治吴。后汉顺帝永建四年，始用阳羡人周嘉议，分浙以东（山阴、余姚、上虞、剡、诸暨、余暨、句章、鄞、鄮[②]、太末、乌伤、章安、东侯官，凡十三县）为会稽郡，移治山阴。自汉永建迄陈，会稽或为国，或为郡，虽更号不常，要皆统浙以东地而为言，非县也。隋开皇九年，平陈，废郡，并山阴、上虞、始宁、永兴地，置会稽县，隶吴州，故考会稽县自此始。（是年改会稽郡为吴州。）大业元年，析会稽，复立始宁。（是年，改吴州为越州，寻复为会稽郡。按：知府南大吉郡志，新莽时改上虞曰会稽。《一统志》：陈以山阴析置会稽，则会稽固不始于隋。特以二季祚短，改革无大可书，故径自隋始。）唐隶越州。（武德四年，改会稽郡为越州。）武德七年，析会稽，复立山阴。贞元元年，析会稽，复立上虞。元和十年，并山阴入会稽，已而复置会稽。宋隶越州。绍兴元年，隶绍兴府。（是年，改越州为绍兴府。）元隶绍兴路。（至元十六年，改府为路。）明隶绍兴府。（洪武二年，改路为府。）编户一百三十一里。成化八年，县丞马驯[③]征税至二十五、六等两都，两都民接嵊，抗丞。知府洪楷乃奏割两都地凡七里属嵊，民若亩随之。嘉靖二十八年，知县张鉴均县赋，至两都所得其隐田五千亩以归我。至隆庆三年，嵊亦度田，复混五千亩中之百五亩有奇以去，知县杨节力返之。

## 分野

按：《唐·天文志》载僧一行[④]之论，凡分野，不以星之南北分地之南北也，视云汉贯注，得其精气之所至耳。南斗在云汉下流，故当淮、海间，为吴分野。牵牛去南河浸远[⑤]。（南河，星名，凡三星，在井宿东南。）故自豫章至会稽，南逾岭徼[⑥]，为越分野。明诚意伯刘基《清类分野书》[⑦]，以僧一行所论十二篇系于其首而编次。绍兴

---

① “无疆”，应是“无彊”。无彊，越王无余之子，战国时期越国最后一位国君。

② “鄞”、“鄮”，国图本、内阁本前后顺序反。

③ 马驯：会稽县丞，明成化元年(1465)任。

④ 一行(683—727)：唐朝僧人，著名天文学家。

⑤ 浸远：渐远。

⑥ 岭徼：指五岭以南地区。

⑦ 《清类分野书》：全名《大明清类天文分野之书》，二十四卷，明刘基撰。

府为牛、女分野，则占牵牛，亦占婺女，皆验也。会稽与山阴并附郭，占牛、女确矣。凡分野有大纲，以十二辰分之。元《授时历》，郭守敬所定。自南斗四度起，历牵牛之度，至婺女二度止，为扬州，配吴、越，刘基称其最精。又分野有节，目以二十八宿分之。今绍兴即古越地，自唐、宋、元、明以来，俱占牛、女，其应如响。间有私心穿凿，割某度为会稽，某度为上虞者，与“云汉贯注”之说大为悖戾。象纬家知之，儒者多不知。或问绍兴府既占牛，又何以占女？曰：“郡境之阳宜占牛，其阴负海皆占女。”（句章王德迈嗣皋[①]特论。）

会稽，在《禹贡》为扬州之域，位当少阳，于卦为巽。《史记・天官书》曰：“其日属丁，在辰为丑，次曰星纪，于五行属火。”《春秋传》曰：“在列国谓之分星，在九州谓之星土。”《春秋元命苞》曰：“牵牛，流为扬州，分为越国。”《史记正义》曰：“南斗、牵牛，吴、越之分野。”《汉・地理志》曰：“越地，牵牛、婺女之分野。”《汉・郡志》曰：“自南斗十一度至须女七度为星纪之次，吴、越分野。”（须女，即婺女。）张衡曰：“会稽于二十八宿入牵牛一度。”《列星度数》曰“斗魁第二星主会稽”，又曰“五车星中，东南一星为司空，主楚越也”。《春秋文耀钩》曰：“会稽于北斗七星属权星。”范蠡、陈卓诸人分星次皆曰：“会稽，入牛一度。”东汉《天文志》曰：“会稽主以丁巳日，占玉衡之色。”《地理志》曰：“自斗十一度至婺女七度曰星纪，吴、越分野。”费直[②]分斗十度至女五度为星纪，蔡邕分斗六度至女二度为星纪。《三国志》曰：“会稽上应牵牛之宿，下当少阳之位。”《晋・天文志》曰：“自南斗十一度至须女七度为星纪，吴、越之分野。”《隋书》《唐史》所载同。《通志略》[③]曰：“会稽入牛一度。”《宋・天文志》曰：“会稽，上应天市垣东南第六星。”（以上所言会稽，皆指会稽郡。）《元史》郭守敬所定分野，以斗四度三十六分六十六秒外入星纪，为吴、越之分，非专指绍兴府，况可专指会稽一邑乎？

## 区界

县附府城。东九十二里至曹娥江之中流上虞县[④]界。

---

① 王嗣皋：清慈溪人，生平不详，顺治六年(1649)己丑科进士，康熙十二年《绍兴府志》纂者。

② 费直：字长翁，西汉东莱（今山东莱州）人，西汉古文易学“费氏学”的开创者，官至令。

③ 《通志略》：《通志》的一部分，共20篇，亦称“二十略”，郑樵撰。郑樵，宋代史学家、校雠学家，著有《通志》，200卷，纪传体通史。

④ “上虞县”，国图本、内阁本作“主虞县”；会稽县东应是上虞县。

东之南一百四十里至三界。

南一百一十里至南嵝口溪之中流并嵊县界。（旧南一百五十里，至杉木岭。）

南之西八十里至驻日岭，诸暨县界。

西一里，运河中流。

西之北三里，并山阴界。

北二十里抵海，逾北岸嘉兴府海盐县界。

北之东七十五里，至沥海、纂风镇，上虞县界。

东北凡九十二里，南北凡百三十里，周之凡四百四十里。

达府百有三步，达省百三十八里，达江南一千二百三十里，达北京三千七百九十里。

## 衢路

越为会府[1]，衢路久不修治，遇雨泥淖，几于没膝。嘉定十七年，太守汪纲[2]至，乃计工伐石，在在缮砌，浚治堙塞，整治嵚崎，除巷陌之秽污，复河渠之便利，道途堤岸以至桥梁，靡不加葺，经画有条。役且无扰，井里嘉叹，实为惠利悠久云。（《宝庆续志》）

东为县东门，转而南至坊口大街，南为贯珠楼、会稽学，东为新街口、长春观，过东双桥，东至五云门。由贯珠楼南下为掠斜溪、金斗桥。由新街口折而北为小宝祐桥、头陀庵、大宝祐桥。东南为长檐街，又南为杏花寺街，为南街，南为府学。又东南为罗坟坂、官齐桥，南至稽山门。由南街过覆盆桥为禹迹寺，东至东郭门。县后为新桥，东为长桥、广宁桥、龙王堂，东至都泗门，转东北为白马山、彭山、东大池。

南出南堰门，由水路南至于秦望诸山之中。东南出稽山门，由若耶溪东南至于禹陵，又东南至于上灶，又至于平水，达于新、嵊诸山之中。东出都泗门，由运河南过五云门，又东至于绕门山，又东至于东关之曹娥江，又由东关南至于蒿坝。东北出昌安门，由水路北至于玉山斗门，达于三江。

## 坊里

城内为两隅，领坊十有六。

---

① 会府：显要之地。唐代越州，是浙东节度使治所。唐·杜甫《八哀诗·赠左仆射郑国公严公武》："四登会府地，三掌华阳兵。"仇兆鳌注："唐时巡属诸州，以节度使为大府，亦谓之会府。"

② 汪纲：字仲举，安徽黟县人，宋嘉定十四年（1221）知绍兴，兼安抚浙东，有政声。《宋史》有传。

隅之在东南者，领坊八，曰：上望花坊、中望花坊、下望花坊、东陶家坊、西陶家坊、朝东坊、稽山坊、东仰盆坊。（右八坊宋为第一厢，领坊曰：外竹园、里竹园、晋昌、元真、外钟离、里钟离、静林、甘露、外梧柏、里梧柏、杏花、亲仁、目莲、季童、义井、新路、小新、都亭、法济、孝义、礼禋，共二十一。元改第一厢为东南隅，领坊仍宋名，增置礼贤、稽山、望花、陶家、延庆、仰盆、九节、柔遁，凡二十九。）

隅之在东北者，领坊八，曰：安宁坊（一名千秋坊，以秘监贺知章舍宅为千秋观，即其坊中也。相沿丐户之产于城者悉居之。古为贤士宅，今为丐户里，可不悲哉）、西府东坊、永昌坊、东府东坊、都泗坊、石童坊、东大德政坊、西大德政坊。（右八坊宋为第二厢，领坊曰：棚楼、花坊、日池、月池、照水、小德政、宝幢、广陵、石灰、朴木、乐义、永福、押队、诸善、上党、义井、祥符、詹状元、莫状元，凡十有九。元改第二厢为东南隅，领坊仍宋名，增置龙华、千秋、都泗、斜桥、解愠、天长、春台、文通、五云、石童、朝东、保祐、永昌、东府、通泰、安宁，凡三十五。）

城外为都三十一，各都领图不一，实图一百四。

第一都领图二，第二都领图五，第二十都领图二。（以上宋为凤林乡，领里三，曰：西施、镜水、石童。）

第三都领图一，第四都领图六，第五都领图四，第十九都领图七。（以上宋为雷门乡，领里门[①]，曰：上皋、高平、石渎、长乐。）

第六都领图六，第七都领图五。（以上宋为上亭乡，领里三，曰：上许、静志、淳墅。）

第八都领图三，第十都领图二，第十七都领图二。（以上宋为广孝乡，领里二，曰：苏墟、崇德。）

第九都领图五，第十八都领图七。（以上宋为袁孝乡，领里一，曰通德，以袁孝子故名。）

第十一都领图三，第十二都领图六。（以上宋为曹娥乡，领里二，曰：福严、箬林。）

第十三都领图四。（宋为富盛乡，领里一，曰积下。）

第十四都领图四，第十五都领图二，第十六都领图三。（以上宋为千秋乡，领里二，曰：稽山、城南。）

第二十一都领图四，第二十二都领图五，第二十三都领图二。（以上宋为太平乡，领里四，曰：章汀、全节、太山、蒿山。）

第二十四都领图三，第二十八都领图二，第二十九都领图二。（以上宋为东土乡，领里三，曰：美箭、谢公、回潭。）

---

① “领里门”，国图本、内阁本作“领里四”。

第二十七都领图二，第三十都、第三十一都、第三十二都俱领图一。（以上宋为五云乡，领里二，曰：石帆、西施。）

第三十三都领图二。（宋为延庆乡，又名延德，领里一，曰西岑。）

第二十五都领图三，第二十六都领图四。（属嵊。）

## 市镇

**平水市**　在县东二十里。（唐时尝有市，今废。元稹序《白氏长庆集》云：予尝于平水市中见村校诸童竞习歌诗，召问之，对曰，先生教我乐天、微之诗。固亦不知予之为微之也。其自注云：平水，镜湖旁草市名。）

**三界市**　在县东南一百二十里。（即汉始宁县址。）

**马山市**　在县北二十里。

**皋部市**　在县东二十里。

**樊江堰市**　在县东三十里。

**道墟市**　在县东六十里。

**伧塘**[①]**市**　在县东南七十里。

**东关市**　在县东六十里。

**白米堰市**　在县东七十里。

**汤浦市**　在县东南一百一十里。

**曹娥市**　在县东八十里。

**纂风市**　按：郡志曰东城镇，今废。[②]

**三界镇**　在县东一百二十里。

**蒿陡关、平水关**　（二关，明洪熙元年，御史尹崇高并奏革，后工部分司，仍遣人抽分。嘉靖二十七年，知县张鉴复申革之，其山税钞银，则带办于县。后山民相仇，遇采伐者，仍以匿税越讼于杭之榷关[③]，重为民病。嘉靖四十五年来，榷者知而禁之。附录其示：钦差工部员外郎费为禁约事，照得朝廷设关抽税，虽为裕国之资，实寓抑末之意。浙之南关抽放各商竹木，凡奉命视事者尚不可刻以取盈，况居民人等采取本山竹木、修葺房舍，又非贩卖可比，岂宜一例起税？本职到任以来，痛惩前弊，已经出示晓谕。凡系本山竹木，尽行宽免。或被仇家所挟，因而诈财妄

---

① 伧塘：今有长塘镇，属绍兴市上虞区。

② 嘉泰《会稽志》卷第十二：东城镇，在县东六十里，今废。

③ 榷关：正名钞关，明清时期设置的对过往关卡的船只、商品征税的一个专门机构。

行首告者，不惟不准，且重治首告之人。但恐岁久弊生，为此勒石，永远禁革。）

**曹娥坝**　在县东八十里。

**蒿坝**　在县东九十里。

**偁山渡**　在县东北五十里。

**小江渡**　在县东南一百里。（渡口有茶亭、守渡船。）

**梁湖渡**　按：旧志[①]有上灶、富盛、田家、伧塘、延德江、本憩、新渡、旧渡、曹娥、丰山、杜浦等渡。

**平水埠**　在县东二十里。

**上灶埠**　在县东二十里。

**攒宫埠**　在县东南三十里。

**富盛埠**　在县东南四十里。

**伧塘埠**　在县东南七十里。

## 邮舍

俗呼为"急递铺"，每铺计程十里，厅屋三间，日晷一座，各有铺司、铺兵，并出五云门。

**五云铺、织女铺、皋部铺、茅洋铺、陶堰铺、瓜山铺、黄家堰铺、东关铺、白米堰铺、曹娥铺、小江铺、桑盆铺、周家堰铺。**

## 津梁

**县东桥、滑桥、宝祐桥**（下有小宝祐桥）、**长安桥、广宁桥**（宋绍兴中，有乡先生韩有功[②]为士子领袖，暑夜多与其徒纳凉桥上。有功没，朱亢宗[③]作诗怀之，云："河梁风月故时秋，不见先生曳杖游。万叠远青愁对起，一川涨绿泪争流。"朱亦修洁士云。康熙三年张桂生重修）、**黄铁头桥、龙华桥**（都泗门内龙华寺之左）、**八字桥**（两桥相对而斜，状如"八"字）、**东双桥、九节桥**（长春观前）、**孝义桥、通泰桥**（俗名"新桥"）、**都亭桥**（《越绝书》云：秦皇东游之会稽，以甲戌到大越，舍都亭。都亭之名始此，旁有废井。《传》云[④]：蓟子训卖药之所），以上诸桥并在县治东。

**状元桥**（宋詹骙所居里）、**鲍家桥**（状元坊里）、**睡仙桥、坊口桥、竹园桥、鱼化桥、纺**

---

① "旧志"，或指嘉泰《会稽志》，该志卷第十一"津渡"载相关内容。

② 韩有功：陆游之师，陆游有"堂堂韩有功，英概今可想"之诗句。

③ 朱亢宗：即朱袭封，师从陆游。嘉泰《会稽志》、万历《绍兴府志》、乾隆《绍兴府志》等"广宁桥"条载两人事迹。

④ 嘉泰《会稽志》卷第四载：《列仙传》云，蓟子训，齐人，卖药于会稽市，时乘青骡往来，忽然不见。

**车桥**、**镜水桥**（宋赵处士所居里）、**兴福桥**（俗名观音桥）、**马梧桥**（钟离巷口）、**马坊桥**、**金斗桥**、**目莲桥**、**罗汉桥**（旧名[①]春波桥）、**柳桥**（王毓耆[②]殉节处）、**大夫桥**（唐张志和所居里）、**罗纹桥**、**覆盆桥**、**莲河桥**（天庆观后）、**望花桥**（宋时其地多艺花为业）、**庙桥**（武肃王庙侧），以上诸桥并在县治南。

**县西桥**（旧名府西桥）、**清道桥**、**石灰桥**、**大善桥**、**永福桥**、**舍子桥**（龟山下）、**大庆桥**、**木瓜桥**、**龙兴桥**、**市门桥**、**咸欢桥**、**钟离桥**、**吴伯桥**、**得胜桥**、**暗桥**、**通市桥**，以上诸桥并在县治西。

**春波桥**（千秋观前。贺知章诗：离别家乡岁月多，近来人事半消磨。唯有门前鉴湖水，春风不改旧时波。桥之得名以此）、**小江桥**、**中正桥**（旁有小桥，曰斜桥。桥下多客邸，四方舟楫往来所集）、**探花桥**（旁有小桥曰田家桥，桥下曰田家溇）、**香桥**（陆放翁种梅于此，故名。其旁尚存梅园弄。俗传朱买臣还乡，又名乡桥者，非也。至元时，劳义士新之。隆庆间，钱守愚重修。康熙八年，陈伯嘉重修）、**题扇桥**（因右军遇老妪，题扇，故名）、**画马桥**、**昌安桥**，以上诸桥并在县治北。

**吊桥**　在五云门外。

**灵汜桥**　在县东二里，石桥二。（《吴越春秋》：句践论功于此。李公垂诗：灵汜桥边多感伤，水分湖派达回塘。元微之诗：灵汜桥涵百里镜，石帆山掩五云溪。）

**居仙桥**、**瑞宁桥**　并在第一都。

**永安桥**、**五湖桥**、**通陵桥**　并在第二都。

**马山桥**　在第四都。

**皋部桥**　在第五都。

**樊江桥**、**枯桥**　并在第六都。

**世乡桥**　在第十二都。

**寿宁桥**

**白塔桥**

**越岭桥**

**东城桥**　今名东关。

**凤凰桥**

**富盛桥**、**方泉桥**

---

① “旧名”，国图本、内阁本作“亦名”。

② “王毓耆”，国图本、内阁本作“王毓蓍”。王毓蓍，字玄趾，会稽人，受业刘宗周。杭州失守，投柳桥下死，乡人私谥“正义先生”。

**九陵通泰桥**　在攒宫。

**太平桥**　在太平乡。（万历四十八年，董弘度捐造。）

**锁泗桥**

**铁绊桥**　在第二十一都。

**云门桥**　在若耶溪南。（旁有仙翁钓石。宋之问诗：雁塔鸾金地，虹桥转翠屏。[①]）**石桥**，在云门寺前。（苏子美《送张行子诗》[②]：五云山下石桥边，六月溪风洒面寒。今正炎天君独往，松间寻我旧题看。）

**大乘桥**　（其南为平水市。）

**双井桥**

**石旗中兴桥**

**闸桥**

**望仙桥**　在县东南十里。

**洞亭桥**　在阳明洞前。（架小亭其上，自桥东数十步，有斗牛、观山二桥入龙瑞宫。）

**告成桥**[③]　在禹庙西。（以禹治水告成，故名。）

**三桥**　在稽山门外。（镜湖分东、西，以此桥为限，今废。）

**拗马桥**　在县东南六里。

**千秋桥、大凌桥、小凌桥**　并在县东南七里。

**渡东桥**　在东郭门外。（陶望龄《记》：越郡隍水而城，直东郭门而水者，则曰划船港，厥浸尤广。其受水之涂，南镇、平水、上灶诸山之溪流皆委焉。三道注射，涡涎澎湃，湍悍难渡。其渡者，衢婺诸人及吾邑山都之人皆凑焉。渡广而流悍，重以霖潦风雨，舟每每覆溺，或以死。其南岸故有英济侯庙，涉者畏而病焉必祷。以其险阻厄危，毂绾津要，工巨费繁，梁之为亟，而力最艰，故谋举辄辍。豫章罗公来令兹邑，烦蠲坠兴，色指事集，神行物靡，临流恻嗟，从者相赴。以万历二十三年二月僝工于河涘，再岁工毕。跨水数百丈，酾水十有八道，树石为两棹，褉表诸途。北滋望水神庙为观音[④]庵，庵之背后跨小桥，五水道而属诸城焉。凡市石傭力之资，为白金八百五十一两，捐月俸三十两，余出诸施者。左右厥谋，维乡大夫大理寺少卿商公某董厥事。优婆塞王明，浮图能信，耆民钮茂、任瀚，庵地施主、生员傅良材食守者田四亩余施诸浮图，景镳既

① 诗出宋之问《游云门寺》。

② 《送时行子诗》一作《送张行之越》。

③ 底本并在前“洞亭桥”条内。

④ 国图本此后误将本卷第五页装订至此后。

成，命曰渡东，出其涂者，讴讼歌舞相属。太史氏望龄闻而采之为铭，铭曰：越国于泽，厥阻在山。言言崇墉，峙其两间。泽流浩弥，山流荡撼。倾高助深，是曰坎坎。涉者维何？车舟马楫。如提千金，载一枣叶。阳侯甘人，洒血渗牙。盲风怒波，泪畜纷拏。旋入重渊，不可蹈些。行恻道谋，仁人是嗟。仁人伊何？曰我罗父。头冰足舂，历有年所。靡枯不濡，靡坠不举。如雨膏萌，如飚飏羽。乃饬泮宫，乃营京坻。秩祀是严，茀途是治。匹夫烦冤，曰已溺之。图厥万安，易此一危。表立蚪移，鞭驱石走。雌蜺半舒，青龙欲吼。扶楯天行，盘根地厚。席过舆徒，宵趋稚耇。在昔州使，旌贤造庐。梁水于门，桥名与俱。邦人称焉，东郭大夫。厥壤维均，惠济则殊。宜系公官，比郎官湖。宜姓于公，如郑白渠。又如迷人，善逝所吁。谁为津梁？西来衲徒。我公之功，异理同符。嘉名渡东，亶其然乎？〇旁有先贤祠，祀先贤：户部尚书倪公元璐，都御史施公邦曜，中允周公凤翔，都御史祁公彪佳，左都御史刘公宗周，学士余公煌，太湖令赠光禄丞金公应元，长安令赠佥事吴公从义，左长史赠副使章公尚絅，川南道陈公孔教，九江道王公思任，进士徐公复仪，孝廉高公岱、陈公潜夫、叶公汝蕴，文学王毓蓍、高朗、傅日炯，处士潘集、周卜年、倪舜平、杨雪门、朱玮。）

**孙龢[①]大桥**　在吴融孙龢之中。（张贤臣捐百金造。）

**浪暖桥**　在双溪港张神庙之左。（平水、上灶二溪之水合流于此。向有木桥，水稍涨即冲败，往来者甚苦之。张贤臣捐资纠众，易以石，名曰“浪暖”。里人勒石于张神庙中，以记其事。明崇祯十七年，山阴谢籥重修。）

**万安桥**　在六都樊江广渡庵之南。（僧具缘募资造，桥长二十四洞。）

**太平第一桥**[②]（吴融钟氏祠前）、**东太平桥**（单家埭）、**中太平桥**（单家埭庙侧）、**西太平桥**（攙头村），并在县东北二十五里七都。（绅士钟行信同弟飞鸿捐资鸠众，里人王士高募开石衢五里许，联络四桥。既成，命曰“四太平”。嘉庆五年正月，知县胡培给额曰：“翕心利济。”）

按：此条系嘉庆间人羼[③]入。

康熙会稽县志卷第一终

---

① “孙龢”，今作“孙端”。

② 本段文字，国图本、内阁本无，哈佛本录。

③ 羼：搀杂。

# 康熙会稽县志卷第二

## 城池志

县城　所城　废城　设官　县署　属署　寓署　废署

## 县城

**县城**　附府（城之东者属县。府城即古山阴大城也，范蠡所筑，周二十里七十二度，缺其北。隋开皇中，越国公杨素增修，周四十五里，名曰“罗城”。修小城为子城，周十里。唐末，分运河以东之城属会稽。元至正十二年，笃满帖睦迩[①]增筑坊郭，一乡入城内，始甃石，置月城，以开堑河。）自五云北界石起，至植利门[②]止，长一千二百六十七丈一尺四寸；高，东一丈四尺，南一丈六尺，北一丈四尺；厚，东一丈八尺，南一丈五尺，北一丈八尺；址厚，东二丈一尺，南一丈九尺，北二丈二尺。城门四：东曰五云（即古雷门，详见“古迹·雷鼓”下，志者大约谓句践以吴于陵门上有蛇象而作龙形，龙畏雷，故作此门以胜之。果尔，则下文稽山门犯胜之说似亦不可忽与），水门曰都泗（元名元阳），东南曰稽山（元名镇远，由此门达禹陵。按：郡城自水门外，其他诸门并有月城一座以护，而稽山门独倍之，左右翼绕接其门。先是，倭人入内地颇逼，知府刘锡[③]恐寇阶以登，用郡人言，堕缺之。锸稍深，得石匣一，启之，有骸一具，铁索锢其项。复有木匣函其颅，索锢如之，而骸与匣并新鲜如昨瘗。是门属西南，为巽隅，地家所称当避贼锋者，而今若此，意城时取贼躯以压胜耳。人相传，自来郡城中无剽寇，自堕月城后始渐有，以为犯胜，理或然也），水门曰东郭（元名东明）。城楼四，敌楼一，兵马司四，窝

① 笃满帖睦迩：明嘉靖《山阴县志》作笃满帖木尔。多作“帖木儿”。

② “植利门”，越地旧志多作“殖利门”。

③ 刘锡：河北鸡泽人（今邯郸市鸡泽县），嘉靖三十三年（1554）任绍兴知府。

铺三十五，月城三，女墙二千二百九十二。城内外并池以绕之。外池东广五丈，深一丈；南广八丈，深九尺；北广五丈，深八尺。内池并广丈有八尺，深七尺。（嘉靖三年，知府南大吉①重修女墙，并易以砖，高四尺六寸，厚一尺②。崇祯十五年，推官陈子龙修五云外城，名曰“雷门重险”。国朝顺治十五年，总督李③行文各县修城，女墙并二为一。康熙十三年七月十三日，土寇窃发，蜂屯蚁聚几数万，围薄郡城，昼夜进攻，城几陷。知府许弘勋率僚属同乡绅姜希辙、余缙、金煜、王縠韦，贡士虞相、虞卿、姜垚及居民等坚守城墉。时武备单弱，弘勋再三慰谕，奋勇登先，人有固志，复乘间杀贼七，遂退。剿抚兼施，孤城获全。越郡始终不罹兵革，得以危而复安者，口碑载道，至今不绝。合郡绅士有《续保越录》，余缙序。《保越录》者，纪唐、宋以来节度、刺史御寇靖民之实迹也。《续保越录》者，纪今绍守许公甲寅年捍孤城，歼群逆，讨平郡邑诸山越④之实迹也。公讳弘勋，字元功，三韩人。由华胄起家郎署出守会稽郡，岩乡也，复濒海。公下车甫数月，适逢闽变，一时人情鼎沸，公独镇静若平时，修城浚隍，缮干縠胄，咸咄嗟立办，而民不知有警。既而婺、括之介流溃日众，奸民蜂起，愚者率为所迫，遂长驱犯越。时贼窥守将若拉朽，内无劲旅，外无援师，谓越城可唾手拾耳。幸公以文臣任武事，措施优裕，咸有成算，殪诸城下，几尽覆之。其窜伏外邑者，率师躬讨，悉殄根株，旬日间遂致清宁。公之才固度越诸贤，而诚心、爱下、廉平之德，实有以詟服人心，故剿抚所及，咸投戈涕泣，罔敢奋螳臂以当者。尝身诣贼巢，止携二三仆从，谕以祸福，贼既感悟。已而⑤有诱胁者谋将中变，几以不测加公，左右皆汹惧，或劝公微服潜遁，公叱之曰：“吾既入虎穴，宁畏虎子耶！”遂酣寝达旦，贼皆眙愕不敢动。有惊疑从间道逸去者，辄为逻卒所获。盖公已先期设伏，贼虽铤走，无一得脱者，始相顾骇以为神，抚事乃定。公之胆智绝伦类如此。今公备兵海上，鲸鲵绝迹，方冀清晏之风，久庇东浙。而公适以内艰归，两郡士民攀辕泣留，若疾痛之需父母。□制阃⑥，素重公，欲勉留，不可得，则议暂借以伺新轸，而公至性必不可夺，遂力辞终制。越人先勒石以铭之矣。犹谓金石有时刊蚀，惟志之郡乘，庶俾后之君子溯观而知所取法焉。爰不揣固陋，述数语以继古录云。）

## 所城

**沥海所城**　在县东北七十里三十三都之薛家沥。（明洪武二十年，信国公汤和建。）

---

① 南大吉：渭南人（今陕西省渭南市临渭区），嘉靖二年（1523）任绍兴知府。

② “尺”，国图本、内阁本作“丈”，“丈”为误。

③ 顺治十五年（1658），浙江总督李率泰命各府州县修城。

④ “越”，光绪《诸暨县志》卷四十七“《续保越录》”条内作“寇”，此句以“寇”为胜。

⑤ “已而”后，国图本缺一页，文缺至“会稽山上城”条“宛以得存者”之前。

⑥ 制阃：统领一方军事。

城方三里三十步，高二丈二尺，厚一丈八尺。城门四，城楼四，角楼四，敌楼四，月城四，兵马司厅四，窝铺一十六，女墙六百一十一。池深丈有五尺，广二丈五尺，内设教场一所。（所城原与上虞分辖。会稽管辖西、北二门，上虞管辖东、南二门。亦于顺治十五年重修。）

## 废城

**会稽山上城**　在县东南一十里。（《越绝书》：句践与吴战，大败，栖其中。乃以下为牧鱼池，其利不租。旧经：句践为夫差所败，以甲楯五千保于此城也。《十道志》云：城，天门也。天门当闭，开必致虎。尝观吴之胜越，越虽大败，犹以甲楯五千保险拒之，故得不亡。此与汉伐宛无异，宛以得存者，亦以中城不下故也。岂独以纳赂请盟而得存哉？及吴之亡也，乃束手请以越之事吴者事越，岂可得哉？夫差岂能存亡国，句践亦非忍于灭吴，各因其势而已。故表出之，为后世守国者之戒。）

**会稽山北城**　在县东一十里。（《越绝书》：子胥浮兵以守城是也。旧经：夫差围句践于会稽山，伍员[①]筑此城以屯兵。）

**侯城**　在县东五十八里。（越始侯无余所都城也。）

**黄家堰巡检司城**　在县东北八十里纂风镇，与上虞县界。（郡志：司城为方一百四十丈，高一丈三尺，厚二丈五尺。南北环以月城。城楼一，窝铺四，女墙一百十。城下有池，深一丈二尺，广四丈五尺。旧在府城东北六十里黄家堰。洪武二十年，徙沥海所西，为海潮所啮。弘治间徙今所，故址尚存。）

## 设官

柳子[②]《论封建》，大约谓上古之时，起于有争而就质，于时[③]刑政渐以生焉。是故有里胥而后有县大夫，有县大夫而后有诸侯，有诸侯而后有天子。自天子至于里胥，皆有德者也。死必求其嗣而奉之，此封建之所由始也。信斯言也，则县大夫之设，其初且未属于天子，而民自求有德以听其治。其后既有天子，则天子始求诸有德者，责其治以加于民。然而自始求之外，子[④]嗣其祖以为治，未必肖之者亦多矣。

---

① 伍员：即伍子胥，春秋末期吴国大夫。

② 柳子：柳宗元，其有《封建论》，阐发郡县论的合法性和合理性等内容。

③ “于时”，国图本、内阁本作“于是”。

④ “子”，《徐渭集》该处作“子孙”。

而今之言制者，每每进封建而退郡县之设官。噫！今所设之官类皆天子求诸有德，责其治以加于民，亦犹古初民自求诸有德以听其治之类也。即有鲜德者，亦不犹古初封建之后，其子孙嗣以为治，未必肖其祖之类耶！如此，则凡鲜德者，其为官之责而非设官之责也亦明矣。言制者又乌用进封建而退郡县之设官也耶？（徐渭）

［周制］县有正，以掌其政令而治之。其属有党正、族师、闾胥、比长、酂正。［春秋列国］或曰宰，曰尹，曰公，有大夫，名以国异，其为县邑之长则一也。长各有贰，然丞、尉之名则无闻。领县始于秦。［秦］置令、丞、尉各一人，三老[①]一人，亭长未详其数。［汉］率袭秦。令一人，千石，月俸八十斛；丞一人，四百石，月俸三十斛；尉一人，二百石，月俸十五斛。主簿、令、长得自调用，秩与尉同。三老一人，择乡之三老为之，得与令、丞、尉以事相教。孝弟力田一人，啬夫游徼一人。至武帝，增置学官一人。平帝，置经师一人。［晋］增置啬夫二人，教官掾一人，方略吏一人，书史二人，史佐二人。［后魏］增置博士、助教各一人，学生四十人。会稽有县，自隋开皇九年始。［隋］置县。列上上者，有令、丞、中正、光迎功曹、光迎主簿、功曹、主簿、录事及西曹、户曹、金曹、兵曹等掾，市长等员。合属官佐史五十四人。上中县减上上县五人，上下县减上中县五人；中上县减上下县六人，中中县减上中县五人，中下县减中中县一人；下中县减下上县一人，下下县减下中县一人。（当时会稽不知列何等，今不可考。）自州、郡、县各因其大小，置白直以供其役。上县令为第六品，中县令为第七品，下县令为第八品。禄率一分以帛，一分以粟，一分以钱。六品一百匹，二十五匹为一秩；七品六十匹，十五匹为一秩；八品三十六匹，九匹为一秩。（《隋书》纪录但以帛称，而不及钱、粟，故曰匹。）唐置令一人，从六品，秩田五顷，岁俸八百有五石；丞一人，从八品，秩田三顷，岁俸六十四石有五斗；主簿一人，正九品，秩田二顷五十亩，岁俸十九石有五斗；尉一人，从九品，秩与簿同。学置长史一人，学生三十五人。尉[②]固犹汉、魏也。［宋］置知县一人，秩田六顷，俸二十千；丞一人，秩田四顷，俸十五千；主簿一人，秩田三顷，俸十二千；尉一人，主学一人，秩俸皆同簿。增置忠翊郎巡检一人，承信郎监酒税一人。［元］增置达鲁花赤兼诸军奥鲁劝农事一人，秩田二顷，月俸钞十有八两。县尹一人，秩与达鲁花赤同。主簿一人，秩田一顷五十亩，月俸钞十有二两。丞一人，秩田一顷，月俸钞十有二两。

---

① 三老：秦朝设三老以掌教化，包括县老、乡老和家老。

② “尉”，万历本作“则”。嘉靖《山阴县志》卷一亦有“学置长使一人，学生三十五人，则固犹汉、魏也”。

典史及尉皆一人，月俸米八石，钞十两。教谕一人，月俸二石，钞十两。至[明]制，置知县一人，正七品，月俸七石有五斗。丞一人，正八品，月俸六石有五斗。主簿一人，正九品，月俸五石有五斗。典史一人，月俸二石。司吏十一人，典吏二十一人，教谕一人，训导二人，俸廪皆三石。生员廪膳二十人，增广二十人，附[①]无定额。今在会稽者，约四百人。其属今在会稽者，东关驿丞一人，月俸一石，吏一人。旧在会稽者，五云、桑盆河泊所二，伧塘税课司一，三界、蒿陡、桑盆税课局三。各有官一人，吏一人，后俱革。崇祯间，裁主簿一员。国朝官制品级因之。俸廪载"田赋志"下。主簿、训导奉裁。[②]

## 县署

正厅三间(名牧爱堂)，幕厅一间，后堂五间(西为册库)，耳房一间，穿堂一间，戒石亭一座，两廊十六间，盐仓三间，土地堂一所，狱一所，仪门三间，外门三间，旌善亭一间，申明亭一间，坊牌二座，客厅三间(名宾贤馆)。

**知县衙**　在正厅后。

**县丞衙**　宋在东大德政坊，今在知县衙东。

**主簿衙**　在知县衙西。[③]

**典史衙**　宋在县东七里灵汜桥，今在正厅东。

**三友亭**　亭植松、竹、梅，令、丞、簿托以自见。吴元年[④]，知县戴鹏举[⑤]修之，王宥作记。成化十五年，吴珍复修，亦有数语以识。元王宥《记》：县有令、丞、簿。令宰一邑，事无所不统。丞若簿各有分职，非若令之得专决。前代史册所书，专称令而不及丞、簿。今则藉令佐职，于县事皆得预闻，是非可否，均若一体，无恃情独断之害，视古制为良。会稽初入版图，于是县令戴君鹏举及县丞胡君伯庸、主簿钟君仲辅，实皆一时之选。下车临政，问民间之疾苦，刮垢去弊，光彩振发。恒赋之外，无横敛之苛，无叫嚣之苦。民皆鼓舞奔走，乐于趋事。政成治安，相与无事，日惟守法循理而已。县圃旧有亭，废久不治，乃扩而新之。又加饰其栏楯，环树梅、竹、杂蔬、松其间，

① 附：附学生员，简称附生，位列廪膳生员、增广生员之后。

② "主簿、训导奉裁"，国图本、内阁本作"主簿裁、训导于康熙三年奉裁，于康熙十六年复设"。

③ 国图本、内阁本后有"今废"。

④ 吴元年：朱元璋吴元年(1366)。

⑤ 戴鹏举：即戴鹏，字鹏举，卷第二十二有传。卷第十三"名宦祠"条、卷第十八"职官志"作"戴鹏"。

景物潇洒，顿殊畴昔[1]。公事之暇，则相与扶携。至是，对哦松竹，商略古今，清坐雅谈为事。余归自金陵，间至其所，爱其幽旷闲雅，有不忍舍去之意。三君子起而言曰：是不可以无记。余观天下之植众矣，春而荣，夏而长，秋至气肃，而摧剥继之。独松与梅竹，凌寒不凋，傲霜雪、贯四时，而不改柯叶，岂非得天地刚健之气，而遂其性之贞，固独能久长而不衰？故三者得以友称，而他木不与焉。今邑大夫暨僚佐，侃侃自治，不为物挠，其节操刚特不变，亦类于是。夫艺木之初，已期于自拟，非偶然也。木无殊于人事，而人之节概则有似焉。故人以木而表见其性，木以人而愈彰其名。则凡处兹邑署而同治民者，诚良益友也。古者同僚为友，邑之僚适三人，而无外与。皆能以清操自持，愈久峻拔，将金石与交，而终始益坚。木不足以为比，岂独是亭哉？嗟夫！登亭而观水[2]，因木而思其人，则亦使后之人知其所自而有省尔。吴珍识：余自丁酉冬来令兹邑，公暇每询前任有善政贻于邑者，心窃慕之，然久亦未得其人。今公署后偶见碑石废草莽间，命洗而读之，乃戴君鹏举令是邑，与丞簿托松、竹、梅以自比，名曰“会稽三友亭记”，君之政绩虽未暇究，然观此而其为人可想矣。余读《记》，因有感焉，故重建以俟后有所考云。

**清远楼**　嘉靖十六年，知县牛斗建。隆庆六年，杨节继之。楼下畦瓜，一茎三蒂而六实，因更其名曰嘉瓜楼。

**集思堂**　即后堂，久圮。康熙五年，知县王安世重建。

**县令题名碑一座**　嘉靖八年，知县王文儒立。

右县署唐垂拱二年建，周二里。前临开元寺，后月池坊，厅后滨河。明洪武二年，知县戴鹏举重建。成化十二年，吴珍修。正德四年，陈玉修。别有宽简堂、绿漪厅，在宋时所建者，今废。

## 属署

**东关驿**　在县东九十里(即古东城邑)。门楼三间，正厅三间，穿堂三间，后堂三间，房四(文、行、忠、信。正、从铺陈各一副)。

**站船**　随船，正、从铺陈各一副。

**红船**　随船，正、从铺陈各一副。

**支应**　每日若干。旧驿在曹娥铺右二百步，其左即曹娥旧坝，隔江岸二里许，泥泞难行。嘉靖间，里人共捐产开河，由曹娥场起至凤凰山下，移驿于坝边，临江浒，东近上虞。凡各上司往来差役，以江心为界。有站船、红船、河船等水手，值马夫、把门诸官随夫役。其担负、扯牵等项，

---

① 畴昔：往昔。

② “观水”，国图本、内阁本作“观木”。

名曰募夫。募夫向有夫头，领县工食，雇夫应用。工食入手，往往逃窜。三院司道及泛兵往来锁铐，居民不遑宁居。万历年间，知县某立法，将募夫工食给附近十三、四、五都里长，免其杂项差役，承值募夫。国朝顺治年间，大兵过往如织，里长不能供应。今兵役已宁，民始休息。总督赵"严禁拖递等弊碑"立塔桥边。

**便民仓**　在都泗门内，官厅三间，土地祠一间，大门三间，廒五十间（今废已久）。

**预备仓**　在便民仓内（即古北义仓基）。官厅三间，廒六间。（今多圮废，稍因遗址缮治为[①]。谕祭倪文正，圃、舍地凡九亩。按：县郊古有东、西、南三义仓，俱久废。）

**迎春亭**　旧在镇东军门左。弘治中，移至东双桥上，已而移至五云门外。每岁立春，于此迎春。今灾。万历间，知县罗相重建常平仓亭，在常平仓之前。陶望龄《记》：常平仓议发于浙江参政张公既奉俞旨，檄所部诸州县作之。是岁丙申五月，会稽尹公以新仓报成，仓处五云铺右，故河泊所地。西望郭，前俯大河，航驰担趋，人力所凑，官易监察，而民便于出纳。厥地最宜土木，佣力之直银二百八十四两零，佣者食谷百有六石。成屋大小十九间，袤石墙六十六丈，费最省。仓之制，正厅三间，前扩之为卷篷，间称焉。后引一室为更衣所，两耳曰社学，间称焉。学旁两小房衔之，东西翼为廒房，皆连七楹，受粟度可八十余石。厅左方三楹，曰土地祠，右方者间称焉。前为大门，踞逵度逵，瞰水楹者五，特修广壮丽为官厅。门之两隅，各旁引八室，列肆者僦于官而居焉。夫会稽，浙东首郡，而五云，会稽东门大道也。曩者岁首立春日，郡太守率僚属延句芒[②]东郊，导从无所止，常止铺中。铺湫隘，履舄相蹈并涯，民居喧秽。省宪大官，弭节无地，吏民迎送参谒，威仪弗飶。二者皆大郡之辱，沿不可改。仓建而三利并焉，闳其内可以萃冠盖，巍其外可以憩使舟，跽拜有度，将迎有体，肃官常敬民事仓云乎哉！以故厥规制最钜备，仲春始僝工[③]，逾两月而成，若地涌天营，欻然就绩。民美轮奂，不闻役作，厥成最速。公犹曰：后之人其或堕吾绪，而忘作之艰难。为买田若干亩，取田之入与居肆者僦钱为修葺费。是仓也，庶几可以常新厥谋，又若斯之永也。陶子曰：官帑[④]之绌甚矣。仓者，以为藏也。官未忧所藏，而先惮于为藏者。为藏者绌矣，而何有于藏者哉？虽然，盈与绌非常数，能者常有余，拙者常不足。公是举也，有余，其力以获有二善；

① "为"，或是"焉"之误。

② 句芒：句芒是中国古代民间神话中的木神（春神）。

③ 僝工：亦作"僝功"，多指筹集工料，以从事或完成建筑工程。

④ 官帑：国库里的钱财。

有余，其谋以贻后之人，可谓真有余矣。真余者，绌不能绌，非大过人之才力，焉能办乎？夫常平之法，自汉迄于唐、宋，往往官出缗钱为籴本，至明改为预备。凡纳粟赐爵与掾吏免试、罪人赎辜，皆委输于仓。虽不置籴本，而所积固已充羡焉，则一预备而可矣。厥后四方之积，敛而内输，荒政所需，徒取给抵赎[①]，比量分数，严罚随之。长吏黾勉及程，犹恐不逮，即一预备犹难焉。然预备之法，放而无所息，出多不返，积虽丰而易匮；常平者反之，息之，苟有善者，可以渐丰，为法较善，独今日时势稍艰耳。官不能具籴，本一难也；未下劝率之令，而先远抑勒之嫌，二难也；力殚于预备，而储为常平，三难也。故非有大过人之才力，无以善其事。今新仓所储，既渐以赢矣，民皆知我侯用心之苦，而莫测其妙。令继者复如侯之日滋月息，则仓其庶几哉！昔元晦[②]之议社仓也，说者所持异议，郡邑皆空文相枝梧，独会稽、山阴力行之，而民受赐甚渥。由此言之，法无难易，神而明之，存乎其人。信矣哉！

**接官亭** 即东道所，在迎春亭东一里（知县张鉴创，邑士秦位、金堂捐地为之基）。大门三间（匾曰“舟行画图”），正厅三间（匾曰“东道所”）。

**分香亭** 在稽山门外。（凡遇颁降御香，皆迎至此亭。二炷分往南镇、禹陵，二炷分往宋攒宫、永阜、永穆陵。今亭圮，基存。）

**养济院** 附于府，在山阴鲤鱼桥西（即宋时贡院故址，院东属会稽，屋百余间。正德十四年，知县徐岱重修，今废）。

## 寓署

**曹娥场盐课司** 在东关驿南（隶两浙盐运司）。

**绍兴卫军器局** 在县治东南二里（明初在绍兴卫公署后。洪武二十三年，指挥赵忠移置于此，即福果寺基）。

**沥海千户所**[③] 在县三十三都纂风镇（隶临山卫）。

**常丰二仓** 在沥海所（隶余姚县）。

## 废署

**伧塘税课司**

---

① “抵赎”，国图本、内阁本作“纸赎”。

② 元晦：即朱熹。

③ 本条，国图本、内阁本无，空行。

**三界税课司**

**桑盆税课司**

**蒿陡税课司**

**五云河伯所**

**桑盆河泊所**[①]　以上司所，俱以本地名。五云、桑盆二所，俱宣德十年裁。宋郡志载樊江巡检司、会稽捕盗司、汤浦纸局、三界纸局、曹娥税场。今俱废。

康熙会稽县志卷第二终

① 内阁本，本条后有："沥海千户所，在县三十三都纂风镇。旧隶临山卫，国朝奉裁，以余地并入县，其教场及仓基二十三亩为倪文正谕祭地。"

# 康熙会稽县志卷第三

## 山川志上

形势　山

纪扬州之山川者,在《禹贡》曰彭蠡、曰三江、曰震泽而止。在《周礼》曰会稽、曰具区、曰三江、曰五湖而止。彼州者于天下九之一也,今邑者于天下几于千之一也。一圣君,一贤相,书天下九之一之山川,不满一尺牍;今之志会稽者,书天下千一之山川,乃累十数纸而未终,且间有缺,曷故哉?秦以前,天下之地各属其封国,惟各属其封国,则王者制其贡而已耳,不责其数可也。故夏之物于扬州亦止曰"贡金三品,瑶、琨、筱、簜、齿、革、羽、毛、木"而已,周之物于扬者亦止曰"金、锡、竹、箭"而已。秦以后,天下之地一统于京师。惟一统于京师,则王者虽制其贡矣,不责其数不可也。故一毛一鳞之所产,亦必稽于土,登于版,与壤亩等也,而不敢以谩。夫物不责其数,故山川可略也;可略,故纪山川其大如州者,不满一尺牍。物责其数,故山川不可略也;不可略,故纪山川其小如邑者,累十数纸而未终,且间有缺。(徐渭)

### 形势

夫郡邑之有形势,岂取于观游哉?会稽东有娥江,北有大海,南有杉木、驻日、嵝山诸岭,而西界于山阴。约地六千顷,丁男六万人,无事则耕食凿饮,有事则荷戈带甲。向者批东关,撇清风(岭名,属嵊)以与倭相从事,据险择利而进。则所谓娥江、大海,诸岭未必邻封之,不为我而增壮也。(《晋书》:孙恩入余姚,破上虞,两寇邢浦，害谢琰。寇邢浦虽不书何地，然自上虞入，必循会稽东道曹娥间也。《五代史》：钱镠出平水，率奇兵破刘汉宏之将朱褒于曹娥埭。《保越录》：元至正时兵乱，邑人裘廷举结乡兵设守驻日岭，而近岁倭掠东关、屯皋埠者，往往从娥江入。）若所称佳山水特游观之具，岂形势之谓与？已志在"山川部"中。

东环娥江（界上虞），北绕大海（界海盐），南接杉岭（界嵊），西倚山阴，东南阨嵊山（界嵊），西南阻驻日（界诸暨）。

## 山

**南镇会稽山**　在县东南一十二里。（《周礼》：扬州之镇山曰会稽。《山海经》：会稽之山四方，勺水出焉。《史记》：禹会江南，计功而崩，因葬焉，命曰会稽。会稽者，会计也。注：禹到大越，上苗山，爵有德，封有功，因更名曰会稽。《吴越春秋》：禹还大越，登茅山以朝群臣，大会计，更名茅山曰会稽山。《舆地志》：会稽山一名衡山，其山有石，状如覆鬴，亦谓之覆鬴山。《十道志》：会稽山本名茅山，一名苗山，一名涂山。吴夫差入越，王以甲楯五千保会稽山。《太平御览》：会稽之山，古防山也，亦名镇山。《三国志》虞翻曰：南山攸居，实为州镇。隋开皇十四年，诏会稽等山，并就山立祠。唐开元十四年，封四镇山为公，会稽南镇曰永兴公。《唐·地理志》：会稽县有南镇永兴公祠，即此山也。地志所著曰苗山，曰茅山，曰衡山，曰釜山，曰防山，曰覆鬴，曰栋山，亦曰南山，实一山也。东北接观岭，其上有盘石屹立，曰降仙台，一曰苗龙仙人台，台下有香炉峰。永兴公祠之侧，有茗坞、淘沙径、思古亭遗址。由[①]南别峰曰石伞峰，之下有唐齐抗书堂、范蠡养鱼池。山西北五里即禹井、禹庙（宋名告成观）。又西百余步有大禹寺、菲饮泉。注：山与宛委相接。宛委山即禹穴，号阳明洞天。《泊宅编》[②]：会稽，东南巨镇，对案梅里尖，谓之笔案，其周回六十里。此又兼言宝山也。然则会稽云者[③]，诸山之通称尔。晋郭璞《赞》：禹徂会稽，爰朝群臣。不虔是讨，乃戮长人。玉柜表夏，元石勒秦[④]。唐孙逖诗：稽山碧湖上，势入东溟尽。烟景画清明，九峰争隐嶙。望中厌朱绂，谷内探元牝。野老听鸣驺，山童拥竹轸。仙花寒不落，古蔓柔堪引。竹涧入霜多，松崖向天近。云从海山去，日就江村陨。能赋丘尝闻，和歌参不敏。冥搜信冲漠，多士期标准。愿奉濯缨心，长谣反招隐。李公垂诗：削平水土穷沧海，畚锸东南尽会稽。山拥翠屏朝玉帛，穴通金阙架云霓。秘文镂石藏元璧，宝检封云化紫泥。清庙万

---

① "由"，国图本、内阁本作"山"。
② 《泊宅编》：宋方勺（号泊宅）著，载两宋之际朝野旧事。
③ "会稽云者"，或是"会稽山者"。
④ "元石勒秦"，"元""伟""玄"，万历本作"玄石勒秦"。

年长血食，始知明德与天齐。宋高宗诗：六龙转淮海，万骑临吴津。王者本无外，驾言苏远民。瞻彼草木秀，感此疮痍新。登临望稽山，怀哉夏禹勤。神功既盛大，后世蒙其仁。愿同越句践，焦思先吾身。艰难胜遵养，圣贤有屈伸。高风重君子，属意种蠡臣。元吴莱诗：自我行至越，因之成越吟。会稽乃巨镇，拥拔天东南。东南谁开辟？大禹世所钦。外方岛屿接，支子祧庙临。磬鞀或声谏，檋橇惟力任。收功黄熊化，画道应龙深。衣冠千年定，玉帛万国沉。荒烟专车骨，落日望狩心。盛德蔑以过，遗祠尚兹歆。渤澥敛余涨，苍梧分远阴。前迎莲花渚，后拥竹箭林。犹回剡曲棹，肯鼓玉门琴？秦皇旧时辇，散乱何可寻？欲去不忍去，追游更来今。黄元镇诗：巨镇东南表海邦，玉书金简昔人藏。云从禹会奔侯国，星列周官奠职方。野径莓苔秋树老，空山香火夕辉凉。恭惟岁遍宗群祀，敕使年年摄荐璋。明刘基诗：会稽南镇夏王封，蔽日腾空紫翠重。阴洞烟霞辉草木，古祠风雨出蛟龙。元彝[①]此日归何处，玉简他年岂再逢？安得普天休战伐，不令竹箭困输供。又《谒夏禹王庙有感》诗：一片宫垣粉雘新，前王陵庙在松筠。玉书金简归天地，贝叶昙花诧鬼神。沧海波涛纡职贡，山川草木望时巡。苗顽未狎虞阶舞，空使忠良泪满巾。又《感怀》诗：朝登会稽山，逍遥望南讹。禹穴已芜没，禹功长不磨。惆怅感往昔，沉吟发新歌。谁言专车骨，冠弁高嵯峨。为虺且复尔，为蛇当奈何。天门隔虎豹，空悲涕滂沱。王守仁《登香炉峰》诗二首：会从炉顶蹑天风，下数天南百二峰。胜事纵为多病阻，幽怀还与故人同。旌旗影动星辰北，鼓角声回沧海东。世故茫茫浑未定，且乘溪月放归蓬。又：道人不奈登山癖，日暮犹思绝栈云。岩底独行穿虎穴，峰头孤啸乱猿群。清溪月出时寻寺，归棹城隅夜款门。可笑中郎无好兴，独留松院坐黄昏。沈鍊《宴集南镇山池》诗：挂席[②]俯云端，山禽舞合欢。羽觞流满月，仙馆发幽兰。香醑花能酿，清丝水共弹。不知歌咏地，犹作晋衣冠。蒋平阶《会稽山辨[③]》：绍兴旧志以禹陵南之覆鬴山指为会稽山，传闻乖谬，袭而不考，一至此哉！《虞书》以四岳为天子巡狩之所。禹定九州，各以道里适均之地，大会诸侯，封其高山为州之镇。扬之会稽，其一也。夫王制五岳，视三公言，德高地峻，品物仪章，莫隆于此。是则四隩之山。惟此四者，难可等伦，故命之为岳。岳者，高也。《大雅》赋《崧高》亦曰："崧高惟岳，峻极于天。"言非二室三台所能并也。《周礼·职方氏》不云"岳"而均谓之"镇"。镇者，尊也。镇犹岳也。然则会稽之在扬州，犹青、齐之有岱宗，汉南之有衡山也。若覆鬴蜿蜒卑伏，屈于诸山之下，而名之曰镇，以与石间、日观、祝融、玉女并称"赤帝之阙"，而表受命之符，抑亦爽其实矣。必若所云，则坐镇金天者，当于少华、首阳。而何必从太华七十二君之金泥玉简。当于云亭、梁父、社首，肃然而奚，必登介丘。

---

① "元彝"，国图本、内阁本缺字，其中国图本该空处有后人书"金轮"两字。

② "挂席"，国图本、内阁本作"桂席"。

③ "会稽山辨"，国图本、内阁本作"会稽山辩"。

由斯以谈覆釜之欲当会稽。求诸义类,无适而可。按"宋志"作于陆待制游,"明志"相传以为徐山人渭代作。二君素好淹雅,岂其有挂漏与?然则会稽山云何?曰:即今所称秦望者是。《山海经》曰:会稽之山,四方匀水出焉。南流至于湨。诸山惟秦望其形削成,而方有南流之水。若天柱而下,香炉、宛委,水皆北流,与《山经》不合。此一证也。《吴越春秋》:夫差入越,越王以甲楯五千保会稽,秦望险峻,故可擐甲自卫。敌不能仰攻。若在覆釜蹙之,即鸟散矣。且其山仅可栖数十人耳,五千之众安所容足乎?《泊宅编》亦云:会稽,东南巨镇,周回六十里。覆釜未及里许,何云六十里也乎[①]?故旧志又曰:会稽山者,诸山之通称尔。彼刻石、秦望皆可以会稽名之。历考《石经》[②]并后贤绪论,秦望之为会稽,彰彰可据矣。自始皇东巡,登之以望东海,辄置其故名,贶以荣号,而谓之"秦望"。盖秦以后之文,非三代之旧也。宋陆参《法华山碑》亦曰:夏后氏巡狩越山,方名会稽。后世分而为秦望,釐而为云门、法华,其实一也。而李斯所作颂德之碑,其文盖谓遂登会稽,宜省习俗。旧云碑在秦望,则当昔时祖龙驰道之初,其山名从故未之有改也。然则覆釜之称会稽者何居?曰:以南镇之庙在其侧也。夫庙之立也,必择垲爽平衍之区,广可设坛场,而涂足以通使臣之车辙。若必于秦望,则崎岖斗绝,非其便矣。且以其无非会稽也,故随所择而庙焉。岂牲牷、圭璧,独此塿培者能歆之哉?[③])

**宛委山**　在县东南一十五里。(旧经:山上有石箦,壁立干云,升者累梯而至。《十道志》:石箦山,一名宛委,一名玉笥,有悬崖之险,亦名天柱山。昔禹治水,功未成,乃斋戒于此,得金简玉字,因知山河体势。《水经》:玉笥、竹林、云门、天柱精舍,并疏山为基,筑林栽宇,割涧延流,尽泉石之好。《太平御览》:会稽石箦山上有金简玉字之书,夏禹发之,得百川之理。山有栖神馆,唐改为怀仙馆,今为龙瑞宫,尚存。《道书》云:阳明洞天,一云极元太元之天。山巅有飞来石,其下有葛仙翁丹井,山南有叶天师龙见坛。《史记》云:太史公上会稽,探禹穴。注:大禹至会稽,因葬焉。上有孔穴,民间云禹入此穴。自旧经诸书皆以禹穴系之会稽、宛委山,里人以阳明洞为穴,今无所考。惟唐郑鲂书"禹穴"二大字,元微之铭而鲂序之。然昌黎《送惠师》云:尝闻禹穴奇,东去穿瓯闽。越俗不好古,流传失其真。则禹穴不可定名久矣。旧经引《遁甲开山图》:禹治水至会稽,宿衡岭,宛委之神奏《玉匮书》十二卷。禹开宛委山,得赤珪如日,碧珪如月,各长一尺二寸。唐宋之问诗:禹穴今朝到,耶溪此路通。著书闻太史,炼药有仙翁。鹤往笼犹挂,龙飞剑已空。石帆摇海上,天镜落湖中。水底零霜白,山边坠叶红。归舟何虑晚,日暮

---

① "六十里也乎",国图本、内阁本缺字,作"六十里□乎"。

② "《石经》",国图本、内阁本作"古经"。

③ 本句,国图本作"岂牲牷、圭璧,独此培塿□□□□□?循端反覆,於特人之惑,可以□□□□";内阁本作"岂牲牷、圭璧,独此培塿者能歆之哉?循端反覆,於特人之惑,可以豁然解矣"。

使樵风。元韩性长短句：秦望几千仞，翠入蓬莱城。城中望山色，明暗分阴晴。老夫散策山前路，为爱看云不归去。仰看惊怪鹭飞来，回头忽见云生处。岫中孤起如炊烟，乘风腾上苍崖巅。崖巅宿云喜迎接，横空一幅兜罗绵。天风吹散银千缕，淡处是烟浓是雨。云师拗怒不肯回，露出峰头尺来许。一雨三日溪水肥，老夫欲归不成归。云师知我惨不乐，故出小橘相娱嬉。老夫作诗一笑领，举袖收云散空迥。倚松绝叫山下人，仰看云峰起山顶。明王元章《玉笥山》诗：幽窅无人迹，空虚见远天。雪深山气伏，崖断树根悬。乌鸟翻身入，狐狸放胆眠。老夫多脚力，更欲上层巅。）

**秦望山**　**在县东南四十里，宛委山南。**（高出群山，秦始皇登之以望东海，故名。《史记》：始皇三十七年，登会稽山，祭大禹，望于南海，立石刻颂秦德。李斯篆书。《太平御览》：南山有谯岘，中有大城，越王无余之旧都也。句践语范蠡曰：先君无余国在南山之阳，社稷宗庙在湖之南。山有三巨石，屹立如笋，龙池冬夏不竭，俗号圣水。旁有崇福侯庙，今废。山在城之南，与郡治屹对，故谓之南山。姚令威《丛语》：予尝上会稽东山，自秦望山之巅，并黄茅，无树木。山侧有三石笋，有水一泓，盖即谯岘也。咸平中，陆参[①]撰《法华山碑》：夏后氏巡狩越山，方名会稽。后世分而为秦望，厘而为云门、法华，其实一山。然则秦望亦可以会稽名之耶！始皇登此山以望南海，又陟天柱之高峰以望秦中，始有秦望、望秦之名，而秦望为最著。《十道志》：秦始皇登秦望山，使李斯刻石，其碑尚存。然以姚令威及王龟龄所记考之，一以为在鹅鼻山，一以为在何山，未知孰是。《秦颂德碑》文：皇帝休烈，平一宇内，德惠修长，三十有七年，亲巡天下，周览远方。遂登会稽，宣省习俗，黔首齐庄。群臣颂功，本原事迹，追守高明。秦圣临国，始定刑名，显陈旧章。初平法式，审别职任，以立恒常。六王专倍，贪戾傲猛，率众自强。暴虐恣行，负力而骄，数动甲兵。阴通间使，以事合从，行为辟方。内饰诈谋，外来侵边，遂起祸殃。义威诛之，殄熄暴悖，乱贼灭亡。圣德广密，六合之中，被泽无疆。皇帝并宇，兼听万事，逮近[②]毕清。运理群物，考验事实，各载其名。贵贱并通，善否陈前，靡有隐情。饰省宣义，有子而嫁，倍死不贞。防隔内外，禁止淫泆，男女洁诚。夫为寄豭，杀之无罪，男秉义程。妻为逃嫁，子不得母，咸化[③]廉清。大治濯俗，天下承风，蒙被休经。皆遵度轨，和安敦勉，莫不顺令。黔首修洁，人乐同则，嘉保太平。后敬奉法，常治无极，舆舟不倾。从臣诵烈，请刻此石，光垂休铭。唐萧翼诗：绝顶高山路不分，烟岚长锁绿苔纹。猕猴摧落[④]悬崖石，打破下方遮日云。薛据诗：南登秦望山，

① 陆参：唐吴郡人，字公佐。曾隐居越州。
② "逮近"，国图本、内阁本作"远近"。
③ "咸化"，国图本、内阁本、万历本作"感化"。
④ "摧落"，万历本作"推落"。

目极大海空。朝阳半旸谷，晃朗天际红。溪谷争喷薄，江湖第交通。而多渔商客，不悟岁月穷。振缗近早潮，弭棹候远风。予本萍泛者，乘流在西东[①]。茫茫天际帆，栖泊何时同。将寻会稽迹，从此访任公。宋陆游《醉书石壁》：秋雨初霁开长空，夜天无云吐白虹。劈波浴海出日月，拔山卷地驱雷风。昆仑黄流泻浩浩，太华巨掌摩穹穹。平生所怀正如此，拜赐虚皇称放翁。放翁七十饮千锺，耳目未废头未童。向来楚汉何足道，真觉万古无英雄。行穷禹迹亦安在，聊借旷快洗我胸。涛澜屡犯蛟鳄怒，涧谷或与精灵逢。黄金铸尽决河塞，俘献颉利长安宫。不如翠华扫青嶂，一寸毫健惊天公。王十朋诗：瞻彼秦望，崇于会稽。曷云其崇，登焉而柴。孰登是山，西方之人兮。瞻彼秦望，轻于会稽。曷崇而轻，名之以嬴。孰名是山，东方之人兮。我登稽山，思禹之迹。吾侪不鱼，繄帝之力。我瞻秦望，哀秦之过。虐彼黔首，其谁之祸。禹驾而游，夏民以休。有翼其行，稷卨是谋。政辍而狩，嬴随以仆。孰稔其恶，斯高左右。孤竹兄弟，殍于首阳。山与其人，嘉名孔彰。谿辱以愚，泉污以盗。物之不幸，名恶而暴。浙涛如银，鉴流如绅。濯彼崔嵬，勿污以秦。宋林景熙诗：镌石奇功席卷来，眼中沧海一琼杯。神山只在灵鳌背，徐福楼船不见回。明唐之淳诗：秦鹿未云失，龙驾此遐巡。茫茫三神山，虎视欲来宾。时维四海内，孰不雠狂秦。睽睽千万目，相顾不及晨。尚采不死药，楼船访仙真。意欲世无儒，一身当万春。遂令徐福辈，奔走空辛勤。有之谅莫致，况乃无其人。兹山几春秋，草木披暗尘。上有李斯碑，磨灭无复存。下有神禹陵，佳气日氤氲。过者同叹息，仁暴固殊伦。戴冠次前韵诗：嬴政已称帝，肆然竟东巡。岂但求蓬莱，亦欲海外宾。筑城虚防塞，登山空望秦。谁知鲍鱼臭，长夜不复晨。丹药本无验，神仙亦非真。岂有暴虐徒，不死长青春。唐尧尚徂落，虞舜亦倦勤。圣人会有尽，况乃非圣人。人生天地间，弱草栖轻尘。往古与来今，超然谁独存。山形自嵯峨，山气长氤氲。寄语学仙者，勿与狂夫伦。吴中诗：秦望之山秀且雄，千岩万壑环西东。奇锋影落镜湖水，碧波荡漾金芙蓉。秦皇会此穷跻攀，泛海楼船竟不还。霸图已卜千万世，何须更觅三神山。冥然不见燕昭辙，侈心方惑神仙说。皓灵已见泣西郊，万里东巡犹未歇。黄旗翠盖蔽林丘，玉辇还为几日留。琳宫贝阙渺何许，一片苍烟连蜃楼。古台千年迹如扫，元气灵长山自好。崖悬石溜声喧豗，径合松阴昼冥窅。揭来为觅先秦文，悲歌不洗骊山魂。断碑剥落已无主，回首丹崖空白云。萧昱诗：西风吹浪海溟溟，东望长天万里青。莫怪鳞洲消息断，难将鹤驾载鲍腥[②]。王守仁用壁间韵诗：秦望独出万山雄，萦纡鸟道盘苍空。飞泉百道泻碧玉，翠壁千仞削古铜。久雨忽晴真可喜，山灵于我岂无以。初疑步入画图中，岂知身在青霄里。蓬岛茫茫几万重，此地犹传

① “在西东”，国图本、内阁本作“任西东”。

② “难将鹤驾载鲍腥”，国图本、内阁本作“□□□□□□腥”。

望祖龙。仙舟一去竟不返，断碑千古原无踪。北望稽山怀禹迹，却叹秦皇为惭色。落日凄风结晚愁，归云半掩春湖碧。便欲峰头拂石眠，吊古伤今益惘然。未暇长卿哀二世，且续苏君观海篇。长啸归来景渐促，山鸟山花吟不足。夜深风雨过溪来，小榻寒灯卧僧屋。董玘《记》[①]：秦望山在越中最为杰特，《史记》谓始皇东巡至此，故名。予昔以省觐[②]归，留五六岁，得纵游诸溪山，犹未及所谓秦望者，恒以为歉。今年冬仲，王邑侯道修过予山中，偶谈及之。乃使人斫榛莽，除茅茷，蹊径微露。报曰：可以登矣。甲辰之夕，以舟来迓，至望仙桥宿焉。乡彦司马邦柱、汪子宿、少尹赵惟衡皆会。次日早，至云门寺憩，遂命舆而登。循麓数百步，有泉锵然。折而北至小阜，疑在霄汉间。问樵者，曰：此未及半。又数十步，石益峻，径益萦曲，舆人皆病。乃摄衣攀援以上，或后或先，或喘或颠。至山之绝顶而止，遥望东海，渺弥一白，云起天末，隐若岛屿；俯瞰郡城，迤逦一带，八山累累，仅如卷石。南接宛委诸峰，列若屏障，左右拱峙，势如飞舞，禹陵在焉。西临鉴湖，烟水浮映，帆影出没，若有若无。盖一郡数百里之土壤，与夫千岩万壑之争竞者，皆在履舄之下，一览而尽。久之，落日渐低，暝色四合，崖谷黯黮，林木振动，乃寻旧路而下。是夕，复宿于寺。子宿与邦柱相顾叹曰："大哉！观乎吾越人，生长于斯，有终身弗获一至焉者。今日之游，讵非幸欤？"予曰："《传》有之，不登高山，不知天之高也；不临深溪，不知地之厚也。秦望且尔，况所谓泰、岱、恒、华者哉！夫人之德与业，其广大所极，亦有然者。顾予衰且病，无所于进矣，惟诸君子勖之。"邑侯曰："是游也，不荒于嬉而终以规，盍记之以示弗忘。"因书诸石。若乃始皇之事，固无足道，而兹山[③]之胜，亦非秦所能辱也。刘昺诗：名岳结幽想，退攀藉群仲。缘萝经峭壁，披篠临回磴。溪流净朝碧，林禽杂春弄。远眺眷前踪，慷慨悲世梦。郦道元越中注：秦望山在州城正南，为众峰之杰，陟境便见。《史记》云：秦始皇登之以望南海。自平地至山顶七里，悬磴孤危，径路险绝。《记》云：攀萝扪葛，然后能升。山上无高木，当由地迥多风所致。昔大禹即位十年，东巡狩，崩于会稽，因葬焉。有鸟来为之耘，春拔草根，秋啄其秽，是以县官禁民不得妄害此鸟，犯则刑无赦。山东有硎，去庙七里，深不见底，谓之禹井云。东游者多探其穴也。张元忭《记》[④]：吾越岩壑之胜甲天下，鼓櫂而出游，远近数十里之内，其为奇峰、邃谷、怪石、好泉者信步皆是。而群山所宗，惟秦望为最高。环秦望之麓浮屠之宫，若明觉、普济、广福、天衣，今皆湮于榛莽。而自义熙迄今千余载，故址依然，唯云门为最盛。万历甲戌，余以省觐归，读书云门。春既暮，乃挈壶榼[⑤]以往，由石桥折而北数百步，为白乳泉。又三里许，抵秦望之足，有峰

① 董玘《记》：即董玘《登秦望山记》。

② 省觐：探望父母或其他尊长。

③ "而兹山"，国图本此三字缺。

④ 《记》，即张元忭《登秦望记》。

⑤ 壶榼：泛指盛酒或茶水的容器，此指酒与酒具。

耸起如削，当山之半。从者指曰：此钱刑部修真之所[①]。余扶掖而行，舆步相半，见有石壁立当峰之前，上为龛趾，鸣泉淙淙，绕出其右，松桧蓊郁可悦。叹曰："昔者八山子弃妻子，焚衣冠，巢栖于此者，凡八年。虎豹之与群，猿狖之与居，即所学畔孔氏，乃其虔志而苦行，超然埃壒[②]之表，可不谓奇男子者[③]？而使之泯没无传，是吾党之过也。"客曰："然，请镌其石曰'钱公岩'。"自此磴益危，径益窄，后先相尾，攀萝葛而上，屡仆屡起，屡酌屡憩，乃陟其巅。巅广可数丈，平衍无木，相与藉茅趺坐。俯而四瞩，万山罗列其下。东望则宛委、香炉之间，夏后氏之所藏也；西望则鹅鼻、茅岘逶迤相接，志称秦皇之刻石、无余之故都在焉。北望则海波如练，郡城如带，万井如鳞，卧龙飞来，诸山累累如块，慨焉想句践之雄风，慕少伯之遐举。南望则云门诸峰，起伏万状，若耶一水，潆潆如线，任公子之所垂钓，王、谢、何、陶诸贤所从处而遨也。观览既周，引觞浮白，歌咏交作。须臾，有白云从海上起，渐升渐漫，歘吸弥四野，不辨上下，疑神龙骤至，蛟螭群从。俄而风起谷应，猿虎竞啸，从者皆怖。客曰："有是哉，山灵之妒吾游也。"余曰："不然，是山灵之幻奇逞态，以壮吾游也。且夫宇宙之大也，变化无穷，而吾之不变也，自在鼠肝乎，虫臂乎？何适而不可？且混沌之凿也久矣，兹辰也，将遂返于初乎？吾且驾六气，御丰隆，抟羊角而逍遥乎八极。是区区者，又胡以动摇吾中邪？"顷之，云乍开，已又合，如是者数四。忽复爽朗，遂循旧径而下。日方午，农者就馌[④]矣。是游也，揽山川之胜，穷云门之奇，既夜而寐，犹恍恍然如在层霄之上、烟雾之中也。诘旦为记，勒之石，留云门方丈中。）

**刻石山**　在县西南五十里。（一名"鹅鼻"。自诸暨入会稽，此山为最高，以始皇刻石在其上，故名。姚令威《丛语》：尝上会稽东山，自秦望行小径至一山，俗名鹅鼻山。顶有石如屋，插碑其中，文皆为风土所剥，隐约就碑可见阙画，如禹庙没字碑之类。不知此石果岑石[⑤]欤？非始皇之力，不能插于石中。此山险绝，罕有至也。山上有洞，曰风洞，遇阴雨，闻鼓乐声。郡志[⑥]：鹅鼻山石屋故在，碑不存。晋王彪诗：隆山嵯峨，崇峦崔嵬。旁观沧洲，仰拂元霄。文命远会，风淳道辽。秦皇遐巡，迈兹英豪。宅灵卷阿，铭迹峻峤。陆游诗：街头旋买双芒屩，作意登山殊不恶。苍崖无罅竹边逸，崩石欲堕松根络。凭高开豁快送目，历险崎岖危着脚。川云忽起两蛟

① 此钱刑部修真之所：钱刑部，即钱楩，明山阴人。嘉靖五年(1526)进士，次年任晋江知县，后升为刑部主事。嘉靖二十二年(1543)弃官返乡，在秦望山修道。

② "埃壒"，国图本、内阁本作"溘埃"。

③ "者"，国图本、内阁本作"哉"。

④ 馌：给在田间耕作的人送饭。

⑤ 岑石：宝庆《会稽续志》载"秦刻岑石"条，秦始皇东游，到大越，留舍都亭，取钱塘浙江岑石。石长丈四尺，南北面广六尺，西面广尺六寸，刻文立于越东山上。其道九曲，去越二十一里。

⑥ 郡志：嘉泰《会稽志》卷第十六"碑刻"载：姚令威纪鹅鼻山顶石屋所插一碑，今石屋故在，碑盖无有。

舞，瀑水高吹万珠落。大岩空硿谁所刓，绝壁峭立端疑削。坡平或可容百人，峡束仅容飞一鹤。蛇蹊岌岌头自眩，鬼谷惨惨神先愕。秦皇马迹散莓苔，如镌非镌凿非凿。残碑不禁野火燎，造物之报焚书虐。人民城郭俱已非，烟海浮天独如昨。）

**望秦山**　在县东南三十二里，与秦望山相接，稍北。（始皇登之以望秦中者也。一名天柱峰，一名卓笔峰。王十朋《风俗赋》云：陟秦望而望秦兮。林景熙诗：谁卓孤峰紫翠巅，流泉一派到官前。却怜千尺擎天柱，不挂[①]东南半壁天。刘基《游深居精舍记》：深居精舍者，云门广孝寺上人浮休公退居室也。上人有文行，贤士大夫无不与交。深居去云门十里而赢，初入溪口，有奇石拔起沙水中，状如折桂。其下者如伏兽，其名曰钓台，其石罅皆有树。自钓台泝[②]溪入，溪色湛碧，两岸皆秔稻，风过之，其香菲菲然。有三山鼎足列，状如三狮子，九墩错其间，为九毬深居在三狮子中。其背山曰柯公之山，山上有潭，潭中龟白色，有龙恒出作云雨，岁旱祷辄应。其右山曰"化鹿之山"，亦曰"鹿头"，相传葛稚川既化为仙，有木几亦化为鹿在此山。其外山曰秦望，其左山曰木禾，木禾视群山为最高。其前山曰"鹅鼻之峰"，其高与木禾等，峰顶上石突起，望之如鹅鼻。大海在鹅鼻东北，其上云有秦时碑，今亡之矣。鹅鼻北下小山曰"望秦"，望秦在秦望北。又北曰"天柱"，曰"玉笥"。又东北为阳明之山，是为禹穴，其下维湖。予既至深居，与浮休公语极相得。又爱其有美木、佳水、石、花、竹，且静僻无妄人迹，虽隆暑不汗，因留八日出。既出，而心恒思。刘基《若耶溪杳郭深居精舍》诗：上人好山居，入山惟恐浅。纡余涉渊沄，结构依巇嶮。冈峦外挺拔，水木终隐显。其前对鹅鼻，突兀正冠冕。其旁连木禾，积翠森偃蹇。后有狮子岩，崷崒露龈齴。春花炫阳林，秋草馥阴畎。高通云雨过，侧见星斗转。桃源不远求，箕颍安足践。我来三伏凉，羁怀忽如展。谈经道心融，听法俗虑剪。疏窗夜深启，孤月挂遥岘。空濛白毫光，闪铄动崖巘。何当此卜邻，永用辞洟湎。）

**云门山**　在县南三十里，秦望南。（晋义熙二年，中书令王献之居此，有五色云见，诏建云门寺。后析为六：曰广孝，曰显圣，曰雍熙，曰普济，曰明觉。今有云门寺、广孝寺，详见"祠祀志"下。唐杜甫诗：若耶溪，云门寺。青鞋布袜从此始。〇旁有好泉亭、松花坛、丽句亭，今皆不存。梁释洪偃诗：杖策步前岭，褰裳出外扉。轻罗转蒙密，幽迳复纡回。松高枝影细，山静鸟声稀。石苔时滑履，虫网乍粘衣。涧旁紫芝晔[③]，岩上白云飞。杉梓排烟出，鸦鹳逐云归。穷谷无往还，攀桂独依依。唐王勃《修禊云门献之山亭序》：观夫天下四海，以宇宙为城池；人生百年，用林泉为窟宅。虽朝野殊致，出处异途，莫不拥冠盖于烟霞，披薜萝于山水。况乎山阴旧

① "挂"，国图本、内阁本、万历本均作"拄"。

② 泝：同"溯"。

③ "晔"，国图本、内阁本作"燦"。

地，王逸少之池亭；永兴新郊，许元度之风月。琴堂寥落，犹停隐遁之宾；酿渚荒凉，尚有适逢之客。仙舟荡漾，若海上之槎来；羽盖参差，似辽东之鹤起。或昂昂骋骥，或泛泛飞凫，俱安名利之场，各得逍遥之地。而上属无为之化，下栖元邈之风。永淳二年暮春三月，修禊事于献之山亭也。迟迟风景，出没媚于郊原；片片仙云，远近生于林薄。杂花将发，非止桃溪；迟鸟乱飞，有余莺谷。王孙春草，处处皆青；仲统芳园，家家并翠。于是携旨酒，列芳筵，先祓禊于长洲，却申文而促席。良谈吐玉，长江与斜溪争流；清歌绕梁，白云将红尘并落。他乡易感，且栖恨于兹辰；羁客何情，更欢娱于此日。加以今之视昔，已非昔日之欢；后之视今，岂复今时之会？人之情也，能不感乎？宜题姓字，以倾怀抱。使夫会稽竹箭，或推我于东南；昆阜琳琅，亦归余于西北。崔颢诗五首：轻舟去何疾，已到云林境。起坐鱼鸟间，动摇山水影。岩中响自答，溪里言弥静。事事令人幽，停桡向余景。又：落日山水清，乱流鸣淙淙。旧蒲雨抽节，新花水对窗。溪中日没时，归鸟多为双。又：杉松引直路，出谷临前湖。洲渚晚色静，又观花与蒲。又：入溪复登岭，草浅寒流速。圆月明高峰，春山因独宿。松阴澄初夜，曙色分远目。日出城南隅，青青媚川陆。又：乱花覆东郭，碧气销长林。四郊一清影，千里归寸心。前瞻王程促，却恋云门深。毕览有余兴，到家弹玉琴。张渭诗：共许寻鸡足，谁能惜马蹄。长空净云雨，斜日半云霓。檐下千峰转，窗前万木低。看花寻径远，听鸟入林迷。地与喧哗隔，人将物我齐。不知樵客意，何事武陵溪。王维《宿云门上方道一上人院》诗：一公栖太白，高顶出云烟。梵流诸洞遍，花雨一峰偏。迹为无心隐，名因立教传。鸟来还语法，客去更安禅。昼涉松蹊尽，暮投兰若边。洞房隐深竹，静夜闻遥泉。向是云霞里，今成枕簟前。岂唯暂留宿，眠坐将穷年。刘长卿《上巳日与鲍侍御泛若耶游云门》诗：兰桡漫转傍汀沙，应接云峰到若耶。旧浦满来移渡口，垂杨深处有人家。永和春色千年在，曲水乡心万里赊。更见渔舟时借问，前村几路在烟霞。宋钱惟演诗：精舍依岩巘，香林结薜萝。崇台含夕霭，危阁架春波。净饭供蒲塞[①]，真诠译贝多。几时辉昼锦，松下驻鸣珂。范仲淹诗：一路入岚堆，还经禹凿开。林无恶鸟在，岩有好泉来。云阵藏雷去，山根到海回。莫辞登绝顶，南望即天台。苏舜卿[②]诗：翠嶂环合封白云，中有萧寺山[③]为邻。老松偃蹇若傲世，飞湍奔薄如避人。苍猿啸断夜月古，丹花开落阳崖春。盘桓几日不忍去，舟出耶溪犹惨神。陆游诗：萧寺久不到，偶来幽兴长。蚁穿珠九曲，蜂酿蜜千房。雨过山横翠，霜新橘弄黄。年衰道不进，珍重一炉香。明刘基诗：平旦出云门，亭午至灵峰。山盘涧萦纡，谷深岩错重。竹露滴皎皎，林霞散溶溶。渡石苔藓滑，披萝烟霭浓。颇喜禾黍成，可以慰老农。野草各有色，照水似炫容。

① “塞”，国图本、内阁本作“寡”。

② “苏舜卿”应是“苏舜钦”。

③ “山”，或作“三”。《苏学士集》该句自注之：“云门为梁武所作，今分为三寺相连。”

徐行恐触热，聊憩崖下松。时间[①]幽鸟鸣，亦足开心胸。慨怀陶隐居，丹灶今无踪。干将与莫邪，俱已化为龙。空余远山色，菡萏青芙蓉。高启诗：旅思旷然释，置身苍林杪。群山为谁来，历历散清晓。奇姿脱露雨，奋首争欲娇。气通海烟长，色带州郭小。曲疑藏啼莺，横恐截归鸟。流晖互荡激，下有湖壑绕。佳处未遍经，一览心颇了。秦皇遗迹泯，晋士风流杳。愿探《金匮篇》，振袂翔尘表。唐之淳诗：昔在晋义熙，兹山有卿云。问之何人居，丞相中书君。云门诏所锡，塔庙日以蕃。珠宫映璇题，缥缈飞鸿骞。长廊夹修竹，仰不见埃氛。天乐六时作，异香十里闻。一缘兵马兴，烽火若云屯。向来五色物，化作烈焰焚。萧条绀园夕，零落碧草根。山僧或哀号，识者兴叹言。峨峨此名山，上与星辰连。宫墙被其臆，丹青涴其颜。人事几摧灭，苍翠终古存。山川有至性，外物奚足论。汪应轸诗：不到云门路，曾为越土人[②]。千年梦青嶂，万里脱红尘。山鸟如迎客，林花欲驻春。登高有余兴，子敬亭相邻。陶望龄《泛若耶至云门寺》诗：两岸十里苍筤根，中藏一溪云月髓。嫩粉生香笋出林，老枝压地花成米。溪上老翁撑竹船，摘米炊枯弄清泚。月下何人见往来，惟有山猿同卧起。又：结叶垂花老榿卧，四山无风午刚蹉。扳花荫叶桥畔凉，葛屦僧衣安稳坐。田家初饱麦上场，溪雨新过水推磨。林间起步余睡清，青梅满架雀卵大。又：五云山前盘古树，曾见前朝老谢敷。六寺钟声何处尽，残僧惟有粥呼鱼。笋天已过麦地瘦，一饭山厨鲑菜无。青鞋布袜客何意，担水揭揭来浇蔬。刘基《游云门记语》：东南山水之美者，莫不曰会稽。岂其他无山水哉？多于山，则深沉杳绝，使人憯凄而寂寥；多于水，则旷漾浩瀚，使人望洋而靡漫。独会稽为得其中，虽有层峦复冈而无梯磴攀陟之劳，大湖长溪而无激冲漂覆之虞。于是适意者莫不乐往。而余宿闻会稽有云门、若耶之胜，思一游而不可得。甲午之岁，始至越，以事不得游。明年春，乃与天台朱伯言[③]、东平李子庚[④]、会稽富好礼[⑤]、开元寺僧偕往游，则知所谓云门、若耶，果不谬于所闻。于是慨然有留连徘徊之意，而以事复止，不能如其愿。遂自广孝寺度岭至法华山而归。于普济、明觉诸寺，名山古迹，多不得一寓目，而余之兴终未已也。其年六月，乃复与灵峰奎上人往，颇得观所未历，而向时同游之人，皆不在焉。予每怪古人于欢会之际，辄兴悲感，良非过矣。昔唐柳先生谪居岭外，日与宾客为山水之游，凡其所至，一丘一

① “间”，国图本、内阁本、万历本作“闻”。

② “越土人”，国图本、内阁本作“越上人”。

③ 朱伯言：即朱右，元末明初浙江临海人，字伯贤。元至正中徙居上虞县五夫镇，曾任绍兴、萧山教授和萧山主簿。明初累官晋王府右长史，著有《白云稿》《春秋类编》《元史补遗》等。

④ 李子庚：元末明初东平（今山东泰安市东平县）人，刘基有诗《送李子庚之金陵》。

⑤ 富好礼：即富处善，字好礼，元末明初会稽人。明洪武初官四川顺庆府同知。善写墨梅。刘基有《题富好礼所蓄村落图》。

壑，莫不有记。夫岭外黄茆苦竹[1]之地，有一可取，犹必表而出之，而况于云门、若耶以山水名于天下者哉？）

**何山**　在县东南四十七里，与云门山相接。（南宋何胤所居。王龟龄诗中谓秦刻石在其上，详见"古迹·何胤宅"下。宋梁安老《送古碑与王十朋》诗：公生博物好奇古，劝我搜求秦望碑。我来稽阴已三年，梦寐绝顶云俱驰。是非近代问父老，鼻祖以来犹不知。或云其山多虎狼，渊湫罅井蟠蛟螭。魍魉木客忌人到，阴霾贼雾迷羊岐。樵夫悬磴惧失势，一落千丈谁能知。吾意如此钟乳穴，民昔畏扰相诗欺。曩时山东之罘石，磅砰入海无津涯。固知秦人游戏余，非民之利宁一时[2]。暇日登临云门寺，僧曰若耶溪上奇。山曰何山势最峻，丹鹤夜宿天孙枝。南望天台西钱塘，下视峰岫如群儿。李斯篆书真刻本，昔人避乱此见之。裹粮遂偕墨士往，攀崖贯木如鹿麋。举酒酹觞山之神，千古呵护烦神司。销铄仅存三尺许，龟趺就凿山石为。剜苔剔藓随手剥，面节背角摧霜皮。老龙脱甲蛇解蜕，铺纸拭墨漫披离。收藏入袖恍若失，遐想往昔还嗟咨。我闻太古功德盛，铺写不尽乾坤仪。诗书纸上自不朽，金石还有磨灭期。秦皇不慕仁义业，直谓尧舜犹瑕疵。焚书欲盖前代美，宁闻伏生传有颐。后人不废丞相书，歌颂虽在多浮词。惜哉此纸无一画，欲记传示人应嗤。他年好事继追访，姑愿首尾观吾诗。王十朋《次梁韵诗》并叙：会稽秦颂德碑，丞相李斯篆，在秦望山，世莫知所在。教授莫君，好奇嗜古，搜访尤力。有言碑在何山者，莫以语某。何山见《图经》，在秦望东南，疑其真秦望也。某欣然欲往，职有所拘，以告会稽尉梁君。梁慨然而行，登山果见之，碑石仅存，字磨灭已尽，墨片纸而还。作古风长韵，具记始末，因次其韵，且记吾三人好事之癖，以示后人也。姬嬴遗迹存者稀，世传石鼓稽山碑。石鼓揄扬得韩子，文与二雅争驱驰。秦碑夸大颂功德，埋没草莽无人知。或言山顶石犹存，上有虎豹龙蛇螭。神藏鬼护荆棘蔽，崖悬蹬绝登无岐。广文好奇探禹穴，梅山好事寻僧支。我赞其行要亲睹，勿受世俗流传欺。望秦秦望两崭绝，何山壁立东南涯。丰碑屹植最高处，不知磨灭从何时。剔苔扫墨了无有，模糊片纸亦足奇。浓云霾霿暗将雨，古木槎牙蟠老枝。归来走笔出险语，诃政叱斯同小儿。诗成得得写寄我，辞严意伟法退之。我闻秦人灭六国，酷若犬啮临江麋。先王法为秦所负，负秦况有秦有司。五经灰飞儒溅血，尧舜周孔何能为。上蔡猎师妙小篆，下视俗体徒肥皮。东封泰山南入越，大书深刻光陆离。沙丘风腥人事变，鬼饥族赤谁嗟咨。汉兴万事一扫去，惟有篆刻余刑仪。磨崖欲作不朽计，其如历数不及期。蚩尤五兵纣漆器，人物美恶宁相庇。我虽过秦爱遗画，南山入望频支颐。不须峄阳访枣刻，不用迁《史》观雄辞。

---

① 黄茆苦竹：形容景物的荒凉。

② "知秦人游戏余非"七字，国图本缺。

虚堂默坐对此纸，闭眼暗想君勿嗤。要知秦碑没字本，却类《周颂》无辞诗。）

**刺涪山**　在云门山南。（一名明觉山。山不甚高，登其巅，则见云门、陶晏诸山林列其下，阴壁兀立，盛夏爽然如秋。其名“明觉”者，盖明觉寺基也。山顶有池，大旱不涸。）

**若耶山**　在县南四十四里。（下有采莲田，东又有若耶岭，下复有潭，潭上有葛仙石，旧经：葛元学道于此。元既仙去，所隐白桐几化白鹿，三足共行，两头各更食。晋谢敷、宋何胤亦居此山。胤时山发洪水，树石漂拔，其室独存。释洪偃诗：萧萧物色晚，肃肃天气清。旅人聊策杖，登高伤客情。川原多旧迹，墟里咸新名。宿烟浮始旦，朝日照初晴。远行乏徒侣，徐步寡逢迎。信美非吾托，赏心何易并。）

**赤堇山**　在县东三十里，会稽山东南。（旧经：欧冶子为越王铸剑之所，一名铸浦山。《越绝书》：赤堇之山，破而出锡，亦名锡浦山。张景阳[①]《七命》：耶溪之铤，赤山之精。赤山即此。旁有井，欧冶子取水以淬剑，曰欧冶井，有洞，曰玉洞。）

**白鹤山**　在县南一十五里，会稽山东，樵风泾下。（一名箭羽山。山侧有石室，砥平，可容数十人。孔灵[②]《会稽记》：射的山西南有白鹤山，此鹤尝为仙人取箭。汉郑弘尝得遗箭于此。）

**射的山**　在县南十五里，与白鹤山相连。（旧经：山西有石室类狮，一名狮子岩，仙人射堂也。东峰壁上有白点如射侯，土人常以占谷贵贱，语曰：“射的白，米斛百；射的玄[③]，米斛千。”唐李白《送人游越》[④]诗：仙人游射的，道士住山阴。）

**石旗山**　与射的山相连。（形如张旗，故名。旁有石室，砥平，可容数十人。宋建炎中，士夫避地于此。）

**石人山**　在县东南二十五里。

**石帆山**　在县东十五里，射的山北。（石壁高数十丈，中央少纤，状如张帆。《十道志》：山遥望如张帆临水，下有文石，其状如鹞，曰“石鹞”。宋之问诗：石帆来海上，天镜出湖中。王十朋《风俗赋》：石帆如扬，石鹞如翔。宋谢灵运诗：轨息陆途初，枻鼓川路始。涟漪繁波漾，参差层峰峙。萧疏野趣生，逶迤白云起。登临苦跋涉，瞬盼乐心耳。即玩玩有竭，在兴兴无已。郦道元《注》：山东北有孤石，高二十余丈，横八丈，望之如帆，因以为名。北临大湖，水深不测。

① 张景阳：即张协，西晋时文学家。

② 孔灵：即孔灵符。

③ “玄”，国图本、内阁本作“黑”。

④ 《送人游越》：一作《送纪秀才游越》。

何次道[①]作郡，尝于此水中得乌贼鱼。南对精庐，上荫修木，下瞰寒泉，西连稽山，皆一山也。东带若耶溪，溪水上承嵊岘、麻溪。溪之下孤潭，周数亩，甚清深。孤石临潭，垂崖俯视，猿狖惊心，寒木被潭，森沈[②]骇观。）

**葛山**　在县东一十里，射的山北。（《越绝书》：句践种葛于此山[③]，使越女治以为布，献吴王。采葛者歌曰："尝胆不苦味若饴，令我采葛以作丝。女工织兮不敢迟，弱于罗兮轻霏霏。号絺素兮将献之。"）

**鹿池山**　在县东南八里，会稽山东北。（尝有白鹿，故名。一云越王养鹿于此，下有饮水池，俗呼鹿墅山。）

**香山**　在鹿池山东。（俗传木犀繁华，故名。）

**洞浦山**　在县东南二十四里，香山东。（旧经：即湖南龙尾山西南之趾，今呼曰"桐坞"。明萧鸣凤诗二首：洞浦春光定几分，双梅开过次芳尊。烟溪拍棹波新涨，花雨沾衣晓正温。尘世似嫌青眼窄，好怀难与薄夫论。乾坤如此不行乐，辜负先生独闭门。又：路转危屏入翠微，新亭上与白云齐。半山梅雨催芒履，十里松风沁葛衣。忙里身心成怅怏，静中圆化自推移。主人已解跻攀意，为挈壶觞听鸟啼。）

**龙尾山**　在洞浦山东南。（以形如龙尾，故名，又名杨梅山。）

**下皋山**　在县东三十里，洞浦山南。

**宝山**　在县东南二十五里，下皋山东。（一名上皋山。宋南渡，梓宫攒于此。山旁有白鹿尖、新妇尖、鸡笼山、五峰、汤瓶诸山相拱卫。）

**紫云山**　在县东南五十里，宝山南。（旧经：昔有游龙憩于此山，常见紫云，故名。）

**姥山**　在县东南十五里。（山南二里又名"姥岭"。）

**白鹿山**　在县东南二十九里，犬亭山之南。

**大白山**　在县东南七里。

**小白山**　在县东南八里。

**富盛山**　在县东四十里，宝山之东。

**凤凰山**　在县东南四十里，宝山东。（山形肖凤，上有乌石将军庙。）

**锡山**　在县东五十里，宝山旁。（旧经：越王采锡于此。）

---

① 何次道：即何充，东晋时期重臣，曾任会稽太守。

② "沈"，此同"沉"。

③ "此山"，国图本、内阁本作"北山"。

**跳山**　在县东南三十五里，富盛山北。（俗传钱镠王[1]微时贩盐，遇官兵，跳躲此山，石壁书“大吉”二字，并指脚迹俱存。）

**横山**　在县东三十四里，跳山北。（俗所称者有小横山、大横山。旧经：山有草，茎赤叶青，人死覆之辄活。）

**银山**　在县东五十里，横山东。（无草木，产银砂。旧有禁，毋得擅开，而居人往往聚众盗发之。不惟矿气所攻，田禾尽槁[2]，而起争召乱，实由于此。宜严为之禁，庶可弭盗安民矣。）

**北山**　与银山连。（其顶有穴，可容二十余人。）

**鸡山**　在县东南六十里，康家湖北。（《越绝书》又云：在锡山之南，句践畜鸡于此。时将伐吴，用以享士也。）

**鹤鸣山**　在县东南五十七里，鸡山南。（郡志：山上时有鹤鸣，故名。）

**东化山**　一名将军山。

**西化山**　一名笔峰，旁有龟、鹤二山，与东化相接，在云门上。

**龙惠山**　在县东南七十里伧塘埠。（上有龙王祠、祷雨池。）

**诸葛山**　在县东南六十里。（以诸葛洪尝栖于此，故名。山高数千仞，周亘五十里，悬流百余丈，下射石臼如雷。其麓有诸道人屋舍，基有丹井，有仙人石，其象如镂。旁有鹰嘴岩，高数十丈，岩上为群鹰窠焉，攫狐兔委诸中，人往往拾其堕者。右有龙池，可祷雨。）

**黄龙山**　在诸葛山之半。（有寺曰“延安”，亦有葛仙丹井，在寺殿之后。）

**阁老山**　在诸葛山东。（左视如屏，右视如笔，九井在其下。）

**静林山**　在诸葛山西南。（上有龙潭，祈雨辄应。）

**铜牛山**　在县东南五十八里，静林山西。（即越王铸冶处。旧经：常有铜牛见于灵汜桥，人逐之，奔入此山，掘地视之，即铜屑也。）

**舜哥山**　在县东南四十里，铜牛山西。（一名笔架山，俗传大舜游憩于此，故名。山高可十里余[3]，上有水田可稻，缁黄之流往往茨[4]其上。）

**太平山**　在县东南七十八里，舜哥山东南。（晋谢敷隐居于此。晋孙绰《铭》：嵬峨太平，峻逾华霍。秀岭樊缊，奇峰挺崿。上干翠霞，下笼丹壑。有士冥游，默往寄托。肃形若林，映心幽漠。亦既觏止，涣焉融滞。悬栋翠微，飞宇云际。重峦蹇产，回溪萦带。被以青松，洒以

① “钱镠王”，国图本、内阁本作“钱王镠”。

② “槁”，此同“槁”，枯干。

③ “俗传大舜游憩于此，故名。山高可十里余”，国图本、内阁本作“俗传大舜游憩于此，殆谩耳。高可十里余”。

④ 茨：用茅或苇覆盖房子，此处指筑茅屋而居。

素籁。流风伫芳,翔云停霭。)

**西湖山**　在县东南二十二里,西湖之旁。(其山甚幽邃可观。)

**天荒山**　在县东南八十里,下为驻跸岭。(山不生草木,故名。)

**石陇山**　在县东南百十里,天荒山东。(多松、楮木。)

**储山**　在县东南一百四十里。(《风土记》[①]:越王供储在此。又云:张瑶种田立廥仓[②]于此山,故名。俗称"粟山"。)

**嵊山**　在县东七十里,下临舜江,与上虞接壤。(山高锐如削,其巅有洞,广八尺,深十余丈,清绝可爱,一名"蒿尖"。旧经:汉骆夫人学道,于此升仙,有石室、石井、丹灶。)

**丰山**　在县东北六十二里,嵊山西北,临曹娥江。(钱镠王[③]破刘汉宏将朱褒于曹娥[④],进屯丰山,褒等降于此。)

**称山**　在县东北六十里,丰山西北,北环大海。(旧经:越王称炭铸剑于此,俗呼"称心山"。明章弘仁《九日往游诗》:露冷风高雁唤哀,林深松暝鹤飞来。携壶并上翠微坐,对景还怜黄菊开。十里浮云归别岛,半江寒日射荒台。谩夸落帽龙山兴,嘉节重逢也醉回。)

**脊山**　在县南四十三里。

**郑弘山**　在县东南三十里。(弘仕后汉,为太尉,山以弘得名。)

**稷山**　在县东五十里,称山南。(旧名秽山,越王种菜于此。后汉谢怡吾[⑤]为秽乡啬夫[⑥],即此。《越绝书》:句践斋戒坛也,亦曰斋台山。《十道志》:一名粽山。)

**楮山**　在稷山东。

**斡山**　旧经:山南有许询宅。《十道志》许询宅侧,许公岩之南,有落星石。

**阴山**　旧经:秦始皇移在会稽山北,有阴山之称。

**瓜山**　在稷山西南。

**白塔山**　在瓜山侧。(有寺及兴善将军庙。)

**犬亭山**　在县东南三十里,宝山北。(旧经、《越绝书》并云:畜犬猎南山白鹿,欲以献吴,故曰"犬山"。其亭为犬亭,岁久相沿,呼为"狗山"。又曰"吼山",俗谓宋攒陵所在,诸山皆拱,此山独否,故名之曰"吼",取呼而相向义也。陆游祖宅、左丞佃以前墓俱在此,好事者摭

---

① 《风土记》:西晋周处编,是我国较早记述地方习俗和风土民情的著作。

② 廥仓:泛指储存粮草的仓库。

③ "钱镠王",国图本、内阁本作"钱王镠"。

④ 刘汉宏:唐末义胜军节度使,割据军阀。朱褒,刘汉宏之部将。

⑤ "谢怡吾",万历本作"谢夷吾"。谢夷吾,字尧卿,会稽山阴(今浙江省绍兴市)人。东汉时期大臣。

⑥ "乡啬夫",古代乡官之一,主役赋等。

其景为八，题咏颇多。曰“犬亭云石”者，缘此山尽白石，为工人所伐，独有孤存者，一笋矗霄，可数十丈，亭亭如云。曰“牛冢烟篱”，谓胥旦与陆佃同仕，旦先死，一夕，梦旦来告，已得谴为牛辕于钱塘，次日佃诣其处，牛果泪下，佃买归，夏则帐刍之，已而震死，葬之山旁。又云是陆游事。曰“小径沿螺”者，谓山之滨有巨石，形似螺，能绕山浮移，每至陆氏门，其年辄有第者，昏夜颇碍舟楫，为渔人搥之而定。曰“石洞朝霞”者，山之北岸有小山，曰“曹家山”，旧亦伐石，玲珑若户牖，久萝木蔓之，而积水成深潭，移舟其中，一洞天妙景也。其他四景无实，故不采。○犬亭山顶有庵，在于云石之西。其松竹郁森，旁有吼岩，可望龙尾、下皋诸山。○犬亭山旧有旱宕、陶氏书室。袁弘道[①]《记》：吼山石壁，悉由斧凿成，峭削百余仞，乍见亦可观。山下石骨为匠者搜去，积水为潭，望之洞黑，污深不可测。每相去数丈，留石柱一以支之。上作石盖，下为深渊，中有门闼洞穴，窈窕迂回。雨后飞瀑缀帘而下。余等自外探望，兴不可遏，呼小舟游其中。潭深无所用篙，每一转折，则震荡数四，舟人皆股栗。因停舟石壁下，观玩良久，乃上。陶氏有山房在此，颇称幽奇，然荒芜甚，轩前草深一丈余矣。○邑人徐胤定[②]捐资改为空明庵。）

**曹山**　在县南东三十里，犬亭山之西。（有庵名护生庵，庵后为放生池，总名水宕。陶氏有书室三，俱妍丽夺目。中有楼一间，小房四间，松竹回绕，名曰“石篑山房”，陶望龄读书处。张岱《记》：曹山，石宕也。凿石者数什百指，绝不作山水想。凿其坚者，瑕则置之；凿其整者，碎则置之；凿其厚者，薄则置之。日积月累，瑕者堕，则块然阜也；碎则裂者[③]，屴然峰也；薄者穿，则砑然门也。由是坚者日削，而峭壁生焉；整者日琢，而广厦出焉；厚者日磥，而危峦突焉。石则苔藓，土则薜荔，而蓊蔚兴焉；深则重渊，浅则滩濑，而舟楫通焉；低则楼台，高则亭榭，而画图萃焉。则是先之曹山，为人之所废，而人不能终废之。此其间有天焉，人所不能主也。昔邑中绅士游曹山，或携声伎[④]以至，乃主是山者，作《山君檄》曰：“尔丝竹污我。”其以檄答者曰：“谁云鬼刻神镂，竟是残山剩水。”主者曰：“此文人定案也。”遂以四字磨崖勒之。吾想山为人所残，残其所不得不残，而复为山；水为人所剩，而剩其所不得不剩，而剩还为水。山水崛强，仍不失其故我。若使此山如未凿之先，毫发不动，则亦村中一丘垤已耳，弃之道旁，人谁顾之？又使此山于既凿之后，铲削都尽，如箬篑诸山，形迹不复存，又谁顾之？故世有摧残之苦，而反得摧残

① “袁弘道”，讳，即“袁宏道”。

② “徐胤定”，乾隆《绍兴府志》卷之三“犬山”条作“徐允定”。徐允定，字克家，明上虞人。蓬莱文学社成员之一，善诗，与徐咸清齐名文坛，世称“二徐”。有《涉江草》、《更斋诗文集》。

③ “碎则裂者”，国图本、内阁本作“碎者裂则”。

④ “声伎”，国图本、内阁本作“声仗”，此处当作“声伎”。

之力者，曹山是也。）[①]

**箬篑山**　在县东一十二里，洞浦山西北。（旧经：秦皇东游于此，供刍草，俗呼绕门。山巅有小庵数间，群峰环峙，诸水绕流，艺竹种茶，幽清可玩。山多坚石，取用甚广。）

**少微山**　在县东一十二里，箬篑山北。（宋职方郎齐唐深居处也。山与会稽山相望，小而幽致，唐因名其山曰"少微"。尝自为诗云："直当山面开三径，平截波心种绿杨。"有郎官岩。宋杨埙诗：碧玉莫遮千嶂石，黄金难买一溪云。歌钟此地徒夸盛，争似松风竟夕闻。）

**土城山**　在县东六里，少微山西北。（越王作土城以贮西施，故亦名西施山。今五云门外皆曰"土城村"、"西施里"。《吴越春秋》：越王使相者求美人，得之苎萝山鬻薪之女郑旦，饰以罗谷，教以行步，习于土城，教于都巷，三年学服而献吴王。徐渭《记》：土城，盖句践作宫其间，所以教西施、郑旦，而用以献吴。又曰：恐女朴鄙，故令近大道。则当其时，此地固钜丽要津耶？更数千年，主者不可问矣。而山高不过数仞，丛灌疏篁，亦鲜澄可悦。上有台，台东有亭，西有书舍数础，舍后有池以荷。東外东折[②]，断水以菱。而亭之前则仍其旧，曰"脂粉塘"，无所改。出东南，西而山者，耸秀不可悉，悉名山也。绕其舍而亩者、水者，不可以目尽；以佃、以渔、以桑者，尽亩与水无不然。嗟夫！土城，一山耳，始以粉黛歌舞之宫[③]，当美丽倾都之孔道[④]，今且变而迁

---

① 内阁本后增一页，内容为唐彪记、诗各一，及"凌家山"条，下录之。唐彪《记》：谈山水之胜者，必玲珑秀异。有玲珑秀异之概，而始足以动高人贤士之登临。道书三十六洞天予至凡四五，大都皆有洞。洞虽有大小、水旱、可游不可游之异，其为玲珑秀异，无不一也。会稽出五云门二十里，有山曰曹山，又曰吼山，名不列于洞天，而佳胜实过之。盖洞天多在穷源峻岭，不通舟楫，未必有大水可以溯洄游泳。此则不然，空洞宏敞，舟行其底，如历城门，如游阙下，凡三四曲折。既而四山围绕，见石壁离奇，光怪而耸秀，俨如一小城，而其中则巨浸。更有异者，一石从天而下，直至水中，有如象鼻。象鼻之下，可以舟行，从侧而上，其巅亦可至。瞻胜者亦时或至之，低头一视，则身在千仞水波之上矣。犹有异者，水中之石，涌起如台榭，可以徘徊而趺坐。总之，"灵奇"二字，足以当之。或曰：此山不尽出于天，然亦有人工□焉。缘昔人采石于此，故如此空阔骀宕。予谓天下山川之胜者甚多，皆人为掘凿坏之，犹人之性本浑沦自然，为知识所侵蚀，失其本然者何限。庄生云：窍凿鸿蒙，七日而混沌死者是也。兹何幸人为更助天巧乎？非有鬼神默启，其佳不至此。沿水有僧舍，有园亭书馆，皆雅洁可观。书馆则陶石篑先生所营以读书者也。池内有巨鳞数千头，禁不得取，以物投之，辄雀跃跳舞而争食，所议鱼跃于渊者乎？仰而观之，又有飞鸢数者在于其上，此时悠然又有上下之感矣。唐彪诗：曹家山出犬亭西，古木延萝路欲迷。石琢成梁开洞府，滩凝积水孕鲸鲵。初晴乍见帘垂瀑，短棹危经壁下题。漫说越书传白鹿，即今藓迹蒲招题。凌家山：在县东六里。山中桃树百余本，花开烂熳，宛若云霞，游人携展驾艇，往来勿绝。山不甚高，而峰峦回环，参差左右，兼以湖水荡漾，光彩澄碧。邑人朱爕元、王思任称谓桃源别有福地，天台乃非凡境云。今为隐士马晋明所居。

② "東外东折"，国图本、内阁本作"东外□折"，徐渭《青藤书屋文集》该文亦作"东外折"，"東"字衍。

③ "宫"，国图本、内阁本作"官"。

④ 孔道：大路，通道。

之。一旦[①]寥寥然为墟落，田夫野老徘徊耕钓于其间，或拾其堕钗于锄掘。迨于阴晦，往往诧野火转燐[②]于其夜，儿童感而嘘，野人有聚而谈者矣。至其易冶以朴，易优伎以农桑，则有识者未尝不忘其悲而为之一笑也。陶望龄诗：西施乍入吴宫里，承恩日日飘罗绮。忽见飞尘入舞楼，空悲霸业随流水。吴王宫中秋草生，姑苏台上秋风起。台上朝看麋鹿游，五湖莫逐鸱彝舟。深闺那识风涛险，长波淼淼徒含愁。一去年年不复春，若耶羞杀采莲人。娇歌妙舞知何处，玉貌花颜已作尘。可怜东城一片石，犹存西子千秋迹。幽谷阴森满薜萝，哀风萧飒摇松柏。山中落花人迹少，山头落日闻啼鸟。眼前不见越台高，谁人漫说吴宫沼。碧波千顷春溶溶，嵚崎石磴苍苔封。东邻野人不解事，草间指点寻芳踪。风流太守擅丘壑，分金宴客恣欢乐。孤亭结构山之阿，翠竹参差护虚阁。揭来爽气浮林塘，坐久春阴散城郭。壁上题诗云满堂，花前记酒月将落。五月六月全无暑，满池荷花娇欲语。临池俯槛问斜阳，何似当年浣纱女。凉夜香飘桂树秋，洞门深锁青松幽。主人已往宾客散，浮云流水长悠悠。汉廷廷尉休官早，拂衣自爱林泉好。蒋径新从绿野开，谢公未许青山老。青山十里带澄湖，纵饮我亦高阳徒。今年上书不得意，黄埃赤日悲长途。归来山中但高枕，秋风况复饶莼鲈。四野一望俱平芜，竹间鸣鸟遥相呼。谓我不饮岁月徂，夕阳渺渺长烟孤。厨中酒熟何劳沽，且复花前倾百壶。昔年歌舞安归乎，何须更论越与吴？但得山中十日饮，绝胜束带趋皇都。袁宏道诗：西施山，一抔土。不惜金作城，贮此如花女。越王跪进衣，夫人亲蹋鼓。买死倾城心，教出迷天舞。一舞金阊崩，再舞苏台折。搥山[③]作馆娃，舞袖犹嫌窄。舞到夫差愁破时，越兵潜度越来溪。）

**平阳山**　在县东南五十里。（相传越州有阳明洞天在县治东南，世人莫知其处，意必有幽岩邃谷，层峦叠巘，庶几名实相称耳。故参考先贤地记，如化山平阳，即古记相传阳明洞天也。盖平阳距郡五十里而遥，舟进石岐山，溯若耶溪，流千回百折，又进三十里而至横山之下，则钓台见焉。刘青田[④]所谓"一尖昂锁不容针"，朱晦庵[⑤]所谓"石陇横起，形似双象交鼻者"是也。又数里至平阳深处，则见奇峰接天，宛如芙蓉出水，曲涧幽溪，不无仙子，桃花流水，尚有秦人，故为昔贤所欣羡有如此者。康熙四年，弘觉禅师建寺于其中。详"祠祀"下。）

**白马山**　在县治东北二里。（土渐毁削，山石依然。山之麓有白马庙，山下有书室[⑥]。）

---

① "一旦"，国图本、内阁本作"一且"。

② 野火转燐：野外荒坟中飘转的燐火，俗称"鬼火"。

③ "搥山"，《袁中郎全集》卷一同名诗中作"槌山"。

④ 刘青田：即刘基。

⑤ 朱晦庵：即朱熹。

⑥ "有书室"三字，国图本缺。

**彭山**[①]　在白马山东。(旧经:彭祖隐居之地也。旁有助海侯庙。)

**黄琢山**[②]　下有华严寺。张岱《记》:越城以外,万壑千岩,屈指难尽。城以内为山者八,曰"卧龙、戒珠、龟山、白马、彭山、火珠、鲍郎、蛾眉",而不知华严寺后尚有黄琢一山,则越城之山当为九。且黄琢大过蛾眉,而俗称已久,岂可于鞵靸下失之?向年里中有筑山曲池者,自称第十山。让檐街亦有一土山,戏呼之十一山。他日于旁坎得一石,有"第十一山"字,按题则宋思陵[③]笔也。事有奇合若此。然第十与第十一皆土山,而黄琢则石山也。土山可增减,而石山不可澌灭,则越城九山,当是定案。

康熙会稽县志卷第三终

---

① 国图本、内阁本,在"彭山"条前有"五云山"条,内容如下:五云山,在县治东二里,云山有五,如霞流落池中,故名。《小平霞碑记》存焉。其中国图本缺"落池中""存焉"五字。

② 国图本、内阁本该条文字差异较大,全文移录于下:黄琢山,下有华严寺。张岱《记》:越城以外,万壑千岩,屈指难尽。城以内为山者八,曰"卧龙、戒珠、龟山、白马、彭山、火珠、鲍郎、蛾眉",而不知华严前后尚有黄琢、云山,则越城之山,当为十。且黄、云大过蛾眉,而俗称已久,岂可于鞋沼下失之?向年里中有筑山曲池者,亦称第十山。让檐街亦有一土山,戏呼之十一山。他日于旁坎得一石,有"第十一山"字,按题则宋思陵笔也。事有奇合若此。然第十与第十一皆土山,而黄、云则石山也。土山可增减,而石山不可澌灭,则越城名山,当是定案。

③ 宋思陵:宋高宗赵构陵名"永思陵",后人也以"思陵"代称宋高宗。

# 康熙会稽县志卷第四

## 山川志下

岭　峰　坞　岛　洞　泾　港　溪　川
浦　塘　潭　渎　池　湖　河　江　海

### 岭

**忆家岭**　在县南十五里，会稽山之东北麓。（过岭有朱氏宜园、书室，多树梅、竹。）

**观岭**　在会稽山。（因告成观，故名。）

**皇祊岭**[1]　在宛委山。

**覆釜岭**　在秦望山下。

**驻日岭**　在县西南八十里，刻石山南，与诸暨县界。

**分水岭**　在驻日岭东北。

**王顾岭**　在县东南六十里。（相传宋高宗避金时过此岭，见山水之佳，忽一回顾，故云王顾。）

**陶晏岭**　在县东南四十四里，王顾岭北。（旧经：陶弘景隐居于此。有巨石，高数丈，相传昔为任公钓矶。林景熙诗：笑拂青萝问隐君，千岩秋色此平分。当时宴坐无人识，惟有清风共白云。）

**日铸岭**　在县东南五十五里，陶晏岭北。（地产茶最佳。欧阳修《归田录》：草茶盛

① 皇祊岭：今人多作横棚岭、横祊岭，位于绍兴市越城区鉴湖街道谢墅村（官山岙）。

于两浙，两浙之品，日铸第一。《黄氏青箱记》华初平云：日铸山岩，天真清冽，有类龙焙。昔欧冶子铸五剑，采金铜之精于山下，时溪涸而无云，千载之远，佳气不泄，蒸于草芽，发为英华，淳味幽香，为人资养也。王十朋《风俗赋》：日铸雪芽。又晏殊有诗，见“惠泉”下。萧昱诗：旭日高峰散紫烟，嶙峋长剑势参天。晴光露气如秋水，何似当年出匣看。独孤及诗：冶工铸剑今已远，此日空余日铸山。吊古尚传三灶在，清游曾有几人闲。天回鸟道蟠穷壁，地接银河带浅湾。夜夜禅床瞻斗气，五精何日更飞还。陶望龄诗：十年闻胜地，及见过于闻。萝叶遮泉眼，松身上石筋。狖分朝暮果，洞老古今云。旧寺千盘里，僧田薄可耘。又：林爱一枝鸟，盆游千里鱼。盖头茅几把，可爱野人居。又：朱门不肯顾，日望高天霞。鹿性常思草，蜂房只课花。粪畦收豆稭，开地种脂麻。渐晓农桑理，传书王老家。）

**太平岭** 在日铸岭西南太平山。

**驻跸岭** 在县东南八十里，日铸岭南，鸬鹚峰下。（旧传宋高宗避金，幸台、温，驻跸于此，故名。上有庵，曰天华，颇深雅。）

**杉木岭** 在县南一百五十里。（旧与嵊县界，今入嵊。）

**蒲萄岭** 在县东南一百二里，驻跸岭东北石陇山。

**干山岭** 在县东南四十里，日铸岭东南静林山。（唐方干尝隐于此，故名。）

**五峰岭** 在日铸岭东北。（五峰如莲花。）

**汤浦岭** 在县东南百一十里。

**龙池岭** 在东小江右。（中有龙王庙及龙池。）

**望湖岭** 在伧塘。

**梅湖岭** 在县东南九十里。

**珠湖岭** 在县东南百一十里。

**越岭** 在瓜山侧。

**腰软岭** 在诸葛山北。

**石屑岭** 在诸葛山东。

**百仙岭** 在上灶。

## 峰

**石伞峰** 会稽山之别峰，峰下有范蠡养鱼池。唐顾况《铭》：亭亭石伞，有物有名。若盖如倾，如芝一茎。石伞山东，山衔日官。石伞山西，山衔月官。南峦北阜，首出屹雄。元赵孟頫诗：功名自古是危机，谁似先生早拂衣。好向五湖寻一舸，霜黄木落雁初飞。

**义峰**　在县东六十里，稷山之东南。（峰顶有黑、白二龙池，土人于此建祠，祈雨辄应，尝有龙现其上。峰下有石，名“凤凰窠”。）

## 坞

**尚书坞**　在县东南三十里。（《寰宇记》：孔稚圭山园也。）

**焦坞**　在平水上。

**澹竹坞**　在县东南六十里，诸葛山左。（山围折如城隅，尝产瑞竹。巅峰拔起数百丈，其尖如斛，故名“石斛尖”。）

## 岛

**方干岛**　在会稽山东北麓。（俗呼“寒山”，唐方干别墅也。唐李山甫诗：交交戛戛水禽声，露洗松阴满院清。溪畔印沙多鹤迹，槛前题竹有僧名。问人远岫千重意，对客闲云一片情。蚤晚尘埃得休去，且将书剑事先生。郑谷诗：野岫分开径，渔家并掩扉。徐天祐诗：平生心事白鸥知，一卷云庵处士诗。占得镜中奇绝处，只缘身值广明时。干自为诗：寒山压镜心，此处是家林。梁燕窥春醉，岩猿学夜吟。云连平地起，月向白波沉。犹自闻钟角，栖身可在深。又：世人如不容，吾自纵天慵。落叶凭风扫，香粳倩水舂。花朝连郭雾，雪夜隔湖钟。身外能无事，头宜白此峰。又：日与村家事渐同，烧松啜茗学邻翁。池塘月撼芙蓉浪，窗户凉生薜荔风。书幌昼昏岚气里，巢枝夜折雪声中。山阴钓叟无知己，窥镜寻多鬓欲空。又：欹枕亦吟行亦醉，卧吟行醉更何营？贫来犹有故琴在，老去不过新发生。山鸟踏枝红果落，家童引钓白鱼惊。潜夫自有孤云侣，可要王侯知姓名。）

## 洞

**阳明洞**　洞是一巨石，中有罅，在会稽山龙瑞宫旁。旧经：三十六洞天之第十一洞天也。《龟山白玉上经》：会稽山周回三百五十里，名阳明洞天，皆仙圣天人都会之所。据此，则阳明洞天不止龙瑞宫之一石矣。唐观察使元稹以春分日投金简于此，诗曰：偶因投秘简，聊得泛平湖。其后，王文成守仁为刑部主事时以告归，结庐洞侧，默坐三年，了悟心性，今故址犹存。其谪居龙场也，尝名其东洞曰“小阳明洞天”，以寄思云。白居易诗：青阳行已半，白日坐将徂。越国强仍大，稽城高且孤。利饶盐煮海，名胜水澄湖。牛斗天垂象，台明地展图。环奇填市井，佳丽溢阛阓。句践遗风霸，西施旧俗姝。船头龙夭矫，桥脚兽睢盱。乡味珍蟛蚏，时鲜贵鹧鸪。语言诸夏异，衣服一方殊。捣练蛾眉婢，鸣榔娃角奴①。江清敌伊洛，山翠胜荆巫。华表双栖鹤，联樯几点乌。烟霞分渡口，云树接城隅。涧远松如画，洲平水似铺。绿科映早稻，紫笋接新芦。暖踏泥中藕，香寻石上蒲。雨来萌渐达，雷后蛰全苏。柳眼黄丝颣，花房蜂蜡珠。林风新竹折，野烧老桑枯。带辫长枝蕙，钱穿短贯鱼。暄和生野菜，卑湿长街芜。女浣纱相伴，儿烹鲤一呼。山魈啼稚子，林狖挂山都。产业论蚕蚁，孳生计鸭雏。泉岩雪飘洒，苔壁锦漫糊。堰限舟航路，堤通车马途。耶溪岸回合，禹庙径盘纡。洞穴何因凿？星槎谁与刳？石凹仙药臼，峰峭佛香炉。去为投金简，来因挈玉壶。贵仍招客宿，健未要人扶。闻望贤丞相，仪形美丈夫。前驱驻旌旆，偏坐列笙竽。刺史旟翻隼，尚书履曳凫。学禅超后有，观妙造虚无。髻里传僧宝，寰中得道枢。登楼诗八咏，置砚赋三都。捧髻罗将绮，趋跄紫与朱。庙谋藏稷契，兵略贮孙吴。令下三军整，风高四海趋。千家得慈母，六郡事严姑。重士过三哺，轻财抵一铢。送觥歌宛转，嘲妓笑胡卢。佐饮时炮鳖，蠲酲数鲙鲈。醉乡虽咫尺，乐事亦须臾。若不中贤圣，何由外智愚？伊予一生志，我尔百年躯。江上三千里，城中十二衢。出多无伴侣，归只是妻孥。白首青山约，抽身去得无？又：日日携壶坐钓矶，眼看门外软红飞。已无游骑寻芳事，却访幽人入翠微。石磴欲青春雨足，酒垆初冷絮花稀。悠然自解登临意，十里香风一棹归。徐天祐诗：何年灵石惜夸娥，洞穴云深锁碧萝。巨木千章阴翳日，阳明时少晦时多。施钧诗：谁扁阳明曰洞天，琼楼珠户万松寒。前山倩鹤收仙箭，古穴藏龙护法坛。欲对香炉分坐石，就开玉笥借书看。葛洪知我非凡子，来馈灵岩换骨丹。元杨仲弘诗：忆昔神禹奠九州，兹山会计功始休。诸侯玉帛渺何许，但见万水从东流。衣冠永闭阳明洞，夜闻鬼哭岩之幽。珠宫贝阙号龙瑞，天造地设非人谋。槎枒怪树冻不死，化作千丈苍龙虬。丹洞呀然仙掌裂，翠峰巧矣蛾眉修。梅梁飞去铁锁断，往往雷雨生灵湫。轩辕缑神极秘怪，海上笙鹤时相投。平生闭门读《史记》，子乃探穴先吾游。明当挟子骑汗漫，题诗更在最上头。不妨山水乐吾乐，岂有饥溺忧民忧。故家乔木尚可求，有子有孙百世留。卧横玉箫泛归舟，吹散江南万斛愁。韩性诗：洞天深窅行客疑，飙轮碧简谁能稽？倚松长啸岩壑动，放怀未必今人非。石气盘空散成雾，桧子无风落青雨。草间欲问苗龙坛，薜荔鳞鳞络铜虎。又：蕙草雪消蜂蝶疑，游子挈榼来何稽。坐待山桃缀红糁，回首已怜春事非。清风成云湿成雾，洞天深沉柏花雨。山深玉殿锁苍苔，天上通明罗九虎。明刘栋诗：洞天昔曾到，仙境合重过。厌见霜前叶，斜看屋角萝。两山拥寒翠，一水绕秋波。地主归来际，青松老不磨。

① “奴”字，国图本、内阁本作空字。

## 泾

**逍遥泾**　在县东六里。(相传潘逍遥所居。)

**樵风泾**　在县东南二十五里。(旧经:汉郑弘少时采薪,得一遗箭。顷之,有人觅箭,问弘何所欲,弘识其神人也,答曰:“常患若耶溪载薪为难,愿朝南风,暮北风。”后果然,遂号樵风泾。《水经》:郑弘少以清节自期,恒躬采伐,用资粮膳。每出入溪津,尝感神风送之,凭舟自运,无杖楫之劳。村人贪藉风势,常依随之。刘长卿诗:仙客曾因一箭赠,樵风长到五云关。)

**青塘泾**　在县东四十五里。(其东曰“郭家洋”,阔百余丈。)

**伧塘泾**　在县东六十里。(旧经:昔伧、楚共筑此塘,以水溉田,故名。)

## 港

**浪港**　在县东南二十里,樵风泾之北。(天无风,亦时有浪,故名。港北循山径,有石甚巨。顷岁,里人开迳,得石炉、铁钤,疑为仙人炼丹之所,至今人呼为“圣女洞”云。)

## 溪

**平水溪**　在县东南三十五里。(镜湖所受三十六源之水,平水其一也。水南有村、市、桥、渡,皆以“平水”名。韩性诗:小溪分绿绕平田,隐隐遥林澹澹烟。溪畔沙堤行不尽,黄云一道上青天。王思任诗:一溪千百曲,暗雨送云迟。啼碧鸟不见,落红花自知。篁孙迷竹谱,石骨瘦山肌。乱发扁舟上,溪人讶阿谁。)

**照水溪**　在城东南三里。(源出五云乡,经县界九十里,西南入山阴。)

**若耶溪**　在县东南三十五里。(溪北流入镜湖,即西子采莲、欧冶铸剑所。《越绝书》:若耶之溪,涸而出铜。《吴越春秋》:若耶之溪,深而莫测。后汉刘宠为会稽太守,去郡,若耶父老人赍百钱相送,因名“刘宠溪”。唐徐季海尝游,叹曰:“曾子不居胜母之间,吾岂游若耶之溪?”遂改为“五云溪”。唐许敬先[①]诗:越水正逶迤,艳阳三月时。中有婵娟子,含怨望佳期。鲜肤润玉泽,微盼动蛾眉。解佩遗中浦,折芳怀所思。彩色岂不重,瑰艳难久滋。一歌江南曲,再使妾心悲。独孤及诗:万峰苍翠色,双溪清浅流。已符东山趣,况值江南秋。白露天地肃,黄花门馆幽。山公惜美景,肯为芳尊留。五马照池塘,繁弦催献酬。风前孟嘉帽,乘兴李膺舟。骋望傲千古,当歌遣四愁。岂令永和人,独擅山阴游?孟浩然诗:落景余清晖,轻桡弄清渚。泓澄爱水物,

① “许敬先”,“许景先”之误。

临泛何容与。白首垂钓翁，新妆浣纱女。相看未相识，脉脉不得语。綦毋潜诗二首：幽意无断绝，此去随所偶。好风吹行舟，花落入溪口。际夜转西壑，隔山望南斗。潭烟飞溶溶，林月低向后。生事且弥漫，愿伴持竿叟。又：同君此溪曲，托胜在烟霞。潭影竹里动，岩阴天际斜。人言上皇代，犬吠武陵家。借问淹留意，春风满若耶。李白诗：若耶溪畔采莲女，笑隔荷花共人语。日照新妆水底明，风飘香袖空中举。岸上谁家游冶郎，三三两两映垂杨。紫骝嘶入落花去，见此踌蹰空断肠。又《越女词》二首：耶溪采莲女，见客棹歌回。笑入荷花去，佯羞不出来。又：镜湖水如月，耶溪女似雪。新妆荡新波，光景两奇绝。孟浩然六言二首：舟泊有时垂钓，舟行不废闲吟。沿山寺寺花木，枕水家家竹林。又：鸳鸯昼飞溪静，鸲鹆夜啭林深。忽因风动花落，起看波间月沉。刘长卿六言：晴川落日初低，惆怅孤舟解携。鸟去平芜远近，日随流水东西。白云千里万里，明月前溪后溪。独怅长沙谪去，江潭春草萋萋。又：兰桡漫转傍汀沙，应接云峰到若耶。旧浦满来移渡口，垂杨深处有人家。永和春色千年在，曲水乡心万里赊。更见渔舟时借问，前村几路在烟霞。崔灏诗：轻舟去何疾，已到云林境。起坐鱼鸟间，动摇山水影。岩中响自答，溪里言弥静。事事令人幽，停桡向余景。丘为诗：结庐若耶里，左右若耶水。无日不钓鱼，有时向城市。溪中水流急，渡口水流宽。每得樵风便，往来殊不难。一川草长绿，四时那得辨？短褐衣妻儿，余粮及鸡犬。日暮鸟雀稀，稚子呼牛归。住处无邻里，柴门独掩扉。项斯诗：清溪缭绕出无穷，两岸桃花正好风。恰是扁舟堪入处，鸳鸯飞起急流中。宋王安石诗：若耶溪上踏莓苔，兴尽张帆载酒回。汀草岸花浑不见，青山无数逐人来。苏轼诗：若耶溪上云门寺，贺监荷花空自开。我恨今犹在泥滓，劝君莫掉酒船回。谢景温诗：若耶溪出若耶山，浪里溶溶入醉闲。仙客曾因一箭赠，樵风长到五云关。数峰蘸碧轻清外，双舸浮春上下间。料得当年乘兴子，为贪烟水宿前湾。释契嵩诗：越水乘春泛，船窗掩又开。好山沿岸去，骤雨落花来。岸影樵人渡，歌声洗女[①]回。沧浪无限意，日暮更悠哉。陆游诗二首：微官原不直鲈鱼，何况人间足畏途。今日溪头慰心处，自寻白石养菖蒲。又：九月霜风吹客衣，溪头红叶傍人飞。村场酒薄何妨醉，菰正堪烹蟹正肥。林景熙诗：晴峰无数蘸清流，窈窕寒生六月秋。百炼不须欧冶剑，沼吴人在采莲舟。唐之淳诗：溪流百里长，水急建瓴瓦。两山夹其湄，突兀类奔马。须臾止复引，迤逦落平野。时春新雨霁，颜色甚妍雅。轻飙动水木，白石粲可把。停舟赤堇山，洗爵酹欧冶。精灵竟何凭，一剑莫可假。路逢南来鹤，意态正潇洒。疑是古仙人，愧非采薪者。樵风尚飘摇，剑气犹赤赭。浩然千古怀，于此一摅写。戴冠和韵诗：我闻若耶溪，轻舟仰如瓦。往来疾于飞，乡俗当车马。溪中植莲芰，叠翠接平野。时有采莲女，明妆靓而雅。船头茜裙新，画桨手自把。岸上谁家郎，三五日游冶。马上一回

① “洗女”，国图本、内阁本作“浣女”。

顾，颜色不少假。高歌去不顾，丰神自清洒。昔闻此溪女，尝有孝亲者。欲问不可即，落日波心赭。千金买画图，谁当一摹写？许瓒诗：三月若耶行晓滨，刺桐花落绿苹新。采莲不见红妆艳，铸剑应多紫气神。天姥送青烟水寺，越禽啼晚野堂春。停桡试问桃花洞，安得灵峰送过津。王穉登诗：一曲清溪一曲歌，风流其奈昔人何。暮山非雪看皆白，流水如琴听亦多。谢墅无棋那可赌，兰亭有酒且相过。盘飧莫笑茅容馔，明日书成好换鹅。徐渭诗：夜影坌中流，进舟篁竹浦。鸣雨来断雷，山云湿可谱。及岸沿黑堤，攫猪复愁虎。燎衣得缁徒，怖余涩言语。芋垆聊炙衣，一笑赖尊俎。王思任诗：沿溪轻棹去，不尽是湾湾。伴鹤凉风远，扁舟红叶间。露香来暗竹，碧影下秋山。明月无多重，劳君并载还。）

**寒溪**　在县东南三十里。（以其水极清冷，故名。源出日铸岭。）

**上灶溪**　在县东南二十里。（知府南大吉浚疏沿溪之田，遂获。沈弘道纪其本末云：盖万峰之瀑，交注于上灶之川，既泻而为石堰，又泻而环禹穴，其滨则皆稼穑之地，又其滨则皆荒阻崖壑、薪刍老树、丛篁交荫之境。故欧冶以之而淬剑，郑弘以之而泛艇，不有秀川，何以来此佳客哉？然而龙蛇变穴，水怪肆妖，沙塞岸圮，已不可殚记岁月矣。故舟楫莫通，而行人悉劳；桔槔无功，而农人载病。正德间，耆民赵澄闻于上，许其瀹也，独有司者不能为民隐忧，每辍不为。嘉靖三载，太守南瑞泉公周览而叹曰：越川病涸矣，吾何惜此区区不一拯救耶？乃浚城河，浚运渠，浚堰，浚浦，遂瀹我川，首尾二百余里，勤劳甚矣。方我川未瀹也，司寇韩公、封君汪公暨予咸白于郡南侯，方命杨判簿、陈河泊民力役瀹之。人或告我曰："人恶劳好逸，今请斯役，民怨汝詈汝，且增侯谤矣。"予应之曰："天下未有不顺人情而能成事者，亦有[①]不暂拂人情而能立事者，顾在顺其公而拂其私，所顺者大而所拂者小也。太守之所见，良在是也。"役毕川通，民果豁然快矣。石帆之间独桥危未治，民薛怀氏愿请载石新之。太守曰："汝梁是川，汝阴德也。"怀遂欣然召匠齿石，桥遂翼峙。予览川功之既毕，惧其后将复湮塞焉，乃请立累年修理之规，且勒石垂之经久。呜呼！修川者其尚公厥心，戮厥力，无虚动锹锄，竭汗血也。歌曰：川溶溶兮灶之间，起孔湖兮带石帆。阳明坼兮洞旁启，若耶通兮白莲寒。仙风回兮樵舟急，酒瓮峙兮玉浆干。逝水滔滔兮喟者希，地虚秀兮人不来。岸有芷兮畹有苔，怀佳人兮在高台。彼欧冶兮进剑术，事吴主兮杂霸材。眇生予兮寄一宅，俯宇宙兮多感慨。劫灰飞兮变海桑，禹凿穷兮津河荒。津无梁兮河无航，驾言行兮思之无方。籾无登兮粒食缺，不有拯兮苍生曷将？南侯南兮慈波扬，垂千载兮怀不可忘。按：上灶之外，更有中灶、下灶，相隔不数里。世传欧冶子铸剑，更此三灶而后成也。）

**大舜溪**　出太平山，以其地有舜庙，故名。

---

① "亦有"，国图本、内阁本改作"亦未有"。

**横溪**　在阳湖之北。（源出静林山，别分一派，曰“广陵溪”。）

**寨岭溪**　在县东南八十里。（源出寨岭。）

## 川

**沉酿川**　在若耶溪东。（《十道志》：郑弘举，送赴洛，亲友饯于此。以钱投水，依价量水，饮之，各醉而去。一名沉酿埭。）

## 浦

**铸浦**　与若耶溪相接。（一名“汤浦”，上有欧冶祠。齐祖之云：昔欧冶子铸剑之所，今为里俗所祠，祠像乃一妇人，未知何所据。唐之淳诗：行至若耶溪，恭闻汤浦名。云昔欧冶子，铸剑此扬灵。扬灵亦何为？二国方斗争。虚中应地纪，腾上合天经。一鼓万夫集，百炼众神凭。蜿蜿五蛟龙，出入风火生。娟娟芙蓉花，菡萏发其英。吴光未克试，风湖先震惊。千秋事已辽，山水有余清。决云知紫电，潜浪识青萍。白若贯天虹，赤若照夜星。绸缪类龟缦，赑员[①]作蛟横。世方混凡铁，神物岂甘冥。）

**范洋浦**　在县东南百余里。

**炭浦**　在县东六十里。（旧经：句践运炭于此。《吴越春秋》：吴封地百里于越，东至炭渎。）

**蛏浦**　在县东北四十里。（俗传此浦多蛏，故名。先时与海通，潮汐往来，后淤积成田，筑塘隔海，东自称山，西至宋家溇，接山阴界，凡二十六里。）

**纂风浦**　在县东北七十五里。

**少微浦**　在少微山下。

**汤浦**　在县东南九十里。（本[②]出横溪，入东小江。）

## 塘

**炼塘**　在县东五十七里。（旧经：越王铸剑于此，故名。）

**夹塘**　俗传汉太守马臻所筑，夹镜湖而为塘，又曰“东隄”，即康家塘也。

**菁江石塘**　在县东六十里。（俗称石塘。《越绝书》：塘广六十五步，长一百三十五步。宋淳熙九年，令杨宪重筑，加甃，塘岸百余里[③]。）

---

① “赑员”，国图本、内阁本作“赑屃”。

② “本”，国图本、内阁本作“水”。

③ “塘岸百余里”，宋嘉泰《会稽志》、明万历《绍兴府志》该条相应内容均作“塘岸一里余”。

**百丈塘**　在曹娥庙之右。(北临大江,南为运河。明隆、万间,遇风,塘辄为海潮冲败,客舟过者多覆溺。有司修筑,工费不可计,迄无成。天启年间,郡推官刘光斗详看江势屈曲,用夫掘通,可免塘患。遂檄会稽县典史,率居民乘春水发时齐用畚锸,使江水直去旧塘,变而为地,其患遂息。国朝,居民垦地为田,放水入河,塘渐坏矣。秋潮发时,将复为大患也。)

## 潭

**嫡耳潭**　在县东十五里。(一作"的耳",今呼为织女潭,在董家堰西。世传董永自鬻葬父,遇织女于此,故名。详见"董永墓"下。)

**碧波潭**　在县东北二十里。(周围数十余里。)

**白波潭**　在镜湖东。(唐方干《陪五大夫游镜湖》诗:白波潭上鱼龙气,江树林中鸡犬声。)

**孤潭**　即麻潭,在若耶溪侧。潭深而清,孤石耸出。潭上有大栎木。谢灵运与惠连联句刻于树侧。唐人征故事联句云:古寺思王令,孤潭忆谢公。

**贺精潭**　在县东南。

**射的潭**　在仙人石室下。(甚深叵测。)

**郑仆潭**　在县东南三十里,平水之南。(周围可十亩余。)

**鹿迹潭**　在县东南。(今云门山南,鹿里潭是也。)

**白鱼潭**　在日铸岭下。(其东南曰"马石潭",以其中有石如马,故名。)

**长潭**　在县东南七十里。(北行复有潭,曰"石壁潭",又北曰"相公潭"。)

**龙潭**　在静林山。(祈雨屡应。)

## 渎

**石渎**　在县东三十里。(田坂中有石突起,故名。)

**坛渎**　在石渎下。

**仁渎**　在坛渎旁。

## 池

**禹池**　在禹陵前。(唐贺知章乞湖为放生池,即名"放生"。临池有咸若亭、明远阁、怀勤亭,取宋高宗"怀哉忧禹勤"之句,并废。今禹池之侧有董氏书室。)

**日月池**[①]　俗传钱武肃王镠有目疾，故浚此二池。月池在县北，日池今入县治中。

**洗砚池**　在县治东北二里，白马山下。（旧经：王右军洗砚处。今人指蕺山潢污为池，非也。萧昱诗：凤翥龙蟠万纸奇，墨花堆积几临池。只今云影徘徊处，犹见当年洗砚时。）

**东大池**　在东府坊，通广宁河。（《宋史》：嘉定十七年，理宗即位，封父希垆为荣王，以同母弟与芮袭封奉祀，开府山阴蕺山之南，曰"福王府"，东大池则其台沼[②]也。）

**浴龙池**　在五云门外。

**方干池**　在县东十里，旧澄波坊。（唐处士方干所居。华安仁云："雄飞门巷虽改，故池未湮。"）

**鳗池**　在县东二十里。（周围数顷，其岸北有社庙，祀皋陶，不知其始。庙前有三古柏，意千岁物，环一井，故乡人误传为三柏[③]。一井今摧，其二井亦枯于柏根之蚀。里人谢銮出资别凿一井，为母祈年。既葬其父于庙侧，以杖标纸辄活，今成茂树。銮，孝子也，里人以兹树不让三柏云。）

## 湖

**贺家湖**　即贺家池，在县东三十二里。（周围四十七里，南通镜湖，北抵海塘，旁有支港，可以四达。袁宏道诗：昔闻八百里，今来八百亩。为问袁阿宏，可如贺监否？黄冠吾愿学，其如多八口。形体作仆隶，礼法诚枷钮。幸尔略知识，效颦辞五斗。强作舒眉诗，学饮宽肠酒。所以不脱然，为身未我有。恩爱毒其躬，父母掣其肘。未免愧其人，青山空矫首。旁有六兼园，范给事绍序[④]读书处，即宋赵王府庄。）

**钱湖**[⑤]　在县东南一里。（俗呼"观音池"。）

**镜湖**　在县二里。（故南湖也。一名长湖，一名大湖。《通典》：东汉永和五年，太守马臻始筑塘堤，湖周三百里，溉田九千余顷。湖兼属山阴，而其源则出五云乡也。今废湖为田，俗呼白塔洋为[⑥]。镜湖三百里者，合西鉴、东鉴而言之也。后汉太守马臻，顺帝永和五年为太守，于会稽、山阴二县界筑塘，周回三百里，以蓄水。《舆地志》曰：南湖在城南百许步，东西二十里，南

---

① 国图本在"日月池"条对应书眉处有小字浮笺：日月池、洗砚池、东大池，俱见本府。

② 台沼：宫苑。

③ "三柏"，底本原作"三百"，勘误作"三柏"。国图本、内阁本作"三百"。

④ 范给事绍序：道光本卷十八有传，移录如下：范绍序，字幼钦，可奇季子。万历丙辰进士，授保定推官。考选刑科给事中。告假归里，病，愤时事，使家人至京上之疏，侵逆珰。有同年生遏之，不听。上未几，卒，祀保定名宦。

⑤ 国图本在"钱湖"条对应书眉处有小字浮笺：钱湖、镜湖，已见本府，府志入山阴。

⑥ 底本缺一行，据国图本补录："镜湖，长一十五里，此特其一处云。郑善夫《镜湖记》"。

北数里，萦带郊郭，连属峰岫，白水翠崖，互相映发，若鉴若图。故王逸少云：从山阴道上行，如在鉴中游。湖水高平畴丈许，筑塘以防之，开以泄之，水适中而止，故会稽无荒废之田。李白诗：镜湖三百里，菡萏发荷花。五月西施采，人看隘若耶。孟浩然诗：始览湖中物，中流到底清。不知鲈鱼味，但识鸥鸟情。帆得樵风送，春逢谷雨晴。将探夏禹穴，稍背越王城。府椽有包子，文章推贺生。沧浪醉后唱，因子寄同声。杜甫诗：越女天下白，鉴湖五月凉。剡溪蕴秀异，欲罢不能忘。赵抃诗：春色湖光照锦衣，岸花汀草自芳菲。若耶溪上游人乐，举棹狂歌半醉归。秦观诗：画舫朱帘出缭墙，天风吹到芰荷乡。水光入座杯盘莹，花气侵人笑语香。翡翠侧身窥绿酒，蜻蜓偷眼避红妆。葡萄力缓单衣怯，始信湖中五月凉。王十朋诗：苍苍凉凉红日生，葱葱郁郁佳气横。镜湖春色三百里，桃花水涨扁舟轻。花开啼鸟传春意，声落竹舟惊梦寐。倚床兀坐心境清，转觉湖山有风味。鉴中风味几经春，身在鉴中思故人。禹迹茫茫千载后，疏凿功归马太守。太守湖成坐鬼责，后代风流属狂客。狂客不长家鉴湖，惟有渔人至今得。日暮东风送棹回，花枝照眼入蓬莱。回首湖山何处是，欸乃声中画图里。陆游诗：千金不须买画图，听我长歌歌鉴湖。湖山奇丽说不尽，且复与子陈吾庐。柳姑庙前鱼作市，道士庄畔菱为租。一湾画桥出林薄，两岸红蓼连菰蒲。村南村北鸦阵黑，舍东舍西枫叶赤。每当九月十月时，放翁艇子无时出。船头一束书，船尾一壶酒。新钓紫鳜鱼，旋洗白莲藕。从渠贵人食万钱，放翁痴腹长便便。暮归稚子迎我笑，遥指一抹西村烟。元陈孚诗：镜湖八百里，水光如镜明。偶寻古寺坐，便有清风生。天阔雁一点，山空猿数声。老僧作茗供，笑下孤舟轻。李季和诗：贺家湖里见秋风，放翁宅前东复东。两行云树忽远近，十里荷花能白红。行人濯足银河上，越女梳头青镜中。我欲张帆上南斗，扶桑碧海与天通。明翁施龙诗：昨年曾过贺家湖，今日烟波大半无。惟有一天秋夜月，不随田亩入官租。刘基诗：若耶溪上雨声来，秦望山前雾不开。欲渡镜湖寻禹穴，苍藤翠木断猿哀。钱宰诗：镜湖白波木叶稀，凉风萧萧入客衣。季真赐宅已无主，太白酒船空棹归。野色惊秋鸿雁下，水声吹晚鲤鱼飞。此时张翰吴中去，云锁稽山失翠微。唐之淳诗：会稽山海邦，地势高下杂。原田既荦确，涛水复善啮。中有千万顷，浩荡浴日月。或云轩辕氏，铸镜之所设。荒忽不敢知，畴能究其说。尝闻汉马臻，事与郑白埒。潟卤生稻粱，沟塍俨区别。余波之所被，草木及薇蕨。春秋凫鸭乱，舟楫渔樵悦。川流亦何物，稍与古先别。鱼梁竟锥刀，农亩见侵裂。蛟龙尚无据，况是鱼与鳖。今古非一人，岁月如去蝶。临流何所怀，贺公则明哲。戴冠次韵诗：晚过南湖上，风急水嘈杂。舍舟登断岸，下有波涛啮。叶脱林影疏，举足踏秋月。乘月过田家，鸡黍为我设。野老见客喜，往事颇解说。沼湖开自汉，利与芍陂埒。畜泄防岁涝，一一有区别。高低足禾黍，山农厌薇蕨。焦土成沃壤，老稚日嬉悦。世变日趋下，风俗与古别。豪杰事兼并，水利竟分裂。膏腴尽污莱，数罟穷鱼鳖。传闻昔丰壤，恍若一梦蝶。兹湖不可复，令人念先哲。）

**回踊湖**　在县东四里。（一作回踵。旧经：汉马臻所筑，以防若耶溪水。溪水暴至，避塘而湾回，故名。《南史·谢灵运传》：会稽东郭有回踊湖，湖边有田十亩，为义冢。绍熙五年，少监李大性提举浙东常平，令县尉特置①。此即渡东桥下之划船港也。）

**西湖**　在县东南二十二里。（一名浮湖，周围二顷余，源出西山，清浅可爱，旧有西湖寺在其旁。）

**孔湖**　在县东南四十里。（源出上灶，流洋山。）

**谢憩湖**　在县东南八十里。（周围三十余里，西曰康家湖，周围二十余里，二湖相通。）

**泉湖**　在县东南七十里。（周围十余亩，下有二窍，寒泉涌出最清，天旱不涸。成化初，郡守树牌，刻日期，令近地居民置闸，放以溉田，甚便。）

**西澍湖**　在泉湖之东。（周围一顷余。）

**汤湖**　在县东南八十里。（周围百余亩。）

**长湖**　在县东南七十五里。（长二里许，绕龙池岭。其东曰“嬉白湖”，又东曰“招福湖”，西北曰“石浦湖”。北复有四湖，曰丁家湖、鹁鸠湖、舍湖、珠湖，相近。）

**舒屈湖**　在长湖西南，逼蒲萄岭下。（周围四顷余，南有沥上湖、沥下湖，西北有白荡湖、洗马湖，东有范洋湖，流俱从大舜溪，源出日铸、驻跸诸山。）

**康家湖**　在县东七十里伧塘埠。

## 河

**官河**　一名“运河”。东自曹娥坝，西入小江桥，接山阴界。南自蒿坝，北抵海塘。水道淤隘，舟楫或阻。嘉靖四年，知府南大吉浚之。故老云：河之在市，其纵者自江桥至植利门，其衡者自九节桥至清道桥，皆壅窄弗利于舟。南公尽拟斥庐舍以广河计，所斥率六尺许，真郡中一大利也。会罢官而止。其后知县张鉴稍浚学河，固以为士然，民亦便之。王守仁《记》：越人以舟楫为车马，滨河而廛者，皆巨室也。日规月筑，水道淤隘；蓄泄既亡，旱涝频仍。商旅日争于途，至有斗而死者矣。南公乃决阻障，复旧防，去豪商之壅，削势家之侵。失利之徒，胥怨交谤，从而谣之曰：南守瞿瞿，实破我庐；瞿瞿南守，使我奔走。人曰：“吾守其厉民欤，何其谤者之多也？”阳明子曰：“迟之！吾未闻以佚道使民而或有怨之者也。”既而舟楫通利，行旅欢呼络绎。是秋大旱，江河龟坼，越之人收获输载如常。明年大水，居民免于垫溺，远近称忭，又从而歌之曰：“相彼人兮，昔揭以

① 特置：置义冢，非置回踊湖。乾隆《绍兴府志》卷之七十三：绍熙五年，少监李大性来为提举浙东常平，于会稽镇坞、山阴泗涌塘各置义冢。

曳矣，今歌以楫矣。旱之熇矣，微南侯兮，吾其焦矣。霪其弥月矣，微南侯兮，吾其鱼鳖矣。我输我获矣，我游我息矣。长渠之活活兮，维南侯之流泽矣。”人曰：“信哉！阳明子之言‘未闻以佚道使民，而或有怨之者也’。”纪其事于石，以昭来者。季本[①]《纪略》：会稽儒学，南北东界水。水自植利门入，北流经隆兴桥，东折为南渠。又自隆兴桥北流，过通市桥，东折为北渠，皆会于东双桥，北流入海。渠近市廛，久不浚治，北渠渐就浅隘，仅通小舟。南渠由儒学泮池至军器局西，则民间埭而为池，淤而为圃。东亦如之，故道尽失。嘉靖丙申岁，诸生上《复渠议》于诸司，咸报曰：可。而豪右各便其私，人持一说，或曰：军器局，故福果废寺地，寺本北向，临北渠。局之南门，寺后址也，今废。渠当由局西南折而东，直接毛家溇，以合北渠水于东双桥之南。观毛家溇见存形迹，似一故道也。或曰：当由局南东折而北，直接丘家宅池以入北渠，而复东流以合东双桥南之水。观丘家宅池见存形迹，似亦一故道也。然自元以来，埋没已久，故老无复能知的处。故当时议者惟据局西有三池，东有四池，如贯珠然，谓故道宜在此。乃遂因七池之势横贯珠，局中而曲折，以达于毛家溇。议遂定，而功则未兴也。会南充张侯鉴来尹吾邑，乃得竣其事。其师生某等，属予为记。予惟越，水国也，故其俗以舟楫为车马，行李之往来，货财之引致，皆有赖焉，然犹利之细者也。自鉴湖既废，高下皆田，下流虽有诸闸之防，第可因水势以时蓄泄耳。其上苟无沟渠河荡以潴之，则岁旱无所取水，防亦何益乎？故善治越者，当以浚河为急。宋郡守汪公纲，复河渠之便利，人称其为悠久之惠也。时渭南南公大吉为郡守，复浚治之，民有去思焉，此其功岂特在舟楫之间哉？

**御河**　在县南十五里。（自董家堰抵宝山，以宋有攒陵，故名。）

**箪醪河**[②]　在县南。（源溯秦望，由植利门入，至鲍家桥东与府学泮水相接。句践师行之日，有献箪醪者，投之上流，与士卒共饮，战气百倍。今河中有泉，虽旱未尝涸。）

## 江

**小舜江**　在县东南九十里。（俗名东小江。郡志：源出浦阳，东北流经汤浦以入于江。唐陆羽诗：月色寒潮入剡溪，青猿叫断绿林西。昔人已入东流去，空见年年江草齐。皇甫冉诗：江上年年春草，津头日日行人。借问山阴远近，犹闻日暮钟声。）

**曹娥江**　在县东九十二里。（流自剡溪，经县界四十里，北入海。《会稽典录》：娥，上虞人。父盱，汉安二年溺水，求父尸不得，娥亦自溺死。江因娥得名也。潮候与浙江相通。按：

① 季本：本志卷第二十四有人物传。

② 国图本在本条对应书眉处有小字浮笺：已入本府。

江源自剡溪来，东折而北，至曹娥庙前又北。《上虞志》云：至龙山下，名舜江，又西北折入于海。潮汐之患，亚于钱塘，坍沙陷溺，尝为民患。谚曰“铁面曹娥”。王穉登《客越志》云：微波鳞鳞，一苇可航。然土人有“铁面”之谣，当是其风浪时耳。中流有落星石。唐萧颖士《越江秋曙》诗：扁舟东路远，晓月下江濆。滟潋[1]信潮上，苍茫孤屿分。林声寒动叶，水气曙连云。暾日浪中出，榜歌天际闻。伯鸾常去国，安道惜离群。延首剡溪近，永言怀数君。韩性诗：隔岸樯竿着暮鸦，待舟人立渡头沙。数拳顽石生云气，一片斜阳有浪花。方孝孺诗：娥以孝为本，江以娥得名。至今潮长落，犹带哭爷声。）

## 海

**海**[2]　在府境北，去县三十里。（边海所属五县：萧山、山阴、上虞、余姚、会稽。《博物志》云：天地四方，皆海水相通，地在其中盖无几。四海之内，皆复有海也。《初学记》：凡四海俱谓之裨海，外乃复有大瀛海环之。一曰百谷王，又曰朝夕池，曰天池，亦云大壑、巨壑。海中山曰岛、洲，曰屿。今绍兴北海，乃海之支港，犹非裨海也。王粲《海赋》云“翼惊风而长驱，集会稽而一睨”是也。道墟、蛏浦、桑盆至宋家溇，皆近海塘。过蛏浦渡，为沥海所在。江之北接大海，与上虞联壤，有西汇觜塞住海口，其外乃大海也。海中遇暑薄凉微，天雨初霁，有蜃气夹云而兴，倏忽变幻，千态万状，大为奇观。秋冬值风雨之候，时有海氛，弥望蓊郁云。谢景初《观氛》诗：海上风与雨，未朕先气升。泽卤杂山祲，蓊郁相熏蒸。交语面已障，安辨丘与陵？衣襦带革缓，臭腥殊可憎。自非昌其阳，安免疾疠乘。君子却阴邪，何必医师能。○海潮昼夜凡再至，朝曰潮，夕曰汐。卯酉之月，特大于余月。朔望之后，特大于余日。大即汹涌，昂高十余丈。其非时而大者，谓之海溢。宋朱中云：适遇巨风，推之而来，后浪拥前，故忽大而且久不退。又，夏则昼小而夜大，冬则夜小而昼大，俗谓潮畏热畏寒云。《海潮赋后序》[3]：窃以海潮之事，代或迷之。今辄依洛下闳、张平子、何承天等以浑天为法，水与地居其半，日月绕乎其下，以证夫激而成潮之理。并纳华裔郡国，环以二十八宿，黄道所交及。立北极为上规，南极为下规，以正乎日月之所由升降，其理昭然可辨，谓之潮图。施诸粉缋，庶将无阙。《西溪丛语》：旧于会稽得一石碑，论海潮阴阳依附，极有理，不知其谁氏。观古今诸家海潮之说多矣。或谓天河激涌，亦云地机翕张。卢肇以日激水而潮生。

① “滟潋”，国图本、内阁本作“潋滟”。

② 国图本在本条对应书眉处有小字浮笺：海，已见本府。

③ 作者卢肇，字子发，宜春人，唐代诗人、官员。

封演[1]云:"月周天而潮应"。挺空入汉,山涌而涛随;析木大梁,月行而水大。源殊派异,无所适从,索隐探微,宜伸确论。宋祥符九年冬,奉诏按察岭外,尝经合浦郡沿南溟而东,过海康,历陵水,涉恩平,住南海,迫由龙川抵潮阳,暨出守会稽,移莅句章。以上诸郡,俱沿海滨,朝夕观望潮汐之候者有日矣。得以求之刻漏,究之消息,十年用心,颇有准的。大率元气嘘翕,天随气而涨敛,溟渤往来,潮随天而进退者也。以日者众阳之母,阴生于阳,故潮附之于日也;月者太阴之精,水乃阴类,故潮依之于月也。是故随日而应月,依阴而附阳,盈于朔望,消于朏魄,虚于上下弦,息于辉朒。故潮有小大焉。今起月朔夜半子时,潮平于地之子位四刻一十六分半,月离于日,在地之辰,次日移三刻七十二分,对月到之位,以日临之次,潮必应之。过月望后东行,潮附日而又西应之,至后朔子时四刻一十六分半,日月潮水俱复会于子位。其小尽亦然,惟次日移三刻七十三分半,是知潮常附日而右旋。以月临子午,潮必平矣;月在卯酉,汐必尽矣。或迟速消息之小异,而进退盈虚,终不失其期也。《萧山新志》以此为龙图学士燕肃《海潮论》,岂令威所云?谁氏者,即燕公耶!或后人误以属燕也。凡水之入于海者无不通潮,而浙江之潮独称奇:初来仅若一线,渐近则渐大,头高十数丈,亘如山岳,奋如雷霆,银崖横飞,雪楹层起,噌吰澎湃,观者目眩,涉者心悸。汉枚乘《七发》所云"观涛乎广陵之曲江"即此。枚为吴濞郎中,浙江时正属吴,易吴曰广陵、浙曰曲,骚客语固然。每八月十八日,远近人聚观之,然大率多在西岸钱塘境,善泅者泝涛出没,谓之"弄潮"。宋治平中,杭州守蔡襄作《戒弄潮文》。熙宁中,两浙察访李承之奏请禁止,然终不能遏,至今犹竞为之。《会稽石碑》:或问曰四海潮平皆有渐,惟浙江涛至,则亘如山岳,奋如雷霆,水岸横飞,雪崖旁射,澎腾奔激,吁可畏也!其涨怒之理,可得闻乎?曰:或云夹岸有山,南曰龛,北曰赭,二山相对,谓之海门,岸狭势逼,涌而为涛耳。若言狭逼,则东溟自定海吞余姚、奉化二江,侔之浙江,尤甚狭逼,潮来不闻涛有声也。今观浙江之口,起自纂风亭,北望嘉兴大山,阔二百余里,故海商舶船畏避沙滩,不由大江,惟泛余姚小江,易舟而浮运河,达于杭、越矣。盖以下有沙滩,南北亘连,隔碍洪波,蹙遏潮势。夫月离震兑,他潮以生,惟浙江潮水不同,月经乾巽,潮来已半,浊浪堆滞,后水益来,于是溢于沙滩,猛怒顿涌,声势激射,故起而为涛耳,非江出[2]浅逼使之然也。宋朱中《潮论》:钱塘潮,燕公所谓沙滩已尽其理,诸论尽废。夫水盈科而后进,未及滩,则钱塘之江尚空空也。及既长而冒之,自滩斗泻入江,又江沙之涨,或东或西无常,地常为沙岸所排,助其激涌,震天动地,峨峨而来,水之理也。盖滩中高而两头渐低,高处适当钱塘之冲,其东稍低处,乃当钱清、曹娥二江所入之口。钱清江口滩最低,潮头甚小;曹娥江口滩稍高于

① 封演:唐时人,天宝进士,官至朝散大夫、检校尚书吏部郎中,兼御史中丞。著《封氏闻见记》,载典章制度、风俗习惯、古迹传说等,考辨翔实,颇具价值。

② "出",国图本、内阁本作"山"。

钱清，故潮头差大。刘禹锡《浪淘沙》诗：八月潮声吼地来，头高数丈触山回。须臾却入海门去，卷起沙堆是雪堆。朱庆余诗：木落霜风天气清，空江北里见潮生。鲜飙出海鱼龙气，晴雪喷山雷鼓声。云日半阴川渐满，客帆皆过浪难平。高楼远望无穷意，丹[①]叶黄花绕郡城。苏轼诗：万人鼓噪慑吾侬，犹似浮江老阿童。欲识潮头高几许，越山浑在浪花中。又：吴儿生长狎涛渊，冒利轻生不自怜。东海若知圣主意，应教波浪变桑田。又：江神河伯两酰鸡，海若东来气吐霓。安得夫差水犀手，三千强弩射潮低。仇仁近诗：一痕初见海门生，顷刻长驱作怒声。万马突鸣天鼓碎，六鳌翻背雪山倾。远朝魏阙心犹壮，直上严滩势始平。寄语吴儿休踏浪，天吴罔象正纵横。张光弼诗：世代消沉是此声，几回东下复西倾。翻腾日月迷朝夕，簸荡鱼龙定死生。衔石每怜精卫小，投胶未见浊河清。眼前波浪犹如此，莫向蓬山顶上行。）

**海塘**　崇祯元年七月廿三日，飓潮陡发，自小金团及称浦、宋家溇一带地方，洪水滔天，顷刻之际庐舍冲溃，男妇溺死不啻万计。皆由沿海居民私开塘穴，建桥通舟，以致堤塘不固，故至此极。虽当事蒿目时艰，多方修筑，而私穴未塞，患将复作。国初潮患频仍，随缺随补，幸无大患。而康熙三年八月二日，怒潮由小金塘桥直入，土石漂流，稻禾淹朽，万姓号呼。四年七月初五日，狂飓又作，海潮由桥复贯河水，立高数丈，居民几同鱼鳖。邑人[②]石之贞不惮捐躯，为地方请命，拮据二年。三院檄县令塞桥捍塘，勒碑建亭于九都樊浦思德寺内，永杜潮患。县丞赵骥躬亲督筑，告竣，骥题其额曰"绍绍恩恩"。赵骥《记》：余何取乎前？造福绍兴，置闸三江，汤公绍恩，赫然郡太守者而公然名之也。大其事，奇其功，恐历久而不知，故为之称名而不讳也。小金塘口向通舟楫，海潮冲决，民命攸绝。石公璋侯，厥名之贞，上其事于三院，为民请命，不遗余力，乃遵成画，筑塘留霆。余丞兹土，适董是役。近符堂委，上答道厅。民安乐土，灶浚长源，爰构斯亭[③]，用表奇功。千秋万世，视此碑亭，众口欢腾。民既咸喜，灶亦弗嗔。孰为为之，再见绍恩。福留全绍，功乃独成。名垂不朽，石公之贞。

康熙会稽县志卷第四终

---

① "丹"，国图本、内阁本作"舟"。

② "邑人"，国图本、内阁本作"孝廉"。

③ "亭"，国图本、内阁本作"楹"。

# 会稽县志卷第五

## 古迹志

地属　物类

贤人隐士之所寓，泽系而风流，能使过者兴感而闻者思齐，载记者抉幽拾落，累册而书之，则又何怪焉？至若追道上世，遐引渺怪而名之曰古之迹也，不已荒乎？虽然，长人之骨、肃慎氏之矢，孔子所不废于博闻者也。向使适晋者不能述黄熊[①]，又不知实沈、台骀[②]之所在，则何以能重郑？故知使于四方，不辱君命，非专取于《诗》矣。（徐渭）

### 地属

**禹井**　在会稽山。（《水经》：南有硎，去庙七里，谓之禹井。）

**钱王井**　凡数十，多在五云、稽山门外。（甃以石，水高于地，不溢不涸，炎时行道者赖之。相传皆吴越王时所浚。）

**葛仙丹井**　旧志：在广孝寺佛殿西庑之外僧房中。泉味甘寒，冠一山。今殿庑已非故址，而井在殿外竹林中。顾况诗：野人爱向山中宿，况在葛洪丹井西。门前有个长松树，半夜子规来上啼。陆游诗：葛洪丹井一千年，翁去丹飞余此泉。炯如古镜不拂拭，俯听缺甃时锵然。神龙受命护泉卧，蜿蜒直恐从天堕。人言神物老愈灵，夜半声酣风雨过。放翁还山亦何有？闭门吟啸

① 黄熊：《左传》载，昔尧殛鲧于羽山，其神化为黄熊。

② 实沈、台骀：星宿和山川之神。

龙为友。客来相对聊曲肱，但酌此泉胜酌酒。张良臣诗：九转丹砂炼得成，飘飘仙袂入青冥。一泓寒水留真脉，千岁长松产茯苓。高似孙诗：竹屋虚明卧古松，葛仙丹井尚遗踪。日长无事同僧话，指点云边三四峰。明吴驷诗：团团石甃冷苍苔，仙客云游竟不来。寂寞斜阳岩壑底，药炉丹灶尽尘埃。又一在禹穴侧。华镇《考古》云：葛稚川炼丹于宛委山下，有遗井，大如盆盂，其深尺许，清泉湛然。唐宋之问诗云：著书惟太史，炼药有仙翁。

**何公井**　在云门山西。（梁何允所居处也。宋之问诗：樵泾谢村北，学井何岩东。）

**岩里九井**　在县东南七十里岩口山下，深不可测。（旧传：每震电时，有巨鱼扬鬣其中，争以网取之，不可得。山顶有巨石如塔，高峻，人亦不可至。左溪上有石洞若大厦，可容数十人，景极幽胜。）

**欧冶井**　在铸浦。（齐唐《录铸浦事》云：有淬剑，大井存焉。）

**义井**　在县西。（直、横俱二丈，向为居民侵入。康熙六年火灾，始清出。今立碑，汲者赖之。）

**菲泉**　在大禹祠侧，可数十步。（王十朋诗：梵王宫近夏王宫，一水清涵节俭风。越俗不知王好恶，泉名拾在酒名中。）

**郑公泉**　在若耶溪郑弘所居之侧，去葛仙公钓矶石不远。（弘虽居台辅，尝思故居。一日，病困，冀得此泉水，家人驰致之，饮少许便差。泉有二脉，滴滴出石罅，味极甘，宜茗。泉处为石，石之上为行路，而泉注溪中，非山僧野叟不能知其处。华镇诗：溪上清泉玉色寒，临泉踏尽石苔斑[①]。为怜北阙乘轩客，白首高情在旧山。）

**苦竹泉**　在秦望山曾文清墓旁。（多苦竹，泉出其下，泓洁宜茗。）

**云门泉**　在云门山。（泉上有亭，匾曰“好泉”，取范文正公“山有好泉来”之句。唐僧灵一诗：泉源新涌出，洞彻映纤云。稍落芙蓉沼，初淹苔藓纹。了将空色净，素与众流分。若得清宵月，泠然梦里闻。）

**惠泉**　在太平山。（二泉如带，大旱不涸。宋晏殊诗：稽山新茗绿如烟，静挈都篮煮惠泉。未向人前杀风景，更持醪醑醉花前。）

**温泉**　在汤湖之侧。

**石泉**　在蒲萄岭东。（冬夏不竭。）

**真珠泉**　在少微山齐祖之家。（山有十咏，泉其一也。）

**傅公泉**　在射的山下，傅崧卿先墓侧。（因地坎洼，凿池潴水，每以之瀹茗、浣祭器。

① “斑”，国图本、内阁作“班”。

纵五尺、横六尺、深三尺，泓洁甘美，遇旱不涸。）

**岑石**　在刻石山。（《越绝书》：秦始皇到越，取浙江岑石，长丈四尺，南北面广六尺三寸，东南广四尺，西广尺六寸，刻石于东山上，其道九曲。）

**坐石**　在会稽山南。（《舆地志》：方石数丈，是始皇坐，其两边方石八所，丞相斯已下坐，盖俗传云。）

**西施石**　在若耶溪。（一名西子浣纱石。王轩诗：岭上千峰碧，江边细草春。今逢浣纱石，不见浣纱人。宋之问诗：越女颜如花，越王闻浣纱。国微不自宠，献作吴宫娃。一行霸句践，再笑倾夫差。一朝还旧都，艳妆惊若耶。刘基诗：卧薪终日泣羁臣[①]，落叶飞霜几度春。能使姑苏聚麋鹿，谁知却是浣纱人。）

**葛仙翁钓矶石**　（在若耶溪。葛稚川尝投竿坐憩于此。谢康乐兄弟每至，辄酬唱忘归。林景熙诗：巨犗长竿钓海波，空遗矶石卧荒坡。千年无此垂纶手，多少饥民向浙河。宋华镇诗并序：若耶溪上仙翁投竿之地，苔矶孤秀，起于中潭，环山千叠，澄渊无底，清光翠色，上下相照，殆非人境所有。谢家兄弟悦之，日至其上，更酬迭唱，久而忘归。○闻说风流谢客儿，鸰原相应日忘归。仙翁遗迹云深处，携手行吟送落晖。）

**新妇石**　在会稽山巅。

**飞来石**　在禹穴侧。（世传有石自安息飞来，上有索痕三条，唐宋名贤多题名其上。）

**酒瓮石**　在射的山足。（三石品峙，其状如瓮。旧经：巨石三，在镜湖东，时人谓之秦皇酒瓮石。《风俗赋》：石瓮匪泥。宋徐天祐诗：三石顽然在道隅，人言遗瓿是秦余。沙丘辙迹知何许，不共鸱夷托属车。）

**候水石**　在射的山，下临樵风泾。（水涨，石常不没，里人以此候水。）

**落星石**　在曹娥江中。（高七八尺，每江潮至，石辄不没。旧经：星陨而为石也，俗呼浮山。吴越宝正六年封曰“宝石之山”。）

**乌石**　在义峰之西。（石甚奇。）

**研朱石**　在宛委山侧。（郡志：葛稚川既仙去，遗石于此，岁久弥大。）

**虾蟆石**　在宛委山，与龙瑞宫对。（昔宫廪失粟，莫知盗者。有方士言，盗乃朝山之怪物也。羽流信之，命工凿损石口，患遂息。）

**金鸡石**　在下灶之前。（方数丈。世传有见金鸡飞鸣石上，遂迸裂。旧记：会稽有里金鸡、外金鸡。罗隐诗：金鸡不向五更啼。）

---

① “羁臣”，国图本、内阁本作“孤臣”。

**凤林** 华镇《考古》云:在五云门外。世传禹受图籍,是时麟游其庭,鸾结其巢,凤凰鸣飞,依于林木。今五云门外凤林乡,盖取诸此。

**凤凰窠** 在义峰山下。(石有一员[①]窍,深一尺,广四尺。俗传凤毓二雏自此而翔。旁有上凰、下凤、沈凤等村名。)

**越王城** 详见"秦望山"下。

**南小城** 在东郭门外。(《越绝书》:句践冰室,去县三里。句践之出入也,斋于稷山,往从田里,去从北郭门、龟山、更驾台,驰于离丘,游于美人宫,兴乐中宿,过历马丘,射于乐野之衢,走犬若耶,休谋石室,食于冰厨。)

**美人宫** 《越绝书》:去县东六里许,周五百九十六步,陆门二,水门一。今北坛利里丘土城,句践所习教美女西施、郑旦宫台也。女出于苎萝山,欲献于吴,自谓"东陲僻陋",恐女朴鄙,故令近大道以居。

**斋台** 《越绝书》:稷山者,句践斋戒台也。《吴越春秋》:南台在于襟山。按:越境无襟山,则"襟"当作"稷",在县东五十里。章宏仁《九日登临》诗:九日斋台上,登临我辈同。万峰遥对酒,孤屿共吟风。天入寒流水,鸿归返照中。霸图留胜迹,感慨意无穷。

**离台** 《越绝书》:周五百六十步,在今淮阳里丘。《吴越春秋》:起离宫于淮阳。旧经:在县东南二里。

**中宿台** 《越纪》[②]:作中指台。《越绝书》:中指台马丘,周六百步,今高平里丘。《吴越春秋》:中宿台在于高平。旧经:在县东七里。

**呼鹰台** 在石姥山。(俗传有异人,尝登岩呼鹰,鹰即下,捕[③]即去,故名。)

**燕台** 旧经:在县东南十里。《吴越春秋》:燕台在于石室。吴王闻越王石台之游,未尝敢上,以为畏法服威也。越王之台五,四在县境。驾台,在于越丘。《越绝书》:周六百步,今安城里,盖山阴县境云。

**鹊巢** 唐时有鹊巢和尚,栖止秦望山长松上。白居易问师住处危险,师曰:"太守地位危险更甚。"徐天祐诗:分得南飞鹊一枝,长松顶上结趺时。世间何处无平地,若比长松更是危。

**乐野** 《越绝书》:越王弋猎大野,故谓乐野。其山上石室,句践所休谋也,去县七里。《吴越春秋》:立苑于乐野。《十道志》:句践以此野为苑。今有乐渎村。

**刑塘** 在县北一十五里。(旧经引贺循《记》云:防风氏身三丈,刑者不及,乃筑高塘临

---

① "员",即"圆"。

② 《越纪》:或作《越绝》。

③ "捕",国图本、内阁本作"挥"。

之，故曰刑塘。王十朋《风俗赋》：刑塘筑兮长人诛。）

**炼塘**　在县东五十五里。（《越绝书》：句践时采锡，山为炭聚，载从炭渎至炼塘，各因是名之。）

**陶朱公钓台**　在县南。

**驾台**　在城丘。（《越绝书》：驾台驰于离丘。）

**思古亭**　在南镇祠侧。

**镜光亭**　旧经：在县界。

**皇甫秀才山亭**　孟浩然诗：嘉宾在何处，置亭春山巅。说者谓皇甫冉也。

**袁秀才林亭**　近方干别墅，干数过之，诗曰：经年此地为吟侣，早起寻君日暮西。

**钟离意巷**　在县南竹园坊。（意，字子阿，举孝廉。为尚书时，交趾太守张恢坐赃，诏班赐群臣。意得珠玑而不拜赐，帝问其故，对曰："此赃秽之宝，诚不敢拜。"帝嗟叹曰："清乎！尚书之言也！"乃更以库钱赐意。朝廷争为严切，以避诛责，意独敢谏，数封还诏书，臣下过失，辄救解之。出为鲁相，以爱利为化。出私钱万三千贯，付户曹治夫子庙。七世孙牧，躬自垦田种稻，县民来认，即以与之。后为南海太守，操行清纯，有古人风。）

**郑宏[①]宅**　在县东南，若耶溪侧。（按：宏，字巨君，少为乡啬夫，太守第五伦奇之，召至都邮，举孝廉。宏师同郡河东太守焦贶。楚王英谋反发觉，引贶，贶被收，道亡，妻子诏系狱。诸生、故人皆变名姓以逃祸。宏独髡头负铁索，诣阙上章，为贶讼罪。显宗赦其家，宏躬送贶丧及妻子还乡里。拜邹令，累迁尚书，前后所陈有补益王政者，皆著之南宫，以为故事。后迁太尉。族祖吉，为人强执，习外国事。宣帝时，吉以侍郎田渠黎，积谷，因发诸国，攻破车师，迁卫司马，使护鄯善以西南道。日逐正欲降汉[②]，使人与吉相闻，吉发渠黎、龟兹诸国五万人迎日逐王。吉既破车师，降日逐，威震西域，遂并护车师以西北道，故号"都护"。都护之置，自吉始焉。上嘉其功效，乃下诏封吉为安远侯。）

**陈嚣宅**　在县治南二里竹园巷之间。（嚣宅有大竹园，至宋永徽中[③]为竹园寺。初，嚣与纪伯为邻，伯窃嚣地以自益，嚣不言，益徙地与之。伯渐惧，亦归所侵地，其中乃为大路。鸿嘉二年[④]，太守周君刻石旌表，号曰"义里长檐路"，至今犹号"长檐街"云。）

**王子敬山亭**　详"云门山"下。按：献之字子敬，少有盛名而高迈不羁，虽闲居终日，容

---

① "宏"，讳，国图本、内阁本作"弘"字，本条内均作此。

② "日逐正欲降汉"，国图本作"日逐王欲降汉"。日逐王，匈奴贵族封号。

③ 宋永徽中：底本误，"永徽"为唐高宗的年号。

④ 鸿嘉二年："鸿嘉"为汉成帝的年号。

止不怠，风流为一时之冠。工草隶丹青。七八岁时学书，羲之密从后掣其笔，不得，叹曰："此儿后当复有大名。"献之尝从山阴道上行，语人曰："山川自相映发，使人应接不暇，若秋冬之际，尤难为怀。"仕至中书令，谥曰宪。

**笔仓** 在五云山，显圣寺后。（晋王献之笔仓，今为眢井[①]。）

**何充宅** 在县东南七十里蒿山之阳。（充尝为会稽内史，居于此，后遂舍为福庆寺。）

**郭伟宅** 详见"禹迹寺"下。

**谢敷宅** 在五云门外一里。（或云在云门寺东，与何允[②]宅相近。唐僧灵一诗：春山子敬宅，古木谢敷家。敷，字庆诸，性沉静寡欲，入太平山十余年，辟命皆不就。初，月犯少微，占者以隐士当之。戴安道有美才，时人忧之。俄而敷死，会稽人士嘲之云："吴中高士，求死不得。"）

**江彪宅** 在县东三里都赐[③]里。（今名都泗。裔孙江总避难会稽，憩于龙华寺。制《修心赋序》曰：太清四年秋七月，避地于会稽龙华寺。此伽蓝者，余六世祖宋尚书右仆射州陵侯元嘉二十四年之所构也。侯之王父晋护军将军彪昔莅此邦，卜居山阴都赐里，贻厥子孙，有终焉之志。寺域则宅之旧居，左江右湖，面山背壑，东西连跨，南北纡萦。聊与苦节名僧，同销日月，晓修经戒，夕览图书，寝处风云，并栖水月。不意兵戈扰攘，朝市倾沦，以此伤情可知矣。啜泣濡翰，岂摅郁结，庶后生君子，闵余此概焉。嘉南斗之分次，肇东越之灵秘。表桧风于韩什，著镇山于周纪。蕴大禹之金书，镌暴秦之狂字。太史来而探穴，钟离去而开笥。信竹箭之为珍，何碔砆[④]之罕植。奉盛德之鸿祠，寓安然之古寺。实豫章之旧圃，成黄金之胜地。遂寂默之幽心，若镜中而远寻。面层阜之超忽，迩平湖之迴深。山条偃蹇，水叶浸淫。挂猿朝落，饿鼯夜吟。果丛药苑，桃溪橘林。捎云拂日，结暗生阴。保自然之雅趣，鄙人间之荒杂。望岛屿之遭回，面江源之重沓。流泛月之夜回，曳光烟之晓匝。风引蜩而嘶噪，雨鸣阴而倏飒。鸟稍狎而知来，云无情而自合。迩乃野开灵塔，地筑禅居。喜园迢递，乐树扶疏。经行藉草，宴坐临渠。持戒振锡，度影甘蔬。坚固之林可喻，寂灭之乡暂如。异曲终而愁起，非木落而悲始。岂降志而辱身，不露才而扬己。终风雨之如晦，倦鸡鸣而聒耳。幸避地而高栖，凭调御之遗旨。抑四辨之微言，悟三乘之妙理。遣十缠之系缚，去五感之尘滓。久遗荣于势利，庶忘累于妻子。感意气于畴日，寄知言于来祀。何远客之可悲，知自怜而可已。《太平寰宇记》：郭北有江桥，即彪所居地。）

**何子平宅** 在县东土乡。（按：子平世居会稽，事母至孝。南宋时为海虞令，禄惟养母，

---

① 眢井：废井或无水的井。

② "何允"，底本误，国图本、内阁本作"何胤"。

③ 都赐："赐"，一作"澌"（sì），泄水门。

④ "碔砆"，同"珷玞"，似玉的美石；国图本、内阁本作"珷玞"。

不及妻子。母丧去官，哀毁逾礼，每哭踊，顿绝方苏。大明末，东土饥荒，继以师旅，八年不得营葬。昼夜悲号，常寝苫块。所居屋败，不蔽风雨。兄子伯兴欲为葺治，子平不肯，曰："我情罪未伸，天地一罪人耳，屋何宜覆？"会稽太守蔡兴宗闻而怜之，为营葬事。子平幼持操检，敦励名行，虽处暗室，如接大宾。士类咸敬信之。）

**何胤宅**　在秦望山下。（按：胤字子季，初仕齐至中书令，后弃官入会稽，卜筑于若耶山云门寺。胤二兄求、点并栖遁，世号"何氏三高"。梁武帝践阼[①]，诏为特进，不起。有敕给白衣尚书禄，固辞。又敕山阴库钱，月给五万，不受。乃敕何子朗、孔寿等六人于东山受学。胤以若耶处势逼隘，不容学徒，遂迁秦望山。山有飞泉，乃起学舍，即林成园，因岩为堵，内营学舍。又为小阁，寝处其中，躬自启闭，僮仆无得至者。别有室在若耶山，洪水暴作，大木俱拔，胤室独存。时衡阳王元简领会稽郡事，令钟嵘作《瑞室颂》以美之。）

**孔稚珪宅**　在尚书坞。（按：稚珪，字德璋，少有美誉。高帝时，与江淹对掌辞笔，历官尚书。稚珪风韵清疏，好文咏，与何点、何胤并款交，不乐世务。居宅盛营山水，凭几独酌，旁无杂事。庭内草莱不翦，中有蛙鸣，或问之，稚珪曰："我以此当两部鼓吹。"王晏尝鸣鼓吹候之，闻群蛙鸣，曰："此殊聒人耳。"稚珪曰："我听鼓吹，殆不及此。"晏甚有愧色。[②]）

**张彪宅**　按：彪亡命若耶山，后为扬州刺史。陈文帝入会稽，彪击走之。及兵败，与妻杨氏还入若耶山。一犬名黄苍，常在彪前后。文帝遣兵购之，并图其妻。兵至，黄苍便啮一人，中喉死。彪曰："吾头可断，誓不生见陈蒨！"遂见杀。兵来迎杨，杨便改啼为笑，请殡彪。既毕，黄苍俯伏冢间，号呼不肯去。杨还，经彪宅，佯请入妆饰，遂割发毁面，哀毁恸绝，誓不更行。文帝闻之叹息，乃许为尼。彪起于若耶，兴于若耶，终于若耶，夫妻皆以节义感及殊类，为时所重。

**贺知章宅**　在县东南三里，五云门外。（知章以秘监请为道士，还乡里，诏许之。以宅为千秋观，后改天长观。宋郡守史浩建怀贺亭、鉴湖一曲亭于观前。又有赐荣园，取李白诗曰"敕赐鉴湖水，为君台沼荣"之句。其内有幽襟亭、逸兴亭、醒心亭、迎棹亭，今并废。若明真观，则知章行观[③]耳。唐元宗[④]赐诗：遗荣期入道，辞老竟抽簪。岂不惜贤达，其如高尚心。寰中得秘要，方外散幽襟。独有青门饯，群僚怅别深。贺知章诗：少小离家老大回，乡音无改鬓毛衰。儿童相见不相识，笑问客从何处来。李白诗四首，其一：四明有狂客，风流贺季真。长安一相见，呼我谪仙人。昔好杯中物，今为松下尘。金龟换酒处，却忆泪沾巾。其二：狂客归四明，山

---

① 践阼：亦作"践胙"、"践祚"，即位登基之意；国图本、内阁本作"践祚"。

② "蛙鸣鼓吹"，典出《南齐书·孔稚珪传》。

③ "行观"，万历本作"行馆"。

④ "唐元宗"，万历本作"唐玄宗"。

阴道士迎。敕赐镜湖水，为君台沼荣。人亡余故宅，空有荷花生。念此杳如梦，凄然伤我情。其三：久辞荣禄遂初衣，曾向长生说息机。真诀自从茅氏得，恩波宁阻洞庭归。瑶台合雾[①]星辰满，仙峤浮空岛屿微。借问欲栖珠树鹤，何年却向帝城飞。其四：镜湖流水漾清波，狂客归舟逸兴多。山阴道士如相见，应写黄庭换白鹅。姚鹄诗：若非尧运及垂衣，肯许巢由脱俗机。太液始同黄鹤下，仙乡已驾白云归。还披旧褐辞金阙，却卷元[②]珠向翠微。羁束惭无仙药分，随君空有梦魂飞。朱放《经鉴湖道士观》诗：已得归乡里，逍遥一外臣。那从流水去，不待镜湖春。雪里登山屐，林间漉酒巾。空留道士观，谁是学仙人。王湾《同贺监林月清酌》诗：华月当秋满，朝轩假兴同。净林新霁入，窥院小凉通。碎影行筵里，摇花落酒中。清宵照愁意，并此助文雄。诸葛兴《贺监祠颂》：山簇簇兮环湖，水淼淼兮萦纡。人何游兮明镜，鸟何飞兮画图。怀贺老兮今昔，想逸致兮林庐。老之襟兮天阔，老之神兮秋月。飞翰兮龙鸾，吐辞兮冰雪。际熙运兮开元，司缛典兮春官。凌玉霄兮倚华盖，骖骏驭兮升西昆。俄清梦兮绵绵，恍乘云兮登仙。觐紫皇兮玉宸，聆九奏兮钧天。笺天公兮遂志，鼓予枻兮锦里。吾朋兮鸥鹭，吾宾兮烟水。野服兮蹁跹，斑衣兮娱戏。缅高贤兮非苟于去就，其庶几兮东门之傅，鸱彝之子。徐渭诗：鉴湖无处无非曲，既罢奚劳乞赐为。幸有双眸明似镜，一逢李白解金龟。）

**张志和宅**　志和隐居县之东郭，茨以生草，椽栋不加斤斧。唐大历中，观察使陈少游往见，为终日留，表其居曰“元真坊”。以门隘，为拓地，号曰“回轩巷”。初，门阻流水，又为建桥，曰大夫桥。宋黄庭坚词：西塞山边白鹭飞，桃花流水鳜鱼肥。朝廷尚觅元真子，何处如今更有诗。青箬笠，绿蓑衣，斜风细雨不须归。人间欲避风波险，一日风波十二时。宋高宗《御制诗》并序：绍兴元年七月十日，予至会稽，因览黄庭坚所书张志和《渔父词》十五首，戏同其韵，赐辛永宗。其一：一湖春水夜来生，几叠春山远更横。烟艇小，钓丝轻，赢得闲中万古名。其二：薄晚烟林淡翠微，江边秋月已明晖。纵远柁，适天机，水底闲云片段飞。其三：云洒清江江上船，一钱何得买江天。催短棹，去长川，鱼蟹来倾酒舍烟。其四：青草开时已过船，锦鳞跃处浪痕圆。竹叶酒，柳花毡，有意沙鸥伴我眠。其五：扁舟小缆荻花风，四合青山暝霭中。明细火，倚孤松，但愿樽中酒不空。其六：侬家活计岂能名，万顷波心月影清。倾绿酒，糁藜羹，保任衣中一物灵。其七：骇浪吞舟脱巨鲟，结绳为网也难任。纶乍放，饵初沉，浅钓纤鳞味更深。其八：鱼信还催花信开，光风得得为谁来。舒柳眼，落梅腮，浪暖桃花夜转雷。其九：暮暮朝朝冬复春，高车驷马趁朝身。金拄屋，粟盈囷，那如江汉独醒人。其十：远水无涯山有邻，相看岁晚更情亲。笛里月，酒中身，举

① “瑶台合雾”，国图本、内阁本作“瑶台含雾”。

② “元”，讳“玄”。

头无我一般人。其十一:谁云渔父是愚翁,一叶浮家万虑空。轻破浪,细迎风,睡起篷窗日正中。其十二:水涵微雨湛虚明,小笠轻蓑未要晴。明鉴里,縠纹生,白鹭飞来空外声。其十三:无数菰蒲间藕花,棹歌轻举酹流霞。随处好,转山斜,也有孤村三两家。其十四:春入渭阳花气多,春归时节是清和。冲晓雾,弄沧波,载与俱归又若何。其十五:清湾幽岛任盘纡,一舸横斜得自如。惟有此,更无居,从教红袖泣前鱼。

**徐浩宅**　在五云桥之东。

**严维宅**　在东湖。(唐大历中,维为长史,因名长史村。自题云"落木秦山近,衡门镜水通"。又有园林,颇名于唐,其诗曰:杖策山横绿野,乘舟水入衡门。又曰:杉松交日影,枕箪上湖光。皇甫冉《秋夜宿严维宅》诗:昔闻元[①]度宅,门向会稽峰。君往东湖下,清风寄旧踪。秋深临水月,夜半隔山钟。世故多离别,良宵讵可逢。李尚贞诗:江湖同避地,分手自依依。尽室今为客,经冬空念归。岁储无别墅,寒服羡邻机。草色村桥晚,蝉声江树稀。夜凉宜共醉,时难惜相违。何事衡阳侣,汀洲忽背飞。)

**秦系宅**　在若耶溪上。(系自咏诗三首,其一:鸡犬渔舟里,长谣任兴行。那邀落日醉,已被远山迎。蜡屐将非重,荷衣着甚轻。谢公无个事,忽起为苍生。其二:寂寂池亭里,轩窗间绿苔。游鱼牵荇没,戏鸟踏花摧。小径僧寻去,高峰鹿下来。中年曾屡辟,多病复迟回。其三:时人多笑乐幽栖,晓起闲行独杖藜。云色卷舒前后岭,药苗新旧两三畦。偶逢野果将呼子,屡折荆钗亦为妻。拟共钓竿长往复,严陵滩上胜耶溪。)

**赵宗万宅**　在县东南照水坊。(华镇云:宗万养素丘壑。祥符中,被召不赴,献《跛鳖传》以自喻,求为道士,即其家赐羽衣以遂其志。尝有诗云:"斗悬金印心难动,屏列春山眼暂开。"盖自述也。)

**裘义门**　平水、云门之间有裘氏,自齐、梁以来,七百余年无分爨。子弟或为士,或为农,乡党称其行。大中祥符四年,州奏旌其门闾,详《裘尚传》。陆游郡志云:裘氏至今尚共一厅,颇闳壮,有孙威敏题字存焉。宋真宗《旌表门闾记》:真宗皇帝嗣位十四载,十一月,诏下会稽,旌表裘氏门闾。从守臣之请,褒孝义、励风俗也。昔裘牧为大夫,世居中国。至十七代孙睿仕西晋,值永嘉之乱,乃随元帝渡江,避地婺女,遂隐而不仕。其子尚,义熙中,徙居会稽县三十都,世勤耕桑,家积仁义。越五代,当圣宋乾德年,逾六百载,人无别居,内不二爨。大中祥符四年,郡邑始能知裘氏尚至可暄已十九世矣。暄孙冶,从学,有文行,称于族中,为乡里推重。因荐于县,县荐之郡,郡奏于朝。敕下旌表门闾,蠲复徭役。冶生子四人,曰仲容、仲华、仲舒、仲庄。仲容

① "元",讳"玄"。

事母尤谨，庆历中，母病亟，仲容兄弟仓皇侍疾，医治无验，叹曰："尝闻昔人[①]有割肉可以愈亲疾者。"乃割股饲母，弟仲庄亦将刲之，闻兄已进，乃止。母食之，果瘥[②]。是时，云雾蔽覆其家，里人骇观，精诚之感也。晋阳王栐《燕翼诒谋录》：宋祥符四年冬，越州言会稽县民裘承询同居十九世，家无二爨，诏旌其门，屈指今二百三十六年矣，其义门之号如故也。余尝至其村，故厅事犹在，族人同住一村，世推一人为长，有事取决则坐于厅事，有竹箅，亦世相授者。族长欲挞有罪，则集众而用之。岁时会拜，同饮咸在，至今免役。不知十九世而下今又几世也？余试思之，裘氏力农，无为士大夫者，所以能保其义气之久。苟有骤贵超显之人，则族长之令，有所不能行矣。何者？贵贱殊势，炎凉分趋，父兄守之，子孙富贵而或不肖，将变其义者而为不义矣。裘氏虽无显者，乃能世世守义，以为名族，胜于乍盛乍衰者远矣。天之佑裘氏者，岂不甚厚哉！

**智永禅师书阁**　在云门寺。

**辨才香阁**　齐祖之《雍熙寺记》：普公归老于辨才香阁。唐李褒诗：香阁无尘雪后天。在云门寺，今不存。按：辨才姓袁氏，梁司空昂之元[③]孙，智永之弟子也。世传右军《兰亭帖》宝藏之，唐太宗雅好二王书，凡三召辨才诘之，固称荐经丧乱[④]，亡失不知所在。乃遣御史萧翼出使求之。翼至会稽，微服为书生，径诣辨才，朝暮往还，情既洽。一日，因论右军笔迹，悉以所携御府诸帖示辨才，相与反复折难真赝优劣，以激发之。辨才乃云："老僧有永禅师所宝右军《兰亭》真迹，非此可拟，藏之梁间，不使人知，与君相好，因出以相示。"翼既见之，既出太宗诏札，以字轴置怀袖而出。才尝赴太宗召，有诗：云霄咫尺别松关，禅室空留碧嶂间。纵使朝廷卿相贵，争如心与白云闲。萧翼《宿东院》诗：路入山西更向西，雨和春雪旋成泥。风吹叠巘云头散，月照平湖雁影低。拄杖负琴寻远寺，倩僮牵鹿渡深溪。今朝独宿岩东院，惟听猿吟与鸟啼。《答辨才》诗：邂逅款良宵，殷勤荷胜招。弥天俄若旧，初地起成遥。绿蚁轻还泛，心猿躁自调。谁怜失群翼，长苦业风飘。孙逖诗：香阁东山下，烟花象外幽。悬灯千嶂夕，卷幔五湖秋。画壁余鸿雁，纱窗宿斗牛。更疑天路近，梦与白云游。

**蘸碧轩**　在镜湖上。（齐祖之诗曰："飞栋新成蘸碧轩。"）

**齐抗书堂**　在石伞峰下。（唐丞相齐抗所筑，后舍为净圣院。宋元厚之诗：奇峰如伞见遥青，玉笥山头地有灵。三径荒凉丞相隐，一篇清绝放夫铭。）

**齐氏家园**　在县东少微山。（齐祖之分司东归，遂家焉。引流为沼，艺花为圃。山之

---

① "昔人"，国图本、内阁本作"古人"。

② 瘥：病愈。

③ "元"，讳"玄"。

④ "荐经丧乱"，道光本作"荐臻丧乱"。

上有芳华亭、修竹岩、真珠泉、石屋、嘉遁亭、樵风亭、禹穴阁、应星亭、东山亭、钓阁，其自为《家山十咏》，陶写景物，语尤闲邃。王十朋诗：出郭舟行十里闲，少微山近箬篑山。山中处士已长往，一点客星云外闲。万历年间为叶氏书室，虽景物不及前志，尚雅净可观。）

**昌园**　在县东南二十里。（有梅万余株，雪色可爱，香闻数里，居人以梅为业。毛平仲《游昌园赏梅》诗：欲雪尽时携酒去，无人知处待花开。陈谏《石伞峰序》云：齐公旧居，西偏昌园之精舍。齐祖之作"昌源"。）

**修竹楼**　《林霁山集》[①]：王修竹[②]监簿名楼曰"与造物游"，命予赋：秦望诸峰入几看，仙居缥缈五云端。天高地迥三千界，月白风清十二阑。碧海气侵珠佩湿，明河影落玉箫寒。超然身在鸿濛上，何必蓬莱跨紫鸾。

**五云梅舍**　林景熙《记》：越城为浙左雄，八山四水在焉。城之东曰五云门，去城东南三十里曰五云村。天地温厚之气聚于南，五云佳色往往征瑞。王自晋为江左著氏，越千年益蕃以硕。宋淳祐、景定间，依光日月，仕为显官。今卧龙府治之西，其故第也。会陵谷迁变，始各治别第于东南隅，避喧居焉。告院梅山君[③]即其居，累土为山，种梅百本，与乔松、修篁为岁寒友。傲兀冰雪，斡旋阳和，疏影弄波，澹香浮月。至若春芳漱腴[④]，争红竞紫，则已飘然谢事。如姬公明《农疏》《傅辞禄》，邈不可攀，绿阴满庭，累累青子，可以升廊庙、调鼎鼐，下视桃李辈，直舆儓耳。明初，伯仲武迹前美，复为堂而构之，扁曰"五云梅舍"。既克绍先翁之志，而又不忘先翁执旧也，乃千里贻书请予记。予曰："城中数万户，鱼鳞相比皆舍也，而舍于梅为清。夫人容膝之外，非甚俗者，亦或莳植花木，以供燕娱。固有依梅而舍也，而梅于五云为瑞。然而犹物之重也，所重惟物，凡有力者皆可致，而清与瑞，何如也？毋已，则存乎其人。"沂国王[⑤]曾赋梅诗"雪中未问和羹事，先向百花头上开"，识[⑥]者谓公一生事业已安排于此。魏国韩琦胪传第一[⑦]，太史奏"日下五色云见"，举朝称贺，以为得人。其后二公皆贤宰辅。梅无情，云无心也，而征于二公，况兼而有之乎？使居是舍者，挹梅之清抗以高致，迎云之瑞，葆以粹质。梅同，云同，安知他日宰辅之事，无与同哉？由此观之，王氏之兴，盖未艾也。

---

① 《林霁山集》：林景熙撰。林景熙，字德旸，号霁山，宋末文学家。

② 王修竹：即王英孙，字才翁，号修竹，宋末画家，与林景熙交好。

③ "告院梅山君"，据乾隆《绍兴府志》卷七十一载"五云梅舍，宋承议郎管、诰院茂孙筑"、卷七十四载"宋承议郎王管、官诰院王茂孙墓，（王氏家谱）在上虞县保泉乡主山之原"，"告院"或系"诰院"之误。

④ 漱腴：汲取精华；国图本、内阁本作"敷腴"。

⑤ "王"字，内阁本作缺。

⑥ "识"字，内阁本作缺。

⑦ "第一"，国图本、内阁本作"第二"。

**证人书院**[1]　在古小学内，都御史刘宗周于崇祯年间讲明道学，四方人士负笈景从。康熙戊申、己酉岁，都谏姜希辙同姚江黄宗羲、云间蒋平阶每月鸠集生徒，道学复明。希辙又聚会课文，亲切[2]评骘，鼓舞不倦，士共称之。

**遂初园**　离城十里，系古土井头。太常寺少卿金兰别业。宦成归里，啸傲湖山，日驾小艇，同孙炯、煜出郭，傍晚始返，不减柴桑、栗里之致。每有所得，寄诸吟咏，与友人唱和，诗篇盈帙。暇日辄临池摹楷钟、王。年虽迟暮，好学不倦云。

**范礽宅**　礽，顺治丙戌举人，由南康司李升任广信郡丞，有惠政。解组旋里，好善不倦，饮人以和。园中产五色灵芝，绅士歌咏以纪其瑞。颜光敏诗：闲桑十亩在东陂，霁月迎人事事宜。共道长斋看绣佛，故从瑶圃出琼芝。始知善德祯祥集，莫讶天心福泽私。海内如君不易得，幽襟自与百年期。金炯诗：淑气相催景物移，先生介节白云知。为寻彭泽看篱菊，却报商山产石芝。五色呈光霞影灿，九茎献瑞露华滋。袖中秘有长生诀，对饮从容进玉卮。

**青未了阁**　离县三里，兵部侍郎徐人龙[3]肄业处。子庠生咸清，有文名。媳商氏，吏部尚书周祚女，妇德、母仪、女宗，风雅[4]兼工篇章。孙东，博综群籍，噪名黉序。孙女昭华，幼聪颖，好吟咏，嘉兴曹溶、宜兴陈维崧、萧邑毛奇龄为之序。善丹青，海内人士购求诗画者盈户[5]。所构青未了阁，诗题有“郭外青山”、“绿野春耕”、“城头夕照”、“新篁烟雨”、“宵舟欸乃”、“鱼灯唱晚”、“秋林绛叶”、“碧池朗月”、“邻寺晓钟”、“平田雪霁”十咏，清新艳丽，纸贵一时，唱和盈帙。庚申岁，曲阜颜铨部光敏至越，亦为步韵，兼制诗序。越郡推闺阁善吟者，必曰徐昭华云。

## 物类

**窆石**　在禹庙之左。（高丈许，状如秤锤。旧经：禹葬会稽山，取此石为窆。郡志：会稽山之东有陇，隐起若剑脊，西向而下有窆石。《檀弓》注：天子六繂四碑，所以下棺。则窆石者，固碑之制度。其数不同，或繁简异宜，或世代悠远，所存止此，皆不可知也。碑上有古隶，不可读，宋杨时有题名。元至正末兵变，为所伤折，今覆以亭，知府彭谊修。宋秦少游诗：阴阴古殿注修廊，海伯川灵俨在傍。一代衣冠埋窆石，千年风雨锁梅梁。碧云暮合稽山暗，红芰秋开鉴水香。令我免鱼繇帝力，恨无歌舞奠椒浆。魏了翁诗：禹穴无从一罅通，禹陵原在万山中。饮泉窆石皆

① “证人书院”至“青未了阁”四条，国图本无，内阁本录。
② “亲切”，内阁本作“亲加”。
③ 徐人龙：清乾隆《绍兴府志》卷四十九有传。
④ “风雅”，内阁本作“夙雅”。
⑤ “盈户”，内阁本作“盈履”。

如旧，误却东游太史公。王十朋诗：好古贪奇司马迁，诗中史记越山川。如今禹穴无寻处，洞锁阳明石一卷。徐天祐诗：龙輴无计返灵游，回首山河昔九州。欲问帝陵何处是，数千年石一荒丘。明韩阳《记》："按《史记》，禹至江南，会诸侯于涂山，爵有德，计有功，因崩，遂葬焉。"禹葬后，夏后少康封庶子夫馀于越，以奉守禹祀。《皇览》云："禹冢，在会稽山。"郡志谓"山在苗山，因禹会计于此而易名焉"。古帝王葬所曰"冢"曰"墓"，"陵"之名则自汉始。夫窆石者，岂下棺之具耶？或谓下棺之后，以此石镇之。及考《檀弓》注：天子葬用四碑。窆石与碑制类，其数不同，或繁简异宜，或世代悠远，所存止此，皆不可知焉。石上有遗字，宋直宝文阁王顺伯《金石录》云是汉刻，第以岁久，模糊难于考辨。石之下即神禹所藏穴也，故先辈有"一代衣冠埋窆石"之句。旧有亭覆其上，柱皆以木为之。风漂雨摧，速成易朽，殊非久远之规。天顺戊寅，羊城彭公谊以廷臣来知府事，谒陵之后，睹亭之倾覆，徘徊叹息，谓："斯陵乃先圣王所藏之穴，累朝岁时致祭，三年则遣使函香捧帛诣陵而祝告之，礼莫重焉。虽有殿堂，而所尊所重以是陵故也。吾为守土之职，敢不上体朝廷崇重之意，加臣子敬事之心哉？"即用工凿山取石，为柱为楣而重建之。不二年，亭成。其为永远之计，方诸旧规，大不侔矣。落成之后，公以述职之京。府之贤佐佥谓：不可无文，勒石垂示将来。以阳生长于斯而归老于斯，征文以记，固辞不获。乃言曰：昔夏禹王之治洚水也，九年疏河凿山，胼手胝足，以致平成，万世永赖，生灵享祀，与穹壤相为无穷。古先帝王固均有德于民，而王之功德，又莫大焉。先师孔子于《鲁论》尝曰："禹，吾无间然矣。"重言赞而称之。今圣躬所藏之穴，在于会稽。凡生于兹土、仕于兹郡者，安可不加敬而怠忽乎？亭覆于上，至为切要，屡遇损坏倾颓，亦有视为末事而弗顾者，非彭公知所崇重，以朝廷尊崇之心为心，用工留意于悠久之计，曷克臻于是哉？兹特书其作亭之事，其余殿堂门庑，重修重葺者尚多，以俟钜公大手笔记之，故不赘。袁宏道诗：窆石立如人，鼻穿腰半折。不看碑头字，那知是禹穴。栏楯半摧残，古文尽磨灭。山高仰瘦容，松老添孙鬣。古屋闲狐妖，香台蹲豹迹。）

**梅梁**　在禹庙。（梁季修庙，忽风雨大至，湖中得一木，取以为梁，乃梅梁也。《四明图经》：鄞县大梅山顶梅木，伐为会稽禹庙之梁。张僧繇画龙于上，忽夜风雨飞入镜湖，与龙斗。后人见梁上水草淋漓，始骇之，乃以铁索锁于柱。徐天祐诗：殿角枯梁水月身，象龙谁信解其真。休将金锁空萦绊，灵物飞腾自有神。）

**玉梁**　汉武帝时，民以愆旱灾蝗，祈玉笥山辄应，乃相率至观。既构殿，少中梁，忽一夕风雷大作，明旦霁，乃天降白玉梁一于殿上，光彩莹目，因号玉梁观。至魏武遣使取之，去观九里，午时雷霆裂殿，化为黄龙，乘云而去。

**禹剑**　宋时在禹祠殿，世相传禹之所服，寸刃出于韣外，莹无绣涩，而牢不可引。孙冕诗：水剑还难问，梅梁亦可疑。钱倧诗：尘埃共锁梅梁在，星斗仍分剑韣存。

**禹珪、璋、璧、佩**　绍兴二十七年，祠之前，一夕忽光焰烁人，即其处斸之，得珪二，璋、璧各一，佩三。观者多疑非古物，或谓后世以奉神者。乾道五年，官命置籍图其形，使道士守之。

**白璧**　《十道四蕃志》：宋孝武任延修禹庙，土中得白璧三十余枚，意是禹时万国所执。梁初治庙，穿得碎珪及璧百余片。

**元珪**　匮藏之[①]，色黑如黳，径五寸，厚寸余，肉好相倍，上下有邸，州将常封钥。

**古珪、青玉印**　宋武帝修禹庙，得古珪。梁初，又得青玉印。

**五宝剑**　一曰纯钩，二曰湛卢，三曰胜邪，四曰鱼肠，五曰巨阙。《越绝书》：越王有宝剑五，闻于天下。

**雷鼓**　五云门，古雷门也。《西汉·王尊传》[②]：毋持布鼓过雷门。注云：会稽有雷门，旧有大鼓，声闻洛阳。旧经：句践旧门也，重阙二层。初，吴于陵门格南上有蛇象而作龙形，越又作此门以胜之，名之为雷，去城百余步。《十道志》：句践所立，以雷能威于龙也。门下有鼓，长丈八尺，声闻百里。孙恩[③]乱，为军人砍破，有双鹤飞去。《晋传》亦载之。《湘州记》：前陵山有大石鼓，云昔神鹤飞入会稽雷门中，鼓因大鸣。唐诗“雷门作化鹤”谓此。雷门后改为五云门。《董昌传》：尝闻阅兵于五云门。《吴越备史》：钱镠攻五云门，遂平越州，实乾宁三年五月也。王十朋诗：吴越兴亡事若何，谯门遗迹枕山河。大声曾作雷霆震，应笑人间布鼓多。

**驱山铎**　唐人从越溪获铎，以问僧一行，答曰：“此秦始皇驱山铎也。”

**唐琦石**　唐将军击琵八[④]石也，在旌忠庙。

会稽县志卷第五终

---

① 万历《绍兴府志》，“匮藏之”前有“相传禹物也”句。

② 《西汉·王尊传》，即《汉书·王尊传》，见卷六十九。

③ 孙恩：字灵秀，琅琊（今山东临沂北）人，为东晋五斗米道道士和起义军首领。

④ “琵八”，或系“琶八”之误。琶八：参见本志卷第十四“旌忠庙”条。

# 会稽县志卷第六

## 物产志

谷　蔬　果　木　竹　花　草　药　鳞甲　羽　兽　虫毒　器　货

物产，计然言于范蠡曰：知斗则修备，时用则知物，二者形则万货之情，可得而睹。故岁在金，穰；水，毁；木，饥；火，旱。此言时之用也。故旱则资舟，水则资车，而物之理可知矣。又曰："粜，二十[1]病农，九十病末。平粜齐物，关市不乏，治国之道也。故积著之理，务完物，无息币。以物相贸易，腐败而食之。"斯言也，越用之以富其国，范蠡复用之以富其家。今农之粟、末之币与物在会稽者，不特一二增于计然时已也，然而不免于常歉者，岂乏然与蠡其人乎？殆非也。古之剂农与末也恒在上，今之剂农与末也恒在下，即有然与蠡其人，将安所用乎？姑举其一，盖自酿之利一昂，而秫者几十之四，粳者仅十之六。酿日行而炊日沮[2]，农者且病农而莫之制也，况得制其末乎？吾故曰："虽有然与蠡而无所施者，此也。"（徐渭）

### 谷

蚕稻（六月蚕熟）。紫口（甲嘴微紫，粒细）。朝稰（俗谓之老丫乌）。粗秆、细秆、细珠、蚕白黏、晚白黏（黏芒也）。料水白（岁遇甚潦，辄能长出水上）。余杭白（粒圆而白，俗传种自余杭来，故名）。稚蒙（粒粗而黏最短）。乌衔来（实类余杭白，而色稍青）。鹅鸭黄、叶下

① 二十：指每石粮的价格。

② "沮"，万历本、道光本作"阻"。

藏(穗低而叶昂)。健脚青(熟时茎挺而色稍青)。宜兴白(种自宜兴来。以上俱粳类,宜炊)。框糯、青秆糯、水鲜糯(八月蚤熟)。羊须糯、蚤黄黏、黄壳糯、红黏糯(芒赤,故名,糯之佳者。以上俱秫类,宜酿。郡志[①]"五十六种",彼盖举全越而言之。汉志,种谷必杂五种以备灾害,则如下所列麦粟诸豆之类,盖农家所不可缺者)。大麦(《广雅》:麰也。立夏前熟)。小麦(《广雅》:秾也)。荞麦(三稜而赤色,七月种,九月熟)。糯粟、粳粟、赤豆、绿豆、毛豆(即白豆,荚毛,故俗名"毛豆")。白萹豆(粒黑者曰白眼豆,荚长而尖者曰羊角豆,八月熟)。罗汉豆(蚕月熟,故又名"蚕豆")。虎爪豆(粒斑而大,九月熟)。刀豆(荚厚,形似刀)。茳豆(荚长尺余,最长,而软者俗名"裙带豆",其荚短者曰"短茳",四五月熟,荚可蒸食)。菰米(吴中菰米为多,会稽菰米菜亦富而米少。《西京杂记》:会稽贺循事母至孝,母好食菰米饭,循常躬自采撷。家近大湖,湖中自生菰米,无复余草。)

## 蔬

白菜、青菜、莱菔(俗呼为"萝卜",一名菘,一名蔓。青即芜青也,有二种,一黄一白)。油菜、芥菜、苋(郡志:苋有红、白、紫三色。红苋,一名马齿苋。《本草》:节叶间有水银,每苋十斤,多至十两。水银名曰汞,会稽谓"草芽"亦曰汞,今人呼"刺汞"之类是也。凡草大率多汞,故曰汞)。芹(一名水英,产白马山者最佳)。甜菜(有冬、夏二种)。苦菜、莴苣菜、菠薐菜、荠菜、苔菜、瓜(王瓜、青瓜四五月熟,西瓜、金瓜、甜瓜、丝瓜六七月熟,冬瓜九十月熟。王十朋《风俗赋》:贺瓜满区)。茄(又名落苏)。瓠(四月熟,至六月不食)。芋(俗呼"芋艿",有水、陆二种)。笋(冬笋、猫笋、花笋、龙须笋、箭笋、鞭笋诸笋,味美而四时相继)。茭白、茨菰(王十朋《风俗赋》:土实则有凫茈茨菰)。蕨(《尔雅》:蕨,鳖也。初生无叶可食,生山谷间,其根为粉,可当面食)。葱、韭、蒜、薤、蒿、蕫、蕺(唐赵璘《戒珠寺碑》:蕺,蔬类。句践故城东北三里有山曰"蕺"。传云,昔越君所嗜,故尝采于此,遂以此名山。谚曰:"丰年嫌我臭,荒年赖我救。"谓其根可食云)。

## 果

杨梅、梅(绿萼、玉蝶、檀香、山梅、红梅,其种不一,惟绿萼甚香,而其实且大)。杏、银杏、李(郡志:越有黄蜡李、麦熟李、夫人李、白淡李、紫茄李、锦李)。桃(有夏、秋二种,东郭门外凌家山有桃李园,花开时如锦绣)。梨(吼山者最佳)。石榴(宋之问在会稽有《玩郡斋海榴》诗,

① 郡志:或指宋嘉泰《会稽志》,所列凡五十六种(见该志卷第十七"草")。

恐海榴别是一种)。**枣**(越人呼鲜枣为白蒲枣)。**香团**、**火樝**、**柑**、**橙**(梅圣俞诗:越虀橙熟久,楚饭稻春初)。**柚**(《列子》:吴越有木焉曰櫾,碧实,冬青,实丹而味酸。《尔雅音义》:柚亦作櫾)。**橘**(任昉《述异记》:越多橘园,越人岁税谓"枨橘户",亦曰"橘籍",今非其旧。杜荀鹤《送人游越》诗:有园皆种橘,无渚不生莲)。**金橘**、**蒲萄**(有浆水、玛瑙二种。王十朋诗:珠帐累累挂,龙须慢慢抽。从渠能美酿,不要博凉州)。**栗**(《本草》:生山阴。陶隐君曰:会稽最丰)。**柿**、**荸荠**(又名地栗)。**樱桃**、**菱**(一名芰,"屈到嗜芰"[①]即此,小者为刺菱,巨者为大菱。八月菱舟环集鉴湖中。王瀚诗:不知湖上菱歌女,几个春舟在若耶?王十朋《风俗赋》:有菱歌兮声峭。郡志:罗纹菱最佳)。**莲子**、**芡**(郡志:芡叶似荷而大,生而有芒刺。荷华[②]日舒夜敛,芡华昼合宵开,此阴阳之别也。方言曰:北燕谓之葰,青徐、淮泗之间谓之芡,南楚、江淮之间谓之鸡头,其柄作菹,甚美。越人谓之藕梗,其实芡柄耳)。**藕**、**林禽**(《风俗赋》:檎腮半朱。《山居赋》:枇杷林檎,带谷映渚。俗呼花红。王右军帖中所谓"来禽"是也)。**枇杷**。

## 木

**松**(郡志:越多百年之松)。**柏**、**桐**(其类有四:一曰青桐,枝叶俱青,无子;一曰梧桐,皮白叶青,有子;一曰白桐,有花无子[③],其花三月开,黄紫色;一曰冈桐,似白桐而无子。白桐、冈桐宜作琴瑟)。**梓**(《十道志》:越人多种豫章树。梓即豫章也。《吴越春秋》:吴王好起宫室,越王使工人入山伐木,天生大木,一双可二十围,阳为文梓,阴为楩柟)。**棕榈**(《十道志》:会稽有棕山)。**桧**(《草木记》:木之奇者,有会稽之桧)。**柽**(似柏而香,出越中四明山为多)。**楮**、**樟**、**榆**、**杨**、**柳**、**桑柘**(叶可供蚕事,其木文理缜密而黄色可爱,堪为器具。谢灵运《山居赋》所谓"木之美者")。**槐**、**檀**(性坚密,可为车。宋南渡初制五路[④],俱以檀为轴)。**乌柏**、**冬青**、**椿**、**桂**、**栎**、**楝**(有花,诗人多称之。宋陈无己[⑤]诗:密树已成荫,高花初着枝)。**枫**、**槿**、**櫟**、**樝**、**槠**、**杉**、**相思木**(《平泉草木记》:得稽山之相思木。《述异记》:战国时魏有民戍秦,妻思之。卒,冢上生木,枝叶皆向夫,所谓之相思木)。**升仙木**(即皂荚,刘樊以此昇仙。宋孙应时诗:刘樊蝉蜕此登仙,老大当时直插天。玉骨半枯犹秀润,苍苔新长更荣鲜)。

---

① 屈到嗜芰:参见《韩非子·难四》"屈到嗜芰,文王嗜菖蒲菹,非正味也"句。

② "荷华",道光本作"荷花"。

③ "有花无子",国图本、内阁本作"有花与子"。万历《绍兴府志》该条亦作"有花与子"。

④ "路",国图本、内阁本作"辂"。

⑤ 陈无己,即陈师道。

## 竹

**箭竹**(别名曰筱,干直可以为矢,所谓“会稽竹箭”是也)。**猫竹**(干大而厚,可以为舟)。**石竹**、**苦竹**(笋味苦,有黄、青、白、紫四种,干细而直,可以为笔。《图经》:越出笔管。郡志:亦堪作纸用)。**淡竹**(可煮以为纸)。**筋竹**(性韧,可作篾,亦名金竹,堪织簟。《西京杂志》:会稽贡竹簟,号“流黄簟”。《酉阳杂俎》:筋竹,箭未成时堪为弩弦)。**荚竹**(可煮为纸,干细而直)。**篙竹**(即笙竹,笋味甘,有早、晚、黄、绵四种)。**水竹**(谢灵运《山居赋》:水竹依水生,甚细密,吴中以为宅援)。**慈竹**(小而密,土人多植之以当篱援。冬月,笋生竹外,绕其母,故又名孝竹,一名王祥竹。《酉阳杂俎》:慈竹夏月经雨,滴汁下地,生蕈似鹿角,色白,食之已痢)。**斑竹**(顾家斑竹用以作器,甚清雅)。**紫竹**(可为箫管,九节者佳)。**龙须竹**(长而秀,节疏)。**凤尾竹**(叶眇小,亦慈竹别种)。**角竹**(节高而疏,笋味淡,有斑色)。**桃枝竹**(作篾殊韧,亦堪织簟。《书》云:篾席黼纯。孔安国注:桃枝竹也)。**方竹**(中坚,干直而方,花圃中宜植之)。**公孙竹**(高不盈尺,可为几案之玩)。

## 花

**牡丹**(欧阳公《花品序》:牡丹南出越州。僧仲皎诗:玉稜金线晓妆寒,妙入天工不可干。老去只知空境界,浅红深绿梦中看)。**芍药**(王十朋《风俗赋》:牡丹如洛,芍药如扬)。**蜀葵**(小者曰锦葵)。**芙蓉**、**蔷薇**(有重台百叶者。《平泉草木记》:稽山之重台蔷薇。又曰:会稽之百叶蔷薇)。**海棠**(《草木记》:木之奇者,会稽之海棠。沈立《海棠记》:花名带海者,从海外来。海棠有二种,春为垂丝贴干,秋为秋海棠)。**杜鹃**(一名踯躅,一名映山红。《草木记》:得剡中之真红,挂稽山之四时,其千叶者为石岩)。**山茶**(郡志:山茶,叶如茶,大盈寸,干高丈余,色绯,腊月盛开)。**木樨**(即桂花,有银桂、丹桂、金桂三种,香甚幽远。唐李裕《赠陈侍郎红桂》诗:欲求尘外物,此树是瑶林。后素含余绚,如丹见本心。妍姿无点缀,芳意托幽深。愿以解葩色,凌霜照碧浔。裕自注:此树白花吐红心)。**菊**(奇香异态,至二百种)。**山丹**、**芙渠**(即荷花,旧传鉴湖及若耶溪荷花最盛。李白诗:荷花镜里香。王十朋《风俗赋》:香有芙蕖。又李白《采莲曲》:若耶溪畔采莲女,笑隔荷花共人语)。**凤仙**(有五色,其白者收其子为药,可治目最痛者,捣汁,涂之立愈)。**水仙**(有二种,一曰水仙,一曰金盏银台)。**紫薇**、**紫荆**、**兰**(《越绝书》:句践种兰渚山。王十朋《风俗赋》:兰亭国香,今会稽山甚盛,凡山皆有,而出自南镇、秦望山者最佳)。**鸡冠**、**荼蘼**、**萱花**(即北方黄花菜,越人谓之鹿葱)。**薝蔔花**(俗名黄栀花。郡志:越有二种,一曰山栀,生山谷间;一曰水栀,生水涯,有单叶、千叶)。**洛阳花**(有五色,甚媚)。**芭蕉**、**木槿**、**石竹**、玉簪、翦春罗、翦秋罗、木笔（花蕊似笔，故名，一名望春）。腊梅（自宋时始有，有九英、荷花、磬口三种，磬口最佳，谓之辰州本。陆游诗：与梅同谱又同时，我为评香似更奇。痛饮便拼千日醉，清狂顿减十年衰。色疑初割蜂脾蜜，影欲平欺鹤膝枝。插向宝壶犹未称，合将金屋贮幽姿）。午时花（午开子落）。长春花（即月月红）。罂粟花、蝴蝶花、金丝花、芝（有五色，瑞气所钟）。贞同（《平泉草木记》：稽山之贞同，其花鲜红可爱，而且耐久）。古梅（老干奇怪而绿藓封枝，苔须四垂，疏花点缀，极为可爱。林逋诗：疏影横斜水清浅，暗香浮动月黄昏。惟古梅足以当之）。木兰（吴蜕《镇东监军使院记》：大厦前木兰，越城之中称为一绝）。鸳鸯梅（王十朋《风俗赋》：越有鸳鸯梅，双头千叶）。石岩花（与杜鹃花本一种。石岩先敷叶后着花，其色丹如血；杜鹃先着花后敷叶，色差淡。僧仲殊诗：繁英历历烁晴空，过了花门几信风。明月画栏供徙倚，却须有句到芳丛）。凌霄花（有一岁三着花者，倚树而生，树高则亭亭直上，花幽而艳）。

## 草

席草（取以为席，产多而利普）。莎草（《释草》：莎草可以为蓑笠，蔓生江边，其根即香附子）。荇、蓼（《吴越春秋》：越王念复吴怨，卧则攻之以蓼，冬则抱冰，夏则抱火，言其刻苦云）。蘋、藻（韩诗：沉者曰蘋，浮者曰藻。今谓之马藻，亦呼紫藻）。萍（无根，常浮水上。一夕生九子，又谓之藻，言漂流不定也）。菖蒲（叶有脊如剑，谓之雁荡蒲。又有虎须菖蒲，生石上，节殊密）。芦、荻、苕、三白草（出镜湖泽畔，初生不白，入夏叶端方白，农人候之以莳田。三叶白，苗毕秀矣）。蓝、苔、仙茅（出少微山，宋齐唐诗：土泽反婴看术验，少微山是小三茅）。石耳（多产少微山）。

## 药

山奇粮（即禹余粮也，产山谷间，服之令人不饥。疗疯毒疮，其功甚速。山民遇歉岁取食之）。玉芝（出陶宴岭，一名鬼臼，一名山荷叶，一名唐婆镜。花色正红，生叶下，故又名羞天花）。半夏、香附（《本草》又谓之莎根）。芍药（有赤、白二种）。苍术、红花、茴香、五味子、瓜蒌、紫苏、山查、穿山甲、猬、枳实、陈皮、茯苓、黄连、柏子仁、甘菊（治目疾用，黄、白二种）。南星、百合、薄荷、栀子、车前子、蔓荆子、金婴子、白术、枸杞子、刘寄奴①（生山间，《本草》注云：治心腹痛，止霍乱，乡人煮饮之，多效验）。益母草、何首乌、天花粉、金银藤花（即忍冬也）。天门冬、麦门冬、侧柏叶、艾、桔梗、茵陈（即蒿）。茅根、青箱子（即白鸡冠子）。

① “刘寄奴”：国图本、内阁本作“刘寄”。

蝉蜕、螳螂、鹿角、虎骨、兔矢、柴胡、前胡[①]、元参、苦参、苧根、灯心、茯神[②]、黄卷(即豆芽)。槐角子(即槐实)。天荞麦、桑白皮、淡竹叶、竹茹、桑寄生(治疯)。枫寄生、龙牙草(出银山坝)。草决明(治目疾)。夜明沙、谷精草、金星草、细辛、女贞实(即冬青子)。葛根、龟甲、鳖甲、紫花地丁(出香炉峰,治疔疮甚效)。金壶瓶草、薏苡、稀莶、紫河车(紫、白二种,亦名金线重楼)。兔头骨、菖蒲。

## 鳞甲

鲤(郡志:鲤之小者为鲤花,鲈之小者为鲈鞁,鲫之小者为鲫核)。鲫(一名鲋)。鲈(八月始肥)。鲇、鲩、鲙(土人谓之黄鲙)。银鱼、鲻(郡志:黑如缁衣,濒海处多有之,是鱼之最美者)。鳗(八月最肥)。鳣(一作鳝,土人夏至以后始食,入秋则不食)。鲢(有赤、白二种)。鳅、蟹(小者为蟛蜞,大者为黄甲,产海涯。又有紫蟹,产上河,其味尤佳。《酉阳杂俎》:八月,蟹腹有稻芒,长寸余。向东输与海神,未输芒,不可食)。虾、蛏(产海崖)。蛙(土人当蛙鸣后盛食之,冬月不食。越王揖怒蛙而武士归之,即此也)。蝦蟆(形似蛙而背有黑点,盖蟾蜍之类也,其子谓之蝌蚪)。鳖、蚌、蛤、蚬、螺(王十朋《风俗赋》:孕珠之螺)。吐铁(产海涯)。鳢、龟。

## 羽

戴胜(降桑遇金日,主谷贱。《月令》:戴胜降于桑,盖三月始出也)。雉、鹧鸪、鸡鹅、桑扈、百舌、鸂鶒、鸲鹆、鸠、鹈鹕(一名淘河,一名竭泽,形似鹗而大,高足。其鸣自呼,好群飞,沈[③]水食鱼。不常有,有辄大水,土人占之,颇验)。布谷、鸳鸯、鹡鸰(俗呼为九颠迁)。雪姑(冬月群飞,鸣则必雪)。鹊(别有山鹊)。雀、鸥、凫、鹭鸶、莺、鹰、燕、鸦(有别种,土人呼为寒雅[④]。岁十月自西北来,其阵蔽天,及春中乃去。秦观词:寒雅万点,流水绕孤村)。鹘、鹞、鹳、杜鹃(一名子规,夜啼达旦,血渍草木。相传是蜀帝之魂,又谓之“谢豹”)。乌(昔越王入国,有丹乌夹王而飞,故句践起望乌台,以纪其瑞)。鸬鹚(渔人畜之以取鱼)。鹗、练鹊、竹鸡、画眉、啄木、黄头、白头翁、鹂、鸡、鹅(右军浴鹅[⑤])。鸭。

① “柴胡、前胡”,国图本、内阁本作“柴吴、前吴”。
② “茯神”,国图本、内阁本作“茯仁”。
③ “沈”,即“沉”。
④ “雅”同“鸦”;国图本、内阁本作“鸦”。
⑤ “右军浴鹅”,国图本、内阁本作“右军有浴鹅池”。

## 兽

虎、鹿、兔、狐、獭(《记》曰:獭祭鱼,然后渔人入泽。泽居者时多见之)。狸[①]、马、驴、骡、獾、豺狗、竹狗、猴(郡志:猿好践稼蔬,所过狼籍。会稽山间所种[②]如豆麦之类,多为践毁。天衣寺僧法聪,令捕其[③]老猴,被以衣巾,多为细缝,使不可脱,纵之使去。老猴喜得脱,跳趋其群,群望而畏之,皆舍去。老猴趋之愈急,相逐日行数十百里,其害遂稍息)。獴、麂、柿狸、九节狸、栗鼠、松鼠、猫、羊、猪、牛。

## 虫毒

蚕(郡志:蚕,阳物也,恶水。再蚕谓之原蚕,土人谓之晚蚕,以晚叶养之,先王禁焉。《淮南子》:原蚕再登,非不利也。然王者之法禁之,为其残桑也。郑云:蚕与马同气,物莫能两大。禁原蚕者,为害马也欤?)蜂、蛭、尺蠖、蜗牛、蚱蜢、蜻蜓、萤(多则有年)。蝶、蛇、莎鸡、蝇、蚊、蝼蛄、蜈蚣、蝘蜓、虿。

## 器

弓、箭(《尔雅》:东南之美,则有会稽之竹箭)。草席、扇[④]、苕帚、蒲扇、簟、竹火笼(陶堰制者最佳)。

## 货

盐(宁桑、曹娥二场盐利甚溥,商贩毕集,国税所需。按:亭民煎盐之法,海潮每至沃沙,日见沙白,用铁刀刮碱,聚而苫之,乃淋碱取卤,然后试以莲子。每用竹筒一枚,长寸许,取老硬石莲三枚,纳筒中探卤。三莲横浮则极咸,谓之足莲卤,亦谓之足卤。二莲横浮次之。若三莲俱直浮,其卤薄不可用。凡煮盐,编竹为盘,中为百耳,以篾悬之,涂以石灰,才足受卤。燃烈焰中,卤不漏而盘不焦灼。近亦稍用铁盘)。茶(郡志:日铸山中有僧寺名资寿,其阳坡名油车,朝暮常有日,产茶绝奇,芽纤白而长,味甘软而永。孙因[⑤]曰:日铸山之英气兮,既发越于镆铘。地灵洩而不尽

---

① “狸”,国图本、内阁本此前有“猿”。

② “所种”,国图本、内阁本作“陆种”。

③ “其”,国图本、内阁本作“一”。

④ “扇”,国图本、内阁本作“竹扇”。

⑤ 孙因:南宋慈溪人,宝庆二年进士,著《越问》一卷,附于宝庆《会稽续志》。

兮，复薰蒸于草芽。虽名山之最晚兮，为江南之第一。视紫笋若仆台兮，又何论乎石花。近多采之，名曰兰雪。味取其香，色取其白，价最贵）。干笋（品亦多，其盛而行，差亚于茶。干笋以二十九都出者为最佳，严家山、太平岭次之）。箬（筱叶也）。苎、葛（出余贵者佳）。麻（堪绩以为索者，俗呼黄麻，又呼苎为苎麻。堪食者，俗呼芝麻，可以作油）。酒（其品颇多，而名老酒者特行，名豆酒者特佳。豆酒者，以绿豆为曲糵也，邑壤多秫少粳，以此）。醋、银（今竭[①]）。锡（银出于银山坝，锡出于锡山）。木棉丝布、绢、丝绸、绵绸、竹纸（前辈多尚之，民家或赖以致饶。米元章、薛道祖、曾文清皆有《越州竹纸诗》载郡志中）。黄纸、草纸、菜油、桐油、麻油、柏油、铜、靛青、蜂蜜（出境内者，土人呼“本山蜜”，味甚佳）。黄蜡。

会稽县志卷第六终

① “今竭”，此二字，国图本无，内阁本录。

# 康熙会稽县志卷第七

## 风俗志

习尚　岁时　礼文

老子曰："至治之极，邻国相望，鸡犬之声相闻，民各甘其食，美其服，安其俗，乐其业，至老死不相往来。"夫以余观于邑志所列，古会稽者，重犯法，勤俭，崇祭祀，文雅而风流，其俗也顾不安之。而今之所安者，婚论财，嫁率破家，乃至生女或溺之，父母死不以戚，乃反高会召客，如庆其所欢事，惑于堪舆家则有数十年暴露其父母而不顾者。民有四，耕耨而诵其业，丝布其服，鱼盐与稻、果蓏而嬴蛤其食也，顾不乐之、美之、甘之。而今之所乐，其在业者，博塞以为生，群少年日骛于市井，黠佃者逋主者之租，又从而驾祸以胁之。所甘所美，其在食且服者，穷江之南北、山之东西，竞其绮丽，罄其方之所输，其多不可以指数。夫若老子言"邻国可相望而不相往来"，此盖上古时事，余亦安敢以望于今之会稽也哉！至如司马氏所称，特数十年以前之会稽耳，今不望于上古而望于数十年之前，又革其甚者。于俗，若婚之论财、若厚嫁、若溺女、若丧父母而盛宴与暴露其父母；于业，若博、若群少、若黠佃；于服于食，若穷江南北、山东西之华靡。噫！俗其殆庶几哉！夫人之身有瘤也，俗亦有瘤。俗之瘤则有丐，丐以户称，不知其所始，相传为宋罪俘之遗，故摈之，名"堕民"。（丐自言则曰：宋将焦光瓒部落以叛宋投金，故被斥。）其内外率习污贱无赖。（男子每候婚丧家或正旦，则群索酒食；妇则习媒，或伴良家新娶妇，又为妇贸货物，便见窃攘。尤善为流言，乱是非，间人骨肉。）四民中居业，不得占彼所业，民亦绝不冒之。（男业捕蛙、卖饧[①]、拗竹灯、檠编机、扣塑土牛土偶、打夜狐［方言跳鬼］；女则为人家拗鬏髻[②]，梳髮为髢[③]。群走市巷，兼便所就。）四民中所籍，彼不得籍；彼所籍，民亦绝不入。（籍曰丐户，即有产，不充粮，里长亦禁其学。）四民中即所常服，彼亦不得服。彼所服盖四民向号曰是出于官，特用以辱且别之者也。（帽以狗头，裙以横布，不长衫，扁其门以丐。）而籍与业，至于今不乱，服则稍僭而乱矣。（其详载《别贱录》。）丐以民摈已若是甚也，亦竞盟其党，以相讼侥必胜于民。官兹土者知之，则右民；偶不及知，则亦时左民。民耻之，务以所沿之俗闻，必右而后已。于是丐之盟其党以求右民者兹益甚，故曰："丐者，俗之瘤也。"虽然，瘤卒自外于常肤也，则瘤之也宜。苟瘤者肯自咎曰"我今且受药，且图自化为常肤"，乌用必瘤而决之哉？（徐渭）

## 习尚

越，水行而山处，以船为车，以楫为马(《越绝书》)。民性敏柔而慧(《宋书》)。火耕水耨，民食鱼稻果蓏蠃蛤，食物常足(《汉志》)。有陂池灌溉之利，故岁多顺成；有丝布鱼盐之饶，故俗重犯法。士好学笃志，敦师择友。农贾工作之徒，皆著本业，不以奢侈华丽为事。县附郡城。郡城，古都会，其闻见富，古朴之风稍衰。然谨守，畏讥议，又比他邑；较上文[④]，士子间能习古文，作字工诗。近师事阳明先生，又多讲理学，文辞议论，沨沨可述。《嘉泰志》云，《吴越春秋》有越人相送之辞，曰"行行各努力"。盖自古风俗敦厚，重离别、笃交亲如此。故迎则叙间阔，送则惜暌违[⑤]，觞豆迭进，往往竟日，舟车结束，惨有行色。至于童仆铃下，挽舟将车之人，罗拜于前，则亦犒以酒食，勉往者以勤悴，劳归者之良苦。恩意曲尽，观者太息，风俗之厚也(郡志)。会稽实禹巡狩之地，故其民性勤俭，重祭祀，力沟洫。至于句践，卧薪尝胆，奋志复吴，由是民俗劲烈。及汉严光，抗节不事[⑥]，人皆励廉靖，兴学行。东都卓特之士，率皆由之。观于朱育、夏统之所言，殆可征也。晋迁江左，中原之盛，咸萃于越。而越为六朝文物之薮，高人文士云合景从，风俗遂为江左之冠。唐时

① 卖饧：俗语"换糖担"。

② 拗鬏髻：头发盘髻。

③ 髢：假发。

④ "较上文"，万历《绍兴府志》此条作"较尚文"。

⑤ "暌违"、国图本、内阁本作"睽违"。

⑥ "抗节不事"，万历本、道光本均作"抗节不仕"。

文雅不替，风流翰墨，昭炳相接，故名士往往多爱游其地。自宋以来，益知向学，尊师择友。南渡之后，弦诵之声比屋相闻，不以货殖侈靡相夸尚。士大夫家占籍甚薄，皆撙节衣食，仅足伏腊。子弟或干谒自炫，辄为长老所禁。其有古圣王之遗乎？（邑人司马相[①]《郡志略》，书尚未出[②]。）

## 岁时

**元旦**　男女夙兴，家主设酒果以奠，曰接神。绕室庐，震以爆竹。黎明，始启户，焚香拜天。次诣其夙所设先人主及遗像所，率卑幼拜之。已，乃男女序拜其尊长，诲且祝，卑幼者亦以次交拜。已，乃盛服诣亲属门拜，称贺岁，各以酒食相款接。

**立春**　先一日，官毕出，迎春东郊，闾里无贵贱少长集观，相饮乐征逐。至期，用巫祷祭，曰作春福。

**正月十四日**　用巫人以牲醴祀白虎之神。祭毕，以红绿线钉画虎于门上，谓之遣白虎。

**元宵**　前二日，官府例弛禁，民则比户接竹棚悬灯，悉出土制。若购自他方者，球彩错之，好事者复箕敛[③]于市。要区为烟楼月殿、火戏鳌山，集珍聚奇，箫鼓歌讴，彻旦不息。而仙释之居，灯丛以剪带者尤盛。男女游观于道，虽极嚣杂中，然亦稍知让避，如是者五夕乃已。

**花朝**　二月二日。《嘉泰志》云：始开西园，纵郡人游观。谓之开龙口（指卧龙山）。府帅领客观竞渡，儿童歌青梅，声调宛转，大抵如巴峡竹枝之类，士人竞买花木，植之园圃。

**春社**　乡有社祭，祭毕则燕[④]其物。以祭社之余，序齿列坐，虽贵显人不先杖者。耆老说古人嘉言懿行，子弟歌《伐木》《嘉鱼》《菁莪》《宾筵》诸诗。

**上巳**　三月三日。脩禊事，有兰亭遗风。

**三月五日**　俗传夏禹生日，禹庙游人最盛。士绅乘画舫，丹垩鲜明，酒樽食具甚盛丽，宾主列坐，前设歌舞。小民尤相矜尚，虽非富饶，亦终岁储蓄以为游湖[⑤]

---

① 司马相：参见本志卷第二十“正德十六年辛巳科杨惟聪榜”条。

② 书尚未出：《越郡志略》，十卷，明会稽人司马相纂，后世邑志多有引及，今佚。

③ 箕敛：以箕收取（钱财），意为买入再卖出。

④ 燕：古同“宴”，宴饮。

⑤ “游湖”，嘉泰《会稽志》作“下湖”，并言“下湖，盖乡语也”。

之行。

**清明**　家插柳于檐端，偕少长行游郊外，曰踏青。厥后携男女，具时羞墓祭，亦有盛声乐，泛集名胜地为终日游者。时则往往幸晴霁，澄湖曲川，画船相尾，罗绮繁华，与桃李相穿映。

**端阳**　用纨扇、角黍相馈遗，家设蒲觞，屑雄黄其中，佩则用艾虎及彩符，云以辟恶。其日多忌，采药者率趋之。

**夏至**　祀先以面，农人竞渡于通津，衣小儿衣，歌农歌，率数十人共一舟，以后先相驰逐，观者如堵。

**七夕**　相宴集乞巧。

**秋社**　如春社礼。

**中元**　荐新谷，用素馔。闾里作盂兰会，人家或然灯于树，或放之水中，喧以铙鼓。儿童则累瓦塔为灯，夜分乃止。

**中秋**　相宴集赏月，好事者多设具，观月华。

**九日**　登高，佩萸，泛菊，蒸米为五色糕，剪彩旗供小儿嬉戏。

**冬至**　洁服造祠下，长幼以次序拜，献时羞。醢彘肉馅面，俗名馄饨。视常节最隆。

**腊月二十四日**　是夜祭灶，品用糖糕、时果，或用羊首，取“黄羊祀灶”之义。

**腊月终旬**　盛用品物赛天神，亦祀其祖先，曰“作年福”。时丐人饰鬼容，执器仗，缘门相逐疫，略如古之傩者。

**除夕**　换桃符、门神，洒扫堂室，悬纸钱于阑旁。向暮，家设火具，置杂薪，焚之烈，举于门侧，曰“糁盆”。光焰烛天，爆竹雷震，仍设祀，曰“送神”。已乃阖门，集少长，群坐欢饮，曰“分岁”。有终夜斋坐者，曰“守岁”。

## 礼文

**冠**　古者男子二十而冠，醮于客位，冠而字之，将以责成人之道，礼莫重焉。国朝以帽顶分别品级，制度聿新，冠必从时，礼不可废。

**婚**　必择门第士人为媒，设宴，曰求媒酒。往女家拜门、点烛，女家许允，设宴，曰肯酒。后用礼币、蒸羊、家雁、果饼等物，行纳聘礼，答以书籍、笔墨、冠履、糕饼等物。嗣后请庚帖择日馈送，曰约日盘。娶之日，用花冠、发髻，蒸豚、蒸鱼、果品等物，曰开面盘。世家间行亲迎礼，不行者居多。新妇服朝衣、朝裙、盖头袱、裹脚被，妇之兄弟抱扶坐花轿，鼓乐迎至中堂。乐妇扶掖出轿，请长辈齿德兼隆者祝寿。拜花烛毕，用幼辈男女执烛引道，牵红至房中，饮合卺杯，曰交杯盏，请妯娌中贤淑者揭盖头袱。即日拜舅姑，次及亲族。三日，告庙毕，至厨房，取主中馈之义，设宴请妇之父兄，曰亲送酒。俗多赘婿，礼如娶妇，唯不用花轿。生子弥月，宴亲友，曰汤饼会。

**丧**　大率用《文公家礼》[1]。初丧恸哭，讣闻亲族，临丧举哀。棺择坚木，敛用衣衾，唯不行大敛布绞。五日服成，请亲族成服，开灵受吊。葬，以砖为椁，以石为墙。大夫用翁仲[2]、望柱、墓志铭、神道碑，士庶家则砌石为坟而已。葬毕，服麻布衣，出谢吊客，曰谢孝。至于乡里有遇丧，辄举族坐食，宁薄于殡殓而丰于饮食，此风俗之漓，惟在司民社者力为挽回耳。

**祭**　以四时，或用四仲分至日，或元旦、端阳、除夕[3]，世家咸遵《文公家礼》。小户止列羹饭香烛，家长口请祖先而已。讳日必素服祭，终身不废。清明有墓祭。登第、除授，告庙燕客，曰祭祖酒。

康熙会稽县志卷第七终

① 《文公家礼》：即《朱子家礼》。

② 翁仲：墓前石人。

③ “或元旦、端阳、除夕”，万历《绍兴府志》、乾隆《绍兴府志》均作“或元旦、端阳、重阳、冬至”。

# 康熙会稽县志卷第八

## 灾祥志

夫六气调，风雨和，则年谷成，物繁而齿育。否则年凶物耗，而夭札兴，故灾祥之关于民为甚也。然详于地而略于天，又何哉？曰：灾之见于天者，郡则同也，省与天下则同也。若其见乎地，则于邑尤切矣。余故特详焉。呜呼！使长是邑者未灾而知谨，既灾而能御，则庶几乎水、旱、盗贼不足以厉民矣。（徐渭）

### 唐

贞观二十二年戊申，大水。

神龙二年，天雨毛[①]。

开元十七年八月丙寅，大水。

贞元二十二年，鉴湖竭。

元和十二年，水害稼。

太和二年，大水，海溢。

开成四年，大旱。

大中十三年，地震。

① “天雨毛”，羽毛自天而降。古代象占者认为是前乐后忧，或邪人进、贤人逃之兆。

咸通元年，有异鸟，极大，四目三足，自呼曰罗[①]。（占者曰：主国有兵，人相食。）无何，有狗生而不能吠，击之无声。（按：狗职吠以守御，其不能者，象镇守者不能御寇之占也。）

## 五代、晋

天福中，儿童聚戏，率以"赵"字为语助，如言"得"曰"赵得"，"可"曰"赵可"，相语无不然。晋末，赵延寿贵，人将谓其应谶；延寿败，谣言转盛。及宋太祖代周，人始悟焉。

## 宋

至道元年，有白鸲鹆[②]。

咸平二年，箭竹生米如稻[③]，岁饥。

天圣中，夏夜暴风震电而无雨，空中有人马声，终夜方息。明日，禹庙人言，是夜二鼓，殿门关锁忽掣开，风霆自殿中起，直西南去，遣人验之，百里间林木稼禾皆偃仆。

景祐四年，大水。

嘉祐六年，淫雨为灾。

熙宁八年，旱饥，民疫。

元祐八年，大风，海溢害稼。

政和二年十一月，民拾生金。

宣和六年，大雨，水溢，民多流移。

绍兴元年，牛戴刀突入城中，触马，裂腹出肠。（时卫卒多犯禁屠牛，牛受刃而逸，近牛祸也。）是年二月，雨雹，震电。十月，民间大火。十二月，火灾复作。时高宗驻跸于越，部署文移多焚于火，民多饥疫。二年，荐饥，斗米千钱，人食草木。五年，旱久，大暑，人多暍[④]死。秋七月，海溢害稼。九年、十年，水旱相仍，民饥，仰哺于官者甚

---

① 罗平鸟：也叫三足罗平鸟、三足鸟，是吴越地区的鸟图腾之一。《新唐书·董昌传》载："《越中秘记》言，有罗平鸟，主越祸福，中和时，鸟见吴、越，四目而三足，其鸣曰罗平天册。"唐董昌据越州，建国称大越罗平国。

② "鸲鹆"，俗称"八哥"。徐渭有诗《白鸲鹆》。

③ "箭竹生米如稻"，即竹子开花。《山海经》曰：竹生花，其年便枯。

④ "暍"，国图本、内阁本、万历本均作"渴"。

众，赈之不给，死者过半。十八年，大水。二十八年，大风，水平江。二十九年，旱蝗，饥。三十年，螟害稼。

隆兴元年，水溢伤稼，继以旱蝗，民大饥。

乾道元年三月，盛寒，蚕麦损败，民饥疫死。二年，春夏淫雨，蚕麦不登。三年秋，淫雨，虫生害稼，五谷多腐。四年，大水。九年，旱，民饥疫。

淳熙元年，海涛溪合，激为大水，决江岸，坏民庐，溺死者甚众。二年秋，旱。三年五月，积雨，损禾麦。七年，大旱饥。八年，大旱，既而淫雨，水溢，坏民居，荐饥。十年，淫雨，大水。

绍熙三年四月，霖雨，至于五月。四年七月，大风驱海潮，坏堤，伤田稼，夏无麦。五年冬，旱，鉴湖竭。

庆元元年，饥。二年，大水，恒风，夏寒。四年，饥。五年六月，霖雨，至八月。

嘉泰二年，蝗。四年，越人盛歌《铁弹子白塔湖曲》。冬，果有盗金十一者，号“铁弹子”，起为乱，相传斗死白塔湖中，后获于诸暨，始就戮。

嘉定三年六月，水坏田庐。八月，大风坏攒宫陵殿、宫墙六十余所，陵木三千余章。六年六月，夏寒，雨雹害稼。九年，大水，蝗生。十年，旱。十五年，淫雨为灾。

宝庆元年四月，雨雪。

嘉熙四年，旱，荐饥。

景定三年，螟。五年，大水。

咸淳七年，大风拔木。

## 元

至元三年二月，大水。九年六月，水。十八年，饥。二十六年，大水。

元贞二年，水。

大德三年，旱。六年，旱饥。十一年，大饥。

至大元年春，疫。

泰定元年，旱饥。

至顺元年，水。

元统元年夏，旱。

至元三年，大饥。

至正三年，旱。十二年，旱。十四年十二月己酉，地震。二十年夏，大疫。

二十二年，又大疫。

## 明

洪武二十六年闰六月，大风，海溢，坏田庐。三十二年二月初九日，地震。

永乐十三年，旱。

景泰五年十二月，大雪，至二月乃霁。七年夏五月，淫雨，伤苗。是秋淫雨，腐禾，岁饥。

天顺元年，旱饥。五年夏五月，淫雨，伤苗。八年冬十二月，地震。

成化八年秋七月十七日夜，大风雨，拔木；海溢，漂庐舍，伤苗，濒海男女溺死者甚众。九年，竹生米。十二年春，大风，雨雹，大饥。十三年春，瓜山大裂。夏六月，大风雨，海溢。秋七月，螣生。十九年癸卯，民讹言有黑眚至于杭，闾里皆惊，逾月乃息。

弘治元年，大饥。二年，饥。四年，饥。七年秋七月，海溢。十三年，民间讹言诏选女子，一时嫁娶殆尽。十八年九月十二日，地震，生白毛。

正德元年夏，旱饥。三年夏，大旱，民讹言黑眚出。七年，海潮溢入，坏民居，滨海男女溺死者甚众。

嘉靖二年，旱饥。三年，大旱。十三年秋七月，飓风淫雨，坏庐舍，伤稼寡收。十八年，大水。十九年夏，蝗。二十四年，大旱，民饥，米斗值银钱有八分。三十四年，有物方长如一尺牍，飞空中，映日作金色，数鹰绕逐之。时系狱者刘朝忠见之，祝曰“如祥也，则堕此”。已而渐近，果堕狱中，则吴之草席也。禁卒持，白于官（时知县者为古文炳[①]），令祝禳之。夏，倭寇失舶于海者，自东关入，止三十七人，转战无前，以失路陷皋埠水泽。知府刘锡率众出战，溃，越一夕，缚舟以逃，卒歼于常州之五木乡[②]。三十五年，倭失舶者八十余徒，亦入自东关，所过焚杀，卒歼于龛山。

隆庆二年元旦，昼大风，屋瓦为震，县墀折一巨柏，城中数灾。已而民复讹言诏选女子，数夕内嫁娶殆尽。春，有虎入城中，宿蕺山，徙明真观，道士晓开户，攫伤之，众哗，逐走千秋巷，堕厕中，为诸丐所毙。

万历元年夏，民马柱家产豕，双首，行辄仆。明年秋，丐家产豕六足而两为人

① 古文炳：附传于本志卷第二十二“张鉴”。

② “五木乡”，道光本作“五水乡”。

手。十二年九月，府城隍下殿尽毁。十六年，大饥，斗米三钱，殍民载道，妇女有好饰而饿死者。二十五年，绍兴府厅事尽毁。二十八年，大饥，米斗二百文，民多饿死。二十九年正月十六日夜，卧龙山上城隍庙火起，殿宇并星宿阁俱毁，火光照耀，满城尽如白日。三十七年七月二十三日，海发飓风，塘坏，浪冲城内，街砌石梁漂去里许方沉没，人民淹溺无算。四十七年，横街连芳牌火起，焚百余家。四十八年四月二十一日，大雪，天边龙见。

天启元年，卧龙山发洪。五年乙丑，大旱，民饥。

崇祯元年七月二十三日，午后大风飘瓦，吹倒石坊。雨三日，海水大溢，街可行舟，沿海居民溺死者数万。二年八月九日，大雨，水坏田禾，民饥。九年七月，龙见，观者如堵。十一月二十七日戌时，地震。十三年，有蝗从西北来，不雨者四月，米价腾贵。十四年正月，大雪经旬，米斗三钱，贫民争入富家攫米，有司力禁始息，各坊都绅士捐米赈恤。夏秋，旱。十五年，复大旱连年，桃李冬花，民饥。

## 皇清

顺治三年六月，旱。七年，饥。十六年，虎至西郭门伤人。

康熙七年六月十七日，地震。夏，地生白毛。八年七月二日，雨雹。九年夏，淫雨，田禾半坏。十三年七月，山寇泊五云门，知府许弘勋率众擒杀，山寇悉平。二十一年，淫雨五月不止，大水冲决西江塘，禾苗尽没，恩赦税粮有差。二十二年，福建总督姚启圣捐资修筑决口数十处。[①]

康熙会稽县志卷第八终

① 本条内容与内阁本同，国图本仅作："康熙七年六月十七日，地震。夏，地生白毛。八年七月二日，雨雹。九年夏，淫雨，田禾半坏。"而国图本本条又与十三年本同。结合本志多处文字考察可知，国图本与十三年本尤为相近，而内阁本则为更晚（内阁本记载了康熙二十一年、二十二年的诸多史实）。

# 康熙会稽县志卷第九

## 田赋志上

户口　贡　田　地　山　荡　池　塘　溇

盐粮　盐钞　马价　水乡　水夫　新丈

夫口与业相停①，而养始不病，养不病而后可以责民之驯。今按于籍，口六万二千有奇，不丁不籍者奚啻三倍之②。而一邑之田仅四十余万亩，富人往往累千至百十，等其类而分之，亦止须数千家而尽有四十余万亩之田矣。合计依田亩而食与依他产别业而食者，仅可令十万人不饥耳，此外则不沾寸土者尚十余万人也。然即令不占于富而井分之土③亦不足矣，焉在其为不病于养哉？既病其养，而欲责其驯，加于无恒产而有恒心者，则可耳；而若是者能几何人耶？噫，亦穷矣！苏轼有言，"吴、蜀有可耕之人，而无其地；荆、襄有可耕之地，而无其人"。轼之意，大约欲辈徙饥寒，正令口与业相停也。嗟乎，此岂易言者哉！（徐渭）

### 户口

登隆庆六年之籍者，户凡万八千六百有八，口凡六万二千有四，其为丁男者四万六百一十有三，为女妇者二万一千三百九十有一。析之：[民]之户

---

① 相停：意相妥。

② 结合下文"户口"有关数据以及万历《绍兴府志》时所载合府口数测算，明隆庆六年(1572)绍兴府会稽县人口总数约18.6万人，占绍兴合府人口的10.8%。

③ "井分之土"，《徐渭集》卷十七"户口轮"作"并分之土"。

万四千八十有七,口三万二千七百五十有一,其为丁男者二万七百五十有一,为女妇者万一千三百四十有八。[军]之户千六百一十有二,口六千七十有四,其为丁男者四千五百三十有一,女妇者千五百四十有三。其他若[灶]之户六百九十有七,口二千一百五十。[匠]之户三百五十有四,口三千三十有五。[官]之户百有九,口二百六十。[生员]之户二百有七,口五百五十有六。[力士、校尉①]之户二十有八,口百二十有二。[阴阳]之户十,口四十有二。[医]之户三十有七,口百有九。[厨]之户三十有五,口百有八十。[捕]之户十有五,口五十有七。[弓兵、铺兵]之户六十有五,口四百二十有六。[水、马、驿站、坝夫]之户二百六十有七,口二千一百五十有三,而女妇存于其中矣。[僧]之户则二十有八,口则八十。[道]之户则二十,口则三十有五。(户口实数无考于前代,仅得嘉靖近籍。间②诸相授受者,曰:是亦漫书③以应耳。必核之,非里胥岁月可办也,故姑取隆庆之新籍以志。)

## 贡

每岁贡茶三十斤。(路费银二十两,征入条鞭。附④嵊县贡茶十八斤,贴路费银六两,每岁四月轮礼房吏一人解京。)

## 田

邑田当未量之先,合官民额凡三十九万七千四百二十五亩二分八厘一毫七丝一忽。嘉靖二十六年十月六日,知县张鉴始量之,内取嵊田之在我界者归于嵊,凡九百九十六亩七分三厘四毫,外取我田之在嵊界者归于我,凡五千亩,视旧增四千三亩二分六厘六毫,时为田四十万一千四百二十八亩五分四厘七毫七丝一忽。迄量复于嵊界所归田五千亩中得隐田七百一十一亩九分四厘,于概县田中得隐田二万六千二百九十九亩七分五厘一毫三丝九忽,于垦地中得新田九千二百三十三亩一分四厘八毫九丝。(嵊县与会稽田相混,而今各除归。)考实入隆庆六年之籍者,凡四十三万七千七百七十三亩三分八厘八毫,每亩均科麦二合二勺,凡九百六十三石一斗一合四勺五抄三撮六圭;(钞)三文七分二

① 按明制,军户分校尉、力士、弓兵、铺兵等。

② "间",万历本作"问"。

③ 漫书:随意书写。

④ 附:附会稽县解运之意。

厘,凡一千六百三十七贯七百七文,每贯征银二厘;(米)一斗一升七合九勺,凡五万一千六百一十三石四斗八升二合。(田之额当以洪武间初定册为准,而递届之册以次列焉。考其赢缩,今访之苦不得,大约与户籍同其秘耶。姑取嘉靖二十六年以前里胥相为授受之数如此,凡地、山、塘、荡、池、溇之数悉然。①)

**全科田**　右田之在水乡者为腴,凡二十有三处,曰②一都、二都、三都、四都、五都、六都、七都、八都、九都、十都、十一都、十二都、十三都、十四都、十五都、十六都、十七都、十八都、十九都、二十都、三十一都、三十二都,及在城者,凡三十四万八千七百六十六亩。准前,每亩均科米一斗一升七合九勺,凡四万一千一百一十九石五斗一升一合四勺,为全科田。(派法:每亩米一斗一升七合九勺,内派北折、南折、备折、存折、扣折、改折、海折之余,即系本色,名存留。而扣、改、海等折,则有无不一。其他折,若本色,则多寡不同,每岁布政司承户部,府承司,县又承府之分坐,而旋派以征于民,故难定其数。[输例]南、北折以输京,扣、备、海等折以输军门,故或年有年无,而存留、本色若存折、备折,则以供官吏军伍之俸。若饥年之赈,输府之如抵仓、泰积库,山阴之三江仓,余姚之常丰一仓、三仓,姑以万历元年所派所输为准。○万历元年,分额征夏税麦并新增续认一千一十一石七斗二升一合。内:[起运于京库者][麦]六百五十四石四斗八升六合四勺,每石折银二钱五分,共银一千六十三两六钱二分一厘六毫。解京路费每两二分二厘五毫。[存留][于本府如抵仓③者][麦]二百五十八石二斗三升四合六勺,内二十三石四升,每石折银九钱,共银二十两七钱三分六厘;二百三十五石一斗九升四合六勺,每石折银八钱,共银一百八十八两一钱五分五厘六毫八丝。[于儒学仓④者][麦]一百石,每石折银八钱,共银八十两。[于本府泰积库⑤者][夏税钞]三百二十五锭二贯七百七文,每贯折银二厘,共银三两二钱五分五厘四毫一丝四忽。○[额征秋粮米]五万三千二百七十三石六斗八升八合七勺,另复收嵊县先未减尽田米三石五斗九升六合四勺,共米五万三千二百七十七石二斗八升五合一勺。内:[起运][于京库为北折者][米]一万一千四百八十八石七斗八升二合九勺,每石折银二钱五分,共银二千八百七十二两一钱九分五厘七毫二丝五忽,解司转解京路费每两二分二厘五毫。[于南京各卫仓者][米]八千六百八十八石一斗九升三合,每石折银七钱,共银六千八十一两七钱三分

① 本括号内文字亦见于万历本,国图本、内阁本均无。

② “凡二十有三处,曰”,此七字,国图本、内阁本作缺字。

③ 府如抵仓:嘉泰《会稽志》载,“在府衙东北一里。熙宁十年,程给事师孟建。秦少游书榜。今犹存焉。淳熙四年修”。

④ 儒学仓:在会稽县学内。

⑤ 泰积库:据万历《绍兴府志》记载,“府堂之东迫掖下曰泰积库”。今约在古城内府横街府桥西。

五厘一毫，解司转解京路费每两八厘五毫。[为派剩者][米]二百六十八石八斗七合一勺四抄一撮九圭，每石折银六钱，共银一百八十八两一钱六分四厘九毫九丝九忽三微三尘，解司转解京路费每两一分一厘五毫。[为南折者][米]五百一十九石六斗四升五合八勺八抄八撮一圭，每石折银六钱，共银三百一十一两七钱八分七厘五毫三丝二忽八微六尘，解司转解京路费每两一分一厘五忽。[存留][于本府充饷预备者][米]四千一百一十三石三斗四升三合四勺，每石折银五钱，共银二千五十六两六钱七分一厘七毫，解司每两路费二厘五毫。[于本府如坻仓充饷者][扣折者][米]一千二百九十五石三斗六升五合，每石折银若干，共银六百四十七两六钱八分二厘五毫，解司路费每两二厘五毫。[为存折者][米]五千三百三十八石九斗四升三合二勺八抄，每石折银五钱五分，共银二千九百三十六两四钱一分八厘八毫四忽。[为改折者][米]五千五百八十一石八升四合六勺六抄，每石折银五钱五分，共银三千六十九两五钱九分六厘五毫六丝三忽。[为本色者][米]五千五百八十一石八升四合六勺六抄。○[于余姚常丰一仓[①]为改折者][米]三千八百八十石八斗八升九合五抄，每石折银五钱五分，共二千一百三十四两八分八厘九毫七丝七忽五微。[为本色者][米]三千八百八十石八斗八升九合五勺。[于常丰三仓为改折者][米]四十八石三斗二升六合一勺三抄五撮，每石折银五钱五分，共银二十六两五钱七分九厘三毫七丝四忽二微五尘。[为本色者][米]四十八石三斗二升六合一勺三抄五撮。[于山阴三江仓[②]][为改折者][米]一千二百七十一石八斗二合四勺[③]，每石折银五钱五分，共银六百九十九两四钱九分一厘三毫二丝。[为本色者][米]一千二百七十一石八斗二合四勺。[于本府泰积库为秋租钞者][米]一千九百四十七锭八百二十九文，每贯折银二厘，共一十九两四钱七分一厘六毫五丝九忽六微。）

**全折田**　右田之在山海乡者为瘠，凡十处，曰：二十一都、二十二都、二十三都、二十四都、二十七都、二十八都、二十九都、三十都、三十三都（以上各都俱与折粮，又与十三亩折丁，详见后“折丁”下）及赡儒学者（田六十六亩四分七厘六毫，坐第七都，亦瘠，故亦与折粮，但不折丁），凡八万九千七亩三分八厘八毫，准前每亩均科比折（米）九升七合九勺，凡八千七百一十三石八斗二升三合二勺八抄五撮二圭，每石征银二钱五分，备折米二升，凡一千七百八十石一斗四升七合七勺六抄，每石征银五钱，为全折田。（山海乡瘠田，其科米之数悉同水乡，但尽得准北、备两轻折如右，此为特异耳。麦、钞

① 余姚常丰一仓：万历《绍兴府志》载“余姚常丰一仓，在临山卫”。临山卫今址在余姚市西北临山镇。

② 山阴三江仓：万历《绍兴府志》载“山阴三江仓，在三江所城内”。三江所城今址在绍兴市越城区斗门街道东北，尚有东城门等遗存。

③ “[于山阴三江仓][为改折者][米]一千二百七十一石八斗二合四勺”，以上文字内阁本无。

之科，则无分于腴瘠，悉准前数。）

**量折田**　右田之瘠有等，故有与折亦止视其等而不与全折者。瘠之坐止于某都中之某图某坂，故有与折亦止及某图某坂而不及全都者。然此类田又适为民灶所业，故曰民灶。

**北折田**　计都凡七，计都中所领之图凡十有四，计坂凡七十有三，计亩凡二万八千五百四十二亩八分六厘五毫。计折之等凡七，计既恤于输而折其粮，复恤于徭而折其丁，则有以十五亩折为一丁者凡三十六坂，有以十三亩折为一丁者凡三十二坂；又有独恤于徭，止折其丁而不及折其粮者，凡二等。别列之曰折丁之田，悉瘠之类也。总之为量折田，列其数如左：

**二升北折田**　凡一万一千三百三十三亩三分。十三都一图：（殷家塘坂）田一百二十七亩六分，（直沥河坂）田一百二十四亩五分，（西潭下坂）田一百二十七亩二分，（海塘下坂）田五百三十九亩二分，（东潭下坂）田五十六亩五分，（塘角凤坂）田五百四十七亩。三图：（后木桥坂）田一百七十二亩，（七头坂）田六百三十七亩。四图：（芝山坂）田四百六十六亩八分，（孙家湾坂）田二百九十四亩二分，（胡家山坂）田二百四十六亩七分，（周家墓坂）田三百七亩三分，（沥泥坂）田二百九十五亩九分，（塘角坂）田八百五十八亩一分。十四都一图：（塘角坂）田二百九十八亩，（虎坑坂）田四百四十七亩八分，（徐家塘坂）田五百四十二亩七分，（中巷坂）田四百九十七亩五分，（梁巷坂）田六百二十六亩二分。二图：（丰山坂）田四百四十七亩五分，（丰山园里坂）田一百二十三亩八分，（新河坂）田二百三十七亩三分，（后金坂）田三百八十亩六分，（朱村坂）田五百二亩四分；又，（朱村坂）田三百八十四亩三分，（西河职山坂）田五百五十六亩九分。三图：（庵前坂）田三百五十亩。（以上二十八坂，俱张鉴定十五亩折丁，唐时举定折米如右。）十六都三图：（鸡山前坂）田即（张家井坂）田，计七百亩二分。（以上一坂，唐定折米如右，张进思定十五亩折丁。）

**二升二合二勺六抄七撮九圭北折田**　凡一千三百九十五亩五分。十二都一图：（卢家坂）田四百二十五亩六分，（横山坂）田六百六十七亩，（大河坂）田三百二亩九分。（以上三坂折米如右，又十三亩折丁，俱唐所定。）

**三升北折田**　凡一千三百七十六亩。第三都一图：（壶子坂）田七十三亩三分。第七都三图：（前庄坂）田三百三十六亩八分，（任家浦坂）田二百三十八亩三分，（黄公浦坂）田一百亩二分；又，（黄公浦坂）田二百二十四亩二分。第八都三图：（小团坂）田三百三亩三分。（以上六坂，俱唐定折米如右；内五段，张定十五亩折丁；其壶子一坂，唐定十三亩折丁。）

**四升北折田**　凡八百八十二亩六分。第八都二图：（后桑盆坂）田五百四十八亩五分，（火伏溇坂）田一百一亩，（犁镵坂）田三十七亩五分，（俞沙坂）田一百九十五亩六分。（以上四坂，张定十五亩折丁，唐定折米如右。）

**四升六合七抄八撮四圭七粒北折田**　凡五千四百八十八亩六分九厘四毫。十二都一图：（卢家坂）田四百二十五亩六分，（横山坂）田六百六十七亩，（大沿河坂）田三百二亩九分。二图：（杜浦坂）田一百五十八亩八分，（寺前坂）田二百一十二亩九分，（鲁家山嘴坂）田二百四十一亩四分，（辽河坂）田三百一十八亩八分，（孙家汇坂）田一百六十九亩八分，（南洋坂）田一千三十七亩三分，（王打桥坂）田五十六亩五分，（赵家坂）田三百四十一亩七分，（邬家镵坂）田三十四亩四分，（道墟庙后坂）田一百一十七亩二分，（猪曹弄坂）田一百六十六亩，（庙前坂）田六十八亩四分，（黄婆溇坂）田九十五亩五分，（东称庙前坂）田三百三十八亩八分，（前宅北岸坂）田一百三十亩，（里港坂）田二百四十五亩八分八厘六毫，（三桂牌坂）田五十六亩八分。六图：（洋里坂）田三百四十二亩九厘九毫；又，（洋里坂）田一百八十六亩九分二厘六毫，（东称坂）田一百八十一亩二分五厘五毫，（大墓河坂）田二百四十九亩二分二厘八毫，（壮浦坂）田一百一亩九分，（黄草沥坂）田三百三十五亩九分；又，（黄草沥坂）田一百八十一亩三分，（邵家河坂）田一百二十亩九分。（以上三十八坂，唐定十三亩折丁，并折米如右。）

**五升北折田**　凡九千五百八十八亩二分七厘一毫。十四都三图：（屠家埠坂）田六百一十八亩四分。十六都二图：（康家湖坂）田七百八十四亩七分。（以上二坂，张定十五亩折丁，唐定折米如右。）二十都二图：人字号田八千一百八十五亩二分七厘一毫。（以上一号，傅良谏[①]定折米如右，不折丁。）

**七升北折田**　（止下一坂，故无总数。）十四都三图：（谢溪湖坂）田二千五百七十八亩五分。（以上一坂，张定十五亩折丁，唐定折米如右。）

**折丁田**

**十三亩折丁之田**　凡一十一万八十一亩三分六厘二毫。第三都一图：湖子坂、[illegible]港坂、八堡坂（二处）、张湾坂、茅泗坂、墓湾坂、港溇坂、牛厄坂、沨溇坂、九堡

① 傅良谏：临川人，明嘉靖年间任会稽县知县。

坂(四处)、十堡坂(十一处,以上十坂,凡七千四十六亩。)第四都一图:(大团坂)(桑家坂)(仙人坂)。二图:(严浦坂)(马家坂)。四图:(徐家溇坂)(乐野坂)。五图:(塘角坂)。以上八坂,凡四千五百七十四亩。十一都一图:(董家汀)(南屏坂)(卯汾坂)。二图:(枯枝海塘坂)(又枯枝海塘坂)(庙溇口坂)(杨稍汾坂)。以上六坂,凡三千六百八亩三分。十二都一图:(卢家坂)(横山坂)(大沿河坂)。二图:(杜浦坂)(寺前坂)(鲁家山嘴坂)(赵家溇坂)(辽河汾坂)(孙家汇坂)(南洋坂)(王打桥坂)(乌家镵坂)(猪槽弄坂)(道墟庙后坂)(道墟庙前坂)(东称庙前坂)(前宅北岸坂)(三桂牌下坂)。六图:(杜浦坂)(黄草汾坂)(又黄草汾坂)(邵家河坂)。以上二十二坂,凡五千六百七十九亩八分。十五都一图:(朱家庄等坂)。以上一坂,凡一万六千六百四十三亩八分。二十一都、二十二都、二十三都、二十四都、二十七都、二十八都、二十九都、三十都。(以上八都,凡七万三千五百二十九亩四分六厘二毫。)

**十五亩折丁之田**　凡一十二万二千二百二十六亩五分七毫。第七都计五里,凡二万一百三十九亩八分五厘七毫。第八都计三里,凡一万三千七百七亩六分一厘一毫。十三都计四里,凡一万五千二百二十四亩八分四厘八毫。十四都计四里,凡一万六千八百一十亩九分二厘六毫。十六都计三里,凡一万七千一百九十四亩二分一厘四毫。十七都计二里,凡一万一千七百四十二亩九分七厘五毫。三十一都计一里,凡八千三百八十八亩五厘三毫。三十二都计一里,凡一万九百九十五亩三分二厘三毫。二十都一图续告折丁田,凡八千二十二亩七分。

**全免之田**　三项,凡一万五千四百七十七亩九分二厘九毫。二十四都,九湖患田,凡六千六百七十五亩三分。筑塘江北三十三都,海田,凡八千七百三十六亩一分五厘。(先是,纂风寺西汇嘴头海塘,频年为风涛所坏。县遣工渡筑,多覆没。知县牛斗议以近塘田数如右者,全免其差,令充坏塘之役。上司可之。○地之坐此都者,亦同此免,详见后“地”条下。)

**儒学田**　凡六十六亩四分七厘。(以上折田之举,常闻诸长老云:“当知县唐时举时,一有力者欲坏均粮事,公窘,听其以腴为瘠,悉恣其已所欲折者而止。”又云:“以腴为瘠而得折,以瘠为腴而不得折者,亦在在有之,不特有力者之持也。虽然,百利而一弊,亦可谓良法矣。”)

**田之号**　第一都:一图天字号,二图地。二都:一图元,二图黄,三图宇,四图宙,五图洪。三都:一图荒。四都:一图日,二图月,三图盈,四图昃,五图辰,六图宿。五都:一图列,二图张,三图寒,四图来。六都:一图暑,二图往,三图秋,四图收,五图冬，六图藏。七都：一图闰，二图余，三图成，四图岁，五图律。八都：一图吕，二图调，三图阳。九都：一图云，二图腾，三图致，四图雨，五图露，六图重露。十都：一图结，二图为。十一都：一图霜，二图金，三图生。十二都：一图丽，二图水，三图玉，四图出，五图崑，六图冈。十三都：一图剑，二图号，三图巨，四图阙。十四都：一图珠，二图称，三图夜，四图光。十五都：一图果，二图珍，三图重珍。十六都：一图李，二图奈，三图菜。十七都：一图重，二图芥。十八都：一图姜，二图海，三图咸，四图河，五图淡，六图鳞，七图潜。十九都：一图羽，二图翔，三图龙，四图师，五图火，六图帝，七图鸟。二十都：一图官，二图人。二十一都：一图皇，二图始，三图制，四图文。廿一都：一图字，二图乃，三图服，四图衣，五图裳。廿三都：一图推，二图位，三图让。廿四都：一图国，二图有，三图虞。附都无号。廿七都：一图陶，二图唐。廿八都：一图吊，二图民。廿九都一图伐。三十都一图罪。三十一都一图周。三十二都一图发。三十三都：一图商，二图汤。上望花坊[①]，坐中望，朝下望，问东陶，道西陶，垂朝东，拱稽山，平东仰，章安宁，爱西府，育永昌，黎东府，首都泗，臣石童，伏东大、德戎[②]、西大羌。

**量田均则考**[③]　（旧则列其中）绍兴府为出巡事，蒙巡按浙江监察御史裴款开地方事宜、军民利弊，体察斟酌停当，回报。又蒙本院按临[④]本府，均谕[⑤]各官掌印官条陈利弊，呈请。随该会稽县知县张议陈巡拦、田粮、课钞、水利、乡兵等五事，开款申蒙本院，蒙批：分守道查议报夺，此缴。备行本府覆议，除巡拦、课钞、水利、武士等四事外，内开一件均田粮以解倒悬、以收集逃流人户事。开称粮由田起，未有无粮之田、无田之粮也。自国初任土作贡，法至精详，奈何时久弊生，名实混乱。以会稽之田言之，自当时抄没佃种而言，有：[官田]或科九斗，或九斗四升二合，或九斗三升六合，或八斗，或八斗一升九勺，或七斗，或七斗三升七合七勺，或七斗五升七合，或六斗，或六斗一升三合，或六斗三升二合，或六斗四升，或六斗六升，或五斗，或五斗二升，或五斗二升三合，或五斗三升，或五斗四升，或五斗六升，或五斗九升，或四斗，或四斗三升八合，或四斗四升，或四斗八升，或三斗，或三斗三升，或三斗五升，或二斗，或二斗三合，或二斗三升，或二斗五升，或二斗七升，或二斗八升，或二斗九升，或一斗，或一斗九升，或三升七合，计官田九等，凡

① “望花坊”，望花坊及下文之中望、下望、东陶、西陶、西大等均为城内坊名。

② “德戎”，疑为“德政”之误，城内旧坊名，后更名状元坊。

③ 量田均则考：已见于万历本，是明中晚期地方税收改革的实例之一，知县张鉴（本志有传）试图将六十四种税则合并为“山乡、水乡、海乡”三等，核心思想是对田地的种类、科则的条分予以合并，化繁为简。

④ 按临：莅临。

⑤ “均谕”，多作“钧谕”，万历本即是。

三十七则。自民家买受而言,有:[民田],民田[与站田]或三斗,或二斗,或名[附余田]二斗三升,或二斗六升,或名[改科田]二斗七升,或名[湖田]科二斗五合五勺,或二斗三升七合,或二斗五升,或二斗九升,或一斗,或一斗九合,或一斗二升三合,或一斗三升,或一斗六升四合,或一斗五合五勺,或四升三合,或五升,或五升二合,或五升五合,或六升二合,或六升五合,或六升,或六升八合,或七升,或七升八合。计民田四等,凡二十七则。山乡之田又有二升八合、三升二合、三升三合三勺,共该六十四则。则数繁多,奸弊易出。卖田者隐重则以邀高价,而摘粮在户;买田者图轻则以便收纳,而贻患他人。事久人亡,考究无法,摘粮遂号无挨之粮矣。于是里书遇造册之年,受富户之贿,飞入贫户;受势豪之嘱,加与愚善。先界无无挨之粮,而今界忽有数斗;今界止有数斗无挨之粮,而后界忽加数石。有一户而无挨田粮数十石,有一里一都而无挨田粮数百石者,里长派之递年,递年派之甲首,典妻鬻子,倾产荡业,代与赔当,产尽而逃,遂名绝户。一户逃则九户赔,二户逃则八户赔,绝户无证,虚粮益添,遂至概县无挨之田一万四千三十九亩七分五毫,无挨之粮一千六百五石七斗五升六合八勺,而生民之害至此极矣。故有田者或捏为坍江海患名色,或寄入灶匠患田地方,以冒图优免。巧者种无粮之田,而愚者纳无田之粮,冤抑日闻,讦诉无已,此皆等则之多以启之也。卑职自受任以来,每遇词讼,内告及前件者,务与根究明白,别置号簿,类编备开,以俟后来查考。然大江决堤,寸土无益。窃以为田有高下,势所必然。然一望之间,未必遽分为五、六十等。且此除彼收,前免后换,田土坐落已非原处,实既更改,名亦难凭合。无将前项等则尽行革去,止以山乡、水乡、海乡三者定为三等。坐落山乡者,收成最薄,纳粮宜轻,则查山乡之田数并其粮数,即以山乡之田均摊山乡之粮,每亩一概若干斗升;坐落海乡者,收成略厚,则查海乡之田数并其粮数,即以海乡之田均摊海乡之粮,每亩一概若干斗升;坐落水乡者,收成最丰,则查水乡之田数并其粮数,即以水乡之田均摊水乡之粮,每亩一概若干斗升。三处各分三样字号,以便稽查。以概县之田受概县之粮,而无无挨之田;以概县之粮撒入概县之田,而无无挨之粮。奸巧者私计不行,贫愚者全生有日,绝户者当有承受,而逃流者或可回还矣。此地方倒悬之患,而生灵之所以延颈切望者也。未知可否?乞赐照准等因到本府。该本府知府沈①覆查:田粮之弊,莫弊于绍兴。有田连阡陌,而户之输者止于升斗之微;地无立锥,而粮之倍者反有十百之积。问其田,则曰无挨田;问其粮,则曰无挨粮。岂真无挨者哉?绍人立此名,以愚官府之不知者耳。知县张鉴谓:粮由田起,未有无粮之田。无田之粮,端有见也。即其为弊之端有四:一曰诡粮绝户。盖某户本无田无粮也,奸人贿书,忽寄升斗于上,明年倍之,后

① 知府沈:即沈启。雍正《浙江通志》录王世贞《沈启传》:字子由,吴江人。嘉靖进士,为绍兴守。所属会稽、新昌、萧山,田与赋左,累其长至赔产以偿。启平其额而散之里,俾轻而易完,人人称便。郡田于山多苦旱,室庐栉比苦火,又滨海鲨为虎。启祷于神,虎复为鲨,渡海去。

年又倍之，积至岁深，存者不下十百，多则不知其所自来矣。二则产去粮存。盖卖田者利于重价，将官作民，将湖作站，摘粮代办，故则不知其所去矣。三则三转一关。何也？如赵甲之田本无卖出、买入也，册时故为推收，一推于钱乙，再转于孙丙，更转于李丁，而复还本户。或于孙丙而摘粮，改多改少；或于李丁而摘粮，改官改民。去者无求，而来者无辨矣。四则借名脱实。如本户田粮，本无故也，忽捏坍毁积荒诬词，告官勘量，遍借别处坍塍废址，冒认己业，贿勘者捏数回官，贿奸书推粮存里，始则朦赔，终则规脱矣。至于诡寄[1]灶户，诡寄权贵，巧避百计，皆飞诡为之也。弊极民困，该县讨究其由，而归罪于等则之繁琐，是以欲为三则，各以其粮。山则摊山，海则摊海，水则摊水，以厘革其飞诡之多端，不可不谓救时之急计也。但其间有未尽之意，本府同是斯民之责，所关利害，八县相同，岂止会稽，而敢不殚知尽言，以俟采择。照得均粮之法，稽诸郡县之已行者，如苏州、湖州、庐陵等处，皆尝均之，未有不为斯民造福，而同声称善者。但均一之法，非徒总算均摊，可以集其事而定其业也，必须先之以清查。所谓清查者，按墟图流水以立其本，参黄册实征以稽其弊，有不明者，加之丈量以核其实。本职躬觌苏州府知府王，尝用是道建议于巡抚欧公，举一郡之粮而均之[2]，其名曰“均耗”，而不曰“均粮”，盖以成宪未敢更移也。其登黄册之则，其额如故，而造实征之数，其粮则均分高卑、肥瘠、山海、川原，通摊一则，是以赋役均平，万世永赖，刊行文册，班班可考。切今会稽欲均三则，意非不善，以愚筹之，若不清查，究其飞诡之粮，悉还本根之土，则前所谓无粮之田，仍旧无粮，无田之粮，仍旧无田，况三等之则，犹足以滋奸书之出入，奸书之出入既久，则夫三则者，犹夫六十四则云耳，弊能免哉？本职窃谓均惟一则，乃为至当不易之规，而后可以尽革诸则之弊，何也？粮止一则，愚夫愚妇有若干之田，就可以知若干之粮，书虽神奸，无所容其出入之巧矣。夫该县之欲为三则者，特以山田、海田不可与膏腴水田为等也。不知折色轻赍，岂不可为之剂量调停者乎？如山阴天乐一乡，全以折色算之，法可推也。又均粮之法，岂独会稽可行算得，各县如山阴每亩得一斗三升六合零，会稽得一斗三升三合零，萧山得九升九合零，诸暨得四升六合七勺零，余姚得五升七合零，上虞得九升二合零，嵊县得四升四合零，新昌得三升六合零，此则按其原额之数，而通融积算，应得其则如此。其间新开新涨告病者，皆未与焉。使将其告佃未科者，尽行查出，则其粮之均平多少，不止于斯

[1] 诡寄：明代仕宦和缙绅之家享有免役特权，无优免特权的地主和农民将自己的田地寄在这些人家的名下，以逃避赋役，谓“诡寄”。

[2] 明嘉靖十六年，应天巡抚欧阳铎与苏州知府王仪等，提议实行“征一法”，统一官民田科则，田不分官民，税不分等则，一则起征。

也。近年以来，本府通判叶[①]、山阴知县刘[②]，因见本地并无坍江坍海积荒之田，而虚粮日增者，不可胜计，百姓日以无挨粮田告扰，备由申蒙管粮道批允丈量清查，俱有端绪，册颇可稽。惜其不从圩图流水以立其本，是以未得厘奸订正之实，而卒亦莫之行焉。本职到任以来，即为致意，每求其图册以为之按，先为恶其妨己者所偷毁，而今岂敢轻谓清查之易易也哉！窃照会稽无挨田一万四千三十九亩零，而无挨粮一千六百五石七斗零。惟此田被奸人所朦隐，故此粮无所归着，不免累赔于无辜之愚民。其在山阴、诸暨、余姚无挨之田、无挨之粮，比之会稽为尤甚，皆如是之飞诡耳，非此田之外别有此粮也。苟不清查改正，而遽以三则均之，不知此田此粮，当复置之于何等之则也。是以敢谓所议三则，不如一则之公且易也。如一则而不先之以清查，则如前所陈山阴八县，照前数而均之，无劳旦夕，而可责成其就绪。然但可以为救偏补隙之图，而非所以为拔本塞源之政也。故愚曰：必清查丈量而后可。迂腐之见，未识时宜。倘以清查之说为可行，其间稽察体要，尚须序列条件以上陈，磨勘工程，亦须宽假岁月而后举。况事干更始，未必斯民之乐从；所碍颇多，难免权豪之聚怨。若非主画一之议者，坚执而不挠，总弼成之权者，相信而无二，则当局者期惟愿于及瓜，勤事者心犹惧于投杼，此本职所以未敢信其功之必可成也。且一方之利害匪轻，百年之因革甚大，予夺之命，合取上裁，非本府所敢专擅也。类行逐款覆议，开申转详。

**归田考**　知县杨节（立有《归田记》）：会稽土田在二十五都、二十六都，凡二万八千四百余亩，界于嵊。成化八年，丞马君驯征粮于两都间，两都民抗之，白当道，疏于朝，以两都土若人割治于嵊，为嵊之五十五都、五十六都。嘉靖二十年，张公鉴度县田，一其粮，至两都于二万八千四百余亩之外，得所隐田五千亩，割其粮归我。迨隆庆三年，嵊县知县薛君某亦度县田，一其粮，彼都顽民乘是以旧所归我隐田之粮，复冒还其册，为田一百五亩有奇。于是两邑民若里正等交白于当道，嘱节与薛君[③]理之，复归于我。嗟夫！古人有让田若虞、芮者，今若此，几于争矣。曰：殆非也。二国之君当周时，世有其土，己得而专之，故己亦得而让之。今海内尺寸地，皆王家物，县官者，不过为天子慎守百里之土而已，安得而专其让耶？且按籍而征者，粮也，既入于此，忽入于彼，夫孰得而诘之？其于征也，不已敝乎？故今之有兹举也，迹几于争，实乃所以止争，刊石以表，俾后来者永鉴勿惑。嗟夫！民抗会之丞，乃并土而归于嵊，使彼复抗嵊之丞，将复谁归？如是，则前之割土，未可以为得矣。今复取会土之隐者，而乱于嵊，乱其可听乎？万历元

---

① 通判叶：即叶金。叶金，字品三，号诚斋，明武进人。嘉靖间任绍兴府通判，多政绩。

② 知县刘：字士行，号景孟，明安庆府怀宁人。隆庆五年（1571）进士，万历四年（1576）任山阴县知县，有政声。

③ 薛君：即薛周。薛周，明岳州人，隆庆六年任嵊县知县。

年三月,祥符杨节识。①

**收归嵊田** 凡五千亩,并盈出者七百一十一亩九分四厘。地凡二百五十八亩九分二厘二毫。内坐:十二都,田一十亩三分三厘一毫;十四都,田三十二亩八分七厘;十六都,田六亩八分三厘;十九都,田六亩五分一厘;二十二都,田二十四亩九分三厘三毫;二十三都,田五亩七分九厘八毫;二十八都,田三亩九分;二十九都,田二亩二分九厘七毫;三十都,田六亩七分五厘八毫;二十一都,田一百亩一分;二十四都,田四千二百七十一亩二分八厘,地二百一十三亩二分八厘一毫;二十七都,田一千二百四十亩三分二厘三毫,地四十五亩六分四厘一毫。

**退归嵊田** 凡九百九十二亩六分八厘四毫。内:第九都二图,陶宗夫田二十八亩七分三厘八毫。二十一都二图,董泮等田二十七亩六分四厘八毫;三图,胡泽等田九亩七分八厘八毫;四图,宋仪定等田一十一亩八分六厘九毫。二十二都二图,董雷田九分五厘五毫。二十四都一图,龚森等田八十亩七分一厘八毫;二图,章文正等田二百三十一亩七分二厘四毫;三图,陆仁等田四百四十七亩八分一厘一毫。二十七都一图,孙权等田六十四亩九分一厘八毫;二图,郑文礼等田九亩六分七厘七毫;东南隅三图,卢阿王等田一十六亩五分八毫;四图,赵泽田五亩六分九厘八毫;东北隅四图,傅机等田三十亩八分六厘四毫;五图,钱镇等田十六亩一分四厘六毫;六图,高士诚田九亩六分一厘六毫。

**全免患田考** 会稽县里递陈显素等告免九湖患田里甲差徭缘由申文,蒙浙江等处承宣布政使司、带管分守右参政刘批发。会稽县将前项患田逐一查明具由,并连人卷解府查勘,去后随据。该县申称:行准本县县丞喻南岱勘查关开,亲诣患田处所,拘集本都里递王宣等,邻都里递钟弘、寿金等,逐一公同踏勘,得患田。内:(水沧湖坂)寸字号田六百八十亩,(张家湖)非字号田四百三十亩,(杜家湖)实字号田七百八十亩,(思惊湖)非字号田四百三十亩,(白荡湖)宝字、阴字、非字各号田一千一百亩,(离家湖)阴字、昃字各号田一千二百亩,(泛洋湖)寸字号田一千四百七十亩,(车家湖)璧字号田八十五亩,(大湖底)昃字号田五百亩,共田

① 万历本本条后尚有文字移录如下:附季本书二首。其一《与知县唐时举》:昨承教后见九里,与生意相同,东称未与面论,闻其后言,似亦不欲与往也。吾辈属在弟子之列,岂不亦忧父母之忧,且亦乡邦之耻。但与九里议彼方秉辖,既宜公然行私,何所不至?汲汲告言,恐亦无益,计其用物弘多,必能速化,省方之吏亦即更新,何不照旧籍收除?父老一面奔诉,数月间官迁事变,公谕昭明,然后与代者昌言,则其事易成,于征收亦无误也。若不察言观色,莽撞一行,或致此老激怨,则又反加一重难处耳,惟重图之万万。其一《与乡宦知府徐纲》:唐省庵惓惓为民作福,姚左辖主张县二都之去,忿然不平,虽当病困,犹能遣人奏复,兹将托士夫协赞,故特设席相招以告情实,此其心何心哉!近者作泻不止,病已濒危,急于治装,即欲归去,万一中途不讳,情何以安?况宦邸萧条,中无一物,度其盘费亦必不敷,抱病而别,何忍见之。闻梅宛溪将往杭城议事,为王继津莅任而有一日之留,欲期明日与兄同贺,继津见宛溪,假其力勉留省庵以待病瘥,不然则亦略宜一处,庶几足以劝贤也,可否惟命?

六千六百七十五亩。各果坐于九湖，其田俱是湖滩开成，外高内低，若遇霪雨，九湖盈满。出水之处，两山锁隘，窄狭难泄。又加以外江水起，逆流而入，是以经旬不泄。如天晴亢旱，名设九湖，并无蓄水，河荡虽欲车戽，不可得也。以致有水即涝，无雨即旱，田禾十无一收。今年水大，荒芜尤甚，虽有栽布，全无收成。审各邻都里递钟弘、寿金等众，结前田亩数是的[①]。又称原科三升二合，概均一斗一升，民赔极苦，取结备关前来准该。本县知县庄[②]查审前情是实，犹恐不的，覆审该县里长丁宣隆、盛贵等众，结前田果系低洼，涝旱十无一二有收，似应优免里甲差徭，备由取结，并解里递陈显素到府查审，间随为乞照奏卷优免，以苏困苦。事蒙宁绍兵备道谢批发该县申详，里长黄权聪等亦呈患田优恤差徭缘由，蒙批：仰府并查议报。遵该本府知府徐[③]查审，得里递陈显素等执称前项患田古名九湖，四围逼山，外高内低，形如釜心，遇雨水溢则山锁不泄，逢旱则土拆沙飞，无水车戽，以致涝旱俱病，年岁无熟，田上差徭责着该年赔纳极苦不胜等情，又再三研审，众口一词，具由申蒙浙江等处承宣布政司使程批：府申文。蒙分守右参政张批：府申详。里递陈显素等优免九湖患田里甲差徭缘由，依蒙备行。该县速查前项患田，粮差作何区处，具由申报去后。随据与该县一则，每亩科米一斗一升七合九勺，俱准北、备二折，原先议免里甲杂泛差徭，均派该县，已经申详去后。今蒙前因，又该掌县事本府推官陈行拘、陈显素等到官查审，得前项正额，钱粮常年应照则输纳，各亦情允无词。其一应杂泛差徭相应，特与优免。庶苦乐适均，民情允惬。但见今各里甲杂泛差徭攒派已定，难以更改，合候申详。允示查照优免，具由申覆前来。据该本府知府徐覆查，得陈显素等所告优免患田出办粮差，既经该县查勘，秋粮照旧，与该县一则，科米俱准全折，与各正额钱粮输纳，但止一应杂派差徭悉与优免，分派该县出办，则当优恤，庶民自苏，合无恭候允示之日备行。概县自隆庆元年为始，遵照优免。惟复别有定夺，缘蒙再议报夺，申允照详等因。蒙批：如议行缴。蒙此案照前事，已经具由通详去后，今蒙前因，拟合行。县遵照为此帖，仰本县官吏，照帖备蒙各批申呈内事理，即将陈显素等所告九湖患田钱粮输纳，其一应杂泛差徭，自隆庆元年为始，遵照优免，分派概县出办，仍给告示晓谕等因。采录于此，以见前所折田若全免等类，虽不尽出于民间之告诉，然因告诉而始与折且免者有之矣。

## 地

原地四万四千五百五十四亩二分四厘三毫九丝，内垦以成田而量入田之籍者，九千三百三十三亩一分四厘八毫九丝。今实入隆庆二年之籍者，为地止

---

① 的：真实。

② 知县庄：即庄国祯。福建晋江人，明嘉靖四十二年(1563)任会稽知县。

③ 知府徐：即徐卿龙。徐卿龙，无锡人，明嘉靖四十五年(1566)任绍兴知府。

三万五千二百二十一亩九厘五毫，内：(儒学地)三十亩六厘二毫，得全免科。县之屏基，若(开元寺地)合一十八亩六分二厘一毫，(武肃王祠地)七亩七分九厘二毫，(长春观[1]地)一十七亩三分四厘，(龙王堂地)四亩八分九厘。第九都(樊浦寺地)二十一亩六厘。自县屏至樊浦寺，总之凡六十九亩七分三毫，并得免科米，其麦、钞仍科如数按原额地。除以上免科之外，计科者凡三万五千一百二十亩九分二厘三毫，每亩均科钞七十八文，凡二千七百五十一贯九百五文。(麦)一合五勺一抄二圭二粟，凡四十九石六斗一升九合五勺四抄六撮四圭。

**全料地**[2]　右地之在水乡者，为腴凡十有六处，曰一都、二都、三都、四都、五都、六都、九都、十都、十一都、十二都、十五都、十六都、十八都、十九都、二十都及在城者，凡一万八千八百九十亩七分五毫，每亩除(麦)(钞)照前数科征外，仍均科(米)九升九合，凡一千三百三石四斗五升八合六勺五撮，照腴乡之田派征北、备、南、存、扣、改、海等折。

**量折地**　右地之在山海乡者为瘠，凡九处，曰二十一都、二十二都、二十三都、二十四都、二十七都、二十八都、二十九都、三十都(内有筑塘折丁地，见后)，凡一万五千五百三十六亩六分一厘八毫，每亩除(麦)(钞)照前数科征外，仍均科(北折米)二升，凡三百一十石七斗三升二合三勺六抄。

**折丁地**　有五十亩折丁之地在前水乡，一都、二都、三都、四都、五都、六都、九都、十都、十一都、十二都、十五都、十六都、十八都、十九都、二十都之中及在城者，摘计之凡一万二千九百七十一亩九分六厘六毫，为水乡中之瘠者。有七十亩折丁之地在前山海乡，二十一都、二十二都、二十三都、二十四都、二十七都、二十八都、二十九都、三十都之中者，摘计之凡一万五千五百三十六亩六分一厘八毫，为山海乡中之尤瘠者。有八十亩折丁之地为七都、八都、十三都、十四都、十七都、三十一都、三十二都，全计之，凡五千九百八十八亩四分四厘九毫，悉免其科米，若科麦、科钞仍优以折丁如右，缘其瘠更甚于前两等也。又有八十亩折丁之地在海乡三十三都者，摘计之，凡六百九十三亩六分，以充海塘之役(其后与筑塘全免之田同)，故优以折丁如右，每亩仍科北折米二升，凡一十三石七升二合。

---

① 长春观：会稽县“会造黄册之所”。

② “全料地”，国图本、内阁本作“全科地”。

# 山

山旧额合官民凡(若干[①])。嘉靖四十四年,知县庄国祯始揣盈之,为山(若干)。今实入隆庆二年之籍者,凡二十二万四千三百一十一亩五分三毫,每亩均科钞二十九文二分七厘,凡六千五百六十七贯六百一十二文,每百亩折一丁。(国初,山赋甚轻,每亩科钞五文,而徭则以百亩仅准为一丁。其时,即有摘山重贸,如实山十亩,却仅作五亩出卖,半分其徭赋。彼则甘而重价买之,诡寄幸免以淆乱其籍。然犹以徭赋之轻,虽户有虚山者,不深以为病。至嘉靖二十五年,知县张鉴实始度田,将并及山亩。沿海老人某乘此谓山利颇厚,始改五十亩为一丁,实则未经核度。于是户有虚山者始稍病,而犹未甚也。迨于军兴用缺,兵食岁增,派田照丁,派山照亩,总计一丁之山,视田几加二倍,而无山有额之家始不胜其困矣。嘉靖四十四年,进思[②]至,始议核之,令民自报,乃至山额视旧减十之四。邑人季本移书为陈核法,且复请轻赋如旧。而进思以擢去,国祯继之,亦将履山。隐山者不利其履,竟以难阻。时本已殁,会有持书草以白者,国祯从之,定制仍百亩准一丁,而缺额苦无计,则每亩概增若干以取盈焉。虽数未尽核,征未尽均,然准丁一事,民颇便之。爰附本[③]《书》于此,其《书》曰:伏闻查理境内虚山,此百姓之至愿也。但逐亩丈量,于势难行,恐无成功,则只作一场话说矣。缘山深者,险峻蒙阻,杂以虎豹,非人力可到,而亦非弓尺可施,故有千万仅挂一二于籍者。惟水乡之山,平坦莫掩,或有以一二而冒十九者,其利害为大相悬绝耳。且以洪武初年各里坐都旧额为主,责令排年里长就于本都山内查合此数,以都管都,不逾月而可定矣。自成化以前,山亩有税而无差,故人户中载山多者不以为意。至天顺以后,以山计丁,始有飞诡隐匿之弊,然犹以百亩当一丁也。至张石洲丈量田亩,惧科之重,有十二都老人某者起分粮于山,以轻田科之议,因而需索有山之家,不得,则以山五十亩为一丁,以惑官听而误从之,故山差比旧加倍。而迩者又增军饷,科派皆与田亩,其困愈甚。且各县皆以百亩为丁,而独会稽以五十亩,此岂均平之政哉?如某老人者,诬上行私,不顾朘民膏血之流祸,此古之所谓民贼也,岂可容于尧舜之世哉?况即一邑而言之。有山之家多致隐瞒而额阙,无山之户或以飞诡而数增,其不均又甚。今遇贤明父母在上,不早为民厘正,则小民之困苦无休息之日矣!飞诡之弊在近界者,书其底册,传之子孙,固有存者,然亦或各去户虚增之山,而实山之久有欺隐者,虽旧存底册,亦无可稽也。必须按里清查,乃始得实。又耆民赵德仁等呈,内云:量山不比量田,俱是斜尖凹凸不等,号大则弊多,号小则弊少,凡百亩以上,定有湾陇,不能尽量入册,务须分号,方无遗漏。或以三直三横法量,搜弊始尽。今呈数法,

① 若干:万历本亦同,无具体数字。

② 进思:即张进思。沁州人,进士,明嘉靖三十八年(1559)任。

③ 本:即季本。

伏乞裁处一。乞令递年量山，每号就注某山名某形某，以某法量之。如此开造册报，临撞易知。若山如船形者，内有湾凹；蛇形者，中起高垄；如两旁牵量，便是作弊。必须当心直量，中阔处横量，以梭形准之，方为无弊。）

## 荡

荡有二，一曰米荡，原额若干，量之得隐荡若干。今实入隆庆二年之籍者，凡八百五十八亩六分六毫，每亩科米二升九合八勺九抄三撮一圭，凡二十五石六斗六升四勺八抄九撮八圭，照水乡腴田派征北、备、南、存、扣、改、海等折。一曰钞荡，原额若干，量之得八千七百七十五亩六分，每亩均科钞一十七文一分，凡一十四贯六百八十二文。不入于黄册，为别籍，掌于户房之吏，收于里长，输于县，并五十亩折丁。（米荡入黄册，钞荡不入黄册。求其故，一云蓄鱼者为米荡，蓄茭菱等草者为钞荡，一云向因漏报，故不入黄册者别为钞荡也。）

## 池

池旧额五十九亩二分，量之，得盈池二百一十九亩三分九厘五毫三丝。今实入隆庆二年之籍者，凡二百七十八亩五分九厘三毫，每亩均科钞一十九文，凡五贯二百九十三文。米三升，凡八石三斗五升七合七勺九抄。照水乡腴田派征北、备、南、存、扣、改、海等折，每五十亩折一丁。

## 塘

塘量之减于旧二百三十二亩七厘三毫八丝（较之量出池数大约相准）。今实入隆庆二年之籍者，凡五十五亩四分八厘二毫，每亩均科钞一百一十三文，凡六贯二百六十九文。米三升，凡一石六斗六升四合四勺六抄。照水乡腴田派征北、备、南、存、扣、改、海等折，每五十亩折一丁。

## 溇

溇量之今实入隆庆二年之籍者，凡一亩八分九厘七毫，每亩均科钞四十八文，凡九十一文。米三升，凡五升六合九勺一抄。照水乡腴田派征北、备、南、存、扣、改、海等折，每五十亩折一丁。（右田若地、若荡、若池、若塘、若溇之亩数与征则及征丁，悉为嘉靖二十六年知县张鉴量以后所定，惟山则定于国初。）

## 盐粮

盐粮米五百七十一石八斗二升七合五勺。内坐派凡三项：一派颜料米二百二十九石一斗七升，每石折银六钱，凡一百三十七两五钱二厘，输府，转输于京。一派本县儒学仓米二百五十石，近例每石折银八钱，充师生廪膳。一派余姚县常丰一仓米九十二石六斗五升七合五勺，近例征纳令本折相半，以给军需，闰则增预备米四十七石六斗五升二合三勺，每石折银五钱，凡二十三两八钱二分二分六厘一毫五丝，输于府，并责办于乡都成丁之人，每丁计银若干。

## 盐钞

盐钞折银八两七钱一分二厘三毫一丝一忽一微四尘一渺八漠，以输京库，输府泰积库者同。闰则折银九两四钱四分八厘三毫三丝七忽四微二尘八渺六漠，以输京库，输府泰积库者亦同。并责办于在城十六坊成丁之人，每丁计银若干。（按《孤树裒谈》：国朝，班户口食盐于天下，而岁收其钞，曰户口钞，盖以盐课钞也。今盐不班已数世矣，而民岁折银钱、户口钞如故。天下咸病于是，然无一人言于上者，祖宗之良法美意不得推行，而末流之弊又不得停止，良可慨夫。）

## 马价

马价银二千一百一十七两一钱八分，输于河南。（按《余冬录》：洪武二十年，命兵部遣使籍杭、严、衢、金、宁、绍及直隶、徽州等七府，市民富实者出赀市马，充凤阳、宿州，抵河南郑州驿马户。今河南有市马户是也。）

## 水乡

水乡荡价银三百八十七两九钱七分二厘七毫七丝六微二纤五渺，输于府，转输于盐运司，先责办于远乡之灶，今改征于概县之田。

## 水夫

水夫银共三百五十八两八分八厘七丝。内：该给蓬莱驿水夫一十一名，每名一十一两，共一百二十一两；岸夫一名，七两二钱；坊夫二名，共银一十四两四钱；铺陈银四两三钱四分九厘；船只银一十三两七钱五分七厘五毫；支应银二十四两三钱三分七厘五毫。东关驿支应银六十五两七钱二分七厘四毫四丝，船只银三十三两四钱四分四厘四毫四丝，铺陈银五两六钱三分二厘一毫九丝。西兴驿水夫六名，每名银一十一两，共六十六两；船只银二两二钱四分。

## 新丈（万历十年）

**田**　丈出一十八顷六十七亩八分八毫，首出田一十九亩五分一厘，淤出田一十七顷九十八亩七分四厘四毫。外奉文铲去虚粮田一十五顷一十七亩，复还学田三十六亩，铲复成地田一十七顷九十五亩二分八厘，改荡一顷二十六亩五分七厘九毫，改池九十八亩七分五厘三毫，壅塞成山五亩九分九厘八毫。夏税麦，二合一勺，税钞三文七分。秋粮米，每亩均科一斗一升八合八勺。内水田三千一百四十八顷八十一亩一分四厘，俱征本色；二升北折田一百一十四顷八亩一分二厘一毫；二升上北折田一十四顷一十一亩一分一厘三毫；三升北折田一十三顷一十三亩八分六毫；四升北折田八顷九十一亩五分一厘；四升上北折田五十五顷三十五亩九分一厘五毫；五升北折田九十八顷三十六亩四分二厘五毫；七升北折田二十五顷七十八亩五分。除合得准轻折之外，其剩数俱照水田派征本色及诸重折。山乡全折田七百四十五顷八十五亩三厘六毫，海患全折田八十七顷六十三亩三分二厘一毫，俱准轻折。九湖山患全折田六十六顷七十五亩三分每亩三升二合，亦准轻折。折丁水田十亩，二升等折，并山乡田俱十三亩，湖患田二十亩，海患田十五亩，又学田九十六亩，每亩科麦二合二勺，钞三文七分，米一斗一升八合八勺。

**地**　丈出一十八顷一十二亩九分一厘七毫，田铲复成地一十七顷九十五亩二分八厘，首出地三十七亩五分八厘五毫，淤出地三顷二十四亩九分九厘五毫，外铲去虚粮地三顷八十六亩一分六厘三毫，改山六十八亩三分一厘四毫，改池二亩六分五厘。夏税麦，每亩一合二勺六抄，税钞七十五文。秋粮米，水地二百六顷二十四亩一分九厘四毫，每亩六升七合五勺；山地一百七十四顷三十六亩七分三厘一毫，每亩二升三合二勺；全荒地六顷九亩，每亩二升三合五勺五抄。折丁，水地五十亩，全荒地八十亩，山地七十亩，开元寺等地六十四亩八分二厘，租钞每亩三百七十六文。

**荡**　田铲复成荡一顷二十六亩五分七厘九毫。秋粮米，每亩二升七合，税钞五十六文。折丁，并池、塘、溇，俱五十亩。

**池**　丈出七十七亩六分六厘九毫，田铲复成池九十八亩七分五厘三毫，地铲复成池二亩六分五厘。秋粮米，并塘、溇，每亩俱二升一合。租钞，俱五十六文。

**塘**　丈出六十八亩五分六厘一毫。

**溇**　丈出四亩八分二厘七毫。

会稽县志第九卷终

# 会稽县志卷第十

## 田赋志中(旧志)

均平录[①] 均差 诸钞 盐课

闻诸长老云:“田赋之法,莫善于今之一条鞭[②]矣,第虑其不终耳。”其意大约[③]谓均平之始行也。下诸县长吏自为议,县长吏以上方崇俭,奈何令己独冒奢之嫌,乃忽取其疑于奢者,一切裁罢之以报。而今者每一举动,或承上片檄,则往往顾私箧而局蹐,掌橐之吏与铺肆之人且愁见及矣。至于雇役之繁且苦若仓传者,亦往往直不称劳,莫肯应募。故长老相与言曰:“诚能更派数百金,于概邑不过亩费一毫厘,不然,行见千百年之大利坐变矣。”何者?图蠲丁者将乘其隙而阴坏之也。始正统间,御史朱英创为十年一役议,当时便之。今仅百余年,乃更之如反掌。志民瘼者,慎毋谓亩惜一毫厘,使图蠲者得乘之,以变此良法,则幸甚矣!(徐渭)

### 均平录

三办[④]共银五千六百五十一两八钱六分八厘四毫八丝八忽。[⑤]

**额办银** 二百四十一两八钱七分九厘四毫一丝。内:桐油银一十九两八分四

① 均平录:明代以均平银的征收为核心,针对里甲正役的改革。

② 一条鞭:明代嘉靖时期确立的赋税及徭役制度。新法把各州县的田赋、徭役以及其他杂征总为一条,合并征收银两,按亩折算缴纳。会稽县于隆庆二年(1568)施行。

③ “大约”:《徐文长集》作“大略”。

④ 三办:一般指额办、坐办、杂办。包括上供物料和地方公费两部分内容。其中额办、坐办主要指供应给政府的上供物料以及修造战船、漕船之类的支出,杂办是用于地方政府公费支出的主要部分。

⑤ 据本卷数据测算,明隆庆六年(1572),会稽县的赋税以银征收的占比为82%。

厘，麂皮狐狸皮银二两四钱，弓箭弦条银一百四十九两七钱六分八厘一丝，胖袄银五十四两一钱五分九厘八毫，药材银九两七钱九分四厘八毫，农桑绢银六两六钱七分二厘八毫。

**坐办银**　一千七百八十二两五钱一分一厘三毫。内：水牛底皮等料银一百一十一两一钱八分四厘六毫，历日纸银四十两五钱七分三厘八毫，有闰加银二钱一分八厘五毫，军器料银六十两八钱四分六厘八毫，浅船料银四百七两三钱八分三毫，假匹银三百五十五两七钱八分五厘五毫，有闰加银二十二两九分七厘五毫六丝二忽八微四尘二渺六漠，漆木料银六两三钱八分二毫四丝，工料银四百二十两三钱，果品银一十二两二分三厘七毫，牲口银二十三两一钱七分六厘八毫，蜡茶银三百四十四两八钱五分九厘六毫。

**杂办银**　三千六百二十七两四钱七分七厘七毫七丝八忽。内：科举礼币进士举人牌坊银九十一两四钱七分四厘七毫四丝三忽，预备上司各衙门书手工食银二两九钱七分，军器路费银五两七钱四厘四毫，上司各衙门新官到任随衙下道家伙祭祀猪羊品物等项银七两一钱三分七厘七毫，修理卫所城垣民七料银三十两四钱三分一厘，武举银六钱一分，战船民六料银五十三两五钱四分八厘八毫，茶芽黄绢袋袱、旗号、篓扛、纸札路费银①二十两。本府祭祀银一百三十四两三钱二分。内：文庙二祭共银七十六两，本县该银三十两四钱；启圣公祠二祭共银一十二两，本县该银四两八钱；名宦乡贤祠各二祭共银一十六两，本县该银六两四钱；社稷山川坛各二祭共银五十二两，本县该银二十两八钱；郡厉坛三祭并白太守墓一祭共银四十两，本县该银一十六两；夏禹王二祭共银三十两，本县该银一十二两；南镇二祭共银三十两，本县该银一十二两；武肃王二祭共银八两七钱五分，本县该银三两五钱；越王祠二祭共银八两七钱五分，本县该银三两五钱；尹和靖二祭共银六钱，本县该银二钱四分；阳明祠、稽山书院、征爱祠、孙忠烈祠、刘公祠、汤公祠各二祭，每祭银五两一钱四分一厘七毫，共银六十一两七钱，本县该银二十四两六钱八分。本县祭祀银七十一两。内：文庙释奠二祭，共银二十六两；启圣公祠二祭，共银一十二两；乡贤祠二祭，共银八两；四烈祠二祭，共银三两三钱；唐将军二祭，共银八两；曹娥孝女祠二祭，共银八两；城隍土地祠各二祭，共银五两七钱；谕祭夏

---

① 清道光六年(1826)《通江县志》载：贡茶“每封斤拾贰两，盛以绢袋，百封为箱，四箱为杠，采以旗、袱以锦、文以龙”。

禹王、南镇、宋孝宗、理宗三年一次每祭银四十两,共银一百六十两,本县每年该银二十一两三钱二分。本府乡饮酒礼银三十两,赁用家伙银一两六钱,共银三十一两六钱;孤老布花木柴银一百五十九两;表笺绫函纸札工食银一两九分三厘三丝五忽;表笺委官赍捧盘费银一两八钱七分五厘;拜进香烛银一钱九分二厘共银二两六分七厘。本府拜贺万寿、冬至、正旦令节并习仪香烛银三钱八分四厘,迎春芒神土牛、春花、春鞭三牲酒席银五两三钱八厘,门神桃符银三两二钱,三察院按临厨门米菜银二两四钱。三察院考试生员卷果饼花红纸札笔墨府学银八两,县学银三十两,共银三十八两。恤刑、按临心红[1]、纸札、油烛、柴炭并门皂厨役工食米菜银一两九分;分守道经临心红纸札柴炭油烛并门皂工食米菜银一十五两一钱三分二厘;兵巡道驻札油烛柴炭并门皂工食米菜银一十六两五钱五分;上司及邻境府县并本府经过合用心红、纸札、油烛、柴炭、门厨米菜银六十六两;三察院查盘委官心红、纸札、油烛、柴炭并门皂工食银三十两三钱八分四厘;上司按临并本府朔望行香、讲书、纸札、笔墨银五两,本县银五两,共一十两;送府下程银九十二两一钱六分,县送油烛、柴炭银一十六两三钱二分,共银一百八两四钱八分;兵巡道驻札士夫交际下程酒席银四两;提学道按临考试心红、纸札、油烛、柴炭并门皂工食米菜银七两三钱七分六厘;岁考生员试卷、果饼、花红、纸札笔墨,府学银七两,县学银三十五两,共银四十二两;季考生员试卷、果饼、花红、纸札,府学银一十二两,县学银六十两,共银七十二两;岁贡生员正陪路费花红、旗匾、酒礼,府贡银四两,县贡银四两五钱,共银八两五钱;起送科举生员路费、花红、酒席,府学银六两六钱,县学银三十六两七钱四分六厘七毫,共银四十三两二钱四分六厘七毫;迎宴新举人旗匾、花红、彩段酒席,本府银一十二两三钱三分四厘,本县银一十二两,共银二十四两三钱三分四厘;起送会试举人路费卷资酒席,本府银四两二钱八分四厘四毫,本县银二十两,共银二十四两二钱八分四厘四毫;贺新进士旗匾彩段酒礼,府县各该银六两六钱六分六厘七毫,共银一十三两三钱三分三厘四毫;兵巡道新任祭门猪羊酒果香烛银一两三钱二分,本县银一两六钱五分;本府酒席银一两四钱四分,本县银一两二钱,通共银五两六钱一分;本府应朝起程复任酒席银四钱八分,本县银八钱;本府升迁给由酒席银一两四钱,本县银一两二钱,通共银三两八钱八分;本府新官到任,修理衙宇银四两,本县银九两,共银一十三两;修理府城

[1] 心红:纯红的朱砂,即印泥,一般代指办公文具。

分司公馆银六十四两；修理府县厅堂、公廨、监房、教场、养济院等处工料银，本府四十两，本县银六十两，共银一百两；城垣画图纸札颜料银六钱；上司并府县卷箱架扛锁索棕罩银一十四两；府城分司公馆置备家伙，每甲该银一十六两六钱六分六厘六毫；本县心红、纸札等项，本府银四十两，本县银一百八两，共银一百四十八两；见年里甲人户由帖纸札银一两二钱一分；本府理刑厅皂隶[①]工食银六两；本县官船水手五名共银三十两；人夫工食银一千一百三十五两五钱三分二厘；经过使客皂隶工食银三百两；马匹草料并马夫工食银一百五十两；船价并稍夫工食银二百七十两；预备杂用银二百两。

**均平考**　浙江等处承宣布政使司为节冗费、定法守，以苏里甲事，准本司督理粮储道右参政张、按察司带管清军驿传道副使杨手本，嘉靖四十五年五月二十六日辰时抄。蒙巡按浙江监察御史庞案验，窃惟为政以爱民为本，而爱民以节用为先，盖财用不节，则横敛交征而公私坐困矣。两浙自兵兴以来，公家之赋役日繁，闾阎之困苦已极，若非督察郡县良有司爱养撙节，其何以堪命乎？本院自入境以来，周询博访，凡可仰济时艰、少苏民力，莫不随宜酌处，悉已见诸施行。其他积弊万端，有难概举，惟里甲为甚，如供给买办，只应私衙，馈使客礼仪及乡官夫皂与公私燕会酒席下程，无一不取给焉。有一日用银二三十两者，甚有贪鄙官员计其日费不足常数，即令折干入己，因而吏书等役亦各乘机诓索，诛求万状，在在有之。就经案行布政司粮储道右参政张各该守巡等道，就事剂量，从宜酌处，通行会计各府州县每年合用一应起存额、坐、杂三办钱粮数目，仍量编备用银两，以给不虞之费，俱于丁田内一体派征，名曰均平银。其所定数目，固有盈于此而缩于彼，未必事事皆中，一一周详。若损有余而补不足，因时裁酌，随事通融，自足以供周岁之用。其余催征出纳之法，供给支应之规，俱有成议。本院每巡历所至，质之父老，万口同词，率多称便。惟有司官吏多视为厉己而欲去其籍，若非题奉钦依著为成法，窃恐时易势殊，不无朝令而夕改矣。已经具疏题请，奉旨：该部看了来说。钦此。该户部尚书高等逐款开列，前件覆议，题奉旨：依拟行。钦此。钦遵拟合刊布，为此案行二道。照依案验内事理，即便会同将各府州县续议批允，增损事宜再行酌议明白，径自改正。及将各院节次批详由语一并增入，逐府类成书册，仍行校阅明白。一面行布政司动支本院项下赃罚银两，集工备料，刊刷装订，题曰《钦依两浙均平录》[②]，分发三司各道，并所属各府州县，一体着实奉行，永为遵守，等因。并开条款及发由帖票式到道。蒙此，案照先蒙本院案验前事，备行各道，会同将杭州等十一府所属州县，每年征解一

① 皂隶：旧时衙门中的差役。明洪武四年(1371)规定，皂隶穿皂盘领衫，戴平顶巾，结白搭膊，带牌。

② 《钦依两浙均平录》：内容是嘉靖四十五年(1566)庞尚鹏在浙江全省推行均平法改革。

应钱粮,及岁内一应支费,备细查出。及将款开事件相兼参互,大率仿效赋役成规,补其缺略要见,某件可因,某件可革,某件尚有窒碍,某件尚未该载,大约某县每年共该用银若干,应否于丁田内一并审派,务须即事稽查,因人询访,参诸见闻之实,定以画一之规,必使合于民情,宜于土俗,官民两便,经久可行。仍用条分缕析开立款目,以凭裁夺。其或于物理人情有不能已者,亦要损益适宜,更须稍存赢余以便遵守等因。并粘单款。蒙此,就经会同行准守巡各道及据杭州等十一府,各开送所属州县里甲额、坐、杂三办一应钱粮文册前来,随该二道会同,逐一参酌,如原议多者减之,不足者益之,不当派者裁之,应加征者增之,与降发《均平录》。两浙政议赋役成规参互条分缕析造册,具由通行。呈蒙本院详批。据呈随事经画,曲尽损益之宜,真可谓悉心民隐,极力相成者矣,即查照通行。缴。又蒙总督刘详批:据议周悉,诚为苦心,但编派之法尤须斟酌得宜,庶乎民情允协,而公务可完也。及查宁、绍二府开报总兵参、总供应廪给等项,而杭、嘉、绍、温四府略不言及此,或有遗漏也。仰各道查议,务令事体归一。此缴。奉经通行所属遵照及查,将总兵、参总供应等银,各府原派里甲者已议入册,其不派里甲者听该府照旧支册,备由呈奉,详批:如议行。缴。今蒙前因,又经行准守巡各道并杭州等十一府及查开应增、应减及未尽事宜文册前来,复该会同,备查先册失议。今应加派,原议不敷,今应量增,已经详允,遵行加增。及原议有余,今应减免,并奉文停免者,重复细加参酌损益,逐一改正明白,合行刊布分发,永为遵守施行等因,并送各府文册到司。准此。随该本司左布政使蔡为查前项文录,事于因革,所系匪轻,兹欲刊布,必须专委官员监督对读,庶免差误,以垂永久。照得都事丁时涣在任堪委,合无候呈详允日,将前各道送到文录添注司衔,发仰本官照式督同吏农用心楷书,仍再加覆算银数,对读字画无差,方行发匠刊刻。完日,仍与原册查对明白,刷印分布,及送本院详阅。如此,庶事体不致疏略,而文录垂久无误矣,等因,具由通行。呈蒙巡按御史庞详批:照详行。缴。总督刘详批:准照行。缴。奉此,拟合刊布,永为遵守施行。须至文录者。计开:

一、审编均平丁田,俱分守道每年预计合属州县里甲,未出役三个月之前,定委廉干官员,不拘本衙门及府佐、别州县正官,亲行拘集该年里甲人户,与实征丁粮手册、黄册,逐户吊审明实,通计合用本年额、坐、杂三办一应银数,共该若干。除官员、举监、生员、吏承、军、匠、灶等项照例优免,并逃绝人户免编外,其余均平科派。折田为丁,每丁该银若干,某户该银若干,一岁应纳之数尽在其内。完日,将审派人户花名、银两细数,给示晓谕,以便输纳,及造册缴道,以备查考。

一、给由帖所以一民耳目。凡委官审编丁田,揭榜之后,即照式刊刻由帖,每里甲分给一纸,使各家喻户晓知丁田银两数目,不致欺隐、遗漏、增减。如有前弊,许诸人告首,即问作弊之罪,充赏首人。各州县仍置空白簿三扇,每扇以百篇为率,送分守道用印。一扇发回本县收掌,仍置一大柜于公堂,但遇里甲执由帖赴纳均平银两,就令当堂投柜封锁,记簿存照。仍将由帖注纳数目、日期，掌印官亲批完纳，给还备照，不得加取称头、火耗。一扇发领办吏，一扇发该吏。大事先期一月，其余先一二日，照依原议给银买办，各登记支应数目，季终循去环来，缴该道查考，以防侵克。其收头及坊里班头名色，悉行革除。

一、庶务既不役里长，支值各须得人。每年各州县轮委各该实参及候缺吏役，以总理买办。立夫马头，以总理夫马。仍量事势缓急，查拨民壮帮同各役使用。其夫马头给工食，以酬其劳。掌印官仍不时查理，若有克减，即拿问招详。仍令各置印信簿，发与吏役及夫马头收执，如某官经临该送某号，下程该拨某，则夫马各照本县发出刊刻小票，依数买办拨送，随将用过银两，挨日登记。间有不收不用者，明白注扣还官，以备查核。其或上司取办物件，亦令承行该吏领银，照依时值两平易买送用，不许给票者称官价，亏损铺行。

一、均平银两苟输纳逾时，未免支应告匮。凡审编丁田之后，即坐委管粮官追征，勒限三个月以里完五分、半年以里尽数完纳。本官仍依期赴分守道报数，以凭稽考。如限中不完，及不亲赴该道报数，参提问罪，住俸候完日开支。如里中恃顽不纳，枷号究治。〇杭州等十一府所属州县，额、坐、杂三办一应钱粮，将原额并近年加增、应该起存等项成规开载，相同无容更议者开列于前，次将本县一应支费逐款各开银数，备列于后。其间多寡损益，俱载本条项下，犹恐别有意外之费，各照县分大小酌量另派备用银两，以给不虞之用，总名之曰“均平银”，每年一体征完。应起解者，给批解纳责限，获批缴照；应支销者，收贮县库，听候支用。其里长止令勾摄公务，甲首悉放归业，此外再不许分毫重派，以滋别弊。

一、往年里甲供应官府日用下程，初则买办供送，后则算取折干，通行裁革，不许踵袭旧弊，自玷官常。其分拨坊里、赴本府各衙答应，尤为非法，守巡道不时稽查。

一、仁、钱二县原设坊头等役，扛抬樽俎，名曰“火食扛”，悉已革除。其外州县原非附省，虽无奔走之烦，然出入跟随、责令供给，更有甚于前项之费。除通行禁革外，其余凡系一应供费如下程酒席之类，悉议入均平银内，一体派征。

一、附郭县分，如遇经过官员供送下程油烛柴炭，相沿已久，势所不免。苟不爱惜撙节[①]，其于民力何堪。今后凡系附府各县经过使客，止许府送下程，县送油烛柴炭，其余州县亦要酌量经行，仍照依议定三等字号票式，不得分外妄增。庶靡费可革，财用自节矣。

一、馈送之礼，迩年侈靡相尚，困累已极，若不著为成规，未免任情滥用。今刻定三样字号票式，如系九卿、堂上、翰林、科道等官天字号下程一副，酌定用鹅二只，鸡鸭共四只，鱼四尾，猪蹄二只，京果、时果各四色，米一斗，金酒一坛，青菜二盘，油烛十枝，柴四束，炭二篓；部属寺评中书

① 撙节：节省，节约。

行人方面、副总参游都司等官填给地字号票下程一副，酌定用鹅一只，鸡鸭共四只，鱼二尾，猪蹄一只，京果、时果各四色，米八升，时酒一坛，青菜一盘，油烛八枝，柴二束，炭一篓；运府州县正堂填给人字号票下程一副，酌定用鸡鸭各二只，猪肉一方，鱼二尾，京果二色，米五升，时酒一小坛，青菜一盘，油烛五枝，柴二束，炭一篓。如遇使客经过，责令管理该吏照数买办，并具字号、手本、拜帖供送，以免下人克减。间有不受，如腌腊未宰并干果等项，仍旧收贮。其余有不堪顿放者，暑月追原价十分之三，冬月追三分之二还官。

一、宴会已经议有规则，约计每席连品物、柴、烛等项用银三钱五分，其花段、看席、攒盒、戏子俱裁革，另刊有书册通行。

一、夫马除本省公差真正牌票毋容别议外，惟使客勘合，间有例外增添、措勒、折干者，各州县合将应付规则刊印票文，预将各夫马价逐一封贮。如遇火牌[①]至日，掌印官就便填给票文，令夫马头雇觅。除亲临上司照牌答应外，如九卿、堂上、翰林、科道等官应付水路，座船上水五十名，下水四十名，平水上、下亦俱四十名；站船上水二十五名，下水二十名，平水上、下亦俱二十名。部属寺评中书行人进士方面、副总参游都司等官应付，座船上水四十名，下水三十名，平水上、下各三十名；站船上水二十名，下水十五名，平水上、下俱十五名。运司府佐州县正堂，座船上水三十名，下水二十名，平水上、下俱二十名；站船上水十五名，下水十五名，平水上、下俱十五名。俱照驿传道详议事规，县驿递共拨此数。其陆路人夫马匹，照人照扛验发。若有克减官价，及擅增一夫一马者，罪坐各役，与该吏仍追价还官。

一、人夫马匹，有议征银在官，照差计日支给者；有计程远近支给者；有议征给一年工食与人夫并养马之家有余不足，听其走差答应者；有称州县偏僻，用马不多，照旧令粮里暂雇为便不派均平者。为照各州县地方冲僻，水陆险易，原俱不同。程途远近，差拨繁简，亦是有别。是以规则不能画一。如严州府之夫，又该守巡道更议，欲照旧规，递年里甲轮流差拨。其间人户或家道殷实及另有他役情愿征银，在官与贫寒小民无力办银自愿服役者，俱应俯从其便，庶可宜于民情，各开具于府县项下。

一、夫马头，只令雇觅夫马，其应给工价，各掌印官酌定数目，先期包封，用印钤盖，取木箱收贮，临期照原封当面散给受觅之人。不许落夫马头及该吏之手，致有扣克之弊。

一、各县差拨河船，俱系临时刷卤[②]，量给过关，米即令装送，小民愁叹，真不忍闻。而出票差人取船，其间卖放之弊，更有不可胜言者。今后通计每年用过船银若干，就于均平内派征贮库。

① 火牌：邮符之一种，兵役因差驰驿者，皆给以火牌，内署应给夫马、车船之数，沿途驿站查验后予以接待供给。

② 卤：即“掳”。

若取船应用，即照民间雇觅定价，一体算给。不许出票差人，致有亏累，小民不堪。其上水下水、远差近差，但听守巡道酌议定价，刊立板榜于埠头，晓谕通知。若有用强取用不照原价，许不时赴院道禀告拿问。

一、各州县地方固有冲僻，而过客应用铺陈亦当置备。除有驿递及不通往来处所外，其余州县俱各该派入均平，酌量多寡置办。年久损坏，请支预备杂用银两修补，不许累及里甲。

一、分巡道三年一次整卷刷卷，合用纸札笔墨供应、书手米菜工食等项，俱令动支本道赃罚，不必派入均平。如驻札县分库无赃罚者，许于所属州县查支解用。

一、上司按临及府州县官出入合用提笼照旧坊箱[①]、里甲出办。其省城各院两关属、各驿供应三司、各道府县，俱本衙门在官人役管执，并不用坊里。

一、祭丁用鹿所费不多，但地方所产有限，若市之不得，以牝代牡，亵渎尤甚。除郡庠照旧用鹿外，其各州县皆以羊代之。至于别项物件，有司较定官秤一把，临时委佐贰或首领验秤齐足，交与该学，以杜掯勒。如该学纵生员、吏书人等故意刁难，真是名教罪人矣。事发，师生戒饬，连吏书究赃重治。

一、乡饮酒礼本敬老尊贤大典，近闻滥及匪人，及举城士夫俱备席或折干分送，殊非事体，已经禁革。各府州县悉查照举行，毋容冒滥。

一、各衙门船只坐用皆属各该驿递掌管，小修、大修、拆造具载成规，俱有原额水马夫银。自后拆造修理各从实估计请详，俱于原额内动支，不许贻累里甲，滥报大户管造。

一、在外各守巡兵备等道，岁用纸札、油烛、柴炭，及士夫交际、下程酒席等项，俱动支该道项下赃罚，照数行府取发，驻札县分，收候买办。其原编银数仍旧派征，以备纸赎不足，便于内支用。若或有余，即留充该县公费。

一、各府州县等官，日用纸札、心红、油烛等项，俱议有定数，许支自理抵赎应用。但迩来赃罚多寡不齐，难以取必。仰各该府州县掌印官计算，每年府若干、州县若干，府官应支之数，派各县均办。每季先自理纸赎，如不足用，方许于本项下动支。

一、上司登岸出道、扛抬卷箱，如兵备道有随捕团操兵，就令供役，其余无者，俱该驿募夫答应。如上司按临、扛抬水薪、敲梆直宿等项，俱用听事。民壮不得擅扰地方火夫及另支银雇募。如经临合送皂隶，若驻札行事者，许照旧规开送内外二班。如或经过停宿昼夜，止拨一班迎来送往，不必另送外班。至于祭祀及办送下程燕席，俱拨民壮扛抬。

一、上司按临并府州县官陈设酒席乡饮等项，合用椅桌、台帏、磁器通照坊里丁粮审派，均平

① “坊箱”，或为“坊厢”之误。

银两在官估计,合用物件酌量置办。所置器皿,送县号记,贮在一处,即给簿一扇,委该吏掌管,役满呈鸣,交与下手。缺欠者赔偿损坏,即支轮年均平修补。搬运人夫合用民壮,各随宜拨用。其官府取用物件间有措匿不肯发出者,掌管之人亦要登时禀明,掌印官注簿缴道查究。他如考试阅操等项,合用椅桌搭厂、竹木棚缆之类,亦于均平银内支用。置办事毕,变价还官,存候别用,不许借办铺行,致有亏损。

一、兵备道驻札处所犒赏获功员役合用花红公费,俱动支原派兵饷钱粮应用,不派均平。其经临上司中火有驿递者,驿递答应;无驿递者,该州县相度六十里以上者中火一二日之程,设宿食,俱派定均平中火银支用。

一、各衙门打扫划草[①]等项,俱用本衙门跟随皂快及民壮等役,不许擅用地方火夫,致妨生理。查得各府州县有责令地方夫上宿守监及撮取短夫扛抬物件者,最为小民之害,已经严刻榜谕禁革。虽坊里且不许滥行拘役,况火夫乎?

一、杂办款目颇多,必须分别包封,另箱收寄。如遇某项应用,即于原款包内动支,仍于原登簿内前件下开写"于某日支取若干作为某用",明白注销,以备查考,庶免影射侵匿捏开,小民拖欠复累。该年里长,如或官迁吏满,各要一一交盘,申请守巡道清查无弊、各批详允方许离任起送。若支有余剩,俱听申明,以抵别项公费支销。

一、议定规则盖欲永为遵守,但时有变迁,事有损益。各项之中,用或羡余,听其截长补短,贮候凑支,此又通融之法也。间有意外之费,有司或难于开报,及一切士夫交际等项,果系礼不可废、义不容已者,许于备用银内动支。倘有不敷,就于该州县自理赃罚银两一面请详支应。若有复派里甲者,官以不职论,吏究赃重治。各有司若能着实举行,不惟生民有赖而官亦赖以成令名矣。

一、里甲均平之法非出本院一人谬见,实赖贤明司道及各该良有司讲求考订,更数月而后成。相与早作夜思,苦心区画,无非仰体朝廷动恤民隐至意。若不貌[②]为空谈,愿举而力行之。今后各衙门填注府州县掌印官考语须于贤否册内明注有无遵奉均平,以验其行事之实。若或故违,即是贼民自奉,甘为衣冠大蠹矣。秉笔查核者,各宜曲加廉察,毋使贪鄙之人得欺世盗名也。若自小民讦发,岂惟有司蒙面忍耻不能苟容,而监临督察者皆不能无愧矣。本院亦与有其责,故复以此申告,不惮烦。

《均平由帖》:某县为节冗费,定法守,以苏里甲事。今遵奉题准均平事理,出给由帖,备开

① "划草",即"铲草"。

② "貌",国图本、内阁本均作"藐"。

年分应征、应派银数，付照。仰速照依正数办完，送县交纳，当堂投柜，即将由帖填注纳银数目、日期，掌印官亲批"纳完"二字，用印钤盖，付还备照，并不许分外加取称头、火耗。里长在官勾摄[①]，甲首悉放归农，毋违！须至出给者。本县该派均平银□千□百□十□两□钱□分□厘。嘉靖四十年，分通县人田共折丁□千□百□十□丁，每丁派银□钱□分□厘□毫□丝，一户人丁、田丁、折丁、□丁，共派银□。本年□月□日照数赴县纳完讫。右给付某执照。均平之数，后又并入条鞭内，则此帖可废矣。

## 均差

万历元年，实派均徭银六千六十六两九钱二分七厘九毫九丝六忽七尘。内富户银二十两，解府转解，路费银三钱。布政司广济库库子一名，银一十二两，解司给发，路费银三分。运司狱卒一名，解司给发，路费银三分。本府狱卒二名，银二十四两，本县给发。按察司狱卒一名，银一十二两，解司，路费银三分。本府税课司巡栏，役银四十两，解府；本府税课局巡栏，银八两，解府。三江场工脚三名，银一十八两，县给；曹娥场工脚六名，银四十二两，县给；本府巡盐、应捕六名，工食银九十两，县给；本县巡盐、应捕一十名，银一百一十两，县给。本县狱卒六名，银六十四两八钱，县给。桑盆等五所局巡拦，钞银一百六十八两四钱九分五厘四毫三丝二忽，解府，听作官军俸钞。本县解户四名，内二名军门充饷，二名解司听解[②]，物料银一百二十两，路费银四钱八分。本府如坻仓斗级二名，银三十两；本府预备仓斗级三名，银四十五两；本县预备仓斗级二名，银三十两。本府公堂家伙银四两七钱一厘三毫；本县公堂家伙银一十六两；本县儒学公堂家伙银一十二两。五云等一十三铺，每铺司兵五名，共六十五名，共银五百三十八两二钱。三江闸夫一名，银九两。耳房库库子一名，银四十四两。本府儒学斋夫银一十二两，膳夫[③]银三十两。本县儒学斋夫银七十二两，膳夫银八十两。本府岁贡路费银三十两一名，县给。本县岁贡路费银三十两一名，县给。察院看司门子一名，银三两，县给。布政司看司门子一名，银三两，县给。本府门子二名，银一十四两四钱，解府。本县门子二名，银一十四两四钱，县给。本府儒学门库，银四十三两二钱，解府。本县儒学门库八名，银五十七两六钱，县给。宋陵门夫一名，银三两。蓬莱驿馆夫，

① 勾摄：处理公务。

② 听解：税收解运人。

③ 膳夫：炊事员。

银一百一两一钱一分一厘。海道皂隶二名,银二十两,解府,路费银五分。布政司皂隶二名,银二十四两,解司,路费银六分。照磨所皂隶一名,银一十二两,解司,路费银三分。听事夫四名,银四十八两,解司,路费银一钱二分。分守道弓兵一名,银一十两,解司,路费银二分五厘。温处道甲首一名,银一十两,解司,路费银二分五厘。都司断事司皂隶一名,银一十二两,解司,路费银三分。运司皂隶一名,银一十二两,解司,路费银三分。本府理刑厅皂隶二名,银二十两,解府。扣解皂隶银九十两,解军门作充饷,解府转解,路费银二钱二分五厘。南京柴薪银九十六两,另滴珠银二两四钱,解府转解,路费银一两二钱三分。南京直堂皂隶二名,银二十两,另滴珠银六钱,解府转解,路费银二钱五分七厘五毫。运司柴薪银二十四两,解司,路费银六分。绍兴卫柴薪银一十二两,本县给发。本府马夫二十三名,银九十二两,解府。巡按察院水夫,银二两,解府转解,路费银五厘。盐院水夫银九钱一分六厘六丝四忽七尘,解府转解,路费银二厘三毫。按察司马夫银三十六两,解司,路费银九分。本府递送夫二名,役银一十四两四钱,解府。本县皂隶二十六名,役银二百三十四两,县给。梁湖渡、小江渡、青山渡稍夫一十三名,银四十六两八钱,县给。本县柴薪银一百八两,县支。本县马夫四十名,银一百六十两,县给。本县递送夫一十三名,银九十三两六钱,县给。坊夫一十七名,银一百二十二两四钱,县给。东关驿水岸夫,银一千四百二两二钱二分四厘四毫,县给。本府水利厅民壮一名,银一十两,解府。本府平政厅民壮一名,银一十两,解府。本府巡捕衙民壮三名,五分银二十八两,解府。本县民壮一百名,内分守道取用健步二名,银一十四两四钱,县给。本府坐留差用民壮、打手九名,共银六十六两,解府。本县民壮八十九名,共银五百五十二两,县给。本府抽取民壮九十四名,共银六百七十六两八钱,解府。右俱派概县田丁出纳征银贮库,召募人役充当。

**均差考**　分守宁绍台道程、分巡浙东道谢,为均差便民事。嘉靖四十四年,奉钦差提督军务、都察院右副都御史刘批。各道呈详,本年十二月二十三日,奉本院批发,绍兴府申详,查议过山阴县里递吴因等呈均徭银力等项二十五款缘由,又为均徭役,革宿弊,以一政令事批,本府申详,查议嵊县均徭二十二款缘由,俱奉批:仰分守道会同巡道酌议,果否便民,具由详缴。又为恳乞天恩照例均役,以便民情事,奉本院批发,本府呈详,查议诸暨县耆民何恩、王良等呈均徭役银、通融算派缘由,奉批:近访众论,纷纷不一,仰分守道会同巡道酌议,果否便民,具由详缴。依奉,会案行府再加酌议,官民两便,明白具由,申详会呈去后,随据该府申称:查得前事先该本府查议通行。申蒙巡按御史庞详批,前呈山阴县徭役缘由,蒙批:据议均徭通融、编派随事酌量。

费有常经，民无偏累，而诡寄、花分[①]、冒滥、优免之弊，亦尽革矣。如议即查照行，其各县应否一体审编，博访舆情，另由呈夺。缴。又批，前呈嵊县徭役缘由，蒙批：据呈酌议详悉，即将该县遵照审编。缴。又蒙巡按御史杨详批：据议最善准照行盐捕一节，已行兵备道覆议，仍候另行。缴。续为恳恩比例、均平徭役等事。蒙巡按御史庞批发，会稽、上虞等县耆民里递单球、徐应元等各呈均派徭役情词，以蒙批：仰府查议速详等因。为查各项银、力二差，通融征银、募当，民皆称便。今蒙行，仰再议停妥，遵依。覆查得各该徭役，除巡盐应捕先议征银抵课，免佥前役，止佥民壮、弓兵、巡缉，恐难济事。已该知府杨又议，将各县派征银两，仍照额名数，选募勤实之人，照旧充当捕役，分布行盐地方，昼夜常川，巡获船盐、人犯，不许纵放，违则从重问遣。备由呈兵巡道覆议转详外，其余各项银力差役再三斟酌，细加博访舆情，委果称便，均派、征银、募当并无窒碍，实系经久可行。通将山、嵊二县原开条款，并会、萧、诸、上、新五县各该额佥徭役，酌量重轻，议派银数俱各逐款声说明白，开具手册，备申前来。据此会看得，均徭旧例原分银、力二差，盖其立法本意。银差所以待贫民而力差以待富室也，法非不善，但力差中间重轻难易头绪甚多，故富民多方谋为就轻避重，吏胥得缘为奸，飞诡百出，每每偏累不公。故民多愿通融征银、雇募承值，如余姚一县先经会议，将银、力二差比照江、福、直隶等处，通融派银，随粮带征，雇人承役。虽行之未久，人皆称便。今山、会、萧、诸、上、新、嵊七县，既愿一体施行，亦当酌处，以慰民望。随将该府各款、所议各项差役分别轻重难易，于原定役银之外量增银数，并通融征派事宜。各道逐一细加查阅、详议明白，合无候呈详，允日备行。该府将各款议定事宜通行各县，着实遵行，永为定规。仍出示晓谕军民人等知悉，惟复别有定夺，呈乞照详等因。奉批：既称民便，准照行。缴。奉此，案照前事，已经会议具由申详去后，今奉前因，拟合就行。为此案仰本府官吏照案事理即将议开徭役银两数目，转行各县，逐一查照遵行。各将役银数目挨序造完书册，每道各一本，本府县各存一本备查。仍将前项均徭役银总数造入格眼，循环内送，比每年终，各将征完解给过役银并余剩扣存各银，俱明白造册，送分守道查核。各具遵行过日期缘由，并不违依准，申来缴查。

**一条鞭考** 绍兴府为恳天立法厘弊，以便征解事，奉分守宁绍台道崔札付。隆庆二年四月初三日，奉钦差提督军门赵批发会稽县第五都里长郦宜试呈词：本县分派钱粮，各项零星，奸民谋充收头，恣意侵费。欲照依余姚县立一条鞭法[②]，通将概县钱粮攒为一总，每亩派银若干，逐户分给由帖，亲自投纳，革出收头名色，以除宿弊等情。又为乞赐镌立良规，以终善政，永安生民事。奉本院批发，诸暨县庶民周恭四十七等连名呈称：诸暨之害，收头为最；钱粮之征，名色极

① 花分：地主将田产零星分附于亲邻、佃仆等户名下，以逃避差徭，谓“花分”。

② 一条鞭法：绍兴府内赋役合并编派的情形始于隆庆元年余姚县。因行之有效，其后诸暨、会稽、山阴等县请求一体遵行，得到抚院批准。

多。有等奸徒谋充收头，侵用拖延，害贻百姓。今本县梁知县将概县各项钱粮名色会计总作一条，听设一柜，令自投纳。此法一行，官民咸便，诚恐后来变更，请行立石纪载，以垂永久等情。俱奉批：仰分守宁绍台道查近行议报。奉此，看得：各县总计一条鞭派征收纳之法，先为定征解，以便出纳事。该山阴等县各比照余姚县，行有成效，事例俱申奉本院，批行本司。该署印左参政刘，会同按察司并分巡各道议得：钱粮之繁重，莫有过于两浙，而征解之奸弊，亦莫甚于两浙。盖其初收纳不得其法，其既解运不得其人故也。访得各该州县，每遇征派之际，率于粮里之中逐项佥定收头，未为不可。而积年棍徒多方谋为包揽，一得收受，百计侵渔，趱前挪后，称新补旧，其弊有不可胜言者。是以山阴、诸暨等县各具申呈，皆欲举行一条鞭之法，无非剔刷积蠹，以充裕军国之需也。且征解钱粮事关通省，不独山阴、诸暨等县为然。通行议处查照余姚县一条鞭之法，行令各州县将该征夏税、秋粮、盐米等攒为一总，内除本色米麦某项某价照旧上纳外，其折色某项、某项各若干，每石该折银若干，通计银若干，概县田地若干，每亩该实征银若干，共该银若干。其均徭、里甲、三办、均平等亦攒为一总，其某项各该银若干，通计共银若干。然后通查概县田地山若干，人丁除例该应免外见在若干，每丁该银若干，田地山各若干，每亩该征银若干，共该银若干。二总应征银两再算每田地山一亩该银若干，每丁该银若干，连前项正银通该若干。编派已定，即行照数备细造册一本，开写榜文一道，申送各分守道查核明白，果无差错，关防印记发回。一面将榜文张挂，晓谕百姓通知；一面查造册籍，逐户填给由帖，用印钤盖，着各该里递分给各甲人户，照帖承办，依期赴纳。此一条鞭派征之法也，至于收纳之际，每县查照由帖，造收纳文册一本，用印钤盖，置立大木柜一个，上开一孔，可入而不可出者。仍酌量县分大小，都图多寡，县小者止一簿一柜，大者作二簿二柜，或三四，随宜曲处。每柜即选择实历吏中之勤慎者一名，粮长中之殷实者一名，相兼经收。每次即给收票一百张，私记小木印一个，本柜立于县堂上，听令各该里递带领纳户亲赴交纳。先是，吏与粮长公同查对簿内及由帖、纳户本名下丁粮及折银数目实该若干，相同无差，随即验银足色，兑银足数，眼同包封，上写某里某甲纳户某人银若干，仍着纳户将簿内本名下填写某月某日交纳足数，讫下注花字为照。吏同粮长将纳完银数填入收票内，某月某日吏某人、粮长某人公同验纳讫，亦注花字为照。银令纳户自行投入柜中，并不许吏与粮长经手。如有加交重称刁难勒索者，许即时禀告究治。每十日，掌印官同管粮官及经收吏役粮长开柜清查一次，照簿对封，照封验银。如果无差，总算该银若干，拆放一处，每百两权作一封，暂寄官库以待临解。倾锭另贮一匣，另置印簿一扇登记，每次清查银数。又行，另选吏一名、粮长一名，如前经收，十日清查。此一条鞭收纳之法也。如遇某项钱粮应解，将前库寄银两照簿内收用日期挨次顺支若干、应贴路费若干，当堂倾锭封付解人。凡银至五百两以上，差佐贰首领官；三百两以上，差殷实候缺吏；一百两以下，差殷实粮里。仍查照贴解银数给与使费，解送至府，转文呈司交纳，责限纳，获批收销缴，俱不许再佥收头、解户等项名色。此管解银两之法也。此法既立，诸弊尽革，官府征收截然有一定之规，百姓输纳晓然无科索之患矣等因。具呈本院。奉批：据议派征收纳管解之法甚为详悉，但遵行在各州县，督行在各守巡兵海等道，而提纲挈领，责在该司，仰司即如议转行，各该驻扎道分就近催督举行，仍取各县派征过钱粮数目多寡缘由备造书册，送本院及该司道查考。又蒙巡按御史王批：据会议似为停妥详尽矣，即依拟通行查照施行，此后有司官员务须永为遵守，加意小民切毋为一已一念之私辄轻更变致使良法美意徒为纸上之空谈可也。缴。随该本司通行，备咨到道就经转行所属宁、绍、台三府，督着速行，各县务要查照前项议定事规，将钱粮总数攒造书册经[①]送本院查考，着实举行去后，随查贴解路费一节，先该本司先任刘参政会议：凡解南京者每两该银三分五厘，北京者该银五分，解司者每两该银二分五厘，解司转解者每两该银二分七厘，解府者该银一分。又为议定贴解银数以便遵守事。又奉本院覆行会议，随该本司署印殷参政议得：各属起解钱粮、贴解路费，应查程途远近，解北京者每两贴解三分五厘，解南京者每两二分。但系柴薪，每名外增银三钱，不在贴解之数。其余所解本司、解外府、本府者，原议贴解之银通行裁革，每年务于派单上查照，某项系解北京，某项南京，明开加增若干，俱于正银内照数带征县给纳，户户由上开载，以杜奸弊等因。备呈本院。奉批：据议甚为妥当，仰司通行阖省，永为遵守，弊绝风清，其庶几乎！仍取各府州县不违依准类呈。缴。又蒙巡按御史王详批：据呈，贴解收纳之法细微曲折，计处周详，使大小有司皆能守之不变，岂独宿弊尽扫、民瘼可瘳哉？而官箴亦可保其无玷矣。通如议着实施行。缴。又奉提督军门赵案验，备行本司，即便通行各府州县就出简明告示，遍贴城市乡村，晓谕百姓知悉。一面通查已前收完未经转解、多征贴解银数，各照今议扣该实用外，多余之数贮库，作正支销，勿容吏胥乘机侵匿。仍将派征钱粮并贴解银数缘由备造书册，送县查考等因。备咨前来，该本道就经查照通行，所属府县一体奉行，讫今会稽县郦宜试、诸暨县周恭四十七等，各又呈举前词，为照一条鞭派征与收纳解银之法，诚厘弊便民之意。已该二司各道会议详允，公私两利，情法相兼，通行概省，立为常法矣。缘一条鞭征派明文，布政司于本年正月间方行于各府，会稽县正官先于上年入朝，此法尚未举行。今该县正在派征之际，各民诚恐因循不行，仍踵前弊，故为此请。其在诸暨者，见有知县梁子琦遵照前法，攒总类派，征收简易，允协民情。在各民犹恐官之更代不常，法之持守靡定，共图立石，以垂久远。是在二县之民，一为立法以成其始，一为申饬以保其终。迹其所陈，本为公举，究其原意，亦非私心，合候呈详，允日备行。绍兴府严督会稽、诸暨二县，将见年钱粮查照前法，未行者责令及时派征，已行者督令着实举行。如违听，本道将经承官吏提究。仍各大书刻

① “经”，国图本、内阁本作“径”。

榜于县前，务令家谕户晓，昭揭远近，庶使良法美政可垂永久。其有阴怀私忿、恶收头之裁革者，自不得轻为更变以滋他弊矣。呈乞照详等因。于本月十四日呈，奉本院详批：仰道照议行属遵守。缴。奉此札，仰本府照札备，奉批：呈内事理，即便督令会稽、诸暨二县，将见年钱粮查照前法，未行者督令及时派征，已行者督令着实举行，如违定将经承官吏提究，仍各大书刻榜于县前，务令家谕户晓，昭揭远近，以垂永久。仍通行山阴等六县，各将一条鞭派征收纳之法与贴解南北二京路费并柴薪每名增银三钱，俱照前项议呈详允事理，俱一体着实举行，永为遵守。毋得轻易变更申扰，自取罪咎。未便各具遵行过缘由及不违依准，一并申道查考等因。奉此，拟合通行。为此，仰县官吏照帖备奉札付内事理，即便将见年钱粮查照前法，未行者责令及时派征，已行者督令着实举行。如违定，将经承官吏提究施行。

《会稽县每户钱粮由帖》：绍兴府会稽县为给由帖以便输纳事。照得本县图册虽定，至于各项钱粮，小户未能周知，但恐里递科诈甲首、户长科诈户丁，深为未便。除概县粮差总数刊刻板榜揭示外，今将每户粮差数目，另造由帖，家谕户晓，使人人一览，即知自己钱粮若干。其均平均差虽每年所派不一，姑就当年者而较之则九年派算增减不过毫厘，未必大相悬绝。为此帖仰该县人等，俱要遵照由帖内事理，依数完纳。如有里递隐匿不给及经手吏胥人等算对不实、挪移作弊者，依律究遣，决不轻贷。须至由帖者。计开：一户某系某都某图某籍，人丁若干，盐粮银若干，盐米若干，山田若干，该马折饷水银若干，水田若干，该马折饷水银若干，耗米若干，升田若干，山地若干，该粮折饷银若干，水地若干，该粮折饷银若干，米若干，山若干，该钞饷银若干，荡若干，该折银若干，米若干，地塘溇若干，该折银若干，米若干。以上人田地山荡共折正丁若干，除免办丁若干，均平均差白榜银共若干。通共各折银若干，共米若干，某年月日给，总书某人，书算手某，对同吏某。诸亩如无者，则下注“无”字。无免丁者亦然。

右知县杨节所刻一条鞭由帖，自人丁至溇折为一总，均平均差又自为一总，而黄络、麻钞、茶株等钞，若曹娥、三江二场之盐，则各有专课，不关概县之丁亩，故不与焉。人持一帖，五尺童子莫之敢欺矣。

二年[①]某月日，知县傅良谏申：一条鞭立法详悉，无容再议。但本县优免烦碎，名项极多，比之他县甚于霄壤。如秋粮额数，无论山、海、水乡都分，概县一则均派，每亩科米一斗一升七合九勺。及派征米折，则又因厥土之上下而有轻重之分。本县额设三十三都，自第一都起二十都止，及在城两隅，名曰“水都”，本色粮米及南、存、改、备等项重折，尽派于此。内及第七、第八、十二、十三、十四等共五都，因边海荒坵田土，每亩派于北折二、三、四、五、七升者。其二十一都起至

① 二年：即明隆庆二年(1568)。

三十三都止，名曰“山海乡都分”，每亩止纳轻赍北折米九升七合九勺，备折米二升，全不派征本色。又如南米每石征银七钱，各县无分民灶，一概派征，惟独本县灶户纤毫不承纳，又且田不加耗。又如水乡荡价，内外职官及各灶户俱优免，止派于民。又加水夫工食、远驿马价，北京省职官查照品级优免，而灶户原与民间一体派征，内又第七、第八、十三、十四、十七、三十一、三十二等共七都，灶田每亩免银四厘，比之各都灶田又别。又如二十四都民户患田六千六百余亩，水乡、水夫、马价三项俱免不派。自此头绪烦琐，遽难画一。窃议前项钱粮若照旧规派征，则轻重不一，安能类总？若计亩科银，又似非条鞭之意。今反覆酌量，参诸人情，除将均平、均差，每年官吏生监优免，增减兵饷，各年奉文派征多寡不同，俱难派于条鞭之内，合无另为一则。其夏税、秋粮照田通派，此乃一定之法，不分官民与灶，求之各县皆然。本县官民无间，而惟独灶异。以此民、灶轻重悬绝，灶田日增，民田日减，而冒籍诡寄之弊，其流不可遏矣。合将税粮一体派征，查出山海都分原额田地照旧派以北折若干，备折若干，每田一亩计银若干，每地一亩计银若干。其水都田地照旧派以本色粮米若干，南、存、改、备等折若干，每田一亩计银若干，计米若干，每地一亩计银若干，计米若干，各揭一总，银入条鞭，米照常规派运。其水乡、水夫、马价三项，总计每田一亩不过七厘，亦不分官、民、灶户及减免灶田，俱征不免，与前税粮合为一则，每田一亩共计该银若干，设立官簿官票，责令依限投柜收解。及查本县灶户优免，元①无定例。查得水乡荡价，先因裁革，水夫、灶户所遗荡地俱灶管业所，该盐课无分民、灶，派于该县田内。自嘉靖十九年以来，灶户方行告免。及查秋粮米折，嘉靖三十七年以前并不分别民、灶，一概派征，俱各行之未久。即今通派，虽少有所增，而反覆揆算，每亩计银不过厘数，况又有例优免，与民不类。合将本县灶户并患田及官吏生监于均平、均差二项之内，照各例优免外，仍量与加免，丁田例免十丁者再免一丁，庶人皆相安，法可永守。再照解运路费、起解司府者，一切裁革，屡蒙颁示严禁，多方体念。但钱粮关系匪小，多怀畏心，若不立有成规，谁不临时推调？议将每年见役粮里计若干名解司解府银两各照本年下田粮多寡，挨次照数领解，何能辞责？领解鲜少者亦听其相附，自行帮贴。大约一百两以上者定解一名，二百两以上者定解二名，责令轮流听拨，则收头不立而管解有人，路费不征而劳逸适均矣。伏乞照详施行。具呈。三院下绍兴府。府议以一条鞭之法原合均平、均差税粮为一，今该县将均平、均差、兵饷另为一则，将税粮另为一则，此乃两条鞭矣。又于税粮之内，将山、海、都分派以本折、北折，将水都分派以本色粮米、南存、改备等折，又另分为两条鞭矣。但立法贵通人情，为政须宜土俗。该县前项均平、均差，每年有官吏生监优免之不同，兵饷银两每年有增减派征之不一，委难强入于税粮之内。其水都分厥土为上，山、海都分厥土为下，赋敛轻重亦难强

① “元”，国图本、内阁本亦作“元”；万历本、万历《绍兴府志》作“原”。

而齐也。再三查访，俱称前项派征皆已停妥，并无异论，且一条之说，原以革去收头包揽为主，今该县派征虽势不能合一，然派额一定，家喻户晓，设柜听投，再无收头侵揽之弊，其与一条鞭之法亦小异而大同矣。再查灶户患田、官吏生监优免，俱有定例。今该县因水乡、水夫、马价各不准优免，欲议于均平、均差之内，免十丁者再加免一丁，以示优厚之意。但加免于此，则加重于彼，小民贫困，输纳艰难，似违法制，不准再加。其领解司府钱粮一节，既无路费之给，每年于见年粮里挨次佥点，委为适均。然必遵奉近议，百两以上则押以民壮一人，二百两以上则押以吏农一名，五百两以上则押以职官一员，以防侵匿迟延之奸。具呈。巡抚、都察院批：如议行。缴。

## 诸钞

**黄络麻**　三千七百六十五斤一十两，折钞银一十三两三钱五分三厘一毫，闰则为四千七十九斤八两，折钞银一十四两二钱四分一厘二毫，输府，转输于京。先责办于概县之渔，今派征于概县纳钞之荡（“钞荡”详见前“荡”下）。

**茶株钞银**　五十五锭一贯五百二十文。

**油榨碓磨钞**　五十二锭四贯四十文。

**窑灶钞**　四十三锭一贯。

**茶引、油、契本工墨钞**　三十四锭一贯。

**树株果价钞**　一十一锭四十文。以上诸钞，折银一两六钱六分五厘二毫，闰则为二两一钱四分一厘八毫三丝八忽，以输于府，并责办于油榨、窑冶、茶株等户。

## 盐课

**三江场**　（沙地自蛏浦至宋家溇）额盐凡五千六百九十三引[①]一百七十六斤十二两六钱八厘，引四百斤。内为折色者三千二百七十六引三百二十三斤七两九钱一分二厘，引折征银四钱。统计银凡一千三百一十两七钱二分三厘四毫九丝五忽六微三纤，为本色者二千四百一十六引二百五十三斤四两六钱九分六厘。本色盐有二目，曰存积，曰常股。以十准之，存积得四，为盐九百六十六引二百五十七斤五两七分八厘四毫。洪武迄正统，例灶输于本场之仓，以待支商。迨成化间，改折色输运司以给。常股得六，为盐一千四百四十九引三百八十五斤十五两六钱一分七厘六毫。洪武初，所在缺粮，令商即缺所输米，已给勘合，赴运司若盐课司得自支。

①　引：古时盐的重量单位，浙盐标准是四百斤。

迨成化间，改折色输运司以给。

**曹娥场**　（沙地自曹娥至小金）额盐凡一千四百六十七引二百四十八斤九两七钱四厘，引四百斤。内为折色者七百三十三引三百二十四斤四两八钱五分二厘，引折征银四钱，统计银凡二百九十三两五钱二分四厘三毫三忽二微五纤，为本色者七百三十三引三百二十四斤四两八钱五分二厘。本色盐有二目，曰存积，曰常股。以十准之，存积得四，为盐二百九十三引二百九斤一十一两五钱四分二厘七毫；常股得六，为盐四百四十引一百一十四斤九两三钱九厘三毫。其中支之法悉如右。

**盐课考**　两浙运司三十五场，灶丁十六万五千五百七十有四，岁办[①]额盐四十四万四千七百六十九引一百四十九斤二两。而甘肃、宁夏、固原、延绥、大同、宣府、榆林、代州等九边，边各置镇，镇兵多寡所在不同，姑以每镇万人论之，必七千为主，三千为客。而镇台召商中纳如满千引，必派七分为常股，三分为存积。甘肃险远，引输银三钱，其他八镇引输银三钱五分，即前七百引为银二百四十五两，又分而三之，中取二分贸米，一分贸草豆，实之边仓，以给主兵。而商则赍引到场，挨次守支常股之盐，尚余存积三百引，则与守支异目矣。必临调官兵，然后召商中纳，其价独重，易粮给兵如前，而赍引到场得越次先支，此国初法也。成化以后，渐亦难行如商引。合支常股，而本场独有存积；合支存积，而本场独有常股。即不得通融，复不许更煮。又或盐积而商久不至，则耗盐；商至而盐久不出，则病商。于是当事者疏请，合计全浙灶丁与九边报中引目，不论常股、存积，悉议征银于灶丁，引二钱三分七厘，总输于运司。商至，引给银二钱一分八厘，随得返边报中，环转不休，而引目仍听其转贸徽、浙内商，令内商得以自贸灶盐。初法尽改矣。《浙通志》曰：浙滨海而盐策兴。汉初，吴王濞置司盐校尉于马嗥城，以煮海富。武帝时，始置盐官法，毋得私鬻。孙吴置司法都尉榷其利。唐置盐铁使，设场监于湖、越、杭州，岁得钱累十万缗。宋置都大发运使及提举官，设盐场于杭、秀、明、温、台五州，令商人输刍粟得盐。南渡后属漕司。元置两浙都转运盐使。至元十四年，置司杭州。大德三年，置盐场于浙东、西。至正二年，置检校批验所四于杭、嘉、绍、温台。及明朝，仍置都运司，专掌盐政，增置嘉兴、松江、宁绍、温台四分司督盐课。又置宁波批验所，而分温台批验所为二，掌掣挚。又置盐课司于盐场：隶都运司者二，曰仁和、许村；隶嘉兴分司者五，曰西路、鲍郎、芦沥、海沙、横浦；隶松江分司者五，曰浦东、袁浦、青村、下沙、青浦；隶宁绍分司者十五，曰西兴、钱清、三江、曹娥、石堰、鸣鹤、龙头、清泉、长山、穿山、大嵩、玉泉、昌国、岱山、芦花；隶温台分司者八，曰长亭、杜渎、黄岩、长林、永嘉、双穗、天富南监、天富北监。场立官一人，大者二人，团立总催十人。凡

① 岁办：上贡之物，由地方贡奉，一年一供，故称岁办。

为场三十五[①]，为团五百有一，为丁七万四千四百四十有六。丁皆给滩荡，授煮器。率办盐一引，官给工本米石引四百斤。岁得盐二十二万二千三百八十四引三百四十九斤二两。洪武十七年，易工本米以钞，引二贯五百文。二十三年，改办小引，丁岁十六引，盐工丁八引，余工丁四引，引二百斤。岁得盐四十四万四千七百六十九引一百四十九斤二两。边商中盐者，每大引输银八分，官给引目支盐于场，率小引二而当大引一，引耗五斤，各为袋场截其引角一而归之。已告验于运司截引角一，已掣挚于批验所又截引角一。盐过二百有五斤者，没其余。已鬻于限地，南止温、处，西止徽、信，北止镇江，西北止广德。其地之吏又截引角一，乃反引于官，官司诘禁如律。二十七年，复灶户杂役有差。永乐初，改令边商每大引输米二斗五升或粟四斗。边量米粟贵贱，道里远近险易，以为引目。正统二年，并岱山、芦花场于大嵩场。三年，遣御史巡督盐课，改令边商兼中淮、浙盐、淮盐十八，浙十二，淮盐输米麦，浙盐得输杂粮。又用侍郎周忱议，以灶去场三十里者为水乡灶户，不及三十里者为滨海卤丁。水乡丁岁出米六石给滨海丁代煎。四年，复灶户税粮毋远运。（工本钞自此罢给。）五年，并昌国场于穿山，添设下沙二场、三场，置场官。岁办盐课，率以十八给商之守支者，曰常股。二贮场仓，候边乏召中，曰存积。价存积重常股轻。十四年，增存积盐为十四。景泰元年，遣侍郎清理盐法，改令水乡灶丁岁输米六石，贮场仓官为给，滨海灶又增存积盐为十六。二年，令商报中引目到场，迟一年以上者即于常股盐内挨支。三年，罢巡盐御史，寻复遣。六年，运司同知王彪疏，罢水乡输米，仍煎盐。成化五年，户部疏，令水乡灶丁岁办盐二引以上者输米四石，三引以上者米六石，并故所得草荡仍给滨海灶代煎。七年，定存积为十四，常股十六，至今因之。十年，巡抚右副都御史刘敷以“滨海逋课累水乡”疏，改水乡盐引折银二两五分，场各输于其长运司，会而输诸户部，备边用。（此水乡输银之始。）十二年，诏核水乡荡价解运司。（此草场征银之始。）十八年，增置天锡沟、场官。二十年，御史林诚以“廒盐多耗”疏，令滨海灶盐并，许输半价，浙西引三钱五分，浙东引二钱五分，岁十月输京师。（此滨海本折色盐之始。）二十一年，增边商浙盐价，每大引输银一钱六分。松江府知府樊莹疏请以荡价抵水乡课盐之半，立荡户收之余半，于各县秋粮加耗余米带征，而丁尽归有司应民役。（此州县包补水乡额盐之始。）弘治元年，侍郎彭诏疏减滨海折半盐价，浙西引输银三钱，浙东引一钱七分五厘。二年，疏鬻两浙余盐引价一钱四分。（此本处卖盐之始。）又疏减水乡岁课引输银三钱，滨海岁课常股引输银一钱五分，存积输盐如故。三年，御史张文疏令滨海灶丁去场三十里内者煎办，三十里外者输银视水乡，浙西引三钱，浙东引二钱。十二年，废宁、台二批验所，御史蓝章增余盐价引一钱八分，都御史王琼、御史邢昭继增之引价二钱。正德六年，增边商浙盐价，每大引

① “三十五”，万历本作“五十五”。

输银一钱八分。八年，减余盐价引，仍一钱八分。九年，御史师存智疏，请以本色引盐，即于两浙开中引价三钱，盐贵则稍昂其直，批验所割没余盐亦遂与商听输价，嘉兴批验所引五钱，温州二钱，绍兴四钱，杭州四钱五分，岁输于户部，凡商盐、余盐及包束不得过三百斤，违者没入之。嘉靖六年，增边商浙盐价，每大引输银四钱。（引价于是极重。）七年，御史王朝用疏，令滨海折色盐、水乡灶盐引输银二钱三分七厘，贮运司而以二钱给商买盐，曰买补，三分七厘暨诸割没，余盐价银仍输于京师。（此给商买补之始。）十一年，户部疏，减甘肃、浙盐价，每大引输银三钱。御史李磐疏，均两浙给商买补盐数，东西各九万九千三十引，其在温台者兼支二万六千八十五引派如故。今为盐场仍三十有五，团仍五百有一，丁一十六万五千五百七十四，率三人而输一人之课。滨海本色盐岁二十一万三千二十二引七十九斤二两有奇，中为存积盐八万五千二百八引一百九十一斤十两有奇，常股盐积十二万七千八百一十二引二百八十七斤七两有奇，折色盐岁一十二万七千三百四引一百八十三斤十五两有奇，为银三万一千七百六十六两七钱有奇，中为给商银二万五千四百七十两一钱三分有奇，解京银六千二百九十六两五钱七分有奇。水乡折色盐岁一万四千四百四十二引八十五斤十五两有奇，为银二万九千一百八十三两二钱九分有奇，中为给商银二万八百八十八两四钱八分有奇，解京银八千二百九十四两八钱一分有奇。草荡价银岁八千八百七十七两六钱九分有奇，余盐银以称掣多寡为算，无定额云云。三江场，团三十五，丁四千五百三十七，滨海本色盐六千六百四十四引一百四十六斤十一两有奇，折色盐七千七百三十五引六十九斤七两有奇，水乡折色盐四千七百八十四引一百七十六斤二两有奇，于山阴、会稽县带征。曹娥场，团十四，丁二千九百二十三，滨海本色盐二千六百七十四引五十四斤二两有奇，折色盐二千五百七引九十七斤二两有奇，水乡折色盐二百十四引一百八十斤十三两有奇，于上虞县带征。《通志》论曰：尝谓义以生利，利以和义。故为政，上者利民；其次不与民争毫末之利，以致大利；下者务自利。予读《汉·食货志》，观所称“太公立圜法，管仲权轻重，周景王更铸大钱”，退而考盐法之颠末，未尝不用怃然也。夫盐之为利，固王者所与百姓共也。课国者以为，加赋于畎亩不若取财于川泽，是故不得已而专之。顾其始也，一引之直为粟数斗，而其后或三倍焉。夫直廉则市者众，市者众则粟常积，故官无转输之劳，无寇抄之虑，而诸边富强。直高则趋利者不赴，趋利者不赴则粟常乏，故金币积于内帑，而塞下不得食，转输寇抄官以为任，而商不与其忧。其在缘海盐积而不售，窃贩鬻以自给，则私盐之盗起，此岂非与民争毫末之利，遂以失大利哉？是故王者不言利，非恶利也，知害之有重于利也；商利之臣，其言非不可听也，其在目前非不足以为快也。然而其究未有能利者也。孟子曰：“仁义而已矣，何必曰利？”呜呼！可与语仁义者，斯能明利害之实也夫。

**会稽县志卷第十终**

# 会稽县志卷第十一

## 田赋志下

田　地　山　荡　池塘溇　钞荡　人丁

灶户　额征　起运　存留　杂支　条禁

志必详历代，以备考索，惟田赋则在今日，指而视之矣。斯旧志于田赋为特详，而不暇及于历代，今之志田赋者，亦特详于今日也。然各为一卷，踵之旧志之后者，何也？盖志以条分，一条之中复数条。志田则溯历代之田，以次而及于今；志地则溯历代之地，以次而及于今。类及之，诸税亦然。旧志不暇及于历代，新志亦不暇及历代，而必不废旧志之所及者。履亩之数无大相殊，且条鞭之法有自始，则简明之善制相因而起，特详于今日也。

### 田

**原额田**　四千三百七十九顷八厘八毫。清康熙六年丈出田一十顷七十三亩二分九厘一毫一丝八忽，十六年丈出田一十一顷一十三亩四厘二毫四丝八忽，实该田四千四百顷八十六亩四分二厘一毫六丝六忽。内：

**上田**　一千七百九十六顷四十亩三厘三毫六丝，康熙六年（丈出田）一十亩六分四厘八丝八忽，十六年（清出田）四十五亩一分五厘四丝，实该田一千七百九十六顷九十五亩八分二厘四毫八丝八忽。（每亩征银一钱一分九厘六毫，该银二万一千四百九十一两六钱二分六毫五丝五忽六微四尘八渺；每亩征米三升二合四勺，该米五千八百二十二石一斗四升四合七勺二抄六撮一圭一粟二粒。）

**中田**　二百八十一顷九十一亩三分八毫，康熙六年（丈出田）一十三顷九十七亩九厘六毫五丝，十六年（清出田）一顷七十六亩七分二毫一丝三忽，实该田二百九十七顷六十五亩一分六毫六丝三忽。（每亩征银一钱一分五厘五毫，该银三千四百三十七两八钱六分九厘八毫一丝五忽七微六尘五渺；每亩征米三升二合四勺，该米九百六十四石三斗八升九合四勺五抄四撮八圭一粟二粒。）

**下田**　一千七十顷四十九亩七分九厘八毫四丝，康熙六年（丈出田）七顷一十八亩九分，十六年（清出田）二十四亩一厘五毫九丝，实该田一千七十七顷八十二亩七分一厘四毫三丝。（每亩征银一钱一分一厘八毫，该银一万二千五十两一钱七厘四毫五丝八忽七微四尘；每亩征米三升二合四勺，该米三千四百九十二石一斗五升九合九勺四抄三撮三圭二粟。）

**二升北折米田**　一百一十四顷八亩一分二厘一毫，康熙六年（丈缺田）二顷二十六亩四分五厘六毫八丝，十六年（清出田）一十亩六分六厘五毫八丝，实该田一百一十一顷九十二亩三分二厘。（每亩征银一钱四厘三毫，该银一千一百六十七两三钱五分八厘九毫七丝六忽；每亩征米二升八合九勺，该米三百二十三石四斗五升八合四抄八撮。）

**二升上北折米田**　一十四顷一十一亩一分一厘三毫，康熙六年（丈出田）一十亩九分四厘七毫，实该田一十四顷二十二亩六厘。（每亩征银一钱六厘六毫，该银一百五十一两五钱九分一厘五毫九丝六忽；每亩征米二升六合八勺，该米三十八石一斗一升一合二勺八撮。）

**三升北折米田**　一十三顷一十三亩八分六毫，康熙六年（丈缺田）一十二亩一分七厘一丝，实该田一十三顷一亩六分三厘五毫九丝。（每亩征银一钱五毫，该银一百三十两八钱一分四厘四毫七忽九微五尘；每亩征米二升四合三勺，该米三十一石六斗二升九合七勺五抄二撮三圭七粟。）

**四升北折米田**　八顷九十一亩五分一厘五毫，康熙六年（丈缺田）二十五亩三分一毫六丝，十六年（清出田）一十亩九分七厘一毫四丝，实该田八顷七十七亩一分八厘四毫八丝。（每亩征银九分九厘三毫，该银八十七两一钱四厘四毫五丝六微四尘；每亩征米二升二合七勺，该米十九石九斗一升二合九抄四撮九圭六粟。）

**四升上北折米田**　五十五顷三十五亩九分一厘。内康熙六年（丈缺田）四十亩七分四厘二毫七丝，实该田五十四顷九十五亩一分六厘七毫三丝。（每亩征银一钱一厘二毫，该银五百五十六两一钱一分九毫三丝七微六尘；每亩征米二升一合，该米一百一十五石三斗九升八合五勺一抄三撮三圭。）

**五升北折米田**　一十六顷亩。（康熙六年，[丈出田]七亩三分九厘三毫；十六年[清出田]二亩七分八厘八毫。）实该田一十六顷一十亩一分八厘一毫。（每亩征银九分六厘三毫，该银一百五十五两六分四毫三丝三微；每亩征米一升九合，该米三十石五斗九升三合四勺三抄九撮。）

**五升上北折米田**　八十二顷三十六亩四分二厘四毫。康熙六年（丈出田）七亩九分五厘三毫，十六年（清出田）三十八亩三分三厘九毫七丝，实该田八十二顷八十二亩七分一厘六毫七丝。（每亩征银一钱六厘四毫，该银八百八十一两二钱八分一厘五丝六忽八微八尘；每亩征米一升九合一勺，该米一百五十八石一斗九升九合八勺八抄八撮九圭七粟。）

**七升北折米田**　二十五顷七十八亩五分，康熙六年（丈缺田）二顷六十三亩一分二厘一毫二丝，十六年（清出田）八十亩六分九厘五毫一丝二忽，实该田二十三顷九十六亩七厘三毫九丝二忽。（每亩征银九分三厘二毫，该银二百二十三两三钱一分四厘八丝九忽三微四尘四渺；每亩征米一升五合五勺，该米三十七石一斗三升九合一勺四抄五撮七圭六粟。）

**山海乡田**　七百四十顷四十六亩六厘五毫，康熙六年（丈缺田）三顷一亩六分四厘八毫八丝，十六年（清出田）五顷九十三亩一分九厘五毫七丝，实该田七百四十三顷三十七亩六分一厘一毫九丝。（每亩征银九分一厘二毫，该银六千七百七十九两五钱九分二毫五忽二微八尘。）

**山患田**　七十二顷一十三亩九分七厘一毫，康熙六年（丈缺田）一顷一十六亩九分一厘九毫，十六年（清出田）一顷二十五亩四分二厘五毫六丝，实该田七十二顷二十二亩四分七厘七毫六丝。（每亩征银二分九厘五毫，该银二百一十三两六分三厘八丝九忽二微。）

**新垦山田**　一十六亩八分九厘七毫。（每亩征银七分五毫。该银一两一钱九分一厘二毫三丝八忽五微。）

**海患田**　八十七顷六十三亩三分二厘一毫，康熙六年（丈缺田）九十三亩二分七厘九毫，十六年（清出田）一十五亩一分二毫七丝三忽，实该田八十六顷八十五亩一分四厘四毫七丝三忽。（每亩征银五分九厘，该银五百一十二两四钱二分三厘五毫三丝九忽七尘。）

**新垦患田**　三亩三分五毫。（每亩征银二分二厘六毫，该银七分四厘六毫九丝三忽。）

## 地

**原额地**　三百八十七顷六十四亩三分五厘二毫，康熙六年（丈出地）九顷七亩八分八厘七毫，十六年（清出地）二十七顷三十四亩四分九厘二毫九丝四忽，实该地四百二十四顷六亩七分三厘一毫九丝四忽。内：

**上地**　一百三十五顷六十亩五分一厘一毫，康熙六年（丈缺地）二十一顷八十五亩八分八厘，十六年（清出地）二顷七十一亩二分九厘七毫五丝二忽，实该地一百二十六顷四十五亩九分二厘八毫五丝二忽。（每亩征银四分七厘七毫，该银六百三两二钱一分七毫九丝四微四尘；每亩征米一升六合三勺，该米二百六石一十二升八合六勺三渺四微八圭七粟六粒。）

**中地**　三顷七十亩六分三厘四毫，康熙六年（丈出地）七顷三十八亩四分六厘七毫，十六年（清出地）二十二亩五分九厘四丝，实该地一十一顷三十一亩六分九厘一毫四丝。（每亩征银四分五厘八毫，该银五十一两八钱三分一厘四毫六丝六忽一微二尘；每亩征米一升六合三勺，该米一十八石四斗四升六合五勺六抄九撮八圭二粟。）

**下地**　六十六顷九十三亩四厘九毫，康熙六年（丈出地）一十三顷五十亩二厘七毫八丝，十六年（清出地）八顷三十一亩八分二毫一丝二忽，实该地八十八顷七十四亩八分七厘八毫九丝二忽。（每亩征银四分五厘三毫，该银四百二两三分二厘一丝五忽七尘六渺；每亩征米一升六合三勺，该米一百四十四石六斗六升五勺二抄六撮三圭九粟六粒。）

**全荒地**　六顷九亩，康熙六年（丈出地）三顷九十二亩九分六厘六毫，十六年（清出地）二顷二十六亩八分二厘五毫三丝，实该地一十二顷二十八亩七分九厘一毫三丝。（每亩征银一分三厘一毫，该银一十六两九分七厘一毫[①]六丝六忽三尘。）

**山地**　一百七十四顷三十六亩七分三厘一毫，康熙六年（丈缺地）三顷九十一亩四分六厘九毫八丝，十六年（清出地）一十三顷八十一亩九分七厘七毫六丝，实该地一百八十四顷二十七亩二分三厘八毫八丝。（每亩征银一分六厘七毫，该银三百七两七钱三分四厘八毫八丝七忽九微六尘。）

**新垦山地**　二十九亩六分七毫。（每亩征银一分二厘九毫，该银三钱八分一厘九毫三丝三微。）

---

① 内阁本此字后掺入“三江应宿闸”条有关内容一整页（本志卷第十二第七页），系装订问题。

**开元寺、长春观、龙王堂、武肃王地**　六十四亩八分二厘。康熙六年(丈出地)三亩七分七厘六毫,实该地六十八亩五分九厘六毫。(每亩征银九毫,该银六分一厘七毫三丝六忽四微。)

## 山

**原额山**　一千六百九十三顷八十一亩七分五厘九毫。(康熙六年[丈缺山]二十亩三分,十六年[清出山]六十五顷二十八亩一分五厘六毫三丝。)实该山一千七百五十八顷八十九亩六分一厘五毫三丝。(每亩征银四厘六毫,该银八百九两九分二厘二毫三丝三微八尘。)

**原额平水关山**　五百四十九顷七十五亩二分五厘七毫。(康熙六年[丈缺山]一十亩二分,十六年[清出山]一顷三十七亩一分八厘九毫。)实该山五百五十一顷二亩二分四厘六毫。(每亩征银五厘,该银二百七十五两五钱一分一厘二毫三丝。)

**新垦山**　四分三厘八毫。(每亩征银三厘五毫,该银一厘五毫三丝三忽。)

## 荡

**原额荡**　九顷八十五亩一分八厘四毫。(康熙六年[丈出荡]一亩九分三厘六毫,十六年[清出荡]二十二亩九分五厘三毫。)实该荡一十顷一十亩七厘三毫。(每亩征银二分九毫,该银二十一两一钱一分五毫二丝五忽七微;每亩征米六合七勺,该米六石七斗六升七合四勺八抄九撮一圭。)

## 池塘溇

**原额池塘溇**　五顷八十八亩四分四厘三毫。(康熙六年[丈出池塘溇]二顷四十二亩九分九厘一毫八丝四忽,十六年[清出池塘溇]一顷六十亩五分八厘七丝。)实该池塘溇:九顷九十二亩一厘五毫五丝四忽。(每亩征银一分五厘七毫,该银一十五两五钱七分四厘六毫四丝三忽九微七尘八渺;每亩征米四合三勺,该米四石二斗六升五合六勺六抄六撮八圭二粟二粒。)

## 钞荡

**原额钞荡**[①]　八十七顷七十五亩六分。(康熙六年[丈出钞荡]八顷二十四亩九分一厘五毫,十六年[清出钞荡]□十二顷七亩九分一厘三毫六丝。)

**荡**[②]　一百八顷八亩四分二厘八毫六丝。(每亩征银一分三厘三毫,该银一百四十三两七钱五分二厘一毫三微八尘。)

## 人丁

**原额人丁**　二万五百四十九丁口,康熙六年清出三十五丁五分,实该人口二万五百八十四口五分。内:市民,二千五百四十八口,康熙六年清出市丁二口,实该人口二千五百五十口。(每口征银一钱六分二厘,该银四百一十三两一钱。)

**乡民成丁**　一万一千二百六十四口五分,康熙六年,清出成丁二十八口五分,实该成丁一万一千二百九十三口。(每口征银一钱八分,该银二千三十二两七钱四分,每口征米三合九勺,该米四十四石四升二合七勺。)

**新升人口**　六十三口五分。(每口征银一钱八分,该银一十一两四钱三分,每口征米三合九勺,该米二斗四升七合六勺五抄。)

**不成丁**　三千八百八十六口,康熙六年,清出不成丁五口,实该不成丁三千八百九十一口。(每口征银一钱五分,该银五百八十三两六钱五分。)

## 灶户

**灶户**　二千七百八十七口(每口征银一分,该银二十七两八钱七分;每口征米一合三勺,该米三石六斗二升三合一勺。)

**绅衿优免银**　一千四百七十二两五钱二厘六毫。内[③](顺治十五年裁银一千三百六十五两六钱五分二厘,康熙十五年全裁。)

---

① 本条内容国图本作:八十七顷七十五亩六分。(康熙六年[丈出钞荡]八顷二十四亩九分一厘五毫,实该钞荡九十六顷五分一厘五毫,每亩征银一分三厘三毫,该银一百二十七两六钱八分六厘八毫四丝九忽五微。内阁本作:八十七顷七十五亩六分。(康熙六年[丈出钞荡]八顷二十四亩九分一厘五毫,十六年[清出钞荡]一十二顷七亩九分一厘三毫六丝,实该钞荡一百八顷八亩四分二厘八毫六丝,每亩征银一分三厘三毫,该银一百四十三两七钱五分二厘一毫三微八尘。

② 本条国图本、内阁本无。据国图本、内阁本前条有关内容考察,本条疑衍(前条拆分)。

③ “内”字或衍。

## 额征①

以上田、地、山、荡、池塘溇、人丁等项，共征银五万三千五百五十三两七钱五分八厘八毫八丝八忽八微五渺。加收零积余米改征银三十一两四钱四厘六毫九丝五忽九微。又孤贫口粮米改征银九百五十四两。每额征银一两，加征蜡、茶、颜料，新加时价八毫五丝四忽六微六尘九渺六漠四纤八沙，实新加银四十五两四钱八分四厘九毫四忽四微五尘七渺五漠，通共实征银五万四千五百八十四两六钱四分八厘四毫八丝九忽一微六尘二渺五漠。

共征米一万一千四百六十一石三斗一升八合五勺五抄一撮六圭一粟（八粒）。除收零积余米三十一石四斗四合六勺九抄五撮九圭（孤贫）、口粮米九百五十四石，俱改米征银。每米一石，减米八升五合九勺七抄六撮五圭五粟五粒九黍六糈六糠二粃，改征银八分五厘九毫七丝六忽五微五尘五渺九漠六埃六纤二沙，实征米一万四百七十五石九斗一升三合八勺五抄五撮七圭一粟八粒。

外赋不入地丁，科征银一百五十两八钱三分三厘六毫六丝四忽九微九尘四渺六漠。内盐课、曹娥场、小金团税并车珠银一两五钱二分三厘四毫六丝四忽九微九尘四渺六漠。本县课钞银一两六钱六分五厘二毫，油榨、窑治、茶株等户出办归经费用。本县河泊所课钞银六两七钱五分，船户、鸟户出办归经费用。匠班银一百四十两八钱九分五厘，匠户出办。以上地丁并外赋共实征银五万四千七百三十五两四钱八分二厘一毫五丝四忽一微五尘七渺一漠。内：

**起运银**　四万九百八两三钱六分二厘六毫七丝四忽四微七尘七渺（内不入地丁、外赋、匠办银一百四十两八钱九分五厘）。盐课银二百九十七两二钱八分一厘六毫三忽七微二尘五渺六漠二埃五纤（内小金团税一两二分三厘四毫六丝四忽九微九尘四渺六漠）。

**漕运银**　五千五百九十二两三钱三分三厘八毫四丝九忽九微五尘四渺三漠八埃五纤。

① 额征：《大清会典》载，康熙二十四年（1685）全国赋税银共计28227782两。其中，输送到中央政府的起运银为21938627两，留存地方支配的存留银是6289155两。起运银与存留银所占全国赋税银总数的比例分别是77.7%与22.3%。

**驿站银**[①]　三千二百八十八两九钱四分六厘六毫二丝六忽。

**存留银**　四千五百四十八两五钱五分七厘四毫。内:(课钞银八两四钱一分五厘二毫)。

**奉文征钱**[②]　一件仰奉纶音,事奉(督抚)二院案验,准户部咨开,除起运、盐课、漕运等项例征全银外,其余驿站存留经费、俸工、杂支等项定例银七钱三收放等因。奉此,遵照原额、驿站存留二项,应征三分,钱二百三十万三千四百七十三文五分六厘八毫七丝,内除裁饷征银起解外,其余各款三分征钱支放,实征米一万四百七十五石九斗一升三合八勺五抄五撮七圭一粟八粒。

**漕运米**　三千五百八十六石九斗六升五勺。

**存留米**　六千八百五十九石五斗二升五合一勺五抄七撮九粟四粒。

## 起运

**户部项下**[③]

**夏税**

**京库折银麦**　六百五十四石四斗八升六合四勺。(每石折银二钱五分,该银一百六十三两六钱二分一厘六毫;每两滴珠路费二分七厘,该银四两四钱一分七厘七毫八丝三忽二微。)

**农桑折绢**　八匹一丈九寸一分二厘。(全折坐派银四两六钱三分七厘五毫,每两路费一分,该银四分六厘三毫七丝五忽。原解江南,今改解京。)

**秋粮**

**京库折银米**　一万一千四百八十八石七斗八升二合九勺。(每石折银二钱五分,该银二千八百七十二两一钱九分五厘七毫二丝五忽,每两加滴珠路费二分七厘,该银七十七两五钱四分九厘二毫八丝四忽五微七尘五渺。)

---

① “驿站银”,及下条“存留银”,国图本均无,另有“驿站存留银”条,内容如下:驿站存留银七千六百七十八两二钱四分五厘二毫二丝九忽,内除外赋课钞抵经费银八两四钱一分五厘二毫,征钱八千四百一十五文二分,于课钞全征钱支给外,实该地丁内存留银七千六百六十九两八钱三分二丝九忽。

② “奉文征钱”条内容,国图本作:一件外局之炉座、既复等事,于康熙七年三月初六日奉督抚二院案验,准户部咨开存留驿站经费、俸工等项,遵照定例收钱放钱,各州县应照款征钱支放等因。奉此,遵照十分征钱,该钱七百六十六万九千八百三十文二厘九毫,每额征银一两,该征钱一百四十四文一分一厘七毫四丝九忽七微四尘,实征米一万四百四十六石四斗八升五合六勺五抄七圭九粟四粒。

③ 据下文,应作“户部项下折色”。

**派剩米**　六百一十九石一斗二升六合三抄。(内米二百六十八石八斗七合一勺四抄一撮九圭,每石折银七钱,该银一百八十八两一钱六分四厘九毫九丝九忽三微三尘;又米三百五十石三斗一升八合八勺八抄八撮一圭,每石折银六钱,该银二百一十两一钱九分一厘三毫三丝二忽八微六尘。二项共银三百九十八两三钱五分六厘三毫三丝二忽一微九尘。每两加路费一分二厘,该银四两七钱八分二厘七丝五忽九微八尘六渺二漠八埃。)

**折色蜡价银**　一百九十五两四钱三分七厘。(每两路费一分,该银一两九钱五分四厘三毫七丝。)

**富户银**　二十两。(每两路费一分,该银二钱。)

**昌平州银**　四两。(每两路费一分,该银四分,于备用银内扣解。)

**芽茶**　三十五斤七两一二钱九分五厘。(原额芽茶九十八斤一两五钱,于顺治十年六月内会议改征折色,实该前数每斤价银一钱二分,该银四两二钱五分三厘九毫六丝二忽五微。每两加路费一分,该银四分二厘五毫三丝九忽六微二尘五渺。)

**叶茶**　六十七斤一十四两二钱。(每斤价银四分,该银二两七钱一分五厘五毫;每两路费一分,该银二分七厘一毫五丝五忽。)

**黄蜡**　一百六十五斤一十五两八钱七分四厘。(原额黄蜡二百一十六斤一十五两二钱五分,于顺治十年六月内会议改征折色,实该前数每斤价银三钱四分,该银五十六两四钱三分七厘三毫二丝二忽五微;每两路费一分,该银五钱六分四厘三毫七丝三忽二微二尘五渺。)

**原解江南药价银**　三钱八分三厘二毫三丝四忽。(津贴路费银七分六厘六毫四丝六忽八微。)

**南部解薪皂隶银**　八十六两一钱。(每两路费一分,该银八钱六分一厘,遇闰加银七两,路费银七分。)

**直堂、把门、看监、看仓隶兵银**　二十两六钱。(每两路费一分,该银二钱六厘。)

**颜料改折价塾、扛解路费**　共银二百四十五两六钱五分六毫六丝三忽二微一尘二渺五漠(内:顺治十年六月内,奉旨会议改征折色银朱三十三斤一十一两二钱二分,每斤价银二两九钱六分,铺垫一钱一分;腻朱一十三两四分,每斤价银三钱,铺垫一钱一分;乌梅四十七斤六两八钱八分,每斤价银四分,铺垫一分一厘;黑铅一十七斤一十四两八钱六分,每斤价银七分,铺垫一分一厘;五倍子九斤七两五钱七分二厘五毫,每斤价银七分,铺垫一分一厘;生漆一百八十三斤六两七钱五分五厘,每斤价银二钱,铺垫一分六厘;严漆改派生漆一百一十三斤六两八钱五分,每斤价银二钱,铺垫一分六厘;严漆一百七十斤二两六钱七分五厘,每斤价银二钱四分,铺垫一分六厘;黄蜡三十三斤九钱三分二厘五毫,每斤价银三钱二分,铺垫一分六厘;黄熟铜五斤九钱四分，每斤价银一钱一分三厘，铺垫一分六厘；桐油五十三斤九钱四分，每斤价银六分，铺垫八厘；水牛角五副，每副价银九钱五分，铺垫六分四厘。以上通共价银二百二十三两一钱二分六毫四丝三忽四微三尘七渺五漠。原额铺垫银一十三两四钱四分六厘九毫七丝四忽八微四尘三渺七漠五埃，原额解扛银九两八分三厘四丝四忽九微三尘一渺二漠五埃，今改征折银三项，共加路费每两一分，该银二两四钱五分六厘五毫六忽六微三尘二渺一漠二埃五纤。）

**盐钞**

**额钞**　四百三十五锭三贯，折银二两四钱八分九厘四毫五丝四忽；折色铜钱四千三百五十六文，折银六两二钱二分二厘八毫五丝七忽一微四尘二渺八漠。（俱每两加路费一分二厘，该银一钱四厘五毫四丝七忽七微三尘三渺七漠一埃三纤六沙。）

**有闰加钞**　三十七锭四贯，该银二钱一分三毫一丝二忽。折色铜钱三百六十八文，该银五钱二分五厘七毫一丝四忽二微八尘五渺八漠。（二项共加路费银八厘八毫三丝二忽三微一尘五渺四漠二埃九纤六沙。）

**九厘银**①　六千二百五十二两五分七厘四毫四丝。（每两路费七厘，该银四十三两七钱六分四厘四毫二忽八尘。）

以上户部项下折色，共银一万三百三十五两一钱五分八厘五毫九丝五微四尘五渺三漠。路费银共一百三十七两九分一厘二毫五丝九忽八微五尘七渺一漠一埃八纤六沙。

**礼部项下折色**

**牲口银**　三十七两。（每两路费一分，该银三钱七分。）

**药材折色银**　九两九钱八分一厘八毫九丝。（津贴路费银四两九钱九分九毫四丝五忽。内扣解包里红、黄纸价银二钱九分三厘六丝二忽五微。）

**光禄寺果品银**　一十七两四钱。

**菉笋银**　五两四钱六分九厘。（二项俱每两加路费一分，该银二钱二分八厘六毫九丝。）

以上礼部项下折色共银六十九两八钱五分八毫九丝。路费共银五两五钱八分九厘六毫三丝五忽。

---

① 九厘银：即辽饷，原是明末辽东驻军的饷项，后又指筹措此项军饷而加派的田赋款项，是明季的三饷加派之一。《大清会典事例》卷一七七之《户部二六·田赋·赋役全书》载：(顺治十四年题准) 九厘银原系明时额数，旧书未载，今应补入。九厘银在清顺康时期续征，为清代田赋正额。清顺治十八年(1661)，九厘银约占全国田赋征银数的24%。

**工部项下折色**

**白硝麂皮三张，狐狸皮一张。**（每张价银六钱，该银二两四钱，奉文留省织造缎匹支用。）

**雕填匠役银**　三两五钱九分五厘一毫。（每两路费一分，该银三分五厘九毫五丝一忽。遇闰加银二钱九分九厘五毫。路费银二厘九毫九丝五忽。）

**桐油**　三百八十一斤一十两八钱八分。（原额桐油七百六十三斤五两七钱六分，奉文本折中半折色，实该前数每斤价银二分三厘七毫五丝，该银九两六分四厘九毫；每斤垫费八分，该银三十两五钱三分四厘四毫二共银三十九两五钱九分九厘三毫。今征折色每两路费一分，该银三钱九分五厘九毫九丝三忽。）

**漆木料银**　四两四钱四分五厘九毫。

**弓改牛角**　二百一十副。（原额每副二钱九分，顺治三年五月，奉文改解折色。又于十二年正月，奉文每副增银二两七钱一分，共银六百三十两。每两路费一分，该银六两三钱。）

**箭**　一千九百九枝。（原额每枝价银一分八厘，于顺治三年五月内题准改解折色，每枝增银八分二厘，共该银一百九十两九钱。）

**弦**　一千四十七条。（原额每条价银五分四厘，顺治三年五月内题准改解折色，每条增银四分六厘，共该银一百四两七钱。）

**胖袄裤鞋**　四十一副六分六厘一毫三丝。（原额每副价银一两五钱，顺治三年六月内奉文改解折色，每副增银一两二钱，共该银一百一十二两四钱八分五厘五毫一丝。）

**四司**[①] **工料银**　四百二十两三钱。

**岁造段匹银**　四百四十七两四钱五分八厘五毫。（遇闰加银二十二两九分七厘五毫六丝二忽八微四尘二渺六漠，二项解司织造段匹支用。）

**军三**[②] **军器并路费银**　二百一十五两四钱六分一厘五毫。（内办盔甲、腰刀一十五副二分一厘九毫三忽八微四尘六渺一漠五埃三纤八沙。盔每顶价银三两五钱，甲每副价银七两五钱，腰刀每口价银二两，共该价银一百九十九两八钱四分七厘五毫。路费银一十五两六钱一分四厘。系原额银六十二两三钱五分九厘。路费银一十五两六钱一分四厘。顺治三年五月，奉文增银一百三十七两四钱八分八厘五毫。）

**民七军器银**　一百九十二两三钱八分七厘七毫。（内办盔甲、腰刀一十四副七分九厘五忽三微八尘四渺六漠一埃五纤四沙。盔每顶价银三两五钱，甲每副价银七两五钱，腰刀

① 四司：工部下辖的四个部门，即营缮司、虞衡司、都水司和屯田司。

② 军三：明代修筑城池中军地两方承担经费物料等的比例，先后经历“军七民三”到“军三民七”的发展变化。

每口价银二两，共该银一百九十二两三钱八分七藏七毫。内原额银六十两六钱三分八厘二毫，顺治三年五月奉文增银一百三十一两七钱四分九厘五毫。）

**军器路费银**　五两七钱四厘四毫。

以上工部项下折色，共银二千三百六十九两四钱三分七厘九毫一丝，路费银六两七钱三分一厘九毫四丝四忽。

**户部项下本色**

**颜料本色银朱**　二十二斤八两。（原额银朱五十六斤三两二钱八分，于顺治十年奉旨征本色银朱二十二斤八两。每斤原价四钱六分，铺垫一钱一分。）

**腻朱**　七斤八钱。（原额腻朱七斤一十三两八钱四分。顺治十年，奉旨征本色腻朱七斤八钱。每斤原价一钱五分，铺契一钱。）

**乌梅**　一十五斤。（原额乌梅六十二斤六两八钱八分；顺治十年，奉旨征本色乌梅一十五斤。每斤原价一分，铺垫一分一厘。）

**黑铅**　二十一斤。（原额黑铅三十八斤一十四两八钱六分。顺治十年，奉旨征本色黑铅二十一斤。每斤原价三分五厘，铺垫一分一厘。）

**五倍子**　二斤一两五钱八分七厘五毫。（原额五倍子一十一斤九两一钱六分，顺治十年奉旨征本色五倍子二斤一两五钱八分七厘五毫。每斤原价三分五厘，铺垫一分一厘。）

**生漆**　一十斤九两五钱二分五厘。（原额生漆一百九十四斤二钱八分。顺治十年，奉旨征本色生漆一十斤九两五钱二分五厘。每斤原价一钱，铺垫一分六厘。）

**严漆改派生漆**　六斤九两一钱五分。（原额漆一百二十斤，顺治十年奉旨征本色生漆六斤九两一钱五分，每斤原价一钱，铺垫一分六厘。）

**严漆**　九斤一十三两三钱二分五厘。（原额严漆一百八十斤，顺治十年奉旨征本色严漆九斤一十三两三钱二分五厘。每斤原价一钱二分，铺垫一分六厘。）

**黄蜡**　一十斤二两三钱八分七厘五毫。（原额黄蜡四十三斤三两三钱二分。顺治十年奉旨征本色黄蜡一十斤二两三钱八分七厘五毫，每斤原价银一钱六分，铺垫一分六厘。）

**黄熟铜**　二十二斤八两。（原额铜二十七斤八两九钱四分，顺治十年奉旨征本色黄熟铜二十二斤八两。每斤原价一钱一分三厘，铺垫一分八厘。）

**桐油**　一百三十六斤八两。（原额桐油一百八十九斤八两九钱四分，顺治十年奉旨征本色桐油一百三十六斤八两。每斤原价三分，铺垫八厘。以上颜料，通共正价银二十三两六钱七分四厘三忽九微六渺二漠五埃、铺垫银五两七钱一分五厘九毫七丝八忽九微六渺二漠五埃。每正价一两，给解扛路费银一钱二分，该银二两八钱四分八毫八丝四微六尘八渺七漠五埃。每年于二月间，督抚确估时价，题明造入易知由单[①]，征银办解。）

**黄蜡**　五十斤一十五两三钱七分六厘。（原额黄蜡二百一十六斤一十五两二钱五分，于顺治十年六月内奉旨仍征本色黄蜡五十斤一十五两三钱七分六厘，每斤料价银一钱七分，该银八两六钱六分三厘三毫七丝。）

**芽茶**　六十二斤一十两三钱五厘。（原额芽茶九十八斤一两五钱，于顺治十年六月内奉旨仍征本色芽茶六十二斤一十两三钱五厘，每斤料价银六分，该银三两七钱五分八厘六毫四丝三忽七微五尘。二项于每年二月开，督抚确估时价，题明造入易知由单，征银办解。）

以上户部项下本色共银三十六两九分六厘一丝七忽六微五尘六渺二漠五埃，铺垫解扛路费银八两五钱五分六厘八毫五丝九忽三微七尘五渺。

**礼部项下本色**

**药材料价正银**　二两八钱九分一厘三毫六忽。（内办本色紫石英三钱六分六厘六毫，黄药子三斤八钱九分二厘，牡丹皮一斤三钱，南星一十斤三两，半夏一十斤三两，白芍药三十斤八两九钱二分，茯苓一十五斤四两四钱六分，吴茱萸一斤三钱，天门冬一斤三钱，猪牙皂角八两一钱五分，津贴路费银一两四钱四分五厘六毫五丝三忽，办料解司转解。）

**荐新茶芽**　二十二斤，黄绢袋袱、旗号、篓扛路费银二十两。（解府具本解部。）

以上礼部项下本色银二两八钱九分一厘三毫六忽。袋袱、篓扛、路费等银二十一两四钱四分五厘六毫五丝三忽。

**工部项下本色**

**桐油**　三百八十一斤一十两八钱八分。（原额桐油七百六十三斤五两七钱六分，奉文本折中半本色，实该前数每斤价银二分三厘七毫五丝，该银九两六分四厘九毫；每斤垫费八分，该银三十两五钱三分四厘四毫，办料解司转解。）

以上工部项下本色银九两六分四厘九毫，垫费银三十两五钱三分四厘四毫。

以上起运各部寺银一万二千八百二十二两四钱九分九厘六毫一丝四忽二微一渺五漠五埃，路费银二百九两九钱四分九厘七毫五丝一忽二微三尘二渺一漠一埃八纤六沙。

**漕运官丁本折月粮**

**贡具银**　一百三十五两四钱七分三厘九毫七丝三忽四微四尘七渺九漠五埃。

---

① 易知由单：明中期以后采用的在田赋征收前发给各纳税户，令其限期缴纳的通知单，亦称“由贴”。万历本完整移录了一份《会稽县每户钱粮由帖》，时间大致在隆庆年间。

**领运官丁原额月粮本色米**　三千五百八十六石九斗六升五勺。内:(给绍兴卫运丁米三千一百八十七石一斗五升八合五勺,协济杭州前、右二卫运丁米三百九十九石八斗二合)。

**领运官丁新改月粮米**　折银七千二百一十三两五钱四分二厘二毫五丝二忽一微五尘二渺五埃。(原额如抵仓本色米五千六百三十六石八斗九升五合五勺六撮六圭。顺治十二年,钦奉恩诏,本折均平。督抚题明,每石折银一两,该银二千九十两九钱三分五厘六忽六微,并同原折色银六千八百六十二两五钱八分九厘五毫二丝七忽,内支银五千一所二十二两六钱七厘二毫四丝五忽五微五尘二渺五埃,共足七千二百一十三两五钱四分二厘二毫五丝二忽一微五尘二渺五埃。内七分给发运丁月粮米,折银五千四十九两四钱七分九厘五毫七丝六忽五微六渺四漠三埃五纤,三分拨运军储,银二千一百六十四两六分二厘六毫七丝五忽六微四尘五渺六漠一埃五纤,解充饷用,余银解贡具、兵饷。)

以上漕务各项银七千三百四十九两一分六厘二毫二丝五忽六微。(内:拨还军储充饷银二千一百六十四两六分二厘六毫七丝五忽六微四尘五渺六漠一埃五纤。)米三千五百八十六石九斗六升五勺。

遇闰加银二百四十九两四钱八分。(内:七分给军银一百七十四两六钱三分六厘,三分充饷银七十四两八钱四分四厘。)加米二百七十九石五斗八升四合。

**留充兵饷**

**田地出银**　三千四百三十三两一钱二分二厘七毫二丝九忽。

**预备秋米并扣余米折充饷银**　共二千七百四两三钱五分四厘二毫。

**均徭充饷银**　一百五十两。

**民壮充饷银**　五百八十两二钱。(遇闰加银五十六两四钱。)

**历日充饷银**　六两五钱五分。

**本府仓岁余米充饷银**　一千九百二十八两二分四厘八毫七丝二忽五微。

**旧额拨充饷银**　六百四十七两六钱八分二厘五毫。

**续拨军储充饷银**　一千一百二十六两三钱二分三厘三毫五丝。

**会裁冗役银**　一千三百七十两五分六厘三丝二忽。(有闰加银四十二两七钱四分二厘三毫八丝四忽。)

**南折充饷银**　三千一百一十四两二分四厘九毫。军储余存充饷银四千七百三十一两九钱六厘六毫八丝四微二尘五渺。

以上兵饷,通共一万九千七百九十二两二钱三分九厘八毫六丝三忽九微二尘五渺。

遇闰加预备米折充饷银二十三两八钱二分六厘一毫四丝五忽八微三尘。

**存留**

本府拜进表笺、绫函、纸札、写表、生员、工食、委官盘缠、香烛等银三两二钱九分二厘。(顺治十四年裁,扣银五钱五分五厘。康熙十□年全裁。①)

官员经费俸廉款项:

**布政司**

广济库,库夫一十七名,每名银一十二两,共银二百四两,遇闰加银一十七两。(顺治十四年,连闰②裁半。康熙十六年,连闰全裁。二十年恩诏内开:二十二年为始,复给一半。③)

**布政司右布政使**(康熙六年裁④)

快手⑤六名,每名银七两二钱,共银四十三两二钱,遇闰加银三两六钱。(顺治十四年,连闰裁七两八钱。康熙六年全裁。⑥)

铺兵二名,每名银七两二钱,共银一十四两四钱,遇闰加银一两二钱。(顺治十四年,连闰裁二两六钱。康熙六年全裁。⑦)

**分守宁绍台道**(康熙十三年改分巡宁绍道⑧)

快手一十二名,每名银七两二钱,共银八十六两四钱,遇闰加银七两二钱。(顺治十六年裁银一十四两四钱,又裁闰银一两二钱。康熙十六年全裁,二十年恩诏内开载二十二年复给。⑨)

**兵巡绍台道**(康熙六年裁⑩)

门子四名,每名银七两二钱,共银二十八两八两钱,遇闰加银二两四钱。(顺治十四年,连闰裁五两二钱。康熙六年全裁。⑪)

---

① 本括号内小字,底本及内阁本有,国图本无。后面多处类同,择重注。

② 连闰:即包括闰月。

③ 本括号内小字,底本及内阁本有,国图本无。

④ 同上注。

⑤ 快手:古时衙署中掌缉捕、行刑等职事的差役。

⑥ 本括号内小字,底本及内阁本有,国图本无。

⑦ 同上注。

⑧ “康熙十三年改分巡宁绍道”,国图本作“康熙六年奉旨裁”。

⑨ 本括号内小字,底本及内阁本有,国图本无。

⑩ 同上注。

⑪ 本括号内小字,底本及内阁本有,国图本无。

铺兵二名，每名银七两二钱，共银一十四两四钱，遇闰加银一两二钱。（顺治十四年，连闰裁二两六钱。康熙六年全裁。①）

**本府同知**

灯夫二名，每名银七两二钱，共银一十四两四钱，遇闰加银一两二钱。（顺治九年，裁银二两四钱，又裁闰银二钱。康熙十六年全裁。二十年恩诏内开载：二十二年复给。）

轿、伞、扇夫七名，每名银七两二钱，共银五十两四钱，遇闰加银四两二钱。（顺治九年裁银八两四钱，又裁闰银七钱。康熙十七年全裁。二十年恩诏内开载二十二年分复给。）

**推官**（康熙六年裁）

俸银二十七两四钱九分，遇闰加银三两七钱四分九厘九毫，薪银三十六两。心红、纸张、油烛银二十两，又于备用七分银内支银一十两。修宅家伙银一十两，卓帏、伞扇银一十两。（顺治十二年，家伙银全裁，卓帏银裁八存二，共裁银一十八两。顺治十四年，裁伞扇银二两，油烛银一十两。俸薪银一十八两四钱九分。顺治十六年，裁闰银三两七钱四分九厘九毫。康熙六年分全裁。）②

吏书八名，每名银一十两八钱，共银八十六两四钱，遇闰加银七两二钱。（顺治九年，裁银三十八两四钱，又裁闰银三两二钱。康熙元年全裁。）

门子二名，每名银七两二钱，共银一十四两四钱，遇闰加银一两二钱。（顺治九年，连闰裁银二两六钱。康熙六年全裁。）

步快八名，每名银七两二钱，共银五十七两六钱，遇闰加银四两八钱。（顺治九年，连闰裁银十两四钱。康熙六年全裁。）

皂隶一十二名，每名银七两二钱，共银八十六两四钱，遇闰加银七两二钱。（顺治九年，裁银一十四两四钱，又裁闰月银一两二钱。康熙六年全裁。）

**照磨**

俸银一十九两五钱二分，遇闰加银二两六钱二分六厘六毫，薪银一十二两。（顺治十六年，裁加闰银二两六钱二分六厘六毫。康熙十六年，裁银一十五两七钱五分；二十一年，复留。）

书办一名，银七两二钱，遇闰加银六钱。（顺治九年，连闰裁银一两三钱。康熙元年

① 同上注。

② 本条国图本作：俸银二十七两四钱九分，遇闰加银三两七钱四分九厘九毫，薪银三十六两。心红、纸张银二十两，修宅家伙银一十两，卓帏、伞扇银一十两。奉文自顺治十二年为始，家伙银两全裁，其修宅、卓帏银裁八存二，应共裁银一十七两，存银三两。后面多处类同，择重注。

全裁。)

门子一名,银七两二钱,遇闰加银六钱。(顺治九年,连闰裁银一两三钱。康熙十七年全裁。二十年恩诏内开载:二十二年分复给。)

皂隶四名,每名银七两二钱,共银二十八两八钱,遇闰加银二两四钱。(顺治九年裁银四两八钱,又裁闰银四钱。康熙十六年全裁。二十年恩诏内开载:二十二年复给。)

马夫一名,银七两二钱,遇闰加银六钱。(顺治九年,连闰裁银一两三钱。康熙十七年全裁。二十年恩诏内开载:二十二年分复给。)

**三江仓大使**(顺治十三年裁)

俸银一十九两五钱二分,遇闰加银二两六钱二分六厘六毫,薪银一十二两。(顺治十三年裁。)

书办一名,银七两二钱,遇闰加银六钱。(顺治九年连闰裁银一两三钱,顺治十三年全裁。)①

皂隶二名,每名银七两二钱,共银一十四两四钱,遇闰加银一两二钱。(顺治九年,连闰裁二两六钱。顺治十三年全裁。)②

**三江、钱清、曹娥大使三员**

俸银每员一十九两五钱二分,共银五十八两五钱六分,遇闰加银七两八钱七分九厘八毫。薪银每员一十二两,共银三十六两。(顺治十六年,裁闰银七两八钱七分九厘八毫。康熙十六年,每员裁银一十五两七钱六分。康熙二十一年复留。)

书办各一名,每名银七两二钱,共二十一两六钱,遇闰加银一两八钱。(顺治九年,连闰裁银三两九钱。康熙元年全裁。)

皂隶各二名,每名银七两二钱,共银四十三两二钱,遇闰加银三两六钱。(顺治九年裁银七两二钱,又裁闰银六钱。康熙十七年全裁。)

**东关驿驿丞**

俸银一十九两五钱二分,遇闰加银二两六钱二分六厘六毫,薪银一十二两。(顺治十六年裁闰月银二两六钱二分六厘六毫,康熙十六年裁银一十五两七钱六分,二十一年复留。)

---

① 本条国图本作:书办一名,银七两二钱。清顺治九年(1652)四月,内会议每名工食六两,裁银一两二钱解部。遇闰加银六钱。内又裁银一钱解部。

② 本条国图本作:皂隶二名,每名银七两二钱,共银一十四两四钱。清顺治九年四月,内会议每名工食六两,裁银二两四钱解部。遇闰加银一两二钱。内又裁银二钱解部。

书办一名，银七两二钱。详定于驿传银内拨给，遇闰加银六钱。（顺治九年裁银一两二钱，又裁闰银一钱。康熙元年全裁。）[①]

皂隶二名，每名银七两二钱，共银一十四两四钱，详定于驿传银内拨给，遇闰加银一两二钱。（顺治九年，裁银二两四钱，又裁闰银二钱。康熙十七年，在驿传银内汇裁充饷，二十二年复给。）[②]

**本县知县**

俸银二十七两四钱九分，遇闰加银三两七钱四分九厘九毫，薪银三十六两，心红、纸张、油烛银三十两，修宅家伙银二十两，迎送上司伞扇银一十两。（顺治九年，裁修宅家伙银二十两。顺治十二年，裁伞扇银八两。顺治十四年，裁伞扇银二两、油烛银一十两。俸、薪银一十八两四钱九分。顺治十六年，裁闰月银三两七钱四分九厘九毫。康熙十四年，裁心红二十两，俸、薪银四十五两。二十一年，复留俸银四十五两。）[③]

吏书十二名，每名银一十两八钱，共银一百二十九两六钱，遇闰加银一十两八钱。（顺治九年，裁银五十七两六钱，又裁闰银四两八钱。康熙元年全裁。）

门子二名，每名银七两二钱，共银一十四两四钱，遇闰加银一两二钱。（顺治九年裁银二两四钱，又裁闰银二钱。康熙十六年全裁。二十年恩诏内开载：二十二年复给。）

皂隶一十六名，每名银七两二钱，共银一百一十五两二钱，遇闰加银一十九两二钱。（顺治九年裁银一十九两二钱，又裁闰银一两六钱。康熙十六年全裁，二十年恩诏内开载：二十二年复给。）

马快八名，每名工食银七两二钱。陆路备马制械、水路打造巡船以司缉探银一十两八钱，共银一百四十四两。遇闰加工食银四两八钱，加备械银七两二钱。（顺治九年，裁工食银九两六钱，又裁闰银八钱。康熙十四年，裁银二十四两，又裁闰银二两。十五年，裁四十三两二钱。十六年，裁银六十七两二钱。二十年恩诏内开载：二十二年复给。）

民壮五十名，每名银七两二钱，共银三百六十两，遇闰加银三十两。（顺治九年，裁银六十两，又裁闰银五两。康熙十四年，裁银一百五十两，又闰银一十二两五钱。十六年全裁。

① 本条国图本作：书办一名，银七两二钱。详定于驿传银内拨给，清顺治九年(1652)四月，内会议每名工食六两，裁银一两二钱解部。遇闰加银六钱。内又裁银一钱解部。

② 本条国图本作：皂隶二名，每名银七两二钱，共银一十四两四钱，详定于驿传银内拨给，顺治九年四月，内会议每名工食六两，共裁银二两四钱解部。遇闰加银一两二钱。内又裁银二钱解部。

③ 本条国图本作：俸银二十七两四钱九分，遇闰加银三两七钱四分九厘九毫，薪银三十六两，心红、纸张、油烛银三十两，修宅家伙银二十两。顺治九年四月，内会议裁扣解部。迎送上司伞扇银一十两。奉文自顺治十二年为始裁银八两解部。

二十年恩诏内开载:二十二年复给。)

灯夫四名,每名银七两二钱,共银二十八两八钱,遇闰加银二两四钱。(顺治九年裁银四两八钱,又裁闰银四钱。康熙十六年全裁。二十年恩诏内开载:二十二年复给。)

看监禁卒八名,每名银七两二钱,共银五十四两六钱。遇闰加银四两八钱。修理监仓银二十两。(顺治九年,裁工食银九两六钱,又裁闰银八钱。康熙十四年,裁修理监仓银二十两。十六年,裁工食银二十四两。十七年,裁一十二两。二十年恩诏内开载:二十二年分复给工食银。)

轿、伞、扇夫七名,每名银七两二钱,共银五十两四钱,遇闰加银四两二钱。(顺治九年裁银八两四钱,又裁闰银七钱。康熙十七年全裁。二十年恩诏内开载:二十二年分复给。)

库书一名,银一十二两,遇闰加银一两。(顺治九年裁银六两,又裁闰银五钱。康熙二年全裁。)

仓书一名,银一十二两,遇闰加银一两。(顺治九年裁银六两,又裁闰银五钱。康熙二年全裁。)

库子四名,每名银七两二钱,共银二十八两八钱,遇闰加银二两四钱。(顺治九年裁银四两八钱,又裁闰银四钱。康熙十六年全裁。二十年恩诏内开载:二十二年复给。)

斗级四名,每名银七两二钱,共银二十八两八钱,遇闰加银二两四钱。(顺治九年裁银四两八钱,又裁闰银四钱。康熙十六年全裁。二十年恩诏内开载:二十二年复给。)

**县丞**

俸银二十四两三钱二厘,遇闰加银三两三钱三分三厘三毫,薪银二十四两。(顺治十四年,裁银八两三钱二藏。顺治十六年,裁闰银三两三钱三分三厘三毫。康熙十六年,裁银二十两。二十一年,复留。①)

书办一名,银七两二钱,遇闰加银六钱。(顺治九年裁银一两二钱,又裁闰银一钱。康熙元年全裁。)②

门子一名,银七两二钱,遇闰加银六钱。(顺治九年裁银一两二钱,又裁闰银一钱。康熙十七年全裁。二十年恩诏内开载:二十二年复给。)

皂隶四名,每名银七两二钱,共银二十八两八钱,遇闰加银二两四钱。(顺治九年裁银四两八钱,又裁闰银四钱。康熙十六年全裁。二十年恩诏内开载:二十二年复给。)

---

① 本括号内小字,底本及内阁本有,国图本无。

② 本条国图本作:书办一名,银七两二钱,遇闰加银六钱。顺治九年四月,内会议每名工食六两,裁银一两二钱解部。遇闰加银六钱。内又裁银一钱解部。

马夫一名，银七两二钱，遇闰加银六钱。（顺治九年裁银一两二钱，又裁闰银一钱。康熙十七年全裁。二十年恩诏内开载：二十二年复给。）

**典史**

俸银一十九两五钱二分，遇闰加银二两六钱二分六厘六毫，薪银一十二两。（顺治十六年，裁闰银二两六钱二分六厘六毫。康熙十六年，裁银一十五两七钱六分；二十一年，复留。）

书办一名，银七两二钱，遇闰加银六钱。（顺治九年裁银一两二钱，又裁闰银一钱。康熙元年全裁。）

门子一名，银七两二钱，遇闰加银六钱。（顺治九年裁银一两二钱，又裁闰银一钱。康熙十七年全裁。二十年恩诏内开载：二十二年复给。）

皂隶四名，每名银七两二钱，共银二十八两八钱，遇闰加银二两四钱。（顺治九年裁银四两八钱，又裁闰银四钱。康熙十六年全裁。二十年恩诏内开载：二十二年复给。）

马夫一名，银七两二钱，遇闰加银六钱。（顺治九年裁银一两二钱，又裁闰银一钱。康熙十七年全裁。二十年恩诏内开载：二十二年复给。）

**本县儒学教谕**

俸银一十九两五钱二分，遇闰加银二两六钱二分六厘六毫，薪银一十二两。（顺治十六年，裁闰银二两六钱二分六厘六毫。康熙十六年，分半俸训导支领。）

**训导**（康熙三年裁，康熙十六年复设，俸银与教授各支一半）

俸银一十九两五钱二分，遇闰加银二两六钱二分六厘六毫，薪银一十二两。（顺治十六年裁闰银二两六钱二分六厘六毫，康熙三年全裁。）

斋夫六名，每名银一十二两，共银七十二两，遇闰加银六两。（康熙三年裁三十六两，又裁闰银三两。十五年裁银一十八两。二十年恩诏内开载：二十二年复给。）

膳夫八名，每名银一十两，共银八十两，遇闰加银六两六钱六分六厘六毫。（顺治十四年，连闰银裁半充饷，存半廪生支领。康熙十五年裁银二十两，十六年全裁。二十年恩诏内开载：二十二年复给。）

门子五名，内掌教三名，分教二名，每名银七两二钱，共银三十六两，遇闰加银三两。（康熙三年，训导奉裁，裁银一十四两四钱，又裁闰银一两二钱。十六年，裁银一十四两四钱。十七年，裁银七两二钱。二十年，恩诏内开载：二十二年复给。）

学书一名，银七两二钱，遇闰加银六钱。（康熙二年全裁。）

喂马草料银，每员一十二两，共银二十四两。（康熙三年，训导奉裁，裁银一十二两。

十四年，裁银六两。十六年，全裁。）

廪生二十名，每名廪粮一十二石，每石折征银八钱，共该银一百九十二两。（顺治十四年，裁银一百二十八两，存六十四两。康熙二年分全裁。）

以上官役俸廪共银二千九百二十八两七钱六分二厘。内除东关驿役银二十一两六钱在于驿传银内支给，又外赋油榨、窑治、茶株、船户、鸟户课钞银八两四钱一分五厘二毫凑抵外，又续除节年裁扣充饷外，实征给银一千四百四十三两六钱四分。

**驿站**

本府驿站银一千八百一十五两一钱八分六厘六毫二丝六忽。（顺治九年，裁东关驿书皂银三两六钱。康熙元年，东关驿驿书银六两。康熙十七年，裁四充饷。康熙二十一年，复给二分。）[1]

过往官员下程油烛柴炭银一百二十两。（顺治十四年裁。）

上司经临及一应公干过往官员合用心红、纸札、油烛、柴炭、门厨、皂隶米菜银三十两。（康熙八年全裁。）

上司经临并过往公干官员合用门皂银一百两。（康熙八年全裁。）

雇夫银一千一百五十四两四钱，遇闰加银九十六两二钱。（顺治十四年裁银六两二钱四分，又裁闰银五钱二分。康熙十七年裁四充饷，二十一年复给二分。[2]）

差船三十二只，共银二百二十七两二钱。遇闰，加银一十三两八钱。（康熙十七年，裁四充饷；二十一年，复给二分。）[3]

雇马银一百五十三两，遇闰加银一十二两七钱五分。（顺治十四年裁银四十五两，又裁闰银三两七钱五分。康熙十七年裁四充饷，二十一年复给二分。）

盐院完字号座船水手银一两二钱，遇闰加银一钱，归入运司款内汇解。

以上驿站共银三千六百两九钱八分六厘六毫二丝二忽。内除裁扣充饷并座船水手银归运司款内，又续裁充饷复留二分外，实征给银三千二百八十八两九钱四分六厘五毫二丝二忽。内康熙十七年续奉裁四充饷，二十一年奉诏复留二分，

① 本括号内小字，底本及内阁本有，国图本无。

② 本括号内小字，底本及内阁本有，国图本无。

③ 本条国图本作：差船三十二支，共银二百二十七两二钱。内中船一十二只，每只水手二名，小船二十只，每只水手一名，每名工食银三两六钱，又修船银一两四钱，拨差船头二名，每名银三两六钱。遇闰加役银一十三两八钱。

遇闰加银一百一十八两四钱八分。[①]

**祭祀宾典**

本府各祭祀银一百二十二两七钱三厘二毫五丝。(康熙十五年裁半,十六年存数内裁半,十七年存数内又裁半,十九年全复。)

谕祭银六两六钱六分六厘六毫五丝。(裁复与府祭同。)

芒神、土牛、春酒等银四两。(康熙十六年裁半。)

(原空一行)

本县祭祀银共七十一两(裁复与府祭同)内:

文庙释奠二祭,共银二十六两。

启圣公二祭,共银一十二两。

乡贤祠二祭,共银八两。

城隍庙、土地祠各二祭,共银五两七钱。

四烈祠一祭,银三两三钱;唐将军二祭,共银八两;曹娥孝女祠二祭,共银八两(以上俱县祭内)。

文庙香烛银一两六钱。(康熙十七年裁半。二十年恩诏内开载:二十二年复给。)

迎春、芒神、土牛、春酒银三两。(康熙十六年裁半,二十年恩诏内开载,二十二年复给。)

历日纸料银十四两八钱五分九厘八毫。遇闰加纸银二钱一分八厘五毫。(康熙十五年裁半,二十一年复留解司。)

门神桃符银三两二钱,顺治十四年全裁。

乡饮酒礼二次,银二十两。(顺治十四年裁银一十两,康熙十五年裁银五两,十六年裁银二两五钱,十七年全裁,二十二年复给十两。[②])

提学道岁考、心红、纸札、油烛、柴炭、吏书、廪粮、门皂、米菜银五两五钱。(顺治十四年裁半,康熙元年全裁。)

岁考生员合用试卷、果饼、激赏花红、纸札笔墨并童生果饼、进学花红,府学银一十四两,县学银三十五两。(顺治十四年裁半,康熙元年全裁。)

提学道考试搭盖篷厂,工料银三两。(顺治十四年裁半,康熙元年全裁。)

---

① 本条国图本作:以上驿站共银三千六百两九钱八分六厘六毫二丝二忽。

② 本括号内小字,底本及内阁本有,国图本无。

季考生员，每年量季二次，合用试卷、果饼、激赏花红、纸札笔墨等项，府学银一十二两，县学银六十两。（顺治十四年裁半，康熙十四年裁二十一两，十五年全裁。）

本府岁贡生员路费、旗匾、花红、酒礼银七钱五分。

本府岁贡生赴京路费银三十两。（以上二项，康熙十四年裁半，十五年全裁，二十一年全复。）

各院观风考试生员合用试卷、果饼、激赏花红、纸札笔墨，府学银六两，县学银三十两。（康熙十五年全裁。）

## 杂支

分守道新任、升任、复任合用祭门、祭衙、祭船、猪羊三牲、香烛银二钱八分。（康熙十四年裁半，十五年全裁。）

府、县新官到任、祭门、猪羊、酒、果、香烛，府银二七钱六分，县银二两八钱五分。（康熙十五年全裁。）

府、县升迁给由并应朝起程、复任、公宴、祭门、祭江、猪羊、三牲、酒、果、香烛等项，府银二两，县银二两五钱。（康熙十六年全裁。）

布政司解户二名，每名银三十两，共银六十两。（康熙十四年全裁，二十二年复留解司。）

看守宋理宗庙门子一名，银三两，遇闰加银二钱五分。（康熙十七年全裁。二十年恩诏内开载：二十二年分复给。）

看守三院公署门子一名，银三两，遇闰加银二钱五分。（康熙十七年全裁。二十年恩诏内开载：二十二年分复给。）

本府巡盐应捕六名，每名银七两二钱，共银四十三两二钱，遇闰加银三两六钱。（康熙十四年裁半，十六年全裁。二十年恩诏内开载：二十二年复给。）

本县巡盐应捕八名，每名银七两二钱，共银五十七两六钱，遇闰加银四两八钱。（康熙十四年裁半，十六年全裁。二十年恩诏内开载：二十二年复给。）

冲要一十一铺，司兵四十五名，共银三百八十一两，遇闰加银三十一两七钱五分。内：五云铺五名，每名银九两；织女铺、皋部铺、茅洋铺、陶家堰铺、瓜山铺、黄家堰铺、东关铺、小江铺、白米堰铺、曹娥铺各四名，每名银八两四钱。偏僻二铺，司兵六名，共银四十三两二钱，遇闰加银三两六钱。内：桑盆铺、周家铺各三名，每名银七两二钱。（康熙十六年裁银一百四十八两六钱，十七年裁银一百三十七两八钱，二十年恩诏内开载二十二年复给。）

各渡渡夫一十三名，每名银三两六钱，共银四十六两八钱，遇闰加银三两九钱。内梁湖渡六名，除工食外，每名雇船银二两四钱，于修理王陵余银内支给；清江渡二名，小江渡五名。（顺治十四年裁半，康熙十四年存数内裁半，十七年存数内又裁半，二十年恩诏内开载二十二年复给。）

看守玉山陡门闸闸夫二名，三江大闸一名，每名银三两，共银九两，遇闰加银七钱五分。（康熙十七年裁半，二十年恩诏内开载，二十年复给。）

修城民七料银三十两四钱三分一厘。（康熙十四年裁银五两五钱七分九厘二毫，十五年全裁解司。）

修理官船水手银三十八两，遇闰加役银二两五钱。（康熙十四年全裁。）

修理府县乡饮、公宴、祭祀、新官到任斋宿幕次、器皿什物及经过公干官员轿伞帏褥等银五两。（康熙十四年全裁。）

预备杂用银二百四十一两一钱二分二厘六毫。（内抵昌平州银四两。〇推官经费银一十两。〇按察司进表水手，顺治十四年裁银七钱五分，归款另编外，实该银二百二十六两三钱七分二厘六毫。七分解司，三分存县，听各院司取给举人、贡生路费、卷资。〇奖励激赏孝子、节妇米布。〇起送会试酒席。〇恤刑、按临心红、纸札、油烛、柴炭，并吏书供给。〇贺新进士旗匾、花红、酒礼。〇各院观风。〇进表水手。〇修理院司公馆、器皿、家伙。〇祈晴祷雨香烛、牲果。〇修筑塘闸、椿木等项，其有事出不常，数难定计，俱于备用款内动支，造册请销。康熙十四年裁七分备用银一百五十七两九钱三分五厘八毫二丝充饷，三分备用银一十二两四钱五分一厘一毫。康熙十五年裁银五十五两四钱六分六厘六毫八丝。二十二年复解司备用银一百五十八两四钱六分八毫二丝，县备用银六十七两九钱一分一厘七毫八丝。）[①]

战船民六料银五十三两五钱四分八厘八毫，解司。

浅船料银四百七两三钱八分三毫，解粮道。

孤贫老民二百六十五名，每名年给柴布银六钱，共银一百五十九两。（康熙十五年裁半，十六年全裁，十九年全复，仍给。）

---

① 本条国图本作：预备本县杂用银二百四十一两一钱二分二厘六毫。（内以七分听上司行文取用，三分听本县公事支销，俱明立文案造送查核有余存贮报司以备缓急之需。应支项款开后加增奏笺通数银。昌平州银四两。各院司道取给。举人、贡生路费、卷资等银。奖励激赏孝子、节妇、仁人米布银。按察司进表水手银。恤刑、案临合用心红、纸札、油烛、柴炭，吏书供给银。修理院司公馆、家伙等银，其有事出不常，数难定计，俱于内支取，年终造册，院司道查核。）

府县狱重囚口粮府银三十六两，县银三十六两。

以上祭祀、杂支共银二千一百六两九钱五分二厘四毫。（内除扣解外，实存银一千八百□[①]十一两九钱八分一厘四毫。）

又本色米内复给孤贫口粮米九百五十四石，每石折银一两，该征银九百五十四两，二年一办，每年带征。

本县贡生旗匾、花红、酒礼银三两。（康熙十四年裁半，十五年全裁，二十一年全复。）

岁贡生员赴京路费银三十两。（康熙十四年裁半，十五年全裁，二十一年全复。）

三年一办，每年带征。[②]

科举礼币、进士举人牌坊银九十一两四钱七分四厘七毫四丝三忽。（康熙十四年，裁半。十七年，裁十六两三钱一分一厘二毫六丝八忽三微。十八年，裁六两五钱六分七厘四毫一丝七忽四微五尘。二十一年，全复。）

迎宴新举人合用捷报、旗匾、彩段、旗帐、酒礼、各官酒席，○府银十二两三钱三分四厘解府。（康熙十四等年奉裁，二十一年复留解府。）

县银十二两。（康熙十四年裁半，十五年全裁，二十一年复留。如无中式及有盈余，解府库备下科支用。）[③]

起送会试举人酒席、路费、卷资，○府银八两三钱八分四厘四毫。（康熙十四年裁银一两[④]九钱二分二厘，十五年全裁，二十一年复给。）

县银二十两。（康熙十四年裁银一十两，十五年全裁，二十一年复留，俱征解府库，照起送名数申请动支。）[⑤]

会试举人水手银一百一十二两。（康熙十四年裁半，十五年全裁，二十一年至，复解司库听给。）

贺新进士合用旗匾、花红、酒席，○府银三两九钱八分三厘。（康熙十四年裁银一两九钱九分一厘五毫，十五年全裁，二十一年至复解府听给。）

县银六两六钱六分六厘六毫六丝。（康熙十四年裁银三两三钱三分三厘三毫三丝，

---

① “□”，内阁本作“两”，应是误刻。

② 本行，底本、国图本、内阁本均原作另起一段。

③ 本条，或附前条“府银”后。

④ “一两”，内阁本作“四十一两”，与总额似相违。

⑤ 参前注。

十五年全裁，二十一年复留，征解府库，照中式名数申请动支。）[1]

起送科举生员酒礼、花红、卷资、路费，各官倍席，○府银六两五钱。（康熙十四年裁半，十五年全裁，二十一年复留解府。）

县银三十六两七钱四分六厘七毫。（康熙十四年裁半，十五年全裁，二十一年复留本县征用，照名通融均给。）[2]

武举供给等银六钱一分。（康熙十四年裁半，十七年奉裁，二十一年复留。）

贡院雇税家伙等银二两五钱。（康熙十四年裁半，十五年全裁，二十一年复留解司。）

二、三年一办，共银三百四十六两一钱九分九厘五毫三忽。

**存留本色米**

祭祀米五石。

解运省仓给兵米六千七百八十一石五斗三合四勺。

孤贫二百六十五名，每名岁支米三石六斗，共米九百五十四石。（今每石改征折银一两，该银九百五十四两仍给孤贫。）

以上共存留米七千七百四十石五斗三合四勺。

**原裁解部**

本县捕盗应捕八名，每名银七两二钱，共银五十七两六钱。

上司按临并府县朔望行香、讲书纸札、香烛银九两。

外省马价银一千六百五十三两三钱九分八厘五毫七丝六忽七微三尘七渺七漠八埃二纤。（路费银一十六两五钱三分三厘九毫八丝五忽七微六尘七渺三漠七埃七纤八沙。）

本府预备仓经费银六十八两四钱。

如纸仓经费银一十八两四钱。

本县预备仓经费银二十二两。

预备仓本府杂用三十七两五钱。

预备本县杂用银一百三两。

各役工食裁剩充饷银一两五钱一厘九毫八丝九忽七微四尘二渺八漠。

收领积余银四十八两八钱二分九厘二毫八丝三忽六微四尘二渺三漠四埃六

---

① 参前注。

② 本条，或附前条“府银”后。

纤六沙。

收领积余米三十一石四斗四合六勺九抄五撮九圭。

以上旧编裁剩解部银二千一十九两六钱二分九厘八毫五丝一微二尘二渺九漠二埃八纤六沙。路费银一十六两五钱三分三厘九毫八丝五忽七微六尘七渺三漠七纤八沙。

米三十一石四斗四合六勺九抄五撮九圭。

本县田地、山荡、人丁,共额征银五万一千六百四十二两四钱四分八厘五毫八忽五微八尘。内:

起运各部寺银一万二千八百二十二两四钱九分九厘六毫一丝四忽二微一渺五漠五埃,路费银二百九两九钱四分九厘七毫五丝一忽二微三尘二渺一漠一埃八纤六沙。

随粮带征盐课、渔课银四百六十四两七钱七分三厘二毫七丝六微二尘五渺,内不入田亩银一两四钱九分八厘,路费银一十四两一钱五分二厘八丝三忽一微六渺二埃五纤,内不入田亩银二分五厘四毫六丝四忽九微九尘四渺六漠。

漕运贡具、月粮等银五千一百八十四两九钱五分三厘五毫四丝九忽九微五尘四渺三漠八埃五纤。

留充兵饷银一万九千七百九十二两二钱三分九厘八毫六丝三忽九微二尘五渺,存留银八千五百五十八两一钱七分七厘三毫二丝九忽,又外赋油榨、窑冶、茶株、船户、鸟户课钞抵经费银八两四钱一分五厘二毫。

旧编裁剩解部银二千一十九两六钱二分九厘八毫五丝一微二尘二渺九漠二埃八纤六沙,路费银一十六两五钱三分三厘九毫八丝五忽七微六尘七渺三漠七埃七纤八沙。

顺治九年四月,会议裁扣银三百三十二两。

顺治十二年,会议裁扣银二十五两。

膳夫银四十两(新裁)。

运丁月粮三分,拨还军储充饷银二千一百六十四两六分二厘六毫七丝五忽六微四尘五渺六漠一埃五纤。

本县田地、山荡、人丁共额征米一万一千三百五十八石八斗六升八合五勺九抄五撮九圭,内运丁月粮米三千五百八十六石九斗六升五勺。

存留米七千七百四十石五斗三合四勺。

裁剩解部积余米三十一石四斗四合六勺九抄五撮九圭。(每石改征银一两解司。)

遇闰加银七百九十六两五钱七分六厘二毫九丝六忽二微七尘三渺八漠二埃九纤六沙。(每正银一两,加银一分五厘四毫二丝四忽八微三尘六渺四漠。)

遇闰加米二百七十九石五斗八升四合。(每正米一石,加米二升四合六勺二抄。)

**随粮带征**

**盐课**

水乡荡价银三百八十七两九钱六分二厘七毫七丝六微二尘五渺。

曹娥场小金团税银一两四钱九分八厘。

二项每两滴珠路费一分七厘,该银六两六钱二分八毫三丝三忽一微六漠二埃五纤,内所有水乡荡价、随粮带征、小金团税不入田科,俱征解运司转解。

以上户部项下盐课银三百八十九两四钱六分七毫七丝六微二尘五渺,路费银六两六钱二分八毫三丝三忽一微六漠二埃五纤。

**额外岁征**

**渔课**

黄麻一千八百八十二斤一十三两。(奉文全折该银四十一两四钱二分一厘八毫七丝五忽,每两路费一钱,该银四两一钱四分二厘一毫八丝七忽五微;遇闰加黄麻一百五十六斤十五两,该银三两四钱五分二厘六毫二丝五忽,加路费银三钱四分五厘二毫六丝二忽五微。)

络麻一千八百八十二斤一十三两。(奉文全折该银三十三两八钱九分六毫二丝五忽,每两路费一钱,该银三两三钱八分九厘六丝二忽五微;遇闰加络麻一百五十六斤一十五两,该银二两八钱二分四厘八毫七丝五忽,加路费银二钱八分二厘四毫八丝七忽五微。二项俱随粮带征,解交工部。)

以上工部项下渔课银七十五两三钱一分二厘五毫,路费银七两五钱三分一厘二毫五丝。

**课程**

本县额征课钞一百六十六锭二贯六百文,折银一两六钱六分五厘二毫。有闰加钞四十七锭三贯三百一十九文,折银四钱七分六厘六毫三丝八忽。(俱油榨、窑冶、茶株等户办纳,归经费款支销。)

三界税课局额征课钞四千二百五锭一贯二百五十二文,折银四十二两五分二厘五毫四忽。有闰加钞一百八十一锭三贯六百四十八文,折银一两八钱一分七厘二毫九丝六忽。

伦塘税课局额征课钞七千二百八锭四贯四百五十文，折银七十二两八分八厘九毫。有闰加钞二百一十五锭三贯七百五十文，折银二两一钱五分七厘五毫。

蒿陡税课局额征课钞一千一百六锭二贯一百一十七文，折银一十一两六分四厘二毫三丝四忽。有闰加钞六锭一百一十文，折银六钱二厘二毫。

桑盆税课局额征课钞三千一百三十二锭二贯四十文，折银三十一两三钱二分四厘八丝。有闰加钞一百二十锭七百一文，折银一两二钱一厘四毫二忽。（以上四税课局银，俱均徭内办，拨充兵饷。）

本县河泊所额征课钞一千三百三十五锭一贯五百五十文，折银一十三两三钱五分三厘一毫。有闰加钞八十八锭三贯五百九十文，折银八钱八分七厘一毫八丝。（内随粮带征无闰渔荡银六两六钱三厘一毫，余银六两七钱五分。船户、鸟户出办闰银，船户出办俱归经费款支销。）

桑盆河泊所额征课钞一千一百九十六锭二贯八百五十七文，折银一十一两九钱六分五厘七毫一丝四忽。有闰加钞三百三锭三百四十三文，折银三两三分六毫八丝六忽。（均徭内编，拨充兵饷。）

## 条禁

### 严革厅兜

布政司为遵旨，泣陈坊役奇苦，恳天严革滥役，永禁横派，以苏民困事。据士民张七发等连名呈控：山、会两县，设有厅夫一项，为数多寡不同，甚至一衙门有数十名者，共计二百四十名，每名派工食银三两六钱加闰，一年总计银九百三十余两。官府封印之后，衙蠹、光棍，百十成群，白昼则擒人锁熨，黑夜则破户打索。顷刻之间，每坊索银二十余两，必得借贷典质以应。典质不及直[①]，借营债以应。彼无事之闲夫，预支来岁之工食；困苦之坊役，便起十年之利息。更可奇者，山、会二县驿站，自顺治十五年间，竟派坊里承应，始不过诱贴费，及至年增一年，兵房恶蠹串通各营，飞票如雨，勒令折干，每坊折银三四十两，一年通计一千二百余两。驿站大事，竟令坊长承值，哀吁宪天批敕廉藩通行两县革除等情。奉总督赵[②]批：绍兴一江之隔，山、会二县有此厅夫驿站派累坊长之苦，从未见该管道、府、县申闻一字。今一县如此，县县皆然，仰布政司查究报，奉此遵行，绍兴府提解去后，据绍兴府申称，据山、会两县覆称：曾看得厅夫一项，为库藏监仓重

① “直”，即“值”。

② 总督赵：即赵廷臣，清顺治十八年(1661)始任浙江总督。

地并各宪衙门守宿巡更而设，肇自明世嘉靖年间，每岁终坊长自行给发，非近时创立也。查《驿站全书》，内各有马二十二匹。明季方马倡乱，坊马尽皆抢失，遂照里出夫均出马之制，支领额设马料银两，以竹兜代之。今公请绅衿，传集坊长夫役，公共确议，咸称：厅夫在府县原有库藏监仓之重寄，亦有可裁可汰者，酌定去留，省事省累。至于竹兜代马，既有额设银两可以动支，又有宪颁循环可以稽察，但差遣难计，钱粮有限，俟再从长计议，务使公私两利。等因到府。据此，本府知府夏霖看得厅夫即更夫也，起自明嘉靖年间，我清定鼎以来，相沿无改。今山、会二县坊民张七发等，一控宪台，蒙批本府，一控督宪，批发藩司，行府转发山、会二县查议去后。据县详称：将更夫酌量裁减。前来本府会同酌议，除察院司并提督衙门更夫照旧存留外，今将道府厅更夫酌量裁减，量留数名看守衙宇库藏。造册现在，伏候裁夺。其驿站一项动支额银答应，似与坊长无涉，无容查议。等因。奉抚院蒋[①]批：布政司覆查议报册并发。奉此，该本司看得绍兴厅夫一案[②]，据士民张七发等呈称：绍兴府山、会二县，设有厅夫，系在经制之外，计二百四十名，每名派工食三两六钱，且有加闰，每坊索银二十余两，一年通计银九百三十余两。又山、会二县驿站自顺治十五年间索取坊长贴费，年增一年，每坊出银三四十两，一年通计一千二百余两。驿站大事，竟令坊长承值等情，奉宪批司查究，遵即转行绍兴府提解去后。催据绍兴府申称：厅夫一项，为库藏监仓并各衙门守宿巡更而设，肇自嘉靖年间，其驿站事务，有额设可以动支，循环可以稽察。其厅夫原派二百二十五名，今裁去一百二十九名，仍存九十六名，造册申覆前来。本司查阅该府详册，盖不禁恫心骇目而惊叹不已也。自顺治四年奉有钦颁《经费录》[③]，顺治十四年奉有钦定《赋役全书》[④]，凡征一文、役一人，悉在《赋役全书》之内。盖自古帝王取民有制：有地则有赋，有丁则有役。如漕白二粮、金花正赋、颜料蜡茶、丝绵京绢、油铁之类，皆赋也；如书门皂快、驿站夫马之类，皆役也。自地丁赋役统为一条鞭征收，举凡征民之财，用民之力，汇入《全书》，科入由单。在《全书》、由单之内者，则为经制；在《全书》、由单之外者，即是赃私，直省官民莫敢或违也。恭绎部文，内开经费既定，官府无捉襟露肘之虞，衙役有代耕糊口之资，小民免滥征横敛之苦。此外毫有私增，即计赃论罪。功令煌煌，炳如日星，岂绍郡守令独不闻焉？敢将驿站厅夫名色每年私派至二千一百三十余两，此大可异也。据府详称，为库藏监仓、各衙门守宿巡更而设。但本司恭绎《经费录》与《赋役全书》内开，府有库书一名、仓书一名、库子四名、斗级六名、禁卒一十二名；县有库书一名、仓书一名、库子四名、斗级四名、禁卒八名。则是库藏监仓未尝乏人，何得另

① 抚院蒋：即蒋国柱，清康熙三年（1664），授浙江巡抚。

② 案亦载李渔《资治新书二集》“查复科派厅夫银两”篇。

③ 《经费录》：顺治四年（1647）颁布，载录户部统一规定的各级衙门官员人数编制和俸禄经费等。

④ 《赋役全书》：明代实行“一条鞭法”后编订，是各省征收地丁钱粮的总册。

派民夫也？其各衙门守宿巡更，查府有马快十名、步快十六名、皂隶十六名，县有马快八名、皂隶十六名、民壮五十名。凡马快、步快、民壮岂专勾摄人犯？皂隶岂专喝道刑人？凡衙门公务，奔走服役，自应在官人役为之，而守宿巡更其首务也，何得另派民夫也？再查该府册开厅夫裁留数目，除提督府更夫十名、茶夫二名、打扫一名，并绍协更夫二名。今文武分途，本司不议外，据府册开，察院司更夫五名、茶夫二名、愍孝祠①夫一名。查《赋役全书》，绍兴额编看守察院公署、布按二司府馆门子二十三名，役银七十七两六钱。又看守祠庙亭馆门子五名，役银一十七两一钱。则是看守衙署、祠庙未尝乏人，何得另派民夫也？又据府册开铺夫六名、总铺夫五名、县铺夫五名，查《全书》额编，绍兴冲僻共九十二铺，共司兵三百六十名，役银二千七百九十七两八钱。则是铺递公文未尝乏人，何得另派民夫也？以上俱有经制人役、额编工食，不当另派坊里。再据府册开守道司更夫四十二名、茶夫二名、打扫夫二名、绍兴大观堂夫五名、镇越堂夫五名、堂上夫五名、仪门夫五名、头门夫二名、西墙夫五名、东墙夫五名，山、会二县头门、堂上、衙后、光化亭共夫三十五名，同知、通判、推官各堂上役、后东园、中园、西园名色，莫不派夫三五名，并府首领、县佐贰、儒学，莫不私役民夫，此皆私派厉民，不法已甚。合照因公科敛，八十以上应得真绞。至于驿递钱粮，查山阴县额编二千二百四十两九钱九分二厘，会稽县额编三千四百六两九钱四分六厘，以上答应，勘合火牌并宪牌，充然有余。如有横索夫马者，自有宪颁循环号簿可以稽核。不知该府县将驿站钱粮作何交销，而派坊里贴费，且累坊里承值，此大不可解也。更可异者，奉宪严批驳查之后，该府县尚议留用夫九十六名。当此圣主当阳，百度维新之日，申饬私派不啻霜严。该府县非但不知朝廷之功令为何事，并不知己之头颅为何物矣。且将钦颁之《经费录》、钦定之《赋役全书》，该府县抗不遵守，而反遵明季私贴之例，此岂为臣子者之所敢言也？此案合行揭参。但在康熙六年七月初七日恩赦以前，伏祈宪台严加批敕。嗣后如有私派坊里一夫者，里民告发，即以私派从重题参，听候部议可也。再查此案，该府申详业已承认，其张七发等所呈是实，不必再审，伏候宪台批示。即候宪台给发告示，令该府县刊刻木榜，竖立通衢，永为遵守。至于宪批一县如此，县县皆然。但未据有告发，难以悬揣。伏祈宪台批示，通行严饬，取通省各府县有无私派结状，呈送查考可也等因。于康熙六年十月十六日呈详，奉总督赵批：凡经制之外，多设一人，则为白役；赋役之外，多征一分，则为私派。据详山、会两县因循锢弊，设厅夫则加派工食，冒驿站而扰累坊夫，大干功令。虽事在赦前，法应题参。但历年厅夫额设各役工食与驿站钱粮，是何官役侵欺，仰司再一严审，另详揭报，以凭题参缴。奉此，又奉抚院蒋批：驿站夫马是有额编，

① 愍孝祠：据万历《绍兴府志》载，愍孝祠在宝珠桥边，宋太守王绹建，祀孝子蔡定。明嘉靖中以曾通判志并祀，改额曰忠孝。

款项俱皆官雇官养，承应差使各衙门人役，俱照钦颁《经费录》留用，乃山、会二县于驿递则派坊长贴费承值，于各衙门守宿巡更夫役则派工食至二千余两，殊干功令[①]。念在赦前，姑免题参追究。如详给发告示，永行禁革，其承值提协衙门夫役一并革去。仍令刊刻木榜，竖立通衢。如再有前弊，即以私派揭报题参，并通饬各府县有无此等私派，取结呈送查考，仍候部院批示行缴。奉此，除严行绍兴府查明官役侵欺另详外，合行严禁。为此示仰官吏士民人等，查照本司详奉宪批事理，嗣后，凡衙门人役，自有钦定《赋役全书》刊载经制，不得于《全书》由单之外，多征一文、多役一人；经临过往，自有驿站钱粮动支答应，不得另派民夫承值。如有府县官吏故违功令，私派坊里情弊，该坊里即据实控告，督抚部院衙门以凭从重题参，须至示者。

### 申严包役

巡抚都察院范[②]，为申严落甲自运银米，以杜包歇侵挪，以除里递赔累事：照得额赋派征田地，丝毫均系钱粮，凡有田产人户名下条银粮米完之于官者，自当依期完纳；输之里递者，亦宜及时输将，庶在己无催科之扰，于人鲜候比之累。乃闻浙省杭、嘉等府条银粮米设有见年粮长名色，催纳银米赴县比较[③]。有等奸豪里递，以见年粮长比较完欠，与己痛痒无关。有暮四朝三、经年不纳者，有色银小戥准斛粞谷硬勒收纳者，有数年钱粮延挨拖欠竟不完纳者，有串通蠹歇、或捏赔亏、或称故绝纵令代赔者，以致守分良民弃田卖屋，鬻子售妻，饮泣吞声，不敢告讦。今届值大造之期，正里役薪编之际，务祛积弊，以奠民生，姑赦旧奸，一敷新令。概将见年粮长名色尽行革除，其各甲田地人户，悉照自己名下应征银米，依限完纳。县官催征银米，俱照赤历人户田粮，刊给易知长单。每遇开征伊始，即发一单与各里户，照限自赍赴比。如有预期完柜上仓者，即于簿上注明，给票归农，不得重勒比较。倘奸头人户抗不完纳，即用飞单摘追。著令甲总及下名，每年照分挨次轮传欠户，照欠完纳，概禁差人滋扰。如系一人十分，即自催自完，不必更催他甲，甚为小民简便。但恐奸顽里户蠹恶歇家，仍冀往年拖欠代赔故辙，合行给示通饬晓谕。为此示仰该县官吏、粮里士民人等知悉：嗣后，凡有各甲人户田地应征银米，各照赤历簿刊给简明长单，各户着令依限完纳赴比。如有奸顽里户及乡绅劣衿仍然抗违，不行遵法完纳，希冀复累他人者，该县官即行飞章摘追。倘再顽视抗延，一面严提

---

① 殊干功令：干，冒犯；功令，法令。

② 巡抚都察院范：即范承谟，清康熙七年(1668)任浙江巡抚。

③ 比较：旧时官府征收钱粮、缉拿人犯等，立有期限，至期不能完成，须受责罚，然后再限日完成，称作“比较”。

究比，一面具文申报，以凭照抗粮例从重究处。如长单内有多开升合厘毫者，里户即赍单赴告，官役立刻参拿，均不姑贷。各宜慎之，毋自贻戚。特示。康熙十年九月日给。

少京兆尹姜希辙书禁革私派详议后曰：昔曹参代萧何为汉相国，举事无所变更，一遵萧何约束，而百姓歌之曰“萧何为法，觏若画一。曹参代之，守而勿失”。盖从来作法之人，非得后之人守而勿失，则其法且不行，即行之，亦不可久。明天顺间，朱御史所行两役法未尝不欲便民也，而法久蠹生，其为害也，不可底止。盖非法之不善，由奉行者之不得其人也。庞御史救民水火，创立为一条鞭，真万世之良法也。当奉行之始，吏有所不得逞，乃哗言不便，非张文恭[①]移书当道，陈利害甚悉，法几中变矣。子产众毋受谤，舆人虽百庞公，亦奚益哉！迨至明季，旧制渐湮，如厅夫、驿站，较前之额办、坐办，更加百倍。如值月之幕次、竹兜，猪羊酒面满馔，募夫较前之杂办、撮办更苦万分。一当值月，缓则签票追呼，急则锁吊逼勒。康熙六年，贡生张翼辰[②]身受荼毒，乃以坊役奇苦呈鸣督抚两院，蒙赵督台、蒋部院、袁方伯轸念民瘼，厘剔奸弊，细查钦颁《经费录》与《赋役全书》，自官府隶役以至驿站纤夫，俸薪工食、烛炭纸张无不有额定经制，两院藩司虚公核算，严批立石：凡经制之外多设一人即为白役，赋役之外多征一分即为私派。申饬通省，仍照庞公旧例，一应丁土钱粮编入条鞭之内者，坊里已有额设；如有横征苛敛溢出条鞭之外者，官吏犯此即是赃私。功令煌煌，炳如星日，奈天不憖遗一老。赵督台罗池庙祀已为全浙福神，蒋部院竹马儿童不得并州再任，良法美意又将视若弁髦矣。万民有幸，恭逢袁方伯刻入浙藩详议，持之愈坚；范抚院洞晰里递凋残，禁之愈厉；张明府仰承上台德意，奉之愈谨。庶几，八邑穷黎，尚可存活，故益信萧酂侯画一之法，必得居心清净如曹相国者，方能守而勿失也。况翼辰为张文恭诸孙，克缵先烈，矢志澄清，使通郡之人知一条鞭之初行而不至于凿枘，与一条鞭之中废而不至于凌彝，皆张氏之力也。且翼辰家近庞御史祠，少尝读书其中，肸蠁不遥，其为御史之所式凭乎？不然，何其侃侃以复条鞭为一人任也？

**会稽县志卷第十一终**

---

① 张文恭：即张元忭。

② 张翼辰：参见雍正《山阴县志》卷十一“田赋志下”，嘉庆《山阴县志》卷十五附传于兄张际辰传下。

# 会稽县志卷第十二

## 水利志

塘　堰　桥　门　坝　闸　湖　碶　池

夫会稽上承诸流，而下迫海，其赋入之多寡，恒视诸蓄泄之时否。故亩者，胃也；上流者，咽喉也；海者，尾闾也。咽喉治，尾闾节，则胃和而精布，否则否。夫咽喉、尾闾，胃之所由以养者也。余故志水利于徭赋之后，俾司牧者知所重焉。（徐渭）

### 塘

**官塘**　自五云门外，东至曹娥，延亘九十二里，即故镜湖塘也。（东汉永和五年，太守马臻所筑，以蓄水。水高于田，田高于海，各丈余。旱则泄湖之水以溉田，潦则泄田之水以入海。沿塘置斗门[①]、堰、闸，以时启闭。）

**海塘**　在县东北四十里，随[②]海塘也。东自曹娥上虞界，西抵宋家溇山阴界，延亘百余里，以蓄水溉田。（隆兴中，给事中吴芾[③]重加浚叠，李益谦撰《记》[④]云：府城北水

① 斗门：我国古代类似水闸功能的一种水利设施。今绍兴市越城区有斗门街道，其名即源自此。

② “随”，或为“隋”之误。

③ 吴芾：万历《绍兴府志》卷之三十七有传：吴芾，字明可，仙居人。初为秘书正字。与秦桧不合，出判处、婺、越三郡，皆有善政。隆兴间，知绍兴。会稽赋重，而折色尤甚，芾以陵寝所在，奏免会稽支移折变。时鉴湖久废，会岁饥，出常平米，募饥民浚治之。尝曰：“视官物当如己物，官事当如私事，与其得罪百姓，宁得罪上官。”祀名宦。

④ 《记》：即《修会稽防海塘记》。

行四十里，有塘曰防海塘，自李浚之[①]、皇甫政[②]、李左次躬修之，莫原所始，至今有塘如故。明弘治间易以石，费巨万。正德七年七月，风潮坏之，复易以土。嘉靖十二年，居民复有以石请者，知县王教议曰：塘临大海，下皆浮沙，每遇风潮，水啮沙，沙崩，石岂能自住？每一修筑，则石费每倍于土，困诎不支。为今之计，莫如计算丁田，仍筑土塘，但令高阔坚致，遍植榆、柳、茭、芦以护之，专设圩长看守，督令水利官时往省视，即有坍溃，随缺随补。如此则财无妄费，而事可以永遵矣。）

**王化塘、苏家塘、慈家塘、山塘、郑家塘、庙基塘、长塘、纺车塘、毛家塘、严家塘、阮家塘、下庵塘、莫家塘、后陈塘、里塘、漩塘、清水塘、大墓塘、韩家塘、坳岭塘、吴家塘、管家塘、刺菱塘、西墺塘、曲尺塘、大贫塘、新塘、庙下里塘、苏家坞塘、狮山塘、庙下大塘小塘、汪家塘、演塘、山塘、旱塘、大塘、牛石塘、茅塘、东屋塘、秀才湾口塘、高桃山头塘、庙下塘、门口塘、太平沟溜。**（以上俱在二十一都，源出日铸诸山，流为大舜溪，出华家渡，注于小舜江。）

**娄墺塘、达郭塘**　俱在二十二都，源出静林诸山，流为达郭溪、横溪、白水溪，出汤浦，会广陵溪、印竹涧[③]，注于小舜江。

**韩家塘、李家塘、许家塘、神道路塘**　俱在三十都，源出秦望、陶宴诸山，流为若耶溪。

**后海塘**　去县东北八十里。周延德乡、纂风镇，凡三千七百一十一丈，用以捍御风涛，一乡之田庐借此得免于漂溺。缘旧时发概县丁夫修筑，近年以来，止令本乡居民照丁派修，以抵一应差徭。

## 堰

**东郭堰**　在县东南三里，东门内。

**都泗堰**　在县东二里，都泗门内，龙华寺侧。（遗址尚存。二堰旧在城外，元至正十二年增筑坊郭，一乡入城内，亦水道所经，姑存旧志。[④]）

---

① “李浚之”：应作“李俊之”。万历《绍兴府志》卷之三十七有传：李俊之，开元中为会稽令。县东北有防海塘，自上虞江抵山阴百余里，以潴水溉田，俊之增修焉，民赖其利。其后，令李左次又增修之。

② 皇甫政：万历《绍兴府志》卷之三十七有传：皇甫政，唐贞元三年(787)为浙东观察使，在镇十年，多惠迹，修治水利，开凿玉山、朱储二斗门，以时蓄泄，民甚德之。

③ “印竹涧”，后文“淳湖、黄豆湖、汤湖”条内作“斤竹涧”。

④ 姑存旧志：万历《绍兴府志》卷四载：元至正十二年(1352)，笃满帖睦迩增筑坊郭，一乡入城内，始甃石置月城以开堑河。

**梅龙堰**　在穹桥[①]东一里许。(因禹庙梅梁[②],故名。南自刻石诸山,逶迤东北,出入千岩万壑中,而流者曰平水溪。北会西湖、孔湖、铸浦、寒溪、上灶溪诸水,经若耶溪、樵风泾而分为双溪。西会禹池,通鸭塞港,抵城隍而入于官河,遂由梅龙堰而北注。)

**石堰**　在县东三里,少微山东[③]。(旧有闸,今废。自双溪东会浪港,经大湖头、划船港而入官河,遂由此堰而北注。)

**董家堰**　在石堰东四里。

**皋部堰**　在董家堰东六里。(自源出宝山曰御河,北流会鳗池,西折过洞浦,入于官河,为独树洋,遂由董家、皋部二堰而北注。)

**樊江堰**　在皋部堰东六里。

**政平堰**　在樊江堰东三里。

**茅洋堰**　在政平堰东五里。

**陶家西堰**　在茅洋东六里。

**瓜山堰**　在陶家堰东五里。(旧有闸,今废。自源出诸葛山曰清塘等溪,西入卢家荡,南接富盛溪,北流入官河,为茅洋,为白塔洋,遂由樊江,政平,茅洋,陶家东、西,瓜山六堰而北注。)

**夏家堰**　在瓜山堰东五里。

**黄家堰**　在夏家堰东五里。

**彭家堰**　在黄家堰东二里。(自源出凤凰诸山曰伧塘溪,会谢憩、康家、泉湖、西澍等湖,出泾口,入于河。遂由夏家、黄家、彭家三堰而北注。)

**白米堰**　东去彭家堰一十三里。

**新埭堰**　在县东七十里。

**杜浦堰**　在县东北五十五里。

**苦里堰**　在县东北五十里。

**严浦堰**　在县东北三十一里。

**蛏浦堰**　在县东北三十里。(以上五堰,皆水道所趋以入海,故筑塘以壅之。堰者,壅之者也。)

---

① 穹桥:本卷另条及徐渭《水利考》内作“吊桥”。

② 禹庙梅梁:嘉泰《会稽志》卷第六载“《越绝书》云,少康立祠于禹陵所。梁时修庙,唯欠一梁,俄风雨大至,湖中得一木,取以为梁,即梅梁也”。《越绝书》(中华书局 2020 年 8 月版,张仲清译注)未见该条内容。

③ 本志卷第三“少微山”条载:少微山,在县东一十二里。若石堰在少微山东,理应距城更远。

## 桥

**吊桥**　在县东三里，五云门外。

**闸桥**　凡四门，在三十二都[①]，会千岩万壑之水以注镜湖，其趋下之势奔腾砰湃，而桥无倾圮。

## 门

**蒿口斗门**　南出白米堰五里。（旧自官河东流，经白米堰南折注蒿沥口，入于江，今斗门废而为堰，水遂却行，北流入官河。）

**玉山斗门**　在府城北三十里。（唐浙东观察使皇甫政凿，曾南丰[②]所谓“朱储斗门”是也。门凡八，其三门隶会稽。明王守仁诗：胼胝深感昔人劳，百尺洪梁压巨鳌。潮应三江天堑逼，山分两岸海门高。溅空飞雪和天白，激石冲雷动地号。圣代不忧陵谷变，坤维千古护江皋。）

## 坝

**曹娥坝**　东去白米堰七里。（即曹娥江，旧有闸，又有斗门，宋曾公亮[③]宰邑时所置。曾南丰《鉴湖序》云：湖有斗门六，曹娥其一也。旧时，本县之水东流入江，今斗门废而为坝，水遂却行入官河，同诸堰北注之，水达诸乡，汇玉山，放应宿闸而朝宗于海。）

## 闸

**三江应宿闸**　在府城北三十八里，三江所城西门外。（嘉靖十六年，知府汤绍恩建，凡二十八洞，筑堤百余丈。陶谐《记》：绍兴属邑八，惟山阴、会稽、萧山土田最下，苦于潦。守此者尝设玉山、扁拖两闸以泄之。潦甚则暂决海塘以疏之。然两闸口狭甚，水至此则却行，泛浸数百里；决海塘则激湍猛悍，并大为田患。嘉靖丙申，西蜀汤公绍恩来守郡，悯之，求所以制水者，乃走海口曰三江者相度之，得海口山首尾相延数十丈，间有石横亘如甬。公乃驰归，谋于僚属，即白于御史周公汝贞。既得可，乃择干民百余人以长之，役丁夫数千人。辇巨石，与山甬石相牝

---

① 万历志第五卷载：第三十二都领图一，宋元为五云乡，领里二，曰石帆、西施。

② 曾南丰：即曾巩。曾巩《鉴湖图序》云：其北曰朱储斗门，去湖最远，盖因三江之上、两山之间，疏为二门，而以时视田中之水，小溢则纵其一，大溢则尽纵之，使入于三江之口。

③ 曾公亮：北宋政治家、学者，天圣二年(1024)授越州会稽知县。《宋史·曾公亮传》载：公亮立斗门，泄水入曹娥江，民受其利。

牡以槛，锢以秫粥灰，上[1]纵横梁驾之，中槽以复板，为洞二十有八。其长望首尾之山，石刻水则以准，其北接以土堤数十丈，始苦淖莫测，先以铁，继用篃簬，发北山石投之。左右亦用石，其长四百丈，广四十丈有奇。闸始于丙申七月，六易朔而成，其费银凡六千两有奇，赋于三邑之亩，丁夫科于编氓，率更番以役。塘始于丁酉三月，五易朔而成，其费银数视闸，役丁亦然。又以其羡，置小闸于其要处者五，于是水不复却行，塘亦不复再决且筑。若向者诸患，而潮汐为闸与土塘所遏不得上，渐得田万余亩。堤之外有山翼之，淤为壤，亦渐可得田数百顷。其沮洳[2]可蒲可苇，其泻卤可盐，其泽可渔，其疆可桑，其途可通商旅。是举也，既有塘以为之蓄，而又有闸以为之泄，则涝不虑乎溢，而旱不虑乎涸矣。故公[3]之议者曰：前乎汉而无海塘，则镜湖不可不筑；后于宋而有海塘，则镜湖可以不复也。若夫县之东南，田附山麓，地势高峻，然各有泉可给，是以或引之而为沟，或障之而为碑，或浸之而为湖，或潴之而为塘，因其势以利导之而已。〇崇祯间，塘将坏，太史余煌请诸当道各官捐俸、士民助资修补，塘复完，民至今赖之。余煌《记》：自汤公笃斋建三江闸，而山、会、萧三邑无水旱忧，殆百年矣。然以一重门限，外御连山喷海之潮，内泻砯崖转石之水，其砥不能无啮，而址不能无圮，势也。戊辰海溢，漂没田庐，而塘适当厥冲，尾闾泄之。岁每苦旱，田谷不登，利之源反为害之薮矣。会鹾使留孺张公按越，问疾苦；而守道林公首陈闸弊、宜增修。张公乃亲诣三江，感叹汤功，洒涕祠下。悉索羡赢，风谕捐助，议遂定。先是，按院宁斋萧公锐意斯举，闻定议，亦悉索羡赢，檄下郡邑，于是山、会、萧之邑侯俱以俸入先之。冬孟中旬，始用祭告，有事于三江，庀材鸠工，先筑巨堰以障洪流，继筑小堤以决潴水，唯尾箕逶迤而西，诸洞最深，旋涸旋潴，佥欲苟且报完。林公戴星驾湖舫，犒劝役夫，昼夜并作。又浚泥沙丈余，直穷根底，锢以灰铁。闸下槛上梁，犬牙相错，环互钩连，岁久漂流，十存其一，兹则更其朽泐，补其残阙，前人未及修者，倍加固焉。至于塘闸交会所尤要害，昔垒石已鱼烂，乃悉撤之，甃以巨石，使水不得内攻。而塘尤闸之锁钥，旧制广四十丈有奇，树桑杨，使根株盘结，以御水冲。豪右侵渔者稍恢复，令相依为固，如是而塘工庶乎全。纪其时，才两易朔。役初兴，潮甚壮，人颇危惧，则更祷于海若及汤公，潮稍稍落，久不雨，燠如春，益悦以劝。自兴工迄竣事，无怨咨者。予观陶庄敏之记汤公曰“排众论而身任之”，张文恭之记萧公曰“时有以不急议公者”，然则当时民情之难调如此，岂昔之民皆怨讟，今之民皆忠爱哉？请以近事征之昨。壬申夏，不雨，井枯河槁，涓滴余流，直走巨壑。土人具畚锸，悉力塞之，而石罅注射，势若攒矛，朝堙而夕溃矣。水源浸竭，田获渐微，然犹可诿者曰旱。今癸酉，水潦时降，占宜得丰，而溃决莫支，桔槔滋困，农家皇皇于水利

① “上”，国图本、内阁本均作“土”。

② 沮洳：低湿之地。

③ “公”，国图本、内阁本作“今”。

甚矣。然则今日之举，功验较著。昔为修秃治疡，而今为解悬拯溺，有烦无怨，固其所已。夫任天下之德者，恒不避怨，况乎其无怨也。虽然，余少时同诸大夫谋举是役，迟之十年者何？盖长吏不欲受“劳民伤财”名，且潮汐淫溢，惧中废，为人口实，是用袖手旁观，其势不至大决裂不止也。今断而行之，一劳永利。则诸大夫轸切民瘼之力，岂其微哉？其经营供亿，详载别简，以诒来者。①

皇清康熙二十一年，福建总督姚启圣②重修。姜希辙《记》：吾郡三江应宿闸，旱有蓄，潦有泄，启闭有时，则山、会、萧之田，去污莱而成膏壤者，富顺汤公赐也。水啮石罅，久之，罅渐疏，水益驶，以次剥蚀，有岌岌就圮之势。越五十年，而宛陵萧公③为之沃锡以塞其内，甃石以蔽其外，视昔称壮观矣。再五十年，守道林公④以盐使张公⑤命，亲董斯役，倍加固焉。大率五十年，则坚者必隤，而修筑之功不能已。陶庄敏⑥、张文恭、余学士⑦记之详矣。呜呼！时皆守土者之责，而乡士大夫之所忧也。比年，水旱荐至，复患漏卮，旱则易涸，潦则溃决。诸父老咨嗟告语，盖以时考之，亦及期矣。辛酉、壬戌间，西江塘决，三邑田亩再岁不登，民力告病。当事者议兴工役，踟蹰未决。大司马忧庵姚公时方总督闽、越，一闻舆论，慨然为己任，而并有事于西江，寓书于予，谓：“水得顺从闸出，不得横从塘入。以为我父母之邦忧，即惟力是视，窃所愿也。”公赋性慷慨，戮力疆场，为圣天子东南倚重之臣，日讨军实，而问罪于波涛，乃⑧能顾念维桑，不遗余力如此。盖公之公忠体国与敦本笃亲，其心若一，故视招携敌忾、靖乱安邦，如其身家之事。即视捍灾御患、保护乡闾，如其当官之事。盖志之所至，力无不殚。于是叹公之度量宏远，为不可及矣。公之介弟、候选别驾君起凤，属员候选县令张君锖，受公委任，来董其事。吾绅在籍者，侍御余公缙⑨、主政何公天宠⑩、大参陈公必成⑪，咸精思虑，勤视履，以协助之。五月之望，郡侯王公⑫有事于神而

① 国图本，本条文字至此毕。

② 姚启圣：字熙止，号忧庵，会稽人，隶汉军镶红旗。康熙间政治家、军事家，收复台湾的决定性人物之一。乾隆《绍兴府志》卷之五十有传。

③ 宛陵萧公：即萧良幹，字以宁，号拙斋，泾县（今安徽宣城，古称宛陵）人。万历十一年(1583)至十五年任绍兴知府。

④ 守道林公：即林日瑞，东山（今属福建漳州市）人。

⑤ 盐使张公：即张任学，安岳（今属四川资阳市）人，《明史》有传。

⑥ 陶庄敏：即陶谐，明会稽人，本志卷第二十三有传。

⑦ 余学士，即余煌，明会稽人，本志卷第二十五有传。

⑧ 内阁本、哈佛本，本条文字“乃”字后缺。

⑨ 余缙：乾隆《绍兴府志》卷之五十有传。

⑩ 何天宠：乾隆《绍兴府志》卷之六十一有传。

⑪ 陈必成：乾隆《绍兴府志》卷之五十三有传。

⑫ 郡侯王公：即王之宾，奉天沈阳人，清康熙十九年(1680)任绍兴知府。

兴役焉，再易朔而告竣。凡用夫匠、灰铁、竹木、置田、起土皆以数百万计。昔筑堤以卫塘，内外各二，今则内外各一，为费较省。昔之补罅，先下而后上，今则先上而后下，为期较速。斯固董事者之授方任能，而致有成效也耶！是役也，秋涛独盛，入冬而澎湃之声犹闻数十里。议者以为功未易举，今且乐成而兴颂焉，非公济物之怀，协于於穆，神陟降而式凭之，乌能至此？予言不文，非敢曰足以记公之功于不朽，聊以慰父老惓惓之意。）

## 湖

**李家湖、小官湖、大官湖、丁家湖**　俱在二十一都，源出日铸诸山，流为大舜溪，出华家渡，注于小舜江。

**淳湖、黄豆湖、汤湖**　俱在二十二都，源出静林诸山，流为达郭溪、横溪、白木溪，出汤浦，会广陵溪、斤竹涧，注于小舜江。

**长湖、舍湖、珠湖、嬉湖、招福湖、石浦湖、丁家湖、鹁鸽湖**　俱在二十三都，源出石陇、谢憩诸山，流于汤浦、石浦，而注于小舜江。

**舒屈湖、沥上湖、沥下湖、白荡湖、洗马湖**（源出驻跸、天荒、蒲萄岭诸山，流为汪家岩溪，注于小舜江），**白马湖、车家湖、姚家湖、范洋湖、杜家湖、离家湖、沈家湖**（俱在二十四都，源出龙塘诸山，流于范洋浦，出蒋家山，会于剡江。）

**桥亭湖**　在三十都，源出秦望、陶宴诸山，流为若耶溪。

**西宝贾家湖**　在三十一都，源出天柱、赤堇诸山，流为细桥河、孙塽溪，会铸浦，入若耶溪。

## 碶

**树潭碶、保碶**　俱在二十一都，源出日铸诸山，流为大舜溪，出华家渡，注于小舜江。

**乌口碶、长碶、黄檀碶、范家碶、大碶**　俱在二十七都，源出王顾诸山，经南嵴口，会大丘头而注于小舜江。

**上冯碶、花岩碶、袁村碶、官佩碶、黄莺碶、王昂碶、青衣潭碶**（源出分水岭南诸水，经馒头石至南嵴口，会大丘头而注于小舜江），**杨村碶、安家岭碶、叶村碶、花檀碶、清水碶**（俱在二十八都，源出分水岭北诸山，流为杳郭溪，出石牌头，会于若耶溪。）

**遂安碶、清水碶、石础碶**　俱在二十九都，源出石刻、上眉、中眉、下眉诸山，流为洪溪、达洪、曹弄诸溪，出鹿里，会于若耶溪。

**叶家礶碶、仙公石碶、长潭碶、若耶溪碶、木桥碶、泉井潭碶、长滩碶**　俱在三十都，源出秦望、陶宴诸山，流为若耶溪。

## 池

**蒋家池**　在三十都，源出秦望、陶宴诸山，流为若耶溪。

**昌园白鹤池**　源出宛委诸山，注于若耶溪，自县五云乡二十五里北入镜湖。

**司前坂池、横河坂池、二保坂池、团前坂池、塔下坂池、水仓坂池、官庄坂池、祠堂坂池、南官庄池、张家埠池、西河坂池**　俱在三十三都之地，在上虞县夏盖湖之下，流势颇高阜，不能承湖流之灌，惟取给于各坂之池。

**水利考**　马尧相所述云：会稽水源自西南而流入东北，在昔与海潮相通，湃泻不节，民受其病。自汉马臻筑镜湖以受诸山之水，沿堤置斗门、堰、闸，以时启闭，水少则泄湖之水以灌田，水多则闭湖，泄田之水以入于海，九万膏腴咸沐其利。厥后增筑海塘，开玉山斗门，而湖之堤渐废。宋时虽有复湖之议，而今则有不必然者矣，何则？会稽支分派别之水，其源数十，其横而受水者则曰运河焉。自鹅鼻山逶迤东北，出入千岩万壑中而流者曰平水。北会西湖、谢湖、周湖、孔湖、铸浦、上灶诸水，经若耶、樵风泾而分为双溪。西会禹池，通鸭塞港，抵城隍而入于官河，遂由吊桥、梅龙堰而东会浪港，经大湖头、划船港而入于官河，遂由石堰而下（前梅龙堰下注本此）。又源出宝山者曰御河，北流会鳗池，西折通洞浦，入官河而为独树洋，遂由董家、皋部二堰而下（前皋部堰下注本此）。又源出诸葛山曰青塘等溪，西入卢家荡，南接富盛溪，北流入官河，为茅洋，为白塔洋，遂出樊江、茅洋、政平、陶家、瓜山五堰而下（前瓜山堰下注本此）。又源出白木冈曰伧塘溪，会谢憩、康家、泉湖、西澍等湖，出于泾，入于河，遂由夏家、黄家、彭家三堰而下（前彭家堰下注本此）。再东为东关河，由白米堰东流为曹娥，南折为蒿坝[①]（前曹娥坝下注本此），俱旧有斗门，遗址尚存也。凡诸河道纵横，一皆镜湖遗迹，而诸堰下注玉山斗门以入于海。用是观之，田之沿山者，受浸于泉源，而其滨海者，取给于支流，既获其租，又免其患，两利而兼收者，实赖后海塘以为之蓄泄也。是以前乎汉而无海塘，则镜湖不可不筑；后乎宋而无镜湖，则海塘不可不修。然又有可虑者，盖浦阳、暨阳诸湖之水俱入暨阳江，西北折而入浙江，其势回环，不能直锐，遂逾渔浦流注钱清江，北出白马等闸以入于海。迄今闸久淤塞，水道不通，一有泛溢，则不东注，而以会稽为壑。虽有玉山斗门，不足以泻横流之势，每于蒿口、曹娥、贺盘、黄草沥、直落施等处开掘塘缺，虽得少舒一时之急，而即欲修补以备潴蓄[②]，则又难为工矣。是以恒有旱干之虞。为

---

① “蒿坝”，国图本、内阁本均作“蒿沥”。

② 潴蓄：蓄洪贮水。

今之计，莫若浚诸河渠而使之深，则可储蓄而不患于旱。近守南大吉之法可遵也。又增修堰闸而使之多，则可散泻水势而不患于潦。旧令曾公亮之迹可复也。又修筑海塘而使之完且高，则可捍御风潮而不患于泛溢。近岁知县王教土塘榆柳之议，不可易也。三事既举，黎民尚亦有利哉！若夫县之东北有湖曰贺家，周围数乡虽曰鱼鳖茭芦，其利颇博，但地势最下，非若昔之镜湖水高于田，则今固不能使此湖之水倒行而逆流也。又有县之东南沿舜溪两岸，而田虽地势高峻，然各有泉可蓄，若曰珠，曰舍，曰汤，曰长，曰嬉，曰石浦，曰舒屈，曰招福，曰丁家，曰鹁鸽，曰沥上，曰沥下，曰白荡，曰洗马等湖，惟各因其势而利导之，则其田皆可获矣。此皆在所必讲者也。〇金阶所述云：按诸乡之田（一都至二十都、三十一都、三十二都，凡二十二都），其地卑，其土泥淖，其水钟聚，不患其不蓄，而患其所以泄之者有弗时也。山乡之田（二十一都至三十都，凡八都），其地高，其土砂砾，其水涌，不患其不泄，而患其所以蓄之者有弗豫也。山乡东南又有范洋之湖（二十四都），为众山之壑，淫雨浃旬，洪水泛溢，所谓内涨也。内涨不泄，遂成积患。故涨于内者，求所以泄之而已。诸乡东北又有纂风之镇（三十三都），为大海之滨，飓风时作，巨涛啮汰，所谓外涨也。外涨不防，遂成坍江。故涨于外者，求所以防之而已。一县之水，其利害大略如此。今之志水利者，不究其源而徒泥其迹，于利害所在，漫不加省，抑惑矣！矧河道纵横错杂，其名琐屑，又不能俱载，今姑求其源，溯其流，以志其水道所经，俾牧兹土者得考其利害而为之兴革也云尔。

**曾巩《鉴湖图序》**　鉴湖，一曰南湖，南并山，北属州城漕渠、东西江，汉顺帝永和五年，会稽太守马臻之所为也，至今九百七十有五年矣。其用[①]三百五十有八里，凡水之出于东南者皆委之。州之东，自城至于东江，其北堤石䃁二，阴沟十有九，通民田，田之南属漕渠，北、东、西属江者皆溉之。州之东六十里，自东城至于东江，其南堤阴沟十有四，通民田，田之北抵漕渠，南并山，西并堤，东属江者皆溉之。州之西三十里，曰柯山斗门，通民田，田之东并城，南并堤，北滨漕渠，西属江者皆溉之。总之，溉山阴、会稽两县十四乡之田九千顷。非湖能溉田九千顷而已，盖田之至江者尽于九千顷也。其东曰曹娥斗门，曰蒿口斗门，水之循南堤而东者，由之以入于东江。其西曰广陵斗门，曰新迳斗门，水之循北堤而西者，由之以入于西江。其北曰朱储斗门，去湖最远。盖因三江之上，两山之间，疏为二门，而以时视田中之水，小溢则纵其一，大溢则尽纵之，使入于三江之口。所谓湖高于田丈余，田又高海丈余，水少则泄湖溉田，水多则泄田中水入海，无荒废之田、水旱之岁者此也。由汉以来几千载，其利未尝废也。宋兴，民始有盗湖为田者。

① “用”，国图本、内阁本均作“周”。

祥符之间七户[①]，庆历之间二户，为田四顷。当是时，三司转运司犹下书切责州县，使复田为湖。然自此益慢法，而奸民浸起，至于治平之间，盗湖为田者凡八千余户，为田七百余顷，而湖废几尽矣。其仅存者，东为漕渠，自州至于东城六十里，南通若耶溪，自樵风泾至于桐坞，十里皆水，广不能十余丈，每岁少雨，田未病而湖盖已涸矣。自此以来，人争为计说。蒋堂[②]则谓“宜有罚以禁侵耕，有赏以开告者”。杜杞[③]则谓“盗湖为田者，利在纵湖水，一雨则放声以动州县，而斗门辄发，故为之立石则水。一在五云桥，水深八尺有五寸，会稽主之；一在跨湖桥，水深四尺有五寸，山阴主之。而斗门之钥，使皆纳于州，水溢则遣官视则，而谨其闭纵”。又以谓“宜益理防堤斗门，其敢田者，拔其苗、责其力以复其湖，而重其罚，犹以为未也”。又以谓“宜加两县之长以提举之名，课其督察而为之殿最”。吴奎[④]则谓“每岁农隙，当僦人浚湖，积其泥涂以为丘阜，使县主其役，而州与转运使、提点刑狱督摄赏罚之”。张次山[⑤]则谓“湖废，仅有存者难卒复，宜益广漕路及他便利处，使可漕及注民田。里置石柱以识，柱之内禁敢田者”。刁约[⑥]则谓“宜斥湖三之一与民为田，而益堤使高一丈，则湖可不开，而其利自复”。范师道[⑦]、施元长[⑧]则谓“重侵耕之禁，犹不能使民无犯，而斥湖与民，则侵者孰御？又以湖水较之，高于城中之水，或三尺有六寸，或二尺有六寸，而益堤壅水使高，则水之败城郭庐舍可必也”。张伯玉[⑨]则谓“日役五千人浚湖，使至五尺，当十五岁毕；至三尺，当九岁毕。然恐工起之日，浮议外摇，役夫内溃，则虽有智者，犹不能必其成。若日役五千人，益堤使高八尺，当一岁毕。其竹木之费，凡九十二万有三千，计越之户二十万有六千，赋之而复其租，其势易定，如此，则利可坐收，而人不烦弊”。陈宗言、赵诚复以水势高下难之，又以谓“宜修吴奎之议，以岁月复湖”。当是时，都水善其言，又以谓“宜增赏罚之命”。其为说如此，可谓博矣。朝廷未尝不听用而著之于法，故罚有自钱三百至于千，又至于五万；刑有自杖者至徒二年，其文可谓密矣。然而田者不止而日愈多，湖不加浚而日愈废，其故何哉？法令不行，而苟且之俗胜也。昔谢灵运从宋文帝求会稽回踵湖为田，太守孟𫖮不听，又求

---

① “祥符之间七户”，万历志、万历《绍兴府志》均作“祥符之间二十七户”。

② 蒋堂：字希鲁，宜兴人。宋景祐三年(1036)十二月以吏部员外郎知越州。

③ 杜杞：字伟长，无锡人，宋庆历中任转运使兵部员外郎，立水则于鉴湖，《宋史》卷三〇〇有传，康熙《无锡县志》卷十六记其行迹。所撰《鉴湖杜杞题名》被收于杜春生《越中金石记》。

④ 吴奎：字长文，潍州北海(今山东潍坊)人。

⑤ 张次山：熙宁中任太子中舍越州签判。

⑥ 刁约：字景纯，丹徒(今江苏镇江)人。嘉祐五年(1060)正月以兵部员外郎、集贤校理守越。

⑦ 范师道：字贯之，苏州长洲(今江苏苏州)人。

⑧ 施元长，字景仁，宣城(今属安徽)人。

⑨ 张伯玉：字公达，建安(今福建建瓯)人。嘉祐八年(1063)以度支郎中知越州。

休崲湖① 为田，颛又不听，灵运至以语诋之。则利于请湖为田，越之风俗旧矣。然南湖由汉历吴、晋以来，接于唐，又接于钱镠父子之有此州，其利未尝废者。彼或以区区之地当天下，或以数州为镇，或以一国自主②，内有供养禄廪之须，外有贡输问遗之奉，非得晏然而已也。故强水土之政以力本利农，亦皆有数，而钱镠之法最详，至今尚多传于人者，则其利之不废，有以也。近世则不然，天下为一，而安于承平之故，在位者重举事而乐因循。而请诸湖为田者，其语言气力往往足以动人。至于修水土之利，则又费财动众，从古所难。故郑国之役，以为足以疲秦，而西门豹之治邺，人亦以为烦苦，其故如此。则吾之吏，孰肯任难当之怨，来易至之责，以待未然之功乎？故说虽博而未尝行，法虽密而未常举，田之所以日多，湖之所以日废，率由是而已。故以为法令不行，而苟且之俗胜者，岂非然哉！夫千岁之湖，废兴利害，较然易见。然自庆历以来三十余年，遭吏治之因循，至于既废，而世犹莫寤其所以然，况于事之隐微难得，而考者由苟简之故，而驰坏于冥冥之中，又可知其所以然乎？今谓湖不必复者曰"湖田之入既饶矣"，此游说之士为利于侵耕者言之也。夫湖未尽废，则湖下之田旱，此方今之害，而众人之所睹也。使湖尽废，则湖之为田亦旱矣，此将来之害，而众人之所未睹也。故曰此游说之士为利于侵耕者言之，而非实知利害者也。谓湖不必浚者曰"益堤壅水而已"，此好辩之士为乐闻苟简者言之也。夫以地势较之，壅永③ 使高，必败城郭，此议者之所已言也。以地势较之，浚湖使下，然后不失其旧；不失其旧，然后不失其宜，此议者之所未言也。又山阴之石则为四尺有五寸，会稽之石则几于倍之。壅水使高，则会稽得尺，山阴得半，地之洼隆不并，则益堤未为有补也。故曰：此好辩之士为乐闻苟简者言之，而又非实知利害者也。二者既不可用，而欲禁侵耕、开告者，则有赏罚之法矣；欲防水之泄，则有谨闭纵之法矣；欲痛绝敢田者，则拔其苗，责其力，以复湖，而重其罚，又有法矣；或欲任其责于州县与转运使、提点刑狱，或欲以每岁农隙浚湖，或欲禁田石柱之内者，又皆有法矣。欲知浚湖之浅深，用工若干，为日几何；欲知增堤竹木之费几何，使之安出；欲知浚湖之泥涂积之何所，又已计之矣。欲知工起之日，浮议外摇，役夫内溃，则不可以必其成，又已论之矣。诚能收众说而考其可否，用其可者，而以在我者润泽之，令言必行，法必举，则何功之不可成，何利之不可复哉？巩初蒙恩通判此州，问湖之废兴于人，未有能言利害之实者。及到官，然后问图于两县，问书于州与河渠司，至于参核之而图成，熟究之而书具，然后利害之实明。故为论次，庶使计议者有考焉。

**王十朋《鉴湖说》** 东坡先生尝谓："杭之有西湖，如人之有目。"某亦谓："越之有鉴湖，

---

① 休崲湖：《宋书·谢灵运传》、光绪《上虞县志校续》作"岯崲湖"。

② "主"，国图本、内阁本均作"王"。

③ "永"，国图本作"水"。

如人之有肠胃。”目翳则不可以视，肠胃闭则不可以生。二湖之在东南，皆不可以不治，而鉴湖之利害为尤重。昔东汉太守马臻之开是湖也，在会稽、山阴二县界中，周围三百五十余里，溉田九千余顷，湖高田丈余，田又高海丈余，水少则泄湖归田，水多则泄田归海，故会稽、山阴无荒废之田，无水旱之患者。以此自汉永和以来，更六朝之有江东，西晋、隋、唐之有天下，与夫五代钱氏之为国，有而治之，莫敢废也。千有余年之间，民受其利博矣、久矣。至我国朝之兴，始有盗湖为田者，然其害犹微。盗于祥符者才一十七户，至庆历间为田四顷而已。当是时，三司转运司犹切责州县，使复田为湖。自是而后，官吏因循，禁防不谨，奸弊日起，侵盗愈多。至于治平、熙宁间，盗而田之者凡八千余户，为田盖七百余顷，而湖浸废矣。然官亦未常不禁，而民亦未敢公然盗之也。政和末，有小人为州，内交权幸，专务为应奉之计，遂建议废湖为田，而输其所入于京师。自是奸民豪族，公侵强据，无所忌惮，所谓鉴湖者仅存其名，而水旱灾伤之患无岁无之矣。今占湖为田盖二千三百余顷，岁得租米六万余，而[①]为官吏者徒见夫六万石之科于公家也，而不知九千顷之被其害也；知九千顷之岁被其害而已，而不知废湖为田其害不止于九千顷已也。盖湖之开，有三大利，废湖为田，有三大害。山阴、会稽昔无水旱之患者，鉴湖之利也。今则无岁无灾伤，盖天之大水旱不常有也，至若小水旱，何岁无之！自废湖而为田，每岁雨稍多则田以淹没，晴未久而湖已枯竭矣。说者以为水旱之患，虽及于九千顷之田，而公家实受湖田六万石之入。呜呼！其亦未之思也。夫灾必诉，诉必检，检必放。得湖田之租，失常赋之入，所得所失，相去几何？官失常赋，而以湖田补折之，犹可也。九千顷之民田，其所失者不可计，其何以补折之耶？王者以天下为家，其常赋所入亦广矣，岂利夫六万石之入而以病民耶？况湖田之入在今日虽饶，而他日亦将同九千顷而病矣。使湖尽废而为田，则湖之为田者，岂可耕乎？今之告水旱之病者，不独九千顷之田也，虽湖田亦告病也，况他日无鉴湖，则九千顷之膏腴，与六万石所入之湖田，皆化为黄茅白苇之场矣，越人何以为生耶？此其为大害一也。鉴湖三百五十八里之中，蓄诸山三十六源之水，岁无大涝而水不能病越者，以湖能受之也。今湖废而为田，三十六源之水无吞纳之地，万一遇积雨浸淫、洪流滔天之岁[②]，湖不能纳，水无所归，则必有漂庐舍、败城郭、鱼人民之患。尝闻绍兴十有八年，越大水，五云门、都泗堰水高一丈，城之不坏者，幸也！假令他日湖废不止于今，而大水甚于往岁，则其为害当如何？此废湖为田其为大害二也。自越之有鉴湖也，岁无水旱，而民足于衣食，故其俗号为易治。何以知其然也？以守令而知之也。自东都以来，守会稽、令山阴者多以循吏称，见于史传者不可一二举也。非昔之守令皆贤也，盖民居乐岁之中，室家温饱，

① “而”，国图本作“石”。

② 万历本在“洪流滔天之岁”前有“平原出水”四字。

民之为善也易尔。比年以来，讼狱繁兴，人民流亡，盗贼多有，皆起于无年。去秋灾伤之讼，山阴、会稽尤多。非昔之民皆善良，今之民皆顽鄙也，盖礼义生于饱暖，盗贼起于饥寒，其势不得不然耳。此废湖为田，不独九千顷受其病，狱讼之所以兴，人民之所以流，盗贼之所以生，皆此之由，其为大害三也。自祥符、庆历至今，建复湖之议者多矣，而湖卒不能复。非湖之不可复也，盖异议者有以摇之也。异议得以摇之者，盖亦建议者之未能深究夫利害焉耳。建议者曰“九千顷虽被水旱之害，而常赋不尽失，以湖为田，而官又得湖田之利为多，湖虽废而何害”，且多为异说以摇之。此建议者之言，卒夺于浮议者之口。使建议者灼然知夫三大利害之所在，以折夫异议者之云云，则复田为湖，有不可得而已也。

**《鉴湖说》下**　夫废湖为田有三大害，复田为湖有三大利，湖固不可以不复也。然亦有三难：摇于异议，一难也；工多费广，二难也；郡守数易，三难也。今之占湖为田者，皆权势之家、豪强之族，侵耕盗种为日已久，一旦欲夺而复之，必游谈聚议，妄陈利害，曰“劳民也，费财也，失官租也，有科率之扰也，无积土之地也”，争为异说以沮害之。官吏方堕于因循苟且之习，复为势力①多口舌者之所动移，而欲冀成功于岁月之久，可乎？此摇于异议，一难也。昔人尝计浚湖之工矣，日役五千人，浚至五尺，当十五岁而毕；至三尺，当九岁而毕。夫用工如此之多，历年如此之久，其为费如何？今越不浚湖，而财用犹不给，况兴至大之役，有不赀之费耶！此工多用广，二难也。守令之于郡邑，久任则可以立事，数易则不能成功。况鉴湖之开，非一岁一时之所能毕。今之为守者，或一岁而遂迁，或半岁而遽易，湖之利害不暇问，焉能知！不能知，遑暇治？其间慨然有志于开复者，功未及施而去计已迫矣。后来者所见不同，复变前议。以数易之守，而欲兴浩大悠久之役，可乎？此郡守数易，三难也。湖有三不可不开，而厄于三难开，是终无策以开之也。某切谓欲遏浮议，则不可不白利害于朝廷。朝廷主之，虽异议纷然，但莫之恤可也。如向者经界之行于天下，固有不乐其事而欲动摇者，多矣。然经界卒行，而民受其利。盖朝廷主之，则事无不成，况一鉴湖也！彼异议者不过曰“劳民费财”耳。夫劳民费财，兴无用不急之务，则不可。如鉴湖之利害，如此谓之无用不急，可乎？自湖之废也，岁多灾伤，细民艰食，今于农事之隙，募民浚治，官出财，民出力，两有所利，民虽劳而不惮，财虽废而不虚矣。彼不过曰“官失湖田之租，民有科率之扰”。夫鉴湖之开千有余岁矣，昔无湖田之租，有国者不以不足为病，岂今日独少此耶？况

① “势力”，万历志作“气力”。

湖既复而民利兴，灾伤不作而常赋不失，民无凶荒之诉，官无检放之患，较其所得，与今孰多？至若钱米之费，当一出于官而不取于民；竹木之具，虽资之于民而尽酬其直；胥吏都正，从而扰民者，则严法令以治之，尚何科率之扰耶？越人多谓湖可开也，而土无所归，是不难，积其泥涂以为丘阜，昔吴长文常论之矣。今湖之侧，旷地固多，择其利便，随其远近，而丘阜之土非所患也。欲沮浚湖之计者不过数者之说，而皆有以处之，尚何浮议之恤也？谓“日役五千人，浚之五尺，十五岁而毕”者，盖通三百五十里之间而计之也。某谓今之浚湖，固未能举三百五十里之内而尽复之也。湖自熙宁以来，建议者立两存之说，有牌内、牌外之限。今牌尚存，而牌内亦盗而为田矣。为今日计者，当先复牌内之湖，其用工固有间。自牌之外，当以渐治之可也。所费之财，自本府经画外，又当请于朝，乞每岁湖田所入之米，以为雇工兴役之费。朝廷捐六万石之米不足以为多，而越得此以办事则沛然有余矣。欲复田为湖，必当迟以岁月之久。有久兴之役，无久任之守以主之，则异议一摇，而事必中辍。是又当请于朝，置开湖一司于越，命守倅带提举主管之职，如劝农、学事之类。又命二知县分董之（旧日会稽、山阴知县皆带提举鉴湖事），守既职其事，则必任其责，虽迁易不常，而后来者不得不继，非正术同也，盖职使然也。又有倅终任以管其事，令终任以董其役，则责有所归。又命监司督察赏罚之，俟湖成之日，凡主其事、董其役者，皆次第加赏，如是则湖不患其不复也。昔论复湖之利害者多矣，莫如曾子固。子固之言曰：“谓湖田不必复者，曰湖田之入固饶矣，此游谈之士为利于侵耕者言之也。使湖尽废，则湖田亦旱矣。谓湖不必浚者，曰益堤壅水而已，此好辩之士为乐闻苟简者言之也。以势较之，壅水使高，必败城郭矣。二者既不可用，而欲禁侵耕、开告者，则有赏罚之法矣；欲禁水之蓄泄，则有闭纵之法矣；欲痛绝敢田者，则拔其苗，责其力以复湖，而重其罚又有法矣；或欲任其责于州县与转运使与提点刑狱，或欲以每岁农隙浚湖，或欲禁田石柱之内者，又皆有法矣。欲知浚湖之浅深，用工几何，为日几何；欲知增堤竹木之费几何，使之安出；欲知浚湖之涂泥积之何所，又已计之矣；欲知工起之日，浮议外摇，役夫内溃，则不可以必其成，又已论之矣。诚能收众说而考其可否，用其可者，而以在我者润泽之，令言必行，法必举，则何功之不可成，何利之不可复哉？”子固昔常倅越，知鉴湖之利害为详，而其言有足取者，故并记其略。有能举行子固之言，而不弃某之两说，则湖庶乎其可复。不然，姑存其说，以俟马太守再生可也。〇怍按：诸家所论，前乎汉而无海塘，则镜湖不可不筑，后乎宋而有海塘，则镜湖可以不复也，其说已尽，况近者三江之闸，其益百倍于海塘。惟时其启闭以常，谨水利之大纲，而于外塘之汰者务完之，内流之壅者务浚之，以时修水利之细目，则亩之受利者且不止于一会稽矣，又何镜湖之追谕乎？而犹存曾、王诸论者，聊以备旧制云尔。

会稽县志卷第十二终

# 会稽县志卷第十三

## 学校志

府学　县学

闻之：非其地而树之，不生也；非其人而语之，不听也。[①] 宜国之学殊于乡，郡邑之学复殊等焉。然穷鄙之社，叩盆拊瓴，相和而歌，自以为乐。试为之击建鼓，撞巨钟，乃性烝烝变矣，无殊等也，同于国。

## 府学

地在县南三里西陶坊。（邑人吴孜舍宅建，地系于邑，故以府学始，详载郡志。）

## 县学[②]

**圣殿**　三间，祀至圣先师孔子。（配以复圣颜子、宗圣曾子、述圣子思子、亚圣孟子，曰“四配”。先贤闵子损、冉子雍、端木子赐、仲子由、卜子商、冉子畊、宰子予、冉子求、言子偃、颛孙子师，曰“十哲”。谨按：唐武德二年，诏国子学立庙，四时致祭孔子。贞观二年，从房元龄[③]等议，尊为先圣。乾封初，追赠孔子为太师。开元二十七年，追赠孔子为文宣王。二十八年，敕每月朔

① 语出刘向《说苑·杂言》。

② 会稽县学旧在开元寺南，今东街与人民中路间。参见卷首图画之“府城图”。

③ “元”讳“玄”。

望，祭酒以下行释菜礼，郡县长以下诣学行香[①]，仍前代制，称“大成至圣文宣王”。肖像服衮冕，祭用笾、豆十二，舞用八佾。“四配”以下从祀者，并以公、侯称。明初，正封号，惟“大成至圣文宣王”封爵仍旧。洪武十五年，诏天下儒学通祀孔子。永乐八年，正圣贤，绘塑衣冠，令合古制。至嘉靖九年，用张璁议，厘正祀典，始为木主，曰“至圣先师孔子”，“四配”、“十哲”称子。）

**东庑**　祀四十八人。先贤：澹台灭明、原宪、南宫适、商瞿、漆雕开、樊须、公西赤、梁鳣、冉孺、伯虔、冉季、漆雕徒父、漆雕哆、商泽、任伯齐、公良孺、奚容蒧、颜祖、句井疆、秦商、公孙句兹、县成、燕伋、颜之仆、乐欬、邦巽、公西舆如、公西蒧、陈亢、琴牢、步叔乘。先儒：左丘明、穀梁赤、高堂生、毛苌、杜子春、王通、欧阳修、周敦颐、程颐、张载、杨时、朱熹、陆九渊、蔡沈、许衡、陈献章、王守仁。

**西庑**　祀四十七人。先贤：宓不齐、公冶长、公晳哀、高柴、司马耕、有若、巫马施、颜辛、曹卹、公孙龙、秦祖、颜高、原[②]、壤驷赤、石作蜀、公夏首、后虔[③]、公肩定、鄡单[④]、罕父黑、荣旂、左人郢、郑国、原亢、廉洁、叔仲会、狄黑、孔忠、施之常、秦非、申枨、颜哙。先儒：公羊高、伏胜、孔安国、董仲舒、后苍、韩愈、胡瑗、程颢、邵雍、司马光、胡安国、吕祖谦、张栻、真德秀、薛瑄、胡居仁。谨按：洪武二十九年，以汉董仲舒从祀。正统元年，刊定从祀名爵、位次。二年，以宋胡安国、蔡沈、真德秀从祀。弘治九年，以宋杨时从祀。嘉靖九年，厘正祀典，左丘明以下称先儒某子。凡神位改称之位，增祀汉后苍、王通、宋欧阳修、胡瑗、陆九渊五人。隆庆五年，以薛瑄从祀。万历二十年，以王守仁、陈献章、胡居仁从祀。

**启圣祠祀**

**启圣公**[⑤]　配以先贤颜路、曾点、孔鲤、孟孙，先儒周辅成、程珦、朱松、蔡元定。谨按：先师孔子父叔梁纥，宋封齐国公，元加封启圣王，原无专祠。先贤颜、曾、思、孟配享庙堂，三子父乃从祀两庑，孟子父原不预祀。先儒从祀，其父亦未预祀。嘉靖九年，钦命监学俱别立一祠。

**名宦祠**[⑥]　旧祠于五云书院[⑦]。隆庆元年，知县庄国祯始移入学内，祀唐李俊之、宋曾公亮、明王宗仁、戴鹏、吴达可、赵士谔。

① 据《明史》卷五十“至圣先师孔子庙祀”载：（明洪武）十七年，敕每月朔望，祭酒以下行释菜礼，郡县长以下诣学行香。《明会要》卷三十七所载同。

② “原”，疑衍。

③ “后虔”，疑是“伯虔”之误。

④ “鄡单”，疑是“鄡单”之误。

⑤ “启圣公”，疑作“启圣祠”。

⑥ 名宦祠：祀守令之贤者。

⑦ 五云书院：旧在东双桥东。

**乡贤祠**[①]　祀宋海虞令何子平，知饶州唐震明，江西余干县儒学教授邵廉，广东布政司左参议陶怿，广东布政司右参议胡恩，大理寺卿徐初，辽东行太仆寺少卿章瑄，广东高州府知府曹谦，兵部左侍郎赠兵部尚书陶谐，知府赠学士董复，吏部侍郎兼翰林院学士陶大临，吏部侍郎赠尚书谥文简[②]董玘，湖广长沙府知府季本[③]，赠刑部员外董祖庆，隐士范瓘，都御史陶大顺，大理卿商为正，副使叶云礽，光禄卿周应中，布政林绍明，提学御史王以宁，参政商周初，训导沈楪，训导沈肃[④]。

**明伦堂、复礼斋、尊经阁**　**题名碑**、**卧碑**（洪武十年，诏刻于学）、**敬一亭**（刻嘉靖御制《敬一箴》，并御注《心箴》[⑤]“视、听、言、动”四箴及圣谕于石碑）。

**土地祠、奎星祠、贯珠楼、合璧楼、东西号房二十间**　**馔堂三间**（嘉靖二十二年，知县华钦[⑥]重修）、**仓房三间**、**泮池**（成化二年，知县李载开凿，置桥。嘉靖三年，高世奎甃石）。

**教谕衙**　庭有竹，匾曰“绿竹堂”。明余成[⑦]《记》：绿竹堂者，予官署燕息之所也。旧无匾，今匾之曰“绿竹”云。堂凡若干楹，仅庇风雨。在先师庙之西，有修竹数百竿，环列于门墙之左右，苍翠交加，日出有清阴，风来有清声，漪漪然可爱。嘉靖壬戌之仲冬，余来会稽署教事，登斯堂，见斯竹，心甚宜之，谓其可以供冷署之玩也。又明年甲子，则再更寒暑矣。玩之既久，豁然若有相孚者，心益宜之。余尝与诸士子坐堂上，考德问业，商榷古今，时造竹下一啸歌焉。竹之状，或俯焉若听，或仰焉若思，或向焉若问，或伏焉若从，或响焉若答，或随焉若和，或昂焉若冲霄，或起焉若凌风，或蜿焉若盘龙，或耸焉若翔凤，不啻诸弟子之侍于侧，而訚訚侃侃之象炳如也，岂但供冷署之玩已哉！予闻之，昔之爱竹者多矣，或曰竹似贤，或曰竹比君子，或裂之为简可以纪经史，镞之为矢可以征不庭[⑧]，制之为席可以展孝敬，截之为笙可以和神人，盖有文武礼乐之才焉。予不佞，匾堂曰“竹[⑨]”，有以也，安敢自附曰古之人乎！匾既成，或问于予曰：然则，所谓门墙桃李者，抑不足尚与？予应之曰：桃李也，竹也，皆物也。树之存乎人，树桃李而舍其实，小体之资也；树竹而尚其德，大体之资也。树桃李于门墙，孰若树德之为优哉！诸士子固贤人君子之流，负礼

① 乡贤祠：祀乡土大夫之贤者。
② “谥文简”，国图本、内阁本无。
③ 国图本、内阁本在“季本”之后有“广西按察副使范可奇”。
④ “训导沈楪、训导沈肃”，国图本、内阁本均作“训导沈楪、沈肃”。
⑤ 《心箴》：南宋著名理学家范浚所著。
⑥ 国图本、内阁本作“华舜钦”。
⑦ “余成”，万历本作“余城”。余城，莆阳人，会稽学教谕。
⑧ “征不庭”：征讨不来朝拜的诸侯。
⑨ “竹”，万历本作“绿竹”。

乐文武之才者也。顾相与诵《淇澳》[1]之诗而勖之,则所谓"有匪君子,终不可谖兮"者,武公不得专美于前矣。斯堂也,斯竹也,不亦均有光哉!因记之以俟云。[2]

**训导衙** 一在圣殿东,一在教谕衙西。

**戟门三间、棂星门三间、学门三间**(倪元璐对:禹会诸侯三百里摈文,设为庠序以教;越多君子六千人定霸,是亦圣人之徒)。

**坊牌** 五座。(前曰至圣,东曰青云,西曰黄甲。正德四年,知县徐岱建。东北曰腾蛟,西北曰起凤。嘉靖十四年,王教重修,改匾"义路礼门"。)

**祭器** 大香炉一,花瓶二,并铁。小香炉五,花瓶二,爵杯二十一,并铜。按:宋徽宗赐[3]礼品一副,内十笾、十豆。明初,国子监用笾、豆各十,天下府州县各八。成化十三年,以礼部周洪谟奏加笾、豆为各十二,外府州县各十。嘉靖初年,遵照初制,国子监用十笾、十豆,府州县用八笾、八豆。

**祭品** 香烛、酒、羊、豕、鹿、兔。帛,正位用绫,余用绢练,长一丈八尺。太羹实于登,和羹实于硎,黍、稻实于簠,稷、粱实于簋,形盐、薨鱼、枣、栗、榛、菱、芡、鹿脯实于笾,韭菹、菁菹、芹菹、笋菹、醯醢、鹿醢、兔醢、鱼醢实于豆。

**祭仪** 知县至仪门,请佥祝板,禀起鼓,请观陈设。由西庑行,上至正殿,出殿傍门,左边至东庑,复到酒罇所,视酒奠帛,引至殿傍立。通赞者唱。执事者各司其事。主祭官就位,陪祭官就位。瘗毛血,三生进自侧门,捧毛血盘出自东门,至东边,放在地上,以碗盖之。迎神,行三跪九叩头礼,平身。奠帛,行初献礼。引者唱。诣盥洗所,酌水进巾。诣酒罇所,司罇者举羃酌酒,司爵者捧爵,司帛者捧帛,诣至圣先师孔子之位前。引主祭官从侧门入,执事捧爵帛从中门入。引者唱。就位,跪。献帛,献爵,叩头,起。诣读祝位,就位,跪。通赞者唱。众官皆跪。读祝文,叩头,起。诣复圣颜子之位前,就位,跪。献爵,叩头,起。引至宗圣、述圣、亚圣,亦如引至复圣前。至圣四配,行初、亚、终三献礼,陪祭官行分献礼事。十哲、两庑、三献、分献俱毕,饮福,受胙,谢胙,行一跪三叩头礼。撤馔,送神,行三跪九叩头礼,毕。读祝者捧祝,司帛者捧帛,出自中门,各诣瘗所,仆燎,礼毕。

**祭文** (圣殿)维师德配天地,道贯古今。删述六经,垂训万世。维兹仲春(秋),谨以牲帛醴齐,粢盛庶品,式陈明荐。(启圣祠)维公诞生至圣,为万世王者之师,功德显著。兹因仲春(秋),

---

① "淇澳",或作"淇奥",有《诗经·卫风·淇奥》,下文"有匪君子,终不可谖兮"出此。

② 万历本后有录诗。明盛廷弼《诗》:戒童慎勿剪初篁,我爱清修异众芳。柯贯四时添晚翠,竿成百尺障晴光。裁为简牍供台馆,截作箫笙荐庙廊。来此特加培植意,何嫌尽在我门墙。

③ "赐",国图本、内阁本作"设"。

特用祭告。名宦祠:於维群公,来宦于兹。政善泽流,民具用思。我祼我将,罔敢或怠。规矩准绳,我式斯在。(乡贤祠)於维诸贤,后先有作。德业文章,范兹来学。我笾我豆,时祭之供。高山仰止,我怀曷穷。

**乐舞**　唐乐用宫县,舞用六佾。明成化十三年,增为八佾。嘉靖九年,仍为六佾。司歌章六人,司麾一人,司应鼓一人,司搏拊二人,司琴六人,司瑟二人,司柷一人,司敔一人,司埙一人,司篪二人,司箫六人,司笛六人,司笙六人,司排箫二人,司编钟一人,司编磬一人,司旌一人,司籥翟三十六人,通乐二人。

**书籍**　永乐十三年,颁《四书》《五经》《性理大全》各一部。十七年,颁《为善阴骘书》一部。十八年,颁《孝顺事实》一部。正统十二年,颁《五伦书》一部。崇祯六年,颁《孝经》《小学》各一部。命学使者出题试士。旧志载有《五经正义》《十三经注疏》,今无存者。

**乡饮**　明洪武五年,令中书省详定条式。十六年,礼部定到《乡饮酒图式仪注》,令府县里社一体行,每岁正月望日、十月朔日举行,县附于府。至日,于府学明伦堂序立,行相见礼,三揖而后至阶,三让而后升堂。府官为主,位于东南,大宾位于西北,僎位于东北,介宾次位于东南。九十者六豆,八十者五豆,七十者四豆。六十者坐,五十者立。府佐与县之令佐、学官之属序爵,坐皆西向。耆老儒士序齿坐,皆东向。教官一人为司正,扬觯致辞:"恭唯朝廷,率由旧章。敦崇礼教,举行乡饮。凡我长幼,各相劝勉。为臣尽忠,为子尽孝。长幼有序,兄友弟恭。内睦宗族,外和乡党。毋或废堕,以忝所生。讲读律诰,兼授爵赞。"生员四人,例不许奉祀武生。充顶童子六人,歌诗击钟鼓为节。行酒五行至七行,不过十行,宾主拜揖乃退。

**学制**　宋天圣初,始命藩郡立学。庆历中,范仲淹辅政,议兴州县学。至崇宁中,乃著为令,诏县学以时选试,升其尤于州学。凡县学设学长、学谕、道学、斋长、斋谕各一人,生员五十人。明洪武二年,命天下府州县皆立学。正统元年,始设提督学校风宪官员。

**学地**　在东大坊,横阔四十五丈,后横阔三十三丈六尺。北抵官河,南抵官路,纵长四十三丈六尺。棂星门外地,自建学以来,迫官街。至弘治五年,知县陈尧弼始通神道,自櫺星门南抵马梧桥[①]河,纵长四十三丈五尺,横阔三丈四尺。其后日为居民所侵。正德以来,仅存地二丈六尺。嘉靖九年,知府洪珠、教谕陈骥鬻学旧田,并捐俸买拓近棂星门前神道两旁地,纵长左十二丈五尺、右九丈九尺,横广合旧凡二十二丈一尺。又买马梧桥河之旁,横广二丈六尺。嘉靖十四年间,知县王教又买拓前神道两旁地,各横广三丈、纵长三十一丈,计地二亩三分三毫,合旧神道凡横广八丈六尺、纵长三十一丈。嘉靖戊申科之得学地,凡三十亩四分六厘二毫。

① "马梧桥",嘉泰《会稽志》作"马五桥"。

**学田**　谨按:宋乾兴元年,诏给兖州学田,而诸州遂为例。熙宁四年,诏给田拾顷,于五路为学粮。大观元年,诏察绝产以赡学。乾道四年,魏国史某镇越,捐帑置学田,今无考。明弘治五年,知县陈尧弼所置,其田共十七亩七分八厘。正德以来,仅存十一亩五分。嘉靖中,知府洪珠、教谕陈骥尽鬻此田,用以买拓棂星门外地。新田:总七十九亩二分九厘二毫四丝。地:六分三厘七毫,凡五段。一段:六亩一分二厘二毫,在第四都大悲溇,临河,结字二百一十一号,若十三号,今并。一段:二亩八分七厘八毫,在第四都蒋家溇,临河,结字二百六十一号。内除墩地六厘,净田二亩八分一厘八毫。一段:二亩二分,结字二百六十二号,抵换第二都辰字四百二十二号,田二亩。一段:八亩七分六厘,在第四都大悲溇第二圩,结字二百四号,若五号,今并。内除墩地二分,净田八亩五分六厘,并科粮六升,共秋粮米一石二斗六升五勺。一段:五十九亩七分九厘二毫四丝,地六分三厘七毫,在第七都吴容坂,四旁俱至河中,包地三十四亩二分,荡十亩七分,科粮三石四斗八升一合九勺九抄六撮。嘉靖中,知县王教拨置本学存照,立石以记。嘉靖二十六年,知县张鉴文量得田六十六亩四分七厘六毫。万历间,郡志载云:近复增置,共田一百七十五亩四分三厘九毫。又置萧邑竹字号田念一亩四分。①

**碑记**　学宫旧在县南一里竹园坊。宋崇宁二年建,元至元十四年毁于火,大德五年复建(程庸《记》)。此后修于天历二年,韩性《记》:会稽邑学重建大成殿成,邑人士使性为之记。窃以庠序学校,有事先圣先师,古也。曲阜遗履,肇祀于汉。其后文翁兴,备讲堂礼殿。更数百年,迄东晋犹在。况于会稽,儒风之盛,冠于东州。尊崇严饰,宜异于他邑。至元十四年,毁于火。后二十五年,当大德五年,始构大成殿。比三十年,摧剥倾漏,不可复支。慈溪童君桂主讲席,瞿瞿然若负疾在己,谒令长请焉。县令霍侯文辅,择邑士可任者,俾之率作抡材,工有绪矣。会孟侯忧去,哈喇哈孙来为令长,洪均典案牍,交赞其成。用工于天历二年之八月,毕工于明年之七月。宊桷坚好,丹雘华焕。霍侯日至学视象,设故暗者新之,伦堂两庑甚敝者葺之,俎豆筐篚、尊爵簠簋不具者完之。春秋释奠,朔望伏谒,若在洙泗之间,仰睟容,聆謦欬也。惟圣人立人极以植斯人,斯人遂其生,若其性,诚敬所寓,千载一日。祠祭之严,历代可考,所以致尊敬、报罔极之恩也。然古之庙学,更数百年而不废,后之营建,随成亟毁,不能以世工之良楛悬绝至是耶?将士风之不同耶?抑完葺之功有继有不继也?仁侯礼殿之创华好矣,缮修之继,不有望于后之人哉?敦礼俗,兴教化,以称右文之理,有司事也。一日必葺不敢怠,校官职也。仰缀一瓦,俯葺半甓,力之所逮,不以烦为惮,邑士责也。充而大之,政教以行,学业以成,报本反始,寓其诚敬,千

① 末句,国图本无,内阁本存。

戴[1]一日可也。〇修于至正四年，李祁《记》。〇修于明天顺八年，魏骥《记》：自司徒典学之官设，而学校之制兴。故自古以至今，舆图之广，在在有学，为历代之所重者，诚以迪民彝、育贤才之系耳。然入天朝，圣圣相传，重之尤至。特任其责者，有勤有怠，故所在不免有兴废之殊。若绍兴之会稽学，自创建以来，规模卑隘，不足以称具瞻。兼主之者，恒乏其人，甚而基址为人所侵，亦不知省，遂至卑隘日甚于昔。迩年佥宪陈公永按至学，询其由，亟命郡县为之经理，民犹未即以地归。未几，郡守彭公下车闻之，知为职之所当重，乃曰："吾责也，其可玩愒视之为传舍乎？"即与二守李公恕辈议曰："斯地为民所侵有年，且多竖屋其上，一旦俾其迁移，亦民所难。吾视城中隙地颇多，吾欲以其隙者易之，吾辈何出俸余为彼迁移费？"佥以为然。明日，令民诣郡，给费以迁，民皆欣然而从，地遂归。公复曰："地归矣，宜乘时以辟学之卑隘可也。"又始出帑为倡。郡之笃于义者，咸愿出财力以助。公乃需材鸠工，命耆老敦匠事，而规画布置，则咸出于公焉。于是立表考宜，疏剔芜秽。中峙明伦堂，堂之左右为两斋：一曰"存诚"，一曰"复礼"。高伉明爽，有逾其旧。以至学之所宜者，若仓库，若庖湢之类，无不备具，焕然一新。屋大小凡若干间，来游来歌之士，咸改观易视，啧啧叹曰："非贤郡守曷能致是？"事既竣，适典教陈君华玉、吴君文澄相继来莅学事，睹兹盛典，感郡守公之用心，复所侵以大其基，扩所隘以弘其规，其绩不可不纪，以为后来者劝。并率其徒征言于予，以为之纪。夫绍兴素号文献之邦，贤才之生、风俗之厚，历代而然。其所以沉涵陶育以致之者，实由于学。顾兹学之坠废，其兴举之也实宜。是役也，虽佥宪公肇其端而完其美，实郡守公之所致，其绩则不可不书。或曰："鲁侯修泮宫，诗人颂之，而《春秋》不书者，以修学为常事耳。"余曰："今郡守公能为人之所不能为。其于斯学，数十年为人所侵之地，一旦能复之；数十年为人不省之学，一旦能辟之。又出私帑以助之，要不可以常事论。当知《春秋》书鲁之君初税亩、作丘甲[2]，书其非常者，擅变制书，以示其惩。今予书公之兴学，复侵地、辟卑隘，书其非常者，能合义，书以示其劝。"〇修于成化□年，韩阳《记》。〇修于十六年，章瑄《记》。〇修于嘉靖元年，韩邦问《记》。〇修于五年，董复《记》：治化盛衰，系于学校。故有三代之学，斯有三代之盛。三代以降，化不逮于古者，学校不古逮也。我明稽古建学，育才资治，重熙累洽，跻于三代，於戏盛哉！此崇重学校之明验也。会稽为神禹过化之地，英贤辈出，其所以渐涵陶育以致之者，实由于学。历年既久，倾圮匪时，其间有任修理之责者，然葺而未备、充而未完，不足以称具瞻。正德戊辰秋七月，西蜀徐君岱以名进士来令兹邑，下车之三日，循故事，谒先圣庙，退而延见诸生。升堂讲解毕，环视左右，喟然叹曰："学校育才之地，何隘陋之甚耶！"遂相度咨询

① "戴"，国图本、内阁本均作"载"。

② "初税亩"，是中国古代春秋时期，鲁国实行的按亩征税的田赋制度，它是承认土地私有合法化的开始；"作丘甲"，是鲁国实行按丘征发军赋即按丘出车马兵甲的制度。

而更张之，命义民秦镐董其役，辟隘为广，饰陋为华，购隙地以通圣道，鉴污塞以通泮池。南树大成坊，北翚尊经阁，通衢东西，则启青云、黄甲二坊，前峨后岌，左右翼然。乡贤乏祠，崇祀缺典，侯亦因而创之。若棂星门，若腾蛟、起凤二门，则侈其旧而移置修饰之。凡学之所宜，有若号舍、庖湢之类，无不庀治，而垣墉之卑者，亦以崇焉。费不烦官，役不病民。是冬，功遂落成。规模弘敞，于昔有加。逾年而侯被征为侍御史，去兹四年余[①]，庠生秦仿、邵谨、孟霁、袁序笃嘉惠之思，市石欲纪其事。适新尹闽城林侯炳莅兹土，览庙模之翼翼，询知厥由，谓"非碑记之无以劝示后来"，于是谋诸典教张君概、二教林君文昇，欣然从之。遍布其情于士大夫，佥曰："宜然。"判簿杨君晋柄其事，嘱复为文，辞之不可，遂为之记。盖治化之盛，系于人材。学校者，人材之地也。徐侯锐志学校，而德惠在人，弥久弥笃，大学所谓民之不能忘者是也。抑合观诸士子之情，可以观秉彝，可以考成功，以之告于神明，刻石以垂不朽，夫岂不可哉！〇修于隆庆元年，陶大临《记》：嘉靖丙寅冬仲，府推陈侯文焕受省檄，下视会稽县事。三日，莅学宫，进诸生讲，顾视殿舍坏不治，先师灵若弗妥，而学官弟子若寄，讶之。诸生以旧令庄侯国桢方议新之，而以召阻告，侯曰："诺，吾其遂成之。"归则检县籍，发所羡均平银二百两，授喻丞南岱董其事，役肇兴。适傅侯良谏以才自奉化移会稽，劳厥事，视所剧缺身任之。计兹役，门殿、庭庑、堂阁、祠舍、庖湢为间者百，瓦石、材甓、胶漆、圬校以个、以铢计者数万有奇。赤、白、黄、青甃砻级盖朗灿穆清，视昔加胜。先师妥灵，学官弟子舍寄而就定，始三月六日，至十月朔而成，为功者千有奇。始未成时，傅侯数莅兹役，顾问："名宦祠何在？"有以五云书院对者。时学师钱君廉方议入祠于学，遂以请，侯曰："曷入之？"侯遂迫觐生辈复请于陈侯，陈侯益复任之，助以郡廨资，祠遂入学中，与故乡贤祠峙，典益大备。至是，学师钱君廉、张君彦卿、郑君荐辈率弟子来，以记属临。唯汉文翁守蜀，以蜀僻陋，既遣士诣京师就学，又修起学官于蜀中，蜀人大奋，志比于齐、鲁。其后有王褒、杨雄、司马相如者出，而以文学名天下，人未有不急于衰而缓于盛者。始文翁急蜀学，以学衰耳。今会稽文愈盛矣，即使文翁处今日，且不知其何如，而三侯者固如彼其急，且陈侯摄也其急，此为尤难可记也。相如、褒、雄三子，寥寥徒文藻士耳，其进而显名，又不由学官，然至今称三子必归德文翁。矧吾会稽上登学官，敏秀者五百人，其所研晰道术经行，其于寥寥二三子徒抱文藻者既悬殊，至登用又未有不由学官者。他日将归德于振举，视文翁又何如哉？蜀张公名鉴者，昔知会稽，为学浚河，别起楼阁，士且兴起，科亦倍往，昔时临尚班诸生亲见也。今去此若干年，何幸再一见之，故乐为之记。商廷试《记》：阳山庄侯国祯尹会稽之三年，以循良征拜谏议。濒行，莅学官，进诸生，谕之曰："会稽名邑，学校重地而殿舍弗葺，有司之责也，敢谢不敏焉？"乃出赢金若干，谋经始之。

① "四年余"，国图本、内阁本作"四余年"。

未几，而傅侯良谏自奉化移治会稽，学官弟子以修举事宜告。侯曰："政急先务，敢不良图？"乃会财而出，征发调集，具有条理。于是榱栋楶桷，罔不整饬；瓦墁墄甓，罔不坚好；斫刻丹雘，罔不华绚；以耸瞻向，而时居游。又创立名宦祠于乡贤祠之左，而学制大备。工始于丁卯六月三日，讫于是年十一月一日。又逾年，而张君秉学来掌学事，偕司训郑君荐、张君彦钦，日与弟子员陈子钦、沈子梗考德问业，必推本二侯兴学造士之意，乃率而征言于廷试。余谓今之有司，知急兴学之为务者鲜矣。乃若庄侯已内召而克谋厥始，傅侯甫下车而力襄厥终，二侯协心同底于成，诸士子仰承德意，有不争自淬厉振奋以显庸于时者乎？虽然，予窃有惧焉。自科目制兴，而士之游庠序者，惟知读书缀文，以应有司之求而已。训诂辞章，溺心丧质，将日沦于卑陋。间有才辨之出于众者，始若不安，而倡明心学，乃立意于高妙。其说以顿悟为宗，轻相印可，又日骛于奇庬诙诡，而圣学益以晦矣。其视先王道德行艺之教，《诗》《书》《礼》《乐》之泽，何如耶！今之学者，皆知尊孔氏矣。夫子之所雅言在《诗》《书》、执礼，教人文行忠信，至其自谓，则曰"下学而上达"。夫下学者，忠信以立本也，文行以致用也，《诗》《书》《礼》《乐》皆其具也，而上达之妙，无不在焉。此孔门真实之学，先王之教所赖以不堕也。今举业以时，制不得废，而高谈性命，又无实用，思造士者欲推明孔氏之学，以修先王之教，亦慎其所取之而已。先王以乡三物教万民，而乡大夫所以兴贤能者，亦考其道德行艺之实于闾师族胥之所书者而已，犹曰"德成而上，艺成而下"。今之取士，艺焉而已，取之以艺而欲求相勉于德行，难矣。岂知德行文艺，本相表里，笃其实而艺者书之，则美爱斯传，使校之取士，而必由此其选也，则举业亦何患其夺志哉？故曰："亦慎其所取之而已，侯之所以兴学造士者，意有在于斯乎？"予故乐为之记。○修于万历□年，陶望龄《记》：黄冈曹公来莅兹邑，视政多暇，则进其邑之弟子而程角之，以岁时谒奠文庙惟谨。周览堂序，怦然眷怀，慨庑宇之就圮，隐文治之未朗，叹曰：是余之责也。夫孰为政而使臻此，政孰急于此也？其议新之而难其费。于是周计帑中，得故储之镪及罚锾之就征者，凡若干缗。鸠工庀材，时不易节，赋不益入，民不加役，而模增敞，貌增焕。邑弟子之讲德而游斯者，文亦若增而绚，气亦若增而扬。博士屠君、何君率其诸弟子相与颂公之功，而请不佞记之。余曰：诸君之功我公也，何哉？曰：学校之制于郡县也甚钜，而囊之吏者，传舍其官以瓯脱吾学校，猥云无动，是土木善污蔑人也，非我公不遂倾败荟秽哉！望帝宫象门者，使人心肃而惮；过梵宇丛祠者，使人心虚而鬼。宫室之于人心固然。今吾邑之士人，日聚于斯，而睹先圣之宫，甍栋翼然，彤彩艳然，其庶几亦有远心乎！余曰：公岂以其宫室之败坏是葺，将亦今世士习之败坏是兴？古之君子，植行有坛宇，洁志有垩涤，至道有奥窔，谨其藩篱，窒其隙穴，所以救败而自完也。士节之不渝，繄质行是赖。自不佞之去为诸生，而至于今，且三十祀。其间文明奕而日聚，而淳朴则若浇而日散，可谓岁有不同矣。士处于黉校，犹女之处室然。故心系纮綖[1]，而口不问州郡；志大宇宙，而身在环堵。今之士似不无小谬也，其焉用文之？作室者，先揆日测圭，奠基厚础，其材大者梁栋，小者栌枅[2]，最后乃刻镂藻饰耳。文之于士，真刻镂藻饰也，非质干乌施哉？吾邑庠于天下称能文，其先多君子，而兹又有贤令如曹公者，砥整名节，以为多士劝。语不云乎“已雕已琢，复归于朴”，此亦归朴之一时，讵令遽倾败荟秽为也？诸君共懋之，其使吾庠之士风与其宫墙并新。今日以无负公加惠至意，则有起而言曰：“渊哉，先生之言！”吾庠藉公而新，后且必有能继公而新之者，则犹有故也，而有待也。若公之大造我人士，则乌乎故也，而乌乎待也？请以先生之言授之石公，其常新者存。是役也。四博士君实始终之，得并记焉。曹公名继孝，楚之黄岗人。前教谕孙君名性之，今教谕屠君名某，训导张君名绂，何君名衡。其前沿革，语具旧志中。○万历始年，邑令罗相重修，陶望龄《又记》：州县复得建学，自宋庆历。然其时或举或罢，废兴尤视守若令能否。明兴，胶序遍郡国，秩祀严备，文教蔚然。逮久而土木败蠹，庙貌或弗饰，笾豆簠簋殚阙，春秋奠享，至取给市肆，无以称尊事先师之典。学徒佻达散处，舍宇皆圮败，无资于公以聚之。兹用刓弊，又非所以隆教化也，其举堕救败、饬与弗饬，亦恒视守若令能否。豫章罗侯治会稽三年，纲目毕张，尤先于造士。月朔旦，拜谒文庙，肃瞻栋宇，叹其故败，谋新焉。数月讫工，阶陛圭厉，丹垩既焕，曰：“器弗庀，不可祭也。”遂谋更坏者，补所未具。既具矣，曰：“无公田以养。”于是籍辜者产于学，凡为田若干亩、荡若干亩。初，侯之至也，属当宾兴，士谋曰：“会稽与山阴俱郡辅邑，士之材美无让焉，而试者额顾缩不可。于是白主者，增二人，著为例。凡钜至庙堂、纤至什物，远者廪士之田、升士之额，前二百年所未备，后垂无穷，皆侯振修之。嘉惠邑人士甚盛，何可无纪？”于是学谕某、训导某某，偕弟子数十辈，以文属望龄而记之，系以言曰：孔氏之道，远而弥尊，久而弥章。历汉、唐洎宋，而追崇之礼、绍明之功备矣。其爵自公而王，享自象设而镇圭衮冕，祀自阙里辟雍而荒服下县，不亦远而弥尊哉？汉时诸老先生，传言驾说而已。自王通、韩愈，迄于濂、洛、关、闽，而大儒辈兴，神领步接，遂胤其统，不亦久而弥章哉？虽然，吾犹将援礼方道，而言今代之尤盛也。夫像设以肖之，王祀以尊之，吾未知肖与尊之何如也。像者土木，而岂其人哉？爵以王，贵矣，而议犹哓哓于帝号。何者？称王于今，而贵可加也。我肃皇帝之尊孔子也，不然，更像而位之，去王而师之。更像而位，则其虚也，而后祀者，洋洋乎如有睹焉。夫子者，鲁一夫也，而道则师也。还夫子以一夫而师之，则其质也，故其尊出乎帝王之上而不可加。盖无肖之而真遇，无爵之而尊全矣。往古之事孔子，未有善于是者也。嗟乎！后之学吾孔子者，将亦有像设而王祀者与？孔子所知者知

---

① “纮綖”，古代冠冕上装饰的绳带。

② “栌”，柱上方木，斗拱；“枅”，柱子上的支承大梁的方木，即枓。

之，可者可之，而夫子固曰："吾无知，吾无可无不可。"然则彼所学者，夫亦其像耶？孔子之道，常道也。辟之位，犹鲁一夫也。后之推尊者，无以喻其大而衹卑焉，此王祀之类也。当正、嘉间，越有乡先生者，起而一划其陋，撤胶固之象设，而洗虚谬之王称。于是学者稍稍有窥见，而夫子之道，昭融朗耀，易简而弥高。往古之学孔子，亦未有善于是者也。先生之教，始于乡而盛于大江以西。西士之服膺先生也，甚于其乡。比者先生业俎豆孔子之庭矣，说当易行，孔子之道当日显。罗侯又其封邑人，英敏特达，尤西士之贤者，而适仕于此，知必有以明其道也。学校者，将使人闻道而至于命者也。予不敏，将与邑子共承之。侯名相，江西新建人，万历壬辰进士。〇崇祯年重修，诸生倪元瓒董其事。〇[①]皇清康熙辛酉重修，福建总督姚启圣捐资，王元臣《序》：会稽山水甲天下，东嘉所称，山则磅礴蜿蟺，龙盘凤徊；水则浩淼泓澄，鹢舟马楫。固东南奥区，而千岩万壑，往往脍炙人口，辄为梦想久之。故若材雄竹箭，焜燿瑰奇，怀瑾握瑜者，皆后先鹊起。斯固灵秀所钟，而抑知其陶淑于礼教、范围于学问者，正深且远也。岁庚申，余获挽绶稽邑，雅愿与此中高贤硕士，乐数晨夕。而簿书旁午，一切未遑。前下车，即诣学宫，伏谒先师。见殿庑未尽修饬，及明伦堂、启圣祠亦多颓圮，不觉怃然太息。盖学校者，先王所以励世之人材、导民之观听也。党庠州序，秩叙彝伦，使忠孝蔚兴，誉髦鼎盛，悉渊源于是，则学校之关于郡县綦重。稽山人才夙著，宇内本源之地，岂可听其颓废而不亟图修治欤？郡丞许公，前摄邑篆，已帅先创始。而广文赵熊草、吴观岳两君，相与鼓舞而振作之。俾邑之缙绅先生，暨庠之子衿，向风慕义，咸乐助以成其事。鸠工庀材，使焕然一新，讵非盛举？由此瞻泮璧之辉光，望几筵之整肃，敦五品而研六艺，典章道业，相得益彰。教化宣于上，风俗成于下，政治之要，孰有大于斯者乎？爰书数语引其端。金炯《记》：学官之设，所以使成人小子，均归于德造之选者也。故党庠术序，建诸三代，而鲁侯之修泮宫，诗人美其采芹采藻，岂非彝教聿宣，懿行丕著，必以建学为明伦之要哉？会稽山水甲天下，灵淑之气，蔚为人材，而士挺生于其间，以理学文章、功绩事业显著后先，代不乏人。彬彬乎诚华国之名俊、经世之大儒也。迩者圣殿将圮，明伦堂风雨飘摇，必至鞠为茂草，目击心伤，凡属闻见，无不徘徊者久之。幸公甫涖任，辄谒文庙，顾瞻咨嗟，谓学博赵君熊草、吴君观岳曰："匪仅司铎之事，而亦守土者之责。唯是庀材鸠工，俾庙貌不致毁坏，胶庠得以巍焕，洵斯臾不可缓之举也。"于是首捐廉俸，以为绅士倡，而庠彦之勤而敏于事者，董子琦、傅子慤、祝子弘埈、胡子士章辈，俱竭力而经营之。窃思炯之先王父楚畹公，历任太常，先严仲星公将冠，即补增广生，暨家季雪洲、筮仕郯城令，俱列名于兹邑。炯虽系籍山阴，而不敢忘我父之所自始，亦相与奔走恐后，趋承不遑焉。公择吉修葺，榱桷重光，丹雘有赫。而自大殿以迄堂庑，昔之黯然失色者，

① "碑记"条文字，此处起至段末文字，国图本无，内阁本存。

今则蔚然改观。岂非奋励率先，而都人士于以好义捐输，渐臻厥成也哉！至于稽古阁之无存，启圣宫之将颓，乡贤祠之久废，敬一亭徒有其碑，文昌祠并损其像，仪门黉墙，未获整饬，合璧贯珠，犹待葺理。此固公之朝夕弗去诸怀，而以尊崇圣贤，乐育誉髦，为惓惓之急务也。然而功费浩繁，襄事不易。大司马忧庵姚公捐资独任，而介弟别驾云从公承冢兄之命，以实心而行实事。瓦墁城甓，俱为坚好；梓材垣墉，悉属精良。踵美增华，舍旧图新。要以我公为之于先，姚公继之于后。将杏坛之遗教，再丕播于稽山；阙里之余风，复振兴于镜水。而俎豆不祧，弦歌四彻者，溯本穷源，谁之功哉？犹忆辛酉之夏，公董率学事。即于是秋，浙闱宾兴，士子歌鹿鸣者四人。壬戌，鲁子敬侯随捷南宫，列庶常，皆属公之门下士而志咏桃李，获侍函丈[1]者。其崇奖后进，鼓舞勿倦之意，孰不愿昂首思奋，登他而望公之颜色，追随几杖，亲炙休范，为宫墙之弟子乎哉？

**学政**　巡抚都察院范[2]《为申严学政事》：照得士习，首乎民风，文章关乎世运。礼义廉耻借此而维，政治经纶于是乎出。而提学一官尤为通省风教之本，取舍举错，多士所趋。本院备悉浙省士气颓靡，由于学政废弛。该道今当新任，正宜起弊维风。为此牌仰该道遵将后开款件，一一申严，实心修举。其有未备，推广施行。本院务必询事考文，循名责实，以稽该道之绩，毋或泛视致滥颓波。

一、端士习。士习至今日大败矣，而两浙之狂惫尤甚。其无赖者，交通衙蠹，连结有司，健讼包粮，写词造谤，为豪宦之鹰犬，作百姓之豺狼。甚至暗列仓夫，朋分银米，明当行埠，勒派常规，局赌囮奸，串逃窝贼，辱身贱行，败法乱常。致使臧获羞称，路人掩鼻，不惟非士，亦且非人。其狂悖者，高论大言，放意肆志。或于呈状之中，盛夸才学；或于禀启之内，极诧清高。迂者自谓朱、程，诞者辄方管、葛。甚至告顶腐儒，未进童生，怪论歪诗，敢来冒渎。凡此两种，世所罕闻。该道务宜责成教官，细加查核，严檄州县，不许引容。凡开报劣行诸生，必先去其太甚，毋以次等之人塞责。其开行当埠者，查访革除。非种既锄，嘉禾自秀，贞教兴行之风，可次第而举也。

一、正文体。两浙文名，从来甲于天下。乃本院观风大录，两试生童。汇其雷同之语，则数行之内，可刮千篇；摭其肤泛之词，则一题之文，可移百义。文与题既不相涉，心与手若不相知，腐滥卑庸，聊且粗略。故天下有“五钱名士”之诮，而识者贻“半分不值”之评。总由失其良心，溺于靡习，竟谓不须本领，且可诳骗科名，是为狗偷鼠窃之心肠，即系发政害事之根底。为士得无下贱，为官安不贪庸？其尤甚者，怪语诞词，荒唐悖谬，如譫如呓，似风似痴，何殊病狂之人，乃诧高奇之笔，则又文中之魍魉，理义之乱贼也。该道务当尽心厘剔，力去氛祲。题义必禀精淳，

① “函丈”，又作“函杖”，对前辈学者或师长的敬称。
② “巡抚都察院范”，或即范承谟，《清史稿》有传。

文章须有识义。词尚体要，毋取浮靡；气贵英华，勿流卑弱。深浑坚厚者，可占邃养之功；俊伟光明者，足为正直之器。次则显典简易，尔雅风流，虽非有用之文，却胜肤庸之陋。是在留心简拔，刮目品题，一郡流传，他州观法，风自此而振矣。

一、严崇祀。乡贤之举，虽曰一乡之贤，然必有德足及人、训可垂世者，乃敢祔祀宫墙，追随圣哲。若仅斤斤无过，原非懿德可称，况下此而又递降者乎？本院历任一年，州县、司道之请乡贤祠主者，不啻数十，率皆已故显宦，受赠封君，处士硕儒，曾未一见。则是贤贤之典，徒为贵贵之资；而禋祀之隆，仅同葬祭之例。窃意先圣先贤，其能罔怨罔恫？今往者难追，将来可戒。该道身司风教，务宜著力澄清，苟非其人，必喧物议。况准部咨，奉旨严饬，不许冒滥繁多。倘徇私情，致干功令，鬼神王法，两所难容。仍行严饬生员教官，毋得趋炎妄举。白简当畏，清夜宜扪，戒之敬之。

一、禁冒籍。冒籍之弊，虽他省亦有之，而无如两浙之甚且肆也。盖人之必欲冒籍者，或因问拟罪犯，本地难容；或系劣行黜生，条例难复；或出身下贱，图他郡之不知；或才学低微，希小邑为易取。又因贪污学道，鬻卖数多，此县有余，移之彼县。是以冒籍之禁，冠于匿丧、娼优、隶卒之上者，诚谓匿丧以及娼优、隶卒，但一冒籍，俱可容其奸弊也。本院每阅词详，生员学贯，多非本县，甚至本身姓赵，父兄姓王，而弟侄姓李者，总由顶名改姓，冒籍冒宗，鬼蜮溷淆，寡廉鲜耻。此辈为士子，复何望其知书识礼，而安分守法乎？至于台、温、处郡，额多中下，地在偏隅，本土之人，尚难于数，而刁黠者利其残僻，群拥齐挤，致使本地儒童，十仅得其一二。此皆廪生贪贿，连党成群，违悖教条，敢行保结，此而不饬不究，能不丛弊丛奸？该道职司文衡，宜为执法，务严禁止，犯者不饶保结，廪生立行黜革，抑奸宄而拔孤寒，岂伊异人事哉？

一、公进取。迩来生童之运，否亦极矣。额数既少，年限复多，而乡绅说情，文衡自卖。上司有百名、数十名之额例，同僚有自托、转托之夤缘，几至正额不敷于旁求，真才永沦于斡弃。三年攻苦，每次捐遗；市进襟裾，群然登进。使黉宫为积秽之薮，而督学似牙侩之行。玩法弥天，斯文堕地。盖匪类之戎首，乃名教之罪人。该道今试新硎，正宜痛湔积弊；款中所列，此项为先。总之，身教者从，自然诸弊可革。本院采访极密，风闻极多；若蹈前车，定贻后悔。尚慎旃哉！

以上造士五款，虽非造士本原，然起弊乃可维风、兴利不如除害，故不袭《棫朴》[①]《菁莪》[②]之伪语，作兴仁成德之套词。惟是弊害既除，即成教化。急其先务，行以实心，是本院所拭目于该道者也。仍将所列各条，通行颁示申饬，并取遵依送阅。康熙九年八月十七日颁示。

① 《棫朴》，《诗·大雅》中的篇名。

② 《菁莪》，《诗·小雅》中篇名《菁菁者莪》的简称。

## 社学

明洪武八年，诏有司立社学，有司不得干预。其经断有过之人，不许为师。正统元年，令各处提学官及司府州县官严督社学，不许废弛。其有俊秀向学者，许补儒学生员。四年，奉勘合，每里各设一所。成化元年，令民间子弟愿入社学者听，其贫乏不愿者勿强。弘治十七年，令各府州县建立社学，访保明师。民间幼童年十五以下者，送入读书，讲习冠、婚、丧、祭之礼。

会稽县志卷第十三终

# 会稽县志卷第十四

## 祠祀志上

坛　庙　祠

邑之有祀，凡以为年也。彼神之关于年者，邑既祀之矣。若岳之镇则该一州，禹之功则在九州，天子之命祀也。而地寓于邑之内，故邑亦得书，凡以为贤也。彼鬼之关于贤者，邑既祀之矣。若祀之，创于私墓之祭于其子孙，又非有天子之命祀也，而思系于邑之公，故亦得书于邑。厉非贤，又非年也，而祀之且书之，何耶？屈平之歌《国殇》有曰："身既死兮神以灵，魂魄毅兮为鬼雄。"而子产亦曰："匹夫匹妇，其魂魄犹能冯依于人，以为淫厉。"夫殇，伤也；厉，沴也，弥关于年者也。矧饱馁于幽，泽枯之义也，岂直年焉已哉。（徐渭）

### 坛

**社稷坛**　附府，在迎恩门外。庆元二年，知县王时会重修。明制，凡县附于府者俱陪祀于府坛，县坛遂废。旧坛，宋在县南之礼禋坊。陆游《记》：县社在礼禋坊，曰社，曰稷，曰风师，曰雨师，曰雷神，凡五坛，皆茀不治，祀则茇舍[①]以为次。凡祀之费，一出于吏。雨，则寓于吴越王祠之门。承议郎四明王君时会之来为令，始至，周视坛所，喟然叹曰："幸为政于此，有人民社稷，事孰大于是？"乃即其地为垣八十丈，筑屋四楹，有门，有库，艺松五十，稽合制度，槁秸、莞席、帀篚、樽俎、豆笾、簠簋、勺幂，莫不如式；粢盛、酒醴、牲牢，莫不供给。献有次，祝有位，斋有禁，省

① 茇舍，指草屋。

馔、食奠、爵币[①]、饮福、望燎、望瘗有仪。祝事各以其日，王君祗敬斋栗，与其僚从事礼成而退，无违者。会稽岁比不登，及是雨旸时若，岁以大丰。民皆曰："吾令致力于神，神实享答，吾其可忘乎？"于是父老子民相与告予，因记其事。

**风云雷雨山川坛**　在会稽山之麓。

**厉坛**　在山阴昌安门外。（已上[②]二坛并属府祀，亦陪祀于府，并准社稷坛例，清明、中元、十月朝迎城隍至坛。）

**里社坛、乡厉坛**　洪武初制，每里立一所，今或存或废。

## 庙

**城隍庙**　石坊一座，大门三间，正厅三间，后堂三间（扁曰同春堂），道房三间，在县东二十余步。（正德十五年，知县徐岱修。嘉靖十九年，知县吴希孟重修。汪应轸《记》：凡天下府州县，必立城隍庙祠，其来久矣。其守若令，于人力之所不能致者，必于祠祷焉。不但水旱、虫螟、霜雪、彗孛[③]而已，至于妖蛇、猛虎之类，亦尝移牒以告，而其应如响。盖政为之明，而神为之幽。人之情，每欺明而慑幽，故政尝干神之助，此立祠意也。会稽，府之附县，其城隍必与县同始。然其创建之岁月，与其令佐之姓名，前后之修葺，多不可考矣。独西蜀徐世瞻，于正德末年来莅兹邑，更修之文，其自制也。嘉靖庚子，吴君子醇领札，将之江右参藩，以谏垣时言事，谪贰会稽。到官之日，致斋于祠，仰瞻殿宇，读徐令之文，曰："善矣，然神栖弗称也。"遂捐钱若干，又率耆老尚义者，转相劝助，不数月功成。增屋数楹，辟地阔可四丈，深九丈二尺，其制视旧为壮。于是诸老以吴君命，属余记其事。余曰：会稽，本山名也，禹会诸侯于此，后人不忘禹之功，故以山之名名郡。今郡名已易，而县犹存其名，则夫官于此者，顾县之名，可不思禹之功乎？今称禹者，必曰神禹，以禹之心合于神明也。思禹之功，而求合禹之心，神其有不相之者乎？神而相之，则夫人力之所不能致者，不足忧矣。吴君曰：勖哉。曰：未也。禹之心固神矣，然其所以治水者，行其所无事也。今天下之为人牧者，能行其所无事如禹者乎？民有利也，不以利治利也，而以我治之；民有害也，不以害治害也，而以我治之；民有赋也，有讼也，不以赋也、讼也治之，而以我治之。是皆有所事也，是皆拂乎禹而取怨[④]于神者也。曷以求致人力之所不能致？今君前为丞，则以丞为丞；后为令，则以令为令。是皆行所无事也，吾固知之矣。循此而往，可几于神矣。几于神，

① "食奠、爵币"，国图本、内阁本作"食爵、奠币"。

② "已上"即"以上"。

③ 彗孛：彗星和孛星。旧谓彗孛出现是灾祸或战争的预兆。

④ "怨"，国图本作"怒"。

则今之修祠也，非漫也。君名希孟，字子醇，晋陵人。相厥事者，县丞湖南罗君尚介、主簿桂林蒋君环、典史三山林君希俊。〇顺治十年，居民敛资修葺，比旧加巍焕。康熙二十一年，邑令王元臣率僚属重修。[①])

**绍兴卫旗纛庙**　在县南二里。（明洪武十六年，始基于卫治之西南陬，居民钱阿金迁县治东南之法济里。宣德间倾圮，弘治癸丑重修，今颓废。）

**南镇庙**　正殿五间，后殿五间，东西两庑各十四间，中门九间，石门三，碑亭二（在中门外，东西对峙），斋宿房，宰牲房。在县治东南一十二里，会稽山之阴。（《周礼·职方氏》曰：扬州之镇山曰会稽。秦并天下，以会稽山为名山，祭用牲犊、圭璧。晋成帝咸和八年，会稽山从祀北郊。北齐祀地祇以方泽，其神则会稽镇诸山。隋开皇十四年，诏就山立祠，命巫一人主洒扫，多莳松柏于祠下。唐天宝十年，封永兴公，岁以南郊迎气之日祭。宋乾德六年，以会稽在吴越国，乃下其国行祭事。淳化二年，从秘书少监李至言，以立夏日祀南镇会稽山永兴公于越州，后加永济王。元大德三年，改封昭德显应王[②]。明洪武三年，诏去前代所封爵号，止称会稽山之神。每三岁，制遣道士赍香帛致祭。凡遇登极，则遣官告祭，灾眚则以祈祷祭。每岁则有司以春秋二仲月祭，后禹陵一日。）田一百二十九亩七分三毫，地六十四亩一厘六毫，山二百[③]三十二亩六分五厘二毫，共五百一十六亩四分二厘。（明洪武二年《敕祀记》。命某官张本致祭，本作《记》曰：洪武二年春正月，群臣来朝。皇帝若曰：朕自起义临濠，率众渡江，宅于金陵。每获城池，必祭其境内山川，罔敢或怠。迩者命将出师，中原底平，岳渎海镇，悉在封域。朕托天地祖宗之灵，武功之成，虽借人力，然山川之神，实默相予。况自古帝王之有天下，莫不祀秩尊崇，朕曷敢违？于是亲选敦朴廉洁之臣，赐以衣冠，俾斋沐端肃以俟。遂以正月十五日，受祝币而遣焉。臣本承诏，将事惟谨。正月二十八日，祭于祠下。威灵歆格，祀事孔明，砻石镌文，用垂悠久。惟神丰隆磅礴，静主炎方，典礼既崇，纲维斯在。尚祈保安境土，而福泽生民，是我圣天子之望于神明者，而亦神明祚我邦家之灵验也。臣张本记。三年，《诏》：自有元失驭，群英鼎沸，土宇分裂，声教不同。朕奋起布衣，以安民为念，训将练兵，平定天下，大统以正。永惟为治之道，必本于礼。考诸祀典，知五岳、四镇、四海、四渎之封，起自唐世，崇名美号，历代有加。在朕思之，则有不然。夫岳镇海渎，皆高山广水，自天地开辟以至于今，英灵之气，萃而为神，必皆受命于上帝，幽微莫测，岂国家封号之所可加？渎礼不经，莫此为甚。至如忠臣烈士，虽可加以封号，亦惟当时为宜。夫礼所以明神人，正名分，不可以僭差。今命依古定制，凡岳镇海

① 本句，国图本无，内阁本作"康熙二十一年，邑令王元臣率先捐俸募众修葺"。

② "改封昭德显应王"，国图本、内阁本作"改封昭德顺应王"。

③ "山二百"，国图本、内阁本作"山三百"。

渎，并去其前代所封名号，止以山水本名称其神。郡县城隍神号，一体改正。历代忠臣烈士，亦依当时初封以为实号，后世溢美之称，皆与革去。其孔子明先王之要道，为天下师，以济后世，非有功于一方一时者可比。所有封爵，宜仍其旧。庶几神人之际，名正言顺，于理为当，用称朕以礼祀神之意。故兹诏示，咸使闻之。登极祭文：洪武四年，皇帝遣臣致祭于南镇会稽山之神。惟神表正南土，奠安民物，参赞之功，国有赖焉。兹于嗣位之初，特用祭告，神其歆格。尚飨。正德元年[①]：惟神毓秀钟灵，镇兹南土，奠安之功，民物允赖。兹予复正大统，祇严祀典，惟神歆格，永祐家邦。尚飨。正统元年：惟神奠兹南土，民物育生，允赖神化。予嗣承大统，祇严祀典，惟神歆格，永祐群生。尚飨。景泰文同。成化元年：惟神功参造化，永镇南土，奠安民物，万世永赖。兹承大统，谨用祭告，神其歆鉴，祐我国家。尚飨。弘治、正德、嘉靖元年，文并同。《灾眚祈祷文》：宣德十年，予新嗣祖宗大统[②]，统理下民，夙夜惓惓，养民为务。尚祈神灵，阴隆助相，雨旸时顺，灾沴不生，百谷用成，民用康济，国家清泰，永赖神休。谨以香帛，达于至诚，惟神鉴格。尚飨。正统二年：朕祇御下民，永怀保恤，百谷长育，惟兹厥时。颛冀神灵，时隆敷佑，无灾无沴，时雨时旸，作岁丰穰，以谷黎庶。尚飨。正统九年：予奉天育民，愧凉于德，致兹久旱，灾及群生。夙夜省愆，中心倦切。神司方镇，忧悯谅同，雨农以时，宜任其责。特兹祭祷，尚冀感通，弘布甘霖，用臻丰稔。匪予之惠，时乃神休。尚飨。正统十年：国家崇重方镇，岁严秩祀，所期默运神化，庇祐生民。适者[③]浙江台州、宁波、绍兴府县沴气为灾，时疫大作，死者相枕，病者无已。闻之恻然，深咎于衷。惟神永奠兹土[④]，民所倚赖，睹兹灾沴，能不疚心[⑤]？兹特遣官赍香帛以告于神，尚冀体上帝好生之心，鉴朕悯元元之意，弘阐威灵，御灾捍患，民物获生全之福，神亦享无穷之祀。尚飨。景泰六年：恭承大命，重付渺躬，民社所依，灾祥攸系，志恒内省，政每外革。或寒燠愆期，或雨旸逾度，田畴失利，麦谷不登，忧切民心，妨及国计。水旱疾疫，叠见此方，饥馑流亡，荐臻累岁，究推所自，良有在兹。因咎致灾，固朕躬罔避，而转殃为福，功孰与均？特用恳祈，幸副悬望，谨告。成化十三年：国家敬奉神明，聿严祠祀，所期默运化机，庇佑民庶。乃近岁以来，或天时不顺，地道不宁；或雷电失常，雨旸爽候；或妖孽间作，疫疠交行。远近人民，频遭饥馑，流离困苦，痛何可言！迩者山阴又有雨血之异，惕然于衷，罔知攸措。惟神奠镇一方，民所恃赖，睹此灾沴，能不究心？是用特具香帛，遣官祭告。尚冀体上帝好生之心，鉴予忧悯元元之意，斡旋造化，弘阐威灵，

① “正德元年”，国图本、内阁本作“宣德元年”。
② “大统”，国图本、内阁本作“大位”。
③ “适者”，国图本、内阁本作“迩者”。
④ “永奠兹土”，国图本、内阁本作“表奠兹土”。
⑤ “疚心”，国图本、内阁本作“究心”。

捍灾御患，变祸为福，庶几民生获遂，享报无穷。惟神鉴之，谨告。成化二十年：朕承祖宗大统余二十年，而于奉神子民之道，未尝敢忽。何去年至冬，雨雪全无？方今春首，京师地震，麰麦无收成之望，士民怀艰窘之忧。惟神毓秀钟灵，表镇南土，睹此灾沴，能无疚心[①]？今特遣人敬赍香帛，虔告于神，尚期默运神机，参赞化育，俾阴阳顺序，风雨以时，四维宁静，黎庶安康，神之享祀，亦无穷矣。尚飨。弘治六年：伏自去冬无雪，今春少雨，田家未能插种，黎庶实切忧惶。予甚兢惕，因自侧身循省，虔致祷祈。惟神矜悯下民，斡旋大旱，造沛甘泽，以滋禾稼，以济民艰。庶民有丰稔之休，神亦享无穷之报。谨告。正德六年：去岁以来，宁夏作孽，命官致讨，逆党就擒，内变肃清，中外底定。匪承洪祐，曷克臻兹？因循至今，未申告谢。属者四方多事，水旱相仍，饥莩载途，人民困苦，盗贼啸聚，剿捕未平。循省咎由，良深兢惕。伏望神慈照鉴，幽赞化机，灾沴潜消，休祥协应，佑我国家，永庇民生。谨告。万历、泰昌、天启、崇祯登极俱有诏。[②]皇清[③]顺治八年[④]，遣[⑤]太常寺少卿孙廷铨致祭：惟神秀竞千岩，灵钟万壑，带江襟海，育物福民。朕统御寰中，爰修祀典，昭兹殷荐，卫我南藩。尚飨。顺治十八年[⑥]，遣刑部左侍郎李敬致祭[⑦]，文曰：惟神秀竞千岩，灵钟万壑，带江襟海，育物福民。朕诞膺天命，祇荷神休，特遣专官，用伸殷荐，惟神鉴焉。康熙六年[⑧]，遣刑部右侍郎王清致祭[⑨]，文曰：惟神秀竞千岩，灵钟万壑，带江襟海，育物福民。朕躬亲政务，祇荷神休，特遣专官，用伸殷荐，惟神鉴焉。康熙十五年，遣官右通政司李廷松致祭，文曰：惟神秀竞千岩，灵钟万，带江襟海，育物福民。朕祇承神祐，懋建元储，特遣专官，用伸殷荐，惟神鉴焉。康熙二十一年，遣官户部右侍郎李仙根致祭，文曰：惟神拔秀千岩，标奇万壑，襟江带海，钟美储祥。朕祇承神祐，疆宇荡平，特遣专官，用伸殷荐，惟神鉴焉。[⑩]〇宋崇宁间修庙，王资深[⑪]《记》：自帝畿东南至于海，名山以百数，而会稽为大禹会诸侯、计功于此。而《周官·职方氏》：东南曰扬州，其山镇曰会稽。则会稽一方之镇，而永兴公其神也。神祀在山间，隋开皇十五年置。

---

① “疚心”，同上。

② 国图本此前有“皇清遣官致祭文”七字一行。

③ “皇清”两字，国图本无。

④ 此处，国图本有“岁次辛卯六月丁未朔越七日癸丑，皇帝”十六字。

⑤ 此处，国图本有“翰林院提督、四译馆”八字。

⑥ 此处，国图本有“岁次辛丑□月二十六日，皇帝”十一字。

⑦ 此处，国图本后有“于南镇会稽山之神”八字。

⑧ 此处，国图本后有“岁次丁未八月十七日，皇帝”十一字。

⑨ 此处，国图本后有“于南镇会稽山之神”八字。

⑩ 康熙十五年、二十一年两祭，国图本无录。

⑪ 王资深，字取道，宋山阳（今淮安）人。元祐二年(1087)进士，除尚书郎。嘉泰《会稽志》载王资深“崇宁四年四月，以承议郎、充显谟阁待制知”越州。

其庑下有碣，洗而读之。唐贞元九年，皇甫刺史建庙，有孟简文在碣之阴。又得大宋祥符二年[①]碣，诏因茅山封内厉禁不严，下转运司戒诸灵祠刻四至，以谨侵盗。庙广四十五丈，南北二百五十丈，门序、堂序凡四十一楹。景祐四年，枢密直学士蒋堂重建。元祐五年，龙图阁待制钱勰重修。资深以崇宁四年孟夏到官，栋折梁摧，貌象将压，谋欲事事。适秋九月，诏天下祠祀必葺，乃出官钱五万。有进士诸葛恺愿出钱五十万，诸葛材又助十万钱。于是鸠工于能，贸材于良，命会稽县尉宋之珍董其事。自十月七日至明年二月九日成，凡百二十有二日。越十有二日乙丑，知军州承议郎充显谟阁待制王资深、知会稽县事朝奉郎吴俅拜谒告成，因书于石。元至大二年修庙，邓文原《记》：《周官·职方氏》辨九州之国，东南曰扬州，其山镇曰会稽。镇山各长其方，贵莫与并，而会稽次居先。亦若传志所载，南海神在北、东、西三神河伯之上。先王叙秩常祀，固自有旨哉！地主静，故物生而不息，镇山因地之厚而相其成功。在人。则方伯宣仁风，敦政本，俾民阜康而不知所利，由是道也。按虞帝巡守，则望祀山川，乘舆所经，岁周四岳。虽古者省方设教，礼崇易简，然而道里辽廓，涉时寒燠，圣人之于民，亦已勤矣。自巡守道废，而望祀仅以名存，历世隆污，益昧原本。秦、汉肇兴五畤，旁礼八神，诸若碧鸡、寿星、太乙、神君、武彝，莫不有祠。禁方秘祝，异说交集，祈禳雩荣，降及厉淫。先王之理天下，所以存诚赞化、孚格神明者，其道隐而弗彰矣。山林、川谷、丘陵能出云为风雨者，礼皆列诸百神，而况名山具瞻，奠镇下土，利泽周施，其重岂直与勤事定国、御灾捍患者侔？稽古盛际，四镇咸在封域之内，分合世殊，政教弗通，神或匮祀。圣元肇运，武戡乱略，德懋好生，天人顺应，万方臣服，自昔车书会同之盛，未有窥其涯际者也。文治修明，中外禔福，则又怀柔百神，示民礼秩，益延景民[②]。惟东南控带江海，层冈峭岭，圭立屏峙，莫可殚状，而会稽山之秀峷无俦，明灵所司。又隋、唐暨宋，祝号祭式，公王次升。大德己亥，诏尊南镇会稽山为昭德顺应王，与岳渎同祀。使者肃将，牲醑芳洁，笾豆静嘉。然而象饰弗严，梁颓栋桡，庭宇榛秽，陟将裸荐，室不称仪。越十有一年，为至大己酉，嘉议大夫臣朵儿赤来守兹土，进谒祠下，顾视兴慨，曰："守臣责在藩宣，事神训民，曷不钦厥事？"乃集群议，将大撤而新之，请于帅府，给缗钱二万五千四百有奇。邑里竞劝，倾赀相役，环林文石，桴输辇致，砻斫既备，版干具兴。殿宇周阿，前翚后棘。表以重门，翼以长庑。斋庐靓深，膳烹有所。邦人士女，祷祀会止。闲亭飞阁，可观可憩。环山缭溪，若有风马云车，肸蠁来役。先是，於越大饥，道殣相望，薄征振廪，荒政荐敷，惠及埋胔。明年夏，复旱，臣朵儿赤祷于神，得雨。人谓神亦矜民，易以诚感。复有事于庙，经度故址，为亩二十五有半。因发地得石，其识深广，北、东、西临溪，南直玉笥峰。记以宋

① "大宋祥符二年"，国图本、内阁本作"大中祥符二年"。

② "民"，国图本、内阁本作"命"。

大中祥符之二年。视旧加斥，克弘厥规。岂神之留宿告晓于人，固如此哉！考诸在昔，常以立夏气至，揭虔祀事，道迎发育。天道无垠，因时布令，仁行于春，礼继炳文，岁功序成，物乃藩息。继兹越土，肇归版图，于今几四十载。乃者岁比遣使，皆为民祝厘。圣上缵承基绪，申饬有司，益严毖祀，仁昭礼合[①]，上以法天之运。而元臣硕辅，同德协心，迄底康乂。东南旄倪，陶咏皇风，浸溉膏泽，生聚教训，期于亿万世。江浙行书省平章政事臣张闾等奏曰："南镇庙成维丽，牲宜有碑，乞命儒臣邓文原为文，以昭来者。"制曰："可。"臣谨再拜稽首，愿颂帝德，且宣神功，爰勒铭诗，与兹山无极。其诗曰：邈哉东南，万山之薮。熟殿兹土，相其温厚。先民有言，山岳配天。体坤之载，道合静专。崪兹会稽，列巘环向。郁葱禹穴，蔽亏秦望。譬彼江海，百谷是王。礼隆昭示，嘉荐苾芳。奕奕新庙，涂塈丹雘。荡昏即明，辟隘从廓。物既和止，神亦晏娱。灵旂肸饰，贲然来思。永其休嘉，锡此南土。岂惟南土？九有伊佑。惟皇纵圣，惟臣弼谐。神道大宁，兆民允怀。诗咏冈陵，式扬寿祉。儒臣作铭，赞于天子。纥石烈希元《颂》曰：王祭四望，岳渎山川。至顺建极，忧民为先。上绳祖武，钦若昊天。小心翼翼，终日乾乾。遣使代祀，南镇王前。惟神顾诚，景况八埏。雨旸时若，禾稼盈田。百物咸熙，一[②]气节宣。小民作颂，天子万年。唐之淳诗：惟昔作巨镇，此地压荆扬。计功自神禹，望祀及秦皇。冯陵任厚坤，歘吸半炎方。昔闻周祀典，近者自隋唐。器物及仪文，制侔侯与王。层宫列象设，错落丹青光。烟鬟夹雾谷，出入人鬼旁。嶂聚金碧气，树多灵鸟翔。冥冥象群怪，蔼蔼图百祥。飘飘紫盖矗，熛熛朱丝张。不知谁为助，意乃惑愚庞。山川固明灵，在德非馨香。亵祠既靡用，古典或可详。骋词代巫祝，自天祈降康。戴冠次韵诗：封山表州镇，会稽曰维扬。望秩本虞舜，建祠乃开皇。越地尽南海，巍然峙其方。谁封永兴公？谬典始于唐。宋亦承其讹，加封更称王。冠冕森巍峨，焕然生景光。宫庭绕其后，廊庑罗其旁。栋宇如鸟革，簷阿若翚翔。人心自妄诞，神不私降祥。瞻拜日已久，愚民转诪张。皇明正大统，欲民返淳庞。百神自居歆，至治成馨香。妄号悉厘正，品秩雅且详。子孙永勿替，再欲颂成康。镇庙田，元泰定二年置，韩性《记》：九州之镇，国重祀也。东南之镇曰会稽，见于《周官》。由汉以来，咸谨祀事。国家一海内，遣使降香若金帛，驰驿抵庙下，一太牢祀。守土之吏，奔走承事惟谨。庙在会稽东南十余里，无祝史之守。尚方所锡，藏之郡帑，积无所用。泰定乙丑，金源王公克敬为会稽守，议买田以供庙之用，请于帅府，从其请，乃会计所藏，得币楮若干，白金为锭者若干，为香奁者若干，斥而卖之。又得楮币若干，买旁近田一百七十亩有奇。侯命列其亩步，刻之石，使后有考。侯之虑远哉！南镇，国重祀。庙之用度，有司所当虑，其最重者二焉。古之

① "合"，国图本、内阁本作"洽"。

② "一"，国图本、内阁本作"六"。

祭祀，预备以示严。神仓所以备粢盛也，掌牧所以备牲牷也。祭祀之物具，故临时而不扰。今南镇岁事，责成有司，有司集事，则以牺牲粢盛取具。临时有不能具，则赋之民，民以为病，一也。汉祀岳渎，始为宫室。若庙祀制，后以为常。今会稽之庙，壮严靓深，明宫斋庐，多至千础。岁岁修缮，劳民无已时。委而不修，必至颓圮，而扰民滋甚，二也。今侯买田于庙，贮其租入，中供祭祀，以时修缮。至于香火之需，祝史之养，皆出其中。非独致力于神，其为斯民计审矣。或谓"一夫之田，所入无几，用之不周，犹之无益也"，是不然。天下之事，莫难于创始。今侯倡之于前，继侯之理者颇增益之，足用而后已。敬其明神，民不劳勚，神之相依，有引弗替，以称国家崇明祀之意，此侯之所望于后来也。）

**夏禹王庙**　在县东南一十三里，正殿七间，东西两庑各七间，中门三间，棂星门三间，大门一间，宰牲房一所，窆石亭一座。（嘉靖三年，知府南大吉修。二十年，知府张明道重修。）禹书碑亭一座。（碑字，嘉靖中季本守长沙，从岳麓书院携归，知府张明道翻刻入石，书奇古难辨。）陵殿三间，石亭一间，碑曰大禹陵。斋宿房一所，棂星门三间。（俱知府南大吉建。按《越绝书》：禹始也，忧民救水，到大越，上茅山，大会计，更名茅山曰会稽。及其王也，巡守大越，因病殂落，葬会稽。而司马迁之《自序》亦曰：上会稽，探禹穴。则禹穴之在会稽也，信矣。独悬窆处，不可亿知。近嘉靖中，始为闽人郑善夫所定，在庙南可数十步许。知府南大吉信之，遂立石刻"大禹陵"三字，覆以亭，且构室焉。庙之建，始于无余祀禹之日。至宋建隆二年，诏先代帝王陵寝，令所属州县遣近户守视，其陵墓石[①]堕毁者，亦加修葺。四年，诏给守夏禹陵五户，长吏春秋奉祀。明洪武三年，遣官访历代帝王陵寝，令各行省臣同诣所在，审视陵庙，并其图以进。浙江行省进大禹陵庙图。九年，诏令百步之内，禁人樵采，设陵户二人，有司督近陵人看守，每三年传制，遣道士斋赍香帛致祭。凡遇登极，遣官告祭。每岁祭，则有司以春秋二仲月。（明传制祭文）洪武三年：昔者奉天明命，相继为君，代天理物，抚育黔黎，彝伦攸叙，井井绳绳，至今承之。生民多福，思不忘报，特遣使赍捧香帛，命有司诣陵致祭。惟帝英灵，来歆来格。尚飨。（登极祭文）洪武四年：皇帝遣臣致祭于大禹夏后氏之陵，曰："曩者有元失驭，天下纷纭。朕集众平乱，统一天下，今已四年矣。稽诸古典，自尧、舜继天立极，列圣相传，为蒸民主者，陵各有在。虽去古千百余载，时君当修祀之。朕典百神之祀，故遣官斋赍牲醴，奠祭修陵。君灵不昧，尚惟歆飨。"宣德元年：惟王丕崇王道，宁济生民，伟烈显谟，光垂万世。予嗣承大统之初，谨用祭告。惟神昭格，佑我邦家。尚飨。正统元年：惟王奠安海宇，致治之功，民用永赖。予嗣承大统，祇严祭告，用祈祐我家国，永底隆平。尚飨。景泰文同。天顺元年：惟王平治水土，民物

① "石"，国图本、内阁本作"有"。

奠安，功德之隆，万世永赖。兹予复正大位，祗严祀事。用祈祐我家邦，永底康乂。尚飨。成化元年：惟王肇启王业，以家天下。治水神功，万世赖焉。兹予祗承天序，式修明祀。用祈鉴祐，垂福我邦家。尚飨。宏治[①]、正德、嘉靖、隆庆、万历文同，春秋祭，文：维王功加当时，泽垂后世，陵寝所在，仰止益虔。国朝[②]康熙七年，[③]遣鸿胪寺正卿[④]周之桂致祭[⑤]，文曰："自古历代帝王，继天立极。朕奉天眷，绍缵丕基。躬亲庶政，明礼肇修。敬遣专官，代将牲帛，用申殷荐，惟神鉴焉。"康熙十五年，遣左通政司李廷松致祭[⑥]。宋谢惠连[⑦]祭文：咨圣继天，载诞英徽。克明克哲，知章知微。运此宏谟，恤彼民忧。身劳五岳，形瘦九州。呱呱弗顾，虔虔是钦。物贵尺璧，我重寸阴。乃锡元圭，以告成功。虞数既改，夏德乃隆。临朝总政，巡国观风。淹留稽岭，乃殂行宫。恭司皇役，敬属晖融。神息略荐，乃昭其忠。宋之问《谒禹庙》诗：夏王乘四载，兹地发金符。峻命终不易，报功畴敢逾。先驱总昌会，后至伏灵诛。玉帛空天下，衣冠照海隅。旋闻厌黄屋，便道出苍梧。林表祠转茂，山阿井讵枯？舟迁龙负壑，田变鸟芸芜。旧物森如在，天威肃未殊。元彝届瑶席，玉女侍清都。奕奕闺闼邃，轩轩仗卫趋。气清连曙海，云白洗春湖。猿啸有时答，禽言常自呼。灵歆异蒸糈，至乐匪笙竽。茅殿今不袭，梅梁古制无。运逢日崇丽，业盛答昭苏。伊昔力云尽，而今功尚敷。揆材非美箭，精享愧生刍。郡职昧为理，拜空宁自诬。下车书[⑧]已积，摄事露行濡。人隐冀多祐，曷难沾薄躯。宋诸葛兴《大禹陵颂》：瞻越山兮镜之东，郁乔木兮岑丛。倚青霞兮窆石，枕碧流兮宝宫。端黻冕兮穆穆，列俎豆兮雍雍。梅为梁分[⑨]挟风雨，倏而来兮忽而去。芝产殿兮间见，橘垂庭兮犹古。璧腾辉兮珪荐瑞，书金简兮缄石匮。朝万玉兮可想，探灵文兮何秘。嗟泽水兮攒流，民昏垫兮隐忧。运大智兮无事，锡鸿范兮叙畴。身劳兮五岳，迹书兮九州。亶王心兮不矜，迄四海兮歌讴。猗圣宋兮中兴，驻翠跸兮稽城。独怀勤兮旷代，粲奎文兮日星。扬旌兮拊鼓，吴歈兮郑舞。奠桂酒兮兰肴，庶几仿佛兮菲食卑宫之遗矩。林景熙《谒禹庙》诗：万国曾朝会，群山尚郁盘。严祠镇元璧，故代守黄冠。窆入云根石，梁归雨气寒。年年送春事，来拂藓碑看。邓文原碑[仅得其诗]曰："浙河之东，有山郁苍。镇于南土，夷[⑩]视崇岗。昔帝会

① "宏治"，国图本、内阁本作"弘治"。

② "国朝"后，国图本有"遣官祭文"四字。

③ "康熙七年"后，国图本有"岁次戊申戊午月壬戌朔越廿五日，皇帝谨遣"，内阁本无。

④ "遣鸿胪寺正卿"后，国图本有"加一级"三字。

⑤ "致祭"后，国图本有"于夏禹王"四字。

⑥ 本句，国图本无。

⑦ 谢惠连(407—433)，祖籍陈郡阳夏(今河南省太康县)，出生于会稽，南朝宋文学家。

⑧ "书"，国图本、内阁本作"霰"。

⑨ "分"，国图本、内阁本作"兮"。

⑩ "夷"，国图内、内阁本作"旐"。

同，圭璧斯皇。翩其飚御，若帝陟方。若彼桥山，弓剑是藏。维时横流，溃溃怀襄。濬川静谷，成赋定疆。帝躬菲恶，兆民乐康。铸列鼎象，谟训范防。功加九有，道尊百王。世严秩祀，登荐肃将。牧臣有惕，顾视榛荒。乃堂乃构，邃宇周墙。吉蠲来享，云旆龙章。繄帝奠育，时厥雨旸。物消疵疠，岁咏茨梁。永佑皇图，储庆发祥。即山勒石，德远弥光。”元绍兴路修庙，韩性《记》：神禹之功，与穹壤等高大。九州之民，耕田宅土，遂其生育，百世犹一日，称思报祀，不能须臾忘也，况陵庙之所在乎？《皇览》曰：禹冢在山阴会稽山上[①]。或疑夏都安邑，视会稽犹要荒也，其信然耶？夫会稽，古扬州之域，禹迹所奄，而任土之所及，不得与要荒比。帝少康封庶子于会稽，以奉守禹之祀，则是禹陵在会稽之明证也。因陵置庙，不知所始。郦道元曰：会稽之山，上有禹冢，其下为禹庙。然则禹庙之在会稽旧矣。今庙据南镇之左，镜湖之上，宫室钜丽，山川环拱，间失修营，驯至颓圮。乃至大辛亥，太守朵儿赤公葺而新之，事具今国子祭酒邓文原所为碑文。泰定甲子，金原王公马守谒庙，下视其上漏旁湿，梁桷间朽，慨然有修营之志。会转运判官董公润按事会稽，捐金以佐其费。邑人相劝，分事竭作，五阅月而毕工。瓦甓栉比，材木完好，髹彤黝垩，各中程式。父老盘石庑下，而俾性记其成之岁月。愚谓神禹之功，百世犹一日，修营其祠宇，固出于民心，然而领在祠官，则亦有司责也。自至大辛亥至于今，十有四年耳，已不能无待于修缮。积十有四年之暂，而至于百世之久。庙屡修，记屡成，石之刻将无所容，何父老欲记之勤也？虽然，斯役也，有不可不记者。人心思禹，不能一日忘，则葺其祠宇，亦不可一日废也。使后之人见其废坏，辄修营之，不以久近为意，则室宇之钜丽，与山川悠久可也。王公以不扰为政，劳费不及于民，役兴于一时，而足为法于后世，不可以勿记。泰定乙丑孟春，则毕工之岁月也。邑人之任其责者凡十人，并勒其姓名于碑阴。《诗》曰：天高地下，人居其中。以位以育，神禹之功。万世之恩[②]，九州攸同。况此会稽，有冢有官。惟帝陟降，惠于下土。一视同仁，靡有方所。祀德不携，乃眷斯宇。回风云旗，若帝来下。有严祀典，职在有司。牺象毕陈，以节岁时。凡我邦人，是报是祈。鳞瓦桓楹，企于新祠。有蛇飞梁，有华壅壁。高冈峨峨，平湖如拭。庙祀之隆，与天无极。创新有时，致此贞石。唐之淳诗：昔在帝尧时，洪水滔天流。鲧功既不竟，微禹吾甚忧。禹敷下土方，乃至于南州。维南有会稽，玉帛朝诸侯。少康封庶子，衣冠闭山丘。遂令筑祠官，俎豆岩之幽。云何末代下，有穴肆探求。明明太史公，秉笔欺吾俦。岂知大圣人，天地同去留。厥言在洪范，箕子授成周。衣裳食息际，莫匪蒙灵休。皇皇古丛祠，祀典明且修。空梁诡龙变，亦足为神羞。戴冠次韵诗：鲧父殛羽山，甚彼共工流。岂敢仇帝诛，但当为民忧。疏导凡八年，经营分九州。一旦

① “会稽山士”，国图本、内阁本作“会稽山上”。

② “恩”，国图本、内阁本作“思”。

陟元后，万国来诸侯。执中授虞舜，无间称孔丘。南巡至会稽，龙逝江波幽。死归竟成谶，弓剑不可求。元圭告成功，万世无与俦。窆石隐古篆，遗迹今尚留。寝殿面山阿，墓木罗道周。三年荐香帛，皇明仰神休。国祚绵无穷，祀事亦孔修。我来从郡吏，纷拜陈芳羞。明李东阳诗：江南禹穴奇天下，司马文章实似之。颇忆江山有神助，满窗风雨坐题诗。郑善夫诗：脱屣行探禹穴灵，万年鸿宝秘丹扃。梅梁窆石空山里，犹见虞廷旧典型。周祚诗：禹庙千峰侧，城南乱树生。黄扉消水怪，白日走山精。滚滚江河下，遥遥碣石倾。龙蛇万里外，群石仰垂成。马明衡诗：夏王陵庙垂今古，野客孤怀万里开。海上青氛迷玉帛，山空白日走风雷。清时喜见神龟出，绝代谁怜司马才。欲访藏书问何处，千峰雨色送高坏①。汪应轸诗：禹穴冥迷惟有庙，龙蛇古室空山开。玉筒沉沉深岁月，梅梁隐隐动云雷。支祁不锁千年足，鱼鳖曾兴万国哀。海色江声作风雨，苍梧归客共吟杯。陈鹤《宴集禹庙》诗：十年相望路犹迷，一夜逢君鉴水西。花下长歌灯屡换，帘前话久日②初低。稽山雨后晴云出，禹庙春深暮草齐。万里为官向巴峡，思家莫听岭猿啼。徐渭诗：年来只读景纯书，此日登临似启予。葬罢桓碑犹竖卵，封完玉字不通鱼。杨梅树下人谁解，菡萏须中气所居。即遣子长重到此，不过探胜立须臾。）

**附禹穴诸疑**　唐杜甫诗：禹庙空山里，秋风落日斜。荒庭垂橘柚，古屋画龙蛇。云气生虚壁，江声走白沙。早知乘四载，疏凿控三巴。此蜀中禹庙诗也。韩愈《送惠上人》诗：常闻禹穴奇，东去窥瓯闽。越俗不好古，留传失其真。季本诗：老摄何缘更远游，谁将龙蜕寄荒丘。扬州治水三江尽，方岳观民一岁周。岂暇舟车穷越海，却烦玉帛会蛮陬。无余孙子多王霸，窆石遗踪不足求。郑善夫《禹穴记》：禹穴在会稽山阴，昔黄帝藏书处也。禹治水至稽山，得黄帝《水经》于穴中，案而行之，而后水土平，故曰禹穴。世莫得其处③，或曰"即今阳明洞是也"，又曰"禹既平水土，会诸侯，稽功于此山，寻崩，遂葬于会稽之阴，故山曰会稽，穴曰禹穴"。至今窆石尚存，或然也。后二千余年，而司马迁氏来探书禹穴，归而作《史记》，文章焕然，为百代冠，说者谓是山川之助也。又后千余年而晋安郑善夫氏及山阴朱君节、王君琥氏来，复探禹穴，寻黄帝藏书处，乃玩梅梁，摩挲窆石，睹先圣王遗像，得禹穴于菲井之上，徘徊瞻眺，想其卑宫而菲食，为之喟然兴怀。又想其执中用智，与皋、夔、稷、卨之为臣，又为之怃然自失也。夫自禹迹以后三千年间，游者不知其几，而惟司马氏显。此山川之能发为文章，亦惟司马氏。夫三千年而仅得一人于山川，顾止以文章显，何哉？岂山川之能仅足以焕人文章耶？世有不为文章者，于山川何取也？自昔至人见转篷而造车，睹游鱼而造舟，得河图而成卦，因洛书而作范，咸取诸物也。子在川上曰"逝

① "坏"，国图本、内阁本作"杯"。
② "日"，国图本、内阁本作"月"。
③ "世莫得其处"，国图本、内阁本作"世莫详其处"。

者如斯夫，不舍昼夜”，余乃今知所取于山川矣。礼登高而赋，余未能赋，姑记余言如此云。

**虞舜庙**　在县东南一百里，二十一都太平乡，舜山之阳。（《述异记》：会稽山有虞舜巡守台，下有望陵祠。《路史》：舜庶子七人，圭、胡、负、遂、庐、蒲、卫、甄、潘、饶、番、傅、邹、息、有、胡母、辕、余姚、上虞、濮阳、余虞、西虞、无锡、巴陵、衡山、长沙，皆其裔也。圭、胡等并国名，见《路史·国名记》。古者，帝王封子弟多于疏远，如有庳可知。夫余姚、上虞始皆会稽地，舜之庶子封此，后裔守此，而以舜名其山川井田，以识不忘，且表见其先德，殆人情与？陆游诗：云断苍梧竟不归，江边古庙锁朱扉。山川不为兴亡改，风月应怜感慨非。孤枕有时莺唤梦，斜风无赖客添衣。千年回首消磨尽，输与渔舟送落晖。林景熙诗：声断薰弦万壑幽，三千年事水空流。衮衣剥落星辰古，郊野凄凉鹿豕秋。孝友风微惟故井，神明胄冷尚荒丘。九疑回首孤云远，老泪斑斑楚竹愁。）

**孟庙**　在县东南二里，罗汉桥南。（宋时，孟子四十七世孙孟忠厚知绍兴府事，建庙卧龙山麓，日久颓废无存。顺治十八年辛丑，六十四世孙孟称舜舍宅为庙[①]。）

**皋隍庙**[②]　在城东五都四图皋盛村。皋陶随禹王南巡，卒于会稽，墓葬庙东九龙港口粤盈山[③]。

**曹娥庙**　初属上虞，后改隶会稽，在县东九十二里。（汉元嘉元年，上虞长度尚[④]为石碑，属魏朗作碑文，久之未就。时尚弟子邯郸淳年二十，聪明才赡而未知名，乃令作之，挥笔辄就，曰：孝女者，曹盱之女也。其先与周同祖，末胄荒落，爰兹适居。盱能抚节按歌，婆娑乐神。以汉安二年五月五日迎伍君，逆涛而上，为水所淹，不得其尸。时娥年十四，号慕思盱，哀吟泽畔，旬有七日，遂投江死。经五日，抱父尸出。以汉安迄于元嘉元年青龙辛卯，莫之有表。度尚设祭以诔之，词曰：伊唯孝女，晔晔之姿。偏其反而，令色孔仪。窈窕淑女，巧笑倩兮。宜其家室，在洽之阳。大礼未施，嗟丧慈父。彼苍伊何，无父孰怙？诉神告哀，赴江永号，视死如归，是以渺然轻绝，投入沙泥。翩翩孝女，载沉载浮。或在洲渚，或在中流。或趋湍濑，或逐波涛。千夫失声，悼痛万余。观者填道，云集路衢。泣泪掩涕，惊动国都。是以哀姜哭市，杞崩城隅。或有尅面引镜，剺耳用刀。坐台待水，抱树而烧。于乎孝女，德茂此俦。何者大国，防礼自修。岂况庶贱，路屋草茅。不扶自直，不斫自雕。越梁过宋，比之有殊。哀此贞厉，千载不渝。于乎哀哉！辞曰：

① 此条，国图本在“孟称舜”后有“呈明县府道，舍其父孟应麟遗宅为庙。后被住兵残毁，复呈督抚，捐助修复，免其户田，供修备祀，勒石永垂不朽”。

② 此条，国图本无。

③ 粤盈山：《民国绍兴县志资料第一辑》有“越营山”。

④ 度尚：光绪《上虞县志》载，汉元嘉元年，邑长度尚立石。

名勒金石，质之乾坤。岁数历祀，立庙起坟。光于后土，显昭夫人。生贱死贵，利之义门。可[①]怅华落，飘零蚤分。葩艳窈窕，永世配神。若尧二女，为湘夫人。自效仿佛，以昭后昆。朗至，尚以示之，朗大叹服。蔡邕闻之来观，值夜，以手摸其文而读之，题曰："黄绢幼妇，外孙齑臼。"又曰："三百年后碑当堕，欲堕不堕逢王叵[②]。"后魏武帝见之，谓杨修曰："解否？"曰："已解。"帝[③]曰："卿未可言，待我思之。"行三十里而喻，乃令修解之。修曰："黄绢，色丝也；幼妇，少女也；外孙，女之子也；齑臼，受辛也，盖曰'绝妙好辞'。"曰："吾亦意此，但有智无智，较三十里。"碑有王右军所书小字，新定吴茂先尝刻于庙中，后为好事者持去。宋熙宁十年，著在祀典。大观四年，封灵孝夫人。政和五年，高丽人来贡，借潮而应，加封昭顺。熙宁中，皇子魏王判明州，亦借潮而应。淳祐六年，复加封纯懿，且封其父为和应侯，母为庆善夫人。墓在庙旁，其上双桧甚古，其前有亭，匾之曰双桧，后毁于风。嘉定十七年，郡守汪纲复建亭于旧址，叠石庙前，为堤七十丈，并建娥父曹府君及朱娥祠堂。娥亦上虞人，十岁救祖母，被仇所杀，立庙，俗呼为救婆庙。建熙十年，会稽令董楷以娥配享曹娥。明初，山阴人诸娥，年八岁，白父冤，诣阙卧钉板，创重而殒。巡抚刘以娥同朱娥配享曹娥庙。知府南大吉曾修廊之，以绍兴合郡历代列女[④]设位于东西两庑，以时从祀。王十朋诗：恸哭无寻处，投江竟得尸。风高列女传，名重外孙碑。荒草没孤冢，洪涛春古祠。怀沙为谁死，翻愧是男儿。韩性《歌》：承荃桡兮桂舟，弭灵旗兮中流。望四山兮何所，抉朝阳兮上浮。玉笄兮琼佩，驭青蛇兮云之外。采杜若兮江皋，芳菲菲兮未沫。滩不极兮海门，饯夕景兮江滨。吹参差兮屡舞，驰玉轪兮缤纷。雷填填兮拊鼓，桧阴阴兮灵雨。波渺渺兮宏[⑤]流，神乐康兮终古。元杨维祯《辞》曰：昔湘累之徇国兮，甘以死而伤生。身虽殒而心不惩兮，同楚野为《国殇》。夫何娥之眇躯兮，亦前修之允蹈。彼忘死以为贞兮，兹捐躯以为孝。惟娥之烈烈兮，曾稚年之未笄。当吾父之善泅兮，习婆娑以为戏。阳侯忽其不仁兮，哀层波之垫溺。娥呱呱以哀鸣兮，旬七日而罔食。扣龙之宫不得其尸兮，化精卫而莫为力。俨见父于重渊兮，奋轻身于踊擗。於乎！惟仁足以残肌兮，刚足以固志。诚足以开金石兮，孝足以动乎天地。风涛为之折裂兮，蛟鼍为之四奔。抱父尸以卬出兮，俨肤发之犹存。嗓江头之长老兮，泣孤舟之过客。抱遗骸以致告兮，异鲍生之刻木。嫱完父于伤槐兮，娟代父于醉津。缇萦氏之上言兮，除肉刑于特恩。曰予中人之可企兮，匪拔俗而绝伦。嗟娥之为教兮，习絺葛以为红。岂师傅之夙诏兮，诵烈女之遗风。惟纯

① "可"，国图本、内阁本作"何"。
② "欲堕不堕逢王叵"，国图本、内阁本作"欲堕不堕遇王叵"。
③ "帝"，国图本、内阁本无。
④ "列女"，国图本、内阁本作"烈女"。
⑤ "宏"，国图本、内阁本作"安"。

诚之天出兮，奋百代而独立。宜庙貌之永存兮，表双阡于江邑。迨元嘉之元祀兮，得贤长于八厨。属邯郸以秉笔兮，树穹石于龟趺。追古雅以述作兮，比西京以莫逾。深石阴之诠语兮，信赞美其非誉。夫何后宗人之孟德兮，过灵祠以驻马。摩道旁之残碑兮，感外孙与幼妇。三十里之较智兮，曾何足以为师。昧纲常之大节兮，洁长短之辞。彼小儿之舐犊兮，又何尤于德祖。酌大江以为酒兮，揽江花以为脯。些英英之孝娥兮，及皇皇之瞒甫。彼主将其可夺兮，劲吾衷其莫御。愿激清流于东江兮，洗遗污于邺土。呜呼，铜雀麋鹿兮，西陵狐鼠。耿孝魄之长存兮，照江月于千古！王蕴文诗：地以曹娥号，名应万古闻。魂浮沧海月，愁结墓山云。风桧号荒冢，阴苔翳篆文。予观恩莫报，淹泪拜夫人。翁逢龙诗：再拜灵娥庙，魂清若可招。幡风吹古渡，帆月落残潮。碑有行人读，香多远客烧。迎神汉朝曲，时听起云霄。又：何朝无朽骨，此地尚清阴。冢上独根树，江边孤女心。化钱烧石燥，落叶积泥深。长有英灵在，风平烟浪沉。僧元昉诗：祠古孝诚遥，悲风想暮号。月魂迷草色，血泪溅江涛。断碣维黄绢，孤坟掩绿蒿。千年暗潮水，亦以姓为曹。胡楷诗：尽识曹娥孝，当知度尚贤。庙庭增旧筑，文字已新镌。朱范诚宜配，王楼许共传。江山送行客，灵爽定依然。明唐之淳诗：荧荧冶中金，皎皎匣内珍。至性有本然，不兰而自薰。娈娈曹盱女，年才十四春。盱也性善泅，按歌而乐神。一朝溺不出，女痛泣苍旻。阳侯不我仁，魂去尸长湮。求之旬七日，自下从其亲。如彼蛩蛩兽，负之而自臻。孝诚贯金石，纵死志及申。乡人叹且异，奔走集其坟。滔滔江水傍，冢树上干云。洒扫礼不缺，千秋同一晨。缅怀河女章，歌以侑精禋。戴冠次韵诗：曹家有孝女，爱若掌上珍。终日在闺房，罗衣常自熏。一朝闻妇溺，蹙损双蛾春。缘江走旬余，痛哭伤精神。涌身入深渊，英魂彻秋旻。江以曹娥名，江塞名不湮。愧彼儒者流，纷纷负君亲。爱此弱质女，不学理自臻。庙食孝已旌，身死情已申。我来慕忠孝，陪祀拜孤坟。抵祠已向夕，落日沉寒云。持烛爱古碑，夜读不俟晨。更爱小朱娥，垂髫配明禋。郑善夫诗：东关东偏曹娥碑，今古流传绝妙词。洪涛骇浪翻沧海，要识人间孝女祠。杨基诗：孝娥有庙临江侧，我一登临倍感伤。旧卷尚存唐翰墨，断碑犹刻汉文章。日移桧影当阶落，风卷涛声入座凉。黄绢至今[①]遗古迹，令人翻忆蔡中郎。王穉登诗：会稽逢夏至，朝日散群峰。问路有千里，渡江非一重。空山祠粉黛，荒冢葬芙蓉。寂寞无人问，寻碑忆蔡邕。徐渭诗：曹娥十四死长江，神去迢迢万里长。精卫至今仇渤澥，子胥岂只怒钱塘。一江鱼鳖浮尸出，八尺龟螭卧绢黄。总为金钗收正气，可怜枭獍绕爷娘。傅宾诗：昔读邯郸碑，次识中郎篆。但闻孝女名，不见孝女面。今来瞻庙貌，芳规肃庭院。我心钦女容，仿佛波中见。山光敛黛眉，江声走飞电。江山有日改，孝心何时变。父冢草常青，娥名千古羡。及今沧海上，月明泪如霰。杨鹤《哭娥诗》小引：余行部越中，

① “至今”，国图本、内阁本作“只今”。

见忠臣孝子遗庙，未尝不低徊久之。或遂欷歔流涕，兴哀墟墓之际，亦不自知其所以然也。夏五发山阴，半日抵曹娥江，肃衣冠入谒娥庙。再瞻荒坟，勺水之奠，未戒从者。仰视几筵榱桷，殆不胜情。问庙中道士香火何状，庙貌有何，宜事修葺。道士具以实对。解缆将发，为题数语付之，捐二千钱佐费。舟中为《哭娥诗》一首，以不修礼故，用自忏悔。狄梁公毁淫祠，惟夏禹、吴太伯、季札、伍员四庙不废。忠孝之在人心，千百年如一日也。余在武林，令人修于忠肃公庙，总之与哭孝娥同意。但使人人皆为忠臣孝子，吾心快矣！呜呼！江流有声，孝娥之血。绰约女子，心肝似铁。千呼万叫，一往引决。前抱父颈，娥肠寸裂。江神不仁，作儿女孽。我来哭娥，残碑断碣。如闻陇水，呜呜咽咽。水怨风号，回涛卷雪。忠臣孝子，万古不灭。岂有七尺之男儿不如十四岁之女节。诗：阿娇轻赌命，鳌背恣横行。魑魍愁相顾，鱼龙癖亦惊。荡舟非蔡女，死孝胜缇萦。鬼母啾啾夜，江天带血声。又：殿瓦生芳草，江花冷白苹。眼看殉穴女，羞杀浣纱人。鱼服留青冢，蛾眉寄水滨。莫令巾帼辱，空作丈夫身。〇再建于东郭门内。董念陛对：缇萦伏阙，君心可谊，争似逆流以呼，汉代于今垂宇宙；重华浚井，父命难违，孰若随衣而没，虞江从此靖波涛。）

**旌忠庙**[①]　在县南三里。（宋越州守臣傅崧卿建，以祀唐琦者。琦，开封人，宋卫士也。建炎四年，金兵破杭入越，守臣李邺以城降，金帅兀术遣其将琶八入，与邺同镇越。时康王至明州，琦不得从。会金将与邺并骑出，琦乃怀巨砖欲邀击之，复疑从骑众，恐不克，顾视道旁有小阁，力趣其上，俯见二人马，即奋砖击之，不中，从骑群至，遂执以归。金将诘之，琦大骂曰："吾欲碎汝脑，作赵官家鬼。"金将曰："金兵数百万，汝杀我二人，何益？"曰："汝敢来为此州主[②]，故欲杀汝。"又顾邺曰："我请官一石五斗米，尚不肯负。汝受国恩何如？所为乃尔，岂人类耶！"金将令引去，害之。及金兵退，崧卿来为会稽帅，乃为庙祀之，且以其事闻，请赐庙额，未报。会崧卿以疾请去郡，诏移婺州，乃为文祭之。后帅陈汝锡再请，诏赐额曰旌忠。隆兴间，帅吴芾增修之。元至正十六年，推官贡师泰重修，夏泰亨记。明令有司春秋致祭。天顺七年，知府彭谊重修，韩阳记，傅崧卿祭文。王十朋诗：国家往往艰难中，缙绅节义扫地空。靖康有一忠悯公，建炎独有唐侯忠。唐侯爵位何曾隆，身居行伍侪黑熊。平生经史漫求通[③]，严霜烈日蕴在衷。愤然一奋不顾躬，太尉夺笏嗟匆匆。子房铁椎计已穷，张巡就缚气尚雄。杲卿锯解骂术[④]终，忠血义肉涂地红。烈气英魂薄苍穹，事惊朝野闻帝聪。立庙旌忠浙江东，睢阳双庙同高风，名书青史等岱嵩。当时

① 国图本有浮笺："即府志旌忠祠"。

② "主"，国图本、内阁本作"王"。

③ "漫求通"，国图本、内阁本作"漫未通"。

④ "术"，国图本、内阁本作"未"。

开门谁纳戎①，遗臭千古如螟虫。）

**钱王庙**　在县南。（唐长兴三年，吴越王钱镠薨。后二年，嗣王建庙于越。基甚闳壮，岁久倾圮。宋末仅余四楹，元鞠为蔬圃。明嘉靖十六年，知府汤绍恩重建，左右树坊，匾曰“七朝忠孝”、曰“三世勋名”。内祀忠武肃王镠、文穆王元瓘、忠献王佐、忠逊王倧、忠懿王俶。唐丞相皮光业《铭》：嵩高嶙峋，是生哲人。天生狮子，泽出麒麟。衣冠表里，文武经纶。广运将新，大盗斯起。紫盖蒙尘，黄巾多垒。既斁宪章，又裂文轨。武肃英王，提剑东方。龙行云雨，虎变文章。洗涤星纪，整顿天常。告功彤庭，图形麟阁。三道犀幢，八朝凤幄。丹券家门，锦衣城郭。六瑞瑑章，三品铸符。尚父四履，尚书万枢。峗峨高寿，曦赫霸图。我王奉天，为时而出。国士无双，风华第一。削树平成，梦禾授秩。功既挺世，德又动天。袭封二册，嗣位三年。忠无瑕纇，孝绝雕镌。朱褫墨攘，乃建清庙。卧龙之东，会稽之要。风②界回廊，粉明周缭。广殿露开，重门岳峭。瑞玉礼器，香檀圣容。民之祀主，我之神宗。然萧燔膟，置币输琮。于穆祠宫，焕焉阴府。五齐恒馨，六佾常舞。饰荐房烝，歌随露鼓。令子懿孙，光今显古。明唐之淳诗：钱氏在唐季，遵养知显晦。念昔龙虎争，主当风云会。八都如指掌，千里入封内。据虽不得所，厥志亦闳大。有国六十秋，绵延更五代。及乎周鼎移，卷甲事朝对。末途未敧侧，后世蒙永赖。此邦有遗庙，堂陛日微隘。巍巍王者服，嗣主俨相配。神明缥缈间，故老多再拜。苍松久无凭，柯叶日夜坏。及暮风冷然，雄图竟焉在。戴冠次韵：甚哉天人际，斯理亦微晦。英豪草窃生，各各有机会。黥髡盗贩徒，崛起王侯内。东西跨千里，封疆亦已大。铁券恕九死，玉册传四代。袭封凡五朝，恩荣无与对。骨相应天象，孰云少无赖？闻王旧有祠，奉礼宽不隘。祀事久已缺，昭穆空相配。所喜无逆节，我见当再拜。今为瓦砾区，土像亦崩坏。不如唐将军，庙貌镇长在。王穉登诗：玉带龙衣貌宛然，朱门碧殿越山边。行人下马看碑字，高柳藏鸦拂庙壖。禾黍故都州十四，波涛残岸弩三千。伤心一片崖山地，月色潮声更可怜。）

**马太守庙**　在县南三里。（太守名臻，字叔荐，筑镜湖，遗利于越。唐开元中，刺史张楚叹其功、利及民之久，始立祠湖旁。元和九年，观察使孟简复恢大之。诸葛兴《颂》：书畀姒兮力沟洫，民奠居兮勤稼穑。降嬴刘兮言水利，嘉郑渠兮夸郑国。慨元光兮瓠子决，彼鄃封兮河之北。悼一言兮贻时害，诿天事兮非人力③。昔越守兮得贤侯，虑远久兮为民谋。镜一湖兮陂万顷，备潴泄兮岁有秋。宁杀身兮利人，抑洙泗兮称仁。嗟后来兮私已，田吾湖兮寖湮。湖之复兮畴继，侯之心兮万世。酌清流兮撷兰芷，奉明荐兮非昵祀。王十朋诗：会稽疏凿自东都，太守功从禹后无。

① “戎”，国图本、内阁本均作阙，康熙朝讳。

② “风”，国图本、内阁本作“岚”。

③ “人力”，国图本、内阁本作“人才”。

能使越人怀旧德，至今庙食贺家湖。徐天祐诗：澄湖昔在镜中行，总是当时畚锸成。莫讶灵祠荒薜合，烟波万顷已春耕。）

**孔府君庙**　在县南二十五里。（世传孔愉少有嘉遁意，尝独寝高歌，游历名山，自称孔郎。乡人谓其有道，为之立祠，最灵。）

**陈朝公主庙**　在县东八十五里。

**严司徒庙**　在县东三十五里陶家堰。（相传云汉司徒助也。）

**兴善将军庙**　在县东四十里白塔。（吴越忠懿王建。）

**郑太尉庙**　在县东南一十五里樵风径。（华镇诗并序：郑相起樵风，用郡守第五伦荐，致位三公，与伦并列，可谓盛矣。祠宇之下，至今犹有风，朝南暮北。〇鸣玉锵金汉上公，当年荣与旧君同。故山庙食千秋后，来往犹乘旦暮风。）

**的耳潭龙王庙**　在县东北一十里。

**防风庙**　在县东北二十里马山。（相传禹戮防风氏于会稽，其后越筑城，得专车之骨，徙葬于此。按《史记》：吴伐[①]越，堕会稽，得骨节专车。吴使使问仲尼："骨何者最大？"仲尼曰："禹致群神于会稽，防风氏后至，禹戮之，其节专车，此为最大矣。"）

**樊将军庙**　在县东三十里。

**青山庙**　在青山下。（旧名"伏虎大王庙"，今迁攒宫神路侧。）

**显应庙**　在攒宫。（季本《记》：按祭法，法施于民则祀之，以死勤事则祀之，以劳定国则祀之，能御大灾、捍大患则祀之。非是族也，不在祀典。祀典不载，谓之淫祠。然山谷侗夫，食贫守正，后己急人，义孚乡里，虽名姓不登于史册，行能不表于有司，而生为善士，死为名神，民有祈祷，无不响应。此其平生正气，凛凛如存，而乡人追思，安能不岁时崇祀耶？况后世乡社礼废，乡先生无复有没而配祭者，则其不坛而庙，岂非由义起之礼哉！先王以此教民敬畏，亦必顺其俗而不拂其情矣。会稽上亭乡上许里为攒宫，攒宫之西，逾泰宁桥为汤瓶山，旧有郭太尉庙。予祖世家攒宫，少时族里中故老犹有存者，尝询得其由矣。公讳绍，以行称绍一。父显，本山阴牛头山人，赘攒宫包翁之女，生公及震，而包无后，遂以震承包宗。震子夏，是为包夏。公亦无子，复以夏为公嗣，后亦寻绝。公生于元至元六年四月八日，卒于永乐二年之七月二十七日，享年六十。初葬宋陵官基之侧，后以地在禁内，迁于今所，即公所居包氏旧址也。公性质直，有义气，乡闾有危急事，以身先之，不求其报。家贫，以樵为生，毫发不苟取。每至深山穷谷，穿虎豹之群，了无恐怖。或遍历二十四冈，时憩息焉，辄梦与神会。既觉，质所见闻，无不符合。及卒，常依人言祸福，历

① "吴伐"，国图本、内阁本均作阙。

历皆有明征，乡人思之。故水旱疾疫，必致祷焉，祷即有应。正统间，邓茂七[①]之反沙尤也，浙帅萧华领杭、越诸郡兵，从往征讨，师次山巘间，水绝。公至，自言报效，日汲供炊，军无苦渴。问其名，则曰："我攒宫郭绍一也。"及事平，归询，始知为神。萧乃移檄绍兴，欲为奏请加封号，事不果行。民间闻之，则皆喧传公已敕封矣，争先踊跃立庙。而太尉者，古掌兵之职也，神具有威灵，因尊称为"郭太尉"云。然太尉尊官，自秦汉及元，皆列于三公，非庶人所得僭称者，况矫假以为敕封乎？以故仕兹土者，率指为淫祠，欲按狄梁公故事[②]。时则或假梦以曜灵，或驱虎以警众，父老共言[③]其神异，庙因得不毁。嘉靖丙午之冬，土人欲新公庙，而余适至，谓敕封太尉之称，于礼非宜，乃议易为佑民显应之庙。乡人士相率请卜于公，公告之吉，可以见其心之安于正矣。夫公，一乡之善士也，御灾捍患之功，虽未能及天下，而一乡菑患，赖公捍御实多，宜乡人之不忘报祀也。况其神未尽，则其庙宜存，此理之不可诬也。故余备述公之行实与夫立庙之由，而系之辞曰：会稽之东，爰有攒宫。灵气所种，实生郭公。郭公之生，其心正直。朝樵暮归，惟以食力。义先人急，不私其身。人亦有言，尊者为神[④]。凡民所忧，水旱疾疫。有祷于神，立昭祸福。或显于迹，或降于言。厥灵孔应，民以弗谖。祭则萃人，庙则依墓。虽无子孙，庶几永慕[⑤]。）

**徐相公庙**　在县学西。（弘治中，有老人自禹庙归，言遇神，事甚异。知县陈尧弼为立碑于庙。而神少时尝役于狱，狱亦祀神。其后徐渭被系，复为文以碑之。碑曰[⑥]：神姓徐，名龙佛，世凤阳人，宋端平三年三月十三日生。当父官会稽学时，尝从道上拾鸡卵，腋之，得白鸡，以斗，莫有敌者。父母憎其侠，遂去家为县狱长。未几，改行读书，归事其父母，以孝闻。殁而为神，至动人主。咸淳三年，诏封神"白衣顶圣神"，越人争奉之。天顺、成化间，再拓其居于故所，称学西斗鸡场所。至弘治初，乃有沈润、王世威事。润曰："我尝夜半胶舟浅水，鬼火萦绕，忽失楫。我迷怖号神，忽闻空鸡，遂获棹[⑦]以归。"世威曰："我为老人随祭南镇，夜归，忽一白衣告虎至，已而果赤虎至，我怖不能号。白衣诧虎，虎去，翼我以归。及别，问为谁，曰：老父[⑧]会稽学西徐姓者也。"于是众益趋信，始请乡先生陆建宁记于石。而狱有象以祠神，神之迹顾漫不知也。某系之六年，始删定建宁记，复碑于此，而举其义曰：今世之祠神者，固以神神也，至问其所以神神者何，则徒

① 邓茂七(？—1449)，原名邓云，江西南城县珀玕乡人，明代中叶农民起义军首领。

② 狄梁公故事：唐朝宰相、政治家狄仁杰的故事，后封梁国公。

③ "共言"，国图本、内阁本作"具言"。

④ "尊者为神"，国图本、内阁本作"真者为神"。

⑤ "慕"，国图本、内阁本作"思"。

⑥ 见《徐渭集》卷二十四。

⑦ "棹"，国图本、内阁本作"楫"。

⑧ "老父"，《徐渭集》作"老夫"。

知曰:“不神,岂获封于人主?又安能拔二男子于鬼窟虎口中?”以予按建宁记,神之得为神,与其得封,直云相传耳。而男子事亦仅出其口,有无不足据,又乌足以证神之神不神哉?独斗鸡有场,则真非无据者。斗鸡而出于卵脓,卵脓而直从道上无故获之,此则真神者事耳。意当其时用博[1]用狱以自掷弄,必有诧呼束纵于园场中,绝奇特异,其祸福善淫可以动天而宰幽者。端平、咸淳,终神之世仅三十年,正南渡兵时,宜典籍之不备也。今狱既祠神,即不备,不宜绝无所识;即识,又不宜以无据者充也。故予取于神卵而脓且拾者以存信,为作歌曰:卵兮伏兮,雌所职兮。拾且脓兮,裸代羽以翼兮。孰思其故而能得兮。博愊愊兮,战靡北兮,舍博而徒,掌索缠兮。生侠而雄,殁而不可测兮。绕园者棘兮,彼稷稷兮,俦善而冤,俦匿宜殛兮。”)

**金家庙**　在府学东。(里人祀之为里社。)

**古岳庙**　在平水东。(晋义熙元年赐额。)

**新岳庙**　在县东三里,长春观之左。(顺治□年,里人敛资建。因山阴岳庙在江桥右,会稽旧岳庙在平水,以不便祈赛,故新建于此。)

**火神庙**　在县东城隍之左,开元寺之后。(内有五侯祠,以祀会稽令罗侯、翁侯、戴侯、赵侯、彭侯者。)

**白马庙**　在西府坊白马山下。(内关帝祠有徐渭一联:白马小如拳,从此骶踮林外长;紫髯灵欲语,顿令尸祝庙中肥。)

**古玉泉庵**[2]　在县东三十里。(庵基旧迹变成园墟,今迁而之高。内有一井,其水清冽而不滓,甘美而不污,故取名玉泉。)

**永贞庵**　在县东三十一保昌源堡。(庵内有虞姬庙,列二门联。左曰“今尚祀虞,汉代已倾高后庙”,右曰“斯真霸越,西施惭上范家船”。又至闸桥建一石亭,亦祀虞姬。)

**龙池庵**　在县东绕门山。(自山下至山顶,计三里至庵。龙池四围皆方,砌之以石。有金鱼数百头,掉尾舒鳍。旁种荷花,芬香不散。每遇天旱,居民辄为祈祷,立降霖雨。)

**梅花古佛庵**　在旗纛庙内。(僧人亮微、键关静修于此,诚心皈依,宗风克振。)

**见龙庵**　在县北三十里,系吴融村土谷祠。(吴融系唐朝名相,因赘居此村,有贤德,即以吴融名土谷祠。刘府君灵显正直,保障居民。顺治戊子年间,土寇猖獗,贼首率数千人欲扎驻此地,祷于神,筊辄竖立,不令贼寇暂栖,遂拔寨去。至扈家池[3],被镇兵剿戮无遗,并居民亦遭殃祸,独吴融一村保全,咸以为灵显之念云。)

---

① “博”,国图本、内阁本作“愽”。

② “古玉泉庵”至“曹溪法藏楼”九条,国图本、内阁本均无。

③ “扈家池”,旧志无载,或为近旁“贺家池”。

**宗镜院**　在城东十五里。(由望仙桥而进,院中溪水澄碧,万竹参天。面对狮山,峰峦耸翠。有一小楼,阶下碧桃花盛开,濯濯仙姿,琼瑶似雪,娇娜可爱。后为游人所折,止剩数枝。虽春风骀荡,山鸟嘤鸣,而由今溯昔,感慨系之。)

**三桥庵**　在稽山门外高家岸头。

**空明庵**　在吼山。

**曹溪法藏楼**　在曹山。邑人金煜诗:峭壁层峦不可攀,依稀岩壑画图间。登楼极目烟霞外,莫把曹山当吼山。又:一泓流水净无尘,二十年前夙有因。此日虎头重会合,今生应是再来人。

**江东庙**　在西府坊白马山之麓。(神姓石,名固,秦时赣人,立庙赣江之东。汉陈婴讨南越,神以捷报,此庙祀之始。宋赐额曰广济庙,有碑记。)

**张神庙**　神姓张,行六五,宋漕运官也,有捍海灭倭功。其初庙在萧山之长山,今城乡所建甚多,在山阴江桥者最显应。因独当南门两县来水之冲,为郡城水口,壅塞则多火灾。康熙十一年,里中绅士更为开辟。又有庙在斗门闸上,春秋崇祀。三月六日诞辰,邑令必躬行致祭,乡人竞为龙舟赛神。后殿三楹,崇奉神父。嘉靖间,总制胡宗宪撰文立石。

**金龙四大王庙**　在东府坊。(庙中并塑灵应大帝、府城隍二神,嗣[①]运官与京商相争,另建于朝东坊,曰水神庙。)

**冯念八相公庙**　在县东三里许,广宁桥下。(亦海神也。)

**穆四相公庙**　在县南三里许,旌忠庙之东。(相传云讦讼者许愿辄得胜,考校者祈祷最为灵应。[②])

**龙池庙**　在龙池岭。(祈雨辄应。)

**朱家庙**　在太平乡全节里。

**虞姬庙**[③]　在平水。(倪文正联见前永贞庵。)

## 祠

**汤太守祠**　在开元寺内。(祀知府汤绍恩。)

**贺监祠**　在镜湖上。(唐秘监贺知章祠也。宋王十朋诗:贺老祠堂枕鉴湖,霓裳羽化宅荒芜。更无人问君王觅,转使高风千载孤。)

---

① “嗣”,国图本、内阁本作“因”。

② 本条括号内文字,国图本、内阁本无。

③ “虞姬庙”条,内阁本内容如下:虞姬庙,在平水。倪文正(倪元璐)联:今尚祠虞汉代已迁高后庙,斯真霸越西施惭上范家船。

**朱文公祠**　在五云门内。（即五云书院，诸名宦旧并祀于此，后徙学宫，改五云为云衢书院，专祀朱夫子。万历末年，屋渐圮。天启间，知县陈国器重修，今止存颓屋三间，而朱夫子像仍在。世教衰而理学废，有志斯道者当以修复兹祠为亟务矣！）

**尹和靖先生祠**　在舍子桥下古小学内。（善法寺废址。嘉靖间，知府洪珠改建。先生洛人，因其壻邢纯于绍兴，后葬石帆山麓，垂四百年。太守莆田洪珠始作祠像，仍先生语，题其堂斋，祠至今存。刘宗周尝率门人讲学于此，有《重修古小学记》。○越郡之有古小学也，昉自前太守洪西淙公珠，以祀寓贤宋大儒尹和靖先生云。先是嘉靖中，有诏许天下各建社学，公遂毁郡中淫祠，即其址建学，大集士子弦诵其中，而重师模于和靖，遵时亦宪古也。其制，前为台门，进之即和靖先生享堂，左一楹曰"义路"，右一楹曰"礼门"，分二门而入，为养正堂，为游艺所，左右各列号房，缭以周垣，仍余隙地。落成者，嘉靖九年庚寅，都御史姚公镆为之记，读其辞，想见一时风规之盛。历隆、万以来，师徒罕聚，学社尽圮，尹先生遗像退移之游艺所，败楹且为风雨所剥落，其隙地亦多分割之，居民不可问矣。天启甲子，宗周言之前督抚王公，遂下檄山阴令马公鼎新之。无何，逆珰魏忠贤乱政，诏毁天下书院，禁师徒之讲学者，工未半而告寝。迨今上御极四年辛未，郡诸生复其[①]状，当事太守黄公欣然任之，诸大夫后先在事，咸有同心。暨前学政刘公，今令君汪公、会稽周公厚厥终，次第建堂庑如旧制。距今岁庚辰，通计前后十七载而告成事，盖戛戛乎其难哉！于是吾侪士大夫暨二三子衿，岁时有聚讲地，然已不逮西淙时远甚。宗周退而有感焉。夫世道之升降，则学术之古今系之矣。古人之学，先王所为陈之庠序学校之间者，何为也哉？学以至乎圣人之道也。小学以始之，大学以终之，其序也有要焉，其为道一也。在《曲礼》曰"毋不敬"，即小学之心法也，而《大学》则惓惓于"慎独"云。故曰：敬者，圣学始终之要。善学者，终身于小学而已矣。自小学之教不明于后世，而本心先坏，言大学者一变为辞章声利。即今家塾之地，父兄师友之所诏告，不过曰"读者取科第"耳，"博金紫、耀妻孥"耳。如是者，累而进之，而其为世道之沦丧可知也。当是时，人欲肆而天理灭，邪说昌而暴行兴，方且以讲学为迂阔、为伪学[②]，甚则厉禁自朝廷，祸乱相寻，千古一辙，曷足怪哉？尹先生学圣人之学，故其言至[③]敬，尤得古人心法。推之出处，去就之际，风义凛然，学者推程氏正宗。晚而辛[④]以桑梓惠吾越，越之人始与闻乎大道之要。自此，名世大儒有相望而起者。然古学之不能不降，而今也滔滔之势所在

① "其"，国图本、内阁本作"具"。

② "学"，国图本、内阁本作"首"。

③ "至"，国图本、内阁本作"主"。

④ "辛"，国图本、内阁本作"幸"。

而是矣。吾欲正告之以圣贤之学而不悟，请从小学如[①]，学为洒扫、应对、进退之节焉，亦曰“敬”而已。夫圣人之道，又何以加于此，而区区辞章声利是问乎？三王之祭川也，先河而后海，知始焉故也。越于先生亦河也，视之小学，训小学将以明大学也。学古之学，契圣之真，以挽回今日之世道，抑亦吾党小子之责也。役既竣，宗周之记属友人石梁陶子，而陶子即世，因代为记其始卒如此。王公讳洽，山东人；刘公讳鳞长，福建人；黄公讳炯，河南人；马公讳如蛟，和州人；汪公讳元兆，婺源人；周公讳燦，吴江人；其他与襄厥事，皆见别状。先生旧像仍处游艺，祔以西淙公，而新设木主于享堂，从太学制也。附《从祀论》：吾越固不乏理学之儒祀瞽宗者，惟是小学之制，尤称特典。有专祀，则有从祀，并得视大学。乃小学以尹先生为宗，则生于先生之前者，法不得与矣。其生于先生之后者，惟阳明先生为再起儒宗，崇奉已有专祠。自此学者多言王氏学，其著者从祀王祠。自王氏以前四百年间，最著者凡得四先生：石先生塾[②]，羽翼斯文，参讲大儒之席；俞先生浙，发明理学，进窥《中庸》之旨；韩先生性，当元世而隐遁不汙，颇得出处之正；潘先生府，际治朝而昌明伦纪，永垂孝治之极。皆不愧尹先生门墙，卓卓乎百世之师也哉！然四百年间，而裒举仅四先生，法綦严矣。尚俟后之君子，详加论定而续补焉。崇祯庚辰二月，刘宗周《记》并论。○后层为刘宗周讲堂，悬“证人书院”匾额。其三层新构者众，及门[③]张应鳌等即供刘宗周之位[④]在内。每月初三，仍聚讲学弟子，歌《伐木》之诗。礼仪端肃，有关世道。）

**双义祠**　旧在名宦祠侧。（岁久而圮。嘉靖间，知县张鉴改建于攒宫。长洲文徵明《记》：嘉靖二十六年丁未十月，会稽双义祠成，祀宋义士唐公珏、林公德旸也。宋社既屋，蒙古氏有中国，首毁故宫为寺，而宋诸陵之在会稽者，悉发之以剪王气。奸僧杨琏真珈实倡率之，珠襦玉柙，悉为攫取，而投骨榛莽，极其惨戚。琏方贵横，莫敢旁睨。二公先后以他骨窜易而瘗之，植冬青以志，赋诗激烈，不胜遗黍悲慨之感。未几，琏裒遗骸，杂枯骼，筑为镇南浮图，谓可摧灭无遗，而不知雅非蜕玉矣。二公举事之时，履危探险，艰阻百出，而卒底于成[⑤]，其志亦烈矣。顾正史不传，而其事杂出于元儒纪事之书，其言不皆同而皆有所征，要为不诬也。夫千载河清，废兴有时，开国之君，往往以封植陵墓为首事，而元之君臣乃首发诸陵以事厌胜，于是乎有以知元祚之不永也。或谓此皆奸僧之为，而非元君之意。按世祖以丙子下江南，丁丑二月即诏琏为江南总摄，寻命以所发宋陵金宝修天衣寺，又以宁宗攒宫故地为泰宁寺。其后以台臣言其盗用官物及流毒江

① “如”，国图本、内阁本作“始”。

② 塾：或为“整”之误。石整(1128—1182)，字子重，原籍新昌，石待旦次子石亚之后，南宋教育家。

③ 及门：正式拜师求学的。

④ “刘宗周之位”，国图本、内阁本作“先生周之位”。

⑤ “而卒底于成”，据《南宋六陵遗事》，或为“而卒汔于成”。

南，请正典刑，而世祖宽[①]赦不杀；虽尝没入土田家口，寻给还之，其委曲蔽覆，盖可见矣。奸僧毒害，固无足言，独怪当时辅佐诸臣，多一时名硕，亦有前宋遗老，曾无一人兴怀而奋身抗义，乃出于布衣韦带之士，其事有足慨者。且其时宋已灭亡，时移运改，二公者岂复有所觊乎？说者谓其无所为而为，高义卓行，比隆豫让。夫让尝受智伯国士之知，以国士报之，宜矣。二公在宋，曾不沾一命之荣，而慷慨从事，至于变服为丐，鬻家具以需间关，羁逆以图厥功，其难易厚薄，君子盖能辨之矣。稽之前史，汉唐易世之后，其陵寝亦多被发，不知当是时亦有高义之士，反藁梩而掩之如二公者乎？即有其人，而不见纪载，则夫二公之义，谓之前无古人可也。抑于是有以知宋养士之厚，而获报之无已也。县故有祠，在名宦祠之左，岁久且敝。南充张君鉴以甲辰进士来知县事，考《县志》得二公之事，谓："公所为得名，直以陵寝之故，陵傍故多隙地，依陵植祠，于事为宜。岁时有事六陵，以次及公，祠与陵相为终始，亦庶几二公之志也。"于是言于郡守吴江沈公启，公亟俞其请，相与成之。以书属征明记其事，为论次如此。）

**刘公祠**　在杏花寺侧。（嘉靖间，知县唐时举建，以祀五忠刘公者。按《宋史》，刘颁谥忠简，孙纯谥忠烈，从孙韐谥忠显，韐子子羽谥忠定，子羽子珙谥忠肃。当方寇之乱，韐守会稽，有捍御功。旧有祠而圮，其后裔有为山阴幕者，因家于越，故合五忠祠祀之。）

**景贤祠**　万历二年，郡人建于禹迹寺之西林，以祠长沙知府季本。张元忭《碑记》：先生蚤闻新建"致良知"之旨，既浸溢，惧后之学者日流而入于虚也，乃欲身挽其弊，著书数百万言，大都精考索，务实践，以究新建未发之绪。四方之士从之游者数百人，自筮仕至老且革，无一日不孳孳问学者亦且数十年。此其卓然以继绝学觉来者为己任，而处心制行，光明怡坦，孝友忠信，盖卜诸鬼神，鬼神许之，质诸儿童，儿童信之者矣。间有稍疑之者，谓先生当长沙时，以严以涅，为人所弹诋罢。罢而独居禅林，著礼书，将有所迎而希也。嗟乎，是乌知先生哉！先生先人秉宪为大夫，家世禄。先生知长沙为大府，罢归者不两纪，身死几不能殓，骨且未寒而三子已寄舍于他人，涅者固如是乎？火烈，民望而畏之，故鲜死。萑苻之尽杀，子太叔之不猛也。芟稂莠，植嘉禾，治何病于严哉？而况先生之或过于严也，又其壮年养犹未粹之时乎？当长沙之觐，善当轴者以书畀先生，先生疑其荐己也，怀之不达，及罢，启书果然。始推官建宁，会宁藩变，先生提兵壁分水关。院使[②]以乡试役檄郡守[③]及先生，先生移书并绾长令城守，再三拒院檄勿往，即得罪弗顾。若为御史得谪，则以慈寿太后及肃皇帝两宫故批逆鳞。即兹三事，其所志不在荣进也亦明矣。拂之于显然之章奏，而顾迎且希于不可必达之故纸，迎且希者固如是乎！先生之学与行，仕

① "宽"，国图本、内阁本作"竞"。

② "使"，国图本、内阁本作"史"。

③ "郡守"，国图本、内阁本作"府长"。

与处，其懿美不可殚举，其大约为人所疑与信则如此。噫！一疑之，一信之，彼从其疑，我从其信，亦足称贤矣，乃不得与概无可信者。一食于校殆十有二年，而先生存时，往往语其徒曰："吾子孙无显者，而显者之先吾所知也。吾死，慎勿随世俗为乡贤。"举与闻者咸志之，常快快。一日，越中荐绅暨家大人，以先生即不乐于校未必不乐于社，而祀于社，又吾辈之力所易为也。议始倡，和者响应。郁颖上言，遂撤己所居傍舍三楹，徙置禹迹寺西林［实先生旧著书所］以祠先生。陈宪佥鹄、胡纳言朝臣，奔走督率益力，助赀者既众，祠所需用，旬日告成。门以二重，垣径略备，洁牲卜吉，治主以升，鼓吹道周，国人喜跃，以元忭职史也宜书。忭始见先生时，未知学也，既稍从事于学，而先生则已殁，殁而尝追师之，窃比于聂司马事新建之义，于是举也诚快之，书其敢辞？考之古，凡功、德与言三立者，有一焉，则祀于国。而今先生居其二。昌黎乃曰："乡先生钓于某水，游于某树某丘，其可指而乐者有三，则宜祭于社。"而今先生独苦于学，其为三可指而可乐者，未尝居其一。顾不即祀于国而亟祀于社也，于法虽有遗，亦从我之信，以俟夫疑者之久而自信云尔。于是谨书其举事始终之岁月，与鸠工之人，若先生之世。曰：祠始于万历二年二月之朔，越十五日而成，又越五日而主以入。鸠工者为里人王煉。先生名本，字明德，别号彭山，以进士仕，始推官，召拜御史以谪，历县佐令，起为礼部郎中，再谪历府佐，止长沙知府。他若助资者，例得书。书于碑之阴，为作歌曰："修篁兮丛枝，黄熊子兮招提。湘潭兮牧长，解佩组兮言归。依短寮兮长席，载六籍兮以卑栖。髹管毫兮杵杵，惟以遗兮将来。叶淹日月兮知逾几，灵冉冉其何之？祠灵兮享灵，匪他人兮吾侪。叶灵之来兮总总，挽北斗兮东[①]箕。中参差兮延伫，劳骋望兮何如。"山阴令徐贞明帖文：为永祀典，以隆先哲事，照得邑乡贤彭山季公，明经笃行，为世师表。诸君子倡义创祠，正古乡先生没而祭于社之意，其于有司之祭于校，不妨并举也。但庙貌虽新，而祀典未备。职忝官兹土，景仰先哲，且乐诸君子之义，查将昌安门外官房，岁收其租，以供春秋祀事。恐久而无稽也，帖识祠中，以永祠典。须至帖者，计开：官房二间，岁该租银三两正，往后照时值起租。东二丈四尺五寸，至官街，西二丈四尺五寸、南二丈一尺、北二丈一尺，俱至陈楫屋，共计实地六厘。右帖景贤祠存照。万历三年四月初九日给帖文。

**沈公祠**　在县东南二里。(隆庆六年，巡按御史谢廷杰命有司建，以祀赠光禄少卿沈鍊。徐渭曰[②]：余读《离骚》，及阅青霞君塞下所著《鸣剑小言集》《筹边赋》，扼腕流涕而叹曰："甚矣，君之似屈原也！"然屈原以怨而君以愤，等死耳，而酷不酷异焉。虽然，死不酷，无以表烈忠。今夫干将缺且折，其所击必巨坚也。君结发庐越山，至入仕，至放居塞垣，其特奇行多甚，言之人无

① "东"，国图本、内阁本作"乘"。

② 文见《徐渭集》卷二十五"赠光禄少卿沈公传"。

不骇心堕胆者。然其要卒归于孝忠。君少时，君父翁睽其室，走京师，誓终焉。其后君举于乡，入京，悉要其乡人为供具，长跽请归其父翁，哀痛恸号，路人无不洒泣者。父翁遂感动，亟命驾归，翁妪相欢如初。迹君所为孝如此，其忠固有自哉！然余尝至京师，过君故舍。旁人为余道：沈大夫盛时，车骑集门如流水，及祸起，门可张雀罗。所不去者永嘉张尚宝逊业、乡人胡通政朝臣耳。然两公者卒以此得祸，悲夫！宋玉为屈原弟子，原死，玉为辞招原魂。余于君非弟子，然晚交耳。君徙居塞垣时，余直寄所怆诗一篇，愧宋玉矣。）

**双节祠**　在贺家湖右江家园止水墩。（里人所建，以祀范氏二女者。嘉靖间，知县牛斗重新之，躬诣墓所致祭焉，详"贞烈传"。明吴江周南老诗：姊妹不夭齐寡居，无媒联璧竟何如？同心带断生无主，未醮身完死见夫。清白一门全两节，纲常千古倚双姝。白头林下春秋笔，能补兴朝太史书。汤绍恩诗：君不见，东邻有女方死夫，信宿嫁作西邻妇。又不见，西邻有女夫极贫，弃嫌欲嫁东邻富。妇人女子水性多，翻云覆雨将奈何？会稽文正家双节，骚人墨客颂且歌。大姝芳年笄甫及，青鸾喜报谐双璧。良人构疾未经年，秋空别鹤香魂寂。红冰眼落返故居，墩名止水澄太虚。茅庐小结蔽风雨，孀节棱层堪与俱。我心匪石不可展，我心匪席不可卷。任从珠翠兰麝香，矢心孤雁秋风远。深闺幼姝正妙龄，问名纳彩婚媾成。良媒初绾赤绳足，主人讣报登蓬瀛。春愁暗锁双蛾翠，刃割柔肠心觉碎。虽然未识百岁夫，海誓山盟期百岁。此生无复比翼飞，此生无复连理枝。生则同牢死同穴，业缘断了前生期。父劝劝兮坚似铁，母劝劝兮固如结。泉枯石烂长相思，泪滴鲛绡半成血。宁甘纺绩供口餐，茕茕月照茅茨间。嫦娥夜宿广寒里，泉台见夫无腼颜。与姊偕处岁月久，岁月久兮易白首。天长地久终茫茫，青冢荒凉名不朽。翰林太史勒碑文，郡邑表扬记谁某。嗟予拜领虎符来，握取清樽奠杯酒。深秋光景泬寥天，夕照寒蝉泣衰柳。又：老夫和泪写新诗，止水亭中双节奇。万古纲常同一誓，寸心铁石两无移。鸾分镜影秋风冷，凤咽箫声夜月迟。天地不穷情不已，迄今草木尚含悲。）

**庞公祠**　在箪醪河。（万历七年建。张元忭碑文[①]：天顺间，御史朱英所疏行两役法，籍县民为十年而统于坊里之长，每一坊一里中，长各十人以领之。令民按丁若田，五年而率钱与长，为吏办公私费。在坊者主宴，在里者主馈，曰甲首钱。又五年而长率民诣县庭，审诸役，曰均徭。岁环递以为常，盖五年一用民也，时颇称便。其后吏肆而长饕，所云甲首钱，有一贫男子出白金至四五两者，即富家按田而率，有如亩满千，出金不数百不已。于是贫者走徙，往往以钱累其民[②]，其富者不免于诡其亩，半其输，与例得蠲丁者。至若均徭，一不幸得驿库或捕监诸役，其在

① 见诸《徐渭集》卷二十四"庞公碑文"，实徐渭代文。

② "民"，国图本、内阁本、《徐渭集》均作"长"。

榜中，顾直役不过七八金，富民承之，则诛攫百出，不数百金亦不已。又不幸富者兼得两重役，贫者或分得十之一二，则身家立破碎。平生构聚至百千，朝居而暮空。贫者至不有其妻子，与笼鸡棚豕互牵引鬻市中，相聚以哭，邑里郊墟，色憯憯然若在冬秋。于是每当书榜，则老胥黠长，巧播弄以网贿，与诡输相唇齿，而民之病极矣。今右副都御史南海庞公尚鹏，旧为御史，来按浙，其所因革予夺，悉扫故常。知前两役为病，既大且久，乃一破其法。如一邑中调剂官百所，需费若诸雇役，不缩不盈，与民之丁土相厘合。凡丁一田亩十，率出若干钱，与秋租岁并输于邑吏。明年百所费与诸所役，亦岁出库中钱择其人掌之，且买且顾，名"一条鞭"。又刻帖，人给一纸，令晓然，无所谓"甲首钱"，长不得滥索。无均徭，富者不入驿库。役最重且苦若盐捕等者，不得勒富者募，而且岁输每丁不逾二十分，渺细易办。受诡者不得行，胥吏无所用其役以自殖。盖自诏下，行之至今，农始知实田，而柜檐而食者亦重去其土，闾阎熙熙，略始苏息，然亦既十余年矣。诸父老子弟乃始醵金买屋以祠公，而属石上言于余，何晚耶？诘之，则相顾以对曰："公亦知永州事乎？柳大夫将夺蒋氏之蛇而复其赋，蒋氏出涕汪然者，以蛇之毒人，不若赋法之毒人甚也。庞公易两役为条鞭，是出我水火，厝之衽席。今也闻且将夺我衽席而复之水火，其毒于蛇也倍几。"予曰："诚若是，则父老等之言众言也，予言者一人之言也，众言也者能致于闻者也，予一人言也，而又言于石，是不能致于闻者也。"诸父老更进曰："急父母之病者，医药不已也，而兼事于祷祀，甚则且糜股上肉，又安问祷祀之不如医药哉？"噫，是亦可哀也已！余亦何容于喙。祠基并屋附：坐字五十七号，地[①]二亩一分七厘七毫；今坐字五十七号，地二亩二分九厘一毫[②]五丝，积弓五百五十弓二分。南至箪醪河，北至陈以义，东至泮河，西至陈以义。台门三间，内石砌明堂一个。大厅三间，中悬"均平世泽"匾额，左间竖立张阳和先生撰文碑记，后石砌明堂一个。东廊一带，正殿三间，中供庞公神像，后东侧屋三间，西侧屋三间，坐陈以义屋后直进，并西侧屋后竹园一个。）

**吴侯祠**　在开元寺，再建于曹娥江、蛏浦、陶堰。（徐渭撰碑文：会稽典史吴侯成器，徽之休宁人。其始仕会稽，当海上寇初入内地，侯以能将兵知名，于是承大小数十战，斩贼首数百级，生获数十人，还掳者亦以百计。凡战之处，休止督发，设守出斗，有方法禁，士卒无毫毛扰，居人又能舍死先士卒。民多知其功者，往往就所战处为建祠刻石，今曹娥江其一也。父老某等来告，厥成，请予序事。予感而叹曰："曹娥，一弱女子耳，当其咿嚶婉娈，初不知有门外事。至其赴父之难，涉大江，蹈洪涛，慷慨激烈，有猛丈夫之所不敢为者。夫典史，下僚也，动为人所箝，儽然何异一女子？至其当国艰难，乃惟知曰吾臣而已。其伏剑舍身以当事，乃不复知有他计。此

① "地"，国图本、内阁本作"原地"。

② "一毫"，国图本、内阁本作"二毫"。

其人皆以忠孝植性，历千万古而同一道。今其祠若庙歧然两相望，岂偶然哉？诗曰：伊昔孝娥，垂笄纯珥。当斯之时，一女子耳。愤江痛父，不得尸所。被发乱流，娥猛如虎。今之仕者，沉伏下僚。傫然长叹，则怨其遭。有寇在庭，孰敢攘臂？世将弃戈，何况邑尉？桓桓吴公，天植忠孝。先国后身，与娥一道。启宇崇功，娥江之沚。祠木相望，照映江水。）

**傅公祠**　在会稽县学之东。（宋建炎四年，傅嵩卿知绍兴府事，时多惠政，郡人德之，建祠以祀。后因颓圮，子姓于万历年间重修，并以忠肃祭，给谏墨卿同祀焉。）

**章公祠**　在道墟村。（祀明殉难长史、赠副使章尚絅。）

会稽县志卷第十四终

# 会稽县志卷第十五

## 祠祀志中[①]

陵　墓

### 陵

**夏禹陵**　在会稽山西北五里。(《嘉泰志》云:禹巡狩江南,死而葬焉,犹舜陟方而死,遂葬苍梧。圣人所以送终,事最简易,非若汉代人主豫自起陵也。刘向云:禹葬会稽,不改其列。谓不改林木百物之列也。《皇览》:禹冢在会稽山。自先秦古书帝王坟皆不称陵,陵之名自汉始。《吴越春秋》:禹命群臣曰,葬我会稽之山,穿圹七尺,下无及泉,坟高三尺,土阶三等。葬之后,无改亩。《史记正义》又引《会稽旧记》云:禹葬茅山,有聚土平坛,人功所作,故谓之千人坛。《嘉泰志》又云:是山之东有陇,隐若剑脊,西向而下。下有窆石,或云"此正葬处"。明嘉靖间,有闽人郑善夫定在庙南数十武,知府南大吉信之,立石刻"大禹陵"三字,恐亦未足为据。明史官杨慎则曰:"禹穴在蜀。"慎,蜀人,文人好事,惟自雄其乡,人多惑之。曰"此禹藏衣冠之所,非真葬禹也",乃泥"一代衣冠埋窆石"之句[②],以文害辞亦固哉,其言诗矣!凡历代祀典,详前卷"禹庙"。)

**宋永祐攒宫**　按:《陆游志》[③],自祖宗时,有殿攒启。"攒"之名昔[④]用"殩"字,至显仁太后祔永祐攒宫,始易以"攒"字。

① "祠祀志中",对照卷首目录和本卷内容,此四字后漏"陵、墓"两条目名。

② 一代衣冠埋窆石:语出宋秦观《谒禹庙》"一代衣冠埋石窆,千年风雨锁梅梁"句。

③ 《陆游志》:即嘉泰《会稽志》,陆游序。

④ "昔",国图本、内阁本作"皆"。

**高宗永思陵**

**孝宗永阜陵**

**光宗永崇陵**

**宁宗永茂陵**

**理宗永穆陵**

**度宗永绍陵**　以上诸陵仅存封树，唯孝、理二陵，献殿三间，缭以周垣，今亦颓废。理宗陵有顶骨碑亭，宰牲房一所，斋宿房一所，其右为义士祠，内外禁山三千七百三十五亩，田三十八亩九分。〇自宋攒葬以来，内外皆有厉禁，岁久湮没，为居民所侵。正统间，赵伯泰奏告，始复。弘治元年，复帖县典史张弘检勘量，具册以覆。其后又以官山无守者，多缘兴讼，乃割禁山之半，佃为民业，而其半亦令居民守之，而入其租。然樵采之禁，守卫之夫，亦浸以疏矣。按《宋史》：哲宗昭慈皇后孟氏，绍兴元年四月崩，遗诏"权宜就近择地攒殡，俟军事宁息，归葬园陵"。此攒宫之始也。绍兴五年四月，徽宗崩于五国城，先上陵名曰"永固"。十一年八月，金人以徽宗及皇后郑氏梓宫来还，十月掩攒，在昭慈太后攒宫西北，改陵名"永祐"。徽宗显肃皇后郑氏，从徽宗之[①]迁，留五年，崩于五国城。梓宫归，与徽宗合攒于永祐陵。徽宗显仁皇后韦氏，从徽宗北迁。高宗即位，遥尊为宣和皇后。绍兴十二年八月，金人归徽宗梓宫，因送韦氏还临安。二十九年九月崩，攒于永祐陵西。高宗宪节皇后邢氏，金人犯京师，时高宗在藩邸，出使，邢氏遂从三宫北迁。高宗即位，遥册为皇后。绍兴九年后崩于五国城。十二年八月，后梓宫至，攒昭慈太后梓宫西。绍兴三十一年，金人以钦宗讣闻，遥上陵名曰"永献"。乾道中，朝廷遣使求陵寝地，金人乃以礼陪葬于巩县。钦宗皇后宋氏[②]，从钦宗北去，不知崩闻。孝宗淳熙十四年十月，高宗崩，攒于会稽之永思陵。高宗慈烈皇后吴氏，以宁宗庆元三年十一月崩，攒祔于永思陵。光宗绍熙[③]五年六月，孝宗崩，攒永思陵西，上陵名曰"永阜"。孝宗成穆皇后郭氏，向为夫人，绍兴二十六年薨。光宗受禅，追册为恭怀皇后。及营阜陵，改成穆，祔孝宗庙。孝宗成肃皇后谢氏，宁宗开禧三年五月崩，祔永阜陵。宁宗庆元六年八月，光宗崩，攒会稽，上陵名曰"永崇"。宁宗嘉定十七年闰八月崩，葬会稽，上陵名曰"永茂"。宁宗仁烈皇后杨氏，理宗治定五年十二月崩，祔永茂陵。理宗景定五年十月崩，葬会稽，上陵名曰"永穆"。度宗，咸淳十二年七月崩，上陵名曰"永绍"。以上诸陵并在宝山，今名攒宫山，其地本泰宁寺故址，宋嘉定十七年，命吏部侍郎杨华[④]为按行使，

① "之"，国图本、内阁本作"北"。

② "宋氏"，国图本、内阁本作"朱氏"。宋钦宗赵桓皇后朱琏，汴京祥符人。

③ "绍熙"，国图本、内阁本作"治熙"。

④ "杨华"，据《宋会要稿》第三十一册"礼三十七"等载，"杨华"误，应是"杨烨"。

归奏"泰宁寺之山,形势天设,吉气丰盈",遂诏迁寺而以其基定卜焉。至元戊寅,西僧杨琏真珈将发诸陵,宋遗民山阴唐珏潜易以伪骨,取真者瘗之山阴天章寺前。六陵各为一函,每陵树冬青一株以识,独理宗颅巨,恐易之事泄,不敢易为伪骨。真珈筑白塔于钱塘,藉以骨,而以理宗颅为饮器。元亡,明洪武三年[①],始语[②]下北平,返理宗颅归旧陵。知府张士敏记曰:洪武元年正月戊午,皇帝御札相臣宣国公李善长索宋理宗顶骨于北平,移北平大都督府及守臣吴勉、西僧汝讷、监藏深惠以顶骨来献。诏付应天府守臣夏思忠。四月癸酉,瘗诸南门高座寺之西北。明年五月壬辰,遣使访历代帝王陵寝。六月庚辰,浙江以绍兴宋诸陵图进,复命礼部尚书臣崔亮奉敕以理宗顶骨藏诸旧穴。按:理宗,宋太祖十世孙,入纂大统,享国四十余年,景定五年崩。明年为度宗咸淳元年,三月,葬永穆陵。祥兴元年,宋亡。元至元二十一年,僧嗣古妙高言请毁宋绍兴诸陵。江南总摄夏人杨琏真珈与丞相桑哥表里为奸恶,明年正月,奏如三僧[③]言,发诸陵金宝,以诸帝遗骨建浮图于杭州,截理宗顶骨为饮器。呜呼,其不仁甚矣!穆陵之发,距今八十有六年,遗骸余蜕,始克复归于土,岂非天耶!惟我国家,德迈前王,泽被幽壤,仁心仁闻,风动四方,是以刻词穹碑,昭示来世。臣士敏适守是邦,承命惟谨,敬述岁月,俾后有考焉。洪武三年,遣官访历代帝王陵寝,令各行省臣同诣所在,审视陵庙,并其图以进。浙江行省进《宋诸陵》。九年,令五百步之内禁人樵采,设陵户二人,有司督近陵之人看守。每三年一传制,遣道士赍香帛,致祭于孝、理二陵。凡遇登极,遣官祭告。登极祭文,四年,与禹陵同。洪熙元年:惟皇帝德合天地,治绍唐虞,安民之功,垂宪万世。予嗣位之始,率循典章,祗遣廷臣,敬修陵寝。尚赖神休,羽翼治平。尚饗。宣德元年:惟帝统承先业,保乂邦家,民赖以安,功德惟茂。予嗣位之初,特用祭告,尚饗。正统元年:予嗣承大统,追惟前代嗣君,克绍先业,用保生民者,心存甚慕[④]。谨用祭告,惟帝享之。景泰文同。大顺元年[⑤]:兹予复承大统,缅维前代继述之君,克绍先业,以绥民生者,心甚慕焉。是用祭告,惟帝享之。成化元年:惟帝克守先业,致治保民,兹予嗣统,景慕良深,谨用祭告。尚饗。弘治、正德、嘉靖、隆庆、万历、泰昌、天启、崇祯文并同。王十朋诗并序:某比缘职事,朝拜攒官,睇望松柏,怆然悲泣,遂成小诗。崇观升平主,神游在九霄。稽山嗟葬禹,寰海痛思尧。天上仙官别,人间宝祚遥。微臣望松柏,魂思黯然销。元张孟兼撰《唐珏传》:唐珏,字玉潜,会稽人也。少孤力学,以教授养其母。至元戊寅,浮屠杨琏真珈利宋攒官金玉,故为妖言以惑,主听而发之。

① "洪武三年",国图本、内阁本作"洪武二年"。

② "语",国图本、内阁本作"诏"。

③ "三僧",明张士敏《敕葬宋理宗顶骨碑文》内作"二僧"。

④ "甚慕",国图本、内阁本作"景慕"。

⑤ "大顺",明景泰年后,应为天顺年;国图本、内阁本均作"天顺"。

珏独怀痛忿，乃货家具行贷，得白金若干，为酒食，阴召诸恶少享于家。众皆惊骇，请曰："平日且不敢见，今召我饮，又过礼，不审欲何为？虽死不避！"珏因泣数行下，谓之曰："尔辈皆宋人，吾不忍陵寝之暴露，已造石函六，刻纪年一字为号，自思陵以下，欲随号收殡之。"众皆诺。中一人曰："此固义事也，然今无有知者，恐万一事露，祸不测，奈何？"珏曰："已筹之矣，要当易以他骨焉。"众如珏言，夜往收贮遗骸，瘗兰亭山后，上种冬青树为识，约明日复来会。出金帛为诸人寿，戒勿泄也。琏又易宋内为诸浮图，及哀陵骨，杂马牛枯骼，筑白塔，号曰"镇南"。杭人皆惋痛泣下，而不知真骨之他存也。亡何，汴人袁俊为越治中，招珏为子师，间问曰："吾闻越有唐姓，瘗宋诸陵骨，岂君耶？"坐有指珏曰"是也"。俊大奇之，手加额曰："先生义士哉，豫让不及也！窃闻高义久矣，不意得与先生处。"久之，知珏以瘗骨故，贫甚，俊为买田宅居之。先是，珏卧疾，一夕，梦吏持文来召曰："帝召君，速之行。"至一所，见宫阙邃丽，一人冕旒中坐，旁一人延上殿，又数黄衣进揖珏曰："赖收遗骸，无以报。"俄曰："聊报良田二顷，有妻孥以养。"乃复揖及阙。翻然而觉，莫省何谓。已而，会俊料理事如梦中，始悟梦中所见乃宋君也。有谢翱者，文丞相客也，与珏友善，尝感珏事，为作《冬青树引》，语甚凄苦，读者无不洒泣。翱字皋羽，闽人，亦奇士云。唐葬骨后，又于宋常朝殿掘冬青树植于所函土堆上，作《冬青行》二首：马箠问髑形，南面欲起语。野麇尚纯束，何物敢盗取。余花拾飘荡，白日哀后土。六合忽怪事，蜕龙挂茅宇。老天鉴区区，千载护风雨。又：冬青花，不可折，南风吹凉积香雪。遥遥翠盖万年枝，上有凤巢下龙穴。君不见，犬之年，羊之月，霹雳一声天地裂。复有《梦中诗》四首：珠亡忽震蛟龙睡，轩敝宁忘犬马情。亲拾寒琼出幽草，四山风雨鬼神惊。又：一抔自筑珠丘土，双匣亲传竺国经。只有春风知此意，年年杜宇哭冬青。又：昭陵玉匣走天涯，金粟堆寒起暮鸦。水到兰亭转呜咽，不知真帖落谁家。又：珠凫玉雁又成埃，斑竹临江首重回。犹忆年年寒食节，天家一骑捧香来。郑元祐《书林义士事迹》：宋太学生林德旸，字景曦，号霁山。当杨总统发掘诸陵时，林故为杭丐者，背竹箩，手持竹夹，遇物即以夹投箩中。林铸银作两许小牌百十，系腰间，取贿西番僧曰："余不敢。望收其骨，得高家、孝家足矣！"番僧左右之，果得高、孝两朝骨，为两函贮之，归葬于东嘉。有《梦中作》十首，俱凄怨，其七首忘之矣。葬后，林于宋常朝殿掘冬青一株，植于所函土堆上。有《冬青花》一首曰：冬青花，花时一日肠九折。隔江风雨清影空，五月深山护微雪。石根云气龙所藏，寻常蝼蚁不敢穴。移来此种非人间，曾识万年觞底月。蜀魂飞绕百鸟臣，夜半一声山竹裂。又：君不见，羊之年，马之月，霹雳一声山石裂。〇其事甚异，故书之。若霁山者，其亦可谓义士也已。三诗与唐珏同，不录。谢翱《别唐珏冬青树引》：冬青树，山南垂，九日灵禽居上枝。知君种年星在尾，根到九泉护龙髓。恒星昼陨夜不见，七度山南与鬼战。愿君此心无所移，此树终有开花时。山南金粟见离离，白衣人拜树下起，灵禽啄粟枝上飞。《冬青树引》跋二条，其一：予既注皋羽《登西台恸哭记》,又以此诗词旨未易通晓,故为之疏,以便考证而自质焉。适文献黄先生之门人傅藻氏以书来,谓闻之文献者曰:"杨总统初欲利攒宫金玉,故为妖言以惑,主听而发之。越中王英孙,一日出金帛与诸恶少,众皆惊骇而请曰:平日且不敢见,今乃有赐,不审欲何为?虽死不敢避!因徐谓曰:尔辈皆宋人也,吾不忍陵寝暴露,已造石函六,刻纪年一字为号,自思陵以下,欲随号收殡。众皆诺,遂夜往收贮遗骸骨而葬,上种冬青树为识。此歌诗之所为作也。其说如此。予以旧注既有异同,亦既以书致鄙见于傅君矣,故未即以旧闻非是,而未加改定。姑录一通寄傅,且书来言于此,以问该洽者,庶几予言或可再证也。丙午正月十日,张丁识。"其二:浦阳张君孟兼,取闽人谢翱为宋丞相文公所作《西台恸哭记》,详疏其文,复取其至越中所作《冬青树引》,并疏之于卷末,且以窆宋遗骸事为唐珏、王英孙而疑其异同。予谨按:郡先生霁山林君,当宋亡时,忠义耿耿,有《南山有嘉树》及《商妇怨》等诗,见所著集中。尝与唐珏收宋遗骸于山阴,种冬青树其上,刻志有"丙之年,子之月,冬青花,不可说"之句。盖先生乃王英孙门客,先生与珏所为,王盖与知之矣。夫谢翱在文公之门,传公者曾不及翱,非张君,兹述殆泯没不传。今书珏之事而霁山林君不与焉,岂非阙乎?吾因并识其事,以释君之疑,且以副君好古之盛心云。洪武四年二月十日,孔希普识。忭按:唐、林二义士事,所树冬青与所传诗四首并同,盖甚惑之。窃疑二人本协谋,而传者失其实耳。季长沙公本乃以收骨事为唐珏,非林景熙,其注谢翱诗云"星在尾,谓寅年也"。《元史·历志·授时历》:经黄道十二次宿度尾,三度一分一十五秒,入析木之次,辰在寅。谢翱以布衣杖策参文天祥军事,天祥死于燕,翱徬徨山泽,遇处即哭,卒穷以死,其忠愤如此。故谓收骨为唐珏事,且知为戊寅年者,以翱诗为证耳。然以《冬青树引》二跋观之,则如余前所疑,庶几近之。而王修竹名英孙,尝延致景熙,要亦与闻其谋者也。又尝览《霁山集》载《冬青花》诸诗甚明,中与唐玉潜、王修竹往还诗不一,多激烈语。其答谢皋羽,又有"夜梦绕句越,落日冬青枝"之句,谓非与闻其事者,可乎?当收骨时,事甚秘,故姓氏互传若此。高诗启[①]:楼船载国沉海水,金椎昼入三泉里。空中玉马不闻嘶,日落寝园秋色起。鱼灯夜灭隧户开,弓剑已出空幽台。缁流暗识宝气尽,六陵松柏悲风来。玉颅深注酡酥酒,误比西裔月支首。百年帝魄泣穹庐,龙骨饮冤愁不朽。幸逢中国真龙飞,一函雨露江南归。环佩重游故山月,冬青树死遗民非。千秋谁解锢南山,世运兴亡反掌间。起辇谷前马蹄散,白草无人浇麦饭。李东阳《冬青行》:高宗陵,孝宗陵,鳞骨尽蜕龙无灵。唐义士,林义士,野史传疑定谁是。玉鱼金粟俱尘沙,何须更问冬青花。徽宗不返梓宫复,二百年来空朽木。穆陵遗骼君莫悲,得葬江南一抔足。许瓒诗:落日荒墟野雀嚣,攒陵人指宋先朝。绝胜漠北龙函冷,堪叹京西鹤柱遥。宫庙几何今寂寂,宝山犹似昔峣峣。曹

① "高诗启",国图本、内阁本作"高启诗"。

瞒首作搜丘尉，遗祸令人恨未消。孙纪诗：海门三日无潮汐，天堑徒夸壮南国。龙舟载玺竟不还，祗见铜驼在荆棘。凤凰山前楼阁重，妖人据作瞿昙宫。谁言枯骨有王气，六陵伐尽山为童。风雨黄昏寒食节，杜宇含冤泪成血。壶瓶塔倚夕阳低，冬青树老秋风折。四十余年有道君，歿后宁知劫火焚。玉颅酒深冤魄醉，此事痛切谁堪闻？刘栋诗：翠柏苍梧雨露深，六陵登罢欲沾巾。事关往古多撄念，诗感中兴独费吟。雨洗藤箩悬碧落，云开台榭护春阴。偏安空有铜驼叹，陕洛犹成荆棘林。季本诗：玉辇金舆不可旋，六陵松柏五峰前。愁云暗结黄昏雨，断石空埋白昼烟。楚志欲窥三代鼎，蜀魂空托五更鹃。细从故老询遗事，不待冬青已惘然。汪应轸诗：寒食谁怜五国城，六陵空自有秋声。沧溟月骨知寻处，也逐边尘向北行。刘昺诗：六代君王龙气尽，万山松柏画图开。可知不系中原望，自有江南土一抔。柳文诗二首：衣冠不恋越山游，一厝龙辅几度秋。汴水无梁魂漠漠，无云失路浪[①]悠悠。寒岩松桧团花盖，幽壑藤箩缀冕旒。忆自金牌追往骑，空怜玉几覆归舟。又：一抔难保君王宅，双匣重归义士铭。烟雨寝园啼蜀鸟，风霜丘陇哭冬青。狐经宝剑妖无孽，龙返珠宫气有灵。千古兴亡总如此，五更衰草梦郊坰。袁宏道《游六陵记》："六陵萧骚岑寂，春行如秋，昼行如夜，虽联鞭叠骑，而时闻伥啼鬼哭之声。读唐义士诗，痛楚入骨，为之洒泣，自古亡国败家虽多，未有若斯之惨酷者也。诗一首：冬青树，在何许？人不知，鬼应语。杜鹃花，那忍折！魂虽去，终啼血。神灵死，天地暗[②]。伤心事，戊儿年。钱塘江，不可渡。汴京水，终难去。纵使埋到崖山崖，白骨也知无避处。陶望龄《六陵怀古三首》：六陵风露入深秋，松柏萧萧万壑幽。忆昔普天悲铸鼎，只今何地问藏舟？百年车马驱南国，尽日狐狸啸古丘。二帝寝园尤寂寞，黄沙白草不堪求。又：前朝遗恨荒村里，今古伤心越峤青。乱后乾坤销王气，夜深风雨泣山灵。三泉白日衣冠冷，八月寒蝉草木零。当代有谁怜国士，布衣林下老传经。又：传经闭户沉冥久，忽漫悲时意气深。废陇凭谁收白骨，倾家结客散黄金。松楸尽湿孤臣泪，日月常悬异代心。节侠似君能有几，冬青花老一沾巾。徐渭诗：藁葬未须怜，生时已播迁。威仪非旧典，世代是何年。过客悲山鸟，王孙种墓田。回看陇头树，似接汴京烟。又：落日愁山鬼，寒泉锁殡宫。魂犹惊铁骑，人自哭遗弓。白骨夜半语，诸臣地下逢。如闻穆陵道，当日悔和戎[③]。张汝霖诗：世外几番寒劫火，野人犹自说攒宫。六陵草树荒烟下，半壁山河落照中。义士伤心偷瘗骨，前朝遗恨失和戎[④]。杜鹃巧作青山泣，并带松声咽晚风。福清薛敬孟《六陵崇古[⑤]》诗：群峰壑里夜藏舟，

① "浪"，国图本、内阁本作"恨"。

② "暗"，国图本、内阁本作"黯"。

③ "戎"，国图本作阙，内阁本作"一"字。

④ "戎"，国图本、内阁本均作阙。

⑤ "六陵崇古"，国图本、内阁本作"六陵吊古"。

杜宇声声未散忧。松木公然归帝蜕，冬青犹得识山头。黄沙顶骨魂千里，玉匣衣冠恨一丘。草莽辛勤双义士，黄金散尽寝园谋。[①]

## 墓

谕葬必详载，重国典也。但发祥之地，皆积善所至，无心得之。殆后惑于堪舆，墓无定所，故多阙焉。[②]

### 周

**若耶溪大冢**　《越绝书》：句践葬先君太镡冢也[③]。

### 汉

**董永墓**　在织女铺旁。（有董家堰，凡堰之董姓者，云悉永后。其曰织女潭者，俗传永所遇织女，为永织绢以偿佣钱。既罢，浴于潭而上升，故名。亦犹永居楚，名其县为孝感类也。尝闻先辈云："吾乡中某游太学，见祭酒丘琼山濬[④]，闻知其为会稽产也。曰：'会稽有织女铺，女知之乎？'对曰：'不知。'濬语之故，则董永事也。"董永遇织女，事见湖广、山东两志中。）

**曹娥墓**　详"曹娥庙"下。

### 晋

**八仙冢**　在白塔。（旧志：晋嵇康善琴，过白塔，宿传舍，遇古伶官之魂而得《广陵散曲》。其声商，缓似宫，臣逼君，晋谋魏之象也。其名《广陵散》，散离播越，永嘉南迁之兆也。曲终指其葬处，至今窟穴犹存。徐天祐诗：广陵莫惜世无传，遗恨商声第一弦。伶鬼何关兴废事，凄凉一曲兆南迁。）

**冢斜**　在平水三十余里，接嵊界。（相传越之坟墓多在，所谓斜者，如唐宫人斜[⑤]之类。）

**丁固墓**　《十道志》：在会稽，又名司徒冢。

---

① 本句，国图本"义"作"国"，后五字作阙。

② 本条目序言，国图本、内阁本均无。

③ "太镡"，国图本、内阁本作"大镡"。

④ "祭酒丘琼山濬"，丘濬(1421—1495)，明广东琼山（今海南海口）人，号琼台，官国子监祭酒等。

⑤ 宫人斜：亦称内人斜，是秦朝都城咸阳旧城墙内埋葬宫女的地方。

## 宋

**吴越忠逊王墓**　在秦望山北。(地名昌源。《宋史》:钱倧疾殂,东府以王礼葬焉。林景熙诗:牛头一星化为石,千仞棱层垂铁脊。隆隆隐隐佳气藏,列峰环拱效圭璧。玉棺何代埋衣冠,三朝万乘子复孙。典册辉煌照九土,岁时园庙严骏奔。轮云自古几翻覆,山灵不守松柏秃。离离荒草鬼火青,麦饭无人洒林麓。我来吊古欲雪天,梵宫金碧栖寒烟。残僧相对语寂寞,苔莓隔岭青年年。)

**太傅信王赵璩墓**　在昌源石伞峰。(宋宗室璩以少保恩平郡王,判大宗正,始赐府于绍兴。后罢大宗正,进少傅。王薨,赠太保信王以葬,庆元六年加赠太傅。)

**荣王赵希瓐墓**　在昌源。(理宗父。)

**齐贤良唐墓**　在昌源石伞峰。

**陆左丞佃墓**　在陶宴岭支峰下。

**顾内翰临墓**　在昌源石伞峰。

**齐尚书执象墓**　在昌源。

**沈少卿绅墓**　在云门山。

**韩左司膺胄、枢密肖胄、运使髦墓**　并在太平乡日铸岭。

**陆谏议轸墓**　在五云乡焦坞。(宋赠太傅。)

**陆都官珪墓**　在袁孝乡。(宋赠太尉,改葬鹫峰寺前。)

**钱内翰易墓**　在天柱峰下。(子集贤、彦远、裔孙伯言祔。)

**陆发运寘墓**　在富盛乡。(郎中沆祔。)

**陆少卿宰墓**　在云门卢家岙。(知郡淞、通判浚并祔。)

**詹司谏亢宗墓**　在秦望山。

**杨枢密愿墓**　在何山。(知郡祐祔。)

**陆右司长民墓**　在上皋尚书坞。(参议静之、提举升之、教授光之并祔。)

**苏计议师德墓**　在陶宴岭。(吏部玭祔。)

**詹太傅林宗墓**　在鹿里。(大监骙祔。)

**梁司谏仲敏墓**　在秦望山。

**傅屯田莹墓**　在浪港山。

**胡尚书直孺墓**　在秦望山。

**王知郡镐墓**　在蔡山。

**傅编修尧咨墓**　在石旗山。（给事中崧卿祔，祠建会稽学东。）

**莫侍郎叔光墓**　在平水。

**张秘书渊墓**　在昌源。

**王提举然墓**　在五云乡中灶。（判院谬、侍郎瀹并祔。）

**尹和靖先生焞墓**　在龙瑞宫前峰石帆山下。（明季本诗有序：尹和靖墓在会稽龙瑞山。嘉靖中，为里豪所发，得其志石，人有见者，闻于官。时莆田洪珠方知府事，使人访求，则石既毁矣。乃即城南舍子桥下为祠，以祀和靖。其祠盖善法寺废址云。一从南渡寄游魂，龙瑞山前日色昏。宋代寝园销已尽，程门衣钵瘗无存。空瞻特庙荒新壤，不及幽铭认旧坟。吊古尚多遗恨在，休将往事论杨髡。）

**张太守远猷墓**　在云门石人山，有张家桥。（蜀绵竹人，仕为绍兴太守，有惠政，遂家焉。太守父兵部侍郎震，自杭州西山迁葬于此，太守兄主簿壮猷坟亦在焉。明状元张元忭，太守十世孙。）

**蔡孝子定墓**　在观岭下。

**王尚书定肃公希吕墓**　在三都之破塘里。

**陆太师游墓**　在云门卢家岙。

## 元

**韩先生性墓**　在水石岗。

**吕副枢珍墓**　在汤浦狮山之麓。

**董修撰应申墓**　在石浦。（子孙繁盛，科第蝉联。石浦、渔渡，二族轮祭。）

## 明

**董学士敬墓**　在珠湖。（会元董文简玘之祖。）

**董佥事豫墓**　在郑家岙。

**章侍郎敞墓**　在稷山南。（神道碑，杨士奇撰。）

**董太守复墓**　在二十三都浦下。（玘之父，赠学士，赐祭葬。）

**陶恭惠承学墓**　在洞浦。（谕葬。）

**陶文简望龄墓**　在下灶。

**陶石梁奭龄墓**　在稽山。

**董日铸懋策墓**　在清水闸与上虞接界。(子章宪,葬对面馒头山,有禁碑。①)

**范给事绍序墓**　在稷山。

**章副使尚䌹墓**　在称山南师古墩。(殉流寇难,赐祭葬。)

**陆忠烈梦龙墓**　在桐坞。

**刘左都宗周墓**　在下蒋。

**倪尚书元璐墓**　在白莲峡圣仪山。(甲申殉难,祠祭,田永免徭役。②)

**王元趾毓蓍墓**　在上灶。

**高孝廉岱墓**　在所城东。

**义冢**③　绍兴五年,少监李大性置于镇坞。会稽尉徐次铎《记》:越之流风,凡民有丧,即议侨寄。棺柩所积,夙号墓园。连岁不登,继以疠疫,而民不免于死亡。公奉命东来,一意全活,饥者赈之以粟,病者起之以药,死者遗之以棺。荒政举行,毕力无倦。复有意于埋胔掩骼之举,命次铎走近郊,枚数寄棺,凡三千余。下令申饬晓告,使人人知有送死之义。且曰:"其有徇浮图火化者,助之以缗钱,姑从其私。乃若无力归藏,请于官,给所费。"规画已定,复命次铎度地,得二所:其一镇坞,广四十亩;又其一洄涌塘旁,十余亩。由是义冢之规立矣。两隅分峙,男女以辨,缭以周墙,封其四围,画图传籍,备录分藏,闾里姓氏,次第刻著。申命缁黄,以视墓室。五封广列,尚为后图,庶几有以继于此也。自庆元改元夏,迄于冬十月,野处之棺,官为覆藏者凡千二百九十有三,据籍可考。至是,泽及枯骨矣。自今不燎于原,不没于川,不暴于野,是则公拳拳之志也。国朝顺治年间,更建于五云门外,暨各村乡僧恒坚,春秋二季,率众掩骼。

会稽县志卷第十五终

① 括号内小字,国图本、内阁本无。

② 括号内小字,国图本无、内阁本录。

③ "王元趾毓蓍墓"、"高孝廉岱墓"、"义冢"三条,底本原并置;国图本、内阁本则"王元趾毓蓍墓"、"高孝廉岱墓"两条并置。

# 会稽县志卷第十六

## 祠祀志下

寺院　观宫　庵堂

夫自汉唐以来，寺观繁兴而财日耗，民生日促。昌黎氏欲庐其居，不为过矣。然此亦二氏之敝，其徒崇奉之过则然耳。彼其初，昙与聃之教，以四大为虚假，以乾坤为逆旅，尚安事华居广厦以奉其身者乎？亦犹吾儒者之道，其始为栋宇也，取以蔽风雨而止。而其敝也，则有瑶台琼室以阶祸乱者，斯岂创制者之过哉？抑余有深慨者，儒者之辟二氏，五尺童子能道之矣，乃或假是以济其私。彼其庐若鳞，其土若奕，又何为者也？其不为二氏之所窃笑者几希！（徐渭）

### 寺院

照府志先城后乡，先府志次县志，次新入。

**开元寺**　在县治东南。（五代节度使董昌故宅也。后唐长兴元年，吴越武肃王建寺，盖处一城之中，四旁远近适均，重甍广殿，修廊杰阁，大钟重数千斤，声闻浙江之湄。佛大士应真之像，皆雄丽工致，冠绝他刹。既[①]正月几望，为灯市，傍十数郡商贾皆集，玉帛珠犀、名香珍药、组绣、髹藤之器，山积云委，光耀人目。法书名画、钟鼎彝器、玩好奇物，亦间出焉。士大夫以为可配成都药市。宋咸平中，僧晓原立戒坛，遇圣节则开，以传度其徒。建炎庚戌，群盗卒至，遂焚，不遗一椽。后虽兴葺，然未能如初。今以为习仪祝圣之所。前门内西建汤太守祠，殿东建吴通

① “既”，国图本、内阁本作“岁”。

判祠。万历十三年,僧真秀募缘重修大殿,易以石柱。)

**长庆寺**　在县治东南一里。(宋永徽二年[①],因汉尚书陈嚣竹园建,号竹园寺。唐会昌五年毁。周显德五年重修,号广济院。大中祥符元年改今额。后祀卫士唐琦于寺侧,因呼班值庵,俗名班竹庵。)

**杏花寺**　在县治东南二里。(周显德二年,钱承裔建,号法华忏院。开宝三年,改宪台永寿院。大中祥符元年,改旌教院。宋时植杏,甚茂,今为杏花寺。)

**大中禹迹寺**　在县治东南二里。(晋义熙十二年,骠骑将军郭伟舍宅建。唐会昌中,例废。大中五年,僧居圆诣阙,请僧契真复兴此寺,并置禅院于北庑,赐名大中禹迹寺。门为大楼,奉五百阿罗汉,甚壮丽。初,释氏自达摩至慧能以来传禅宗,然禅院皆寓律寺。至百丈山怀海始创为禅居,乃不复寓律寺。契真亦怀海弟子,时禅寺虽创,尚未盛行,故犹寓禹迹北庑为禅院。宋绍兴末,曾文清几卜居于越,得寺之东偏空舍十余间居之,手种竹盈庭,日读书赋诗其中。诗曰:手自栽培千个竹,身常枕藉一床书。几平生清约,不营寸产,所至寓僧舍,萧然不蔽风雨,惟食奉祠之禄,假二三老兵给使令而已。)

**延庆寺**　在县东南三里。(唐大中十二年,台州刺史罗昭权舍宅。宋徐铉《述祖先生墓志序》云:门生彭汭登第,补本郡司仓掾。尝与社祭,斋于郡之延庆院,独处一室。即寝而精爽不宁,展转至四鼓,乃得寐。梦一白衣书生入户,谓汭曰:“某尝述少文词在此室,司仓当见之也。”汭辞以未见,书生曰:“试为读之。”言讫而去。及寤,犹四鼓,因呼仆秉烛,周视墙壁间,意谓有留题者,而都无所见,惟户扇下有石方尺余,尘土蒙之,视彷佛有“贺监”字,乃知此是也。祀事罢,乃移置厅前,以水盥之,文字依然,即进士许鼎所撰《祖先生墓志》也。问主僧,云:“十年前,院侧数十步,官置瓦窑,掘地得之,而掌役者军吏也。不晓其所自,但见有文,因惜不毁而置此。”按:贺监以天宝二年始得还乡,既而天下多事,遂与世绝,止于吴越故老,亦不能知其终。微彭子之梦,则贺监轻举之迹,与祖君高尚之节皆湮没矣。其志云:通和先生祖君,名贯,字子元,范阳人。性宽平,州里莫见其喜怒长短。颇览书,尤工诗句,天才默识,少有伦似,盖修黄老之术。初,贺监得摄生之妙,近数百年不死,荷笈卖药如韩康伯,近在天台山升遐,遍于人听。元和已亥,先生遇之,谓曰:“子宽中柔外,可以语至道也。候十岁,遇尔于小有。”乃援《断谷丹经》,先盟而授之,吞一粟则十日不饥。一日,谓门人曰“贺公之期至矣”,沐浴委化。)

**隆教寺**　在县东五十步。(宋太平兴国元年,观察使钱仪建,号无碍浴院。大中祥符元年,改赐今额。)

---

① “宋永徽二年”:刘宋无“永徽”年号。竹园寺若是刘宋时建,则“永徽”或是“元徽”之误。

**华严寺**　在县东南二里。旧去县七十里。（陆游《记略》：会稽五云乡有山曰“黄琢”，山之麓原野旷，水泉洌，冈峦抱负，岩嶂森立，而地苐不治者，不知几何年矣。或谓古尝立精舍以待天衣、云门游僧之至者。有石刻具其事，其后寺废石亡。庆元三年，马君正卿闻而太息，乃与弟崧卿以事亲收族之余赀，买地筑室[①]，择僧守之，乃告于府牧，丞相葛公以“华严”额徙置焉。严维诗：福地华严会，王家少长行。到官龙节驻，礼塔雁行成。莲界千峰静，梅天一雨清。禅庭未可恋，圣主寄苍生。）

**龙华寺**　在县东都泗里。（即江总避难所憩也，俗呼龙王堂。寺面秦望，水环前后，及寺左有广宁大桥，东有龙华小桥。微风细雨，缭绕烟波，皓月澄潭，水天一色。寺东有厉家荡，即东大池。旧时赵福王台沼，畜鱼，味甚美。今众绅聚资，易为放生池。寺久而圮。万历二十六年，寺僧如悯重修。国朝康熙四年，僧茂生募资重修。）

**善法寺**　在县南二里。（晋天福七年，吴越建为尼院，号永宁。宋大中祥符初，改今额。熙宁八年，知府赵清献抃以幽邃非尼可居，徙尼于大庆，以其寺住僧。明嘉靖间，知府洪珠改为古小学。万历初年，知府萧以其后朝北余地复建善法寺，不甚弘敞，而清幽可喜。）

**宝华禅院**　在白马山。（陶望龄题额，内有关帝殿。）

**石佛妙相寺**　在县东五里。（唐太和九年建，号“南崇寺”，会昌废。晋天福中，僧行钦于废寺前水中得石佛，遂重建。宋治平三年，改额曰“石佛”。佛高二尺余，背有铭曰：“齐永明六年太岁戊辰于吴郡敬造维卫尊佛。”凡十有八字，笔法亦工。）

**大禹寺**　在县南一十二里，禹陵之左。（梁大同十一年建，自唐以来为名刹。唐孟浩然《义公禅房》诗：义公习禅寂，结宇依空林。户外一峰秀，阶前众壑深。夕阳连雨足，空翠落庭阴。看取莲花净，方知不染心。）

**灵峰寺**　在县东南二十二里。（宋开宝九年，观察使钱仪建。初号“三峰院”，治平元年赐今额。明刘基《活水源记》：灵峰之山，其上曰“金鸡之峰”。其草多竹，其木多枫槠、多松。其鸟多竹鸡，其状如鸡而小，有文采，善鸣。寺居山中，山四面环之。其前山曰陶山，华阳外史弘景之所隐居。其东南山曰“日铸之峰”，欧冶子之所铸剑也。寺之后薄崖石，有阁曰“松风”，奎上人居之。有泉焉，其始出石罅涓涓然，冬温而夏寒，浸为小渠，冬夏不枯，乃溢而西南流，乃伏行沙土中，旁出为四小池，东至山麓，潴为大池，又东注于若耶之溪，又东北入于湖。其初为渠时，深不逾尺，而澄彻可鉴，俯视则崖上松竹草木皆在水底。故秘书卿白野公恒来游，终日坐水旁，名之曰“活水源”。其中有石蟹，大如钱。有小鲼鱼，色正黑，居石穴中，有水鼠常来食之。其草

① “买地筑室”，国图本、内阁本作“买地筑屋”。

多水松、菖蒲。有鸟大如鸲鹆，黑色而赤嘴，恒鸣其上，音如竹鸡而滑。有三鹡鸰，恒从竹中下立石上，浴饮毕，鸣而去。予早春来时，方甚寒，诸水族皆隐而不出，至是悉出。又有虫四五枚，皆大如小指，状如半莲子，终日旋转行水面，日照其背，色若紫水晶，不知何虫也。予既爱兹水之清，又爱其出之不穷，而能使群动咸来依，有君子之德焉。上人又曰：属岁旱时，水所出能溉田数亩。则其泽又能及物。宜乎白野公之深爱之也。诗：灵峰寺阁倚松风，风细松高阁更空。何处流泉生石上，有人鸣玉下云中。花飘雾露春香满，影动龙蛇晓日融。安得身如列御寇，翩翩高举共冥鸿。又：灵峰之中楼倚山，山云日夕栖其间。九霄云鹭随高下，六月风雷送往还。青嶂晓光浮藻棁，银河夜气湿松关。天台向上无多路，鹫岭烟霞此可攀。）

**云门寺**　在云门山。（郡志云：或谓云门寺本面东，主秦望而对陶宴等山，如列屏障。会昌废寺后，止存一小殿，面南未毁，遂附益以为寺，非复旧址，而旧址乃多犁以为田。宋绍兴中，淮僧广勤为雍熙副院，尝因牛足陷，得小铜维卫佛像于田中，盖古云门寺地也。明天启三年，僧福坤于旧址重建，有僧雪峤住持本寺，寻卒，瘗于寺之右陇。国朝顺治十七年，赐帑银五百两，修云门寺塔，奉有上谕。明陆梦龙《记》：王子敬舍宅为寺，在县南之五十里。晋义熙三年，五色云见，敕名云门。隋炀帝重智永、智欣，易名永欣。会昌毁后，非复故址。观察使李褒奏请重建，赐号“拯迷”。宋名淳化中[①]，析为六。普济、明觉俱远寺，其曰“雍熙”者忏堂也，寿圣者老宿所栖庵也，一本而四名。咸淳间，僧广勤为雍熙副院，因牛足陷，得小铜维卫佛像于田中，盖古云门寺基云。天启三年，僧福坤同子敬裔孙王友学于旧址复构为寺，外为溪风阁，次韦驮殿，次大殿，又禅堂、法堂、寮庑、斋厨，各以序就。坤公曰：云门，古名也，今仍名之，一日而复千载之旧。乞记于余。余惟会稽擅佳山水，子敬卜居，何其胜也！即舍为寺，何其达也！子敬知兴废之不可常，而舍为寺，乌知寺之废兴亦不常乎？然兴而废、废而复兴，固子敬之所谓常者也。或曰：“佛以垢净齐世，眼何居于不垢？以生灭齐世，缘何居于不灭？”余告之曰：“谛观诸佛、诸祖师，无不择胜而处，此以知其不欲垢也。与其徒相授记，屈指灭度，而殷殷致意于重兴，此以知其不欲废也。”雍熙于南宋时为先农师功德院，而放翁记寿圣，今余记云门，重建固宜。郡司马孙鲁《募修云门寺》文：粤自恒星四鉴，圆音雷布于中天；慧日东临，遗教云垂于震旦。惟诸佛菩萨涌现之地，为天龙神鬼拥卫之区。兹云门古蓝，实越州胜景。始于先贤之割宅，著于开士之传灯。缘以兴废不常，蓁芜日久，方隅迥异，僧众难安。欲使六时钟磬无魔，须教一朝耳目顿改。枕秦望之峰，千山拱峙；聚鉴湖之胜，万壑归宗。惟形势有必然，斯人天所咸被。已鉴前模之失，讵云改筑之艰。爰是古卓和尚，插草倡缘，贯花飞锡，罄衣钵以命工，假形像而设法。行将复千年之故址，炳焕丹青；阐

① “宋名淳化中”，“名”字衍。

百代之法堂，牢笼缁素。功有同于累土，事必待于布金。以是因缘，属余唱导。余惟劫火之坏大千，虽云有数；长者之施亿万，要岂无时？矧兹髹丹黝垩，只表一念之微忱；凡此玉帛金钱，总属吾身之长物。用介管城，以当遒铎。倘如稊米之分太仓，将见聚沙而成多宝。务使千层绣阁，旋复旧观；百丈琼台，快兹新构。伏护世四洲光明之福德，允叶天休；考形家五纬生克之机祥，亦云元吉。愿我善信，同耕福田。借上林之一枝，莫非春色；挹微波之滴水，亦助河流。福不唐捐，语无虚诳。倘蒙金诺，敢请冰衔。寺田永免杂差，邑令王安世《碑记》。)

**云门广孝寺**　在云门山。(晋义熙二年[①]间建寺，有弥陀道场，杭僧元照书额。门外有桥亭，名丽句亭，刻唐以来名士诗最多。先唐时，云门止有一寺，后乃裂而为四。雍熙者，忏堂也。显圣者，看经院也。寿圣者，老宿所栖庵也。有宋高宗御书"传忠广孝之寺"六字碑。寺之前有辨才塔。今按虞集所撰《记》言云门言广孝，其沿革有分合矣，寺在云门者，皆得称以云门。今云门与广孝号分为二，而山中有六寺之目，题咏自昔共之，无从分属，聊附于后云。唐宋之问《宿云门寺》诗：云门若耶里，泛鹢路才通。夤缘绿筱岸，遂得青莲宫。天香众壑满，夜梵前山空。漾漾潭际月，飘飘杉上风。兹焉多嘉遁，数子今莫同。凤归慨处士，鹿化闻仙公。樵路郑村北，学井何岩东。永夜岂云寐，曙华忽葱茏。谷鸟啭尚涩，源桃惊未红。再咏期春暮，当造林端穷。庶几踪谢客，开山投剡中。又《游云门寺》诗：维舟探静域，作礼事尊经。投迹一萧散，为心自杳冥。龛依大禹穴，楼倚少微星。沓嶂围兰若，回溪抱竹庭。觉花涂砌白，甘露洗山青。雁塔骞金地，虹桥转翠屏。人天宵现景，神鬼昼潜形。理胜常虚寂，缘空自感灵。入禅从鸽绕，说法有龙听。劫累终期灭，尘躬且未宁。摇摇不安寐，待月咏岩扃。秦系《宿上方》诗：禅室遥看峰顶头，白云东去水常流。松间倘许幽人住，更不将钱买沃州。郎士元诗：古寺千家外，闲行得暂过。炎氛临水尽，夕照傍林多。境对知心妄，人安觉政和。绳床摇麈尾，佳兴满沧波。又：寒山白云里，法侣日招携。竹径通城下，松门隔水西。同期沃州去，不作武陵迷。彷佛心知处，高峰是会稽。孙逖诗：系马春溪树，禅门春气浓。香台花下出，讲坐竹间逢。觉路山童引，经行谷鸟从。更言穷寂灭，回策上南峰。僧皎然诗：共是竹林贤，心从贝叶传。说经看月喻，开卷爱珠连。清净遥城外，萧条古塔边。应随北山子，高顶枕云烟。刘长卿《送灵澈上人归云门》：苍苍竹林寺，杳杳钟声晚。荷笠带斜阳，青山独归远。僧灵一诗：虎溪闲月引相过，带雪松枝挂薜萝。无限青山行欲尽，白云深处老僧多。顾况诗：野人日[②]爱山中宿，况是葛洪丹井西。门前有个长生树，夜半子规来上啼。陈羽《送灵一》诗：十年劳远别，一笑喜相逢。又上青山去，青山几万重。杜牧诗：长松落落胜天台，

① "义熙二年"，国图本、内阁本作"义熙三年"。

② "日"，国图本、内阁本作"自"。

佛殿经窗半岭开。郭里钟声山里去，上方流水下方来。释佛印诗：一阵若耶溪上雨，雨过荷花香满路。拖笻纵步入松门，寺在白云堆里住。老僧迎笑寻茶具，旋汲寒泉烹玉乳。睡魔惊散骨毛清，坐看秦峰秋月午。明山小鸟乱相呼，松杉竹影半窗户。令人彻夜映匡庐，作诗先寄江南去。严维诗：中令遗迹在，仙郎此夕过。潭空观月定，涧静见云多。竹翠烟深色，松声雨点和。万缘俱不有，对境自垂萝。陆游诗：花过木阴合，溪云生暮凉。牛行响白水，鹭下点青秧。古寺宛如昔，稚松森已行。耆年不下榻，童子为烧香。又：小住初为旬日期，二年留滞未应非。寻碑野寺云生屦，送客溪桥雪满衣。亲涤砚池余墨渍，卧看炉面散烟霏。他年游宦应无此，早买鱼簑未老归。又撰《寿圣院记》：云门寺自晋唐以来名天下，父老言昔盛时，缭山并溪，楼塔重复，依岩跨壑，金碧飞涌，游观者累日乃遍，虽寺中人旬日不相觌也。入寺稍西，石壁峰为看经院，又西为药师院，又西缭而北为上方。已而少衰。于是看经别为寺曰“显圣”，药师别为寺曰“雍熙”，最后上方亦别曰“寿圣”，而古云门寺更曰“淳化”。一山凡四寺，“寿圣”最小，不得与三寺班。然山尤胜绝。游山者自淳化，历显圣、雍熙，酌炼丹泉，窥笔仓，追葛稚川、王子敬之遗风。行听滩声而坐荫木影，徘徊好泉亭上，山水之乐，餍饫极矣。而亭之傍始得支径，逶迤如线，修竹老木，怪藤丑石，交覆而角立；破崖绝涧，奔泉迅流，呛呀而喷薄。方暑，凛然以寒；正昼，仰视不见日景。如此行百余步，始知寿圣岿然孤绝，老僧四五人引水种蔬，见客不知拱揖，客无所往而去，僧亦竟不知辞谢，好奇者或更以此喜之。今年，予来南，而四五人者相与送予至新溪，且曰：“吾寺旧无记，愿得君之文摩刻崖石。”予异其朴野而能知此也，遂与为记。然忆为儿时，往来寺中，今三十年，屋益古，竹树益苍老，而物色益幽奇，予亦有白发久矣。顾未知予之文辞亦能少加昔否？寺得额，以治平某年某月。后九十余年，绍兴丁丑岁十一月十七日吴兴陆游记。元虞集撰《寺记》：今天下名山为佛氏之奥区[①]者，有五台、峨嵋、庐阜、衡岳、天台之属，皆雄高奇伟，非坚志强力、忘年历险者，不足以穷其胜也。其在国都会府，贵重严闭，游者以瞻望为艰。而一丘一壑，昔人遗迹之所在，其细大盛衰，又不可以一概论也。然则以风致言之，其惟会稽、云门乎？曩断江禅师恩公，住吴郡之开元，则韦太守赋诗之地。予适吴，兴之游，未尝不道云门也。盖会稽有剡溪、鉴湖、兰亭、东山、禹穴，六朝以来，幽人胜士之所经历，好事者喜传之。且其为郡，地偏而安，俗醇而秀，非有灵怪瑰异以荡人心，而故家遗俗，流风余韵，接千岁而不泯。良田沃泽，可以自给，无风尘陆梁之虞，干戈不及。士大夫尚文而好静，乐仕是邦者，或不复思去。有余不至于侈，不足不至于陋，海内未有能过之者。予先世自永兴公始仕于唐，陪葬昭陵，遂封其郡，为雍人。永兴公之父太傅公墓，犹在定水院后也。后迁蜀而至于予，盖二十世矣。故闻恩公之说，悠然故乡之思。且云门之

① 奥区：腹地。

为寺，在秦望山之麓，宽衍纡徐，无扪历之劳，千仞可以驯至。其人不厌宾客，终年忘归，精舍静居，环数十里，绝凡俗势利之纷纭。秦望之高巅，杯分江海，一顾盼而尽得之古人所谓“山川景物，应接不暇”者。东峰西崦，不出于徙倚之从容，而茂林修竹、崇山峻岭之类，又讵可一言而尽乎？自与恩公别二十有五年，虽隔存殁，而云门常往来于怀也。于是云门僧住溧水开福者曰清昱，使其徒前龙潜侍者法坚来请云门寺记，则犹有恩公之遗意也。其言曰：寺本中书令王献之旧宅，东晋安帝义熙三年，有五色云见其山，事闻安帝，是以有云门之称。高僧帛道猷始居之，前有法旷之幽栖，中有竺道一从猷之招而至，后支遁道林讲经于此山焉。逮至梁代，受业云门则有洪偃避兵缙云，归葺庐舍，结众励业。智永，名法极，右军七世孙，书有家法。其兄子惠欣，亦出家，能书，与永齐名。武帝重之，改号永欣寺。智果其弟子，智楷其兄师也，皆以善书闻。辨才，永师之孙，世传宝藏右军《兰亭修禊》序，唐太宗使御史萧翼以计取之。其人也，六祖慧能禅师说法曹溪时，秦望山有善现，在弟子之目。代宗时，茂亮以法师教内廷，不自安而归。其学者昙一律师与之终老山中。弘明法师诵《法华经》，而瓶水自满。灵一、灵澈两律师，皆有盛名于是时，彻通禅观，诗文藏秘府。数百年来，与地相接，因而闻者，则有任公钓石、陶隐君书堂、葛元[①]井、何胤基、谢敷宅、郑弘泉。唐人之与寺僧游，而见诸吟咏者则有王维、杜牧之、宋之问、顾况、刘长卿、元微之、严维、郎士元、皇甫冉之流。唐武宗会昌沙汰，寺毁。宣宗大中六年，观察使李褒奏请重建，赐号“拯迷寺”。五代之乱，净侣散去，海晏居之。为石霜诸弟子，则青原、石头、药山，道吾之绪也。度人传派，以甲乙主之。然门人去而为禅、为教、为律，不一也。晋高祖天福中，子蒙作上庵。宋建隆壬戌，希晏作看经院。开宝壬申，重曜作永兴忏院。曜从天台韶国师学。淳化五年，又改曰淳化寺。天禧中，清外蕴《言志》，智圆、智端皆以其净行愿力大修其寺。庆历七年，国子博士齐某造山门，殿栋有“皇祐元年”之识焉。彦强、仲皎有诗名，禅照大师者，杨文公亿、钱太傅惟演、王学士随皆赋诗送其归云门。是时明教嵩禅师尝过之，比至蜀还，有诗赋其怀慕之意，诸方诵之。咸淳中，宋且亡，广勤居之，势家奏为坟寺，更曰“传忠广孝之寺”云。寺旧地、田、山三百余亩，郡于宋南[②]为畿甸[③]，将相家若韩、若陆、若贾，寺多所施与。为师者求弟子极慎重，祝发于寺者多衣冠子孙，是以至于皇元而日加盛。其寺凡十二房，曰紫霞、丹井、凝晖、朝阳、长春、云壑、西岩、东隐、东院、东谷、东岩、寂照。寺常推尊宿以为之主，收租赋供给寺事。每四房每岁择一人以相之，丰则分其赢，俭则助其不给。又筑三庵于胜处，曰“龙山”，紫霞之昙密；曰“庆云”，东岩之善用；曰“深居”，则丹井之允若也。僧皆修洁，乐其幽暇，不事驰骛，是以能久安山川之胜

① “元”，讳“玄”。

② “宋南”，国图本、内阁本亦作“宋南”；万历本、万历《绍兴府志》作“南宋”。

③ 畿甸：指京都及其附近地区。

焉。乃相与谋曰:“前代之可书者多矣,而湮没无闻,其可慨乎?”各录其所知于书者,允若、清昱、起潜也。其参伍不齐,则会诸法坚而得之。数人者,又皆能诗善书,其所由来远哉!今云门有寺六,广孝,恩昱诸公所居也。上庵曰广福,看经院曰显圣,永兴忏院曰雍熙,西曰普济,南曰明觉,各有胜地,岁月可书,兹不尽记云。项斯诗:松叶重重覆翠微,黄昏溪上见人稀。月明古寺客初到,风度闲门僧未归。山果经霜多自落,水萤穿竹不停飞。中宵能得几时睡,又被钟声催着衣。王铚诗:惨惨枫林叫竹鸡,冥冥山路晓光微。花间宿雾侵衣重,石上春泉带雨飞。境好不妨俱入眼,心闲到处是忘机。天涯依旧生芳草,何事王孙去不归。释如兰诗:溪阁重重翠掩遮,无时云气湿袈裟。千峰树色藏朝雨,六寺钟声送晚鸦。笔冢天寒收柿叶,茶坛风雨扫松花。倦游每忆消闲地,早晚扁舟回若耶。韩性《天香阁》诗:栏干曲曲乱云封,回首炉峰翠几重。上界刚风秋万顷,银河开遍碧芙蓉。林鸿诗:龙宫临水国,鸟道入林萝。海阔疑天近,山空见月多。鹤归僧寺老,松偃客重过。便欲依禅寂,尘缨可奈何?王埜诗:石桥千古在,流水自淙淙。芳草去来路,白云高下峰。唐僧空旧塔,晋士有遗踪。丽句独延伫,忽闻斜日钟。刘基诗:若耶溪头过新雨,云门寺前芳草长。好将薜荔纫衣带,更取辛彝结佩攘。绿鬓朱颜非昔日,茂林修竹是他乡。东风且莫吹花尽,远客伤春易断肠。毛铉诗:积雪蔽招提,空虚夜生白。开门不见人,鸟栖山正寂。疏星带长汀,淡月照幽壁。远树看欲无,近水闻更滴。傍观云外峰,忽现青莲色。此境足安禅,何为迷所适?陶望龄诗:丛竹生鞭晚稻齐,石桥重访古时题。谷云未出俄成雨,檐瓦初鸣已涨溪。日气忽穿残蜕断,乱山翻在夕阳西。秦碑解译随君读,苔磴从高不湿泥。又《梅季豹见访同为云门禹穴之游》诗:白苇黄茅都一概,苍松何意入云栽。练江秀句今如谢,橄榄余甘旧属梅。溪阁憩眠秋到寺,石亭壮观雨兼雷。怜君醉后谈能胜,倩取湖光为洗杯。刘宗周诗:百尺溪头缆竹船,溪云送别寺门前。半生最是多情处,只恐山僧似大颠。又:一番游兴一番酸,再访云门道自南。不尽鸡山供野鹿,几多官窟老春蚕。风随樵径知朝暮,病减维摩可二三。此日寄声同调去,故人今已卜茅庵。陈治安《云门遇雪》诗:春日负笈二三子,步来遇雪云门山。一片两片地未湿,五里六里松已斑。过桥买屐聊当屐,叩门借盖许早还。山深日晚树逾白,寺前人寂溪潺潺。)

**佛果寺**　在县东南七十里。(有东西骆驼峰、九井岩、凤凰窠、镌诗竹、塔院诸胜。顺治三年,僧融一重修。弟子庶瞻阐法于江阴。陶履卓题:“闻禅时助呗,护法借开山。”)

**雍熙院**　在云门寺南一里十步。(初,僧重曜于拯迷寺之西建忏堂,号净名庵。宋开宝五年,观察使钱仪广之,为大乘永兴禅院,忏堂在佛殿后、法堂前,当时观音像犹在。雍熙三年[①]改赐今额。绍兴元年,赐尚书陆佃为功德院,院额钱惟治书。院前桥亭曰“好泉亭”,取范文

① “雍熙三年”,国图本、内阁本作“雍熙二年”。

正公“岩有好泉来”之句。又有牧庵、朝阳亭，及范丞相纯仁兄弟、章枢密楶、曾舍人巩、晁侍读说之、江少卿纬、廉博士布题名。吴越忠懿王《遗重曜第一书》：报云门山净名庵长老重曜，今差人赍到白乳茶二十斤，稜瓷香炉一只，衙香五斤，金花合盛重五十两，仍支现钱一百千文足陌，可亲入忏保安。遣此示谕，不具，押字付。《第二书》：报越国云门山净名庵长老重曜，昨据节度使钱仪申所请，为宫中入忏保安事，具悉。师心镜绝尘，衣珠无颣，修释氏务三之训，得净名不二之宗。洎挂锡宝坊，栖真玉笥，节使素钦于景行，远有来闻；国家因罄于精诚，遂可其请。况奇峰正耸，炎景斯烦，非坐非行，颇劳精进，倾心引领，尤愧忠勤。今则再赐到乳茶三十斤，乳香三十斤，至可领也。夏热，想得平安好，故兹告谕，想宜知之。不具，押字付长老重曜。二书俱勒石存院。）

**显圣院**　周显德二年，于拯迷寺石壁峰前建，号看经院。宋乾德六年，赐号云门寺。至道二年，则今额[①]。院后有王子敬笔仓。有经藏，甚灵异。院尝无主，僧或毁其法堂以修园馆，然经藏如故。已复小葺，僧童无产业，赖经藏以给。岁久寺圮。

**寿圣寺**　在县东四十里。（即古寿圣院，云门寺老宿所栖庵也。晋天福六年建，初名上庵。宋熙宁二年，赐“寿圣”额，因年远寺圮。康熙年间，僧慧云同友道岸得石碑于荆莽间，洗而视之，乃古寿圣院碑，遂复创为寺。）

**普济寺**　在县东四十里。（宋乾德元年卢文朗建，即晋鸿明禅师诵经之地。何充累诣听经，故又号何山院。明初毁，进士阮商霖捐资重创，且舍田百亩，为寺僧供养。僧人德之，另设享堂，立主以祀，至今其子孙俎豆不绝。明刘基诗：偶从灵峰来，遂作双峰游。双峰何峨峨，俯仰耶溪流。炎天正埃郁，欲往安所投？喜见农事成，粳稻满中丘。步入古寺门，洵美无与俦。深池对曲路，水木自深幽。飞萝冒松柏，上有猿与猴。登楼散烦热，坐与山绸缪。更爱山下泉，泠泠泄阴沟。青苔闭修竹，竟日凉风留。披轩眺西崖，焕若丹霞浮。神剑去安之，起望空斗牛。沉思终永夜，月白银汉[②]秋。）

**明觉宝掌寺**　在刺涪山。（即古明觉院，去云门二里，唐开元十八年建。宗一有记，载在《传灯治本》[③]。会昌废，晋天福八年复建。有宝掌禅师天泉诸塔，亦有碑。而其说荒怪，不可考质。然上有宴坐岩、洗骨池、天泉诸胜，颇幽绝可爱。门外诸峰如柳柳州所谓“林立四野”者。入门，石壁屹立，盛夏爽然如秋。崇祯年间，山阴祁骏佳复建，请雪厂住持，而寺复完。宋王铚《寺中见晚梅》诗：遥山天际敛眉峰，清浅溪边淡粉容。落日寺桥人独坐，一灯明灭数声钟。陆游诗：细路盘青壁，层轩倚碧空。天香散尘外，僧梵起云中。藤络将颓石，风号不断松。尤怜扶杖处，

① “则今额”，国图本、内阁本作“改今额”。

② “汉”，国图本、内阁本作“潢”，或为误刻。

③ “《传灯治本》”，或为“《传灯法本》”。

直下数飞鸿。元韩性《修寺记》:沿耶溪而南十里许,是为云门。溪回路转,苍岸壁立[①],佛灯僧梵,危出山半。稍上,举武数十步,俯视飞鸿,远数众皱,山门横陈,是为明觉寺。寺右苍石磊磊,是为燕坐岩。循庑而西,有小浮屠,是为宝掌师塔。按旧碑,师西印上人,生周威烈王丁卯年,魏晋间至中国。唐贞观中,筑庵浦江,使人为真像。像成,语其徒:"吾始愿住世千年,加七十二,表世寿也。吾灭后六十年,有僧取吾骨,塔于他山,慎勿止之。"言讫而寂,乃显圣二年丁巳正月初九日也。其徒为浮屠以葬。五十四年,当唐永隆二年,有僧自云门至剌涪,诣塔作礼,祝曰:"吾与塔有缘,塔当自启。"继而塔户顿开。僧携灵骨于此土,因塔建寺。寺毁于火,塔巍然独存,僧因旧地稍营葺之。寺完请记。吾闻异境必有异人居之,异境不越环宇之外,而异人固罕闻之。虽佛祖亦人耳,上寿一百二十,人之所同,师独千岁而加世寿焉,诚异于人矣。其果然耶?是皆昧无生之源,而揭厉乎贪生之末流也,故或以为疑。嗟夫!佛祖寿命无穷,常人寿命亦无穷。小智自私,忘失真我,成住坏空之相,寻认一沤为溟渤,三寿之期,亦人间意也,佛祖悯焉。故世雄以无生为至,而有无量寿之名。师住世千岁有余,而卒显泥洹之相,示人生灭,以破颠倒之见耳。综实而言,千岁之远,与弹指何异?予观于此山,水流花开、霜飞叶落,师之妙用,无一日而不在也。夫法身常住,故招提常住,兴葺一时,可以记,可以无记。虽然,诸相不离实际,记之是也。遂书其岁月,使刻之石。塔之建以唐永隆二年,寺之建以开元十八年,赐"明觉"额于治平二年,毁于至元二十年。后寺复完,道白有碑记。陈治安诗:探古独传虎豹穴,洗骨池清漱冰雪。禅官废尽冢累累,休问高僧千岁碣。祁彪佳诗:出郭清兴多,停棹出村暗。梦绕平原幽,逸怀不能旦。晓色傍笋舆,落星光欲断。远峰衣上青,烟尽路犹缅。转径入西渡,钟响霜岭半。遥契云外俦,庶慰浮生愿。前溪风叶翻,缥缈梵声乱。想似庐山幽,知兹社未散。陶履卓《宝掌寺与雪广话别》诗:古之宝掌寺,悠悠云门中。寻游不道远,溯筏指飞鸿。陟巘识巢居,饮涧窥蟒蛛。樵夫引归路,乃至青莲宫。微言有冥契,定见君子风。如何笑别处,日出东林东。回首岭猿寂,袅袅闻霜钟。)

**泰宁寺**　在县东南四十里。(周世宗时建,宋陆佃请为功德院,赐名证慈,米芾书额,外筑亭曰"庆显"。绍兴初,以其地为昭慈孟太后攒官,迁寺于山南二里白鹿峰下,赐名"泰宁",而徙澄慈额[②]于曹娥。其后宋六陵皆在此地,故寺益加崇葺。至明永乐中灾。正统中,遣北京僧德颛重建。戴冠诗:寺门斜掩独鸣骖,山色留人晚更堪。雨后疏萤明宿草,日边归鸟背晴岚。龙函经古神呵护,骨塔年深鬼啸谈。惟有道人星月下,焚香犹自礼萝龛。刘栋诗:缭绕烟花又十年,青苔白石尚依然。穿云再放登山屐,好事兼携载酒船。石谷听莺春雨歇,野田飞稚麦苗鲜。五

① "苍岸壁立",国图本、内阁本作"苍崖壁立"。

② 澄慈额:万历《绍兴府志》此处作"证慈额"。

峰白鹿天台路，不是乘槎牛渚边。）

**东山寿宁寺**　在县东三十里犬亭山。（宋陆祠部傅所建。方建寺时，祠部年逾六十，手植稚松，人或笑之，及没，年九十，松皆为乔木矣。明季本诗：北海经长在，东山寺不磨。眼空随世界，门古荫藤萝。牢落无僧住，幽偏有客过。我来游已遍，风景竟如何？）

**宝山证慈寺**　在谢憩卧狮山下。（周世宗时建，宋陆佃请为功德院，后以其地为哲宗昭慈孟后攒官，复于外建一泰宁寺而徙证慈于曹娥庙侧。至明季，毁于兵火。康熙戊申，赵鼎元延洞宗时一、寂现募资，复移额于此而重兴焉。襟湖负山，控带林壑，最为雄秀。而香幢绀宇，金碧辉映，遂成宝刹。有存焉禅师之塔。唐严维诗：招提远望翠微开，万壑烟霞绝点埃。花雾香迷行道径，松阴凉覆讲经台。石潭水黑龙常蛰，琪树风清鹤正回。公暇偶来成胜赏，此身疑是到蓬莱。）

**称心资德寺**　在称山下。（梁大同三年建，唐会昌中废。大中五年，观察使李褒重建。寺前有马跑井，殿之后为三考功堂，以祀唐宋之问，明郭傅、章敞，皆考功郎也。宋元丰五年，邑令曾公亮重修。明永乐十九年，太史章敞重修。嘉靖间，被倭焚毁。崇祯八年，给事章正辰、进士章重延、莲宗内衡铨重建大殿。康熙九年，御史顾豹文、进士章贞同僧成溥重建禅堂、方丈，其山共四百六十余亩，勒有碑石。《嘉泰志》云：称心在唐为名山，与云门、天衣埒。宋考功之问守会稽时有《游称心寺》诗。考功诗名冠冕一代，李适以为自康乐以后，殆为绝唱。此诗尤高绝，信乎其似康乐也。又有唐律二篇，见集中。云门、天衣，至今游会稽山水者必至焉。惟称心在海隅僻远，寺又芜茀，故诗人骚客有终不一到者，名亦晦而不彰，岂独人材有不遇哉？唐宋之问诗：步陟招提官，北极山海观。千岩递萦绕，万壑殊悠漫。乔木传夕阳，文轩划清涣。泄云多表里，惊潮[①]每昏旦。问予金门客，何事沧洲畔。谬以三署资，来刺百城半。人隐尚未弭，岁华岂兼玩？东山芝桂芳，明发坐盈叹。又：释氏怀三隐，清襟谒四禅。江鸣潮未落，林晓日初悬。宝叶交香雨，金沙吐细泉。望谐舟客趣，思发海人烟。顾枥[②]仍留马，乘杯久弃船。未忧龟负岳，且识鸟耘田。理契都无象，心冥不倚荃。安期庶可揖，天地得齐年。方干诗：水本深不极，似将星汉连。中州惟此地，上界别无天。雪折停猿树，花藏浴鹤泉。师为终老意，日日复年年。）

**白塔寺**　在白塔山。（唐独孤及诗：贺监湖东越岭湾，地形平处有禅关。塔高影落门前水，茶熟香飘院后山。幽谷鸟啼青桧老，上方僧伴白云闲。有人若问《广陵散》，叔夜[③]曾经到此间。）

**天华寺**　在县东六十里。（周广顺年间建，始名“无碍浴院”。宋至道二年，敕赐今额。

① “惊潮”，国图本、内阁本作“惊湖”。

② “枥”，国图本、内阁本作“攊”。

③ “叔夜”，嵇康字。

因兴废不常，没为丘陇。明嘉靖间，陶、章二姓捐资复建。天启三年，越中士绅延请湛然为开法始祖。寺当孔道，接众繁苦，得[①]湛然、达虚增置田百拾亩，道源复置田百亩饭僧。陶履中有记勒石。宋吕许公诗云：贺家池上天华寺，面面轩窗向水开。不是闭门防俗客，爱闲能有几人来？皇甫庄鸡山有称天华寺者，以东关天华寺久废而存其名，今考正。湛然命弟子憨木住持，寺南为文昌阁。阁下祀贺知章，签判范紫阆建，筑塘放生，深碧可爱。）

**福庆寺**　在县东七十里。（晋将军何充宅。世传充尝设大会，有一僧形容甚丑，斋毕掷钵，腾空而去，且曰"此当为寺，号灵嘉"。充遂舍为灵嘉寺。寺有于阗钟。大中祥符六年，改今额。）

**泰安寺**　在县东南四十里。（晋永和年建，有观音岩、罗汉坛遗址，僧若济修。）

**方广寺**　在县东南八十里。（宋时华严寺之下院。）

**延安寺**　在县东南七十里黄龙山。（宋建隆元年建，号"护国保安院"。治平三年改今额。旧有樵云楼，今毁于火。明僧怀让《题樵云楼》诗：天峰结小楼，旭日隔林丘。拂槛石云重，卷帘花雨浮。鹤分双树荫，龙借半潭秋。忽动九江兴，寻诗来上头。让师，不知何地人，尝游会稽诸寺，题诗甚众。）

**清修寺**　在县东南八十里。（晋开运三年建，号"清泰院"。治平六年，改今额。明刘基诗：华池浸皓月，高下共清莹。烟如长明灯，飞入大圆镜[②]。又疑铅汞炉，伏火发霄映。层轩开九秋，万象出昏暝。月来池色动，月去池色定。窥临足游适，玩味见心性。珍重无生侣，于焉托清净。宴坐六尘空，百魔从律令。）

**樊浦寺**　在县东北四十里。（齐永明二年建，号净念寺。会昌废。汉乾道三年，陆君泰重建。治平三年改今额，古名思德寺。）

**资圣寺**　在县东四十里陶堰之东，地名"毗墟"。（汉乾祐元年建，号证福院。宋祥符中改今额。俗呼毗虚寺。）

**护圣寺**　在县东四十里。（周显德元年建。院有砖塔，因号千佛塔院。大中祥符元年改今额。）

**澄心寺**　在县东六十里。（唐景福二年钱镠建。周显德五年，改水心院。治平三年，改今额。孙逖诗：郡府乘休暇，王城访道初。觉花迎步履，香草藉行车。倚阁观无际，寻山尽太虚。岩空迷禹迹，海静望秦余。翡翠巢珠网，鹍鸡间绮疏。地灵资净土，水若护真如。宝树随攀折，禅云自卷舒。暗[③]分五湖势，烟合九彝居。生灭纷无象，窥临已得鱼。尝闻宝刀赠，今日奉璚居。

① "得"，国图本作"僧"，内阁本作阙。

② "大圆镜"，国图本、内阁本作"大圆钟"。

③ "暗"，国图本、内阁本作"晴"。

康熙七年，浮屠惊林同德月修。）

**崇胜寺**　在县东南九十里。（晋天祐七年建，号保安院。治平三年，改今额。）

**广爱寺**　在县东南一百里。（汉乾祐三年于古宝安寺基上建，号德政院。大中祥符元年，改今额。）

**宝林寺**　元丰元年，以三界镇接待院建，请此额。

**妙峰寺**　在县东二十里。（唐光启二年，蔡郇等于古灵山寺基建。山门旧有石桥跨溪，石牌坊一，古扁二，一书"灵鹫山"，一书"妙峰寺"，永春侯王宁建[①]。明天顺五年，僧如瑾、恩昶同立。崇祯十三年，太史余煌延僧慧融重修。康熙十年，洞宗指源建文武祠于水口，为下院。其地董文简子孙公舍。祁彪佳诗：刘阮曾闻到此游，仙人错认武陵丘。妙峰顶上中宵月，何异梁桥水面浮。余增远诗：万叠青山浥翠微，钟声敲动白云齐。轻舟夜静萤为火，点石年深藓作衣。彭泽挂冠腰懒折，富春垂钓性难移。闲游方外须行乐，洞浦溪边听鸟啼。荆州宋学洙《赠指源》诗：山阴如画里，越国漾扁舟。雨过秦峰翠，风和镜水悠。客来三径寂，茶话一亭秋。指点溪边石，时时解转头。寺有十景，题咏甚多。）

**化城寺**　在县东南四十里。（周显德二年，于古皇城院基建。）

**金峰寺**　在县东南六十里。（旧名鹫峰寺。）

**永福院**　在县东七十步。（晋天福四年，吴越文穆王建。）

**广福院**　在县东南四十里秦望山下。（晋天福中，僧子蒙始创为寺，即云门六寺中之一也。明嘉靖间，观毁于火，唯千佛阁独存。崇祯壬戌冬，僧暗然复建，周都谏洪谟赠以今额。）

**普济院**　在县东北八十里孔浦后。（唐长兴四年建，号兴禅院。大中祥符元年改今额。明刘基诗：江上西风一叶黄，莎鸡络纬满丛篁。物华乘兴看多好，时序逢秋速不妨。露下星河光潋滟，月明岩谷气清凉。愿闻四海销兵甲，早种梧桐得凤凰。）

**鹿苑寺**　在阳明洞天内。（古出莲须处。总兵王杨德卜筑书舍，今舍为禅院。）

**隆庆寺**　在县东北二十里。（晋元嘉三年建，号长乐寺。会昌废，建隆元年重建，号兴福院。大中祥符元年改今额，俗名马山寺。）

**兴教寺**　在天柱峰麓。

**广教寺**　在县东二十五里。（晋开运四年建，号善训寺。治平三年，始改今额。）

**显圣寺**　在玉笥山前。（周世宗顺德二年，僧重曜建。初名看经院，宋至道二年，敕改今额。寺后有宋理宗祖吴宣宪王陵，为元兵掘毁，寺亦随废。明万历庚子，太史陶望龄、太学张

① "建"，国图本、内阁本作"笔"。

濬元等延请湛然禅师重建于玉笥山前,为湛然祖亭。陶履平《久雪同湛然》诗:摧松折竹没疏稜,二十年来见未曾。谁道仙人能戏玉,即令稚子亦传灯。畏寒已拚经旬醉,窥月何妨终夜兴。纵[①]尔齐腰应不动,孤心彻底已如冰。祁彪佳诗:遥遥山寺出层云,松竹萧疏小径分。愿大偶逢魔杵下,心清忽有妙香熏。灯前说法知君远,石上谭经合[②]我欣。六载前头曾到此,一番清话又重闻。王亹诗:五位宗开老湛然,江东知有洞家禅。无孔笛中吹角徵,破砂锅内煮龙鳣。半溪月印灵泉出,万竹楼森寒玉娟。不断儿孙登曲录,云门突出一灯传。)

**平阳兴福寺**　在黄龙、化鹿诸山之中。(相传平阳道观废基。群峰错黛,碧涧环流,真仙佛幽胜之居。观久废,无事迹可考。康熙七年,弘觉禅师道忞建阁七楹,藏世祖章皇帝所赐御书于其上。因阁建殿堂,遂为宇内望刹。唐李湛诗:云门十里长,殿塔明朝阳。半夜风雨至,满山松桂香。清猿啸远树,好鸟鸣虚廊。尘土斯可濯,何为语沧浪?郡司马孙鲁《和弘觉禅师》诗:千岩回合晚苍苍,路入珠林暑气凉。真爱远公栖静久,却嫌元亮出山忙。神清鹤骨添遐腊,号重龙池锡上祥。此日宗风符大鉴,曹溪越水岂殊方?郡别驾张云孙《赠弘觉禅师》诗:紫辰温语锡恩崇,御墨犹藏锦罽红。鹿苑经营新杰阁,龙髯想像旧遗弓。栴檀香绕山窗外,花雨晴飞夕界中。头白久知传法盛,伊蒲幸已证支公。又《入云门赠古卓》诗:万壑烟萝鸟道开,石谿精舍暂徘徊。钟声涧外依泉落,云影坛前近鹤来。拂藉青松闻净义,游当白社见诗才。浮名远愧为身累,片席何因驻讲台。)

**玉泉院**　在灵峰寺南。

**福果院**　在县东南二里。(今改为军器局。)

**大中祥符寺**　在县北落星桥侧。

**崇报院**　在县东百步。

**悟本院**　在县东二里。(今白云庵,即悟本院旧基。)

**圆通妙智教院**　在县东南三里。(即观音寺。先是,吴越王镠患目疾,医祷弗愈。一夕,梦美人以药馈之,即愈。镠以为神。无何,甬东人在海上,以所得沉香观音来献,镠竦然曰:"此即前夕之美人也。"宋开宝八年,少卿皮文燦舍地建寺,因置观音于其中,号观音院。熙宁中,太守赵抃奏为祈祷之地,赐额"圆通"。宋高宗驻跸,宣赐御书《金刚经》板。初有兴福并入圆通。)

**法济院**　在县东南四里。

**明教院**　在县东五里。

---

① "纵",国图本、内阁本作"总"。

② "合",国图本、内阁本作"令"。

**寿昌院**　在县东五里。

**景德院**　在县东六里。

**崇福院**　在县东南二十五里。

**隆德寺**　在县东南二十五里。

**净圣院**　在县南二十里。（唐中和三年，齐肇以其祖丞相抗书堂建，号水云塔院。治平二年改今额。按，《齐唐集》有《量茸圣寿寺》诗，唐自注云：初，远祖相国以所居石伞书堂建。诗云：建中天子寄弥纶，筑隐商岩旧业存。麟笔有文藏册府，驷车流庆属衡门。金绳宝构新空界，剑树真游接九原。藐矣诸孙愧前躅，脱身仍谢北山猿。是院中间尝为圣寿寺矣。）

**淳化看经院**　广福僧老宿所栖庵也。

**妙智院**　在童岭外。清洞宗三照重建。

**资寿院**　后名日铸寺。

**九莲院**　在县东南七十五里。（顺治年间，董氏舍山重建。）

**庆恩院**　在县东南九十里。

**崇仁院**　在县东南一百里。

**大中昭福寺**　在县东南一百里。

## 观宫

**长春观**　在县东二里。（陈武帝舍宅建，初名思真。宋改报恩光孝观。高宗驻跸于越，复建一殿于观之东，遥致朝贺于徽、钦二年[①]，至今有"黄屋御路"之称。元更今名，毁。明洪武辛亥重建，本府道纪司寓焉。本县以为会造黄册之所，具载陆宁[②]《记》中。陆游《修观疏》：天覆地载之间，饮啄皆由于道荫；跂行喙息之类，涵儒悉荷于国恩。岂独忠义之心，人人具有；抑亦生成之赐，物物皆同。永惟光孝之道场，实荐徽皇之飙御。神祠佛刹，尚营缮之相望；琳馆珍台，岂修崇之可后？某等叨恩冠褐，尤职宫廷[③]，敢忘夙夜之勤，冀复规模之旧。既侈先朝之遗迹，遂新大府之荣观。明潘府诗：嵯峨宫殿几经春，路接云门少市尘。辇道草衰王气杳，仙坛花发露华新。思真有客寻丹液，光孝何人荐绿苹。惟有春光长自好，年年更换往来人。）

**明真观**　在县东北一里。（贺知章行馆也。宋乾道中，史浩奏移千秋观旧额，建其中为三清殿，两庑分享前代高尚之士凡四十一人，俗谓之"先贤堂"，又名"鸿熙观"。明永乐中，改今

① "徽、钦二年"，国图本、内阁本均作"徽、钦二帝"。

② 陆宁：会稽人，明成化二十年甲辰科李旻榜进士。

③ "尤职宫廷"，万历《绍兴府志》作"庀职宫廷"。

额。陆游《修观疏》:一曲澄湖,千秋古观。琼楼玉宇,正须月斧之修;药笈琅函,未极云章之奉。至于杰阁翚飞于天半,长桥虹卧于波心,皆拟缮营,用成胜绝。况丞相肇新于真馆,与邦人仰祷于帝龄。覆载之间,共陶化日;发肤之外,皆是圣恩。愿垂不朽之名,更效无疆之祝。王埜诗:贺监风流去不回,千秋宫观出尘埃。数章乔木看浓荫,一曲旧亭空绿苔。吊古人来惟短棹,步虚声杳落层台。不知敕赐黄冠后,谁继清风自后来。)

**天庆观**　在县南四里,府学东。(唐之紫极宫,元改元妙观,相传即偃王所居之翁洲。《风俗赋注》:翁洲,在会稽县东,徐偃王翁洲即此地也,今废。)

**天长观**　即贺知章宅,名千秋观。天宝七年,改额"天长"。尝有道士携草屦坐观门,有过者辄与之,已而着屦者脚疾顿愈,竞相传布,而道士已失所在。故俗又呼为"草鞋宫"。今废为五云河泊所。○越人相传谓明真观即贺监宅,然所谓"鉴湖一曲"者,观中盖无此景。今考前志,乃知贺监宅在五云乡,其地风景宛然如昔,而宅乃为河泊之废署也。

**龙瑞宫**　在宛委山下。(其旁为阳明洞天。《道书》云:"黄帝时尝建候神馆于此。"唐置怀仙馆。开元二年,因龙见,改今额。宫当会稽山南,峰嶂崔崒,其东南一峰崛起,上平如砥,号"苗龙上昇台"。大抵龙瑞之境尤宜烟雨望之,如重峰叠巘,图画莫及,故邦人旧语云:"晴禹祠,雨龙瑞。"孙逖诗:仙穴寻遗迹,轻舟爱水乡。溪流一曲尽,山路九峰长。渔父歌金洞,江妃舞翠房。遥怜葛仙宅,真气共微茫。又:星使下仙女[1],云湖喜昼晴。更从探穴处,还作棹歌行。丝管荷风入,帘帏竹气清。莫愁归路远,水月夜虚明。方干诗:纵目下看浮世事,方知峭崿与天通。湖边风力归帆上,岭顶云根在雪中。促韵寒虫催落照,斜行白鸟入遥空。前人去后后人至,今古异时登眺同。)

**天妃宫**　绍兴卫一、所五,每一所领伍者十,每一伍置官者一,祀其神以护海运。左、前、中三所之宫凡三十,及左所亦有数宫,悉属会稽。旧皆为营地,不赋,自知县张鉴均粮时始赋之,与民地同。宫并散处各坊中,其区之大小、兴废,若占否不一。郎瑛《七修类稿》云:大略谓天妃,莆田林氏女,幼契元理,知祸福,在室三十年。宋元祐间,有殊异,迨元至明,并著灵于海。如至元间万户马合法、忽鲁循等,洪武间漕卒万人辈、永乐间百户郭保俱以海运。成化间给事中陈询,嘉靖间给事中陈侃,俱以奉使海国,危矣,而并以天妃免。询之免,有两红灯、数渔舟来引,又与合药以辟蛇害,漂沉香木,令询得,刻其像。侃之免,有火光烛舟,数蝴蝶绕舟,黄雀食柁上米。食已,风即顺激,晓至闽,午入定海,事尤奇。天妃今在在竞祠,其号则忽鲁循等奏赐者也。

① "星使下仙女",国图本、内阁本作"星使下仙京"。

## 庵堂

**月池庵**　在永昌坊。

**五云庵**　在都泗坊。

**白云庵**　在安宁坊。

**铁磬庵**　在稽山坊之春波桥南。

**云音庵**　在第一都。(前有放生荡。陶、董、徐、张四姓公置。)

**善觉庵**　在县东一十二里。(与少微山相近。万历二十七年,知县罗相重修。碑记,黄猷吉撰文,王思任书丹,陆梦龙篆额。云栖莲池常住锡于此。)

**广福庵**　在第一都。(一名小浮图。)

**仙姑庵**　在称山巅。(土人以祀鲍、柳二仙姑,其来久矣。庵侧怪石累累,后临大海,前揖攒宫诸峰,最奇胜。崇祯丁丑,回禄。今暂建山下,而攒宫之仙姑殿乃另造,非改迁也。)

**天华庵**　在驻跸岭。

**桃源庵**　在南镇南。(幽岩曲径,别一洞天。)

**南天竺庵**　在南镇之东山顶上。(旧名朝南坟堂。)

**铁壁居庵**　在望仙桥之上。(与南天竺相近。)

**拈花庵**　在三街埠。(明洪武间建,有古碑、舜窑、佛像,后废。今顺治甲午,僧湛如重建。)

**天授庵**　在天荒山。(董景宪舍山田,僧指中建。)

**职峰庵**　在曹娥西南。(晋时建,明僧止水重修,望先又修,有庵田以供焚修。)

**太平庵**　在太平岭。(洞宗尔师建。)

**息庵**　在蒿峰之麓。(旧址。晋开运五年建,治平间名为清泰院,康熙年间僧法住建。)

**石屏庵**　在县东五里。(僧恒德重建。)

**天峰庵**　在天荒山。(即显圣湛然从妙峰出家之地。)

**云峰庵**　在大螺山。(僧别奇建。)

**昙花庵**　在日铸村。(古名寺基,岗宝莲山窟。住僧大生,名寂祥。)

**的庵**　在县东三十里。(望仙桥下炉峰之麓,面射的山,有阳明洞钟楼址。旧传,外云门六寺有二庵,此其一也。崇祯壬申,洞宗僧净通阐道于此,因拓建焉。)

**孤竹庵**　在平水。(王思任建,卒于庵内。)

**古草庵**　在宁桑。(僧顺心重建。)

**观音堂**　在中望花坊。

**五圣堂**[①]　在东大坊。(以上二堂,郡城创建不一,此因旧志所载,仍存之。)

**三官堂**　在县前。(各庙供奉最为灵应。)

**大树茶亭**　在西大坊。(又名广荫庵,庵前有千年大树,荫庇数亩。地为省会通衢,台、温孔道。顺治六年,善士傅上林祠[②]僧敬远、斐彝、太生、德光等募置斋僧田百数十亩,往来行脚蹑屩负笠而至者,日以千百计。接众丛林,为越城第一。)

**育婴堂**　与山阴同。(会首刘世洙、姜垚、王锡诏、范嗣任、何绍美、金宗彝、李昭明、陆建绩、虞敬道、虞乡、宋运皞、傅文升诸公,韬同陶国柱、丁鸿祖、王祯巳、屠昌耀、倪承彬、陈世斌、胡登显各捐资建。凡有淹溺弃婴,雇乳媪分养之;寒则给衣,病则疗药。屡奉部、抚、藩、臬优奖,柴世盛舍田三百亩,儒医张坤芳施药不取值。)

会稽县志卷第十六终

① “五圣堂”条,底本、内阁本均缺字,此据国图本补足。民钞本小字部分作:以上二堂,域创建不一,因旧志所载,仍存之。

② “祠”,国图本、内阁本作“同”。

# 康熙会稽县志卷第十七

## 武备志

军制　训练　险要　军需　赏格　军器　战船　巡警　保甲

会稽非用武地也，有重山复岭，襟江而负海。其民俗尚文，故曰非用武地也。以其有重山复岭，襟江而负海，民俗尚文，则不可无武备也。旧志无武备，非邑无武备也，不足志。今所志，岂具文已哉？

### 军制

#### 宋

州县有厢军供杂役，禁军供战守，巡徼控扼则有弓手司之，皆以募充。禁军九营：雄节系将第一指挥营，在第五厢秦望门，熙宁二年置，额五百人；威捷系将第二指挥营，在第一厢都亭桥，大观二年置，额五百人；全捷系将第四指挥营，在第五厢秦望门，宣和五年置，额五百人；全捷不系将第十三指挥营，在第五厢秦望门，宣和五年置，额五百人；防守步军司指挥，在攒宫禁围外，绍兴二年以后置，永祐陵二百五十五人，永思陵八十五人，永阜陵八十五人，永崇陵七十八人。（宁宗以后，诸陵亦应各置有军，今无考。以外四军以营地不在会稽，故不详录。）堰营八营，在会稽者二：都泗堰营在县东，额二十五人；曹娥堰营在县东南，额五十人。土军十三寨，在会稽者一：曹娥寨，额八十人，弓手凡十五人。

## 元

各县立千户所，以镇压各处。其所部之军，每岁第迁口粮，本县关支。中统十五年九月，诏分拣诸所括军，验事力乏绝者为民，其恃权豪避役者复为兵。

## 明

洪武初，设民兵万户府，拣民间蹶张编伍而训练之。有事从征，事平归农。迨兵府革，而军政属之本郡清军同知。其间有正军，有民兵，均受其节制。正军则卫所之军是已（详见郡志）。正统十四年，诏选民壮，令本地官司统领操练，遇警调用，事竣还田。天顺元年，令招募民壮，官给鞍马器械。（本户有粮，与免五石，仍免户下二丁，以资供给。）弘治二年，令选民壮，须年二十以上、五十以下壮勇之人。春秋每月两操，至冬操三歇三。遇警调集，官给行粮。官司私役民壮者，以私役军余例科之。正统六年，江西寇作，诏佥民壮守御，每县千余人。十三年，减为六百余人。十九年，定为每里一人。其法按田编佥，随正军操演，保障城邑。嘉靖三十三等年，倭寇卒发，始设总督军门及提督军务等大臣，远调四川、湖广、山东、河南诸处水陆官兵战守，复调保靖、永顺等宣慰司[①]士兵。有司供亿[②]，所费不赀，率无成效。而本地良家子渐习战斗，奋行间，且熟谙水乡地利，勇气倍于客兵。如平望之战，永、保宣慰兵皆失利，独浙直乡兵左右翼击之，贼遂大溃，斩获几尽。议者始欲专任乡兵矣。崇祯九年，中原流寇从横，诏天下各州县团练乡兵。本县遵部照文[③]，每里各报募乡兵一名，设柜征钱。如每丁无粮者征钱十文，粮三钱以上者征钱二十文，粮一两以上者征钱三十文，三十文之外无加焉。每名岁给饷钱三千文，俱按季给发。衣甲器械，亦以此钱每年置给选材。官为统练，每月以二、八日操演，以备不时调用。及[④]稽核存库旧器不堪用者，命匠修造，以给乡兵。（《嘉兴县志》：有泰和乡绅素号知兵者曰：乡兵易溃，苦于站脚不定，须得营兵以为前队，则乡兵有所依，而步伐斯齐矣。一百营兵可以率五百乡兵，是以一百人而得六百之用。斯言可为用乡兵之良法。）

**沥海所**　千户一员，百户八员，镇抚二员。额军一千一百二十名，带管一百名，召募一百五名，民兵二百八十八名。

---

① 宣慰司：宣慰司是介于省与州之间的一种偏重于军事的机构，掌管军民之事。

② 供亿：按需要而供给。

③ “遵部照文”，国图本、内阁本作“遵照部文”。

④ “及”，国图本、内阁本作“又”。

**黄家堰**　弓兵三十四名。

**皇清**

**沥海所**　设千总一员，兵二百名。（《绍兴协镇左营都司王自功移文》附录：康熙十年，绍协镇左营都司王为修志事，内开，顺治三年六月内，大兵由省城至绍郡，即丙戌定越之始也。设副将二员，守备七员，带兵一千五百四十名。时因初定，山贼海寇两讧，当蒙宪虑，随签[①]旗下总兵官一员临绍兴镇守，统官兵一千六百员名。顺治五年，间蒙部议始定经制，裁去前项，唯额设绍兴城守副总兵一员，辖左右两营，每营各设都司一员、守备一员、千总二员、把总四员，两营共副都、守、千、把官一十七员，带兵一千六百名，马一步九，此经制之额也。第初定时，山、会等共八县，地方贼寇啸聚，据险盘踞，伤残百姓，绍镇官兵分头遣发，直捣巢穴。至八年，稽[②]有宁宇，又海寇连樯窥伺所属边海，屡经入犯，蒙抚院萧起元[③]题为闽寇增船流突等事，奉文两营共增兵五百名。顺治八年间，蒙上差苏大人查看边海，其温、台、宁三府居民迁徙内地，唯我绍属止插界旗，以内外限生死。康熙二年，奉文沿海密钉界桩，筑造烟缸、墩堠、台寨，竖旗竿，设目兵五名、十名不等，昼夜巡探，编立傅烽歌词，备御戒严。康熙三年，间蒙部议将宁波提督移驻绍兴府，其绍兴府总兵移驻三江所。康熙四年间蒙上差大人他、胡、西三位驻扎定海，招抚投诚，巡视海边，每年轮流五六次不等。五年间奉撤，七年间蒙上差巡海大人迈、济、查三位同总督部院赵由福建出巡。八年二月内到绍，同提督刘议定，仍将提督移驻宁波，将绍协副总兵同左营都司、右营守备带千把官八员、兵丁六百名，照旧回驻绍城。其三江所安设右营都司一员、把总一员、兵三百名，沥海所设千总一员、兵一百名[④]，临山卫设千总一员、兵二百名，观海卫设守备一员、把总一员、带兵三百名。奉文于五月二十四日，绍协副总兵因前衙署营房归还房主管业荷府县会议，绍协副总兵暂驻分守道衙门，左营都司系两县暂借常禧坊张宦房屋为公署，右营守备暂驻都泗民房。其把总红旗百队兵丁，有山阴县上植、下植两坊提标旧驻民房六百余间安插，又有会稽县点中望、都泗坊提标旧住民房若干间安插有营[⑤]官兵外，及投诚效用官兵，俱两县安插庵堂寺院暂驻。今实在官兵，除奉文抽调防守外，府裁减净两营，止额兵一千八百五十名，每月共支饷银二千四百一十两七钱四分三厘七毫、粮米五百六十五石。官马皆官自备，共一百一十七

① “签”，国图本、内阁本作“发”。

② “稽”，国图本、内阁本作“稍”。

③ 萧起元：辽东人，隶汉军镶白旗，清顺治二年（1645）官浙江巡抚。乾隆《绍兴府志》、嘉庆《山阴县志》等载有“萧公祠”条。

④ “一百名”，国图本、内阁本作“二百名”。

⑤ “有营”，国图本、内阁本作“右营”。

四。两营军火、器械、铳炮、枪刀、弓箭、棉铁、盔甲、铅铁、弹子等项共二万三千一百九十二斤件，沿海城堡，临、观、沥海、三江共五座。防边台寨，连宁波府属共三十一座。内慈溪之松浦、古窑、淹浦、新浦、下宝、旗山、东山共七台，因本标官兵驻防观海，分拨泛兵代防宁属七台外，绍属共止二十四台。自萧山县龛山台起，至山阴县乌峰台、龟山台、党山台、马鞍台、蒙池台、宋家溇台、会稽宣港台、镇塘台、桑盆台、判官台、沥海北门台、上虞县踏浦台、荷花台、顾家路台、埝橘路台、崔家路台、赵家路台、胜山台、曲塘台，以上沿海县共二十四台，外尚有萧山之长山台、余姚之临山北门台，二台皆同时建造，今已奉文撤防。惟查郡城梁口[①]共二千七百三十六个、窝铺一百十八座外，今又奉总督部院宪文内开：观海卫仍设守备一员、把总一员，减兵一百名，仍带兵一百名[②]；临山卫改设都司一员，减兵五十名，仍带兵一百五十名；沥海所千总一员，减兵一百名，仍带兵一百名；三江所改设千总一员，减兵二百名，仍带兵一百名；沿海各台兵共计一百七十名，今应照旧。其余所存官兵，俱留绍兴府城，及派防内地各县城池汛地之用等因，遵行在案，尚未更换。但年深月久，营职升迁，吏书不一，本司任前无从核实，仅以大略备录移覆云云。）

## 训练

教阅之法有二：一曰营法，二曰阵法。所谓营法者，六军营索四十有八：前军赤，后军黑，左军青，右军白，左虞候黄，右虞候绿；经索五百尺，围索二百尺，街索五十尺；定营工二十四人，内十二人掌经索、围索各一，又十二人掌经索、街索各一，兹以木杙自随。子壕寨六人，执随营索，色旗一，木椎一；都壕寨一人，掌营盘一，椎一，杙一，黄天王旗一，据营地中。然后子壕寨乃分执其事，设幕布车，浚壕立栅。所谓阵法者，其别有六，一曰方阵，四鼓举白旗则为之；二曰圆阵，五鼓举黄旗则为之；三曰曲阵，一鼓举黑旗则为之；四曰直阵，三鼓举青旗则为之；五曰锐阵，二鼓举赤旗则为之；六曰立阵互变，视大将黄旗周麾则为之。大将之誓词曰：今与将士同习战阵，明视旗麾，审听金鼓，出入分合，坐作进退，不如令者军有常刑。自承平以来，帅守入教场多帽带皂衫，如古轻裘缓带之意；亦或巾帻战袍，犀玉束带，略与将士同服，以示临事与常服不同，各一说也。

府教场自晋以来，并在五云门外。唐迁城西迎恩门外，今谓之古教场。宋时有大、小二所。小教场在卧龙山上，嘉定间郡守汪纲以其狭隘，废之。大教场在府

---

① “梁口”，国图本、内阁本作“垛口”。

② “一百名”，国图本、内阁本作“二百名”。

署东南五里一百五十步稽山门内。明洪武初，迁于府署西南一里三十步常禧门内，有演武堂、前筑将台，其地旷衍，可二百亩。岁久为军民侵牟。嘉靖间，御史舒汀按节观兵，始正规制。筑四围墙，东西深二百四十一弓，官厅前南北横广九十一弓，西尽墙，南北横广五十弓，总八十五亩有奇。国朝因之，协镇标兵多牧马于此，或时操演骑射，并较试武生、童弓、马山，会同于府教场。

## 险要

**三江闸**　北去府城三十八里。山、会、萧赖此蓄水，宜防守。

**抱姑堰**　西去府城五十二里。上连镜湖，下接小江。

**曹娥埭**　东去府城九十二里。江水湍急，隔断两岸，逼江而营，利守不利战。

**石堰**　东去府城三里。诸水之会，可驻兵卫城。

**驻日岭**　西南去府城八十里，诸暨界。元末，裘廷举聚乡兵处。

**邢浦**　晋孙恩破谢琰军处，不知何地，大约去娥江不远。以上皆内地宜设备[①]者也。

**沥海所隘二**　曰施湖隘，曰四汇隘。旧以二处海水冲激，寇舟易泊，特立寨。委官一员，旗军五十名守之。今废。

**烽堠**　散在沥海所东路，曰楝树墩，曰北海塘墩，曰五里墩，曰前庄墩，曰槎浦墩，曰胡家池墩，并高二丈三尺，筑亭于上以瞭远。每墩军士五人守之，有警则昼举烟、夕举火以为验。编立传烽歌，并发更筹，每夜二转，备御戒严。近又增设烟墩寨台五座，一在宋家溇(与山阴合造)，一在宣港，一在桑盆，一在沥海西汇嘴，一在沥海所北门。又木楼一座曰镇塘，炮台一座在判官庙，俱拨兵防守。

**蛏浦**　北对浙西石墩，南至绍兴府城，通连大海。若突腹里，由沿江塘路至百官梁湖，直抵上虞，兵船哨守，不可一日少缓。以上皆外地宜设备者也。

## 军需

**沥海所**　官兵支粮总载协镇王自功移文内。

**沿海渔税**　永乐间，渔人引倭为患，禁片帆寸板不许下海。后以小民衣食所赖，稍宽禁。嘉靖三十年后，倭患起，复禁革。三十五年，总督胡宗宪以海禁太严，

---

① 设备:布设武备。

生理日促转而从盗,奏令渔船自备器械,排甲互保,无事为渔,有警则调取同兵船,兼布防守。先是,巡盐御史董威题:定渔船各立一甲头管束,仍量船大小纳税,给与由帖,方许买盐、下海捕鱼。所得盐税以十分为率,五分起解运司,五分存留该府,听候支用。每年三月以里黄鱼生发之时,各纳税银,许其结䑸出洋捕鱼,至五月各令回港。万历二年,巡抚方弘靖复题,令编立䑸网纪甲,并立哨长管束,不许搀前落后,仍拨兵船数只,选惯海官员统领,于渔船下网处巡逻,遇贼即剿。说者曰:海民生理,半年生计在田,半年生计在海,故稻不收者谓之田荒,鱼不收者谓之海荒。其淡水门海洋乃产黄鱼之渊薮也,每年小满前后,政风汛之时,渔船出海捕鱼者动以千计,其于风涛则便习也,要害则熟谙也,器械则锋利也,格斗则敢勇也,驱而用之,亦足以捍敌,缉而税之,尤足以赡军。向乃疑其勾引而厉禁之,遂使民不聊生,潜逸而从盗矣。故缉名以稽其出入,领旗以辨其真伪,纳税以征其课程,结䑸以连其犄角,而又抽取官兵以为之声援,不惟听其自便,且资其捍御矣,岂其取给于区区之税,以助军兴之万一耶?(渔船监税则例:大双桅船,每只纳船税银四两二钱,渔税银三两,盐税银六钱,旗银三钱;中双桅船,每只纳船税银二两八钱,渔税银二两,盐税银四钱,旗银二钱;单桅船,每只纳船税银一两六钱八分,渔税银一两二钱,盐税银二钱四分,旗银一钱;尖船对桅船,每只纳船税银一两一钱二分,渔税银八钱,盐课银一钱六分,旗银八分;厫膛船,每只纳船税银七钱,渔税银五钱,盐课银一钱,旗银五分[近港不捕黄鱼,止捕鱼虾、柴鹿];艚网小船,每只纳船税银三钱,盐税银六分,旗银一钱;河条溪船,每只纳船税银三钱,渔税银二钱[1],盐税银二钱四分,旗银三分;采捕墨鱼、紫菜、泥螺等项海味对桅尖船,每只纳船税银一两一钱二分,盐税银一钱六分。隆庆间,巡盐张更化又题加税,大双桅每只连前共纳银二两四钱,中双桅每只一两二钱,单桅六钱,大桅[2]四钱八分,厫膛船三钱六分,兴河船二钱四分,对桅船四钱八分。)

**官窑砖瓦**　先年,卫所各有官窑,拨军数十名,取土采薪,烧造砖瓦。如遇城铺小损,即随时修砌,止计木灰倩匠工食之费,其法甚善。后因军士凋耗,遂行停止。少有损坏,辄申请委官估计,文移往复经年,以致日渐倾颓。及至呈允,撮买见成砖瓦,聊为搪塞。万历三十三年,海道议行严查各卫所窑地基址,每卫拨正军二十名,所十名,专在窑烧造。烧完砖瓦,刊写年分、做造姓名,运回本衙门收贮。遇城垛损坏,即呈请修葺。每年烧青砖一千块,瓦二千片。

---

① "渔税银二钱",国图本、内阁本作"渔税银三钱"。

② "大桅",国图本、内阁本作"尖桅"。万历《绍兴府志》该处亦作"尖桅"。

## 赏格

隆庆四年例。愿升者:一、擒斩真倭首级几名颗,查系真正,其功委难,例应世袭;一、擒斩真倭首级几名颗,功系稍易,止终本身。愿赏者:一、擒斩真倭从贼首级,查系真正,其功委难,每名颗赏银五十两;一、擒斩真倭从贼首级及汉人胁从首级,功系稍易,每名颗各赏银二十两。隆庆六年例。各卫指挥千百户获倭船一艘及贼者,升一级,赏银五十两,钞五十锭;在船军士生擒杀获倭贼一人者,赏银五十两;陆地交战生擒杀获一人者,赏银二十两;水陆主客官军、民快人等,临阵擒斩有名真倭贼首一名颗者,升赏授三级,不愿升者赏银一百五十两;获真倭从贼一名颗并阵亡者,升实授一级,不愿升者赏银五十两;获汉人胁从贼一名颗,升授署一级,不愿升者,赏银二十两。擒贼功次。内地反贼:一人擒斩六名颗,升一级;至十八名颗,升三级。系壮勇实授[①],幼妇男女与十九名颗以上并不愿升[②]者,俱给赏。流贼:一人为首,一人为从,二人就阵,擒斩有名剧贼一名颗,为首者升实授一级世袭,如不愿升者赏银三十两,为从者给赏;就阵擒斩以次剧贼一名颗,为首者授署一级世袭,不愿升者赏银十两,为从者量赏;就阵擒斩从贼三名颗,为首者升,实授一级世袭,不愿升者赏银十五两,为从者给赏[缉获者不在此例];就阵擒斩从贼一名颗,为首者赏银五两,二名颗,为首者赏银十两,为从者俱止量[赏缉获者不在此例]。前项功次,一人自擒斩不分首从者照前升赏,六名颗以上至九名颗者止升实授二级世袭,不愿升者赏银二十两,不及六名颗者,除实授一级外,扣算共赏银。一人为首者,二人或三人、四五人俱为从,共斩贼一名颗者,不必分别首从,共赏银五两均分。阵亡者升实授一级世袭,如不愿升者,赏银十两。重伤回营身故者升署一级,如不愿升者赏银七两。一人独斩随从贼人十五六岁小首级一名颗者量赏,二名颗者给赏,三名颗者加赏,当先破敌被伤者给赏。其不系临阵缉捕从贼一名颗者赏银四两,二名颗者赏银八两,三名颗者赏银一十二两,四名颗者升实授一级世袭不赏。一人为首或二人、三五人为从,缉获从贼一名颗者赏银四两,不分首从均分。说者曰:剿倭之策,海易而陆难。然水战又以犁沉贼船为上计,缚贼次之。陆战以摧锋陷阵为上计,斩获次之。惟重水战之赏,则贼不得登岸,边民不知有兵,四境晏然矣。此海防要策也。

## 军器

**水兵长技**　军火互用,如贼船离远,则以鸟铳、百子铳发贡为先。贼船逼近,则以长枪、镖箭、藤牌为便。各派器械泊守本境,遇掣与陆兵齐操。陆兵长技:长

① “系壮勇实授”,国图本、内阁本作“系壮男实授”。

② “愿升”,国图本、内阁本作“及数”。

短相济，中哨三队俱习鸟铳，每什以二人习刀牌，二人习狼筅，四人习长枪，二人习钩镰、短枪，暇时俱习弓弩。如鸟铳冲阵，则刀牌手护之；刀牌手冲阵，则长枪手护之；弓弩、枪、镰手冲阵，则狼筅手护之。此兵制之常经也。卫所各有军器局，县署内有火药库，今俱废。而藤牌、狼筅等器亦俱不设，止用弓箭、长枪、鸟铳等项，城门有大炮守之，每二十垛又有架炮台以防不测。

## 战船

明制，沿海原有战船，其名目不一。或三年小修，六年重修，九年拆造；或一年、二年燂洗，三年轻修，四年重修，五年拆造。至国朝，重沿海之防，战船则有鸟船、水船、双篷船、水底攻沙船、虎船之类。定制五年一修，十年一造，民间或以为累。康熙四年，部院赵廷臣批行官采官造，而科派始革。说者曰：探哨莫便于刀舸，冲犁必资于楼舰。福船形势巍峨，望若丘山，建大将之旗鼓，风行瀚海，扑贼艇如鹰鹯，此海防第一法也。然而转折艰难，非顺风潮莫动，或造作脆薄，又苦飓浪难支，唯利深洋耳。若小哨、叭喇唬之类，则追剿便捷，易于趋利。故好事材官，遂为小船当增，大船当减，且云于作料为省。不知小船止利于零贼之追捕，而不利于大举之仰攻，岂可因噎而废食耶？

## 巡警

铺舍凡二十一。每铺屋一间，各具器械，以备不虞。

**府学前铺**　在上望坊。

**观音桥铺**　在中望坊。

**戚家桥铺**　在下望坊。

**都亭桥铺**　在东陶坊。

**金家庙铺**　在西陶坊。

**西竹园铺**　在朝东坊。

**目莲桥铺**　在稽山坊。

**柳桥铺**　在东仰坊。

**开元寺前铺、千秋铺、昌安铺**　并在安宁坊。

**广宁桥铺、斜桥铺**　并在西府坊。

**黄峰桥铺、大善桥铺**　并在永昌坊。

**双井铺**　在东府坊。

**黄铁头桥铺**　在都泗坊。

**长桥铺、仓前铺**　并在石童坊。

**新桥口铺**　在西大坊。

**小宝祐桥铺**　在东大坊。

哨探之规：各区官兵分拨小哨、叭喇唬、网船轮流，远出外洋，往来哨逻，仍与邻近兵交相会哨。烽堠拨军瞭望，遇有警急，通行飞报。其出哨者，抚台有单，汛兵皆会哨取单。宪司仍刊刷哨符，发各总照依派定处所给符。往来会哨交符，俱填发日、到日时刻。汛毕检核，不许近洋交单。其沿海烽堠台寨，置立循环哨筹，每日南北各递发一筹，彼此循环，无分雨夜，逐墩递送，传报有无声息，责令陆路官置薄登记递到筹号、姓名、日时，每五日类驿飞报。各将领皆亲督兵船出洋哨探，遇贼船经由汛地，即从实飞报某处贼船几只，大约贼有几何，传报邻境，分头防御应援，即急督官兵相机夹剿。其远哨兵船，见贼即报，不拘定汛地。其虚张声势及望风轻报者，核实治罪。若贼在洋抢卤而隐匿不报者，处以军法。

大抵倭舶之来，恒在清明之后。前乎此，风候不常，难准定。清明后，方多东北风，且积久不变。过五月，风自南来，不利于行矣。重阳后，风亦有东北者。过十月，风自西北来，亦非所利。故防海者，以三、四、五月为大泛，九、十月为小泛，其帆樯所向，一视乎风，有备者胜。

## 保甲

十家牌式，其法甚约，其治甚广。果能着实举行，不但盗贼可息，词讼可简，因是而修之，补其偏而救其弊，则赋役可均；因是而修之，连其伍而制其什，则外侮可御；因是而修之，警其薄而劝其厚，则风俗可淳；因是而修之，导以德而训以学，则礼乐可兴。凡有司之有高才远识者，亦不必更立法制；其于民情、土俗或有未谙，但循此而润色修举之，则一邑之治可以不劳而致。言之所不能尽者，各为精思熟究而力行之；毋徒纸上空言，竟成挂壁之虚文：庶乎其可矣。①

**皇清**

① 国图本、内阁本在序末有小字“王守仁”三字，参见《阳明先生集要》之“申谕十家牌法”。

**康熙十一年**

**甲**　共三千五百八十九。

**户**　共三万五千二百八十二。

**丁**　共七万二千四百七十五。

城乡各行保甲法。每十家为一甲，各书男妇若干口。一甲立一甲长，每十甲为一保，立一保长印。捕官按期查点，凡盗贼逃人，俱令互相盘诘。

**沿海**　居民五家为伍，十家为保。伍有伍长，保有保长，防察奸民下海，有警则协力御敌。

**府城**　于要隘处各立栅门，一更尽则闭，五更初则启，十家轮流守视。

**水乡**　于桥渡处皆设水栅，名曰“滚江龙”。一更尽则闭，五更初则启，令该地方里长总甲守之，所以防萑苻之窃发也。若世际升平，又不在此例。

康熙会稽县志卷第十七终

# 康熙会稽县志卷第十八

## 职官志

令　丞　簿　尉　教谕　训导

职官之志无所取，取于邑，若校之题名，记而表之耳。盖彼之记者，遇一官则书曰某，遇一师则书曰某，不问其人之臧否与无所臧否者也。故此之志者，考一官则谨书如记曰某，考一师则谨书如记曰某，亦不问其人之臧否与无所臧否者也。间有逸于题名而挂于他书者，则谨采而书之，亦如前之不问其人焉，同于题名而已。虽然，亦间有遇其人之贤而不得不问，又拘于传之例而不敢遽入者，则为稍书数语于其名之下，此为异于题名云尔。（徐渭）

旧志云：隋始置县，则吏兹土者亦自隋始。顾县乘不作，名佚不传。自隋历元凡八百余年，仅得令三十有五，丞以下不多闻焉。明初以来，世虽未远，亦缺佚未备，姑记其所知者以俟。按：此昔之所遗，今无复补，止增其继起者。

### 令

**唐**

**李俊之**　开元十四年任，有传。

**李尧年**　贞元元年任。

**李左次**　二十八年任。

**窦伯元**　洛阳人，永泰元年任。

**王潈**　字瀑源，临沂人，元和十二年任[①]。

**孙孝哲**　清河人，大中二年任。

**吴镣**　乾宁二年任，有传。

## 宋

**曾公亮**　天圣六年任，有传。

**谢景温**　字师直，富阳人，庆历六年任。按《余姚县志》："谢景初，字师厚，庆历七年知余姚。"当时王介甫知鄞，韩玉如知钱塘，景初知姚，其弟师直知会稽，吴越令长咸视此四公为法。处士孙侔为文记之。

**刘真长**　元丰三年任。

**宋之珍**　崇宁四年任。

**吴俅**　五年任。

**韩俅**　建炎三年任，有传。

**陆之望**　海盐人，绍兴十二年任，进士。王十朋《代王尚书辟陆宰状》曰："臣叨膺圣寄，待罪近甸。其所领州，号为浙东帅府。属邑有八，山阴负郭而最大。近知县许某到官及旬浃[②]而遽死，其后任某亦已物故。缘山阴系是紧切不可缺官处。臣窃见前会稽知县、左奉议郎陆之望，为治宽平，持己廉静，长于抚字，蔚有政声。会稽士民僧道等，前后屡经本府及监司举留，状牍具存。某人今方罢官，适山阴缺宰臣，遂令暂摄职事，邑人咸喜。臣今欲休条令，辟举陆之望充山阴知县，以慰一邑士庶之心。臣如妄举，甘服朝典。伏乞圣慈，特赐俞允。"

**钱某**　王十朋启曰：某官家传忠孝，世袭簪缨。治所至而有声，才无施而不可。矧会稽之大邑，实吾越之故封。先王之遗爱尚存，百里之良民易化。况旧令尹之治，方结于去思；闻今大夫之贤，益快于先睹。靡俟报政，伫膺迅除。某窃第怀惭，备员无补。幕中赞画，叨为王俭之下僚；堂上鸣弦，行观单父之美化。

**范嗣蠡**　字益中，兰溪人，进士。绍兴二十一年任。

**李大正**　建安人，乾道中任。

**杨宪**　淳熙九年任。

**吴祖义**　淳熙中任。

---

① "元和十二年任"，国图本、内阁本作"元和十三年任"。

② 旬浃：即浃旬，满十天。

**王时会**　四明人，绍熙五年任。

**欧阳汲**　嘉定三年任。

**吴行可**　嘉定中任。

**董楷**　端平三年任。

**高彭**　松阳人，淳祐中任。

**蔡攀龙**　淳祐八年任。

## 元

**达鲁花赤**　以蒙古色目人为之，监县事兼课农，收掌县印。

**先帖木儿登**　至元三年任。

**不儿罕忽里**　四年任。

**李诚**　十九年任。

**吴晋**　二十六年任。

**王文质**　三十年任。

**亦福的哈鲁丁表**　大德七年任。

**胡忠**　至大二年任。

**陈八里台**　延祐二年任。

**霍文辅**　大定四年任。

**哈剌哈孙**　天历二年任[①]。

**吕诚**　元统元年任，有传。

**夏日孜**　至正四年任。

**赵天祥**　十一年任。

**周舜臣**　十九年任，有传。

## 明

**戴鹏**　洪武元年任，有传，后改山阴。

**王宗仁**　二年任，有传。

**凌汉**　河南人，十九年任，有传。

① “天历二年任”，国图本、内阁本无“任”字。

**李照禄**　二十一年任。

**余善庆**　二十五年任。

**邹鲁**　二十九年任，有传。

**周寅**　永乐三年任。

**朱孟童**　八年任，有传。

**王悰**　十七年任。

**陈皞**　宣德五年任，有传。

**孙熙**　正统元年任。

**王伦**　四年任。

**曹恕**　五年任。

**刘仲恒**　七年任。

**曾昂**　十三年任，有传。

**尹昌**　景泰七年任。

**陈鉴**　九年任[①]。

**李载**　永平人，成化元年任。

**刘淮**　章丘人，七年任。

**郭珙**　十二年任，有传。

**吴珍**　沭阳人，进士，十四年任。

**巫瑗**　丰城人，十九年任。

**韩祥**　二十二年任，有传。

**陈尧弼**　弘治三年任，有传。

**杨溢**　无锡人，进士，十年任。

**王锴**　辽东进士，十六年任。

**单麟**　新都人，举人，十八年任，升太仆寺丞。

**陈玉**　辉县人，进士，正德四年任。以御史出知县事，升佥事。

**李懋**　丹徒人，举人，六年任。

**黄国泰**　临清人，进士，八年任，升南京户部主事。

**杨来凤**　十年任，有传。

① “九年任”，国图本、内阁本作“五年任”。

**徐岱**　威远人，进士，十三年任，升御史。

**高世魁**　十六年任，有传。

**林炳**　闽县人，嘉靖五年任。

**王文儒**　桂林人，进士，七年任。

**王教**　华亭人，进士，十一年任。

**牛斗**　山阳人，进士，十五年任。

**吴希孟**　武进人，进士，廿年任。

**华舜钦**　无锡人，进士，二十一年任。

**张鉴**　二十四年任，有传。

**唐时举**　咸宁人，进士，二十七年任。

**陈懋观**　长乐人，进士，三十二年任。莅任两月，以忧去，民怀其惠，会山阴缺尹，众乞补之。

**古文炳**　番阳人，进士，三十四年任。

**张进思**　沁州人，进士，三十八年任。

**庄国祯**　晋江人，进士，四十二年任。

**傅良谏**　临川人，进士，四十六年任。

**杨节**　祥符人，进士，隆庆四年任。

**杨维新**　丹徒人，进士，万历元年任。

**马洛**　如皋人，进士，四年任，升通判。

**吴达可**　宜兴人，进士，五年任，官至御史[①]。

**刘绮**　沔阳人，进士，七年任，升南京户部主事。

**曹继孝**　黄冈人，进士，十二年任，升同知。

**林廷奎**　福清人，十八年任。

**罗相**　新建人，进士，二十一年任，有传。

**翁愈祥**　常熟人，进士，有传。

**戴九元**　瑞州人，进士。

**赵士谔**　有传。

**史垂则**　有传。

① “官至御史”，国图本、内阁本作“升御史”。

**彭汝楠**　福建人，有传。

**黄鸣俊**　福建人，进士。

**陈国器**　福建人，进士。

**孙璘**　湖广人。

**张夬**　南京人，进士。

**林逢春**　广东人，进士。

**周燦**　吴江人，进士。

**杨鹏翼**　山西人，进士。

**皇清**

**沈文理**　顺治三年任，升知府。

**黄贞**　四年任。

**崔宗泰**　六年任，有传。

**郭维藩**　陕西人，顺治十一年任。

**黄初觉**　徽州人，顺治十三年任。

**锁文开**　河南人，顺治十六年任。

**张应薇**　四川人，举人，顺治十七年任。

**王安世**　福建人，举人，康熙三年任。

**吕化龙**　广东人，举人，康熙十年任。

**张思行**[①]　辽阳人，荫生，康熙十三年任。[②]

## 丞

**宋**

**季知元**　龙泉人，政和中。按《龙泉县志》：知元，崇宁癸未以累举出官，除抚州法曹，转知江阴。《江阴志》作政和二年任。宽简乐易，不苛不扰，被召主国子簿，领职期月改出，贰政会稽，复除监丞。宣和间以朝奉郎致仕。

**赵师都**　朱晦翁婿，庆元元年任。

---

① “张思行”条，内阁本有，国图本无。

② “张思行”条后，内阁本有“王元臣”条如下：王元臣，昆山人，进士，康熙十九年任。

## 元

**薛起宗**

**姜周翰**　至治九年任。

**王元承**　元统元年任。

**程脱因**　至正四年任。

**彭仲宣**　十七年任，有传。

**郭郁**

## 明

**胡中**　洪武元年任。

**陆平**　永乐三年任，有传。

**余仲坚**　十七年任。

**韩英**　天顺五年任。

**马驯**　成化元年任。

**王衡**　二十二年任。

**史瑄**　宏治[①]三年任。

**易坤**　十年任。

**李锐**　十六年任。

**吴能**　十八年任。

**杨英**　正德四年任。

**袁涣**　六年任。

**张璠**　十年任。

**朱绘**　十三年任。

**张时中**　十六年任。

**石继芳**　嘉靖七年任。

**廖振缨**　十一年任。

**吴汉**　十五年任。

**吴希孟**　十九年任，升知县。

---

① “宏治”，国图本、内阁本作“弘治”。

**罗尚介**　二十年任。

**徐节**　二十二年任。

**金瑶**　休宁人，二十三年任，岁贡。学邃政淳，虽以忧亟去，人至今思之。

**张谈**　二十七年任。

**孔琏**　岁贡，寿川人，三十年任。

**王瑚**　贵州人，三十四年任。

**韩良弼**　襄阳人，三十七年任。

**万良勋**　南昌人，四十二年任。

**喻南岱**　新建人，四十四年任。

**罗璧**　贺县人，隆庆四年任。

**田槐**　丹徒人，万历元年任，吏员。

**郁学思**

**姚和阳**

**唐九成**

**罗光岳**

**沙起龙**

**单士元**

**龙兴霖**

**曹淑懋**①

**施宗尧**

**张启忠**

**黄茗**

**官抚焕**　顺治二年归顺，委署县事。死难，赠按察司佥事，祭葬，荫一子。

**皇清**

**张所蕴**　选贡，顺治三年任，升苑马寺②监正。

**全际昌**③

① “曹淑懋”，国图本、内阁本作“曹淑惠”。

② 苑马寺：明、清两朝掌管养马的机构。

③ “全际昌”，国图本、内阁本作“仝际昌”。

**陈调鼎**

**吴道焜**　康熙二年任，吏员，升新郑知县。

**赵骥**　五年任，拔贡。

**石今剖**　十年任，拔贡。

**王宗圣**[①]　十四年任，贡生。

## 簿

### 宋

**林日华**　绍兴中弃官还乡，王十朋有诗送之曰："望秦秦望山葱葱，未秋先作归意浓。三山深处孟园好，松菊恨君归不早。拂衣高举追冥鸿，不将诗别乖崖翁。年来处士径尤捷，美秩清资等闲躐。君特高歌慕隐沦，林下何曾见一人？芋魁豆饭吾亦有，深愧折腰贪五斗。"

**徐诩**　按《建宁府志》：诩，字元敏，浦城人。登绍兴二十年进士，调会稽主簿，再任上元县丞，升知龙泉县。召对，除监察御史，上陈六事，终江东转运使。

### 元

**孟潼**　天历二年任。

**买驴**　至正四年任。

**毛彦颖**　至正中，同彭仲宣传。

### 明

**钟弼**　洪武二年任[②]，善隶，《三友亭记》[③]其书也。

**潘希禹**　永乐八年任。

**赵庆**　十七年任。

**王宗器**　二十年任。

**龚良**　天顺五年任。

① "王宗圣"条，内阁本有，国图本无。

② "洪武二年任"，国图本、内阁本作"洪武元年任"。据万历《会稽县志》第九卷"官师表"载，钟弼洪武元年任，底本误。

③ 《三友亭记》：据万历《会稽县志》记载，三友亭，亭植松、竹、梅，令、丞、簿托以自见，吴元年，知县戴鹏修之，王宥作记，成化十五年，吴珍复修，亦有数语以识。

**黄科**[①]　成化元年任。

**刘聚**　十二年任。

**吴诚**　二十二年任。

**陈端**　弘治三年任。

**曹宪**　十六年任。

**黄桢**　正德二年任。

**穆昺**　四年任。

**曹振**　六年任。

**易昶**　十年任。

**张杰**　十三年任。

**杨晋**　十六年任。

**赵鉴**　嘉靖七年任。

**钟仕远**　十五年任。

**蒋环**　十八年任。

**徐节**　二十二年任。

**卢紘**　二十七年任。

**钱可勤**　丹徒人，三十二年任。

**张恩**　应天人，三十六年任。

**陆玠**　广西人，三十八年任。

**安守义**　思南人，四十二年任。

**杨初**　亳州人，四十五年任。

**王建极**　亳州人，四十六年任。[②]

**唐自治**　华亭人，隆庆五年任。

**唐琦**　阳山人，岁贡，万历二年任。

**赵令**

**汪太平**

**马士元**

---

① "黄科"，国图本、内阁本作"黄仲"。据万历《会稽县志》第九卷"官师表"载，黄仲成化元年任，底本误。

② 王建极任年，万历《会稽县志》卷九亦作"嘉靖四十六年"。

**李宪章**

**浦谟**

## 尉

### 宋

**喻叔奇**　绍兴中，王十朋赠诗并序曰："叔奇摄会稽，公事之暇，必访仆于民事堂，终夕论文，欣然相得，辄成小诗见意。同舍同年友，天资迥不群。诗文侵晋宋，兄弟类机云。梅市访山侣①，兰亭怀右军。公余时过我，无酒亦论文。"

**梁安老**　擅诗名，见"山川"部中"何山"下。

**徐次铎**　庆元元年任，有传。

**赵与懽**　嘉定中任，附徐传。

**郑虎臣**　字景召，吴郡人。德祐元年任。按《宋史》：贾似道贬循州，福王与芮素恨似道，募有能杀似道者使送之贬所，有会稽尉郑虎臣欣然请行。似道行时，侍妾尚数十人，虎臣悉屏去，夺其宝玉，彻篷②盖，暴行秋日中，令舁轿夫唱杭州歌谑之，每名斥似道，辱之备至。似道至古寺中，壁有吴潜③行南所题诗字，虎臣呼似道，谓曰："吴丞相何以至此？"似道惭不能对。孙嵘叟、王应麟奏似道家畜乘舆御服物有反状，乞斩之。诏遣鞫问，未至。八月，似道至漳州木棉庵，虎臣屡讽之自杀，不听，曰："太皇许我不死。"虎臣曰："吾为天下杀似道，虽死何憾！"拉杀之，人咸称快焉。

### 元

**洪钧**　天历二年任。

**王恭**　元统四年任。

**毛彦颖**　至正二十年任，有传。

### 明

**邹鲁**　泗州人，洪武二十五年任，升本县知县。

**赵斌**　永乐十七年任。

---

① "山侣"，万历《会稽县志》卷九作"仙侣"。

② "篷"，或作"轿"。

③ 吴潜：字毅夫，号履斋，原籍宣州宁国（今属安徽），南宋中晚期名臣。

**高彬**　成化元年任。

**伍安**　二十二年任。

**张弘**　弘治元年任。

**孙温**　三年任。

**李祥**　十年任。

**徐杰**　正德六年任。

**张以仓**　十三年任。

**林祥福**　十六年任。

**吴德**　嘉靖五年任。

**李廷芳**　七年任。

**王璧**　十五年任。

**林希俊**　十八年任。

**游世华**　二十七年任。

**吴成器**　休宁人,三十二年任。由吏员,有才干,颇识兵。时倭寇四起,成器多斩馘,越人往往即其战处祠之,以军功擢本府通判,罢归。

**朱自强**　蒙阴人,三十四年任。

**李炳**　四十二年任。

**卢梁**　潜山人,四十二年任①。

**张钦**　合肥人,吏员,隆庆六年任。

**高文秀**　万历中任。

**李慧**

**何诲**

**潘文进**

**陈所任**

**林大用**　六合人。

**李大德**　和州人。

**李萬**　福建人。

**陈忠**　湖广人。

① “四十二年任”,据万历《会稽县志》第九卷“官师表”载“卢梁四十六年任”,底本误。

**裴必茂**

**邹成恐**　顺天人。

**张其亮**　江南人。

**皇清**

**黄贞**　升本县知县。

**侯国封**

**叶世德**

**任文光**　顺治十六年任。

**阴如恒**　康熙十一年任。[①]

## 教谕

**元**

**岑伯玉**　余姚人，至元二十六年任。

**王希贤**　三十年任。

**王若拙**　大德七年任。

**童桂**　大定四年任，有传。

**陈起宗**　元统元年任。

**张用康**　至正二年任。

**明**

**李仲虞**　天台人，洪武二年任。

**蒋铸**　永乐八年任。

**王原**

**丘九思**　正统元年任。

**杨必达**　天顺元年任。

**陈华玉**　五年任。

**赵英**　成化元年任。

① “阴如恒”条后，内阁本有“马麒”条，文作：马麒，顺天人。

**林橙**　七年任。

**罗文**　十二年任。

**陈崇儒**　十九年任。

**陈元禄**　弘治二年任。

**徐梦麒**　八年任。

**黄相**　十八年任。

**杨辅**　邳州人，进士，正德四年任。

**李林松**　六年任。

**陈琏**　十年任。

**张概**　十六年任。

**陈骥**　嘉靖七年任。

**刘有生**　十一年任。

**陈来**　二十年任。

**徐樾**　怀安人，举人，二十六年任。

**张鏊**　桐陵人，三十一年任。

**陈才**　沙县人，三十五年任。

**刘璞**　长洲人，举人，三十八年任。

**余城**　莆阳人，举人。

**钱廉**　华亭人，四十四年任。

**张秉学**　上海人，四十五年任。

**陈其范**　莆田人，举人，隆庆四年任。

**刘钰**　琼山人，岁贡，六年任。

**蒋璠**　海宁人，岁贡，万历元年任。

**黄起先**　莆田人，举人。

**徐伯温**　兰溪人。

**孙性之**　南昌人。

**金用明**

**章国柱**　四十六年任。

**陈起淳**　天启四年任。

**叶杰**　六年任。

**孙启文**　崇祯三年任。

**章日辉**　六年任。

**周祚新**　九年任。

**胡恒**　十三年任。

**王捷**　十五年任。

**吴主一**

### 皇清

**袁象岗**　顺治三年任。

**王廷芸**　十三年任，举人。

**水有岳**　十五年任。

**叶郁然**　十七年任。

**沈象彝**　十七年任。

**赵耿**①　康熙十年任，举人。

**丁世鸿**②　康熙二十二年任。

## 训导

### 元

**喻举**　大德七年任。

**薛元德**　天历二年任。

**傅岩**　至正年任③。

### 明

**王在**　洪武十九年任。

**王中**　永乐八年任。

**郭全**　正统元年任。

**吴文澄**　天顺五年任。

---

① “赵耿”条，内阁本有，国图本无。

② “丁世鸿”条，内阁本有，国图本无。

③ “至正年任”，国图本、内阁本作“至正二年任”。

**谢芳**　成化十二年任。

**邹礼**　宏治[①]二年任。

**徐贵**　八年任。

**崔纪**

**吴彰德**　十八年任。

**彭贤**　正德二年任。

**陈璘**　四年任。

**张正**

**王心**　十年任。

**林文升**　嘉靖中任。

**詹诏**　嘉靖五年任。

**舒哲**　七年任。

**陈善**　十一年任。

**钱勇**　十八年任。

**廖应斗**

**范希滂**　二十三年任。

**林宪**　二十四年任。

**吴懋臣**　二十一年任[②]。

**罗礼**　泰和人，三十一年任。

**彭遵教**　万载人。

**舒秀**　三十六年任。

**徐循序**　三十七年任。

**杨文富**　三十八年任。

**药惠民**　四十二年任。

**王克一**　四十四年任。

**陶宾**　临洮人。

**张彦钦**　石首人，四十五年任。

---

① “宏志”，国图本、内阁本作“弘治”。

② 据万历《会稽县志》第九卷“官师表”载，“吴懋臣二十九年任”，底本误。

**郑荐**　芜湖人，四十六年任。

**陆守忠**　金坛人。

**秦济**　怀安人，隆庆四年任。

**盛廷弼**　临安人，岁贡，六年任。

**姚佑**　旌德人，岁贡，万历二年任。

**房栱**　凤阳人。

**杨梓霄**　开封人。

**潘文秀**　新城人。

**张瓛**　仁和人。

**何衡**　武义人。

**岑懋德**

**陈日新**

**倪廷祯**

**陈其诗**

**吴时化**　天启五年任。

**李栋**

**沈焕然**　七年任。

**赵贤胤**　崇祯四年任。

**王陛**

**曹令仪**　七年任。

**陈邦纶**

**舒日新**　十年任。

**张廷仪**

**毛元淳**　十六年任。

**张有守**

**皇清**

**朱嘉徵**　顺治三年委署。

**程玚**　七年任。

**张以光**　十四年任。

**曹之桢**　十六年任。

**吴辉**[1]　康熙十六年任。

**唐彪**[2]　二十二年任。

康熙会稽县志卷第十八终

① “吴辉”条，内阁本有，国图本无。

② “唐彪”条，内阁本有，国图本无。

# 康熙会稽县志卷第十九

## 选举志上

荐辟　制科　贡生　特用

选举不问其人之何如，遇名则书，与“职官志”同。取诸科录以考，与考于题名记者同。间有书数语于其名之下，其例与书数语于“职官志”之下者亦同，故不别论。（徐渭）

### 荐辟

荐辟，行也；科目，文也。文可饰，行不可伪。以是有名□□□□[①]于上。卢毓之言曰：名不足以取[②]异人，而可以得常士。常士畏教慕善，然后有名，非所当疾也。然东汉之号为儒者，类皆矫情饰行以待荐，墓旁草庐何知非终南捷径哉？而近代犹间一举行，将谓真者亦出其中，或藉以风世焉。十室之邑，必有忠信。[③]惟知之实难，特志之示所先也。

#### 明[④]

（洪武元年，诏令礼部行所属，选求民间经明行修、贤良方正、才识兼茂及童子之数。）

---

① 阙字，国图本作“于时得闻”，内阁本亦作阙。

② “取”，国图本、内阁本作“致”。

③ “十室之邑，必有忠信”，语出《论语·公冶长》。

④ 底本无“明”字，据国图本、内阁本补。

**赵渊**　洪武元年,有传。

**钱宰**　以隐儒征,有传。

**赵文仪**　二年,兼运使。

**徐伯辰**　三年。

**陆思义**　四年,游六世孙,工部员外。

(六年,诏科举暂停,令有司察举贤才。)

**郭傅**　七年,考功郎中。

**宣温**　九年,参政,有传。

**宋玑**　十年,上林苑监。

**金方**　十一年。

**黄忠**　十三年,侍郎。

**黄礼**　十五年,知府。

(永乐元年,令内外诸司文职官于臣民间有沉匿下僚、隐居田里者,各举所知。)

**罗友宁**

**钱纶**　二年,御史。

**张祯逊**　二十年,有传。

**严援**　举人材科,知县。

**徐光大**　正统十一年,初之子,长史,见山阴。

**章璠**　十四年,都御史。

**胡诠**　景泰四年,州判。

**胡谐**　五年。

**沈璞**　天顺二年,性之子。

**章慈**　成化十七年,瑄之子,县丞。

**徐钥**　十九年,光大之子,训导。

(二十年,令罢保举。)

## 制科

深山大泽之所产,不可以类穷也。制为斧斤,为网罟,以畋以渔,恐不尽也。复剖于石,采于渊,于是羽毛、金锡、瑶琨、筱簜以类而贡于庭。其于所产之类而有人取之也,或扬旌,或设虡。唐宋取以诗赋、经义,恐不尽也,复为制科。于是博学宏词、贤良方正、材识兼茂，以类而贡于庭，在会稽与竹箭[①]等。

### 唐

**康子元**　开元初中明经科，秘书监，有传。

### 宋

**沈操**　淳化三年，登贤良方正科，仕至御史。纠劾权贵，为时所重。

**钱易**　景德三年，昆之弟，光禄寺丞。中贤良方正直言极谏科，终通判，有传。

**齐唐**　天圣中，两中制科，终职方员外郎，有传。

**钱明逸**　庆历二年，易之子，殿中丞。中材识兼茂明于体用科，附兄彦远传。

**钱彦远**　庆历六年，易之子，太常博士。中贤良方正直言极谏科，终右司谏，有传。

**顾临**　皇祐五年，中明经科，赐九经出身，终学士，知河南，有传。

**夏噩**　嘉祐二年，明州观察、推官，中材识兼茂明于体用科。

**王俊**　宣和元年，中词学兼茂科，冀州教授。

**许苍舒**　乾道五年，左迪功郎，广德军教授，中博学宏词科。

**胡太初**　嘉熙三年，中词学科第一人。

## 贡生

古者之学耕且养，三年而通一经。近代食以饩廪，董以师儒，所谓养之于誉望未隆之日、用之于周密庶务之后者也。既无胼胝之劳，并其力于讲习，乃必几二十年而及于贡。即有恩选之兴[②]，必遇大庆，然后举行，何也？养之既厚，取之极难也。闻之，树人犹树木也，柱梁楣楔，榍榱枅栌，皆赖而用，及时以采，岂乏异材哉？虽然，养士之意，则独厚矣。

### 明

**洪武年**

**王延寿**　十六年，给事中。

---

① 会稽竹箭：指杰出的人才。语出《尔雅·释地》。

② “兴”，国图本、内阁本作“典”。

**王会同**　十八年，推官。

**郑兴宗**　知县。

**叶升**　十九年，主事。

**陈成**　二十年，教谕。

**史矩**

**章靖**　二十二年，主簿。

**陈理**　二十四年，主事。

**李牧**　二十六年，教谕。

**徐寿**　二十七年。

**刘昱**　经历。

**王本道**　府学，二十八年，主事。

**董篪**　三十年。

**王雄**　三十一年，通判。

**陈庸**　三十二年，主簿。

**孟处中**　三十三年。

**赏震**　三十四年，理问。

**永乐年**

**陈贤**　元年，御史。

**吴思齐**

**贺安**　三年。

**周颐**　四年，布政，有传。

**周得安**　五年，县丞。

**陈道生**　六年，知府。

**赵克礼**　七年。

**谢霦**　八年，学正。

**潘敬**　九年，经历。

**钱侃**　十年，知县。

**张顺**　十一年，经历。

**钱骥**　十二年。

**丘寿**　十三年。

**许良**　十四年。

**龚俛**　府学，同知。

**范灏**　十五年，员外。

**张定**　十六年，吏部主事。

**姚勤**　十七年。

**王屿**　十八年，训导。

**金真**　知州。

**任孜**　二十五年，同知。

**宣德年**

**史恂**　二年，通判。

**赏瑨**　五年，同知。

**袁达**　知事。

**章敬**　府学。

**徐霦**　八年，教授，有传。

**陈真**　九年，推官。

**范璇**　府学。

**郑正**　十年，经历。

**正统年**

**盛鲁**　元年。

**金让**　二年，同知。

**孟钦**　三年，知县。

**施璋**　四年，知县。

**钱金**　府学。

**季春**　五年，知县。

**张猛**　纪善[①]。

① 纪善：明代亲王属官名，掌讲授之职。

**王俊**　八年，知县。

**陈杰**　十年。

**钱曦**

**童瑛**　十三年，府学，郎中。

**景泰年**

**焦茂**　元年。

**傅润**　二年。

**钱祚**　四年。

**王黼**　六年。

**天顺年**

**陶博**　府学，知县。

**董悚**

**张辟**　三年，经历。

**袁敬**　府学，四川学正。

**陶怀**　博之兄。

**童骏**　都司，经历。

**冯则**

**张勉**

**严颙**

**周瑄**

**陶振**

**范镳**

**余旺**　八年，训导。

**成化年**

**邵峻**　元年，同知，濂之孙。

**陈彪**　二年，训导。

**章惟**　四年，府学，通判。

**郑畴**　教授。

**张闲**　八年[1]，训导。

**胡福**　府学，理问。

**徐耕**　八年，训导，霶之子。

**马匡**　十二年，教授。

**范琬**　十六年，训导。

**秦鉴**　二十年。

**王冕**

**弘治年**

**张雅**　元年。

**金灏**　府学教授。

**马振**　三年，训导。

**沈珪**　五年，教谕。

**傅濙**　七年，训导。

**汪濂**　八年，府学纪善。

**孟韶**　九年，训导。

**秦铎**　训导。

**季翱**　十年，府学，骏之子。

**车侹**　份之兄。

**罗骐**　十二年，训导。

**钱镔**　训导。

**韩让**　十五年，封中顺大夫。

**鲁桢**　十六年。

**谢颙**　府学教授，显之弟。

**章槐**　十八年，学录。

**正德年**

① “八年”，国图本、内阁本作“六年”。据后“徐耕”条所载，此似“六年”为是。

**章文奆**　二年，训导。

**章材**　府学训导，概之兄。

**章卓**　三年，府学教谕。

**周渊**　四年，纪善，鉴之子。

**沈炳**　训导。

**章檀**　五年，训导，槐之弟。

**章尚和**　云南贡，纪善。

**范燦**　六年，训导。

**叶畧**　八年，训导。

**范份**　十年，知县。

**陶诗**　十二年，知县。

**胡庆**　府学教谕，恩之弟。

**赵锦**　十四年，知县。

**黄壤**　武学教授。

**邵贤**　十五年。

**章惁**　十六年，府学。

**吴价**　教谕。

**嘉靖年**

（七年，令天下岁贡五名，内考选一名。八年，令天下岁贡通学考选一名，至十五年止。）

**范冈**　元年。

**董本**　府学教谕，师道克举。居乡尚义、务施，有古人风。

**倪实**　三年[①]，教谕。

**陈九皋**　知县，纯之子。

**陶试**　四年，训导。

**倪慰**　训导。

**邵文琳**　六年。

**沈蒙**

① "三年"，国图本、内阁本作"二年"。

**金阶**　字允升，知县。好学有操，同马尧相草邑志，多考索功。

**章元宸**　七年，府学。

**徐纲**　十二年。

**王俊**　十三年，县丞。

**陶云汉**　府学，同知。

**冯德容**　十四年，知县，文才隽拔，尤工诗赋，士类推之。

**秦仿**　十六年，训导。

**马呈泰**　府学，推官。

**章守道**　十七年，训导。

**陶恭**　府学训导。

**冯文德**　十八年。

**鲁炫**

**章乾**　二十年，敞元孙。

**朱景禄**　训导。

**董頫**　府学，豫之孙。

**徐梦熊**　二十二年，府学教谕。

**马尧相**　晋之兄，有传。

**余瓘**　二十三年，府学。

**陈恺**　二十四年，教谕。

**陶廷奎**　二十六年，武学训导，试之子。为人长厚，以至诚待僚友，以科条率诸士，罔不敬服。子承学贵，赠礼部尚书。

**朱袍**　二十八年，训导。

**胡浒**　府学。

**徐梦麒**　梦熊弟，训导。

**钱翱**　三十年，学正。

**陶天眷**　三十二年，训导。

**陶师道**　教授。

**陶廷进**　三十三年，训导。

**朱元亮**　府学，改名升。

**黄鍾**　三十八年，教谕。

**姚文洋**　府学训导。

**龚渐**　四十年，府学。

**陆慎**　四十一年。

**章允和**　四十二年，府学。

**章元组**　四十三年。

**沈棉**　府学。

**钱尧中**　四十四年，府学。

**鲁时**　四十五年。

**隆庆年**

**沈宏宗**　元年。

**陆宗儒**　二年。

**陈钦**　四年。

**沈梗**　六年。

**万历年**

**王德**　元年。

**冯韶**　二年。

**章继省**

**陶玉**

**龚云礽**　提举。

**章梦说**

**章士襄**

**陶允嘉**

**章元礼**

**陶安龄**　副榜，恩贡，通判。

**朱政**　知县。

**陈楫**

**李为**

**江簦**

**吴檩**

**商为臣**

**范绍裘**　通判，祀名宦、乡贤，附父传。

**王鳞**　同知。

**袁大鹤**　三十五年，州判。

**沈云中**　大平县学，训导。

**沈应礼**　知县。

**天启年**

**周官**　元年，教谕。

**章正宸**　恩贡。

**陆份**　辛酉副榜，恩贡。

**孟大祯**　四年。

**钱节**　六年。

**章元恺**　七年。

**金絅**　恩贡，纂修《实录》。为人孝友忠信，笃老好学，属纩[1]犹一编在手。子焘，癸卯经魁。

**张应朝**　恩贡，通判。事母戴氏至孝，妻朱氏亦以孝闻。

**周士昌**　恩贡，东昌府通判。

**崇祯年**

**王万祚**　知县，行取御史。

**俞应篁**　元年。

**陈绍诚**　恩贡。

**阮志纯**　三年。

**王敬承**　五年。

**祝汝霖**　七年。

**孙鳌**　九年。

**赏奇璧**　钦赐进士。

---

① 属纩：指临终。

**王业澄**

**钱忠耿**　**钱象祖**

**钱履吉**（知州）、**陶潢**（副榜、同知）

**沈濂**[①]（贵州拔贡）、**钱长吉**[②]

**李肇开**　府学，九年诏乡试，拔贡，四川广元县知县。

**陶履卓**　肇开同榜，癸未会魁。

**王中台**　十一年。

**金相**　十三年。

**祝汝樽**　十五年。

**史长春**　十七年。

**赵之蔺**

**胡士谔**　副榜，恩贡，以孝闻。

**沈士彦**　恩贡，州判，殉节。

**金国泰**[③]　象山教谕。

**沈明辅**[④]　汤溪教谕。

**李肇源**[⑤]　壬午历官延安知府，多惠政，道德为世所重，著有《金明政略》《淮河治略析疑》诸书。

**祝绍焻**　彦之孙。

**史应选**　樻之孙，知府。

**童钦尧**　壬午。

**皇清**

**顺治年**

**陆之甲**　二年。

**周懋龙**　四年。

① “沈濂”条，国图本在“陶履卓”条后。

② “钱长吉”条，国图本在“史长春”条后。

③ “金国泰”条，国图本无。

④ “沈明辅”条，国图本位置在“赵之蔺”条后。

⑤ “李肇源”条至“童钦尧”条，国图本无。

**史在德**　恩贡。

**范祝**

**刘宗明**　恩贡，知县。

**叶廷枢**　府学，恩贡。

**徐名世**　戊子拔贡。

**姜廷櫆**　戊子副榜。

**傅列张**

**孟称舜**　六年。称尧弟，著有《史法》诸书及传奇数种。

**马世祯**　府学。

**鲁梦泰**　七年，府学。

**傅弘谟**　八年。

**傅列轸**　府学。

**陈朝侃**　恩贡，知县。

**龚元绶**　十年。

**陶士章**　甲午恩贡，同知。

**王兆修**　以宁子，府学[①]。

**陈尧典**　十二年。

**姜天权**　十四年。

**周祖仪**　府学。

**赏弘道**　十六年。

**顾恒**　十八年。

**范谔**　恩贡。

**董国政（恩贡[②]）、董邦政（恩贡[③]）**

**任道（知县）、姚楷（知县[④]）**

---

① “以宁子，府学”，国图本作“十一年，府学”。

② “恩贡”，国图本作“北籍，恩贡”。

③ “恩贡”，国图本作“北籍，恩贡”。

④ “知县”，国图本作“北籍，恩贡，知县”。

**康熙年**

（三年停，八年复。）

**阮洪**　二年。

**董正**　九年，元儒孙，儒学[①]。

**钱昶新**[②]　府学。

**刘天章**　十一年。

**沈子毅**　儒学[③]。

**章斐**　十一年，恩贡。

**张文成**[④]　十三年。

**章显仁**　十五年，恩贡。

**章治**　十五年。

**王洪建**　十七年。

**刘萧**　十七年，副贡[⑤]。

**陈炳文**　十九年。

**董琦**　二十年[⑥]。

## 特用

帝王创业，类有攀鳞附翼之彦，云蒸霞蔚，以相从焉，诚希世而一遘也。汉、唐取士，踵事增华，故瀛洲之选，远胜鸿都之学。秦王在座，真气满户牖[⑦]，元龄[⑧]、如晦，由此进矣。国朝立贤无方，负大经济者已加显秩，而一才一艺[⑨]并彰于圣世，特载篇端以志[⑩]。

① “九年，元儒孙，儒学”，国图本、内阁本作“九年，元儒孙”。

② “钱昶新”，国图本、内阁本作“钱泉新”。

③ “儒学”，国图本、内阁本作“府学”。

④ “张文成”条至“董琦”条，内阁本有，国图本无。

⑤ “副贡”，内阁本作“副榜贡”。

⑥ “二十年”，内阁本作“二十一年”。

⑦ “秦王在座，真气满户牖”，语出唐杜甫《送重表侄王砅评事使南海》诗。

⑧ “元龄”，讳，即“玄龄”。

⑨ “一才一艺”，国图本、内阁本作“一才一技”。

⑩ 国图本后有“遇合之盛”四字，内阁本后有“遇合之”三字。

**皇清**

**沈文奎**　有传。

**张尚**　都御史。

**祖重光**　本姓王，巡抚。

**严我公**　奉诏招抚，加都御史，实授户部郎中，榷关浒墅。疏除扶柩之税，人皆感之。升知府。

**李肇源**　知府。

**张学会**　副榜，知府。

**陈士性**　知州。

**谢祖悌**　驿传道。

**季璜**　同知。

**钱应震**　中书舍人。

**胡世美**　通判。

**鲁超**[①]

**罗京**　同知。

**刘孔学**　通判。

**姚楷**　知县。

**陆舜臣**　知县。

**阮振益**　知县。

**孟继美**　知县。

**任懋义**　知县。

**范桢**　知县。

**金梦蛟**　知县。

**金锃**　知县。

**徐化成**　字文侯。丁亥恩贡，由广东右布政迁河南左布政，升湖广巡抚。所至有异绩。

会稽县志卷第十九终

① 国图本后有“同知”两小字。

# 康熙会稽县志卷第二十

## 选举志中

举人　进士

### 举人

士举于乡，即未筮仕，不与侪辈伍。是以竭智毕能，揣摩历岁月，以期当主者一日之知。足重刖而复来，首重白[1]而不去，以为莫荣于是。且曰：会稽山川佳气，举数独多。以观宋、元迄于今，凡抱绝学、立奇绩者，亦出其中，以是为山川佳气可矣。

**宋**

**大观二年戊子科**

张宇发（别院省元，有传）

**淳祐三年癸卯科**

胡会（省元）

**景定二年辛酉科**

章斌（省元）

**咸淳九年癸酉科**

金益信（省元）

① “首重白”，国图本、内阁本作“首垂白”。

## 元

**延祐四年丁巳科**

夏亨泰(有传)、邵贞

**泰定三年丙寅科**

邵德润

**至顺元年庚午科**

朱本然

**至正元年辛巳科**

姚文儒、邵仲刚

**至正七年丁亥科**

邵德彰、邵子静

**至正十年庚寅科**

邵仲英、钱宰

## 明

**洪武三年庚戌科**

(诏:开科以今年八月为始,各行省连试三年,自后三年一举。)

钱尚絅(有传)、赵能[①]

**洪武十七年甲子科**

吴辅、吴祥(改名庆)、邵思恭、王子真

**洪武二十年丁卯科**

殷成

**洪武二十六年癸酉科**

王斌

**洪武二十九年丙子科**

邵至善(给事中)

**洪武三十二年己卯科**

① “赵能”,国图本、内阁本作“赵友能”,当为“赵友能”,洪武四年(1371)进士,参见本卷“进士”之“洪武四年辛亥科吴伯宗榜”。

叶坦

**永乐元年癸未科**

徐初(理卿,有传)、章敞(斌之五世孙)、许茂昌、司马符(教谕)

**永乐三年乙酉科**

赵魁、罗友宁(顺天,知县)

**永乐六年戊子科**

张习

**永乐九年辛卯科**

邵廉(有传)

**永乐十二年甲午科**

胡智、胡季舟(有传)

**永乐十八年庚子科**

章宗信、陈絅

**宣德元年丙午科**

章瑾(敞之子)

**宣德七年壬子科**

郑贞(佥事)

**宣德十年乙卯科**

邵祥(廉之子,长史)

**正统三年戊午科**

张鹏(祯逊侄,训导)

**正统六年辛酉科**

沈性、钱金(应天,教授)

**正统九年甲子科**

谢旭(训导)、季骏

**正统十二年丁卯科**

章瑄(敞之侄)、王勤(斌之孙,顺天)

**景泰元年庚午科**

邵能(长史)、韩弼(长史,宋忠献王十二世孙)、曹谦(知府,有传)、马轩(知县)、娄芳、邵润

**景泰四年癸酉科**

胡谧(解元,有传)、章以诚(知州)、刘英(考功郎中)、孟颛、钱轮(金之子,顺天,知州)

**景泰七年丙子科**

方恺、朱谭(学录,有传)

**天顺三年己卯科**

韩垣、徐正(教谕)

**天顺六年壬午科**

周鉴、章轸、杨昱(知县)、朱瓘(知县)、鲁玙(助教,育[①]《澹庵集》)、郑仁宪(顺天)

**成化元年乙酉科**

龚球(俛之侄,通判)、陶性(怀之弟)、董复(有传)、谢显(旭之弟)

**成化四年戊子科**

章忱(惟之弟)、任谨、董豫(复之兄,有传)、张阎(鹏之侄)、韩邦问(弼之子,湖广,有传)

**成化七年辛卯科**

陶怿(怀之弟)

**成化十年甲午科**

钮清、秦焕

**成化十三年丁酉科**

倪宏(知县)、朱显、胡恩(智之孙)、胡怡(恩之弟,推官)、吴侃

**成化十六年庚子科**

谢圭(旭之侄,经魁,知县)、陆宁

**成化十九年癸卯科**

秦锐(涣之侄)、谢会(旭之子)、车份、闫士充

**成化二十二年丙午科**

胡德(谧之子)、陶谘(性之子,知县)、陶诰(谘之弟,知县)、陈镐(应天,解元)、陈钦(镐之弟,应天)、韩大章(邦问弟,湖广)

**弘治二年己酉科**

陈元(经魁)、杨垠(昱之子,知府)

**弘治五年壬子科**

---

① "育",国图本、内阁本作"有"。

胡悊（恩之弟，知县）、钱晖、马敬（推官）

**弘治八年乙卯科**

陶谐（诰之弟，解元）、陶璐（性之兄，知县）、章柔（悦之子[1]）

**弘治十一年戊午科**

叶信（上虞籍）、朱冕（璀之子，知县）、章概（沈[2]之侄）、钱士宜（轮之子，同知）

**弘治十四年辛酉科**

董玘（复之子）、毛凤（绍兴卫籍）、陶谔（谐之兄，知县）、季木（初知砀山，历迁宝庆府判、廉州贰守，终伊府左长史。所至郡县，并洁己爱民，砀山、宝庆两祀名宦，家居恬淡长厚，为乡人所推）、张应符[3]

**弘治十七年甲子科**

季本（木之弟，经魁）、陈铭（钦之弟）、谢恕（显之弟，通判）、姚鹏

**正德二年丁卯科**

韩明（让之子）、沈莀（珪之弟，知州）、姚蒿（知州）、沈弘道（炳之子）、单敞（通判）、沈磐（广西）

**正德五年庚午科**

谢元顺（泽之孙）、谢恩（显之子，顺天，知州）

**正德八年癸卯科**

毛一言（绍兴卫籍）、张思聪（应符之孙）、罗江（云南）

**正德十一年丙子科**

章浩、秦位（通判，顺天）、章元纪（顺天）

**正德十四年己卯科**

司马相（是年会试，十六年廷试。温公十五世孙）、王扬

**嘉靖元年壬午科**

董珑（玘之弟）、陶师文（应天，同知，祀名宦）、章季（顺天，长史）

**嘉靖四年乙酉科**

章大纲（同知）、谢征（顺天，知县）、陈凤（应天）

**嘉靖七年戊子科**

① “子”，国图本、内阁本作“侄”。

② “沈”，国图本、内阁本作“忱”。

③ “张应符”，国图本、内阁本有，底本无。

谢纮(会之孙)、谢廷试(复姓商)

**嘉靖十年辛卯科**

章美中(以诚曾孙)、沈鍊(绍兴卫籍)、谢廷训(顺天,知县)

**嘉靖十三年甲午科**

商琏(廷试之兄,推官)、钮纬(清之孙)、章秉中(美中弟,知州)、陈鹄

**嘉靖十六年丁酉科**

章焕(会试中式,不与廷试)、徐纲(应天)、沈桥(顺天)、王楠(杨之兄,顺天)

**嘉靖十九年庚子科**

周炎(鉴之曾孙)、赵理、陶大年、马晋(任赵州知州,改光州,俱有惠政。归家,诗酒自乐,轻财重诺,尤重族谊。有《诗学衍义》《四书详纂》行世)

**嘉靖二十二年癸卯科**

沈束(荩之子,解元)、陶承学(试之孙)、陶大有(师文之子,副使)、张梧(提举)

**嘉靖二十五年丙午科**

朱奎、胡朝臣(直孺裔孙)、胡儒(季舟曾孙)、陈舜仁(通判)

**嘉靖二十八年己酉科**

陶幼学(承学之弟,布政)、范槚、陶大临(谐之孙,有传)、范性(知县)、钱匡之(知县)、谢宗明、胡崇曾(谧曾孙)、钱呈之(匡之兄,知县)

**嘉靖三十一年壬子科**

马蕴(晋之子)、司马初(相之子)、余伦(知县)、龚芝(球之孙,顺天)

**嘉靖三十四年乙卯科**

章如铉、史槚、蔡天中(改名成中)、叶应春(卫籍,顺天)、叶应旸(应春弟,顺天)

**嘉靖三十七年戊午科**

陶大顺(大临兄,畿省两举经元,父子同科进士,历官副都御史)、余相、秦文捷(知县)

**嘉靖四十年辛酉科**

陶允淳(大顺子,尚宝丞)、章如钰、钱守愚(卫籍,应天,知县)、沈大绶(顺天)

**嘉靖四十三年甲子科**

陈大统(卫籍,鹄子,经魁)、陈时、张溥(御史,洽之子)、陶允光(大年子,经魁)、罗万化(有传)、章礼(顺天,解元)、商为士(琏之子)

**隆庆元年丁卯科**

车应祥(份之孙)

**隆庆四年庚午科**

陶允宜（大临子，经魁）、朱大经、严允立、商为正（廷试子，忠能格主，惠溥均徭，力行条鞭，闽人至今思之）、马捷、董子行、沈宏宗（顺天）

**万历元年癸酉科**

钱世贤、祝彦、范可奇、司马祉（相之子，山西）、司马晰（初之子，山西，解元）

**万历四年丙子科**

叶云礽（历官副使，清慎自矢，居乡有洛社之风，祀九江名宦。第四子汝荃，天启甲子科举人）、徐桓、吴达道、陶允明、章延鼎、赵梦日（顺天）、司马玮（山西）、章若昌

**万历七年己卯科**

胡琳、马文奎（改名文圻）、钱槚、章守谊、章守诚（相城令，力行条鞭，卓异考选御史，以直闻，官至参政）、徐大化（顺天）、钱守鲁（守愚弟，应天）、钮应魁（纬之孙，顺天，知县）

**万历十年壬午科**

陶志高（大有孙）、沈良臣、章为汉、章允升

**万历十三年乙酉科**

陶望龄（承学子，经魁）、刘毅（居官实意为民，居乡和雅可法）、王邦彦（顺天）、章维宁（顺天）、陶与龄（应天，以子履中官知府，赠中宪大夫，有传）

**万历十九年辛卯科**

翁汝进、张宇全、董启祥（顺天）、董懋中（应天，玘之曾孙）、张泰祯

**万历二十二年甲午科**

姚会嘉、金应凤、王以宁、周用宾、马烇、陈淙（顺天）

**万历二十五年丁酉科**

商周祚（廷试之孙）、钱象坤、刘宗周、林绍明、王舜鼎（顺天）、沈绾、王承恩（应天）、徐如翰（上虞籍）

**万历二十八年庚子科**

董懋史（有传）、董元儒、郑之尹、钱应锡、章志伸、陶大邦、陈宗节[①]、章守让（兴化，同知）

**万历三十一年癸卯科**

① 前四人，底本及国图本、内阁本均原作小字双行。

周敬先、姚允庄[①]、陆梦龙、陶奭龄（有传）、谢国柱、范维达（顺天）、金镕（贵州）、林绍祖（顺天）、范继业（顺天）

**万历三十四年丙午科**

陶荣龄、谢启廷、沈应魁、陈治安（顺天，有传）

**万历三十七年己酉科**

陶崇道、潘融春、王铎[②]、马文燿、张文炳（顺天）、姚应嘉（顺天）

**万历四十年壬子科**

张期昌、董成宪（启祥子，亚魁）、章志佺、罗元宾（顺天，万化孙）

**万历四十三年乙卯科**

秦宏祚、姜一洪、范绍序、薛应聘（顺天）

**万历四十六年戊午科**

马维陛（有传）、陈孔教（川南道，有传）、章重、鲁元宠（顺天）、商周初（应天，周祚弟）、金兰。

**天启元年辛酉科**

马权奇、董密、朱稷、徐汤英（大化子，更名鼎）、鲍经济、钱忠爱（顺天）、余煌（顺天）、张维勤（顺天）、叶云裕（顺天）、金应元（知县，死难，有传）、白其昌（顺天）

**天启四年甲子科**

叶汝荃、章龙霖、阮承咸、凌元鼎、唐九经（顺天）、钮国藩（同知）

**天启七年丁卯科**

曹惟才（解元）、陆大绅（亚魁）、姚允致、孟称尧、郑体元（北监）、沈光裕（北监）

**崇祯三年庚午科**

冀汝葅[③]（有传）、潘同春、傅克相、章正宸（顺天）、李论问（顺天，更名冲）、高岱（顺天，有传）、朱光熙（顺天）、倪梦商（顺天）、钱鼎新（顺天）、林梯（顺天，后改名宸。肆力学问，为古诗歌自娱。溷迹市廛，萧然物外[④]）

**崇祯六年癸酉科**

---

① “姚允庄”，国图本、内阁本作“姚允庄（有传）”。

② “王铎”，国图本、内阁本作“王先铎”。

③ “冀汝葅”，应为“叶汝葅”，参见本志卷第二十五“叶汝葅传”。

④ “混迹市廛，萧然物外”，此八字，国图本、内阁本无。

王绍美（经魁）、董期生（淮安府知府，著有《四书诗经遵切录》《治河理需》诸集[①]）、沈彩（顺天，称能文，敦节义。祖樘、父肃，祀乡贤。咸称为世君子儒[②]）、王亹（能诗文，负经济）、徐文英（顺天）

**崇祯九年丙子科**

王绍兰、周洪任、王之垣、鲁臬、俞迈生（有传）

**崇祯十二年己卯科**

陶秉礼（顺天，经魁）、陶祖猷（贵州，经魁）、袁用佐（山东）、钱良璧、童钦承（北籍）、言承游（河南）

**崇祯十五年壬午科**

王自超、陶履卓（应天）、姜希辙（顺天）、叶雷生（知县）、钮应斗、王士捷

## 皇清

**顺治二年乙酉科**

陆嵩（北籍）、陆华疆（北籍）、金昌胤（顺天）、王士骥（顺天）

**顺治三年丙戌科**

范礽（南康推官，升同知。主鹿洞、鹅湖书院，修《博山》[③]《鹿洞》《鹅湖》等志，著《审克》《锝于》二篇）、唐允思、赵陛（府学）、祝绍娗、丁同益、范进、俞有章（礼部员外，有传）、龚勋、徐兆行、徐兆举[④]

**顺治五年戊子科**

冯肇楠、王褒（知县）、唐赓尧（允思子）、陶澄龄（顺天）、阮标[⑤]、徐兆极（顺天[⑥]）

**顺治八年辛卯科**[⑦]

章贞（府学）、钱沈灿（湖州学）、俞立植（北籍，贡监）、王仲（顺天，刑部郎中，典试山西，升贵州安顺府知府，有政声）

---

① "淮安府知府，著有《四书诗经遵切录》《治河理需》诸集"，国图本、内阁本作"□□□知府，著有《四书诗□□□录》《治河理雷》诸集"。

② "咸称为世君子儒"，国图本、内阁本无。

③ 国图本、内阁本在"《博山》"前有"《庐山》"。

④ 国图本、内阁本，"祝绍娗"后为俞有章、龚勋、范进、徐兆举，仅四人。

⑤ "阮标"，国图本作"王仲（顺天籍，知府）"，内阁本作"王仲"。

⑥ "顺天"两小字，国图本、内阁本无。

⑦ "顺治八年辛卯科"下，国图本列"章贞、钱沈灿"两人，内阁本列"章贞、钱沈灿、俞立植"三人。

**顺治十一年甲午科**

姜廷榉、陶作楫、邵怀棠、单之骙、董良槚(府学,期生子)、顾豹文(钱塘籍,御史[①])、李平(懋芳孙[②])、章炜(顺天)

**顺治十四年丁酉科**

金煜、姜文鼎(本姓王)、余骏声、王谷振

**顺治十七年庚子科**

王百朋、袁汝显(顺天)

**康熙二年癸卯科**

金焘(经魁,綗之子)、王燦(榜姓姜[③])、陈光祖(北籍)、姚启圣(北籍)[④]

**康熙五年丙午科**

王谷韦、赵嘉暹、陆嵩(北籍)、孟姚洵[⑤]

**康熙八年己酉科**

马青、袁显襄、徐琦(府学)、王永芳(本姓叶)、李撰叙

**康熙十一年壬子科**

姜之琦(府学)、陶式玉(允嘉曾孙)、邵天岳、陈灏、秦宗游(府学)、徐晋(北籍)、陆晋(北籍,嵩之子)

**康熙十四年乙卯科**[⑥]

商用说(本姓王,绍美子)、章祖烈(北籍)、车鼎元(北籍)、丁一新(北籍)

**康熙十六年丁巳科**

董玉(元儒孙)、姜希辂(逢元孙)、陶峨(作楫子)、姜公铨(希辙孙)

**康熙十七年戊午科**

王德祚(谷振子,北籍)

**康熙二十年辛酉科**

鲁德升、陶士铣、龙汝宽、谢锡、姜承烈(北籍)、林宁采[⑦]

---

① “御史”两小字,国图本、内阁本无。

② “懋芳孙”三字,国图本、内阁本无。

③ “榜姓姜”三字,国图本、内阁本无。

④ 陈光祖、姚启圣两人底本及国图本、内阁本均原作小字双行。

⑤ “康熙五年丙午科”下,国图本、内阁本无“孟姚洵”。

⑥ 国图本无乙卯、丁巳、戊午、辛酉四科名录。

⑦ “林宁采”条,国图本、内阁本无。

## 进士[1]

进士莫荣于唐宋，然以所及见者，邑之中俄顷传闻，车马骤集其门，闾巷观者蚁聚焉，锦绣币帛充于庭，亲党相夸于道路。且曰：自是而或同[2]方社，或历公孤，致主泽物，为宗族乡党光宠。于是人赖之。在近代且然，何论唐宋？虽其后宦绩之高下，人或得而辨之。凡登是选者，则必并志其名。

### 唐

贺知章（有传）

### 宋

**淳化二年辛卯科孙何榜**

钱昆

**咸平二年己亥科孙暨榜**

钱易（有传）

**大中祥符八年乙卯科蔡齐榜**

齐廓（秘书监，有传）

**天禧三年己未科王整榜**

孙沔（枢密使，有传）

**天圣八年庚戌科王拱辰榜**

齐唐（有传）

**宝元元年戊寅科吕溱榜**

沈绅（操之子，谥文肃）、钱彦远（有传）

**庆历二年壬午科杨寘榜**

朱奎、徐纮、钱明逸（彦远之子）

**庆历六年丙戌科贾黯榜**

何玠、朱琮、陈惟湜

---

① “进士”两字，国图本、内阁本缺。

② “同”，国图本、内阁本作“司”。

**皇祐元年己丑科冯京榜**

关杞、关希声、余叔良、任秉、杨度

**皇祐五年癸巳科郑獬榜**

韩希文、应瑜、张琦、李夔

**嘉祐二年丁酉科章衡榜**

余京

**嘉祐四年己亥科刘辉榜**

关景仁

**嘉祐六年辛丑科王俊民榜**

钱嵊、张泰、冯豫

**嘉祐八年癸卯科许将榜**

关景晖、张济

**治平二年乙巳科杨汝砺榜**

余弼、王长彦

**熙宁六年癸丑科余中榜**

关澥、钟升、沈笺

**熙宁九年丙辰科徐铎榜**

张祖良

**元丰二年己未科时彦榜**

华镇(有传)

**元丰五年壬戌科黄裳榜**

沈兖、徐充、戚仪、詹京、蔡绘、詹默

**元丰八年乙丑科焦蹈榜**

张叡

**元祐六年辛未科冯涓榜**

朱邛

**元符三年庚辰科李釜榜**

盛旦

**崇宁二年癸未科霍端友榜**

徐公佐

**崇宁五年丙戌科蔡薿榜**

郁藻、潘彬(主簿)

**大观三年己丑科贾安宅榜**

臧言、华初平(镇之子,有传)、王俊、张宇发(祖良子,有传)、王辅

**政和二年壬辰科莫俦榜**

张公彦、翁彦约

**政和五年乙未科何㮚榜**

张翮、钱唐休

**政和八年戊戌科嘉王榜**

《宋志》:嘉王楷第一,登仕郎王昂第二。徽宗宣谕嘉王云:有司考在第一,不欲以魁天下,乃以第二人为榜首。

诸葛行敏、钱唐俊(唐休弟)、孙鼎

**宣和三年辛丑科何涣榜**

陈陞、王休(俊之兄)

**宣和六年甲辰科沈晦榜**

诸葛行言(行敏弟)、谢作、胡尚智

**建炎二年戊申科李易榜**

陈炳、孙遹、詹彦若(默之子)

**绍兴五年乙卯科汪应辰榜**

王宾

**绍兴八年戊午科黄公度榜**

缪涯

**绍兴十二年壬戌科陈诚之榜**

徐几、詹承家(京之孙)、詹林宗(承家弟)

**绍兴十八年戊辰科王佐榜**

沈寿康、詹亢宗(林宗弟)

**绍兴二十七年丁丑科王十朋榜**

孙国安(遹之子)

**隆兴元年癸未科木待问榜**

魏中复、许苍舒

**乾道二年丙戌科萧国梁榜**

杨寅、张仲宗

**乾道五年己丑科郑侨榜**

曾概

**乾道八年壬辰科黄定榜**

钱嵘(唐俊子)、张拱辰(仲宗侄)、张亨辰(拱辰弟)、许开(苍舒孙)

**淳熙二年乙未科詹骙榜**

詹骙(林宗子,有传。世家南门外)、盛励

**淳熙八年辛丑科黄由榜**

诸葛千能(行敏侄)、魏挺

**淳熙十一年甲辰科卫泾榜**

施累、董之奇

**淳熙十四年丁未科王容榜**

徐三畏

**绍熙元年庚戌科余复榜**

诸葛安节(行敏侄)、潘方

**绍熙四年癸丑科陈亮榜**

许闳(开弟)、王度、刘宗向

**庆元二年丙辰科邹应龙榜**

曾勋、王淑、杨拱辰

**庆元五年己未科曾从龙榜**

曾黯(概侄)、张抚辰(仲宗子)

**开禧元年乙丑科毛自知榜**

张浃辰(仲宗子)

**嘉定元年戊辰科郑自诚榜**

诸葛兴(行敏侄)

**嘉定七年甲戌科袁甫榜**

朱晋、陈亨祖

**嘉定十三年庚辰科刘渭榜**

王秳、尤孟远

**绍定四年庆寿恩释褐赐进士出身**

王杰

**绍定五年壬辰科徐元杰榜**

葛焱、施退翁、胡昌、陈锡禹、杨释回(拱辰侄)

**端平二年乙未科吴叔告榜**

施德懋(有传)

**嘉熙二年戊戌科周坦榜**

刘曾、全清夫、胡太初(余潜子)、韩境(琦六世孙)

**宝祐元年癸丑科姚勉榜**

沈翥(绅五世孙)、夏仲亨、唐震(有传)

**宝祐四年丙辰科文天祥榜**

徐理

**开庆元年己未科周震炎榜**

李应旂(御史)

**景定三年壬戌科方山京榜**

陆大骥①

## 元

**延祐二年乙卯科张起岩榜**

邵贞

**泰定四年丁卯科李黼榜**

邵德润

**至正二年壬午科陈祖仁榜**

姚儒文、邵仲纲

**至正十一年辛卯科文允中榜**

邵仲英、钱宰(有传)

① “陆大骥”，国图本、内阁本作“陆天骥”。

## 明

（洪武三年诏：凡乡试中者，行省咨中书省判送礼部会试。）

**洪武四年辛亥科吴伯宗榜**

赵友能（主事）

（洪武十七年诏：凡乡试中式，出给公据，赴礼部会试，以次年二月为始。）

**洪武十八年乙丑科丁显榜**

王肃、王子真、邵思恭

**洪武二十一年戊辰科任亨泰榜**

吴庆（主事）、吴辅、殷成

**洪武二十七年甲戌科张信榜**

王斌（知县）

**永乐二年甲申科曾棨榜**

章敞（有传）

**永乐七年己丑科萧时中榜**

张习

**永乐十九年辛丑科曾鹤龄榜**

胡智（布政使，有传）、章信宗（御史）

**永乐二十二年甲辰科邢宽榜**

陈絅（御史）

**正统元年丙辰科周旋榜**

章瑾（侍郎）

**正统十年乙丑科商辂榜**

季骏（佥事）

**正统十三年戊辰科彭时榜**

王勤（参政）

**景泰二年辛未科柯潜榜**

沈性（知府，有传）、邵能（郎中）

**景泰五年甲戌科孙贤榜**

章瑄（太仆少卿，有传）

**天顺元年丁丑科**[①]

胡谧(参政,有传)、孟颛(行人,司副)

**天顺四年庚辰科王一夔榜**

娄芳(御史)

**天顺八年甲申科彭教榜**

周鉴(知府)

**成化五年己丑科张升榜**

谢显、韩邦问(刑部尚书,谥"庄僖",有传)

**成化十一年乙未科谢迁榜**

董复(知府,有传)

**成化十四年戊戌科曾彦榜**

钮清(副使)、董豫(佥事,有传)、章忱(知府,有传)、郑仁宪(知县)

**成化十七年辛丑科王华榜**

张阎(大理寺副)

**成化二十年甲辰科李旻榜**

陆宁(知府)

**成化二十三年丁未科费宏榜**

胡惠(主事)、秦涣(知县)、陈镐(副都御史,有传)、车份(有传)、陈钦(副使)

**弘治三年庚戌科钱福榜**

秦锐(副使)、陶怿(参议,有传)

**弘治六年癸丑科毛澄榜**

胡恩(参议)、陈元(知府)、韩大章(知府)

**弘治九年丙辰科朱希周榜**

陶谐(有传)

**弘治十二年己未科伦文叙榜**

钱晖

**弘治十五年壬戌科康海榜**

叶信(知府)

① "天顺元年丁丑科",国图本后有"黎淳榜"三字。

**弘治十八年乙丑科顾鼎臣榜**

董玘(会元,榜眼,吏部侍郎,赠尚书,谥“文简”,有传)

**正德三年戊辰科吕柟榜**

章概(知府)、毛凤(御史)、姚鹏(副使)、陈铭(同知)

**正德六年辛未科杨慎榜**

韩明(佥事,让之子)

**正德九年甲戌科唐皋榜**

张思聪(参政)、罗江

**正德十二年丁丑科舒芬榜**

季本(知府,见理学传)、沈弘道(佥事,有传)、谢元顺(郎中)

**正德十六年辛巳科杨惟聪榜**

司马相(其先本温国文正之裔,自夏邑迁越郡,家焉。初授刑部主事,有戚里犯法,执问不少贷。稍迁福建佥事,以大狱被谴归。家居十余年,务自砥砺,孝友清约,无间于乡评。所著《菲泉遗稿》《越郡志略》各十卷。子初、祉并举进士)、王杨(山东)

**嘉靖五年丙戌科龚用卿榜**

毛一言(佥事)

**嘉靖八年己丑科罗洪先榜**

谢纮(知县[①])

**嘉靖十四年乙未科韩应龙榜**

陈凤(佥事)

**嘉靖十七年戊戌科茅瓒榜**

王楠、沈鍊(赠光禄卿,有传)、陈鹄(佥事)

**嘉靖二十年辛丑科沈坤榜**

商廷试(初知黄州府,祀名宦。终甘肃,行太仆寺卿)、沈桥(按察使,附祖性传)、章美中(同知)、章焕(佥事)、陶大年(参政,有传)、徐纲(知府)、钮纬(佥事,清之孙)

**嘉靖二十三年甲辰科秦鸣雷榜**

沈束(通政使,有传)、陶大有(副使)

**嘉靖二十六年丁未科李春芳榜**

① “知县”,国图本、内阁本作“知府”。

胡朝臣（前通政司，有传）、陶承学（礼部尚书，谥恭惠，有传）

**嘉靖二十九年庚戌科唐汝楫榜**

赵理（佥事）、范槚（知府，有传）、胡崇曾（同知，前主事）

**嘉靖三十二年癸丑科陈谨榜**

司马初（知县）

**嘉靖三十五年丙辰科诸大绶榜**

陶大临（榜眼，吏部右侍郎，赠礼部尚书，谥文僖，有传）、谢宗明（佥事）、叶应春（知府）、龚芝（同知）

**嘉靖三十八年己未科丁士美榜**

陶幼学（布政）、胡儒（行人）

**嘉靖四十一年壬戌科申时行榜**

史槚（参政）

**嘉靖四十四年乙丑科范应期榜**

张博（长史，前给事中）、陶大顺（有传）、陶允淳（尚宝司丞）

**隆庆二年戊辰科罗万化榜**

罗万化（礼部侍郎，有传）、章礼（参议）、朱南雍（甲戌会试同考，仆卿）

**隆庆五年辛未科张元忭榜**

商为正（大理寺少卿）、章如钰（知县）

**万历二年甲戌科孙继皋榜**

陶允宜（会魁，员外）、陈大统（国子学录）、范可奇（知府，有传[①]）、司马祉（知府）

**万历八年庚辰科张懋修榜**

叶云礽[②]、钱槚（国子助教，有传）、徐桓（参政）

**万历十一年癸未科朱国祚榜**

章守诚（参政）、沈良臣（行人）、徐大化（工部尚书）

**万历十七年己丑科焦竑榜**

陶望龄（会元，探花，国子监祭酒，谥“文简”，特祠，有传）、胡琳（有传）、刘毅（广西，布政）

**万历二十三年乙未科朱之蕃榜**

---

① “知府，有传”，国图本、内阁本作“副使，有传”。

② “叶云礽”，国图本、内阁本作“叶云礽（参政）”。

翁汝进（参政）

**万历二十六年戊戌科赵秉忠榜**

王舜鼎（有传）、王以宁（有传）、金应凤（山西，布政）、陆梦祖（有传）

**万历二十九年辛丑科张以诚榜**

钱象坤（大学士，有传）、徐如翰（推升巡抚，有传）、姚会嘉（御史）、傅宾（□部主事[①]，有传）、董元儒（巡抚，有传）、商周祚（吏部尚书，有传）、刘宗周（左都御史[②]，有传）

**万历三十二年甲辰科杨守勤榜**

林绍明（廉使）、章若昌（主事）

**万历三十八年庚戌科韩敬榜**

张泰顺（副使）、陶崇道（给事，疏参逆珰）、陆梦龙（有传）

**万历四十一年癸丑科周延儒榜**

姚应嘉（大理卿，有传）、董懋中（玘曾孙，尚宝卿）、周用宾（御史，参魏珰，见《统纪》）

**万历四十四年丙辰科钱士升榜**

范绍序（保定推官，升刑科给事，附父传。有直声，祀保定名宦）、姜一洪（布政）

**万历四十七年己未科庄际昌榜**

马维陛（参议，有传）

**天启二年壬戌科文震孟榜**

钱忠爱（知县）、罗元宾（操江，御史）

**天启五年乙丑科余煌榜**

余煌（有传）、郑之尹（大同，佥事）、金兰（学院，升少卿）

**崇祯元年戊辰科刘若宰榜**

张星（顺天，庶吉士，历滁[③]、和佥事）、商周初（给事，历任常镇道）、鲁元宠（推官，行取编修，历官副使）

**崇祯四年辛未科陈于泰榜**

马权奇（主事）、严起恒、章正宸（庶吉士，改给事，有传）、曹惟才（兴化府推官）

**崇祯七年甲戌科刘理顺榜**

朱光熙（知县）、钱良翰

---

① “□部主事”，国图本、内阁本作“礼部主事”。

② “左都御史”，国图本、内阁本作“左都”。

③ “滁”，国图本、内阁本作“滁”。

**崇祯十年丁丑科刘同升榜**

唐九经(顺天籍,推官)、章重(福安,知县)、李冲

**崇祯十三年庚辰科魏藻德榜**

王绍美(肇庆府推官)[①]

**崇祯十六年癸未科杨廷鉴榜**

王士捷(顺天籍,推官)、陶履卓(承学孙,有传)、徐鼎(大化子)、鲁㮚(庶吉士)、余增远(煌之弟,有传)、钮应斗(知县)、王自超(舜鼎孙,翰林庶吉士,制举业,为世所誉)

**皇清**

**顺治三年丙戌科傅以渐榜**

陆华疆(北籍)、陆嵩(北籍)、王士骥(北籍)

**顺治四年丁亥科吕宫榜**

谢泰(北籍)、丁同益(北籍)、徐兆举(知府)

**顺治六年己丑科刘子壮榜**

王庆章、童钦承、张舜举(北籍)、范进

**顺治九年壬辰科邹忠倚榜**

唐赓尧、周沛生

**顺治十二年乙未科史大成榜**

章贞、龚勋、顾豹文、袁州佐、姚启盛(北籍)

**顺治十五年戊戌科孙承恩榜**

董良槚(期生子)、钟国义、冯肇楠、金煜(兰之孙)

**顺治十六年己亥科徐元文榜**

陶作楫、李平(懋芳孙,编修)、陈之蕴

**顺治十八年辛丑科马世俊榜**

滕达、周世泽

**康熙三年甲辰科严我斯榜**

王燦

**康熙六年丁未科缪彤榜**

① “崇祯十三年庚辰科魏藻德榜”条下,国图本、内阁本另有“沈光裕(北籍)”。

王谷振(以宁孙)、孙宣化、邵怀棠

**康熙九年庚戌科蔡启僔榜**

童炜、王谷韦(谷振弟)

**康熙十二年韩菼榜**[1]

吕廷云

**康熙十五年彭定求榜**

陶式玉

**康熙十八年归允樵榜**

秦宗游

**康熙二十一年蔡升元榜**

鲁德升、姜之琦

会稽县志卷第二十终

① “康熙十二年韩菼榜”至卷末，国图本无，内阁本录。

# 康熙会稽县志卷第二十一

## 选举志下

武科　武甲

### 武科[1]

挟弓矢讲韬钤之士，必以时而遇，以地而生，非若呫哔之家，童而习，老而不倦，可以人尽为之者也。然会稽自六千君子定霸以来，非乏人也。国家教武于庠序，与考秀并举于乡，所谓修身以为弓，矫思以为矢，立义以为的，奠而后发，发必中者。古者受命于祖，受成于学，亦其意欤？是以武科之制远迈前代。谁谓武劲之士必生于燕赵？

**明**

**隆庆元年丁卯科**

裘良用、章尚斌、章应隆

**隆庆四年庚午科**

章大忠、章文哲

**万历元年癸酉科**

金秉钺、章容、章友闻

**万历四年丙子科**

① 内阁本缺一页（内容自本卷始至“章仲斌”前）。

章仲斌、吴绍文(湖广)

**万历七年己卯科**

章文吉(再中式)、章成、郑期显、章应隆(江西,武元)、章延塾(广西)、陶世学(北京)

**万历十年壬午科**

项治元(沥海)、章程、章遂(再中式)、王栋、陶世学(直隶,武元)、于溥(顺天)

**万历十三年乙酉科**

章仁、章方美、吴教

**万历二十五年丁酉科**

袁大宁、章敬身(三科中式)、章承祖

**万历三十七年己酉科**

谢弘仪、陶廷珑、祝泰、尉曜(副将)、姚宾、杨献清、杜肇勋(绍兴卫世袭指挥,以漕运功升白沙守备。剿海寇刘香老,升广东都司,以亲老归养。年八十余,犹娱情诗酒,有《闲古斋诗集》十种)

**万历四十三年乙卯科**

马继俊(顺天)、章明幹、章明威

**万历四十六年戊午科**

袁度(应天)、沈可周、丁宁国、裘垣、章守鲁、章应奎

**天启元年辛酉科**

章易、章应试、章仁让(都司)

**天启四年甲子科**

章际会(守备)、章金、章仁武、章宏(参将)、章国幹(守备)、章元飘、章正宷(正辰弟,都司)、章国武(都督,有传)

**天启七年丁卯科**

陶曾龄(顺天)

**崇祯三年庚午科**

邵武功、章壎、章龙雰

**崇祯六年癸酉科**

章度、章彪、章舆

**崇祯九年丙子科**

章万孚、章志俊

**崇祯十二年己卯科**

周晟、茅元运、刘震龙

**崇祯十五年壬午科**

祁靖流、王芳

**皇清**

**顺治四年丁亥科**

陈绍斌

**顺治八年辛卯科**

王三元、董暹（懋中子）、石之贞（北籍）

**顺治十一年甲午科**

王由捷（武元）、陶子元①、时晋贤（北籍）

**顺治十四年丁酉科**

董德政（北籍）、吴锡绶、董兆麟（北籍）

**顺治十七年庚子科**

周一文、周凯、王国桢

**康熙二年癸卯科**

顾鸠文②（豹文弟）、王宗文、李斌、朱昌（府学）、王承爵

**康熙五年丙午科**

董良樜（良槚弟）、钮元（纬之曾孙）、王元杰、张玉炫（本姓赵）

**康熙八年己酉科**

姜坛、王国珍、周奇、谢匡、罗淮

**康熙十一年壬子科**

韩馥、徐嗣惠、章烘（北籍）③、王国勋（北籍，舜鼎侄孙）

**康熙十四年乙卯科**

诸谦

**康熙十七年戊午科**

---

① “陶子元”，国图本、内阁本空位作阙。

② “顾鸠文”，国图本、内阁本作“顾鸿文”。

③ 国图本，“章烘”后至“康熙二十年辛酉科”条阙。

王遇、王成绩

**康熙二十年辛酉科**

沈弘范(彩之孙)

## 武甲

较于文重者曰进士,较于武重者亦曰进士。始进,正也,乡也。邑之士口不言兵,遇剑客藏镞去敝,则趋而避之。今则执枪鼓,拥大纛,长毂雷野,高旗彗云,犹是会稽之士也,何劲怯殊哉！进以道也。

**明**

**万历二年甲戌科**

金秉钺(游学)

**万历五年丁丑科**

黄岗(都督)

**万历十七年己丑科**

章承祖

**万历二十年壬辰科**

章成

**万历二十三年乙未科**

范继斌(都司)

**万历二十六年戊戌科**

范继道(总兵)

**万历三十五年丁未科**

章仁(镇抚)、袁大宁(都督佥事)

**万历三十八年庚戌科**

谢弘仪(状元)

**万历四十一年癸丑科**

章敬身

**万历四十四年丙辰科**

章明幹、陆之彦(都司佥书)、马继俊

**天启二年壬戌科**

章易、章应试、王鲬

**天启五年乙丑科**

姚万宪(状元)、章金

**崇祯十六年癸未科**

姚钟

**皇清**

**顺治六年己丑科**

陶子元(山西,都司)

**顺治九年壬辰科**

王玉鋆(状元)、徐纲(北籍)

**顺治十二年乙未科**

时晋贤

**顺治十五年戊戌科**

吴锡绶

**顺治十八年辛丑科**

董德政、王猷[①](北籍)

**康熙三年甲辰科**

董暹(懋中子)、丁成爵[②](北籍)

**康熙六年丁未科**

钮元(纬之曾孙)

**康熙九年庚戌科**

王国珍、姜坛

**康熙十五年丙辰科**

董良橚(良槚弟)

**康熙十八年己未科**

① 国图本,"王猷" 前有 "徐城(北籍)",文字呈上下倒置。

② 国图本、内阁本,"丁成爵" 作 "王成爵"。

罗淇(殿试第一,北籍)

**康熙二十一年壬戌科**

阮应泰

康熙会稽县志卷第二十一终

# 会稽县志卷第二十二

## 人物志一

名宦　寓贤

### 名宦

夫会稽自置邑以来，千余年禄于兹土者，无虑数百人。而史传所载，代不过数人。以余耳目所睹记，亦仅仅百之一二，何其难也！然考之故籍，其在司牧，惟廉以自持、恕以泽民则传之，而矫与苛者不与焉。其在司教，惟严以律己、勤以造士则传之，而隘与僻者不与焉。夫廉与恕、严与勤之四者，岂人所难能哉？直不为耳。嗟乎！使禄于是者，勉其所易尽之职，以树夫千百载难得之名，则吾会稽之民，若士其有攸赖也夫？（徐渭）

#### 令

#### 唐

**李俊之**　开元中为县令。县东北有防海塘，自上虞江抵山阴百余里，以潴水溉田，久而崩废。俊之增修焉，民赖其利。后令李左次又增修之。

**吴镣**　乾宁初为县令。威胜节度使董昌反，召镣问之[①]，镣曰："真诸侯遗荣子孙，顾不为，乃为假天子，自取灭亡邪！"昌怒，叱出斩之，并族其家。

① "召镣问之"，国图本、内阁本作"召镣问策"。

## 宋

**曾公亮**　字明仲，泉州人。举进士，以太常寺奉礼郎知县事，听讼决狱，吏莫敢欺。县有镜湖，潴水以溉民田，湖溢反为田病。公亮即曹娥江堤疏为斗门，泄湖水入江，田始不病。后相三朝，官至太傅、鲁国公，赠太师、中书令，谥“宣靖”，配享英宗庙廷。

**韩球**　建炎中为县令，政事修明，下民咸倚为重。时朝廷遣三使者括诸路财赋，所至以鞭挞立威。球处置有方，上不违法，下不病民，敛钱五百缗以俟。既而白诸太守，太守张首视事，即求入觐为上言之，诏追还三使者，民咸德之。

## 元

**吕诚**　字实夫。元统中尹，省刑罚，均赋役，庭无冗事，尤以廉慎称。

**周舜臣**　至正十九年尹。莅政公勤，废堕修举，田税宿弊，靡不厘革，民畏爱之。

## 明

**戴鹏**　字鹏举，信都人。洪武初知县事。器度弘深，清修自守。时信国公汤和军四门，趣郡县供馈，期甚严。鹏率民步行往饷。日晡饥甚，从者进饼饵，固却不受，掬道傍水饮之。一日，休于县廨，忽雷震几案，火焚书籍，左右惊仆。鹏神色自若，徐曰：“扑灭之。”及秩满，民不忍去，相与留其靴。

**王宗仁**　福建延平人。洪武初知县事，以廉能称，民吏怀畏。秩满去，父老拥马，几不得行。

**邹鲁**　凤阳人。洪武中典史。释滞理冤，轻刑缓役，招集流亡，黎庶乐业。父老奏鲁治有异绩，擢知本县。广宁卫镇抚赵典[①]以公事至，为人私请，不从，诬逮刑部。事直，上嘉其守，擢大理右丞。

**凌汉**　河南人。洪武中知县事。仁恕宽简，爱民如子。病卒于官，民甚哀之。

**陈尧弥**[②]　字秉钧，大理人。弘治中知县事。其政务兴利补弊，尤注意于学校，为辟地置田。性复刚严，不畏强御。时中贵出镇者张甚，及至，弼遇之无加礼，敛

① “赵典”，国图本、内阁作“赵兴”。

② “陈尧弥”，国图本、内阁本作“陈尧弼”。

迹而去。迁太仆寺丞。

**朱孟童**　玉山人。永乐中知县事。政多惠爱，尤先贫弱。卒于官，民哭之如父母。

**陈皞**　字孟东，昆山人。宣德中知县事。性度平坦，政尚宽简，民服其化。公余兼事吟咏。

**曾昂**　合州人。正统末知县事。慷慨特达，锐志于治。处州叶宗留反，邻郡兵发，取道于邑，民苦骚扰。昂布令率民擒治，境乃肃然。

**郭珙**　字元圭，闽县人。成化中知县事。宽役缓刑，救灾恤患，邑人德之。又能以经术教人，后生往往资焉。

**韩祥**　字景瑞，颍人。成化中知县事。明赏罚，均徭赋，邑人怀之。

**张鉴**　字汝明，南充人。嘉靖中知县事。时县中匿税与亩以万计，赔者苦之。鉴请履亩一税，经岁寝食田野中。迨讫事，民大称便。商旅苦滥榷，鉴又请裁冗署，凡五所。守介政宽，不妄取一物，不妄挞一人，而所举悉久远大计。被征去县，服御萧然。未几，民争祠之。历官都御史。鉴之后古文炳，番禺人。清介方严，与鉴相伯仲。同时令山阴者方丛怨于民，乃有"古君子，叶小人"之谣。以母丧去，跣出郊，哀号欲绝，见者怆动。邑人并鉴祠之，额曰双清。

**杨来凤**　字从仪，河南汝阳人。正德中知县事。厚重简默，遇事详审，农桑学校，次第举行。绩最，征为监察御史。

**高世魁**　字绍甫，闽县人。正德中知县事。性和而厉，廉介不苟，强梗敛迹，尤锐意学政。绩闻，征为监察御史。

**罗相**　字澄溪，南昌新建人，进士。万历中知县事。政有实德，百废具举。不事文具，威爱兼行。修学宫，造渡东桥，置常平仓，祭酒陶望龄立石记之。

**翁愈祥**　苏州常熟人。万历戊戌进士。己亥，以邹平令改知会稽。愈祥弱于妪众，而强于御奸，仁爱著乎心，而油然达乎颜色，人望而怀焉，号之曰"母"。先是，民间输赋者苦吏卒之暴①。祥至，更为宽条，而事益集，逋益完。时妖狱兴，其渠魁②窜走，监司为③越大姓保持之，责捕甚峻。民小有嫌隙，辄讼言告密，祥一以详重行之。治期月，邑大稔，民曰：吾仁令所致。邑先有虎，民又曰：虎去，吾令实驱之。明年，

① "之暴"，国图本、内阁本作"暴之"。

② 渠魁：首领。

③ "为"，国图本、内阁本作"疑"。

计还祥所后丧，留居庐中。越人始传祥所后业，产子，不当复为持服。父老闻，咸喜舞，而胥吏辈皆色阻。有间，传告曰："祥真不来矣！"父老咸怆然泣下云：祥治稽才逾岁，而功德在民，歌思不忘也。

**赵士谔**　字莼庵，吴江人。礼士爱民，不畏强御，百姓讴思，有"赵元坛"之称。在郎署时，力救刘宗周，海内传诵。官至巡抚，太史陶望龄为文序之。

**史垂则**　字言为，常州宜兴人。万历丁未进士。居官以教养为事，平易近人。任开垦得田六千亩，复凿曹娥坝[①]地，得硗田万亩，春耕则缓征徭，停勾摄，俾民力作。行之数年，狱讼衰息，民肖像而祝之。

**彭汝楠**　字尚木，福建人。万历间进士。为政通敏，考校有《冰鉴》之目。振拔单寒，激厉士风。自下车至迁擢，鼓舞不倦。其所录士，多显扬于世。召拜给事，谏阻魏良卿封爵，被削夺。后起复，历官侍郎。

### 皇清

**崔宗泰**　字斗胆，靖藩下恩贡。居官清廉，多惠政，治民宽严互用，不纵不阿。时兵役繁兴，承上劝下，处之裕如，称为"真父母"。后升常州知府，民咸思之。

## 丞

### 元

**彭仲宣**　至正十七年丞。政公讼理，吏民翕然服之。

### 明

**陆平**　益都人。永乐三年丞。宽平仁恕，屡辩冤狱，民咸德之。

## 簿

### 元

**毛彦颖**　至正二十年簿。执法不阿，时呼为"铁主簿"。

---

① "曹娥坝"，国图本、内阁本作"墕"。

## 尉

### 宋

**徐次铎**　东阳人。庆元中尉。廉明公谨，政事修举。时镜湖渐废，屡请复之，弗得，乃曲为营处，民获其利。

## 教谕

### 元

**童桂**　慈溪人。太定中学谕。动止有度，教人各因其材。时学毁于火，官庑鞠为蔬圃。桂至，力兴之。病，卒于官。

## 寓贤

闻之，庸蜀与雊鹊同窠，句吴与蛙黾同穴，远人之来，岂相习哉！虽然，会稽之习，则远人变之。自晋之东渡，王、谢诸贤始入越，于是而来者踵相接，冠裳礼乐遂甲于天下，於越之俗无复存者，惟岩壑为会稽旧物焉。陟秦望，探禹穴，发宛委之藏书，鼓若耶之棹，溯鉴湖而东流，一觞一咏，名士风流，悠然如晤，何可忘远人之遗泽哉！爰志寓贤。

### 唐

**康希诜**　一名希仙，严州人。希诜年十四，明经登第，历海、濮、饶、房、台、睦六州刺史，皆有异政，颜真卿撰碑记其事。开元初入计，请老于会稽。

**贺知章**　字季真，越之永兴人。性高旷，善谭说，与族姑子陆象先善，象先尝谓人曰："季真清谭风流，吾一日不见，鄙吝生矣"。嗣圣初，举进士，累迁礼部侍郎，兼集贤院学士。元宗[①]自为赞赐之。后迁太子宾客，授秘书监。知章晚节尤诞放，自号"四明狂客"。初病，梦游帝居，数日寤，乃请为道士还乡里，以宅为千秋观。有诏赐镜湖一曲。既行，帝赐诗，皇太子、百官皆出饯，擢其子会为会稽司马，赐绯鱼，使侍养。幼子亦听为道士。卒，年八十有六。

**张志和**　字子同，金华人，始名龟龄。父游，通庄、列二子书，为《象罔》《白马证》诸篇佐其说。志和生十六，擢明经，以策干肃宗，特见赏重，命待诏翰林，因赐

① 元宗，"元"讳"玄"，即唐玄宗李隆基。

名。后坐事贬南浦尉，会赦，还，以亲丧不复仕。筑室越之东郭，自称“烟波钓徒”。每垂钓不设饵，志不在鱼也。著《元真子》，亦以自号。观察使陈少游往见，为终日留，表其居曰“元真坊”。以门隘，为置地，大其闾，号“回轩巷”。陆羽尝问：“孰为往来者？”对曰：“太虚为室，明月为烛，与四海诸公共处，未尝少别也。何有往来？”志和善图山水，或击鼓吹笛，舐笔辄成。尝撰《渔歌》。宪宗图真，求其人，不能至。李德裕称其“隐而有名，显而无事，不穷不达，严子陵之比”云。

**方干**　字雄飞，新定人。工诗赋。始举进士，有司奏干缺唇，不可与科名。遂遁迹会稽，渔于镜湖，萧然山水间，以诗自放。咸通中，太守王龟知其亢直，荐为谏官，召，不就。将殁，谓其子曰：“志吾墓者谁欤？吾之诗，人自知之，志其日月姓名而已。”及卒，门人相与私谥曰“元英先生[①]”。孙希韩哭以诗曰：“牛斗文星落，知是先生死。湖上闻哭声，门前见弹指。官无一寸禄，名传千万里。死着纸衣裳，生谁念朱紫？我心痛其语，泪落不能已。犹喜韦补阙，扬名献天子。”唐末，宰臣奏名儒不遇者十五人，追赐进士出身，干与焉。

## 宋

**胡直儒**[②]　字少汲，高安华林人。少力学以诗，受知黄鲁直。绍圣间，擢进士，为编修。营救元祐党祸，累迁工部尚书郎，以龙图阁学士知洪州兼东道都总官。率兵御金人于雍丘，斩首千余级，已而兵溃见执。在朔漠，闻京城失守，大恸不已。金人欲立异姓，死争之。久得归。钦宗抚谕曰：“孤城久闭，天下兵至者，独卿与张叔夜耳。”及张邦昌僭号，叹曰：“吾岂事伪主耶！”高宗即位，亟赴行在所，奏益虔、吉戍兵。改刑部尚书，封开国伯。奉诏治攒宫，因留焉。未几而卒，葬云门白水塘。有《西山老人集》行世。

**韩肖胄**　相州人，忠献公琦之曾孙。徽宗时，赐同上舍出身；建炎初，为工部侍郎，条奏战守，计千余言。累迁签书枢密院事，后以资政殿学士知绍兴府，寻奉祠，与其弟膺胄寓居于越，事母以孝闻。卒，谥元穆。

**尹焞**　字彦明，本洛人。少事程颐，尝应举，发策有诛元祐诸臣议[③]，焞曰：“噫！

---

① 方干，谥“玄英”。此处讳。

② “胡直儒”，宋嘉泰《会稽志》卷六“陵寝”下作“胡直孺”。

③ 宋徽宗崇宁元年(1102)，奸臣蔡京把反对王安石变法的司马光等保守派官员视为奸党，称为“元祐党人”，加以打击。

尚可以干禄乎哉？”不对而出，告颐曰：“焞不复应进士举矣。”颐曰：“子有母在。”归，告其母。母曰：“吾知汝以善养，不知汝以禄养。”颐闻之曰：“贤哉，母也！”于是终身不就举。靖康初，用种师道荐，召至京师，不欲留，赐号“和靖处士”。及金人陷洛，焞阖门被害，焞死复苏。刘豫以兵劫焞，抗骂不屈，夜徒涉，渡渭潜去。以身投窜长安山中，转徙崎岖，流落于蜀。绍兴五年，以秘书郎召，八年，除秘书少监兼崇政殿说书。每当讲日，前一日必沐浴更衣，以所讲书置案上，朝服再拜，斋于燕室。或问之，曰：“必欲以所言感悟君父，安得不敬？”高宗尝语参政刘大中曰：“焞学问渊源，足为后进矜式。班列中得老成人，亦见朝廷气象。”累除礼部侍郎兼侍讲，因极论和议之非，又以书切责秦桧，寻乞致仕。其婿邢纯，为浙东安抚，迎养于越。盖居二年而殁，年七十有二，遂葬于五云山石帆里。所著有《和靖文集》十卷。

**李显忠**　字君锡，本名世辅，绥德青涧人。孝宗元年，丐祠[①]，居会稽，遂卒而葬焉。初为鄜延路兵马。绍兴中，自西夏率众来归，高宗召对便殿，奖赉甚渥，赐今名。兀术侵边，会诸将战于拓皋，大败之。显忠生长边陲，熟悉敌情，因上恢复之策，忤秦桧意，屏居台州。久之，金主亮入边，诏起显忠为池州都统，与战于大人洲，首挫其锋，亮拥兵犯淮西，王权败走，诏显忠代之。遂同虞允文大败亮于采石，复和州，又复灵壁，又复宿州，军声大震。会副将邵宏渊忮功不协，倡言惑众心，士无斗志，师遂溃于符离。显忠叹曰：“天欲未平宋室耶，而沮挠若此！”乃纳印待罪，责授团练使，安置长沙，徙信州。后朝廷知其故，复太尉。归老于会稽，岁赐米三千石。显忠生而神奇，立功边陲，父子破家殉国，志复社稷，未就而卒，朝野惜之。帝尝奇其状貌魁杰，命绘像阁下，谥忠襄。

**曾忠**　字仲常，南丰曾巩之孙。以父任为郊社斋郎，累迁通判温州，携家次于越。建炎三年，金将琶八陷越城，下令文武官在城中者，诘旦皆诣府见，不至者死。忠独不往，逮捕，见琶八，辞气不屈，抗言：“国家何负汝，汝乃欺天叛盟，咨为不道！我宋世臣也，恨无尺兵以杀汝，安能贪生事尔也！”时金人帐中执兵者皆愕眙相视。琶八曰：“且令出。”左右驱忠及其家属四十余口于南门外，同日杀之。越人作大窖瘗其尸，其弟余杭令息收葬于天柱山。（忠死国与卫士唐琦时事相同，琦有旌忠祠，而忠以流寓迄无建白之者。嘉靖壬寅，知府张明道始创大节祠，并琦祀之，于是越人始知有曾公云。）

**曾幾**　字吉甫，赣州人。以兄弼恩起将仕郎，累官敷文阁待制。立朝敢谏，负

① 丐祠：请求奉祠。

气不阿，佞幸阉贵，一无所假。尝三仕岭表，家无南物，晚节尤重于人。虽憸邪如汤思退，犹以不得从游为恨。早从舅氏孔文仲弟兄讲学。时谏官刘安世以党禁，人无敢窥其门，幾独从之游。避地衡岳，又与胡安国游，故其学益邃，为文雅正，尤工于诗，有《经说》二十卷、《文集》三十卷。几初与兄礼部侍郎开徙家河南，绍兴末，因宦浙东，卜居于越，寄禹迹寺。未几，其子浙西提刑逮迎养于官，卒平江，归葬山阴之凤凰山，诏赠左光禄大夫，谥“文清”。

**王希吕**　字仲行，宿州人，避乱徙合肥。用祖父荫补官。建炎间，扈跸南渡，侨寓嘉兴，以事忤秦桧，去。迨孝宗朝召试，登乾道五年进士，除右正言。疏斥佞臣张说，出知庐州。淳熙八年，以龙图阁学士知绍兴府，并著政绩。仕终吏部尚书、端明殿学士。晚移家会稽，贫不能庐，寓僧舍。孝宗闻之，赐地一所、钱六百万缗，令有司造第于城之东隅，子孙世居于此，即今所称后衙池也。

**张震**　字彦亨，蜀人[①]。登乾道己丑第，历院辖寺丞，知抚州江西仓，以不附韩侂胄，为言路论罢。嘉定初，召为郎，迁右司郎官，奉祠，不复出。娶会稽曾文清公之女，因家于越，时论以正人许之。

**林德旸**　字景熙，温之平阳人。宋咸淳中进士。宋亡，不复仕。尝寓越，适杨髡发宋诸陵，弃其遗骸。景熙佯为采药，行陵上，以革囊拾之，盛以二函，托言佛经瘗越山，植冬青树以志之，而哭之以诗。即而归平阳，寻为会稽监簿王修竹延致，于是往来吴越者二十余年。所著诗文有《白石藁》《白石樵唱》，详见“攒陵”下。

**谢翱**　字皋羽，闽人也。少倜傥有大节，以文章名家。元兵取宋，文天祥开府延平，翱倾家赀，率乡兵数百人赴难，遂参军事。天祥转战闽广，至潮阳被执。翱匿民间，流离久之，间行抵句越，句越多故家，而王监簿诸人方延致游士，日以赋咏相娱乐。翱时出所长，见者绝倒，不知其为天祥客也。然终不自明，遂结社会稽，名其会所曰“汐社”，期晚而信也。尝行禹窆间，循山左右，窥祐、思诸陵，北向哭。东入鄞，过蛟门，临大海，则又哭。晚登子陵钓台，以竹如意击石，歌《招魂》之词，失声，竹石俱碎，有《西台恸哭记》。台南白云村，方干故居也，翱避而悦之，愿即此为葬地。作《许剑录》，又为《晞发集》。既殁，友人如其言葬焉，以文稿殉，从翱志也。

---

① 明彭泽修、汪舜民纂弘治《徽州府志》卷八“人物二”载：“张震，字彦亨，歙人。登乾道己丑第。历院辖、寺丞，知抚州，江西仓。以不附韩氏为言路论罢。嘉定初，召为郎。迁右司郎官。奉祠，不复出。娶曾文清公幾之孙，因家于越。时论以正人许之。”

**郑朴翁**　字宗仁，平阳人。咸淳中入太学，赐上舍释褐①，历福州教授，寻除国子正。宋亡，诸陵被发，与友人林景熙等谋间行拾之，语在"景熙传"中。即而归隐芗山瀑下，会稽王英孙延致宾馆，教授子弟二十余年。后以病归，卒于家。林景熙志其墓曰："余与郑公生同里，学同师，由长至老又同出处。而公沉毅直方，自许致君泽民，志不获，遂犹以言语文字扶植纲常。精卫填海，凭霄衔土，重可悲也。"所著有《四书要指》二十卷，《礼记正义》一卷，杂著二卷曰《续古》，有诗一卷曰《厚俭》，皆精实，并传于世。

## 元

**贡性之**　字友初，泰甫从子，宣城人也。初以胄子除簿尉，有刚直名，后补闽省理官。元亡，明太祖征录泰甫后，大臣以性之荐。性之改名姓，避居于会稽，躬耕自给，老而无嗣。其乡人芮麟尝遇之，怜其羁困，邀与俱归。性之辞以诗，有云："游丝落絮都成恨，社燕秋鸿各自飞。杜宇叫残孤馆梦，西风吹老故山薇。"每有所感，则泣下，形而为诗。有诗曰："曙光晴散越王台，万壑千岩锦绣开。欹幌僧钟云外落，卷帘渔唱镜中来。树藏茅屋鸡声断，露湿松巢鹤梦回。安得画图分隙地，移家仍住小蓬莱。"劝之仕者，即默不应。卒，门人私谥曰贞晦。

## 明

**刘基**　字伯温，青田人。年十四，通《春秋》，能文章，长务理学，尤精于天文、兵法。举元进士，丞高安，议不合，去。隐居力学，尝游武林西湖，有异云起西北，座客以为庆云，将分韵赋诗，基独纵饮不顾，曰："此天子气，应在金陵，十年后有王者起其下，我当辅之。"方国珍反海上，省宪辟基为行省都事，基议："方氏首乱，宜捕斩。"行省以请于朝，大臣多纳方氏贿，准招安，授国珍官，驳基擅作威福，羁管绍兴。基发愤恸哭，呕血欲自杀，家人力沮之。于是居绍兴，放浪山水，以诗文自娱。凡新、剡、萧、暨诸名胜，游赏殆遍，而盘桓云门诸山最久，具有记。已而方氏益横，朝议思基言，复起之，基意不屑，卒弃归。著《郁离子》十卷。明太祖兵下括苍，遣使来聘，遂间道诣金陵，定计帷幄，卒为元勋第一人。

**无名氏**　二人当永乐初。一为樵者，寓耶溪，日鬻薪两束，足食则已。食已，

① 释褐：脱去平民衣服。

往画诗溪沙上，画已，辄乱其诗，人怪之。一日，忽从后持抱，乃得读其诗，云："梦入鹓班觐紫辰，醒来依旧泣孤臣。半生家国唯余我，万里江山竟属人。无地可容王蠋死，有薇堪济伯彝贫。伶仃苟活缘何事，要了茕茕一点真。"一为僧，寓云门寺，不言其由。每从一童子，携茗具笔床，泛舟四游，赋诗满袖，归则焚之，不留一字。两人者，疑皆建文忠臣，晦姓名而遁者也。至后查《表忠录》，樵者，名廖平，襄阳人，建文时官兵部侍郎，携太子出奔云门。僧，名蔡运，南康人，贡起家，历官四川参政，清劲直谅，不谐于俗，罢归。起宾州知州，有惠政。壬午与闻出亡之事，因剃发为僧，至会稽云门寺寓焉。

**杨定国**　兖州人。崇祯间，奉使过越，闻变，自缢死，从者星散。邑人范会怜之，为之营葬于贺家湖南，岁时以鸡黍致祭。

**姜埰**　字如农，山东莱阳人。崇祯辛未进士，屡迁吏科给事中。时内竖揭朝堂，指东林倪元璐等为二十四气，埰奏：是小人以此倾陷君子。帝大怒，廷杖。刘宗周疏救。谪戍边海，赦归。同弟垓，庚辰进士，奉母寓章闾家，曲尽孝养，与章正宸为道义交。

**梅念殷**　湖广麻城人，己卯举人。避流寇，寓居称心寺。善诗文，体近《离骚》。

**高弘图**　山东人，万历庚戌进士。讲学东林，寓居会稽。闻变，绝粒死，与刘宗周同时。

**祝渊**　字开美，海盐人。崇祯癸未，上书救刘宗周，下诏狱，寻赦归。宗周以书招之，渊舆疾至，读书古小学。后以营葬还里，闻变，结帨死。

**张文炟**[①]　字湛生，顺天人。崇祯甲戌进士，历官吏部文选郎。醇笃清介，喜愠不形。甲申寇难，避迹若耶溪，杜门却扫，超然特立，与同里孝廉萧伯闇、明经贾期生并称"石隐"云。

会稽县志卷第二十二终

① "张文炟"条，国图本无，内阁本录。

# 会稽县志卷第二十三

## 人物志二

列传前　列传后

会稽负岩壑之奇，据东南之胜，灵秀所钟，自古号称多贤。盖不独士之生于斯、寓于斯者，蔚然可纪，而贞妇烈女，缁黄杂技之载于青史者，亦班班焉，何其盛也！今之会稽，岂有改于昔哉？而才贤或差，不逮于数十年之前，则较之往古，抑又可知矣。此何说焉？盖以观于乡之尚、士与庶之风，昔以朴，今渐以华；昔以俭，今渐以侈。夫华与侈相乘，故志日滥而节易隳，即卓然不移者，间有其人，而视诸数十年之前，终有间矣，尚何望于往古者哉？嗟乎！必有豪杰者作，返朴与俭，使乡易其尚，士与庶易其风，而后古之会稽可复见矣。（徐渭）

## 列传前

### 唐

**罗珦**　宝应初，诣阙上书，授太常大祝[①]。曹王皋领江西、荆襄节度使，尝署幕府，累迁副使。皋卒，军乱，劫府库，珦取首恶十余人斩以徇，环棘庭中，俾投所劫库物，一日皆满，乃贳余党。召为奉天令。中官出入辇道，吏缘以犯禁，珦榜[②]笞之，虽死不置，自是屏息。擢庐州刺史，修学宫，政教简易，有芝草、白雀之祥。淮南节

① “太常大祝”，即太常寺太祝，掌祭祀。

② “榜”，国图本、内阁本作“搒”。搒，用棍棒或竹板打。

度使杜祐上治状，赐金紫服。再迁京兆尹，请减平籴半，以常赋充之，人赖其利。以老疾求解，徙太子宾客，累封襄阳县男。

**罗让**　字景宣，珦之子。蚤以文学著声，举进士，宏辞，贤良方正，皆高第。为咸阳尉，父丧，几毁灭。服除，布衣粝饭，不应辟者十余年。淮南节度使李鄘延致幕府，除监察御史，累迁福建观察使兼御史中丞，有仁惠名。或以婢遗让者，问所从，答曰："女兄九人，皆为官所卖，留者独老母耳。"让惨然，为焚券，召母归之。入为散骑常侍，拜江西观察使。卒，赠礼部尚书。

## 宋

**罗开满**　字仲谦。开宝间守临江，崇儒尚礼，士民化之。卒，赠临江侯。

**钱彦远**　字子高。举进士，历知润州。以地震，上疏劝帝顺天修德，且言：契丹据山后诸镇，赵元昊盗灵武、银夏，湖广蛮獠劫掠生民，愿轸此三方之急，讲求长久之计，以答天戒。时旱蝗民饥，即发常平仓以赈。部使讦其专，且摧沮之，彦远不为屈。召为右司谏，知谏院。会诸路奏大水，彦远言：阴气过盛，在五行传下，有谋上之象。未几，果有挟刃入禁门者，特赐五等服。卒于官。弟明逸，历太常博士，为吕彝简所知，擢右正言。

**孙沔**　字元规。举进士，为监察御史里行。景祐初，章献皇后服未除，而礼官请用冬至日册后，沔奏请俟祥禫别择日。又奏请宥李安世以风言者。出知衡山县，道上书言时事，再贬永州。后知秦州，仁宗勉以边事，对曰："秦州不足忧，陛下当以南方为忧。"明日，官军以败闻，遂以沔为荆湖、江西、广南安抚使。未几，贼平，迁枢密副使。契丹请观太庙乐，沔折之曰："庙乐皆歌咏祖功宗德，使人如能留助吾祭，乃可观使。"遂不敢复请。张贵妃薨，追册为皇后，命沔读册。故事，正后，翰林学士读册。沔既位右府，辞之不从，及至柩前，乃曰："此册臣沔读则可，枢密副使读则不可。"置册而退。时相取读之，遂求罢职。以资政殿学士知杭州。在杭治奸僧猾民，不少贷，累官观文殿学士，知延州。卒，年七十一，赠兵部尚书，谥威敏。

**齐廓**　字公辟。举进士，授梧州推官，累迁太常博士、知审刑详议官，出知通、泰州，提荆湖路刑狱。潭州鞫系囚七人为强盗，当论死，廓讯得其状，付册使[①]劾正，乃悉免死。平阳县自马氏时税民丁钱，岁输银二万八千两，民生子，至壮不敢束发，

① "册使"，国图本、内阁本作"州使"。

廓奏蠲除之。初，兼按察司，时奉使者竞为苛刻邀声名，独廓奉法如平时。积官光禄卿、直秘阁，以疾分司南京，改秘书监，卒。

**顾临**　字子敦。通经学，为国子监直讲，迁馆阁校勘、同知礼院。临知兵，神宗诏编《武经要略》，且召问兵，对曰："兵以仁义为本，动静之机，安危所系，不可轻也。"因条十事以献。出权湖南转运判官、提举常平，议事忤执政意，罢归。元祐二年，擢给事中。朝廷方事回河，拜天章阁待制、河北都转运使。翰林学士苏轼等言："临资性方正，学有根本，封驳议论，有古人风，宜留置左右。"不报。临至部，请因河势回使东流。复以给事中召还，历刑、兵、吏三部侍郎兼侍读，为翰林学士。绍圣初，以龙图阁学士知定州，徙应天、河南府。忌者指为党人，斥饶州居住。会覃恩还乡里。年七十二卒。

**钱勰**　字穆父，彦远之子，以荫补官。神宗尝召对，将进用之，王安石使弟安礼来见，许为御史。勰谢曰："家贫母老，不能为里行。[①]"安石知不附己，命以他职。知开封府。老吏畏其敏，欲困以事，导人诉牒至七百。勰随即剖决，吏乃惊诧去。宗室、贵戚为之敛手。召拜户部侍郎，进尚书，加龙图阁直学士。因忤章惇，惇极意排诋，罢知池州，卒。

**陈居安**　乾道五年为临海令，以兴利除害为己职。邑有大恶溪、小恶溪，峭石隐见，疾流冲激，舟稍不戒，辄破覆。居安募工去石，民甚便之。守以其能，檄董治东湖，稽复侵渔，浚决壅滞，创制斗门，为利尤大。

**施德懋**　端平间进士。知建平，以操干闻。值岁饥，多方赈救，全活甚众。县故有学士，以无养失业，德懋奏置田五百亩，招徕俊秀，躬教饬之，士类聿兴。秩满，迁审计司。

**詹骙**　字晋卿。淳熙二年，廷试第一，累官至龙图阁学士，知定国府，以文学、政治闻。其子孙世居南门外。

## 元

**华凯**　字元凯。至正间为萧山尹。时邑田多芜，民失其业。凯核实民田，乡无争竞，至今赖之。

---

① "不能为里行"，《宋史》卷三百一十七"钱勰传"作"不能为万里行"。

## 明

**钱尚絅**　字允裳，宰之子。洪武初，领乡荐，授新城簿。新城当杭、睦之交，兵燹后，存者无几，尚絅与令披草莱以创治，竭力劳抚，民赖以安。

**赵渊**　字泽民。洪武初，领荐，授阳谷令。迁山西按察使，绳赃吏，兴学校，卓有时誉。及解官，结茅先陇之侧，箪瓢诵读，无异布衣，乡人贤之。

**宣温**　字彦温。少颖悟好学，襟度超旷。家贫，处之裕如。洪武中被召，上询以治道，温条对甚悉。上因问：汉高祖杀功臣，光武全功臣，优劣何如？温对曰：高祖杀功臣，功臣自杀；光武全功臣，功臣自全。上悦其言，授四川左参政，居官有惠政，蜀人祠祀之。

**王珩**　字叔珩。少力学，有志事功。洪武中，陈时务十策，有裨治道。授盐城令，兴革利弊，民甚德之。永乐初，迁刑部主事，不就，归。弟璲，举经明行修科，为襄城伯训导，一时公卿皆折节下之。

**章敞**　字尚文，永乐甲申进士。是年初，选庶吉士，读书中秘，敞与余姚柴广敬与焉。预修《永乐大典》《四书》《五经》《性理大全》诸书。后居刑曹，屡辩冤狱，人服其明。累迁礼部侍郎，两奉诏往安南谕黎利父子，得使臣之体，转左侍郎，每有献替，多所裨益。时晋府以护卫官军田庐请，英宗命敞理之。至则计军分授，余给与民，咸沐其利。又同尚书胡濙考定新旧令式，明白简易，吏不敢欺，至今赖之。

**徐初**　字复阳。自幼务精思力践之学。领乡荐，教授潍学。久之，征为给事中。仁宗改元，首疏治道十事，常见施行。进都给事中。宣德中，汉庶人高煦反，劝上亲征，翼赞有功，赐臧获四人。英国公张辅朝会失仪，初劾其跛扈，无人臣礼。上虽曲宥辅，而心嘉其直。擢大理卿，持法务平恕。尝与寺丞杨复论事不合，被劾下狱。太史奏："大理星不见。"上特复其官，星乃见。正统初，乞归。又十年，闻乘舆北狩，一时悲愤而卒。初生平忠诚孝友，内外一致，而刚廉节概，尤为缙绅所推。

**周颐**[①]　字养浩。为人卓绝敏迈，读书日记数千言。永乐初，徙巨室丁壮实京师。颐以兄当行而母老，遂慨然上疏请行，诏许之。已而入太学卒业，拜监察御史。屡决冤滞，明激扬，百僚震悚。迁山东参议，有声齐鲁间。佐遂安伯理兵事于山海关，规画周妥[②]，边境赖之。及调江西，平大盘剧寇，功尤著。英宗改元，迁福建左

① "周颐"，国图本、内阁本作"周顺"，"周顺"或误。

② "周妥"，国图本、内阁本作"周委"。

布政使。至则建侯官、怀安两县学，开江山浦城道，至今称便。

**胡智**　字宗愚。少颖悟，兼通艺学，与镏绩、王谊辈为友。永乐中，举进士，拜监察御史，益棱棱。掌院顾佐深器之，谓可属大事。已而出按部，多所平反。中贵人某怙宠触法，连引齐、鲁、楚、蜀数郡。智奏，诏往讯，一鞠得其情。擢福建按察副使，墨吏闻之，望风解绶。迁广西按察使。龙州与交趾、思郎州连岁交兵争地，智定以公议，交人不敢复争。宣宗特加赏赉，进左布政使，异政尤多。景泰初，乞归，杜门谢俗，守令鲜窥其面[①]。居地苦隘，守欲以闲旷地益之，辞不受。

**张祯逊**　字友让。性刚直，公于嫉恶。居尝读书，严义利之辨。尝曰："我私淑孟轲氏于遗书。"人皆称为"张孟子"。永乐中，举贤良方正科，授福建按察使[②]照磨。数与上官辨时政得失，言论侃侃，不少诡随。上官嫉之，不得行其志，遂欣然著角巾以归。一时词林诸名人竞为诗文，以高其行。

**胡季舟**　字汝弼。永乐甲午举于乡。明年试礼部，下第，诏命覆试，拔其尤得二十四人，而季舟与焉。赐冠带，给教谕俸，俾卒业太学。辛丑，以亲老请，除松江训导，迁常德教授。见义勇为，不惜财利，人皆重之。

**章瑄**　字用辉。景泰中进士，授职方主事，出守山海关。时中贵魏荣领神枪，纵所部京校，假冒试习侵关事；后府舍人王延倚借宫掖，得管押戍卒，往往迫淫其妇，攫其囊且尽。瑄并奏，悉置诸法。御马都监指挥脱人赤[③]有宠于英宗，命使朝鲜，而无关符，瑄持之不奉。脱驰奏，上震怒，械系阙下。言官论救，乃释。寻迁车驾郎中，进辽东行太仆寺少卿。诸番贡马入境，多为阃帅所擅。瑄请岁遣官阅所贡马于各边，自是岁得良马无算。于边徼建学，以教列校子弟，辽士始知礼义。寻乞归。所著有《竹庄集》四十卷。

**徐霦**　字泽民。任临淮县教谕，尝条陈时事，有利于民。迁景东教授。景东为云南极边地，兵荒之余，官无处所。霦廉，知有公署据于强梗，遂言于朝，即其地建学，能以师道自重。复除天津三卫学。武臣倨傲无礼，霦让以大义，皆致畏敬，

① "鲜窥其面"，国图本、内阁本作"鲜窥其而"。

② "按察使"，国图本、内阁本作"按察司"。

③ "脱人赤"，或为"脱火赤"之误。脱火赤，即薛贵，《明史》有传：贵，本名脱火赤，斌之弟。以舍人从燕王起兵，屡脱王于险。积官都指挥使。再从北征，进都督佥事。永乐二十年封安顺伯，禄九百石。宣德元年进侯，加禄三百石，予世券。卒，赠滨国公，谥忠勇。无子，从子山嗣为指挥使。天顺改元，以复辟恩，命山子忠嗣伯。卒，子瑶嗣。弘治中卒，子昂降袭指挥使。

邻壤取法焉。致仕，卒于家。子耕，官训导，学行类其父。

**沈性**　字士彝。年十二即解为文，尝夜读书，稍睡辄警，作《逐睡魔文》，一时师友咸奇之。景泰初，登进士，授御史。廉顺端严[①]，为左都御史萧维祯所器重。己巳之变，敌势方张，诏往阅军器，谨守望。性到边，遍走墩堡，忘险易。景泰大渐，英宗在南内，廷臣议迎，汹汹未定，性与林鹗等赞决之。夜漏下三鼓，武臣排闼导驾出，性趣鹗与周必兆翼维祯突仗前，进名翼戴[②]，以定大计。俄而论功，为徐有贞所蔽。出知宁国郡，至则讯民疾苦，拊循备至。又以其余孜孜学校，一时士奋起轶他郡。未几，以外艰归，卒于家。孙桥，[③]字宗周，嘉靖中进士，历顺庆守，终湖广按察使，所至皆有声绩，而清白自持，不愧乃祖云。

**曹谦**　字廷逊。髫时即以文名。景泰初，领乡荐，授潮州同知。更徙韶州，所至以廉能称。迁高州郡守，猺獞出没摽掠，民不聊生。谦绥御合宜，咸皆戢服，至有迎拜道左乞田输税以自齿于编氓[④]者。高人至今祠祀之。

**韩邦问**　字大经。父弼，耿介有学，长于诗，有《衡轩集》，官襄府长史。邦问因举湖广乡试，成化中登进士，为廷评，虑囚四川，多所平反。出知淮安府，节冗费，辨滞狱，又集漕卒，禁私鹾，其所设施，不为苛察而人畏服。久之，以都御史巡抚江西。时中官驻饶，烧供御磁器，邦问力言小民凋敝状，上感动，辄止之。后以刑部尚书致仕，卒于家。邦问雅性坦直，不妄笑言。其居虽逼城市，而出入甚罕，至士大夫以国典民隐造质，辄响答忘倦，盖身虽退而不忘经济如此。里人至今想其风采。卒谥庄僖。

**陈镐**　字宗子。其先会稽人，占籍南京钦天监。成化丙午，举应天乡试第一，登进士，授礼部主事，历山东提学副使、湖广右布政使，进右副都御史、巡抚湖广。明年，以病乞归，命未下而卒。镐明敏，有吏干，董学时，较阅精当，得士心。巡抚时，平汉沔之盗，民赖以安。镐与弟钦同科进士，而皆有才名，钦亦为广东提学副使。

**朱谔**　字元肃。景泰间，领乡荐，授麻城学训，历应应天、福建、云南聘主试事。有故旧邀于途，以私请，谔曰："幽有鬼神，明有国法，吾岂敢哉？"秩满，铨部重其学

① "廉顺端严"，国图本、内阁本作"廉慎端严"。

② 翼戴：辅助拥戴，亦作"翊戴"。

③ 底本误作另一条目，据内阁本改。参见本志卷第二十"嘉靖二十年辛丑科沈坤榜"有关内容。沈性孙沈桥。

④ 编氓：编入册籍的民丁，指平民。

行，特迁国子学录。卒于官。

**董豫**　字德和。举进士，为刑部主事。以言事忤当路，谪寿州同知。迁知茶陵州，益廉劲，铮铮无所阿避。其大者治嚚讼，厘敝政，改创学宫，择师傅教其子弟。时少保张治年弱冠，尚未知书，其父为州胥，豫见而奇之，令就衙署中学，且曰："是子他日不在吾侄玘之下。"时玘已及第为翰林矣。其后张发轫，一如豫言，每为缙绅言之，服其藻鉴[①]云。

**董复**　字德初。成化中进士，知黟县。为民宽徭赋，捍水患，恤孤乏，抑兼并。奏最，征拜御史。孝宗登极，首疏斥贵幸数十人，直声大震。然以是为用事者所摧，出知云南府。其治一如黟时，民咸德之。复性坦直无他肠，居官务尽职，无顾避，是以所至辄奋。晚归，衣无纨绮，屋数楹仅蔽风雨，足迹罕入城市。家居孝友，日惟课诸子读书，故其子玘能振其业。特恩存问，赠翰林院学士，赐祭葬。

**董玘**　字文玉。宏治[②]辛酉乡试第二，乙丑会试第一，廷对第二，授翰林编修。以忤阉瑾，出为县。及迁，复苦以刑曹。瑾诛，还旧职。其后转徙翰林春坊[③]中，至吏部左侍郎。玘生而颖绝，以神童称。《四书》《五经》俱有注疏，改正国史，为文庄雅，得西汉作者之髓。居乡严重寡交，即大吏造庐，罕觌其面。建中峰书院于东山两眺之间，四方从游讲学者甚众，号为中峰先生。卒，赠礼部尚书，谥"文简"，遣官谕葬上虞大善隆祐山。有《中峰文集》，唐顺之选。

**章忱**　字景恂。成化间进士。初令临城，累迁曲靖守，所至有惠政，民并肖像祀之。忱天性孝友，淡于荣利，家居二十余年，城府罕入。其自述有曰："敢为身从颜氏乐，直将心比伯彝清。"所著有《临城集》《克斋稿》。忱父珙，有孝行，乡人称之。

**陶谱**　字世芳。谐之从兄也。以例贡为霸州牧，迁高阳令。持己峻洁，一介不苟取[④]，两境民并祠祀。旋以疾乞致仕归。时庄敏既贵显，陶氏门第日盛，谱独恬然如寒素，日事吟咏以自怡。笃于行谊，为宗党所敬信。

**陶谐**　字世和。宏治[⑤]中，以乡试第一人登进士。用选入中秘，已而改给事中。武宗时，诸奸擅政，事多内降。谐驳抗疏请无所避。逆瑾专恣尤甚，权侔人主，谐

① 藻鉴：品藻和鉴别。

② "宏治"，国图本、内阁本作"弘治"。

③ 春坊：太子宫所属官署名，分左、右二春坊，统领司经、典膳诸局。

④ "一介不苟取"，国图本、内阁本作"一介无苟取"。

⑤ "宏治"，见前注。

奏斥之。瑾怒，日伺谐无所得，乃罗他事矫诏杖谐，与刘大夏、潘蕃同戍肃州。瑾诛，放还。嘉靖改元，诏采耆旧，乃复起。历官兵部侍郎，总督两广。会寇变，谐尽心抚剿，两广以平。寻入本兵。乞归，卒于家，赠兵部尚书，谥庄敏。

**陶怿**　字习之。幼颖悟，日记数千言。弘治初登进士，授刑部主事。谳狱公恕，然不为势挠。戚里有杀人者，同列并宽之，怿竟正其罪。累迁福建佥事。逆瑾邀贿，怿叹曰："不义富贵，于我浮云。"遂以广东参议致仕归[①]。所著有《克斋集》。

**沈弘道**　字伯元。正德间进士，授刑部主事，决狱称平。尝悯囚久系，作《囹圄赋》，读者悲之。武宗将南巡，道上书抗上[②]，遂被谴。迨世宗入继大统，首陈治道八事，将柄用之，会丁内艰去。服阕，进员外郎，继迁福建佥事，卒于官。家居时绝无私谒，惟乡邦利病所关，则侃侃言之。既议革平水关抽分，又议开上灶河，有司独加敬礼，言无不从。且又念其贫，欲周之，乃令所拟死大豪石某者，能致道书则免死。豪惮道，谋于道子，伺道出，陈豪所赂千金于几，冀以动之。道归，问所从来，遽唾去，豪竟杖死。其清操不愧屋漏如此。平生[③]好学，耽述作，所著有《樵问》《洪范八十一廓》《太元论》《凭几论》《冲穆稿》。问其家，不存，云藏于旧主平湖陆氏。

**沈束**　字宗安。嘉靖癸卯，乡试第一，寻举进士，出理徽郡三年，拜礼科给事中。世宗末年，严嵩父子专政，诸所进退一以贿入为低昂。束触事愤慨，将列其罪状，语稍漏。会总兵周尚文卒，请恤典，嵩恶其素不附己，寝之。束抗疏言："尚文忠勇素著，国之长城，其死也，边人无不洒泣，而身后之典，格而不议，何以示劝？且大臣当体国奉公，奈何以爱憎为予夺？"疏入，嵩大怒，条旨杖阙下，几死，寻下诏狱幽禁之。自束疏上后，沈锦衣錬、赵御史锦、徐刑部学诗先后论嵩，时号"越中四谏"，而嵩愈恨越人，禁束愈固。在狱凡十有八年，艰危无状，惟兀坐，玩《周易》，著《周易通解》。发为诗歌，悲壮凄惋，令读者裂眦酸鼻。会严氏败，而束父年八十有七，其妻张乃伏阙上疏，请以身代系，令夫得一见父以瞑。凡三上，乃得旨放归。归则固有心疾，且其意欲佯狂以避世，时时对客作谵语，然平居谈道赋诗惺如也。隆庆初，诏起原官，寻迁南通政，皆不赴。自是扫迹城市，日以著述自娱。家故贫，有田十余亩，妻妾[④]并日而食，处之怡然，居十余年而卒。妻张，妾潘，载"贞妇传"。

---

① "致仕归"，国图本、内阁本作"致政归"。

② "道上书抗上"，国图本、内阁本作"道上书抗止"。

③ "平生"，国图本、内阁本作"生平"。

④ "妻妾"，国图本、内阁本作"妇妾"。

**陶大年**　字长卿。嘉靖辛丑进士，授南兵部主事。出守吉安，升山东海道。修保甲法，练卒千人为劲兵，破贼杨施仁，转四川参议。三殿灾，取材巴蜀，使者相望。大年渡河，陪视采择，民困获苏。升广西副使，平潮寇张琏，诏赐金帛。分守岭北，复平三巢贼，获赏如前。会灾变察吏，罢官，公论冤之[①]。

**董思近**　号约山。以父玘日讲勤劳，荫补宗人府经历。适同邑沈束下狱，思近抗疏救之，几不测。华亭徐阶为玘所得士，慨然曰："吾师止一子，何忍坐视其死？"力为营解，得出。知云南寻甸府，平定苗难，有辟土功。抚臣上其事，为严嵩所抑，卒于官。杨慎赠诗云："不是蟠胸多磊落，那知绝域有江山。画戟清香延坐久，村孤城远漏声间。"（子祖庆，万里扶柩归，事母以孝闻。祀乡贤。[②]）

**陶大临**　字虞臣，谐之孙也。嘉靖丙辰廷对第二，历官翰林国子，终吏部右侍郎。卒于官，赠礼部尚书，谥文僖。大临貌不胜衣，而识沉守介，屹然不可动摇。隆庆壬申，侍讲读于东宫。神宗践祚，充日讲，恳恳以正心窒欲、敬天法祖为言。自入仕，辄以咨访人才为急，置二籍袖中，黑白必书。及为吏部，参决大计，所汰留多得其当。平生翼翼畏慎，惟恐有失，而于取予尤严，无论金帛，即书画名玩之遗，必峻却之，泊然无所好也。卒之日，橐无赢金，士论益贤之，而惜其大用未究云。

## 列传后

**陶承学**　号泗桥。嘉靖丁未进士。初仕中书，擢南台御史。时仇鸾擅宠骄横，言者多被斥，承学抗疏力诋之，出知徽州。甫下车较士，识许国为庙廊器，拔置第一。徽故多讼，承学敏于决断，邑民裹粮就谳者，朝至夕去，徽人号为"半升太守"，言食米半升，而[③]造即质成也。报最，转九江副使。会景藩就封，派舟夫万余于徽，承学以山民不便水役，捐俸雇值，徽民建祠尸祝，名曰思仁。历官南礼部尚书，立朝持大体，制度多所裁定。致仕，特恩存问，岁给月俸。后疾卒，予祭葬，赠太子少保，谥恭惠。子五：与龄，举人；望龄，会元；奭龄，举人；祖龄，国学生。祖龄之子履卓，会魁。孙辈列诸生者数十人，咸谓恭惠之德懋焉。

**胡朝臣**　号敬所。嘉靖丁未进士，授工曹。以忤严嵩，诬陷下狱。嵩败，复原官，终通政使。沈鍊遭难，宾客多不至，独朝臣与永嘉尚宝张逊业常护视之，卒以此得祸。

---

① "公论冤之"，国图本作阙。

② 括号内小字，国图本、内阁本均无。

③ "而"，国图本、内阁本作"两"。

**范槚**　字子美。嘉靖庚戌进士，授工曹，以廉谨称。当事者要致之，不往，转徙在郎署间。寻出知淮安，值倭犯盐城庙湾，槚自将卒屯菊花沟以扞之。时荒余库藏如洗，诸军给饷日千石，槚恐不继，发银往籴，军兴给足，卒破贼。自受事，不解带者半岁，衣渍汗表里，黏全肌[①]如漆。兵事罢而景藩役兴，诸郡括丁夫，呼召甚棘，槚以粮船水手及凤阳协济夫雇值应之，而民不扰。槚又持《会典》请于抚院，咨礼部，奏减景藩供给，省费钜万。时藩拥重资，群盗谋劫之，布党起天津至鄱阳，槚以计捕贼首，余遂溃散。无何，议筑玉带城，槚不附上官议，遂搜远逋罪，槚罢职。卒年八十有一。著有《洗心居格言》《观史雅言》《首尾吟》等集。

**陶大顺**　号云谷，初名大壮。举顺天乡试第九，北士大哗，还补本籍廪生。复以嘉靖戊午举浙省春秋第一，乙丑与长子允淳同举进士，有旌其门者曰：畿省两举经元，父子同科进士。授工曹。以父老乞终养。服除，起补兵部郎，当事者重其才，一岁中更长三司。又熟谙边事，条奏当旨，迁大名兵备，历官副都御史，巡抚广西，致仕。大顺沉练有决断，事至辄了，律身严洁，宦囊萧然。尝谓诸子曰：“吾以清白贻尔，胜赢金矣。”年七十四卒，赐祭葬。长子允淳，官宝卿。季子允嘉，号兰风，以廪例入成均。万历甲午试北闱，房师荐元，主司欲亚之，房师执不听，曰：“吾不忍此生贬价。”后庚子、癸卯、己酉，俱登副榜，以例贡授中都通判，驻正阳。正阳为淮颍巨商孔道，允嘉剔弊除奸，商民安堵。报最，升福建运副，乞身归，里人称其“恬退”。允嘉博洽好书，自子、史、天文、地理、星相、医卜、奇门、六壬，靡不究解，著有《泽农吟集》。子崇道，万历甲戌会魁，给事中，历官布政。

**周应中**　号宁宇。隆庆辛未进士。聘陶，奉旨归娶。初令元氏[②]，调繁真定，邻边无城遣戍防，秋岁费金钱，应中以城真定为请，当事难之。应中躬操畚锸，以先庶民，不数月，城工落成。又疏滹沱河，通水利，教民种稻。北方水田，自应中始。邑患盗，应中以保甲法清之。会以事忤中贵冯保，又书刺[③]江陵夺情[④]，亦大恚，当大计，群小诬以贪。过吏部堂，堂上大呼曰：“某官贪！”应中大声应曰：“某官不贪！”真定守徐曰：“委不贪，第傲耳。”调崇阳，均徭役，严清丈，势家病之。役未竣，而转崇府审理。署印者亟索篆，应中持勿与，自持篆印户由册。册成，召主者给之，

① “全肌”，国图本、内阁本作“合肌”。

② “元氏”，北直隶真定府下辖县。

③ 书刺：指书札。

④ 江陵夺情：即明万历首辅张居正“夺情”。

乃行。至今民呼其田为“周公田”。庚辰大计，复列不谨永锢，应中视之蔑如也。家居二十余年，起补曲周令，累迁潞安兵备。故太宰王国光里居，坐不法，应中按以律，其私人力挤之，复论调。又家居七年，起任荆南道。荆南临长江，漕舟时覆溺，应中酌为帮运支收之法，官民便之。楚藩构乱，杀赵巡抚，闻应中至，拱手就缚。在荆南三年，治尤最。朝士有知应中者，内擢光禄少卿，而荆司理王三善以夙憾中伤，复论调。应中曰：“吾老矣，不能事群少年，待辱也。”抗疏乞身，得放归里。应中负经济大才，屡起屡蹶，不究其用，识者恨之。林居三十年，九十岁而卒。

**罗万化**　号康洲。隆庆戊辰廷对第一，授修撰，与修《世宗实录》及《会典》诸书。江陵柄国，以万化伉厉自远，每思招致，讬客周生通意，万化峻拒之。其仆尤七私请记于万化，万化怒曰：“吾为天子侍从臣，而为仆人作记耶？”江陵又为其子先期请试题，万化拂衣起曰：“吾晚装两簏，明旦出宣武门，而谓我难去官乎？”江陵益恨之。故久为六品官不得调。江陵败，始迁谕德，充经筵讲官，升南祭酒，历官礼部尚书。时储位未定，有三王并封之命，万化率其佐诣朝房陈说，言甚剀切。上疏言：“有嫡立嫡，无嫡立长。”疏凡十上。太仓王锡爵亦力争之，国本始定。会推阁臣，万化名在枚卜[①]，或言：“中人须少用货。”万化叹曰：“吾以寒士被遇至此，於吾过矣，此何官而可货得乎？”又推冢宰，而忌者不喜，以是俱中罢。万化亦瘁病思母，连疏乞归，至宝应卒。赐祭葬，赠太子少保，谥文懿。

**范可奇**　字士颖，文正十九[②]世孙。万历甲戌进士，授刑曹。精法律，大司寇严清重之。出守黄州，岁额输绢，民以土不宜蚕，率转贸旁郡。官廨有桑，可奇令家人试之，与吴越同。于是课民种桑，笞杖之赎，以所种多少为差。三年而桑阴蔽野，为《蚕书》以授之。黄之有蚕，自可奇始。岁大祲，和籴劝赈，力行无救，可奇彷徨辍食。适漕舟至，可奇喜曰：“吾得借手起此沟中瘠矣。”故事，漕于江者，即黄受代以达京师。可奇以为此去秋成三月，莫若散之民间，秋至而收之，则滞漕舟不过三月耳。请于大吏，大吏难之。可奇力争，愿自执其咎，始报可。及期，偿运之外，得羡米数千石，储之备荒。升广西副使，备兵府江。胥户[③]獠丁，凭依险阻，时出为

---

① 枚卜：选用官员。

② “十九”，国图本、内阁本作“一十九”。

③ “胥户”，国图本、内阁本作“蛋户”；或“疍户”为是，水上居民的称呼。

患，道路梗塞。可奇伐木开道，搜补卒乘，自苍梧至行省五百余里，荡然罢鸣柝[①]吠犬之惊。北陀峒民构乱，群议剿之。可奇发单使往谕，即受约束。可奇每深入丛箐，蒙瘴岚以底定反侧，故人服其威信。积劳成疾，方视事，卒于公座。祀名宦、乡贤。仲子绍裘，字次镰。万历戊午副榜，选授凤阳通判。时逆珰窃政，媚奄者建祠于临淮，绍裘署篆避之以行。及掣盐真州，绍裘无丝毫之羡。寻卒于官，降神于巫，相传为开封城隍神。同里陶奭龄以柳州罗池事比之。祀名宦、乡贤。季子绍序，字幼钦。万历丙辰进士，授保定推官。考选刑科给事中。告假归里，病愤时事，使家人至京上之，疏侵逆珰。有同年生遏之，不听上。未几卒，祀保定名宦。孙礽，字祖生，绍裘子。顺治丙戌举于乡。授南康推官，主白鹿洞书院，修《鹿洞》《庐山》《鹅湖》三志，著《审克》《镎于》二编。升广信同知，平九仙山寇，人多其功。于三郡冤狱[②]，尤善于平反。

**朱南英**　号云峥。万历丁丑进士。初令奉新，地瘠民贫，南英多方劝课，俗以饶裕，盗贼衰息。报最，迁刑曹，多所平反。寻升泉州知府。郡多豪贵，遇事蜂生，南英莅任，豪贵皆敛迹。晋湖南道，时有谏垣之弟横行乡里，人咸切齿，长吏不敢问。南英下车，即按其罪。后致政家居，竿牍[③]不入公庭。兄南雍，号越峥，隆庆戊辰进士，给事中，历官通政，并有声绩，字画为世所珍。

**钱槚**　字仲美，号岳阳，武肃王后裔。万历庚辰进士。自疏请为学博，得南昌，日集诸生横经课业，士靡然向风。壬午，分校南都，所录尽知名士。迁北雍助教。故事，科甲由雍迁，多礼曹且速，而槚迂回五年。迁工曹，中官窟穴其中，加以胥商为蠹蚀，槚董大工，精严稽核，不一染指，司空曾见台[④]器重之。以内艰归，庐居如礼，厨舍萧然，毫不介意。丁酉，起池州守，与民休息，不事鞭笞，又苦心调剂矿税，池人赖焉。迁江西督学，以正文体、端士习为本，虽当道不少狥，人服其公。以外艰归，哀毁柴瘠，遂以病告，坚卧不复起。

**胡琳**　字伯玉，号璞完。高、曾祖、父及琳四世皆进士，而琳以中书舍人历官仆卿。世为廉吏，家无中人产，脱粟布衣，无异寒畯。兼之宽仁浑厚，为世所推重云。

---

① 鸣柝：敲击梆子使发声，常用以巡夜和聚众。唐符载《士洑镇保宁记》："向至暮夜，则渔者唱，樵者和，荡荡然罢鸣柝吠犬之惊。"

② "于三郡冤狱"，国图本、内阁本作"十三郡冤狱"。

③ 竿牍：书札。

④ 曾见台：即曾同亨，明江西吉水人，字于野，号见台。

**王舜鼎**　号墨池。万历戊戌进士。授刑曹，深明刑律，取孙浒西《律例申明》、袁了凡《宝邸刑书》、吕新吾《狱政刑戒》，纂其要，名《宣慈录》。时有给事曹学程当刑，舜鼎力救得免。寻调兵部郎，核军伍册籍，绝馈遗，未尝私引一弁。擢参政，分巡川北。会蜀亢旱，捐公费赎锾，仿常平法以赈活饥民。两台使者相倚重，凡大议大役，必咨决焉。岁值大朝，以署臬代觐，举卓异，廷劳赐金，迁陕西右布政。又以方岳殊等迁京兆尹，升吏部左侍郎。故事，天曹卿贰率扃户远嫌，惟舜鼎不事隐避，而人亦信其无私，少宰邸终日阒然。大司空缺，特旨拜之。上《饬法疏》，大略言救时急著，惟在破情行法。上嘉悦。行之劳瘁，竟卒于邸舍，萧然四壁，榻前一敝簏，书数卷，无不叹服其清云。诏遣官营葬，赐谥恭简。

**陆梦祖**　号瑞庭。万历戊戌进士。初令崇宜，调繁丹徒，有惠政。时有杨少宰养病金山，候起居者，冠盖填江上。丹徒与金山咫尺，梦祖若弗闻。及少宰入都，昌言曰："狂澜砥柱，其惟陆某乎？激励廉耻，非斯人其谁与归？"荐拜御史，出按八闽。特疏劾中贵高保罪恶，置之法。虽调护者甚力，勿听也。历官南京兆。时魏珰怙权骄横，毅然曰："吾宁能结好奄竖，苟贪富贵乎！"遂解组归。享年九十卒。

**王以宁**　字桢甫，号咸所。万历戊戌进士。令宜兴，县多豪猾，横行乡曲。以宁下车，捕其尤横者，毙之法，一邑肃然。若成国、魏国、临淮侯等家，多以赐田为名，隐漏正供。以宁履亩清丈，力请于上，悉为起科，得溢米数十石，减派合邑粮，污下者得豁免，民受其惠。建崇文书院，祀邑中先儒唐思彦、周道通、万古斋，与诸生讲学、课艺于其中，士民始骎骎[①]向化。立社仓五所，捐俸赎为倡，储米万石，至今赖之。循政甚多，邑人尸祝不绝，如桐乡云。迁侍御史，巡按粤东。粤东兵饷取给于墟镇场市杂税，市豪墨吏因缘为奸，腐草昆虫无不入课。以宁具疏，极言其害，无名横征，一切报罢。及代，有羡锾数万金，以宁曰："钩金岂郁林石[②]乎？"遂知会制院，留以备赈，而不具疏奏闻，惧贻后人累也。督学留都，最称得人。因母老，四疏陈情，不报，竟解官归。值逆珰用事，蟒玉盈廷，以宁曰："松风之梦，固自适也。"遂坚卧不出，优游林下，垂二十年，超然尘垢之外，士论高之。

**董祖庆**　字久所，文简公玘之孙，思近之子也。思近调[③]知云南府，卒于官，祖庆哀毁扶柩。比归，事母尽孝。卒，祀乡贤。生三子，次懋策，见"儒林传"。长懋

---

① 骎骎：形容马跑得很快的样子，比喻事业进展快。

② 郁林石：典故，意居官清廉。

③ "调"，国图本、内阁本作"谪"。

史，字周噩，性至孝，兄弟析产，互相推让。万历庚子举于乡，授鄞县学谕，奖引士类，成名甚众。迁国学博，例转部曹，以不应主铨者所求，外升抚州同知，三署县篆。抚民多以贫富易婚致讼，皆责令完姻，风俗顿改，因有“董外公”之谣。民有小儿误刻印为嬉，为仇家所首告，系狱五十余年，力为平反。小儿出狱时，已发白齿落矣。乃祀懋史像于其家。升福建运司[①]。初，江西为逆珰建祠，懋史坚持不可。至闽，甫下车，即疏积弊，苏商困，乃以前事罢归。己巳年卒。季懋中，号黄庭。事亲以孝闻，敬二兄如严父。登万历癸丑进士，知武进，有惠政。校士多拔单寒，出诸生刘光斗于狱。迁宁国知府，均徭役，抑豪强，士民立祠。升尚宝卿，劾袁帅。致仕，教养兄子孙甚厚，称义。

**董元儒**　号景越。万历辛丑进士。初令大名，调繁濬县。报最，拜御史，疏黜墨吏，严戢内官，直声大著。巡按广西，百粤乂安。再命督漕，漕务肃清。又命巡关，讲求实用。泰昌践祚，元儒以河南掌道，鞠躬尽瘁，升仆卿。冢宰赵南星器重其人，荐升广西巡抚。值岁歉，盗贼蜂起，多方抚辑，封疆无恙，而元儒以疾终矣。例得恤典，珰翼不可，谓“元儒与杨琏[②]为奥援，与左光斗为庇护”。矫旨削夺，时论惜之。

**徐如翰**　号檀燕。万历辛丑进士。授行人，历官工曹。以宿望备兵宁武，升大同参政。时卜素稽贡，如翰恩威茂著，宽猛兼施，七年之局结于一旦。首辅方从哲擅权误国，党祸方兴，如翰毅然越职，陈“权奸误国”一疏，几罹不测。左光斗救免，遂解组归。旋起天津道，属郡河间，魏珰之桑梓里也。珰嘱私人致殷勤，且言：“能从我，吾能使之一岁九迁。”如翰峻词却之，绝不与通。值魏良卿母丧，归肃宁，诸大吏相期往吊，如翰独不往，用是逆党皆欲得而甘心焉。梁梦环遂以首谋翻局，诬劾大臣虎踞津门，奸谋叵测，特参削夺。迨崇祯登极，起平凉左参政。时老回回[③]、罗汝成诸盗蹂躏平、固，如翰与大帅曹文诏督兵剿捕，寇靡孑遗。《明通纪》《纪事本末》载之甚详。廷推都御史，巡抚庐、凤、淮、扬，以积劳致疾，遂致政归。日与刘宗周、陶奭龄为讲学友，至若捐金解宗绅之讼、恤孤焚孝廉之券，其行事表表，不可胜述。所著有《檀燕山集》。如翰，上虞人，婚于会稽董氏，遂卜居郡城，世籍会稽。子廷玠，郡弟子员，以荐举授官，从刘宗周讲学，甚见推许，见“义行传”。

---

① “运司”，国图本、内阁本作“运同”

② “杨琏”，或为“杨涟”之误。杨涟(1572—1625)，字文孺，号大洪，明末湖广应山人，明末著名谏臣，“东林六君子”之一。

③ 老回回：即马守应(？—1644)，回族，别号“老回回”，陕西绥德人，明末农民起义军首领。

**钱象坤**　号麟武。万历辛丑进士，考庶吉士，授检讨。时朝端党祸初兴，象坤漠然孤立，绝无依附。以亲老侍省，十年中强半家居。己酉，册封周藩，久而不调，安之若素，辅臣叶向高深重之。天启改元，象坤以耆旧特授经筵日讲，多所启沃。因不附珰，遂以冠带闲住。崇祯践祚，起原官。丙子十一月，烽燧四起，京城戒严，象坤躬率将士，勤励坚守。上微行，知之甚喜，遂于十二月特简入阁。辛未六月予告。崇祯十三年病卒，享年七十有二。居官恬静有守，中立不偏，品望实足重云。孙凤兰，任刑曹。

**傅宾**　号儆初。万历辛丑进士，授丰城令。将之官，父戒之曰：汝作吏毋失清白二字，便是忠臣孝子。及抵丰，冰蘖自矢，凡羡余罚锾，建义学，贮义仓，秋毫无所入。又丰滨江，江水湍急，有牛湾垱者，数坏禾稼及民庐舍。属清江在丰上流，清以不病己，不为筑，而丰以非己地，又不代为筑，故频遭水患。宾独捐俸代筑，躬自督率，不避寒暑者岁余。缘垱种桑柏，盘根固蒂，丰迄今无水患，宾之力也。丰人遂号为"傅公垱"，立祠祀焉。时值税，珰为虐，外吏稍拂逆，辄被逮。丰民多捕鱼为生，向未有税，珰遽私起税千余金，民不堪命。宾百计阻之，遂为珰所衔，矫奏几逮毙。御史温纯疏救，得轻拟，改调青阳。后升礼曹，以亲老乞终养归，病卒于家。

**商周祚**　号等轩。万历辛丑进士，令邵武，召拜给事。时神宗厌薄言官，考选命数年不下。台省员缺，科臣止一二人兼摄数科，周祚典繁理剧，人服其才。其在垣诸疏，如清场弊、驳内批、减福府封田、禁皇城内市、议撤税以赈饥民、请发帑以固边鄙，皆有裨时政。巡抚八闽，海寇猖獗，周祚设策荡平，闽人尸祝。升少司马，总督两广，平大藤峡，除建阳猺，大有战功。寻升南大司马，以母年老请告归养。丁丑起冢宰，时苏州司李周之夔以私怨讦奏娄东张溥、张采，苛求复社，几起大狱。周祚力持平，乃得解，士林多之。力请终养，疏十二上，得放归里。弟周初，崇祯戊辰进士，为商城令，亦拜户科给事中。

**姚应嘉**　号镜初。万历癸丑进士。初任行人，三列台班：一按漕运，亲历水道，免数省雇船之烦；一巡八闽，以淡漠风示下僚，所推毂①皆一时循吏；一点刷京畿，积案尽剔。时魏、崔播焰，应嘉卓然自立，特建二疏，一曰"圣政综核方严，群工仰承未恪"，一曰"招权纳贿者为败伦之由，扫门入户者与冰山俱尽"。疏入，魏、崔矫旨削夺，不为色阻。崇祯践祚，召还原职，不为色喜。任太常，典祀蠲洁。任大理，

① 推毂：比喻推举人才。

多所平反。应嘉自幼端重，赋性耿介，六经、子、史及周、程、张、朱性理诸书，无不精究。事亲纯孝，居乡二十载，始终如寒素，有简身靡及之怀。享年九十有三，群推为三达尊，良不诬也。弟会嘉，万历辛丑进士，亦拜御史。

**孟应麟**　字文叔。万历甲辰以明经授兖州别驾，寻命监军援辽左，署东阿、寿张二县篆。时郓城妖人杨子云等以白莲社倡乱，徐鸿儒乘势据邹峄，攻兖州，东阿、寿张俱恃应麟为保障。阿素称盗薮[①]，有奸民煽乱，立帜山中，民惊扰。应麟使人拔其帜，禁民无妄动，至期果无恙。有寡妇以妖术聚诸少年，应麟擒斩之，余党无所问，城赖以安。应麟为人廉正不阿，为部所撼，抗辞奉母归里，年八十有二而卒。长子称尧，天启丁卯举人，次子称舜，以明经司训松阳，皆以家学有名于时。

**谢启廷**　号丹水，太傅后裔。少负才，受知紫溪苏濬。万历丙午举于乡，秉铎缙云，寻转赣榆令。邑烦剧难治，启廷恩威并用。如河道檄取民夫，则力请罢役；差扰驿递，则夺缴邮符；禁地方以旱魃[②]为灾，阻上官以私祠媚珰。一时称为“强项令”。擢守莒父，廉直劲正，莒民德之，祀名宦。启廷以孝友、文章擅名当世，惜位不称才，未究其用。

**龚云礽**　嘉靖丙辰进士，芝之子。万历己酉拔贡，任云南黑盐井提举，有惠政。滇省杂蛮峒[③]，多梗化，莅兹任者，征输半缺。礽下车抚循，去鞭扑，缓催科，信赏必罚，民鼓舞急，公课悉完。且得羡余，弗入私橐，即申抵来年正额，民欢声动地。当时疏擢[④]，会有挠之者，中止，因解组归。大学士朱赓为作《循吏传》。

**马维陛**　号芝乔。万历己未进士，授东莞令。县滨海多盗，令多因缘为利。有周四被逻卒诬指，贻累多人，罪拟辟[⑤]。维陛覆谳[⑥]，察其冤，摘首祸者论城旦[⑦]，余悉纵之。又白邻郡诸生冤，民服其神明。总制陈邦瞻素知其清，荐升工部郎。时三殿鸠工，陛以勤慎济事。迨工成，宜优叙，而权珰义子某衔之，绌其劳，止进一阶，补瑞州知府。土瘠民嚣，镇以廉静，健讼者皆化为醇民。郡多逋赋，陛身膺参罚，终不以催科困民，民咸谓“守实生我”云。陛素羸多疾，昕夕思二亲。病增剧，乞休不止，

① 盗薮：强盗聚集的地方。

② 旱魃：传说中引起旱灾的怪物。

③ “蛮峒”，国图本、内阁本作“蛮洞”。

④ “当时疏擢”，国图本、内阁本作“当事疏擢”。

⑤ 辟：法、刑。

⑥ 谳：审判定罪。

⑦ 城旦：古代刑罚名。

民聚哭遮留。巡抚解学龙不听其去，民欢呼，舁陛还。不得已，复视事，东望泫然曰："吾死是官矣！"迨父卒，趋归，痛弗及含殓，擗踊哀毁，益惫甚，不可支，遂不起。

**马文正**　号隆南。父华早殁，文正年七岁，每问母曰："父以何病死？"曰："因误于医耳。"遂泣下不止。事母备极孝养，承欢四十余年，上寿终。文正以明经为和平令，邑人素好斗，急则食断肠草。文正至，则命民间以草根抵赎锾[①]，民争取之，尽绝其种，邑中遂无殢命之风。寻以瘴病卒于官。祀名宦。

**章怀德**　号印台，少参稷峰[②]之冢孙。少有逸才，游成均，需选日久，为母老不仕，侍养终身。居家力田，孝友为乡党所推。凡有争竞，必来质平。而里有败行，必戒曰："勿令章征君知也。"生平不事奇赢，畊桑谋野，渐致素封。兼性好施予，多待以举火者。崇祯九年，廷臣应诏荐怀德有治郡材，被征，先赐冠服，乘传入对，强官之，固辞不就，退老称山。刘宗周钦其素行，为作墓铭。

**章正宸**　号格庵。性端介，淡名利。天启辛酉拔贡，崇祯庚午举顺天第四人，辛未会试第四人。授庶吉士，与马世奇、张溥等共相砥节。温体仁招之，不往；憾之，出为礼垣[③]。旬日，王应熊辅政内援，中旨不由枚卜，正宸疏曰[④]："用辅臣当知大体、公忠矢国之士；不宜专务操切，夤缘比附之臣。苏洵辨奸，诚非过计；阳城裂麻，实本愚忠。"下诏狱，群臣交救得释。会应熊事败，召还原职。己卯，典试湖广，从废卷中拔曹胤昌为第一，一时人文蔚起。巡视苏、松诸郡饷务，陈"漕政八害二要"。升吏垣，时令群臣各举所知，正宸疏举得人，皆素矢忠义，艰危可恃。壬午元日，疏论阁臣种种谠言，帝优容之，临平台，面呼为"铁汉子"。一日，左门召对，责枚卜大事，尔何把持强诤！诏同冢宰李日宣等俱下狱，几不测。去相贺逢圣[⑤]疏救，得遣戍襄阳。甲申三月，太常卿吴麟征以长垣升任，荐自代。适闯贼变，同左都刘宗周缞绖哭武林。寻丁艰，庐墓期年，祝发云游，不知所终。

**余增远**　字谦贞，号若水。父幼美，生子五。一日，命诸子言所志，各引一古人。增远举司马君实以对。父诘其故，则曰：以其平生所行，无不可对人言耳。父为色喜。丁卯举于乡，癸未成进士，除宝应令。会大帅骄横，镇守淮南，慑诸郡县行属礼，增远

---

① 赎锾：赎罪的银钱。

② 稷峰：即章稷峰，明会稽人。参见刘宗周《江西布政使司左参议稷峰章公墓志铭》。

③ 礼垣：礼科别称。

④ "曰"，国图本、内阁本作"云"。

⑤ 贺逢圣(1587—1643)，湖广江夏（今湖北武汉）人，字克繇，明代官员。

不屈，挂冠归。在职仅十日，当时无不感叹，以比陶潜之去彭泽。及兄煌殉节，增远遂隐迹稽山门外，躬负耒耜，种蔬自给。所居败屋数楹，编荻蔽景，常以皂布广尺五寸，冬夏蒙首，衣皆重绽[①]，拥敝絮而寝。所与游者，率田野中人。有山阴令某及备兵使者某，先后求见，皆不纳。最后屏驺从[②]，突入庐中，不得已，称疾偃卧，即莞蒻[③]间见之，执手叙平生[④]，相慰劳，问以他事，即不答。先是，使者谂知增远清贫，将有束帛、腓麋之献，比入见，知其雅尚清谈，移时不展所怀而返。令语增远曰："素知先生欲为农夫以没齿耳。"徐应之曰："农夫没齿，岂易得哉？"令讶其言太过。后数年，吴中士大夫多罹祸者，山阴令吴人，抚时太息曰："余先生真圣人也，没齿为农夫，固不易得矣。"增远将卒，语其子金体、金和、金绳曰："吾二十有四载，朝不祈夕，夕不祈朝，恒谓不克保先人之遗体，今其免夫？汝三子其免旃。"友人私谥曰孝节先生。

**陶履卓**　字岸生，号锝庵，承学孙。崇祯壬午举于南雍，癸未以《易经》魁南宫，称易名家。授行人，奉诏安抚粤东。比绣衣使者谳死囚，为雪冤者数百人，捐除夙逋以数万计。粤人拥道泣送，构祠立像。寻改翰林编修，知制诰[⑤]。乞终养。父祖龄卒，积忧悲痛，事母王氏，曲承意旨。及母逝，发声尽哀，流血数斗，肢体几毁。营葬毕，遂遘疾。将卒之日，谓其子觐曰："吾屡遭患难不死者，以祖母在也，今无憾矣。"所著有《孝经解》《安雅堂集》《人子要言》。行文有矩法，坚秀酷似河东。平日持身训世，一本孝友，而城府洞彻。且好施予，阴德尤丰。

**朱光熙**[⑥]　字澹明，文公后裔。崇祯甲戌成进士，令揭阳。地产毒草，愚民每自杀以相倾陷。光熙出金钱购毒草，尽入于官。乃市桑麻之种于江浙间，教以机杼，始有布帛，民乃乐业焉。复御海患，立义冢，赈灾，不俟申请，全活者万余。期满，补乐亭。旋召入，上手录联宠赐品题。甲申之变，悲愤成疾而卒于道。

**鲁元龙**[⑦]　字□海。崇祯戊辰进士，授徽州司理官，多善政伟绩，士民争置义

---

① 绽：缝补。

② 驺从：侍从。

③ 莞蒻：草席。

④ "平生"，国图本、内阁本作"生平"。

⑤ "寻改翰林编修，知制诰"句，国图本、内阁本作"其有功东粤，至今思之"。

⑥ 国图本、内阁本之"陶履卓"条后为"章士奎"、"张焜芳"条，参见"勘误"有关说明。"张焜芳"条后之"朱光熙"、"鲁元龙"、"金兰"三条，国图本、内阁本均仅录"朱光熙"条。

⑦《南明史》卷四十八载：鲁元龙，字君世，绍兴山阴人。崇祯元年进士，授徽州推官，辨雪冤狱。迁编修，忤中贵，出为惠潮副使，转岭东参议，严缉奸宄，盗风少止。因兴文教，士多向化。三年入觐归。北京亡，欲起兵不果。绍宗擢副都御史、太仆少卿，监军兼侍读。国亡，为僧云门。

田立祠供奉。乙亥举卓异，为治行第一，特授翰林院编修。庚辰春闱，海内名士尽录公门。□□□□□□□□□□外升广东布政司参议，历任都察院右佥都御史。甲申之变归里，皈依云门，隐迹而终。

**金兰**　字谷生，号楚畹。少聪颖，总角时即见赏于邑侯赵公。天启乙丑成进士，授婺源县令。兴礼让，平赋役，邑遂大治。时逆珰肆虐，废天下讲院。婺为朱夫子故里，书院尤多。兰曰：宁甘受谴。悉置不报。后珰败禁弛，婺邑书院独全。辛未奏最，升御史。值流寇猖獗，上"便宜四策"，皆报可。后按三秦，恩威并用。视学南畿，公明允当。累升太常寺少卿，方请致仕。年六十五而卒。孙煜，中顺治戊戌进士。

**皇清**

**沈文奎**　字清远。世居曹娥村，好读书，困于数奇。丁卯，客游辽东，值大兵破遵化，挟之去。以才遭际，太宗皇帝右文选士，裒然居首，充秘书院纂修。顺治元年，扈从入关，特命巡抚畿南，群黎安堵。三年[①]，总督漕务，自矢冰蘖，惟以裕国为念。且地当初定，萑苻多伏莽，文奎廓清绥辑，民甚赖之。文奎与母妻相隔十有八年，至是始拜疏迎养。五年，擢弘文院学士。己丑，充会试总裁，得人最盛。七年，丁母艰。八年，复起漕督，益修前政。会有胶州叛将海时行之变，文奎率先会剿，朝廷嘉其绩，晋秩兵部尚书，予荫。偶值白粮愆期，镌级，以参政督理陕西粮储。劳瘁成疾，具疏乞休，准回京调理，遂不起。入陕西名宦，载《通志》。享年五十有七。始以数奇，终以殊遇，古今未有也。配陈氏，年十八归文奎。方六载，而文奎即客游遵化。久之，传闻以为必死，家益贫，无所恃。氏昆弟强之改适，氏截发自誓，有死无二。奉姑勤苦，夏无帏帐，冬不能襦[②]，日啜一粥，去死无几。文奎随驾入关，自客游至贵显，离乡既久，亦疑老母生妻万难复合，不意重逢无恙。母妻俱恩封淑人。人皆以"娥江之灵多产异人"云。长子志道，太学生；次子志仁，袭牛录[③]；三子志礼，荫任刑部郎中。

**顾大观**　字君达。本邑人，徙居杭。为太学生，不屑就选，晚乃受子豹文[④]御史封。大观生九岁，辄通经传子史。甫十二，父恒宇卒于粤。闻讣，擗踊号恸，即

① "三年"，国图本、内阁本作"二年"。

② "冬不能襦"，国图本、内阁本作"冬无复襦"。

③ 牛录，户口和军事编制单位，三百人为一牛录。

④ 豹文：即顾豹文，钱塘籍会稽人。

问"粤路何向"，若谓"粤可一日匍匐至"者，竟以十二岁儿走万里抵粤。恒宇卒时以千金嘱友人，及大观至，友乾没[①]无所获，卒不与较，扶柩以归大庾。天半瘴雾昼结，从者举困惫不能喘息，大观朝夕柩侧哭不绝声。及历十八滩，过彭口，经小孤，飓风作，舟几覆，同舟皆无人色。大观伏柩号天，而飓忽止，舟以济，舟中人皆额手曰："吾辈幸免鱼吻，实赖此孝童。"于是人咸目为"顾孝童"。年十六，祖病疽溃，血肉殷床褥间，大观手拂拭不稍息。及殁，号恸如丧父时。事母陈氏，极瀡滫[②]之养，承颜色惟谨。母年七十余，大观亦五十。夜归，虽醉必就榻下问起居，取怀中果饵以进。与弟友爱无间，年各六十，犹炊同釜、一椟贮，出入钱谷、簿籍无所私。周恤姻族，矜重然诺。郡屡兵火，子女有掠卖者，躬赎之归其家。游成均时，笃志典籍，尤喜舆地诸书，取天下扼塞险易、户口丰耗、兵制强弱及土田水利、人物风俗，皆了了心目间。举以训其子曰："学者当求有用，岂可仅事呫哔[③]为故？"次子御史豹文，起家进士，有风节，为名臣。诸弟子服习家教，亦咸有古人风。其室封孺人朱氏，节俭区画，卒成其孝友之志。太傅金之俊赞曰：置大观于孝友、儒林传，未知谁堪伯仲者；置孺人于列女、淑行传，亦未知谁相宛若也。

**俞有章**　字纪方，号易庵。其先上虞百官人，五世祖移居郡城广宁桥，遂为会稽人。父一理，宣府经历，早卒。有章事继母甚孝谨，为文清劲，不事烦缛。顺治丙戌，以钱塘弟子员举于乡。乙未会试副榜，以母老谒选，授淮安府推官。迎其母曰："儿可以淮水供菽水矣。"禁剔漕弊，平反诸狱[④]。以卓异升礼部主事，转员外，与定大典。寻丁母艰，哀毁归葬，未几卒[⑤]。

**姜天枢**　字紫环，宗伯逢元长子。由余姚家会稽，补弟子员。游南雍，两试副榜，乃以任子历官都水郎中，督理河北。时亢旱河竭，漕艘愆期，天枢相度辉县搠刀泉堪引济漕，急清总河，按苏门。天枢躬自启闸，甫三板，河流涌发，重艘遂行。由是议设分司，一官专辖济运。而搠刀泉为卫辉一郡水田所赖，当启板时，辉民大哗，几酿不测，乃日不移晷，流泉如故，众始帖息。岁饥发赈，人戒之曰："赈饥非职任，越俎为之，毋为人所嫉耶？"天枢曰："不闻汲长孺曾虑及此？"后以公事驻馆

---

① 乾没：侵吞。

② 瀡滫，古时调和食物的一种方法。

③ 呫哔，亦作呫毕，犹佔毕，后泛称诵读。

④ "平反诸狱"，国图本作阙，内阁本作"决滞狱"。

⑤ "未几卒"，国图本、内阁本作"几卒"。

驿，适有权贵至，天枢不少让，因罗他事下于理。天枢惟日与黄道周讲读不辍，及讯，无一指实，释归。以子希辙世祖章皇帝简擢科员，会覃恩，封天枢礼科给事中。所著有《晓堂集》。年七十五，将卒之夕犹作《观鱼诗》一章示弟廷幹。室钱氏，顺慈节俭，为女中师表，享寿八十有二。子希辙，奉天府丞[①]。孙垚，国学正；埈，教谕。曾孙，公铨，举人。

**唐允思**　字伯文。父圭，见“义行传”。允思天性孝友，笃于好学。甫有室，遭母病，即衣不解带，亲侍汤药，足不履房闱者逾三载。母骨已寒，尚抱持不释，泪尽继血，几于灭性。岁时伏腊，念及父母，辄涕泗交下，终身如一日也。为文有法度，食饩二十余年。教授蕺园，及门成名者数十余人，群奉为“蕺园夫子”。丙戌，举于乡。蕺园制义，举世推为准则。生平慎交友，不欺然诺。有客因如厕失橐金[②]，欲主者悬偿，主有死而已；或劝客已之，客有死而已。允思路构之，即捐所有以助之而去。至遇岁歉，允思量口授食，其好施类如此。寇警创城，守勿派穷民，其经济类如此。推宅让产，友爱之情不变于终始；忠孝廉节，课子之诚无间于平时。谒选得县令，叙州庆符之命甫下，而允思已易箦[③]矣。著有《周易传义》《诗经图解》行世。子四，赓尧，壬辰成进士，所至有廉声。奉使督学山左，丕变士风，力袪情面，所振拔者皆一时孤寒。齐鲁人士翕然推服，为文宗之冠。允思教子之心，已见一斑云。

**鲁元锡**　字晋侯。崇祯丙子科乡武举。明时有功，世袭锦衣卫。髫年未娶，侍母至孝。母病危笃，公衣不解带，汤药必亲尝始进。祷天愿以身代，母病即痊，乡党称其纯孝。甲申，遭李贼之变，为贼所执，不屈，气节激昂，贼竟不加害，以全名节。后即携眷归里，又值梓乡[④]水旱交荒，饿殍满道，元锡易产赈救，活命无计，通邑称其好义。暇时惟课子读书，以子超贵显，会覃恩封元锡奉政大夫。癸亥，崇祀乡贤。

会稽县志卷第二十三终

① “子希辙，奉天府丞”，国图本、内阁本作“子希辂，举人”。

② 橐金：囊中之金。

③ “易箦”，更换床席，指人将死，语出《礼记·檀弓上》。

④ “梓乡”，国图本、内阁本作“乡梓”。

# 会稽县志卷第二十四

## 人物志三

理学　儒林

## 理学

（前史儒林，旧府志曰理学。）

姚江之传，上接邹鲁，则自汉而后理学之风独盛于越也。然自文成公而前，会稽犹有传人；自文成公而后，会稽犹有传人。至蕺山夫子设讲席于邑中，名其堂曰“证人”。四方之士，从而服其教者数十年。迄今诸弟子守其规条，犹以月朔三日相聚而游业[①]其中，非有至德及人，何以能此！要其立教，以“诚意”为本，始与“良知”之旨相发明云。

### 元

**韩性**　字明善，魏公琦八世孙。高祖應胄[②]始家于越。性天资警敏，七岁读书，数行俱下，日记万言。九岁通《小戴礼》[③]，作大义，操笔立就，文意苍古，老宿惊异。及长，博综群书，尤明性理之学，四方学者，辐辏其门。延祐初，以科举取士，学者多以文法为请，性语之曰：“今之贡举，悉本朱熹私议，为贡举之文，不知朱氏之学，可乎？《四书》《六经》，千载不传之学，自程氏至朱氏，发明无余蕴矣，顾力行何如

① “游业”，国图本、内阁本作“考业”。

② “應胄”，据《元史》卷一百九十“韩性传”，“應胄”或是“膺胄”之误。国图本、内阁本亦作“應胄”。

③ 《小戴礼》，即《礼记》。

尔。有德者必有言，施之场屋，直其末事，岂有他法哉！”其指授不为甚高论，而义理自融。见人有一善，必为之延誉，及辨析是非，则毅然不可犯。出无舆马仆御，所过，负者息肩，行者避道，巷夫街叟，至于童稚厮役，咸称之曰“韩先生、韩先生”云。辟荐皆不就，务自韬晦。缙绅大夫有事于越者，必先造其庐，得所论述，即以为准绳。天历中，门人李齐为御史，力举其行义，而性已卒矣，时年七十有六。朝廷赐谥庄节先生。所著有《礼记说》四卷，《诗音释》一卷，《书辨疑》一卷，《郡志》八卷，《文集》十二卷。

## 明

**胡谧**　字廷慎。景泰间乡试第一，登进士。历山西提学佥事，第士等如列黑白，士类顿兴。毁诸淫祠，增祀陶唐、羲氏、和氏以下十余人。迁副使，风采益振。郡民李铎聚众为乱，计擒之。调河南，建大梁书院，祀濂溪以下十人。寻擢广东参政而卒。谧为人颖敏嗜学，动必师古。历官三十年，室如悬罄，怡然自若。人称为真儒。其子惪，亦举进士。登仕十五年，两丁父母忧，哀毁逾制。终刑部主事。孝友廉介，克世其家。

**季本**　字明德，少受《春秋》于其兄木，遂以经名诸生中。弱冠举于乡，寻丁父母忧。自是家居者十三年[①]，未尝一日释卷。于书无所不读，每读一书，必竟其颠末乃已。已而师事新建，获闻“良知”之旨，乃悉悔其旧学而一意《六经》，潜心体究。久之，既浸溢，惧学者骛于空虚，则欲身挽其敝。著书数百万言，大都精考索，务实践，以究新建未发之绪。历仕与处从游者数百人。时讲学者多以自然为宗，而厌拘检，因为“龙惕说”以反之。大都以龙喻心，以龙之惊惕而主变化，喻心之主宰常惺惺。其要归乎自然，而用功则有所先。间以质诸同志，或然或否，卒自信其说不为动。始以进士理建宁，务在平反无成心。及召为御史，以言事谪，升沉者二十年，止长沙守。其为政，急大节，略小嫌，绝不知有世情，卒以是龃龉而归。归二十余年，家徒四壁立，借居禅林，以著书谈道为乐。卒之年七十有九矣。疾且革，犹进门人于榻前讲《易》，孳孳如平居时。其为人表里洞达，无城府，人人乐亲之。殁既十余年，而乡人士益思慕不已，相与建祠禹迹寺西林，颜曰“景贤”。又买田若干亩，以供祭祀。所著书十一种：《庙制考义》《春秋私考》《读礼疑图》《四书私存》

① “十三年”，国图本、内阁本作“十二年”。

《孔孟图谱》《乐律纂要》《律吕别书》《蓍法别传》《说理会编》《诗说解颐》《易学四同》，凡百二十卷，藏祠中。曾孙璜以明经任大名同知，文章政事，具有可观，不愧祖风。

**陶望龄**　字周望，号石篑，宗伯承学第三子。母董氏，梦鹤唳于庭而生望龄。万历癸酉，以第二人举于乡。己丑，会试第一人，廷对第三人，授编修。读书秘馆，专致力于圣贤之学。辛卯，予告南还，与弟奭龄终日论学，寒暑勿辍[①]。甲午，补原职，预修国史，撰《开国功臣传》。乙未，分校礼闱，得汤宾尹十有九人，皆知名士。亡何，复请告返里，与剡溪周汝登往来靡间。每自指膺曰："吾此中终未稳。"读方出[②]《新论》，手足忭舞，趋语奭龄曰："吾从前真自生退屈矣。"戊申，丁父艰，服阕，奉母北上，补中允，撰制诰，升侍讲，典试留京，得王纳谏，后为名臣。俄而妖书事起，词连一二大寮，内廷震怒，势不可测。望龄力言之，当事者乃得解。初，黄平倩归时，握手语曰："子为嚆矢，吾亦从此逝矣。"至是，归志益切，乃杜门乞骸骨。报闻，不允。望龄曰："吾小臣而见留，此殊恩，吾不可不仰体君心。然业已许吾友矣，奈何？"疏再上，乃得请。期年，复起国子监祭酒，望龄力谢，乃以新衔在籍。戊申，母病，忧劳成疾，相继而卒。居者室叹，行者道悲。佥曰："某公且死，吾辈无与为善矣。"望龄服膺文成之教，常称曰："文成躬挺上智，顿获本心。其施于用也，皆日用饮食之常、著明深切之教也。古今道统，更数千岁，而天乃以濂、洛还孔、颜，姚江还伊、周，非妄说也。"其大指具《勋贤记》及《圣学宗传序》中，所著有《制草》《歇庵集》。望龄一生淡漠，寡欲乏胤，继弟奭龄子履平为嗣。望龄讣闻，督学陈大绶即檄崇祀黉宫，并陪祠文成之庙，又祀诸虎林书院。给事周宗建疏，请建祠于山阴之笔飞坊，称其清真恬淡，不受滋垢。学派接王文成，归向契钱德洪，宜与兵部许孚远一体予谥，谥曰文简。而承学之谥恭惠也，适在一诏中，亦称盛事。

**陶奭龄**　字君奭，号石梁，承学第四子。生而近道，持身制行，不规而圆，不矩而方。为文学日，即主张正学。周汝登遗之书曰："顾丈出而振作此会，为后来作前导，为吾道计无穷。"又与望龄及奭龄书曰："阳明书院之会，望二丈俨然临之，越中一脉，难令断绝。"居平惟读书静坐，非正论格言不发也。兄弟自相师友，唱和一堂，学者称为"二陶"。万历癸卯举于乡，授吴宁学博。俗甚浇，作《正俗训》，上台

---

① "勿辍"，国图本、内阁本作"弗辍"。

② "出"，国图本、内阁本作"山"。

使行之，风为之易。迁肇庆推官，辨巫盗，释冤狱，人颂为神明。左辖陆问礼以大计索无状吏，奭龄曰："南阳实无，必欲则无如职者。且说人长短以媚人，奭龄不为也。"又预识陈拱之败，措置战舸，谨守要害，海寇得平。晋济宁守，奭龄曰："陶子面孔，尚堪执手板引邮官津，奔走车马舳舻之前乎？"驰归不起，作《圣训六条解》，召宗人训之。与刘宗周讲学阳明祠及古小学、石篑祠，曰"证人会"。宗周赴召，奭龄致书曰："愿先生安其身而后动，易其心而后语，俾天下实受其福。若夫矜名节如雕鹗横秋，使人望而畏之，此小臣之所为务，非大臣事也。"宗周怃然曰："此真格人之言也。"奭龄又曰："文成一良字，专对考亭而发，吾辈但可言致知。"门人王朝栻、秦弘佑、徐廷玠等辑为语录。岁丙子，诏京朝官各举所知，或荐奭龄。刘宗周谓："陶某非守令才，重则正席成均，轻则加衔六馆，庶可展其所学。"与王业浩、金兰合辞移吏部，已而寝不行。将殁之夕，犹讲《卫风》一章，端然而逝。刘宗周率门人哭之。私谥曰文觉。所著有《迁改格》《喃喃录》《今是堂集》。子履肇、孙景旦，世传家学。

**刘宗周**　字启东，号念台，山阴人。父坡，号秦台[①]。母章氏，年二十七，妊五月而坡亡。及生，宗周自幼端肃[②]，长[③]即以圣贤自期。万历丁酉，以会稽诸生举于乡。辛丑，成进士。榜发之日，母卒于家，闻讣，号恸奔归，以母节闻。当事诏建坊万安里。师事徐孚远，首致力于"存天理，遏人欲。"甲申，除行人司行人，以祖焞年迈，疏乞终养。侍祖疾，四浃旬不交睫。居忧日，邦君大夫不得望见颜色，部使过之，匿勿见，而四方来学者甚众。旋以过哀致疾，邑令赵士谔造寝，所见帏帐百结，敝衾败絮，心佩服焉。服除，起原官，奉命封益藩，上宗藩六议。时顾宪成、高攀龙讲学东林书院，群小力为诬谤，宗周疏陈本末，究言学术流弊，不报。南台孙光裕攻之，以病免归。居家，弟子日益进，讲学不辍。御史韩浚以按浙时就见，不纳，劾比少正卯而归。子顾刘廷元继之，欲置之死。时赵士谔入为考功郎，为白冢宰，乃免。熹宗即位，升礼曹。逆珰魏忠贤用事，宗周莅任九日，首劾忠贤与客氏朋比乱政。忠贤大怒，矫旨廷杖，叶向高救之。未几，升光禄丞，复擢尚宝卿，寻转仆卿。一岁三迁，固辞，不许。再疏移疾，乃以太仆予告。明年，升左通政。时忠贤尽逐诸君子，宗周又疏劾忠贤大逆不法。忠贤恨之，诏斥谪籍为编民，追夺诰命。归家，一

① 国图本、内阁本在"秦台"后有"早卒"两字。

② "妊五月而坡亡。及生，宗周自幼端肃"，国图本、内阁本作"在妊五月而生。宗周生而端肃"。

③ "长"，国图本、内阁本作"及长"。

意讲学，静坐读书，顿见浩然气象，知作圣必由“慎独”，直揭“慎独”为心要。时传逮文震孟、姚希孟及宗周，狱且具，会京师有王恭厂之变，又值吴门士民击杀缇骑，以此得免。崇祯登极，诏复原官，给还诰命，升京兆尹。上疏请重事权，要以久任。谒文庙，大会师儒，示以圣贤为学之要。延三老、啬夫，咨地方疾苦，发奸吏乾没，置之法。又捕勋贵家人豪横不法及舞文犯禁者，按治如律。颁布文公四礼，俾乡鄙服习。遇中贵梨园什具，责而焚之，辇毂一清。又上疏撤煤米诸税，发内帑赈饥民，躬自慰劳。遵化逃归之人，有以迁都动上者，宗周顿足曰：“乘舆动，社稷危矣！”乃诣皇极门，叩头请面陈，扶服终日。上传旨报罢，乃出。又疏纠周延儒、温体仁倾侧事上之罪，下诏切责。将解任，捐羡余，置学田二百亩以给诸生。凡三乞骸骨，始得告。出都门，所携止两簏，中贵人见而骇曰：“真清官也！”居家，大集同志会讲。首阐人人可为圣人之旨，以“证人”名堂，同主会者为陶奭龄。重建古小学，祀尹和靖，明伊、洛主敬之学。明年枚卜[①]阁臣，召宗周驰传入京，疏辞，不允。抵京召见，上谓阁臣曰：“如刘宗周，真可寄大政。”为人所阻，不果用。授工部侍郎。上书乞休，得请。会昌平之变，焚皇陵。宗周上疏言“祸败之由，咎在体仁。”上怒，斥为庶人。辛巳，起少宰，晋左都。抵京召对，问职掌事宜。宗周曰：“都御史之职，在于正己以正百僚；使大臣法、小臣廉、纪纲肃、宪度一，则民生安而天下化成矣。”遂手定宪纲，以示诸御史。无何，熊开元、姜埰之狱起，宗周入朝，昌言其事，声彻殿陛。上震怒，诏夺官归。郡之天乐乡麻溪水通江潮为患，捐资筑茅山闸，与三江闸为表里。甲申，闯贼陷都城，门人告变，宗周跣而号曰：“诸生斩我头以谢先帝。”遂荷戈出。抵会城，诸生及子汋从之，泣告抚军，责以誓死勤王。抚军难之，稽迟时日。迨乙酉南都亡[②]，宗周恸哭曰：“此吾致命时也。”门人曰：“先生欲死，此非死所。”遂起，谒家庙，出居郭外。舟中叩头曰：“臣已老，不能报国，愿以一死明臣意。”遂投河中。舟人掖之而起，进凤林，辞祖墓。自此勺水不入口，吟绝命词曰：“留此旬日死，少存匡济意。决此一朝死，了我平生事。慷慨与从容，何难亦何易！”门人张应鳌在侧，勉之曰：“学问未成，全赖诸子！”六月丙戌，命家人扶起，幅巾葛衣北向卧，以示不忘君也。越二日，卒。绝粒者二十日，勺水不入口者旬有三日。初殡于凤林，以补庐墓三年。迁于下蒋，与淑人章氏合葬焉。宗周之学，以“诚意”为主，以静坐主

① 枚卜：古代以占卜法选官，因以指选用官员。

② “迨乙酉南都亡”，国图本、内阁本无。

敬为下手处；折衷诸儒，以上接孔孟。所著有《读易图说》《易衍》《古易抄》《证学杂解》《仪礼经传考次》《古学经》《古小学通纪》《古小学集记》《圣学宗要》《合璧》《联珠》《明道统录》《阳明传信录》《方正学录选》《人谱》《人谱杂记》《金鉴录》《保民训要》《乡约小相编》《宪纲规条》《大学参疑》《乡贤考》《文集》《年谱》。皆原本性命，阐明圣学，有关世道人心，为宇内道学之宗。子汋，字百绳[①]，补父荫。自幼谦谨，言动不苟。及父殉节，治丧毕，隐居剡溪之秀峰。后遇警归，坐蕺山小楼，杜门谢客。编辑遗书，寒暑不撤，终身茹荼服素，乡党咸称为肖子。

## 儒林

（《汉史·文苑传》府志曰儒林。）

古云：盲者，口能言黑白，而无以别之；儒者，口能言治乱，而无以行之。若是乎，儒之不尚乎文，而会稽之文人则指不胜屈。人曰：佳山水之所钟，然欲如蜀之司马相如、扬雄、王褒[②]以至苏氏父子数百年不可得，何可相及哉？人又曰：蜀之所产，或数代而一人；会稽所产，或一代数十人，非不相及也。

### 唐

**康子元** 开元初，诏举能治《易》《老》《庄》者，张说以闻。累擢秘书少监兼集贤侍讲学士。元宗[③]东之泰山，说引子元等商裁封禅仪。及还，徙宗正少卿。以疾授秘书监致仕。

**徐浩** 字季海。擢明经，有文辞，为集贤校理。张说见浩《五色鸽赋》，叹曰："后来之英也！"肃宗朝，授中书舍人，诏令诰策，皆出其手，遣辞赡速，而书法至精，帝嘉之。又参太上皇诰册，宠绝一時。授兼尚书右丞。浩建言："故事，有司断狱，必刑部审覆。自李林甫、杨国忠当国，专作威福，令有司就宰相府断事，尚书以下，未省即署，乖慎恤意。请如故事便。"诏可。进郡公。卒，年八十，赠太子少师，谥曰定。

**严维** 字正文，为秘书郎。大历中，与郑槩、裴冕、徐嶷、王纲等宴其园宅，聊句赋诗，世传"浙东唱和"。维有诗一卷，藏秘府。

① "百绳"，国图本、内阁本作"伯绳"，汋字"伯绳"为是。

② "王褒"，国图本、内阁本作"玉褒"，"王褒"为是。王褒与司马相如、扬雄并称"蜀中汉赋三大家"。

③ 元宗，即唐玄宗。

## 宋

**钱易**　字希白，先世临安人。自其父吴越王倧为大将胡进思所废，始居会稽，而立其弟俶。归朝，群从悉补官，易与兄昆独不见录，遂刻志读书。年十七，举进士，以文藻知名。太宗尝与苏易简论唐世文人，叹时无李白。易简曰："钱进士为歌诗，殆不下白。"太宗惊喜曰："诚然，吾当自布衣召置翰林。"再举进士，历太常博士、直集贤院。上祀汾阳，幸亳州，命修《车驾所过图经》，献《宋雅》一篇。累官翰林学士而卒。易才学敏赡，文数千百言立就，大字、行、草皆善。子彦远、明逸，皆以贤良方正应诏。昆亦能诗，善草、隶，举淳化中进士，历十州，治尚宽简，累官右谏议大夫，以秘书监老于家。宋兴以来，父子兄弟登制策科者，钱氏一门而已。

**齐唐**　字祖之，唐观察使澣之后。少贫苦学，得书辄手录之，过诵不忘。郡从事魏庭坚，闻士也，谓唐曰："今士多不读书。"唐曰："幸公任意，以几上书令唐一诵之，如何？"庭坚以一帙开示，乃文选《头陀寺记》，而唐诵不遗一字。庭坚大惊服。登天圣八年进士，尝进《龙韬豹略赋》，两应制科，对策皆第一。当路忌其切直，复排去之。后为南雄州佥判，会交趾进麒麟，唐据史传非之，众服其博物。以职方员外郎致仕。初，鉴湖东北有山，岿然与禹陵相望，最为山水奇绝处。唐命其山曰少微而卜筑焉。所著有《学苑精英》《少微集》各三十卷。

**唐默**　字存中，博极群书，文词高古，陆农师列为上客。尤爱其诗，如《咏山居》云："茅屋不闻雪，纸窗宜读书。"《茗》云："山林误采枪旗信，却怪枝头雪未消。"《祷雨》云："下车应有随车喜，遥见枝头少女风。"《送高应彦》云："莫似君家三十五，来时不寄一行书。"

**华镇**　字安仁。登进士，官至朝奉大夫。镇博古，工诗文，名冠一時。尝辑《会稽览古诗》几百余篇，山川人物，自虞、夏至于宋，苟可传者，皆序而咏歌之。历按史策，旁考传记，以及稗官琐语之所载，咸见采摭。傅崧卿称其词格清丽，寄兴深婉，足以垂观来者。华初平，镇之子，登进士，为太常博士。讨论典故，据经考古，初无阿附。靖康初，争金人尊号，贻怒当涂。及徽、钦北去，竟忧愤卒。

**吴孜**　尝从胡安定学，名闻嘉祐。治平间，会郡谋建学，孜即舍宅为基，今学中祀孜祠存焉。初，学成，郡守[①]张伯玉至，以便服坐堂上，孜鸣鼓行学规，伯玉欣然受其罚。王十朋题其祠云：右军宅化空王寺，秘监家为羽士宫。惟有先生旧池馆，

① "郡守"，国图本、内阁本作"太守"。

春风长在杏坛中。

## 元

**夏泰亨**　字叔通。九岁能属文，领乡荐，历官翰林编修。以文雄东南，所著有《诗经音考》《矩轩文集》。

## 明

**钱宰**　字子予。幼好学，淹贯坟典[①]，弱冠有文名。至正间，以进士归隐，一时俊彦如唐之淳、韩宜可等，皆出其门。明太祖首以明经征，令撰功臣诰命，兼进祀《历代帝王乐章》。授国子监助教，转博士，仍校书翰林。一日，上命作《禹陵形胜论》，大称旨。后思归，因口占一绝于朝房，曰："四鼓咚咚起着衣，五更朝罢尚忧迟。何时得遂田园乐，睡到人间饭熟时。"上知其去志已决，遂允其请。宰尝病近代新声繁猥，刻意古调，拟汉魏而下诸作，有《临安集》行世。

**范瓘**　字廷润，少从新建学。卓然以古圣贤自期，晚岁所造益深。家贫，无旦夕储，啸咏自若，人莫能测。尝谓人曰："天下有至宝，得而玩之，可以忘贫。"作古诗二十章，历叙道统及太极之说以自见。幼孤，事母尽孝，平居无戏言，步趋不越尺寸，里中人无老幼皆以"范圣人"呼之。与人煦煦无倨容，士大夫咸乐从之游，然或以粟帛周之，坚却勿受也。年八十余，将属纩[②]，犹戒其子曰："我死，宁薄敛，毋妄受人赙[③]以污我。"其平生廉洁如此。有司屡表其闾，寻祀于校。

**胡纯**　字惟一。少从新建学。天性孝友，家贫无书，每假钞[④]以诵，昼夜不辍。自弱冠即为塾师，赖其资以奉亲终其身。其为人终日斋坐，不妄言笑，不苟交，动止必饬。其教人必率以规矩，歌《诗》习《礼》，不徒事章句。诸弟子旦夕供使令，至种艺涤浣，皆欣欣任之不辞。师弟子之间，庶几复见古道，以故出其门者多知名士。所著有《双溪稿》《诗礼钞》《泗洲志》《崇安志》。迨卒，郡守洪珠高其行，题其碣曰"明逸士胡纯墓"。

**施钧**　字则天。博学能文，作诗得唐人体。有《饮水余味集》。

---

① 坟典：三坟、五典的并称，后转为古代典籍的通称。

② "纩"，絮衣服的新丝绵。据文意，或为"圹"字。

③ 赙：拿钱财帮助别人办理丧事。

④ "钞"，国图本、内阁本作"抄"。

**马尧相**　字伯彝。嘉靖癸卯乡贡，授金溪令。县无城，尧相创建之。民赖其利。罢政归，终日读书，不与外事。行年九十余，未尝废吟诵。会稽旧无志，尧相手草之，与乐会令金阶共相考订。书未镌，太史张元忭得之，属徐渭编摩。会稽之志，人知成于渭，而广搜辑使旧事不致湮废，尧相、阶与有力焉。

**徐渭**　字文长，号天池。甫髫年，颖异过人。及补弟子员，缙绅或以其骀荡，鲜契合者。喜作古文词，触笔而成。会浙督少保胡宗宪以长至日获白鹿于宁波、定海间，期以表进。渭为缮草，雅而确，世宗览之大悦，眷隆少保，而少保始重渭，由是声望籍籍矣。少保居督府，体严峻，诸将吏望之慑息。渭一以宾礼自重，戴敝冠，衣浣布，纵谈天下事。督府以其知兵，延之幕中，计设间谍，诱致王、徐诸寇，濒海得安。每出幕狂饮，遂深夜必启戟门以待，久而弥重。及督府下请室，渭感知己，郁郁得狂疾，尝以锥刺耳入数寸，后击杀所续妻。入狱，法当死，太史张元忭救解，竟出狱。遂恣游天下山川，酒酣耳热，辄为狂歌，旁若无人，而意愈豪，文愈放。自京邸归，键户不见一人，独挟一犬与居，绝谷食者十稔。或诘之，曰："吾食谷久，偶弃去耳，庸何伤？"嗣是贫滋甚，多作诗文书画，鬻以自给。栖敝椽，藉藁而寝，视世无足当意者。十年内，仅于张元忭死出一哭，其他绝迹焉。年七十三卒。渭貌修伟，音如鹤唳，中夜啸呼，群鹤应之。读书有深思，自谓得力于《庄》《列子》及《素问》《参同契》，世亦谓其能贯穿经史，融以己意。同郡陶望龄云："文有矩度，诗尤深奥，往往精于法而略于貌。"楚袁宏道则曰："胸中一段不可磨灭之气，皆英雄失路、投足无门之悲。故其诗如嗔如笑，如水鸣峡，如种出土，如寡妇之夜哭，如羁人之寒起。当其放意，平畴千里，偶尔幽峭，鬼语孤坟。"此可谓确评矣。尝自语："吾书第一、诗二、文三、画四。"识者许之。纂会稽邑志，虽得之邑人马尧相，而特为编摩，加以列传，今与其所著并传。所著有《文长集》《阙编》《樱桃馆集》，注《庄子内篇》、《参同契》、《黄帝素问》、郭璞《葬书》，《四声猿》《逸稿》《四书解》《首楞严经解》，与董懋策合评李长吉[①]诗。

**董懋策**　字揆仲，文简玘之曾孙。得家学真传，精于《易》理，学者称为日铸先生。设帐于蕺山之阳，受徒讲业，四方从游者，岁逾数百人。学舍不足，皆僦屋而居。其月旦总课，必糊名易书，列以等第，时人比之白鹿书院。游成均，大司成冯梦祯奇之，待以国士，与云间张以诚齐名。兄懋史、弟懋中皆相继登第，而策独不售。

① 李长吉，即李贺。

太史陶望龄致书曰:“望龄幸成,是雍齿且侯也,兄何虑焉?”亡几,病卒。其友提学副使张汝霖为之私谥、置祠,因作疏曰:呜呼!吾友揆仲于癸丑正月之二十六日,卒于正寝。其弟子凡三百数十人,相与启手足而哭之,尽哀。跣而出泣,相持而语曰:“存不愿丰、没无求赡,此吾夫子所为全而归者也!若乃表其遗行,宣其隐贞,夫非吾弟子邪!”佥曰:“愿惟力是视,以光夫子。”于是奔号四境,观者怆然。乃相蕺之巅,谋置祠焉,曰:“此吾夫子所声铎章教之地也!”相嵩峰之阳,谋置冢焉,封树期必亲,曰:“此吾夫子所手定之壤也。”既向余哭,而谋私谥之,曰:“知管者唯鲍非子邪,谁当谥夫子者?”余哭失声,曰:“吾揆仲劲姿外卓,慧心内朗,生劭阅而弥恭,历困场而能泰。千秋经术,一代人师。居恒恂如,以退自命。而谈经论事,注若悬河,累击逾蜂,百往不折。呜呼!使效用当世,其必侃侃能风裁者矣,而仅乃岳岳一经,惜哉!”按谥法,宽和令终曰“靖”,执一不迁曰“介”,宜私谥曰“靖介先生”。众又哭,相拜而置旌焉。呜呼!孔北海屣履造邑,请为康成特立一乡曰郑公乡。侯芭负土,为其师扬雄作坟,号曰元冢。孔子墓树数百,皆异种,人传其弟子,各持其国树种之。揆仲兼致焉,难矣!呜呼!郑乡崒兀,扬冢见恢,参差孔树,实实枚枚,生不飨荣,而没有余哀,非昔吾友,孰得之哉?其著述甚富,惟《大易床头私录》《大学中庸讲意》一书①,其佺暹纂集行世,艺林宝之。

**章颖**　字南洲。生而英伟,长而攻苦,肆力于经术,为《易》名家。越中以《易》显制科者,多出其门,而周应中、陶望龄为最著。后先相从者千余人,而徐文贞、申文定皆争延以课其子。颖性嗜酒,每讲授毕,辄饮,饮辄醉。然饮中唯高谈古昔,称经史及当世人物,一段刚肠正气,得之天授。当其发扬蹈厉,一往而前,能令千人辟易,虽王公晋楚,莫能御之。故尝自言曰:使予得志,杨忠愍事业不足多也。又曰:吾平生嫉恶太严,然人有片长,辄诵不啻口。晚年家居,族有游手博塞、冶歌而斗詈者,必匿避之。即不及避,其人必负荆来归,悔罪乃去。俗几一变。仲子为汉,举于乡,为名邑宰。女配刘坡,宗周其外孙也。宗周尝病目,经史皆颖口授。及宗周举于乡,颖犹以少年登第为不幸。宗周赞曰:师道之重于世久矣。语曰:师道立而善人多。先生早传谢狷斋②《易》学,拥③皋、谭《易》数十年,渊源所渐,多成名士。宗周不足道,周光禄、陶司成皆卓然树立,为世重轻。先生造就人才之功,乃在世

① “一书”,国图本、内阁本作“二书”。

② 谢狷斋:即谢瑜(1499—1567),字如卿,号狷斋,浙江上虞人。

③ “拥”字后至后“董用时”条之“篮间,不须臾离也”前文字,国图本、内阁本均阙,哈佛本存录。

道矣。

**陈治安**　字镜清，万历丙午举于乡。生而孝友，天资颖悟，读书晓大义，不屑屑章句为事。选授新化令，一以古法治民，清若止水。未几，以母忧，归。诗六首题寒溪寺壁，谭元春见之，极赏叹，对人啧啧不止。诗甚清远，越畦径之外。所著古文词近欧、柳，其《南华本义》尤见卓识。以经史为性命，顶童齿落，持卷矻矻不少休。足罕入城市，与陶奭龄、董懋中、徐如翰辈为“曹山八老”。每遇登临，则吟啸忘倦。一旦无疾而逝。

**董用时**　字公权，号瀫川。居东府坊，为山阴诸生。陶望龄见其少时文，曰：“此君家文，若长文，要当抹燕[①]刷秦，不日千里。”王思任为之传曰：公有独至之行，处众见寡，在言见默，孔居禹步，不改恒度。事祖如严君，不敢以謦欬犯。父遗一敝袍，衣之三十年，不忍释。母疾，与配尉氏抱衾侍寝，抑搔摩熨，药炉粥篙间，不须臾离也。甘贫攻苦，书田之外，一无所锄。训子之言曰：赵清献以告天自质，司马君实以告人自信，以生平无违心之事也。吾尝师之。又曰：谨身节财，以养父母，他日服官临民，自然不苟。末复赞曰：明德之旨，阐于盱江，吾犹及见之。以余观瀫川先生，口不言学而尊力，行不取虚悟，教先于妻子，绝不为私利，以[②]待昌其后，而所得已大，是明明德者不愧也。后子期生举崇祯癸酉乡试，历官淮安知府。瑞生才而隐逸。孙良槚，顺治戊戌进士，良橚，康熙丙午武举，皆其德所致云。所著有《四书发明》及《左氏》《国语》《檀弓》《国策评钞》《诸子评钞》《纲目评钞》，门人私谥曰清成先生。

**姚允庄**　字泰履。万历癸卯举于乡。令沅江，多惠政。升六安守，秩满当擢，辞职归。俸囊不及中人，角巾野服，翩然自得。与刘宗周、陶奭龄为讲学友，允庄以年长居首坐。甲申闻变，忧愤病卒。刘宗周为文祭之，其略曰：吾党之待先生而兴起者，岂其微哉！而今乃有以知先生矣。先生语不落言诠，故无单提之病；行不依辙迹，故无倚傍之途。不求信于人而人自信，一禀其天怀之旷然以自得，君子以为近于圣人之诚也，而道在是矣。今先生已不我待，怅老成之日逝，弥切典型之思，抚绛帐之虚悬，尤洒同人之泪。其生平德行为世所推重如此。

**陶履平**　字水若，号曙斋，奭龄子，继望龄为后。少时即从父讲学阳明书院，

---

① “抹燕”，哈佛本作“秣燕”。

② “以”，国图本、内阁本作“不”。

阐明性道。长而好学，博通群籍。游南雍，望龄门下士争先馈遗，皆坚辞不受。有欲为其乡举地者，慨然曰："文章自有真遇合，奚可强也？"遂不与试而归。绝意进取，专精著书，增补《字汇》，注解《五经》，考订《诗余》。慕白居易之为人，故其诗近之，而古风尤胜。年七十余，手编先人遗稿，未尝释卷。病革之日，手书一绝遗其子曰："操觚当此际，微喘不留余。遥想赵无恤，三年读父书。"遂卒。闻者泣相谓曰：失我典型。

**陆曾晕**[①]　字章之，梦斗曾孙。少失父，及壮有室，冬夜必侍母寝，不少离。遇兄弟甚友爱，喜读书，肘着处[②]，案为之穿。背诵《史记》，自首卷至终篇，不失一字。尝[③]示门人曰："对人始检身，必不能检身；开卷始读书，必不能读书；握管始作文，必不能作文。"岁饥疫作，为集医疗视，没则殓瘗之。其为文，句字皆垆冶而出，顾甚自惜，少不当意，辄毁，非所欲必固拒。将殁之前十日，命子出所纂文，排双炬，爇芗坐，而自剔其句字，又摘去五文焚之。其所存者有《诗学内传》三十二卷，《外传》二十卷，编《春秋所见所闻所传闻》三卷。集史自盘古氏迄明，曰《简要录》。汇诸史考定纲目，曰《纲目参同》。尤精于字学，博采诸家作《字原》，晚更留意象纬，作《窥天录》。凡所手钞书，计文有五尺，所撰《古文诗赋成编》，共十卷。

**马权奇**　字巽倩。幼负奇气，受《易》董中峰玘曾孙懋策门下，事母极孝。辛未成进士，授工部主事，司琉璃厂。与阉宦相牴牾，为所中，后事白得释。家素贫，复不能事家人产业，惟饮酒读书，手丹铅不辍。国变，避兵死于田间。所著有《易经解》《诗经志》《麟经志》《老子解》《名臣言行录》诸书。

**谢士敬**　字德舆，郡同知启廷季子。生而颖异，读书一目十行。九龄即遍读五经子史。启廷不许其躁进。十七，始出应试，督学洪承畴首拔冠场，随任莒。父有登警，御史谢三宾以征饷衔启廷，士敬私上书，反覆万余言，洞晰利害。御史见之，惊曰：有子如此，天下才也。遂与启廷定交。后父丧，鸡骨支床，人称至孝。有《旧雨斋集》数十卷，藏于家。

**章重**　字爰发。敦睦孝友，以文章名世。素为陶望龄、刘宗周所器重。崇祯丁丑成进士，授福安令。多善政，创龟湖书院以励学者。抚按交章[④]荐，调福清，以

① 晕(晔)，或为"煜"之误。参见乾隆《绍兴府志》"陆曾煜"条。

② "肘着处"，国图本、内阁本作"肘着虚"。

③ "尝"，国图本、内阁本作阙字。

④ 交章：官员交互向皇帝上书奏事。

病卒于官。

**王绍美**　字子玙。少英俊，每试辄冠多士。聚徒讲授，尝曰："圣贤语言，当下可以领会，何须向人牙后另觅古人生面耶？"崇祯癸酉举于乡，庚辰成进士，授肇庆府推官。不事刑威，不为表暴，而出冤狱、却厂羡，论者谓有投杯弃砚之风。其生平仁孝，视兄弟友朋如一身。迨去官后，家无留物，至不能具棺殓。弟绍兰，丙子举人，有《梅庄合稿》行世。子用说，中乙卯举人，为太史徐秉义、垣中王垓所得士[①]。尚名节，好气谊，惜早卒，不竟其用。手录诗文盈数尺，笔法[②]精妙，为世所珍。配朱锡元女，事姑抚孤备尝艰苦。

**童汝槐**　字德符。七岁能文，十四补弟子员，诚心教授。及门多高弟，捷高官登庶常者数人。性孝友，戊子遭寇乱，兄被寇擒，汝槐匍匐奔救，愿以身代，寇义而均释之。又有姻党以万金相寄，事平，悉返其主，纤毫不爽。子炜，甲午举于顺天，两任学博，迎养署中。汝槐著有诗文盈数十帙，《河洛理数》《黄钟大吕解》更为精确。庚戌，炜成进士，有文名，居官有廉声。孙嘉诚、嘉让，曾孙镇雅、镇藩，皆以诗书世其家。

**董念陛**[③]　字木庵[④]。文简中峰五世大宗孙。幼丧母，事父至孝。昆弟八人，终身无间言。博极经史，不屑屑于应制之文。随祖任之江右，与陈、艾、罗、章四先生交。配太史陶望龄孙女、司李陶履平女，相从讲学，深得性命之理。履平尝谓人曰："以吾馆甥为顾问之臣，必能为朝廷断大事，决大疑也。"诚意伯刘孔昭荐举兵部赞画，坚辞不赴，隐居自乐。庶弟病，饮药必以口哺之，其友爱多如此。遂遘疾，孙志濬刲股以进，慨然曰："予已知之矣，视死如归，圣人也。我儒者也，岂久恋于世哉？"拱手而逝。所著诗文为人所争，得存诸家者有《谒王文成诗》，刘蕺山弟子张应鳌挽诗即用原韵。

**张应鳌**　字奠夫，邑诸生。会蕺山讲学证人，远近造请无虚日，然少许可。得纳拜称弟子者，惟应鳌与萧山来蕃[⑤]而已。蕺山赴铨贰召，延于家，训诸孙。古小学落成，命与孝廉海昌祝渊、诸生周之璿肄业其中。尝语二子曰："及门之士，不

---

① 得士：谓使士人投奔、归附，亦谓得士人的心。

② "笔法"，国图本、内阁本作"笔画"。

③ 董念陛，子钦德，本志纂者之一。

④ "木庵"，国图本、内阁本作"未庵"。

⑤ "来蕃"，国图本、内阁本作"来番"，误。来蕃，萧山人，府、县志有传。

失吾学之正者，莫夫一人。”甲申变后，蕺山首阳抗节，咸谓：“事或可为，幸为国自爱。”鳌大声曰：“人臣分义，自当一决。”蕺山韪其言，遂携手决曰：“学问未成，全赖诸子。”呜呼！厥后，白马岩居、王门冷然池诸讲席胥鞠为茂草，唯城南小学①一片地，历三十余年，所记四百余会，会各有记，饩羊去而复，存鳌之力也。及年逾八旬，瓶无脱粟，祁寒暑雨，日行十余里不辍。讲勤问晰，扶奖后进，诚有刻刻不忍去诸怀者。鳌之父九十岁翁，蕺山赞其像曰：“勖哉②！后之人弓冶可凭。日一为要，学圣之程。噫！若应鳌者，可谓不负师承者矣。”学问之粹精见《自记》《会语》及《四书颂解》，所著甚多藏于家。

**田自远**　字子耕。补弟子员，节概③自持，与龚孙华为莫逆交。事母至孝，每遇佳节，必侍左右，以承一日之欢，虽良友苦邀不赴也。设教五十载，终身无失德。后起多所造就，乡党奉为儒宗。

**方炳**　字文虎。为文多奇气，弱冠补弟子员。尝谓友人曰：“吾儒读书不能置身两庑，虽位列三公，非吾愿也。”著有《孝经集注》《诗经解》。姜兆骅、沈应铣辈皆出其门。年五十余，夫妇相继而逝，闻者为之太息。同时有潘秦，炳之密友也，亦早卒。

**姜廷梧**　字桐音，司农一洪季子。弱冠能文，陈子龙、李越郡甚相器重。司农死，绝意仕进。以高文远韵相酬酢。将卒之前夕，尚赋长律二十余篇。所著有《待删初集》《芳树斋集》行世，全集十二卷，藏于家。

**徐奇**　字而法。严凝不苟，学有渊源。受业刘宗周之门，以明经任仙居训导。所著有《大易卦义》《圣学宗传集要》《理学咏和篇》《五伦志古篇》《历代史论》《名贤论》《理学存书》行世。子师仁，亦刘子门人，著有《鉴湄集》。

**章绵祚**　字世桢。性醇谨孝友。髫年有声黉序，旋食饩。己酉拟乡荐不售，贡太学。年六十余，犹励志读书。癸亥秋，病笃不能语，犹书“安静”二字，且指天指心，明以天理人心，垂训而逝，时年七十。

会稽县志卷第二十四终

---

① “城南小学”，即前文“古小学”，明嘉靖间知府洪珠择善法寺废址改建。

② “勖哉”，国图本、内阁本作“最哉”。

③ “节概”，国图本、内阁本作“梗概”。

# 康熙会稽县志卷第二十五

## 人物志四

忠节　孝义

## 忠节

今夫以赴汤火、冒白刃之事语人曰:尔为之则善,不为则下,愚不肖而不得齿于人,必无有听之者。忽一人赴之,众必相顾而骇,将救之。若再一人赴之且冒之,则顾者异于前。若数人争赴之,且争冒之,则人或知身命之有不必甚惜,而义有所甚重也,是以忠烈成于性者也。苟其乡有纯忠奇节之臣,大彰其义,斯非一人事矣。

### 宋

**张宇发**　字叔光。举进士,靖康初为都官员外郎。金人再犯阙,诡执和议,要大臣宣谕两河。上以命聂昌、耿南仲,皆辞,惟陈过庭请行。于是宇发为副,拜徽猷待制[①],两人衔命。金人中变,銮驾北征,遂被絷。迄数年,声闻阻绝。后洪皓还自金,言宇发殁于云中,见其榇旅寄荒寺。携至燕山,授仆人徐禹功使葬焉。因再疏请褒赠,秦桧沮之。桧死,皓子遵复请,诏赠左朝请大夫,职赐如故,官其子孙焉。

**唐琦**　本卫士,建炎间,高宗航海,琦病,留越州。李邺以城降,金人琶八守之。琦袖石伏道旁,伺其出,击之不中,被执。琶八诘之,琦曰:“欲碎尔首,死为赵氏鬼耳。”琶八曰:“使人人如此,赵氏岂至是哉?”又问曰:“李邺为帅,尚以城降,汝何

① 徽猷待制:即徽猷阁待制,官名,北宋徽宗大观二年(1108)置,从四品,属侍从贴职。

人，敢尔？”琦曰：“郯为臣不忠，吾恨不得手刃之，尚何言斯人为？”乃顾郯曰：“我月给才石五斗米，不肯背其主。尔享国厚恩，乃若此，岂复齿人类哉？”诟骂不少屈。琶八趣杀之，至死不绝口。事闻，诏为立庙，赐名旌忠。

**唐震**　字景实。少居乡，介然不苟交，有言其过者辄喜。既登第，有权贵者拟牒荐之，以示震，震纳之箧中。既又干震以事，震手还其牒，封题如故，其人大愧。咸淳中，由大理司直判临安府。是时，潜说友尹京，倚贾似道骄蹇乱政，震每矫正之。时江东大旱，擢知信州。震奏减纲运米，蠲其租赋，令坊置一吏，籍其户口，劝富人分粟，使坊吏主给之，所活无算。州有民佣童牧牛，童逸而牧舍火，其父讼佣者杀其子投火中。民不胜掠，自诬服。震视牍，疑之，密物色得童，召父诘示之，狱遂直。擢江西提刑，过阙陛辞，贾似道以类田属震，震谢不能行。至部，又以疏力争之。赵氏有守阡僧甚暴横，震遣吏捕治，似道以书营救，震卒按以法。似道怒，使侍御史陈坚劾去之。咸淳十年，起震饶州。时兴国、南康、江州诸郡皆已附。元兵略饶，震发州民城守，上书求援，不报。元遣使说降，通判万道同劝从之，震叱曰：“我偷生负国耶？”立斩元使，坚守不下。明年春，元军大至，城中食且尽，都提举邓益宵遁，震尽出官钱募人出战，莫有应者，城遂溃。元兵入，执震署降，震奋骂曰：“我恨力寡，不能尽杀尔贼，乃降尔耶！”遂与其兄椿及家人俱遇害。张世杰复饶州，判官邬宗节求震尸以葬。赠华文阁待制，谥文介，立庙，赐额“褒忠”，官其二子。

## 元

**裘廷举**　居云门。至正末，兵乱，与侄近忠团结其乡，斩木为鹿角，置寨驻日岭，内设强弩，聚民守之。敌至，屡为所伤。后夹攻之，遂破，近忠遇害，廷举妻子皆被执。

## 明

**谢泽**　字时用，上虞人。赘会稽余贵张氏，因家窦姜村。永乐戊戌进士，授刑部主事，历郎中。在职推立法，意慎持不刻，同列服其详雅。会户部侍郎周忱经略东南运赋，荐泽为己副，居淮、浙数年，劳绩茂著，出为广西右参政，佐柳侯招抚，全活者以万计。当是时，泽与甄完、胡智皆以藩宪有声，人称“越中三良”云。正统十四年，边方戒严，朝廷择才望守要害，贵臣有受命者，巧为规避，而泽以九载考绩，待除阙下，遂拜泽通政使，提督居庸、白洋等关。是时，驾已北狩，京师军伍空虚，泽单骑以往，其子某送之出境，执其手与之诀曰："吾必死报国矣。"既抵关，士卒方散乱，又不知通政为何官，无一人出迎者。泽乃宣敕旨，集将士，将士乃稍稍至，然皆懦怯不振。顷之，敌大入，吏卒皆散走，独泽犹率羸卒殿山口，且拒且却。或请移他关，姑避其锋，可无虞。泽曰："吾受国厚恩三十年，此岂偷生日耶？"会风起，沙尘涨天，人马不能辨，遂得却走。入关南佛寺中，门急猝不暇闭，敌突至，泽端立，厉声叱之，遂遇害。其僮曰由吉者，抱泽尸匿乱尸中，始得归。朝廷嘉其忠，诏赐葬祭，录用其子俨大理评事。曾孙元顺，正德丁丑进士，终工部郎中。

**沈鍊**　字纯甫。生平慷慨有大志，复雄于文，下笔辄万言。嘉靖戊戌进士。知溧阳，治大略，仿敞、霸[①]，论大豪，抵死，因再抗台使，其属尉赃墨锢之，尉又自经。鍊遂三徙，终不少变。为令久不得调，时相知其才，稍移锦衣幕。会边事集廷议，鍊昌言敌入由，相嵩父子廷诟之。已而复上书数其罪，诏杖鍊，徙置保安。时镇臣匿败，以捷闻，得赏。方宴会，诸寮称贺，鍊以诗大书遗之云："杀生献馘古来无，解道功成万骨枯。白草黄沙风雨夜，冤魂多少觅头颅。"镇臣大衔之。已，又刻木为秦桧，日令人捶射，作《射虎行》《筹边赋》讥刺。时事无虚日，而边人慕鍊忠义，多附之者，鍊乃招流亡、倡城守为御边计。敌闻鍊兵，辄相戒勿近。于是镇臣与相嵩构鍊将为乱，鍊遂被刑，并戍其子襄。隆庆初，赠[②]鍊光禄寺少卿，任一子官[③]，襄让其弟，且上书讼父冤。镇臣坐死。越五年，台使令有司祠祀之。鍊所著书悉亡于逮时，今仅存《青霞集》。

**陆梦龙**　号景邺。万历庚戌进士，授刑曹。梃击事起，少司寇张问达问处法，梦龙曰："斩张差，毙寺人，法止矣。"竟以此结案。升九江道，川贵总督蔡复一以其才俾监黔帅，调偏沅[④]至贵阳，总督委点军清黔兵，虚冒可万人。贼犯普定，巡方檄议事，命渡河探贼，发总兵黄钺兵三千人，俱晓行雾作，诇者言：贼甚众。梦龙登蒋义塞小山，顾从人曰："日将高，雾薄，贼见我虚实则危矣。"命钺率兵击贼，无应者，乃麾部将王伟、主簿吴家相等八人，并钺帐下郭千斤、林汝宏[⑤]共击贼。贼将奔，梦龙率仆二人及胥一人大喊驰下，家相曰："贼易杀，请益兵。"梦龙复登山，挥刀砍士

① 敞、霸：张敞、黄霸。

② "赠"，国图本、内阁本作"诏赠"。

③ "任一子官"，国图本、内阁本作"录其子襄"。

④ 偏沅：古巡抚名。

⑤ 宏：国图本、内阁本作"弘"字。

使前，众乃拔寨起，贼大奔溃。丙寅，三山苗叛，思州告急。梦龙率兵抵思州，问太守胡柟曰："闻君设狮子哨，去贼巢几里？"曰："二十里。"梦龙即策马行，夜至哨，语哨长向腾龙曰："速捣巢。"腾龙大惊，且泣且止。梦龙手令旗授中军吴家相曰："将士不进者，砍之。"家相请饭而行，梦龙曰："破贼会食。"一军愕然，梦龙攀鞍上马，过买角山，山峻险，左右皆丛篁，径不容尺。陂若劫灰，马陷，继以步。梦龙攀援而上，家相请暂止，不听，促家相入贼巢。夺苗兵鼓，乱挝呼曰："陆监军大兵至矣！"贼乱奔，死者亡算。家相火其巢。上功督府，奉旨纪录。丁卯，入粤闱，诸司纠监军建魏珰祠，梦龙不肯与，佯中风而归。庚午，起兖东道，署篆东平，以奇兵袭杀巨盗陈善等，兖西平。亡何，调陕西固原道。贼自豫入秦，以甲戌五月犯固原，七月入静宁州。梦龙督师堵截，贼遁去。贼至八月[①]犯隆德，非梦龙所辖地。闻报，怒曰："贼敢若此乎？"引兵疾赴。知贼营老虎潭仅千人，梦龙檄别将贺奇勋、石崇德为犄角，身率三百人窥老虎潭。及至，而贼已三四万矣。梦龙欲趋高自固，待所檄兵，而贼伏，发矢雨下。有卒大呼且走，梦龙立斩之。命发炮，炮焠自击。贼乘胜猬集，围数重。贺、石二将突围战死，梦龙大呼，手刃数贼，驰贼围，不得出，遂遇害，时崇祯七年闰八月朔也。越三日，得遗蜕于战所。面中刃一，发际中刃四[②]，颈中矢一，右臂中矢二，镞俱入骨。雨洗血净，貌如生。疏闻，赠太仆寺卿，予荫给祭葬。

**陈孔教**　号鲁生。万历壬子乡试第二，谒选得南雍学正，累升川南道。方莅任，献贼破会城，孔教督所部奋勇堵御，力竭被擒，骂贼不绝口而死。先是，以一匕首授其配，孔曰："贼势急，我此行不利，必杀身报主。尔为命妇，谨藏此器，有变即自刭，毋为贼污。"孔坐卧佩之。孔教殉难讣至，子以衡给母南窜，匿不以闻。逾年，孔氏偶诣以衡书室，见兵宪周梦尹《吁请孔教尽节应恤》一疏。读毕，哀号殒地，骂以衡曰[③]："汝父死已二载，我尚偷生，不肖子使我无颜见汝父地下。"即引孔教所遗匕首断喉自尽。死后数日，犹凛凛如生，当道旌其"一门节烈"。

**金应元**　号尧门。万历辛酉，举顺天乡试，任太湖令。为人质直，居官循循守法，爱民如子。崇祯九年，流寇至县，县土城不能守，应元公服坐堂上，不屈死。事闻，赠光禄寺丞，荫一子。孙兆嘉，九岁同死。

---

① "贼至八月"，国图本、内阁本作"至八月"。

② "面中刃一，发际中刃四"，国图本、内阁本作"面中刀一，发际中刀四"。

③ "骂以衡曰"，国图本、内阁本作"骂以衡"。

**章士奎**[1]　号灿斗。父维宁，以良乡籍举顺天乡试，士奎遂补良乡弟子员。为人好义倜傥，不畏权势。时魏珰乱政，排陷正人，士奎怀愤，力为营救，不得，乃开煤窑伤其祖墓，以冀祸珰。珰恨之，诬以开矿，致之死。左都杨琏[2]疏参逆珰二十四大罪，内云“诬杀章士奎”，此其一。载《明通纪》。

**张焜芳**　号九山。崇祯戊辰进士，授南平令。召拜户科给事中。为文震孟请恤典，疏荐黄道周、陈子壮、惠世扬、金光辰、成勇才堪大用。又疏参横珰杨显名等罪恶，群小嫉之，借端镌级。归与刘宗周讲学于证人会。时震孟恤典得请，引荐者次第登用，论劾者芟除殆尽，起焜芳官翰林。抵临清，遇警，仆从请退舟南下，不许。慨然曰：“吾奉命而来，闻警而返，临难苟免，义所不安。”遂舍舟入。城陷，更请易服混齐民，又不许。遂有骑突至，拥焜芳见其帅，胁之跪。焜芳厉声曰：“吾为天子侍从，臣宁屈于汝？”遂遇害。事闻，赠大理寺卿，予祭葬祠祀，世袭锦衣卫正千户。

**倪元璐**[3]　字玉汝，上虞人，籍会稽。年十七，举于乡。天启壬戌，成进士，改庶吉士，授编修。时逆珰窃柄，朝士风靡，元璐介然独立。崇祯改元，珰伏诛，群小

---

① “章士奎”、“张焜芳”条，国图本、内阁本不见于“金应元”条后。参见本志卷第二十三“朱光熙”条脚注及底本“勘误”有关内容。

② “杨琏”，应是“杨涟”。

③ “倪元璐”条，内阁本文字差异较大，整条辑录如下：倪元璐，字玉汝，其先上虞人，移居会稽，遂为会稽人。生而颖敏，年十六举于乡。天启壬戌成进士，考庶吉士。时魏珰窃柄，元璐介然独立。崇祯登极，元璐奏辩东林，请焚《三朝要典》及劾杨维垣三疏，天下传诵。丁卯典试江右，辛未分校南宫，并主武闱，以命题讥切时事，几不测。晋日讲官，兼侍读学士，陈致虚致实十六策，天子粘屏省视，礼眷甚隆。将大拜，忮者嗾以亲制，劾去。壬午八月，贼氛炽，诏起元璐为右司马。元璐冒险出济北，达京师，即日召见。元璐条奏剿御情形，上嘉纳之。时陈演谋居首揆，虑用元璐，因进曰：天下不治，由兵农不合，使倪元璐为司农，冯元飚为司马，事蔑不济。上然之，即以元璐为户部尚书，兼翰林学士，与冯元飚分部治事。元璐引祖制固辞，不许。因召至中左门，谓曰：朕知卿久矣，勉为朕任劳，无固逊。不得已受命，因上三做策：一实做，一大做，一正做。上叹曰：卿真有学问之言。时郡邑残破，额解不时至，元璐清核边兵，开中都，下改折，土供生节并举。又数请辍内遣，停开采。宦官执政交嫉之，乃乘间谓词臣不任钱谷，劝上辍元璐还讲幄。甲申二月，上御经筵，元璐讲生财大道。上疑讽己，乃诘曰：今边饷匮竭，生众为疾，作何理会？元璐徐曰：皇上圣明，不妨经权互用。臣儒生，止知因民之情，藏富于国耳。上不怿，元璐不引谢。翌日，上谓辅臣曰：从来经筵有问难而无诘责，昨偶尔，朕之过也。贼将犯阙，密请出东宫，循宋康王故事。抚军又请发内帑补京军阙饷，结士心趣，阙宁帅率众兼程入援，未报。三月十九日，闻贼逾城，乃束带向北阙拜，南谢母，南面受缳。题案云：南都尚可为，死，吾分也。慎勿棺衾，以志吾痛！遂经死。贼至，见陈尸于堂，叹息而去。禁兵毋犯，榇归。皇清顺治八年，立祠京师，遣官致祭。仍赐地七十亩，春秋永祀。弟元瓒，字献汝。素著孝友，律身严毅，不汲汲于进，饬子姓不得闻户外事。以地方人材荐辟，坚卧不起。值旱蝗，民饥甚，元瓒罄资捐赈。学宫圮，元瓒鬻产得四百全为倡。公私慨助，庠序焕然。晚濂、洛之旨，杜门静摄，人以“二难”称之。

犹踞津要，淆乱是非，元璐抗章辨邪正，纠杨维垣党逆，宜斥；《三朝要典》诬善，宜毁，国是始定。迁谕德，供日讲，陈制实、制虚十六策，斥辅臣不能引辜怀耻、秉忠绝欺。柄臣深憾之。及迁祭酒，中以家事，罢归。十五年，寇益炽，诏起兵部右侍郎，疏辞。会京师戒严，遂毁家募士，仗剑至淮，欲率勤王兵而北。不时至，乃将数十骑冲险入都。上异之，即日召见，元璐陈彼已情形、剿寇方略甚悉。上嘉悦，补日讲。时中外想望风采，陈演居首揆，虑元璐一旦至，密勿形已，因进曰："天下不治，由兵农不合，合则必治。"上然之，擢元璐户部尚书、冯元飙兵部尚书。元璐奏司计本谋，一曰实做，一曰大做，一曰正做，退而请边储合三饷，折上供，更盐法，生节并举，天下便之。时上方任中官，遣王坤督催起运，孙元德采买桑穰，元璐俱以驿骚闾左，请收成命，上为反汗。时又盛议开采，元璐言："自神庙时，矿使为祸，海内冤痛。今所在盗起，群心动摇，臣诚不敢奉命。"不纳。于是执政宦官交嫉之，乘间言词，臣不任钱谷[①]，劝上辍还讲幄，上难之。已而诏计臣，元璐以原官供讲，名而不姓，盖异数，示意爰立也。甲申二月，讲生财有大道，上疑讽切，诘曰："今边饷匮绌，生众为疾，作何理会？"元璐徐曰："圣明经权互用，臣儒者，惟知藏富于民。"亦不谢。翼日，上悔之，召辅臣谕曰："讲筵有问难，无诘责，昨日偶尔，朕之过也。传谕讲臣，启沃如故。"其礼遇如此。贼入，奏[②]《申河防三议》，请东宫抚军而南，不听。三月十九日，都城陷[③]，束带向阙，北谢天子，南谢母，举酒酬关壮缪[④]，绘容亦自浮三白，出就厅事，援笔题棐几曰："南都尚可为，死吾分也。勿以衣衾敛，暴我尸，聊志我痛。"遂南面坐，自经而绝。贼至，问公安在，则陈尸于堂，叹息，呼"忠臣"而去。南都立国，赠特进光禄大夫太保、吏部尚书，谥文正，予祭葬祠荫[⑤]。

**余煌**　号武贞。自幼有大志，举止端重。金堂王开阳一见器之，曰："此儿他日必大魁天下。"因以女之子韩妻之。性喜读书，无事即稽古博览，群集廿一史，逐一丹铅，半字不苟。尝曰："昔程明道看史，不错过一字[⑥]。吾辈读书必细心钻研，方有得处。"天启乙丑，廷对第一，授修撰。崇祯辛未，丁母艰，哀毁尽孝。事父严敬，

---

① "臣不任钱谷"，国图本作"言不任钱谷"。

② "奏"，国图本作"秦"。

③ "都城陷"，内阁本作"闻贼逾城"。

④ 关壮缪，即关羽。

⑤ 国图本后有文字："顺治九年，尚江东，征辟不起，人称为"二难"云。□康熙四十一年，奉□院□司府行文，县令张联星捐俸刊补"。

⑥ "不错过一字"，国图本、内阁本作"不蹉过一字"。

晨昏唯诺，未尝以贵故失人子礼。丁丑召入，转左春坊。时连岁旱饥，悉蠲积逋，而有司带征如故。煌在经筵，极言其事，遂命侍御史一员巡行申饬，民间欢呼称便。又疏正文体、禁闱试用诸子语，由是士风丕变，彬彬多通经术者。戊寅，以省亲归，谭及时政，辄慷慨流涕不能已。三江闸为越城咽喉，民所恃以生者，岁久倾圮，长吏以工费浩繁，咸坐视嗟叹。煌创议修复，《记》载"水利志"。山阴天乐乡[①]田濒于大江，自昔潮水为患，耕种不时。煌又力任其事，建闸猫山之麓，横截江流，启闭有法，始变潟卤为沃土。居民德之，立祠闸上。国变后，自沉于渡东桥下，郡人祀之桥左。

**章尚絅**　号闇然。幼失怙恃，事祖以孝闻。让产建祠，酌定祭仪，宗族赖之。以国学生历官秦藩左长史，晋阶中宪大夫。更三王册立大典，一出裁请。崇祯癸未，李贼陷城，尚絅自缢于秦藩端礼门。崇祯十七年，台臣霍达、科臣章正宸疏闻，奉旨赠按察司副使，予荫赐祭葬建祠。康熙三年，陕西巡抚贾汉复纂入全秦通志，祀名宦。

**姚士镇**　号玉衡。居家笃于孝友，而博学有大志。以成均任楚藩左长史。时宗室骄恣，流寇纵横，藩忧之，召诸臣熟筹。士镇慷慨条奏，藩嘉纳之，按策举行，以故宗室知有检束。寇虽数警，境内宁辑，有"宁当烈风，莫值姚公"之谣。事闻，优旨嘉奖。无何，楚藩第三子鉴利王薨，无嫡嗣，有不当立者赂士镇十万金，议晋阶三级，求为后。士镇不受，执议弥坚。因而召饮置毒，诸医不治，谓非原置毒人不解。士镇不问，惟诏[②]右长史曰："厚资崇阶，人谁不欲？然欺朝廷得污名，孰若守义死官，遗清白于子孙也？"语毕遂卒。王思任赞曰：招之不来，麾之不去，社稷之臣，公庶几焉。

**马骢**　字最白。由万历戊午[③]武举三科中式。初任通州守备，历升登州参将。崇祯间，寇乱，攻登城，骢练兵力拒，弥月食尽，援师不至，骢溃围出血战，被创者十有六。缚之要降，不屈死。兵退之日，值盛暑，面[④]色如生，有司殓之，眷属死者殆尽。事闻，赐祭一坛，荫一子锦衣卫小旗。

**章赞化**　号素完。由吏员授四川江油县尉。县治无城，崇祯十六年，流寇将至，县尹入山以避。赞化官服坐县堂，家僮迫之使去，赞化按剑欲刃其仆曰："我奉朝

① "天乐乡"，国图本、内阁本少"乐"字。

② "诏"，国图本、内阁本作"语"。

③ "万历戊午"，即万历四十六年(1618)。

④ "面"，国图本、内阁本作"而"。

命守土，何得擅离？”贼乡道至，俱县民，素服赞化清正，不忍害，劝去，不从。贼大至，胁降。赞化不屈，至浮桥跃水而死，至今立庙岁祀。

**王毓蓍**　字元趾。郡庠生，素以节义自命。闻变，遗书刘宗周曰：“愿先生早自决，毋为王炎午所吊。”遂服衣冠赴柳桥下，端坐而死。有绝命词。郡人祀之渡东桥左。

**潘集**　字子翔。读书有气节，闻王毓蓍死，为文哭之，遂投渡东桥河下死，祀于桥左。董玚改葬集于谢墅官山岙，并其本生母合葬焉。置祭田一亩九分。嗣子名思忠。

**周卜年**　字定夫。儒士，赴水死，祀渡东桥左。

**高岱**　号白浦。沥海所军卫胄子。幼孤，兄承海早逝，岱以馆谷奉母，并赡嫂及侄，孝友闻远近，兼有文望。崇祯庚午，举顺天乡试。甲申闻变，岱家居惊号，呼二子澄、朗诀曰：“予世受国恩，愧无以报，当以死殉。”舆榇中堂，绝食待毙。二子侍侧，少进泉水，疑水内杂以参，并绝不饮，旬余竟成其志，与刘宗周同时殉节。子朗，字子亮，邑庠生，拜父前曰：“大人教子何为国家，养士何为，朗愿随父以殉。”兄澄争之曰：“予长子，当随父，弟次子，当养母。”朗应声曰：“殉父易，养母难。”遂疾走沉偁江，渔舟获尸，而目如生，与父岱并祀于渡东桥左。

**叶如藿**　字衡生。崇祯庚午举人。闻变，与妻王氏同赴水死。

**傅日炯**　字中黄，号紫湄。邑弟子员。生平慷慨，负奇节。国变时，缞绖辞祖庙，作《致命词》二首，赴水死。次日，危坐石上，衣冠整如。从弟商霖，字天赉，闻炯死，叹曰：“后之哉，奈何！”坚以饿殉。十余日水浆不入口而逝，有《绝命歌》一章。

**章有功**　素知兵。由将材任云南都司。从朱燮元征安邦彦，积功至都督。守红边十余年，苗民倾服。王事勤劳，患病予告。卒，赐祭葬，荫绍兴卫世袭指挥使。弟有思，任宁波参将。国变，父子殉节[①]。

**陶曾龄**[②]　字曾唯，武举。历官杭州参将[③]，与钱塘顾咸建同死。

**徐大礼**[④]　字复初。天启初年，任四川长宁县主簿，适缺尹，署县事。时奢崇

---

① “弟有思，任宁波参将。国变，父子殉节”，国图本、内阁本无。

② “陶曾龄”，国图本“陶”字后加；内阁本无“陶”字。

③ “历官杭州参将”，国图本、内阁本无“杭州”两字。

④ “徐大礼”条，国图本、内阁本在“蒋鈖”条后。

明、奢寅父子倡乱，县无兵粮，不能守。贼至[①]及城，大礼置毒酒中，先令妻谢氏、弟、三子明杰、幼子明某及家人尽饮之。自坐堂上，与塾师谢某举鸩引满，歌“大江东去”一阕，从容死之。贼至，见公薨[②]，叹息引去。山阴朱公燮元守成都，首疏其事，曰：“一家十三口而死难者，徐大礼也。”总督张我续复以大礼，与张振德、董尽伦等十二人疏请恤录，诏赠重庆府同知，荫一子临山卫百户，世袭。

### 皇清

**章德英** 任神木县典史。值寇乱，奋不顾身，殉城死。顺治九年，赐祭一坛。

**徐必遇** 字杰吾。幼聪颖，性孝友。顺治年任泰兴簿，兵叛，率众出御，战没。妻姚氏携五岁女，泣觅旬日，方获遗骨。巡抚赵福星疏闻，赠征仕郎，赐祭，荫一子。

**吴锡绶** 字紫卿。生有异瑞，祖、父皆奇之，相从死[③]。

**蒋鈖** 字□□，本邑人。随父任江西，中顺治丁酉科武举。初授腾骧卫千总，历升福建海澄镇中营守备。会耿、郑二逆变乱，血战阵亡。赠都司佥书，赐祭葬。荫一子之济，任台协中营守备[④]。

## 孝义

自有书契以来，所闻孝子无几，人将疑外此尽不孝子乎？曰：不然。天下无不孝子也，邑之内必无之。苟有其人，必不容于天下，恶乎容于邑？如是而志孝子，必尽一邑之人，据户口之版而志之矣。何也？虑外此皆为不孝子矣。若不可据户口之版而志之也，则志其孝而当其变者，与孝之称于人而有征应可指示者。至于义行，广其类也。

### 唐

**丁兴** 家近荒野，野火延烧兴庐，母老病，仓卒不及扶抱，乃湿衣覆母，身死母全。

① “至”，国图本、内阁本作“垂”。

② “薨”，国图本、内阁本作“死”。

③ “相从死”，国图本、内阁本作“相从同里”。

④ “任台协中营守备”，国图本、内阁本作“现任台协中营守备”。

## 宋

**裘仲容**　可暄之孙，事母至孝。庆历中，母病亟，仲容刲股肉食母。弟仲庄亦将刲之，闻兄已进，乃止。母食之，病辄愈。时有祥云覆其家，人以为诚孝所感。

**蔡定**　字元应，家世贫寒。父革，依狱吏佣书以资定，定得游乡校，业进士，颇有声。后狱吏坐舞文，革连坐，时年七十余，法当免系，鞠胥削革年籍议罪与狱吏等。案具，府奏上之，方待命于朝。定痛父非辜陷犴狴，誓以身赎，数诣府号愬请代，弗许。请效命于行间[①]，弗许。请隶王符[②]为兵，又弗许。定知父终不可赎，仰而呼曰："天乎！使定坐视父死乎！父老且佣书，罪固宜释，而无所告愬。使父果受刑，定何以生为？"乃预为志铭其墓，又为诉牒置怀中，陈其所以死者，冀免父刑罪，趋府桥自投河死[③]。太守翟汝文闻之，亟命出其父，且给赀以葬之。绍兴[④]三年，太守王绹上其事，立庙祀焉，赐额曰愍孝。

**郑鼎之**　字从革，事亲至孝。建炎初，金人入越，士女悉奔窜，鼎之独衣冠侍父，汤药不去。贼至，斥曰："众皆逃遁避我，汝敢独留，不畏死耶？"鼎之曰："岂不畏死？顾老父年七十余，病且革，不能负与俱逃。若弃父逃生，心尤不忍。死虽痛乎，奈独父何？"言与泪俱。贼为感泣，舍去，且戒其党勿更入孝子间，以是父子俱免于难。

## 元

**虞所**　字敬叔。生九月失怙，少知力学，与人不妄交。性至孝，母徐，嫠居，老患风痹，日夜奉养惟谨。每坐床下，候颜色，自为药剂饮食以进。如是者七年，母忘其有疾也。部使者巡行至郡，辄造其庐，访治道，响答曲中。郡守泰不华尤礼重之，后征为会稽学谕，辞不就。

## 明

**邵廉**　字思廉。幼孤，甫六七岁即有远志，能自立。已而领乡荐，授贵溪教谕。迎母就养。洪水骤至，邑人溺死者以万计。廉仓卒抱母，方呼天，忽有小舟若约而赴

---

① "孝义"始至"蔡定"条之"于行间"三字前文字，国图本、内阁本原缺。

② "王符"，国图本、内阁本作"五符"。《全宋文》之"蔡孝子传"作"伍符"。

③ "趋府桥自投河死"，国图本、内阁本作"趋府桥河自投死"。

④ "绍兴"，国图本、内阁本作"绍典"。

者。廉仅舷母，水驶舟箭往，与母相失者两日，而复会母于东山下，人谓廉孝感所致。

**宋味古**　者，宋家店氓也，亦能诗。当建文帝避位时，味古每于夜深迭卓[①]，从星月下北向以祭，祭已且恸哭，如是者月余。为仇家所告，遂逮捕。其子某请代，味古乃得释，人谓“忠臣孝子萃于一门”云。

**娄可道**　性孝谨，父坐巫祝，罪当死，可道赴有司请代，竟绞死五云门外。

**车份**　字与宜。以进士知玉山，历庆远守，所至有惠政，至今诵之。其母嫠居，份每之官，必奉母与偕。及知庆远，以道远不能偕往，遂弃官归养，其孝足称云。

**朱泰**　邑庠生，甘贫力学。母病痿不能起，泰与妻吴日饭粗粝，布褐常不完，而母之服馔极软好。母性颇暴，吴常数受棰挞，已辄起进饮食，婉娩如初。泰死无后，或劝吴他适，辄号踊欲绝，卒奉姑至殁，辛苦备至，闻者为之堕泪。陶文僖大临重其孝节，为白于官，捐己俸创祠祀之，已而诏旌其门。

**马彦清**　字天泽。赋性孝友。母张氏手绩抚孤，彦清偕兄彦通、弟彦邦朝夕敬养。既而兄以谪籍补戍辽左，弟彦邦充万石长，因督征过迫，被仇家摭愬阙廷，缇骑赴浙逮彦邦。彦清悯弟未有子，恐大伤母心，乘弟系狱，诡托弟名投布政司，械送金陵，讯逋秋粮二升，置重辟[②]。彦清东向泣拜，以不得侍老母为痛。郡守汤绍恩手书“表扬孝友”旌之。

**陶师汲**　字述夫。性孝友好义，尝封股救父，不效。或闻而誉之，愕曰：“奚有是？”辄泫然流涕。善事母，弟为新昌掾，母往视之，病剧，卧廨中。汲闻驰往，奉侍不懈，面垢形槁。新昌令闻而礼焉，叹曰：“世乃有事继母如陶君者乎？”以邑弟子入国学，晚授新会丞。邑苦旱，师汲诚祷乃雨。囚数十人反狱中，赖师汲以定。翌日讯罪，创谋者三人而已。居七岁，致仕归。尝以父母早世，不及禄养，遂以宦囊分给诸弟。

**钮育**　号双桥。襁褓失母，父娶后妻生子，父亦随殁。后母昵爱己子，窘辱万端，育跪受鞭挞，毫无愠色，如是者三十年。母后悔悟，以育为真孝子。及疾且革，乃执育手曰：“吾以弟累汝，勿以吾死而薄弟。”育且泣且拜，曰：“谨受教。”母死后，育以勤穑，家稍裕，厚其弟胜母在时。衣食与共，置田宅亦必平分，终其身弗背母训。子如英，喜览山川名胜，又好读书，虽间关跋涉，手不释卷。携资贸易，利近三

---

① “卓”，即“桌”。

② 重辟：极刑，死罪。

倍，归家即付其兄，毫无所私。顺治己亥，为乡介宾[①]。

**夏千** 东关人。饶膂力，负奇节，独事父婉顺，以孝闻。东关居水窟，生不识虎。村民朝牧叱牛，虎忽起丛草，众惊噪，虎逸入千园中。父出见攫，时千方饭，吐哺即走，手持竹筋，连筑虎头，且筑且詈曰："畜不识吾父耶？何敢乃尔！"虎爪其面，不为动。筑愈急，虎舍以去。千负父归，肠出，内而纫之，祷于庭曰："千生愿偕生[②]，否愿偕死。"父创甚，猝不得善药，因揽庭中苦荇而傅之[③]，痛稍止。俄群猎过其门，趋询治虎伤之药，猎者入视之，曰：唏！此即是也，和酒饮之。令各沾醉数日，则愈。事闻，议旌。胥索贿，千不屑，语人曰："奈何行钱买孝子也？"事遂寝。曾孙湛然，在"仙释传"。

**姚士锷** 字芝屿，棘卿应嘉之子。父以忤珰致祸，士锷代父系狱。妻范氏死，不得一归诀。后父以耄耋家居，愉色婉容，定省无缺。士锷虽年逾耆艾[④]，其饮膳医药必躬必亲，盖依依孺慕[⑤]，五十年如一日也。每郡伯、按使至，必旌其庐。继娶金氏，贞淑有懿范。[⑥]

**陈大向** 字安期。性诚笃，克尽孝道。母性卞急，常顺旨曲从，奉事惟谨。妻偶以细事拂姑意，大向即遣归，不复见。人谓"孝衰于妻子"，而大向独不然。

**何爱龙** 号省南。九岁而孤。母诸氏，年二十三岁，矢志守节。常至断炊，顾儿泣曰：吾甘饿，奈尔何？爱龙对曰：儿虽幼，力能膳母。即每日出外，同群儿捕水族，以供饘粥，出必盈筐。稍长，颖敏，听邻师教书，辄能记忆。为邻儿属对，必工确出奇。邻师喜之，私为启迪。以是日则耕耨，夜则读书。及壮，练达入都门，为工部所正。寻转王府长史，诰赠诸为孺人。爱龙天性笃孝，朝夕依依，不离母侧。饥饱寒暄，先意承志。稍不悦则率妻孥聚跪请罪[⑦]，必伺色笑乃起。母死，爱慕如孺子。爱龙年八十而卒。其幼子天章，甫八岁时，同父兄避乱武林。一日，忽念其母在家，遂从族人归，以伴其母。父病，为父尝粪，封股救之。父死，庐墓三年，人

---

① 乡介宾：乡饮酒礼的宾介，是乡里推举出来较为德高望重的贤能之人。

② "千生愿偕生"，国图本、内阁本作"千孝，愿偕生"。

③ "因揽庭中苦荇而傅之"，国图本、内阁本作"因揽庭中苦荞，嚼傅之"。

④ 耆艾：尊长、师长，泛指老年人。

⑤ 孺慕：爱戴，怀念。

⑥ "继娶金氏，贞淑有懿范"句，国图本、内阁本无。

⑦ "聚跪请罪"，国图本、内阁本作"环跪请罪"。

称孝子之后生孝子也[①]。

**倪绍先**　字述之。四岁丧父，嫡母胡、生母沈食贫苦守。绍先稍长，嫡母又逝，擗踊号呼，呕血扑地。已而生母沈患心疾，绍先多方疗治，弗效。有方士至门云：此疾须木心石乃痊，然不易得也。绍先日夜遍觅，适邻人有伐沙朴者，守之。闻锯中有声，绍先默祷，果得石如弹丸，取以饮母，母疾果瘥。人以方昔之丁公藤云。

**魏大登**　字叔谷。时父得危疾，家贫甚，罄所有以延医，弗能疗。大登刲股以进，父梦啖以七桃，遂愈。后七年，父病复危，祷于斗鸡场之神，请以身代。梦神言：尔父弗能生矣。父卒，哀毁骨立，事后母一如事父。母患目盲，以舌舐之，经旬，母目复光，因精医术云[②]。

**傅列张**　字元素。笃挚好学，行谊文章为世所推。父宾早世，事母极孝。辛酉秋，携二弟赴省试，其母忽患病甚笃，家人以闱事未竣，不使闻知。母恐不获见，乃引指自啮曰：大儿必能自觉。是时，二场方出，列张忽心颤异常，乃谓二弟曰：家中必有大故。星夜驰归，母果卧病，一见悲痛，不逾时而逝。时人比之曾参啮指[③]。后隐居，著述甚富，以寿终。

**章讷**　年九岁，母张氏卒，每恸即绝，遂不火食，唯啖闽果数枚，恒以五为率。三年服阕，大恸而绝。父兄强之，始进饮食。终日茹素，哀毁无喜笑容，世称奇孝。享年七十有五。后人祭必有果，称为“神仙孝子”，又为“五果老人”。

**董朝宪**　性至孝，㓷股救父。值火灾，负其母[④]陆氏逾楼获免，咸闻空中有“速救孝子”之语。弟暹，登武进士；季弟昊宪，为邑弟子员，文行并著。陆氏青年矢节，皓首全贞。郡守张公三异嘉其节孝，匾以[⑤]旌之。[⑥]

**宋**[⑦]

**裘尚**　晋义熙中，自婺女[⑧]徙居云门。世勤耕桑，习弦诵。越五代至宋，逾

---

① “孝子之后生孝子也”，国图本、内阁本作“孝子之后复生孝子也”。

② “因精医术云”，国图本、内阁本作“因精医理云”。

③ 曾参啮指：二十四孝故事之一。

④ “负其母”，国图本、内阁本作“其”作阙字。

⑤ “匾以”，国图本、内阁本作“以匾”。

⑥ 内阁本本条后有“陈遇阳”条：“陈遇阳，字□□，郡庠生。少孤力学，侍母至孝，刲股疗疾。邑令彭汝楠给匾曰节孝名门。”

⑦ “孝义”下依次归列唐、宋、元、明、宋、元、明等朝，系原书原貌。

⑧ 婺女：指婺州，今金华。

六百年无异爨。大中祥符四年，州县以闻，诏旌其门，蠲其课调。是时裘氏义居已十九世矣，其族长曰承询（或曰可暄）。至嘉泰初，又五六世，盖二十四五世矣，犹如故。聚族日繁，尝有馈瓜者，族长集小儿十三岁以下百余，令自取，各相推逊，以长幼持去，其习为廉逊如此。至和中，李待制兑有诗云："夫何于会稽，卓然有裘氏。同居六百年，相聚三千指。昔贤钦义方，列奏闻天子。恩诏表闾门，光华映梓里。"

**王英孙**　字才翁。博通经史，历官将作监簿，辞归。值越中大饥，发私廪以赈，全活甚众。道上有弃孩，辄收恤之。又喜延致四方贤士，日以赋咏为乐。若谢翱、郑朴翁、林景熙、唐珏辈皆慕其义与之友，所著有《修竹集》。

**唐珏**　字玉潜。家贫，聚徒授经，以养其母。岁戊寅，总江南浮图杨琏真伽发宋诸陵，攫其宝玉。珏闻之，不胜痛愤，亟货家赀及执券行贷，得百余金，乃具酒邀里中少年与饮。酒且酣，少年起请曰："君儒者，若是将何为？"珏惨然具以告，众谢曰："诺。"一少年曰："事露奈何？"珏曰：余固筹之矣，要当易以他骨。乃具木柜、绢囊，各著其表[①]曰某陵某陵。分委散遣，收骸瘗兰亭山中，树冬青树其上以识。越七日，髡贼下令裒陵骨，杂置牛马枯骸中，筑一塔压之，名曰镇南。杭民悲惋，不忍仰视，了不知陵骨之犹存也。未几，髡贼被诛。珏事乃稍稍传播，义声震吴越云，详见"攒陵"下。

## 元

**邵文泽**　至正末，盗起，率义兵保护乡井有功，拜昆山州判官。

## 明

**陶仕成**　谐之四世祖。当正统间，以富民供大珰阮某，其后阮仓卒被命入，意不测，密召仕成，以私积六千金托之。仕成持归，投井中。居数年，阮竟死。仕成出井中金，走白守吴某。守曰："金无知者，尔物也，盍取诸？"仕成固谢。会饥，悉散以赈，乡人以是称"陶长者"。后数十年，卒有庄敏[②]。而陶氏簪缨相继，人以为皆仕成所种云。

**阎泽**[③]　字宗清。好学励行，嗜吟咏，兴至挥染，词翰并美。兄弟友爱，更让资

① "各著其表"，国图本、内阁本作"各署其表"。

② 庄敏：即陶谐，本志有传。

③ "阎泽"，国图本、内阁本作"陶泽"。

产。姊死，抚其孤，择婚[1]厚嫁其女。有阎百户者，以告身质钱，没不能偿，召其子归之。尝题所居曰："儿孙心上影，天道暗中灯。"曰："吾子孙当有显者。"晚病喑，久之，忽强起，肯首作呼召状，子孙骤集，手画"积善"二字于左掌，遂卒。子性、慥、憶；孙谐，贵赠兵部左侍郎。

**王舜卿** 字良佐。其先庐之巢县人。有名保者，游会稽，乐之，因家焉。保子用，尝以将漕航海，活败舟之垂死者数十人。子三，季曰仁，舜卿其孙也。端悫有至行，以俭勤致饶，时有所赈，贷不责偿，而且性喜忍，虽受侮亦不较。里亡赖毒其幼女，幸死以构，俄一老父至，抚之即活。有盗斩其丘木，有司捕系抵法，舜卿更为祈免，曰："欲其悔过耳，毋重苦之。"有盗其钱粟者，则曰："好持往作，家毋妄用。"其宽仁率如此。卒年八十有五。祭酒陶望龄为作墓志铭，载其佚事云：有卖薪者棘刺，败舜卿新衣。舜卿好语之，使饮之酒[2]。夕而薪者死，诸少年知其事，谋为讼。妻谢曰："吾夫感佩王长者，惭愧入地，而可讼乎？"

**柴楠** 号继桥。修身积行，事继母以孝，待昆从以友。煮粥活人，收骸泽骨。又知交数千金，还付其子。万历丁巳，巡按胡继升旌曰："心事光白日，行己照清波。"郡守张鲁唯以"八邑首善"旌。

**凌云鹄** 号敬泉。幼喜读书，长而习医，治伤寒甚精，贫不能药者舍与之，贫甚者且给钱米。家不甚裕，而性乐施，终其身无难色。壮年丧妻，不更娶，并不近女色。子元鼎，天启甲子举于乡。

**蒋弘济** 自暨阳移住会稽。少机警，好为诗文，慷慨任侠。有友陈某，以过误罹重罪，弘济破产出之。山阴令徐贞明知其贤，疏言弘济才堪董涿鹿水田，上可之。弘济募农人，籍名授田，俾种获，三年后输赋。佃人云集，田功告成。万历间，词臣孙鑛荐，从戚继光征关白。抵高丽，日已暮，土官宴迎。弘济白光，以我兵方到，可出不意袭之。即衔枚疾驰，自城下囊土以上。贼大骇，奔溃遁去。凯旋，军中酒筵尚未散。捷闻，召见，赏赉有加[3]。受命抚边，边人呼为"蒋父"。后罢归，行李萧然。避雪止路舍，闻哭甚哀，乃逋宦债而鬻妻者，弘济以所乘裘马代偿之。素不事生计，卒之日，子一玖方髫，室壁立。长学医，亦好施予，有足多者。

**蔡国龄** 字长卿，愍孝公后裔。以明经入太学，选授铅山丞。每夜焚膏读书，

---

① "婚"，国图本、内阁本作"婿"。

② "使饮之酒"，国图本、内阁本作"更饮之酒"。

③ "赏赉有加"，国图本、内阁本作"赏赉有差"。

为邑令所重。一日天雨，朗诵《汉书》，至黄霸、龚胜传，抚几叹曰："为吏不当如是乎！"三年，擢婺川令。婺川边徼地，苗民错处，国龄兴利除害，劝课农桑，苗民感化，弦诵之声相闻。余贼叛逆，欺婺川弹丸地，围之三匝。国龄率民坚守，有谋内应者，擒斩以徇。贼惊，烧营遁去，一城以全。迁莒州倅，一如治婺川时，后以病免。太仆胡琳与之为友，亟称不置。

**陶允高**　字叔明。三岁而孤，事母至孝。年十九，究心性命之学，终日危坐小楼，浏览子史，不妄交一人。家无中人产，喜施舍，周人之急。古书画旧器，倾囊购之。叔不能嫁女，允高出内奁与之，无吝色。姊适沈，沈故宦裔而窭甚，允高分所有饷之，训教其子。生平无疾言遽色，与人交，退损自居，人皆以有道太丘目之。精鲁公、苏、柳书法，然矜慎不传。子秉礼，官兵曹，赠承德郎。

**石桂**　字南阳，公揆十四世孙。世居新昌，因八世祖尚珉以贤良方正为山阴训导，赘居会稽之东桑村，遂入会稽籍。桂生而博学嗜古，深沉有识。万历间游成均，授鸿胪序班，礼度雍雅，品节详明，为一时名贤所推重。子美中，性至孝，倜傥有大志，援例授溧阳丞，迁海州判。清白自矢，以催科行抚字，民咸德之。奉使至玉山，有攫其箧金者，为胥吏所获，其母若妻哀号终夜，几不欲生，美中善语之，竟寝其事。转益藩典宝正[①]，告终养。舞彩之余，芸编课子，故其子之贞举顺治辛卯顺天乡试。凡地方利弊，必吁当事举行。即东北海塘一带，屡受潮患，民不安命，之贞力为筑塘防护，《碑记》[②]载"海塘"下。更建宗祠，舍义冢，[③]人咸曰"石氏之世德，至今不替"云。

**石懋**　字苍渠。性聪颖，记诵辄过目不忘。气节自命，乡曲有不平者，或[④]取衷于其一言。岁饥，罄所储赈给无德容，建义塾，教弟侄之力不能读书者，宗族赖之。子八，孙十三，俱擅名誉。其子显玉、佩玉，孙应星皆授职枢员，秉邮政。自著有《家训类编》。

**王鉴**　号后山，世居月池坊。自幼以孝悌著闻，长而笃行勤学，动必以礼。且好施予，罄囊赈饥，饥者忘为饥岁。邑令上闻，旌曰"扬善"。长孙痘危，鉴入市买羊祈祷，甫出门而气垂绝，鉴未之知也。未至市，途遇遗金，思此必系急难所失，候

① 典宝正：官名。明朝于各王府长史司典宝所置，掌王府印章、符牌。

② "《碑记》"，国图本作阙。

③ "更建宗祠，舍义冢"，国图本"祠，舍义"三字作阙。

④ "或"，国图本、内阁本作"咸"。

至晚，得其人而还焉。失者问姓名，竟不答而归。家之痘危者已置之地，复襁褓归床，无不惊异，以为善报之速。其阴德之不传者更多。享年八十有七，以礼部儒士冠带终焉。郡守以“荣寿”颜其堂，钱槚为之立传，子孙世享遐龄。

**张贤臣**　号思溪。其先余贵人，后徙居东府坊。少孤而贫，事母笃孝，年三十始娶。客游京邸，逐什一致千金，慨然曰：“吾其归矣。”归而以经书教其孙。性喜施舍，汲汲赈济为事。修禹陵御道者二，修娄公七眼桥之塘者三。凡桥梁道路之阙碍行役者，悉筑砌之。山阴西北有湖曰狭猕，直阔十里许，舟过遇巨风辄覆。贤臣筑石塘其中，石费、工费六千两有奇，七阅岁而落成。舟行，登塘举纤，舟无覆者。享年八十有四。诸村人思之，祠祀于后社村水神庙之右，岁时致祭。民颂其迹，比之马、汤二公。子二，孙五，曾孙十余，以忠厚世其家云。

**孟大绶**　字浩予。性孝谨，刲股愈母疾。又好施予，代偿鬻妻子者，人咸德之。而家中落，病革之日，惓惓以不克终养父母嘱其子道纯。道纯时甫十岁，涕泣受遗命。及长，孝养父母，一如其父焉。迨大父母上寿终，哀毁尽礼，乡党共称其不愧先志云。至于赈贫乏，恤孤寡，周婚嫁，建义阡，修官塘，时以为善训诫其子孙。督抚屡旌其门，而道纯则曰：吾仅完吾先人之志耳。而其意未尝求人知也。

**沈登先**　号昆明。居家笃于孝友，敬礼师傅，勤勤课子为事。设教武林、嘉禾间，补余杭弟子员，入余杭县幕。时有大帅骄横，所过淫掠，百姓哀呼遍野，令忧之。登先曰：“急须先传百姓入城，吾当身往说之。”适遇乡道，乃同里人，因通大帅，邑赖以安。邑人拥道罗拜曰：“某等得保室家者，皆仁人之功也。”遂岁时尸视焉。后以荐举授官，不赴，卒。著有《戒溺女宰牛说》，语甚剀切。

**徐廷玠**　字元度，如翰子。承清白之后，克守先志，忠诚孝友，素闻于乡。侍刘宗周、陶奭龄讲学于证人会，甚见推许。后宗周殉节，老成凋谢，继往开来，皆廷玠之功。崇祯间，嵊邑大饥，鬻产往赈。寻邑屡饥，复竭赀给赈，全活甚众。

**陶履群**　字长文，号拙庵，恭惠承学孙，文简望龄侄。父祖龄逝世，哀毁逾制。事母王氏，备极孝养，朝夕无间。自幼从外大父王龙溪讲学，问答间多有启悟。龙溪尝语文简曰：“此子颖悟非常，而学问俱有实践，必能为圣门大阐微言。”龙溪殁后，独居丛云阁，究心性命之旨，甚得理学之传。与弟履卓、履章齐名黉序，友爱甚笃。乡党中有贫乏者，辄多方周济。遇横逆之加，绝不与校，而横逆者自愧。履群一生以谦慎自持，慈惠及人，咸谓“孝谨之风，克绳祖武[①]”云。

① “克绳祖武”，国图本、内阁本均作“克绳祖父”。

**龚孙华**　字元之。弱冠补弟子员，试辄高等。受祖父世业，附郭田数百亩，而好行善事。营父母丧葬毕，独力砌西巫石路，修通济五桥，改俞家舍直路，费银以千计。后乃皈依佛氏，效法鹿门，检点余田，分散各寺，止剩田三十亩，半膳嫠[①]媳，半给饔飧，淡泊终身。媳周氏，守节焚修，继子承祧。

**魏国选**　字兰渚。淹贯书史，精韬略，膂力绝人，号"万夫敌"。幼年家窭[②]甚，奉母至孝，肥甘无不给。以将材授三屯营使。性友爱，俸养所积，悉付诸弟，视犹子如己出，即继为嗣。当未遇时，元配之父若母以婿家贫且久逗京邸，欲毁盟，女不夺志，抱郁而卒。国选誓不再娶，后虽富贵，终身恬淡，不染衽席[③]之私。有名贤题其墓曰"义士冢"。

**唐圭**　字文石，宋义士珏之后裔也。事父至孝，事继母恭谨倍常。少年丧偶，以有子不再娶。生平坦易轻财，雅爱剡溪山水，居嵊者数载，所至辄以行谊相高。子允思，见"列传"。

**刘充**　司马栋之曾孙。持身孝友，笃于义方，宗周重之。子世学，居金陵，博典籍，精翰墨。刲股愈生母查氏疾，兼多隐德。仪曹张夫[④]旌曰"纯孝醇儒。"

**吴拱宸**　越郡泮宫，即其先世吴孜所舍地。赋性孝友，终身孺慕，且好施济，多行善事，隐居抱璞，乡党称为长者。当时有"梓里先型，乡评硕望"之誉。又从刘宗周讲学，以义方训子，诗书启后，享年九十有一。子应龙，亦七十余，孝谨不衰。天之报施，或以其有功于圣门云。

**董弘度**　博通经史，隐居东江，与弟析产，仅取瘠田数亩。又好施与，屡致空乏。乡党慕其义，兴礼让、绝争讼者及数世。

**王宏**　嘉兴训导。子东日，太平守备。俱以节义称。

**沈士彦**　贡生，蕲州州判。殉节。

**章国武**　字文叔。少业儒，有勇敢。武举应会试，大司马范景文奇其才，召至幕下，转漕治河皆有功。流寇陷凤阳，至六合，国武率练卒五千人，焚其舟，斩获甚众，寇不敢南犯。又以勤王功升都督，加少保。时史可法招致剧盗，几哗，国武治桀黠者数人，一军帖息。寻以伉直罢。病革之日，喟然曰："某死，可上见先帝矣。"

---

① "嫠"，底本勘误前作"婺"。该字国图本、内阁本均作"婺"，误。

② 窭：贫穷，贫寒。

③ 衽席：借指男女色欲之事。

④ 夫：国图本、内阁本均作"夬"。张夬，会稽县知县，参见卷第十八"职官志"。

**胡明宪**　字澄宇。幼颖异，喜读书。性孝友，善事父母，事无巨细，必禀命后行，终其身不变。与兄弟不析爨者数世。及两兄相继逝，视嫂如母，抚其孤如己出。后以子贵，封户部郎。处之恬然，不以贵气骄人。凡一切干谒[①]之事，悉为屏绝。年八十七而卒。配李金吾双泉女，父罹不测，氏效缇萦故事[②]伏阙申救，及于归[③]明宪，相夫御下，未尝以贫苦撄情。其课子，严督勿少加颜色，脱簪珥以敬礼师傅。子辈成名，皆李之训也。子三，长昇猷，顺治丁亥进士，康熙甲寅备兵关南，甫任，遭吴逆变，抗志不屈，备历艰险，忠节益劲。及汉中大定，迁四川按察司。癸亥入觐，朝廷面询峻拒逆贼受难情事，垂念孤忠，特旨内升京堂。次昇俊，贡生，候选同知，乡党以孝友称。季昇辅，康熙辛酉举人，卜居会稽，故附邑志。

**章可程**　字式之。初授福建甄宁令。邑自兵燹后，雕敝特甚。可程甫下车，即为讲宣圣谕，创修学校，特拔寒士，以振文教，而士风为之丕变。至行保甲而群盗敛迹，公编审而赋役均平，民甚德之。值耿逆之变[④]，可程厉色曰：吾授命朝廷，来宰兹邑，岂从人作贼耶！因被囚絷。子懋治，千里跋涉，由间道省亲。大兵入闽，释可程囚。事闻，迁某府同知，未及之任，以劳瘁卒于闽。

**余应福**　字□□[⑤]。性醇厚，重然诺。母病，吁天祈祷，刲股和药以进，疾遂愈。好施乐善[⑥]，乡党重之。子孙俱以文学孝谨世其家云。

**金辂**　字伯乘。精保婴术，不计财利，不先富后贫。年八十犹步行，遇有危症不能服参者，竟自备密投剂中，且终不使知。一日入市，见有鬻妻以偿官钱者，即如数代偿，令完好如初。后辂享年八十有七，梦金童玉女迎之逝。祀乡贤。孙兰，登天启乙丑进士，官御史、太常卿，祀乡贤。

**金机**　字仲星，增广生金兰次子。性至孝，五岁，母王氏病，跬步不离。母卒，哀毁如成人。事继母吴氏，孝敬无违。庚辰春，雨雪浃旬，米价骤涌，捐赈平粜。入村落无炊烟者，赠以斗粟百钱，不告姓名而去。有鬻妻者，捐资完聚。性嗜学，寒暑手不释卷。屡试弗售，遂绝意进取，以养亲课子为务。子炯，修山阴邑志；煜，

① 干谒：有所企图或要求而求见。

② 缇萦故事：指西汉缇萦上书救父的故事。

③ 于归：出嫁。

④ 耿逆：指“三藩之乱”中的靖南王耿精忠。

⑤ 据乾隆《绍兴府志》、道光《会稽县志稿》，余应福，字芝廷。

⑥ “好施乐善”，国图本、内阁本作“尤好善乐”。

顺治戊戌进士。

**金权**　字季星，邑廪生，太常卿兰第三子，有文名。顺治辛卯岁，饥馑荐臻[①]，斗米四钱。死亡相继，独鬻己产五百金，赈济大云各坊，民赖以苏。慷慨好施，闾里共传诵之。

**陈弘先**　字士任，甚聪颖。八岁能文，九岁补弟子员，人皆称为小秀才。笃于孝友，冢宰商周祚敬其为人，延为师[②]。甲申四月，闻闯贼变，忧愤数日而卒。

**沈国玘**　字子瑜，郡庠生。幼从父方宦常熟，邑饥，玘请赈，父曰：垂髫小儿知此耶？吾萌此心久矣。即发所储秋粮赈所属。时方已升任天津，抚臣劾其擅发，落职归里。适太监崔琳清理两浙盐课赋税，两浙富民多致朘膏，里猾张九挟仇以鹾弊陷玘父，抚按畏琳，莫敢直。玘赴阙声冤，遂撤崔琳，父冤得脱[③]，浙民赖以安寝。寻绍郡大饥，玘鬻产赈乡邻[④]，鬻妻女者辄赎还其家室，诸氏典簪珥佐之，全活甚众。

**清**[⑤]

**吴师贞**　字雨吉，本邑庠生。膂力过人，忠诚素著。值闯[⑥]逆之变，总督郎闻其名，檄取授守备，所到辄获捷，题给部札。适逆犯界，师贞以数百人敌数千众，中炮火死。次子闻父变，率十余骑冲杀，觅父尸，亦死之。

**郦国桢**　字子瑞。康熙十三年，山寇窃发，捐资养练兵，挺身奋勇，先登破贼，部堂达公擢用守备。十四年，随征金华，群盗突围，阵没。

**吴锡祉**　字子秬。自幼能文，长通经史。因（艰于进取），粤西抚军傅弘烈题授柳城县古皆镇盐务巡司。因伪贼马承荫复叛，锡祉带印潜逃，步行七百余里，不甘从逆，遂负病而卒。

会稽县志卷第二十五终

① 饥馑荐臻：指连年灾荒不断。语出《诗经》。
② “延为师”，国图本、内阁本作“延之为师”。
③ “父冤得脱”，国图本、内阁本作“父冤得释”。
④ “赈乡邻”，国图本、内阁本作“赈济乡邻”。
⑤ “清”字，底本无，据国图本、内阁本补。
⑥ “闯”，国图本、内阁本作“闽”。

# 会稽县志卷第二十六

## 人物志五

隐逸　仙释　方技

### 隐逸

隐士无可传之名也，然巢、许、务光之流，至今称道之，何哉？盖慕其高风，如或晤之，纵传闻失实，而不暇计。今所闻岂如巢、许诸人哉？惟计其实也。

#### 唐

**秦系**　字公绪[①]，自号“东海钓鳌客”，有诗名于天宝间。尝结庐泉州南安九日山，穴石为研，注《老子》。刺史数往见，岁时致馈，而系未尝至城府。姜公辅之谪，见系辄穷日不能去，筑室与相近，忘流落之苦。张建封言系不可致，请就加校书郎。后遭乱，避地剡溪，东渡秣陵。既卒，南安人思之，号其山为高士峰。

#### 五代

**谢铨**　仕南唐，官至银青光禄大夫、金吾大将军。李氏以国归宋，铨守义挈家遁居祁门，士论高之。

① “公绪”，国图本、内阁本作“公绩”。

### 宋

**赵宗万**　字仲囦，少知名。钱忠懿入朝，欲与之俱，以亲老辞。既长，博极书传，用进士应诏，籍于春官。宗万天资潇散，于世故澹如也。壮岁筑室于郡之照水坊，左瞰平湖，前挹秦望，畜一鹤号“丹砂”，引以为侣。足迹不及高门，鼓琴读书，怡然自适者三十余年。祥符中，诏举遗逸，郡守康戬以宗万荐，寻被召。乃曰：“吾老矣，不足以任事。”因献《跛鳖传》以自见，且请自托于道家者流。朝廷不夺其志，即其家赐以羽服。后十余年卒。华镇言：宗万神宇清明，识度高旷，终日凝淡若婴儿，真方外之士。然取舍去就之际，则确乎不可夺。善八分、草、隶书，通卢、扁术，或辟谷导气。尝为诗曰“斗悬金印心难动，屏列春山眼暂开”，盖其志也。

### 明

**章鍯**　字克平，性孝友，博学工诗。宣德间，两征不起，风节凛然，为世所推。魏文靖铭其墓曰：隐遁不污，南村一人而已。

**陶讷**　字世仁，才韵迥拔，以儒士应试。故事，试者皆脱冠披襟，检括而入。讷谓非待士礼，弃牍还。与隐士王埜辈为诗友，酣咏自娱，纵放山水中，遂精青乌之术，所悬记后多验者。晚慕神仙家言，尝入山学辟谷导引，久而叹曰：非学仙难，死心为难耳。善绘梅鼓琴，好谈论，无事辄扫地而坐，足不入城市者数十年。

**沈霄鹤**　字鹤士，精通《易》理，隐居卖卜，终身无变志。

**俞迈生**　字日斯，崇祯丙子举人。一室萧然，瓶无储粟，授徒讲业，哦诵不辍。享年七十有一。

**郭钰**　字子式，八岁能文，十六补弟子员。聚徒以百计，多以甲第显者，而王毓蓍、潘集皆与之游。后隐居云门山，唯赋诗灌花为事。一日谓友人曰：某日吾逝矣。已而果然。所著有《易解》《古越书》《经济编》《灸古三资》。

## 仙释

闻之，特受异气，禀之自然，非积学所能致者，仙也。善为宏阔胜大之言，以劝诱愚俗，精于其道者，号曰沙门。仙者，惟恐人知者也，秽迹佣竖乞丐之伍，何知其仙，何知其不为仙哉？释者，惟恐人不知者也。其高者无论矣，在今日，拥高座，聚徒众，珠宫绀宇相辉属，所至从者数百人，或逾千人，如大将然。鸣钟伐鼓，各奉一师，询其所由，佥曰：“某师付法。”其法所由付，实出多门，彼自用彼法，而不知自重，释氏其衰矣。败麈折杖，所在都有，虞人猎网，无复有遁迹者。邑之名山皆释也，仙则少闻人焉。

## 唐

**苗龙**　失其名，能画龙，人以苗龙呼之。贞观中，得道仙去。今龙瑞宫东南一峰崛起，上平如砥，相传为苗龙上升处。

## 宋

**陈明**　攒陵铺兵也，人呼为陈院长。以罪受杖，遂蓬头跣足，若病狂者。往来行歌无定止，颇能知未来事。雪中不施一缕，卧野桥上，气腾如蒸，眼色正碧。好以白垩书地，且读且歌，字画类五铢钱文，观者莫识。或怜其寒，遗之衣，乃转与贫者。淳熙八年，岁旱，或叩以丰歉，应曰："木灾，竹灾，鱼灾，贫道灾。"俄而洪水暴至，所经竹木尽拔，鱼鳖漂流。明病，不食数月，腹皮皆凹入附骨，隐隐见五脏，人谓其必死。俄复如初。有蜀客来见之，焚香作礼曰："先生正为吾乡募缘造桥，安得来此？"众始悟其为异人，盖神游于蜀中也。后以微疾而终，藁葬溪岸。未几，其徒发瘗，将焚之，空无一物。

**老叶道人**　龙舒人，不食五味，年几九十矣，未尝有疾。居舜山，天将寒，必增屋瓦，补墙壁，下帷设帘，多储薪炭，杜门终日，及春乃出。弟子小道人极愿悫，尝归淮南省亲，至七月望日，邻有僧召老叶饭，饭已，亟辞归，问其故，曰："小道人约今日归耳。"僧笑曰："相去数千里，岂能如约哉？"叶曰："此子平日未尝妄也。"僧乃送之归，及门，小道人已弛担矣。客每访之，拱揖甚谨，然不肯多语，或默作意欲叩其所得，才入门，即引入卧内，烧香，具道其遇师本末，若先知者，亦异矣。

## 元

**戴真人**　性超旷，不好荣利，逍遥物外，行业为世所推。尝游京师，归越，朝士大夫多以诗道其行。虞集诗曰："戴先生，日饮五斗不得醉，再饮一石不肯眠。昨从桃源来，两袖携风烟。长安道上小儿女，拍手拦道呼神仙。马如游龙花如雨，蹴踏春秋作朝暮。东方不作窗间戏，上帝还令海边去。海边玉虹夜不收，贝宫珠阙皆蛟虬。芝田玉树久相待，天上老仙那肯留。戴先生，鉴湖之水三千丈，不可以鉴可以酿。明朝亦脱锦袍去，与汝酣歌钓船上。"赵孟頫诗曰："跃马年年塞北游，春风此日送归舟。山中树老飞元鹤，江上沙场卧白鸥。未许谢公同隐逸，肯留贺老独风流。山阴道士如相会，沽取松醪醉未休。”

**明**

**金九先生**　宏治[①]间人，住富盛方泉桥，故号方泉。生平不巾栉，服垢衲，人呼为“金蓬头”。出口成诗，多尘外气。一日，青塘村幻出一舍，有女织其中，金逢之，递一句相赓，金起而终之。其诗云：“山前山后雨濛濛，要入桃源路可通。谁识闺中藏织女，岂知窗外有仙翁。三春杨柳家家绿，二月桃花处处红。欲问今宵端的事，相思都在梦魂中。”吟毕，女忽不见。又尝于武陵遇一道者，饮于肆，已而渡江，道者掷履渡[②]，金难之，履忽化为舟，道者竟渡，金遂返。过适所饮肆，哗聚百余人，怪适所覆杯胶不可启，金至，遂[③]争令启之。即启，覆处有“洞宾”二字，故人皆谓“金且仙去”。九十余乃终。

**钵仙**　不知姓名年岁，常手捧数十瓦钵。人叩之，唯曰“孝弟”二字。冬月赤身睡雪中，体常温。一夕卒，众买棺殓之。检其钵，有银适如买棺之数。将为营葬，举棺甚轻。开视之，止敝衣而已。竞传为仙去云。

**陶舆龄**　字德望，号石堂，宗伯谥恭惠承学长子，望龄、奭龄皆其弟也。为人通敏沉默，酬答简约，失得弗为悲喜。笃于孝友，而淡于声华。万历乙酉举于乡，出成都宗伯李长春门，未几即世。甲午，长春子云卿自成都试还，盛气自得，于龙象山麓遇一道士，迎马笑语，谓：“生勿妄想，解元属某矣，汝当以庚子得隽，丁未乃成名耳。”云卿怒，欲捶之。道人曰：“我会稽陶舆龄，为若翁门下士，特欲汝恬守，故来语汝，何辱我为？”云卿归白其父，久知舆龄物故，讶之曰：“舆龄殆登仙矣。”已而，所语皆验。蜀人盛传其事，特建遇仙桥，书寄望龄，为之作记。冢子履中，任瑞州知府，为士民爱戴，入名宦祠。曾与姑熟李一公同为部曹。后一公提刑四川，稽故老，搜郡乘，得实，刻石于遇仙桥边，取其境地佳，与蜀献王之遇三丰类也。词曰：“吾闻八百里鉴湖，天水烟云粘菰蒲。华阳道侣多精庐，中有一人仙之臞。隐几手弄日月珠，飘然乘风游蜀都。一笑偶到山川隅，日暮道远行人吁。马首数语开灵符，仙影一去山模糊。事奇语怪惊群愚，蜀山幽阏仙灵居。青城鸾鹤骖霞裾，

① “宏治”，国图本、内阁本作“弘治”。

② “道者掷履渡”，国图本、内阁本作“掷只履令渡”。

③ “遂”，国图本、内阁本作无此字。

峨嵋古雪侵肌肤，先生倘在其来乎？”

（以上仙）

## 隋

**法极**　字智永，王右军七世孙。常居永欣寺阁上临书，凡三十年。所退笔头，置之大竹簏，簏受一石余，而五石皆满。人来觅书如市。户限为之穿穴，用铁裹之，人谓之铁门限。后取笔头瘗之，号“笔冢”。又尝临写真草《千字文》八百余本，分施浙东诸寺。寿至一百二岁而终。

**智果**　师事智永于永欣寺，工草书，铭石甚为瘦健。炀帝尝谓智永曰：“和尚得右军肉，智果得右军骨。”

## 唐

**辨才**　亦智永弟子，从其师受遗书。博学工文，百家技艺，悉造其妙。每临其师书逼真，尝于方丈梁上凿暗槛，以贮《兰亭》旧本。年八十余，犹每日临学数遍，其笃好如此。（详“古迹·辨才香阁”下。）

**灵一律师**　居云门，持律甚严，以清高为世所推。姚郃赠之诗曰：童子病来烟火绝，清泉漱齿过斋时。一亦能诗，刘长卿、严维、郎士元、皇甫冉皆以诗与之往来，人多称道云。

**灵澈**　字源澄，汤氏子。虽受经论，尤好篇章，从严维学诗。抵吴兴，与皎然友。贞元中，西游京师，名震辇下。得罪徙汀州，入会稽。刘文房赠诗曰：“禅客无心杖锡还，沃州深处草堂闲。身随敝履经残雪，手绽寒衣入旧山。独向清溪依树下，空留白日在人间。那堪别后长相忆，云水苍苍[①]但闭关”。吴越多宾礼之。终于宣州开元寺，门人迁之，建塔于越之天柱峰。有诗二十卷，刘禹锡为序。

**契真禅师**　初与沩山祐和尚同在百丈山，禀受怀海大师宗旨，得全心印。后游罗浮，有越人请归浙东，俄届云门。初住镜中紫阴院，后住觉嗣、开元两禅院。大中初，敕改觉嗣为大中禹迹寺，令本道移师归禹迹，聚徒北廊院。寿九十七。造塔于镜湖南岸，赐号澄明塔，谥大观禅师。

**良价禅师**　礼五泄山默禅师，披剃游方。首谒南泉，次参沩山。既到云岩，见

① “云水苍苍”，国图本、内阁本作“云木苍苍”。

昙晟禅师，问无情说法，乃述偈呈云岩。辞去，曰[①]问貌得真话涉疑，后过水睹影，大悟前旨。

### 五代

**清化全付禅师**　抵宜春仰山，礼南塔，为涌和尚印可。安福县为建禅苑聚徒，本道上闻，赐名清化。后还故国，吴越文穆王特加礼重。晋天福二年，钱氏戍将为辟云峰山建院，亦以清化为名。

### 宋

**重喜**　少以捕鱼为生，然日诵观世音菩萨不少休。旧不识字，一日，能书，又能作诗。钱塘关子东雅知之，周少隐谓："其能解悟如此，真乃得观音知慧力也。"

**端裕**　俗姓钱氏，武肃王之裔孙。年十八，投大善寺则忠落发受戒具。见佛果勤和尚，与语，大悦，遂往依，勤住蒋山，命典记室，寻分坐，道声蔼著。慈宁太后召裕演法于灵隐，赐金襕袈裟。绍兴十八年，移四明之阿育王。裕莅众，色必凛然，寝食不背众，倡道无倦。二十年十月十一日示微疾，至十八日，索笔书偈，跏趺而逝，寿六十六，僧腊四十八。荼毗烟凝五色，如车盖，收舍利无数，目精齿舌皆不坏。弟子奉遗骨，分塔于鄮峰西华。初赐号佛智禅师，至是，谥曰大悟。塔名宝胜。

**唯定**　字应堂，周氏子。祝发于山阴资福院。自幼颖悟，内外经典一览不忘。绍兴丁卯，住景德寺讲偈，有猿献果于前。及将卒，谓其徒曰："庭前桂树花开，我将逝矣。"其徒出视之，桂花忽开，皆成五色。急返入户，则定已端坐瞑目矣。龛留十四日，颜色如生。

### 明

**圆澄**　字湛然，东关人，俗姓夏。少时当铺兵役，因投递羁迟受责。诣大荒[②]，投妙峰和尚，薙发为僧。逾年，得戒于云栖莲池，师以古佛期之，掩关者六年。适慈舟和尚谒南海，还寓越之止风涂，相见契洽，慈舟遂付嘱焉，时万历辛卯也。历诸劳瘁，向不晓文字，一旦豁然，直接曹洞之宗。开辟显圣道场，讲经说法，不事妆

① "曰"，嘉泰《会稽志》该条作"因"字。

② "诣大荒"，国图本、内阁本作"诣天荒"。

点，口头家常话，俱有妙理。晚年募筑往西塘路，民至今利赖。祭酒陶望龄甚敬礼之。

**皇清**

**圆信**　字雪峤，鄞县人。幼颖悟端重，不嗜世缘。素性脱略，志趣高远。常往来云门、双径两山间，后睹"古云门"三字开悟，遂终老兹山。当圆寂之前，预写小词以示徒众，词曰："小儿曹，生死路上好逍遥。皎月冰霜晓，吃杯茶坐脱去了。"及期，果索茶啜，跏趺而逝，建塔于云门寺之右陇。顺治十七年，世祖章皇帝慕其宗风，赐帑金五百两，御札嘱弘觉禅师修其寺塔。御札曰："锡杖还山，时萦远念。兹览音问，式慰朕思。来伻言旋，裁书附往，并有欲语者。朕每念法门，辄景先哲。知雪峤大师藏塔，卓立云门，后学诸方，应共瞻仰。比闻山界虽分，基址渐圮，恐年深人远，凌毁堪虞。今特捐五百金，重为修治。虽未必足窣波之费，然经朕一回整葺，人必改观起敬，自不敢复行侵侮矣。禅师重念仪型，久怀崇饰，当勉为经理，承朕敬礼尊宿之义，以副夙心。故兹特嘱禅师，其悉之。"

**宏礼**[①]　字具德，余贵张氏子。礼三峰藏和尚，参本来面目。一日对镜，藏和尚蓦推其背，豁然契悟。遂埋沉下板，苦行十七年，洞彻法奥。藏曰："此铁骨真禅也，当大振吾宗。"遂授衣拂，开堂广孝，应机迅锐，声振天下。自此十坐道场，重兴天宁、灵隐，法道之行天童而下，莫有两者。晚迁径山，侍者问曰："古德有坐化立化，及到卓者，未审和尚如何化？"师顿足云："我只与么化！"至天宁，先一日令库司设供，遍礼佛。已晓，起，更新衣履，呼侍者随上方去，声未绝，顿足而逝。建塔灵隐，娄东吴太史伟业为之铭塔。

## 方技

艺术不可以语道，而有道之士亦为之。王右军不世出之才也，世传其书，右军岂以书掩哉[②]？后之学书者，终不及右军其人，非[③]耳。是以会稽艺士之薮也，其所为若书、若绘、若声律器物之属，巧与拙不必问，惟观其人坦怀任意，不屑屑于流俗，有古狂士之风，其所习必工为可传。不然者，所为雕朽木、饰嫫母、画土人也，

① "宏礼"，国图本、内阁本作"弘礼"。

② "右军岂以书掩哉"，国图本其中"军"字作阙，内阁本其中"军岂以书"作阙。

③ "非"，内阁本作阙字。

为世所贱，况若耶之溪水产铜如昔也，何以欧冶之后不复有剑哉？他若医方之善，古之神人亟为之，邑有可称悉传之。

## 唐

**徐峤之**　善书，以法授其子浩，益工。尝书四十二幅屏，八体皆备，于草隶尤擅名。世状其法曰：怒猊抉石，渴骥奔泉。

**陈闳**　元[①]宗召入供奉，承诏写御容及射猎、按舞诸图，皆妙绝。又尝写肃宗御容于大清宫，笔力遒润，风彩爽逸。

**孙位**　有道术，兼攻书画，从僖宗西幸至成都。尝于应天寺门左壁画天王部从鬼神，奇怪百出，笔势狂纵，二十余年[②]无有敌者。后蜀人景焕与欧阳同游寺，乃画右壁天王以副之，同遂作歌诗一篇。有僧罗龟，善草书，书于壁，号“应天三绝”。又有孙遇，亦以善画著名焉。

## 宋

**丁权**　字子卿，善画竹，自述《竹谱》。又有鉴湖懒民者，贺方回裔孙也，作《平遥细竹》，潇洒可爱。

**陈宪章**　善画梅，有声京畿。

## 明

**沈恪**　字克敬。轩达通敏，读书习字，迥异常辈。尤喜题署，求书者满门。且孝友惠义，名重一时。魏骥、林鹗每赋诗称美。有《怀雅集》，子孙皆守其字学。

**马时旸**　名暄，以字行。幼颖悟，博通经史，兼精丹青术，尤善于古隶篆。孝宗初，征入华盖殿供御，授锦衣卫镇抚。

**关九思**　字虚白，吴兴人。爱吾越溪山之胜，尝流连会稽。画兼诸家，丘壑烟岚，铸以性情，不循恒径，而古人意无不备。品格遒上，不役役金钱介怀，逢其快适，虽小童寠子，点染与之；若意有未惬，虽贵介勿屑也。落笔不肯苟且，幅完注视，有微瑕即碎裂之，其矜重自爱如此。晚年好炼丹，尝为人所卖，虽知之不悔云。其画

① “元”讳“玄”。

② “二十余年”，国图本、内阁本作“三十余年”。

留传吾越者多，至今赏鉴家争购之。

**田赋**　字公赋，香桥下人。少聪颖，喜点染，受法于关九思，攻苦劳瘁，大得其传。

**姚允在**　字简叔。少受学于山阴吴晃，壮而摹刻古人，化板为活，细密中有萧疏之致。游白下，太史董其昌偶见其小幅，大加激赏，声价腾起，遂遇知于魏国云。

**胡廷寅**　名谔，以字行。幼业儒，长遇异人，遂精医术。宪宗朝征至京师，授御医，加左通政，出入禁闼，恩宠罕俪。

**唐继山**　以字行，万历年间人，住安宁坊。少喜读书，长而习医，以温补为事，多奇效。尤能以脉理决死生于数年之前，人至今称之。有《脉诀》行世。

**张介宾**　号景岳，素性端静，易与难悦。年十三，随父至京，学医于金英，尽得其传。暇即研穷书史，医法东垣、立斋。喜用熟地黄，人呼为"张熟地"。越人柔脆，而幼即戕削，熟地专补肾，故辄效。病未极，人多不敢邀，危甚，乃始求救，已无及矣。然亦有死中得活者。著有《类经》一书，为叶寅阳叹赏。卒年七十八，医术中杰士也。

**张允通**　号瑞阳，以医名家。生二子，长时鼎，号元素；仲时位，号行素。俱业儒，有文誉。未几，仍绍父业，专意救世。病者一闻药气，颠危立起。贫乏者毫不受值，活人以亿万计。遐迩受惠，声驰两浙。太史倪元璐、宗伯姜逢元、知府施肇元、司李刘光斗、知县孙鳞后先额表其庐。至今被活之家，子孙颂祝不置。

**徐昇泰**　字世平，理卿初之四世孙也。学醇数奇，屡困棘闱，一旦，兴范公"不能作相，愿为良医"之志，由是博究金匮兰室之秘，及百家活人诸书，而于马莳《素问发微》尤相深契，刀圭绪泽，起人所不能起。全越方赖，视垣有年，乃昇泰自谓："手拯之及莫既，曷若辑书寿世，施济大且远也。"遂驾言衰迈，坚辞诊视之召梓，逊言遍告，惟一意著述，作不朽业。今《正伪补遗》一书，裨纲目《本草》所未备。其久大之学术，虽列方技，不愧儒林。

**王□□**　号培元，幼聪颖，通诸子百家言，长而有济人志，因潜心医学。越人遘疾，虽良医所望而惊心者，辄使之立愈。子仁龙，号霖汝，慷慨有大志，壮游京国，人咸慕其豪风，且亦以医驰名畿省。

**张时龙**[①]　号完素，性落拓不羁，精外科，就医者立愈，卒不与较。一日所得，

① 本条国图本无，内阁本有。

惟供一醉。忽语人曰:“上帝怜我为善,召作功曹,吾将逝矣。”遂卒。无妻子门人,医道失其传。

**马勋**[①]　字希周,幼业儒。母章氏病,遍览方书,至忘寝食。逾年,梦天医示以秘方十三。既觉,历历不忘,以治母疾,遂愈。因弃儒而专业焉。造请者如市。其视疾,辄与克期调治,多有奇验,一时号为神医。子呈泰,嘉靖庚子贡元;曾孙烇,万历甲午举人;玄孙维陛,万历己未进士。

会稽县志卷第二十六终

① 本条国图本无,内阁本有。

# 会稽县志卷第二十七

## 人物志六

烈妇　贞妇

### 烈妇

女子择夫，不能必其夫之不夭，而舅姑叔伯能必其妇之不嫁，何也？邑之俗，以礼义为荣辱人之具。晨夕晏闲，相集委巷而言者，必曰“某之家内外有节”“某之家帷薄不修”。或曰“某以世族子死，有妇他适”，则比之贩夫贩妇、俳优贱隶之所为，众以为笑。见其族人过之，则窃指之而议其后。苟闻之，深以为耻，而不敢与于会。是以必不听其妇之更嫁也。然何以能必之于其妇？妇亦习于宗党礼义之风，且自有家以来，无一犯之者，则羞恶之心生，却纷华，色笑不假，棱棱如烈丈夫，众以为荣。是以贞操而性成者，独指景而心誓，虽形存而志陨。或诱以华膴、胁以刀锯，而必不能夺匹妇之志者，其守定也。其次则为习俗所勉，同归苦节，但其孤子非富且贵，则何能闻于上而声施于后世哉？

#### 元

**禹氏**　名淑靖，字素清，吴守正妻。至正十六年，徙室[①]石门。淑靖常从容谓守正曰：“方今群盗蜂起，倘不测，吾惟有死而已。”是年夏，盗陷石门，淑靖仓皇携八岁女登舟以避。俄有盗奔舟，将犯之，淑靖抱女赴水死。

---

① “室”，国图本作“家”，内阁本作“室”。

**某氏**　冯道二妻。至正末，兵乱至栅头，执道二，杀之。氏年少，兵谓曰："从我则生，不从则死。"妇曰："吾宁死，不为若妻也。"兵怒，露刃叱妇，妇即引颈受刃死。

## 明

**魏氏**　年十六，赘宋允中。仅三日，允中归，殁于家。寻火于野，投骸涧水。魏奔号，就水拾骸，瘗夫家圃中，服丧三年。父母怜其少，欲嫁之，弗听。乃使人诱以百计，魏仰天号泣，蓬垢，欲自杀。家人固知不可夺，然已受他币，严为之守。至期，迓者临门，守稍弛，魏潜之圃中，解衣覆墓，自缢死。乡里悼咏者甚众，中一联颇佳，曰："欢声未起哀声动，贺客翻[①]成吊客还。"

**朱氏**　山阴余亨妻。亨死，朱年二十三，无子。亨既葬，朱氏遂投河死，乡人怜之。

**司马氏**　温公二十七代孙庠生世荣女，许配董思述。未及于归，而思述讣闻，氏遂绝饮食卒。两姓构棚厂，以纸俑行婚礼，合葬珠湖山。郡伯南瑞泉嘉其节，谥曰贞一。

**毛烈女**　许配庠生董奕文。奕文卒，女美姿容，求婚者盈门。一旦，女盛装拜父母，曰："女生不能为董氏妇，死当为董氏鬼矣。"父母朝夕守之，绝饮食卒。太史陶望龄歌诗赞之。

**沈寿姐**　年十八，父应节以贸易他出。母张氏早丧，依寡居伯母吕氏度日。适吕归宁，寿姐过其从伯母张氏房宿。夜半，有狂且微犯之，女惊喊大哭。张及其女慰之曰："此误也。"寿姐泣不止。次日不言所以，服卤死。刘宗周为作传。

**金氏**　章宪妻，安庆游击章方美媳。遇兵难，胁之不从。及寸磔[②]，金不号叫，惟闭目念"观音菩萨"。兵有以其肉为戏者，归即谵语死。氏之惨烈，古未有闻。死后即成神于死所，乡人祷之立应。

## 皇清

**章氏**　恩贡生九江同知陶士章妻。士章贫甚，止一婢，售以易粟。奉姑躬持

① "翻"，国图本、内阁本作"番"。

② 寸磔：碎解肢体，古代的一种酷刑。

劳役，无怨言。姑病，日夜抱持、涤厕牏，不少懈。戊子，萑苻四起，剿兵云集。兵至陶堰，章氏以贫无舟，故同族妪匿邻屋。贼冒兵至氏匿所，值儿啼床下，贼曳其发欲污之。章氏且骂且哭，贼胁以刃，章氏奋身触刃死。

**陶氏**　童汝茂妻。十九而寡，无子。与弟縡之妇章氏、弟综之妇章氏及妹二人同舟避寇。寇至，氏奋身投河，五人遂同死。次日得尸，握手不解，面对如生。[①]

**张氏**　庠生王嶙妻。嶙试辄冠军，因苦读早卒。氏愿相随地下，绝粒数日而卒。

**任氏**　王某妻，王墩头村人。寡居苦守，经三十余年，有狂徒以非礼犯之，自缢死。

**王氏**　沈与参妻。与参以户部仓场办事，同居京城。二年，与参亡，一恸几绝，遂欲自殉。父母百方劝解，王氏阳许之。有窥其艾色谋娶者，使邻居饴之。氏冷笑不言，于丙午年五月十九日夜缢于夫柩之侧。仓督白如梅为文祭之，以表其贞。

**杨氏**　郡庠生陈肇新妻。家沥海，北枕大洋。肇新客江南，顺治丙申，海船突至，破城焚劫。氏只身不能远避，宅后有井，遂投而死。亲友收敛之。

**赵氏**[②]　林占春妻。归林方三载，春病亡，一女止周岁，痛哭欲自尽。以夫未葬，母过爱。明年，夫葬而母死，因自叹曰：“吾所以不即死者，为夫未葬、母在故也。今夫已葬，母不幸死，吾何颜再生？”送母敛毕，遂以幼女托姑，绝食数日死。

## 贞妇

### 宋

**方氏**　名德因，张孟珪妻。珪卒，子甫二岁，方年二十四，守节终身，奉舅姑至孝，教子义方。事闻，诏旌之。

**孟氏**　名道净，章璘妻。许字于璘，未归而璘卒，道净哀毁痛切，誓不再嫁。未几，兄嫂相继卒，道净独事父母，养生送死，一无所缺。抚兄遗孤二人，皆有成立。乡人奏旌其门，曰“贞孝”。

### 明

**宋氏**　胡止善母。早寡，励志守节，抚止善至长，而止善卒，其妻杨氏，惠靖守

① 本条，内阁本与底本同，国图本作：“陶氏，童汝茂妻。十九而寡，无子。弟综之妇章氏及妹二人投河，五人遂同死。次日得尸，握手不解，面对如生。”

② “赵氏”，国图本、内阁本作“姚氏”。

节如其姑，亦善教子，以孝义称。洪武九年，诏旌其门。

**邱氏**[①]　董升六妻。一子甫周岁，升六死，遂守节。升六兄樵风忤白贵妃亲党，被陷系狱死，逮及妻孥，阖门不知所措。丘氏曰："彼狱已成，徒尔号泣何益？"遂慨然语其姆唐氏曰："汝辈急当远避，以保宗支，愿以未亡人代。"众以妇人未能舍生，不敢遽信。邱氏曰："如悔前言，手足异处。"遂听其抱子械至京师，发配象卒。氏触阶死而复苏，又恐以白刃，氏欣然就之。明太祖曰："真正烈妇也！朕甫应天眷，杀之不祥。"即命备红船，送他母子还乡，其地赐名"全节里"。

**张氏**　邵仲文妻。一岁而仲文殁，家贫不能营葬事，乃权厝于永思庵。躬绩纺，甘荼苦。抚教其遗孤廉，卒为名儒，仲文始克就窆。人谓张氏"于仲文为节妇、于廉为贤母"云。

**范氏二女**　贺家湖人，生正统七年。自幼好读书，通《列女传》。其长者适江氏，一月而寡；次者将归傅氏，而夫死。二女遂并志以守，别筑一垣，围屋数椽、田十亩于内以自居，食种获。有时父率傭以入外，此则闭户相对。虽灌田，亦沟引而已。如是者逾三十年，复自为茔于里中之止水墩，迨死，竟合葬焉。族人以其所遗产，立祠以祀。今过者或裸秽，辄得祟，其余风凛凛犹若此，一时歌咏。有《双节祠集》，太守汤绍恩申请诏旌建坊。

**秦氏**　名栢珍，少通《孝经》大义。嫁金伯珣，早寡，无子。性素贞静，甘淡泊，屏居一室，唯日诵《心经》而已。舅姑垂老，孝敬不衰，乡人贤之。成化初，诏旌其门。

**俞氏**　沈源妻。源殁，遂终身不御绮丽，养舅姑，甚孝谨，抚遗孤，训以义方，迄有成立。成化初，诏旌其门。

**胡氏**　张衰妻。适衰四岁而寡，遗一子，才数月，舅姑继死，伶仃特甚，躬自纺绩以育孤，致赀颇饶。守节六十余年，乡里交称之。成化间，诏旌其门。

**倪氏**　名福净，庠生胡诩妻。家甚贫，福净脱簪珥以供灯火。诩殁，清苦自持，独处一室，人罕见其面。居六十年，贞操如一日。弘治中，诏旌其门。

**董氏**　金雷妻。早寡且贫，备历艰苦，而性素严，凛凛[②]不可犯。勤纺绩以养舅姑，抚犹子底成立。卒年九十有七，单居者逾六十年。嘉靖九年，诏旌其门。

**宋氏**　宋知远孙女，董思忠妻也。仅数载，思忠死，氏遂膏沐弗施，哀毁之状，

① "邱氏"，国图本、内阁本作"丘氏"。

② "凛凛"，国图本、内阁本作"洁凛"。

见者起敬。继子怀浦，抚若亲生。舅姑亲族，无不称羡。享年八十有一岁，朝廷旌曰贞寿，谥曰贞孝。

**章氏**　名妙真，胡宪章妻。早寡无子，苦节自誓。有欲移其志者，即向墓号泣。墓有白鸟来巢，乡人谓贞洁所感。卒年八十有五。嘉靖九年，诏旌其门。

**倪氏**　廪生王泰妻。泰以白父冤，追随巡按，冒雪千里，父冤得白而泰卒。氏年仅二十余，家贫苦节，事姑尽礼，教子成名，寿至八十八岁。一日，命沐浴正衣，起坐中堂，别亲族曰："吾将逝矣。"子俸跪泣曰："我母苦志教子，仕历二任，俸囊所积，当为母请题建坊，以报母德。"氏曰："吾今而后，止免得再嫁耳，奚建坊为？"言讫而卒，时嘉靖十一年也。

**毛氏**　董鍊妻。年二十余，鍊死，课子成家，与董钜妻虞氏同时守节，享年七十余岁。嘉靖己亥年，郡守汤绍恩题旌，其辞曰："寡鹄争鸣于天外，双鸿并驾于云端。"表其闾曰"一门双节"。

**蔡氏**　王鉴妻。鉴卒，无子，氏年十九守节。或讽之，则曰："吾志已定，即贫且无子，安可夺也？"躬纺绩，以供舅姑，辛苦讫五十余年。嘉靖九年，诏旌其门。

**余氏**　举人章柔妻。柔会试道亡，余闻讣，顿绝而苏，曰："吾可死矣，不可使孤无怙。"未几，孤亦夭，又顿绝而苏，曰："今可死矣，不可使夫无后。"遂抚犹子，卒见成立。宗党谈其辛苦，为之垂泪，郡守洪珠表其闾。

**马氏**　曹继祖妻，高州守谦之孙妇也。继祖殁，氏年二十一，子甫二龄而家贫，备历辛苦，训其子讫有成立。偶疾，子为延医，氏拒曰："尔母者，古称未亡人矣。曩不即死，以汝幼耳，今何用生为？"竟不药，疾亦竟愈。享年六十三而卒，郡守汤绍恩表其闾。

**祝氏**　适儒生王之骥。甫六月，骥即随父任。越二年归，不逾月卒。祝乃谢铅膏，独居一室，日取清泉一匜，盥濯以自比。讫六十年，戚族罕睹其面。无子，独教一女，端饬如其母。郡守南大吉、汤绍恩表其闾。

**冯氏**　马瓒妻。瓒死，氏年二十九，父母欲嫁之，氏断发嫠面以自残。抚教遗孤文显，至佣刺以给，卒成儒官。享年六十九而卒，郡守汤绍恩旌其闾。

**祝氏**　胡慄妻。少寡无子，舅姑欲夺其志，祝泣曰："今为未亡人，以舅姑在耳。我昔誓谓何，乃不谅若是？"嫠居四十余年，卒无变志。郡守洪珠表其闾。

**李氏**　适钱盛而早寡，族人强令改嫁，氏断指自誓，卒坚守六十年，至八十四而卒。其子浩，事母复以孝闻。郡守洪珠表其门曰"节孝"。

**胡氏**　沈衮妻。衮父赠少卿鍊，见乡贤传。初，衮聘胡，卜合卺有期，而遘父难，自塞上并逮兄襄及衮，系万全都司狱中。时镇臣某衔鍊甚，且逢时相意，必欲置二子死。榜掠数百，狱不具，则时时问二子寝食。狱卒微知其意，痛虐苦之，时讽以死。一日巳刻，期令夜分具病状上矣，薄暮忽欢传两道官下视狱，至则呼襄及衮出，命且缓之，襄等亦不测所以。明日，问之狱卒，则某者以给事中吴时来疏其罪恶，逮诏狱。未午，荷锒铛就槛车去矣。襄等遂得释。然衮自是遂病血，匍匐抚父丧归。比服阕，始婚，胡年已二十七。逾六月，衮疾大作，将不起，呼胡曰："吾累汝，吾累汝！"胡曰："有命自天。向未婚时，吾父及昆弟疑君有疾，固逡巡，我义不回，今日实所甘心。"衮遂卒。胡哀泣，日夜不绝声，尽出奁具治丧事。有他讽者，辄断发嫠面，终日一室中，即同产非时不见，如此者二十余年。晚染疾，家人将迎医，胡告其父曰："未亡人岂可以手令他人视哉？初不云乎，有命自天。"不药，卒年五十一。无子，以襄子某为嗣。

**张氏**　沈束妻。束自徽州推官擢给事中，尚未有子，张自家为置妾潘氏。俱往，抵京，则束已抗疏下狱矣。束父年八十余，张数伏阙乞哀，愿以身代系，令归一省父，皆不报。束家故贫，养父且不给，张与潘日夜力女红，用给橐馇，甚不给，则有乡中父老为泣贷于同郡宦京者。久之，诏出。束时家益贫窭，张乃身为汲炊，而令潘当夕。后束起南京通政参议，不赴，卒，竟无子，张亦寻卒。山阴徐令表其闾，建坊于山阴之中正里，曰"一门风节"。

**潘氏**　沈束妾。束官给事时，妻张氏以束无子，自家为置潘，与之俱往。舟抵潞河，而束以抗疏，方宿省邸中候诏。潞河去京邸[①]六十里，急趋入城，则束已下狱三日矣。张谓潘曰："吾已矣，汝年少，且与主人未识面，盍择所便乎？"潘跪曰："主人抗节，夫人又苦志，婢子独非人乎？"因流涕沾襟，自誓而死[②]，卒与张俱守。束在狱十有八年，迨出狱时见潘，问左右曰："是昔日某乎？"曰："然。""我当拜谢之。"乃再拜。潘泣，惊扶之，遂同归里。与张俱无子，相继而卒。

**沈氏**　章邦妻。十九而寡，苦节至八十有四，郡守汤绍恩表扬节孝。

**薛氏**　韩释可妻。年二十三而寡，子甫四岁，家无期亲，茕茕孑立，惟务纺绩，用以养姑。姑疾，刲股以进。迨姑亡，丧葬如礼，乡人称为"孝节"。

① "京邸"，国图本、内阁本作"京都"。

② "自誓而死"，国图本、内阁本作"自誓以死"。

**吴氏**　董浦妻。生一子而浦卒，吴年二十，抚子至长，娶诸氏。未几，子又夭。姑妇相守四十年，世称"双节"。

**陈氏**　年十七适金胜宗。三年，胜宗死，有遗腹子曰志清，娶张氏。志清又客死于京，张氏时年二十，姑妇并志以守，共处一室，并九十余而终。

**朱氏**　邑儒朱谦女。归罗道六岁而寡，无子。宗党欲夺其志，朱恸哭自誓以死。卒请于舅姑，立嗣子拱璧以存夫祀。已又抚其孙万化，训以义方，辛苦迄四十二年而卒。隆庆间，万化疏请于朝，诏旌其门。

**张氏**　监生王金妻。守节，继子为嗣。万历十一年旌。

**吴氏**　庠生朱泰妻。性孝而介，姑唐氏久病瘘，而性颇暴，时加箠挞，常跪受，受已辄起，进饮食，欢如也。与其夫日饭粗粝，布褐常不完，而姑之药饵极美好。既而泰死，无后，或劝之他适，辄号痛欲绝，奉姑益谨，辛苦备至，闻者堕泪，卒与姑相继而殁。陶文僖大临重其孝节，为白于官，捐俸创祠祀之。

**黄氏**　董能八妻。无子，贞操[①]自矢，享年耄耋。

**姜氏**　董和妻，苦节自励。子子行，历官御史。

**秦氏**　年十六，归陶尚文。才十日，尚文死，氏恸几绝。逾年，舅临革，呼妇至，顾视雨泣，不能语。氏泣言："翁哀予志不能久耶！"指其心曰："此中如石，翁勿虑！"翁慨然曰："尔能然，吾为鬼亦报尔。"言毕而卒。家贫，遭二丧，氏与姑处，日才一炊，以孝养闻，族中绅士咸重之。文僖岁时过其家，必曰"请揖"。氏谢以年稚且分卑，不敢烦。文僖曰："若人者，壮节强志，可当予拜，况揖乎！"氏新寡时，间归视父母，家人讽使二适，氏觉其意，遽命舟归。久之，又迎还，劝喻益力，氏恚甚，闭户欲自尽，救乃免。是后母家人噤口[②]不敢言，以伯氏子本正为后，正亦诚愿力作，晚乃饶给云。

**李氏**　陶尊道妻。娶氏方五日，道病，改饰易容，意状凌遽。既绝哀恸，诚感左右。逾年归宁，父伤女幼无子，使其家人时引譬，言："妇人无夫若子，如鸟折翮，何以自聊？"氏闻而疑之，诡父归取衣囊。父私喜，拏舟送女。氏登岸，大言为拏舟者曰："好言[③]主人，吾嗣子成立，乃归相见耳！"诸叔俱幼小，属氏卧护之。祖媪性严急，闻儿啼辄詈之。诸母比屋，夜从壁闻，时为泣下。家极贫，缝纫浣濯，析薪

① "贞操"，国图本、内阁本作"共操"。

② "噤口"，国图本作"噤目"。

③ "好言"，国图本、内阁本作"好语"。

释米，靡不躬行。自归后，不复省父。父念之，令人迎，而给言祖母病，急求与诀。氏少慈于祖母，即闻号泣命舟将行。翁知其诈，语之故。氏乃大悔曰："翁言是也，坚不往。"以故父念遂息。居十九岁，伯妇始生子镕，氏于乳间抱养之。镕后为诸生，氏年已六十二。祭酒陶望龄欲白诸郡守旌之，氏以贫僦人庐居，不欲旌。氏性刚毅，娣姒姑姊率畏之，多敬而寡亲，全其所守，有以也。

李氏、秦氏皆六十余，法宜旌。万历甲辰，邑庠生上其事于有司，有司谓旌礼详重一姓二节，宜先后以闻。移书问宗老宜先者，宗老答曰："以节、以贫、以早寡，二妇均也。李五日妇，秦至旬日，其为后先者乎？"乃以李氏节上。使者奏之，诏旌其门。〇陶于会稽为望族，理学文章，踵生不绝，而奇节之妇，亦往往出乎其间。且祭酒非轻誉人者，故均志之。

**祁氏**　商周礼妻。年二十而寡，守节至六十余岁而卒，诏建坊旌表。

**邱氏**[①]　袁廷训妻。年二十五而寡，端居内阃，虽族人至戚不易见，享年六十有七。

**朱氏**　陆琦妻。琦早逝，矢志守节，事姑最孝，教子陆伟成立。万历戊子年，抚院旌表节孝。

**朱氏**　诸生沈潆妻。二十七生二子一女。潆病故。茕茕苦守，舅亦垂殁，曲意事姑，宗族咸称"节孝"。子及孙俱弟子员，七十七岁而终，太守熊鸣岐旌。

**王氏**　陶师纯妻。纯以掾满考需选，卒于京。氏新寡，郡贵人闻其贤，求娶焉。人谓之曰："一日羞易忍耳，而终身富贵。"氏曰："吾惟不忍一日之羞，故不为也。"性刚难忤，而慈爱人，卒年八十四。

**陈氏**[②]　上虞人，陶设妻。十九而寡，矢志不移。服阕归宁，父母怜其少，阴谋更醮之。行有日矣，或以告，氏与其婢桂私结构，著男子衣渡江走。家人质明追之，及于东关，譬谕百端，终不听，泣曰："吾得从地下，愿足矣！"投于河。父兄急援之，相抱持而泣，哀动市人。送之归，宗党无不感叹。越五年，嗣子廷文殇，氏憯悼成疾卒。族人重其节，葬稷山祖坟侧，题曰"贞节陈氏之墓"。

---

① "邱氏"，国图本、内阁本作"丘氏"。

② 国图本、内阁本本条文字如下："陈氏。上虞人，陶设妻。十九而寡。归宁，父母怜其少，阴谋更醮。或以告，氏与婢桂谋着男子衣渡江走。家人追及，譬谕百端，终不听，泣曰：吾得从地下，愿足矣。投于河。父兄急援之，抱持而泣，哀动市人。送归，宗党无不感叹。越五年，嗣子廷文殇，氏憯悼成疾卒。族人重其节，葬稷山，题曰贞节陈氏之墓。"

**奚氏**[①]　王万栢妻。夫死，孤子大显方在遗腹，敬事耄姑，曲尽色养，节凛秋霜数十余载。孙士骥，两淮巡盐御史。康熙八年，学道金给匾奖励。

**董氏**　袁大儒妻。年一十九岁而寡，坚忍自守[②]，风节矫矫，享年七十有一。府县给匾旌。

**包氏**　董兆龙妻。十八而寡，无子，守节至八十余卒[③]。

**冯氏**　马光祖妻。年十八而寡，舅姑年迈，子幼，氏艰苦备尝，冰霜矢志，殁年八十有六。崇祯九年[④]，守道叶重华旌。

**杜氏**[⑤]　李大经妻。年十九而寡，言笑不苟，纺绩教子，守节课子。良辅年十六为诸生，巡按□光先旌，卒年七十有五。

**谢氏**　袁成吾妻。年二十五岁而寡，三子一女，家贫苦守，丝粟皆得之拮据，族人咸称之。

**詹氏**　魏兆洪妻。洪染危疾，氏祷于天，刲股进羹，不疗。氏年方二十五，号痛垂绝，以二婴在襁，饥寒苦守，保全藐孤，寿八十三岁终。崇祯三年诏旌。

**谢氏**　沈应诏妻。年十七适诏，甫一载，诏进京身亡。家贫无子，氏立志靡他，事姑滑氏十余年，咸称其孝。至六十七岁卒，中外无间言。郡守于颖表旌。

**杨氏**　刘宗琪妻。氏年二十九而寡，遗一子，甫七岁。家贫岁歉，氏哭绩易粃，作饼为食。妯娌欲夺其志，氏誓死不渝。备历艰苦，日夜课其子读书，得游庠。有孙五人，长幼俱就学，皆氏教之也。崇祯十七年，推官唐煜署县事，表其贞节。国朝康熙九年，督学金旌其门曰“全贞”。

**陈氏**　姚士钶妻。钶以诸生试不利，抑郁死。家故贫落，陈氏奉二亲，备极孝敬，躬勤纺绩以养，朝夕设[⑥]夫像礼拜，哀悼过伤，数年而殁。

**魏氏**　句国桢[⑦]妻。年二十四而寡，子一方在繈褓[⑧]，哀痛欲绝。舅姑垂泣以

① 国图本、内阁本此条前有：桑氏，张大顺妻，苦节终身，知府熊鸣岐旌曰“节孝”。

② “坚忍自守”，国图本、内阁本作“坚志自守”。

③ “卒”字，国图本、内阁本无。

④ “崇祯九年”，国图本、内阁本无此四字。

⑤ 国图本、内阁本此条前有“蒋氏”条：蒋氏，张允通妻，苦节五十余年，宗党谥曰“节孝”，其后又有以节孝传者，知县孙鳞旌曰“四世共姜”。本条，国图本、内阁本文字为：“杜氏，李大经妻，年十九而寡，子良轼、良辅，俱幼。氏守节课子。良辅年十六□□□□□□，给额旌表。卒年七十有五。”

⑥ “朝夕设”，国图本此后缺一页（至“蔡贞女”条）。

⑦ “句国桢”，内阁本作“包国桢”。

⑧ “子一方在繈褓”，国图本、内阁本作“子应凤，在繈褓”。

告曰:“能抚子孙成立,是不死汝夫也,否则如无后何?”氏始强为饮食。自是不事笄栉,日勤纺绩,帏灯课子。舅姑逝,祭葬之事,靡不躬自经理。年八十八而终,宗族共称焉。邑侯陈、学师周两旌其门[①]。

**高氏**　袁祖烈妻。二十三岁而寡,纺绩自活,课子读书,苦节二十五年终。子显襄,康熙己酉中式。

**胡氏**　庠生倪元璐妻。璐为元璐胞弟,卒殁,胡氏呼天号泣,庐墓三年,事姑甚孝,抚养遗孤,冰霜凛然。三院题请建坊,人谓其忠孝节义出于一门。

**白氏**　包起凤妻。年二十有三而寡,子方三岁,舅又病故,甘旨奉姑,义方训子,闾里无不起敬,孀居二十载而卒。

**蔡贞女**　萧山人,许配庠生余金声。金声殁,贞女截发自矢,父成其志,遂归余。独居一室,布衣蔬食,苦节终身。金声为余煌亲侄,人谓节义萃于一家。

**张氏**　钱珠妻。十八而寡,克守苦节,至九十六岁而终。督学洪承畴奖其门曰“笃孝冰操”,方伯史继辰以“节孝完伦”额之。

**李氏**　陈文锦妻。锦以贫病早亡,只身无倚,子方四岁,矢志靡他,抚孤成立,年九十九岁而终。

**陈氏**　鲁一奇妻。年十九归鲁,数载,奇病殁,子应奎仅生十月,上无伯叔,下无田产,氏矢志柏舟,只身抚孤成立,荼苦备至,迄六十三岁。顺治九年,山阴令顾予咸、会稽令崔宗泰并奖其闾。

**鲁氏**　孟春明妻。十八归明,姑病甚,典衣进药,吁天刲股,姑疾瘳。三年而病复作,乃尝粪,知味甜不可疗,祈以身代,竟不能瘳。未几,夫又病殁,将以身殉,姻党咸以大义责之,因强进溢[②]米,殓殡倍难。百苦丛集,力作养孤,手织口授,教以诗书。年七十余卒。

**钱氏**　嘉靖乙卯举人叶应春妻[③],万历庚辰进士叶云初母。夫早卒,贫甚,氏辛勤困苦,日夜课子读书成名。卒赠恭人。御史张文熙上其事,建坊表扬节孝。

**章氏**　章颖女,刘坡妻。子宗周遗腹五月而生,氏年仅二十七,屡誓死以殉,父解慰之,得免。家如悬罄,刻苦自励。及子能句读,日授机杼间。时氏兄司教寿

---

① “两旌其门”,内阁本作“两表其门”。

② “溢”,国图本、内阁本作“搤”,即“扼”。

③ “叶应春妻”,国图本、内阁本作“叶应旸妻”。叶应春、叶应旸兄弟二人同为嘉靖三十四年(1555)乙卯科举人,据乾隆《绍兴府志》载,叶应旸妻钱氏。

昌，遣子竟业，道经千里，毫无姑息。及宗周成进士，放榜之日，即以疾终于家。御史按浙，奏其事，诏旌表建坊。后累赠太夫人。同邑陶文简志其墓，德清许恭简为之立传。

**周氏**　儒士叶汝葑妻。年二十二岁孀居，子士梓甫六岁，柏舟自矢，纺绩课子，族里奉为内范。清节流芳，人比陶母。学道胡给匾旌表。

**朱氏**　太医院吏目张时鼎妻。年二十有五而时鼎卒，悲号哀毁，即欲相从地下。以耄姑在堂，遗孤乾芳、坤芳甫离襁褓，而泰芳尚在腹，遂以女红自支，饮水茹蘖，其志弥坚。凡所以供甘旨者，无不备具。及姑病终，奉汤药，尽丧礼，即古孝子蔑以过。出秘笈督课，藐诸俱成立，克继先业。氏曰："吾今可以报先君子于九原矣。"言毕而逝。教授马御月立传，知县锁文开以"柏舟[①]自誓"旌之。

**宣氏**　金侣仙妻。侣仙游京师，贸迁至饶，迎氏北居。无何，仙病瘵[②]卒，无子。氏盛年拥资，窥觎者甚众，谋夺其志，氏号恸指天，以死自矢。继伯氏子坛为嗣，收仙所散子母，未获归榇。坛娶于皮，有孙氏曰："可以归矣。"遂还。抵京口，舟破，仅以柩免，尽亡所遗赀。其父兄怜之，与墓田，稍为营产，然不能给旦夕。坛复往北，氏与妇力作，蔬食诵经，以终其身。卒年六十七，陶奭龄闻而传之。

**徐氏**　娄一篪妻。幼通书史，年十九归篪，甫旬日，篪送父母赴京，染疫卒。讣闻，氏哀恸觅死，母苦闲之，阖户毁容，罄鬻簪珥，归夫榇营坟，并造己圹，非祭扫展墓，履不逾阃，苦守二十余年。婴疾，母兄强之药饵，拒曰："吾得早死，从夫地下，志毕矣。"绝饮食卒。贫无嗣，越中绅士咸作诗歌传之。

**周氏**　朱文实妻。年二十六岁而寡，止一女，伶仃孤苦，坚守不移，孀居至七十七岁而终，乡里咸称之。

**王氏**　璩宗礼妻。年十七于归，逾月而寡，誓守历四十余年，瞑目主香，坐卧一小室，足不出阃阈。

**徐氏**　太学生史志尹妻。早寡，守节终身。抚院旌。

**陈氏**　陶元龄妻。年二十岁守节，抚遗腹子至长。

**刘氏**　章养贤妻。夫死，氏二十二岁，家贫苦节，凡宗周时有所遗铢，积以为教子之需，及子成人，氏旋殁。

---

① "柏舟"，语出《诗·鄘风·柏舟》，谓丧夫或夫死矢志不嫁。

② 瘵，音 zhài；病，多指痨病。

**吴氏**　陈大忠妻。早寡，苦节六十余年。知府郑栋旌曰："及笄贞守，弥老益坚；孝事舅姑，至诚格天。"其子三迁，善承母志，以文学称。孙师圣、绍圣、卫圣恪遵父训，咸笃孝友。卫圣妇鲁，亦以节著。师圣子曾孙际可，邑弟子员，侍母疾，感神兆，得延母寿。督学胡尚衡批奖孝行，陈门世德，咸谓吴氏节孝所钟。

**陈氏**　王之泰妻。之泰早死，一子旋殒，氏日勤纺绩，以养舅姑。戊辰，海潮为患，家悉漂没，氏编草以栖，乃构室立孙以嗣。年六十九卒。

**樊氏**　董栗妻。栗病瘺，氏与处相爱敬。栗逝，人曰："孺人为董者至，而年少家贫，且无子，宜自图。"氏乃啮指血以誓，立伯氏子继宗为后。氏曰："此吾旦夕不即死者也。"久之，姑死，营葬毕，贫甚，归养母家。弟妇不善，时詈之，氏不为意，为其家作劳勤倍臧获。值翁媪及夫讳日，必归石浦村哭奠，至老不倦。万历丙子季夏，卒于弟家，年六十。病革，呼继宗泣诫之曰："汝立心为善，吾死且瞑！"言毕而殁。礼部尚书罗万化嘉其志行，为言于抚院温公纯，将上其事于朝，会罗万化殁，事遂寝。太史陶望龄为作传。

**王氏**　齐潮妻。年十八归齐潮，入赀为郎。将谒选行，妇以梦不吉，请止无往。潮不听，妇请从行，偕至润州。潮病且亟，妇刲股投药，悬祷，血襦焚楮。方是时，妇有姑老家居，三岁子一，娠在其腹。潮疾革，执妇手，以老稚嘱，妇啮指誓不负。俄而潮卒，妇年方二十一也。拊尸泣踊，哀动邻舟。及治棺殓，经纪丧事，还越，咸中礼度。以祖墓岁久不辨昭穆，更买地营葬，亲畚筑焉。氏既年少子弱，宗之豪者睨其遗产，时撼诱之。妇乃引刀呼天，断左手指，无变色，徐拾堕指，泣曰："吾有他志者，如此指！"豪谋遂寝。事姑极尽孝养，形影晨夕相依，阃政肃然。晚屏荤血、持斋诵勿辍。有请礼塔寺者，辄云："佛在是，何用他求？"及疾革，豫知死期。殁时七十有五。孙三益为卫募，官京师，嘱祭酒陶望龄为传，可谓不忘先美云。

**刘氏**　庠生李上珍妻。守节奉姑，巡抚许题旌"节孝"。止遗一女，配陶景麟，遂殡陶堰荷花图。

**樊氏**　章元雯妻。同族姊妹为妯娌。元雯弟云雯，俱幼亡，氏姊妹励志苦节。家极贫，以女工度活，俱享上寿。县令唐时举表扬，匾额"双节"。

**徐氏**　严守礼妻，年二十四，礼卒。事姑育孤，苦节终身，享年六十有四。本县给匾表扬。

**吴氏**　章正思妻。思赘妻家，弥月而归，旋即出痘而殁。氏奔丧守节，父母强之他适，氏誓死不变，终身布素，享寿而终。

**王氏**　章冠冕妻。幼年孀居，赡姑抚孤，万苦备尝。姑年八十有二，患病垂危，氏刲股救苏。给事邵之詹赠匾“贞孝格天”，苏州知府余廉征赠《节孝歌》并序。

**严氏**　章允贤妻。十九岁孀居，节著闾里。里族欲具词请旌，氏辞曰：“守死弗嫁，此妇人应得之事。若然，则累我矣。”享年八十有一，无疾而逝。

**戚氏**　章旻妻。十七岁孀居，苦节六十余年，乡族无不敬之。家贫，常断烟火，终无变志。

**董氏**　章守谦妻。谦随父之任粤东，病殁。董氏年十六，闻讣，辄截发毁容，守节尽孝而终。闻之郡邑，以“节孝”表其门。

**严氏**　章贤妻。二十岁夫亡。家贫织纴，饥寒备历，苦节著于闾里，年八十一终。

**徐氏**　章梦右妻。二十七岁守节至四十余年，本府表扬。

**陈氏**　章怀仁妻。十七岁孀居，苦节六十六年，有传志，刘宗周笔。

**颜氏**　陶砥斋妻。砥斋少慧，早夭。氏年二十八，二子稚弱，泣血茹苦，足不逾户者五十年。宗党称为“完节”。

**包氏**　儒士王汝华妻，贡生王询之妇，庠生包梧女。年十七，翁夫俱逝，家乏担储，纺绩以赡姑。因无子，人劝之他适。氏剪发矢曰：“儒家女为儒家妇，未亡人唯一死以报幽魂耳！”邻妇复劝之，以刀剺面，闻者莫不哀敬。缙绅姚允庄、包梗闻之当事，给以旌匾，题曰“真节完贞”。继王振宗承祧，复以孝闻。卒时[①]年六十有九。

**易氏**　章士华妻。早年孀居，甥刘宗周揭报表扬。

**陶氏**　章梦斗妻。年二十七夫死，抚孤守节三十余年而卒。院道表扬。

**梁氏**　章子奇妻。年十九而寡，三世俱绝。有人劝其他适[②]，氏曰：“吾非不知家贫，难遂吾志。吾去，如舅姑何？如三世祭祀何？”孝养终身，丧葬如礼。卒后，里老闻于县，匾其门曰“节孝可嘉”。

**鲁氏**　冯秉忠妻。二十五岁忠殁，一子尚在襁褓，亲族以氏家贫，劝其他适，氏矢志不从。日事纺绩，抚育其子。终身不施铅粉，不服绮丽，寿至百岁，无疾而终。

**童氏**　庠生章以裁妻。以裁早卒，孤子尚纶，又苦读呕血死。家贫，饘粥不继，

① “卒时”，国图本、内阁本作“卒之”。

② “他适”，国图本、内阁本作“改适”。

氏纺绩以抚其孙贞，尝训之曰："汝藐孤，读祖父书，学忠孝事，吾百岁后，魂应犹恋恋耳！"孙贞，乙未成进士，咸推教养之功。

**董氏**　王华六世孙贻楷妻。苦节三十年卒。遗孤谋焌，又早卒，仅遗一孙裕址。

**高氏**　章得中妻。生三子，得中早卒，氏年仅二十有四。姑陈氏垂老在堂，长子梦鹤仅七岁。氏苦志甘贫，养姑课子，享年九十一岁。

**金氏**　石美中妻。幼聪慧，好读书，通《列女传》。于归美中，偕任三吴，每脱簪珥佐不时[①]，不欲以苞苴玷清白。且奉姑至孝，刲股愈疾。迨美中卒，家业萧然，矢志课子，故其子之贞举顺天乡试。之贞妇张氏，尤尽诚孝。姑耄无齿，艰粒食，张升堂乳哺，金享上寿[②]，皆张善调护之力也[③]。

**陈氏**　庠生张汝为妻。早寡，抚孤子焜芳、煜芳，皆成进士，婿商周初与焜芳同榜。奉旨建坊，旌奖"节孝"。

**张氏**　章如锷妻。有闺范，事夫如严君。痛夫早殁，悲号欲绝，及殓毕，遂自缢于柩旁。闻者无不感悼，族人为之举丧。

**梁氏**　章伟妻。二十二岁孀居，以家务属叔代理。内无三尺之童，仅一老婢相终始，享上寿而终。

**章处子**　许字王新建之子。因变革后父母嫌其贫，更受他聘。乳媪露其语，处子痛哭，截发不下楼，卒。

**沈氏**　严大儒妻。幼而慧，十岁通《女诫》及《女论语》。于归数载，辄称未亡，几欲相从地下。舅姑曲谕以保孤大义，得不死。丙夜篝灯训其子女，必继之以泣。虽处至亲欢，然时未尝见喜笑容。嫁女虽荆布楚楚，然缕丝手泽，不遗余力。聘妇虽鞶帨勿尚，而实意未尝少简。孤子早岁能文，相期成名完姻，奈试事不售，辄遘疾卒。氏泣曰："余贪生至今日者，为存孤也！孤亡与，亡奚用生为？"遂卒，享年五十一岁，励节二十八年。女适柴氏，外孙庠生宗达。

**马氏**　章允贤妻。早岁孀居，翁姑恐其志不能坚，强之他适。氏号天哭誓，曲尽孝养。郡邑给匾表扬。

**严氏**　钱国麟妻。年二十二而寡，无子。茕茕苦守，节凛冰霜，寿至八十二岁而卒。

---

① "不时"，国图本、内阁本作"不给"。

② "上寿"，国图本、内阁本作"遐龄"。

③ "皆张善调护之力也"句，国图本、内阁本无"力也"两字。

**冯氏**　宁晋丞平升妻。升卒于官，氏年二十二，遗孤平远甫三岁，贫无以归，乃尽易嫁时衣饰，扶柩归葬稽山。纺绩奉姑，画荻课子。子长而力学，声名重诸生间。孙咨稷亦克继书香。太史王自超传其节孝，名公钜卿赠诗成帙，宗伯龚鼎孳颜其堂曰“存蓼”，盖欲其存诗以慰孝心也。

## 皇清

**章氏**　金日昌妻。年二十岁而寡，幽贞自矢，事姑尽孝。顺治十五年，御史王题请钦旌节孝，树坊五云门外。

**孙氏**　钟大成妻。二十六岁夫死，艰贞守节，历久不渝，至八十二岁。顺治六年，县令崔给匾表扬。

**章氏**　张徵锡妻。年十九而寡，断发毁容，誓以死殉。家人日夜守之得免。舅张维坚仕长沙，欲携之任，氏不愿。扶柩归，寄居母家，闭户苦守，虔供夫像。饮食必祭，悲思哀悼，闻者无不感叹。

**柯氏**　戴应龙妻。年二十二岁而寡，守节抚孤至八十五岁。巡抚部院朱题请旌奖。

**陈氏**　徐应魁妻。二十四岁守节至八十九岁，人无间言。崇祯间，知县杨鹏翼旌。顺治十五年，知县黄初觉给匾旌。康熙七年，知县王安世给匾旌。

**马氏**　陈绘继室，年二十三而寡。舅年八十有四，子方一岁，养老扶孤，备尝勤苦[①]。卒年七十有六。

**杨氏**　刘某妻。夫亡时子甫七岁，篝灯课读，柏舟永矢，享年六十七岁。教谕沈象彝、学道金给匾旌。

**胡氏**　陆传妻。年二十九[②]而寡，家贫，苦守三十八年。[③]

**桑氏**[④]　张大顺妻。苦节终身。知府熊鸣岐旌曰“节孝”。

**王氏**　谢允思妻。年十九而寡，风霜经历，苦而愈笃，享年六十一岁[⑤]。

**王氏**　庠生祝孟凤妻。年二十四而寡，子幼家贫，旦暮不支，身勤操作，苦节

① “备尝勤苦”，国图本、内阁本作“备历艰难”。

② “年二十九”，国图本、内阁本作“年二十九岁”。

③ 国图本、内阁本后尚有文字：“而风节愈励，香桥邻里至今咸称节孝”。

④ “桑氏”条，国图本、内阁本无。

⑤ 本条，国图本后有文字：名医谢复安其子也。

自励。卒年五十有六。

**阙氏**　夫阮廷谏入北雍，殁于邸。氏欲以死殉，因姑老而瞽，子周岁无以养，故苦守。事姑甚孝谨，姑年八十一病危，刲股以疗。守节五十九年如一日。

**沈氏**　阮信宇妻。年二十六而寡，室空如洗，无子可嗣，破屋半间，朝夕哀痛，纺绩苦守至六十三岁。

**王氏**　魏克生妻。克生为乱兵所伤，氏年方十有七岁，苦守养姑，继伯氏子为嗣，享年五十余岁。

**鲁氏**　钮万顺妻。早寡，继如升为嗣。家贫坚贞，劳瘁不辞，享年七旬。府县给匾奖之[①]。

**王氏**　印绶妻。年二十而寡，家贫，苦守事姑抚孤，倍尽艰辛，年七十有一。

**林氏**　莫云亮妻。年二十九而寡，家贫子幼，刻苦冰霜，并日而食。迄今四十余年，子稍成立。

**钱氏**　韩镇妻。早寡，家贫无子，翁姑老病，氏勤女红以养。三代俱未葬，氏以一身任之。继子全信为嗣。

**沈氏**　刘文渊妻。家贫守节，事姑抚孤，人称“节孝”。

**郦氏**　庠生潘大衡妻。年二十四而寡，无子。氏号恸，殓夫后即欲身殉，以舅姑在堂，守节终身。

**沈氏**　商周策妻。年十八归商，甫三岁而寡，遗腹生子，即矢志守节。县令张应薇旌曰“操勒冰天”。

**柴氏**　陶性六世孙志遂妻。年二十余夫逝，遗孤嘉甫四岁，茕茕无依，纺绩奉生。继二姑迭遭先人丧，皆氏竭力以殓，又合葬五棺，俱独任。晚年在[②]曹山石篑山房侧置采菊堂，避俗独处，享年六十有九。临决时，翘首视其子媳曰：“予可无愧者，唯一忍字而已，谨志之。”子妇刲股以救，虽不效，亦其节孝之感。

**缪氏**　庠生周弘甲妻。无子，早寡，苦节二十余年[③]，营葬[④]舅姑，竭尽其力。女二，幼适陶颖昌。

**王氏**　王龙溪孙女，庠生陈周烑妻。烑死无子，姑老叔幼，氏纺绩赡养以成夫

---

① “之”，国图本、内阁本无。

② “在”，国图本、内阁本作“于”。

③ “二十余年”，国图本、内阁本作“三十余年”。

④ “营葬”，国图本、内阁本作“茔葬”。

志，苦节终其身。

**柴氏**　庠生徐如翼子承燕妻。二十而寡，遗一子，又早夭，苦节至七十七岁。

**徐氏**　王三重妻。苦节四十一载。浙江臬司兼学政金旌奖。

**胡氏**　庠生倪士焻妻。于归四载，士焻病危，氏吁天，祈以身代，刲股，血流满地。士焻卒，哀痛哭泣，誓以身殉，水浆不入口者五日，又自引绝者再。姑抱氏泣曰："吾儿死，不可使无后。汝怀娠四月，天若不绝，吾儿得男，虽死犹生也！"氏乃含涕唯唯。生子坤，口授《孝经》《小学》诸书，二十余年足不履中庭。姑卧病，匍匐侍左右，供汤药，夜不解衣带者数月，因致疾。将殁，诫子曰："吾不能事姑终天年，死有余憾，汝善事祖母，以成吾志！"语毕而逝。宗人谥曰孝节。

**薛氏**　赵三渐妻。十九而寡，苦节五十余年。宗伯胡兆龙欲为之题旌，氏谢曰："守节是妇人分内事，断不敢有烦也。"乡人益重之。

**王氏**　陈三德妻。弱龄早寡，有劝氏改适者，则截发毁容，立誓坚拒。遗孤大临，年稍长，家贫无力就傅，氏躬自句读教之。及壮，才名日著，补国学上舍，寻除庐陵县尹。致政归，氏令出所积俸薪周给贫乏，不可胜计。未几，大临又死，氏抚尸大恸。妇朱氏恐姑年老过悲，百计劝止，事奉艰辛，人称孝妇。鼎革后，长孙泰随征入闽，多树奇勋，氏就养桐城。时盗贼窃发，牵累甚多，氏嘱泰虚心鞫问，多得平反，闽人德之。一日，召家人环侍，端坐匡床，无疾而逝，终年九十有二。兵部左侍郎黄徽胤为作墓铭，国史院侍读学士富鸿业为之立传。

**吴氏**　王启锡妻。幼时父养正常以《列女传》示之，辄通文义，叹曰："闺阁洵当如此。"及于归七年，夫殁，氏年二十四，誓守节。惟勤纺绩，孝事舅姑，训三遗孤，亲师取友。族党有贫乏者，脱簪珥周之。历年七十有四。时夫之始祖旧有墓在山阴竺里峰①，即宋大儒名佐者，故敕葬此。康熙己酉年，有同族人盗卖②其山，氏闻

---

① "竺里峰"，国图本、内阁本作"竺里山"。

② 国图本"盗卖"后页装订错误，文字辑录如下：疾而终，氏居会稽学，前人谓其"近圣人之居，殆□庠序之教"云，有司旌其节曰"贞心天植"。徐氏，太学生史志尹妻，万历庚辰进士徐完女，年二十六岁而寡，冰霜守节，七十四岁而终，县令张夬奉抚给匾旌。樊氏，鸡山村□石浦村董栗妻，既字而董病癞，父母谋绝婚，虽董之父母亦以为宜尔也。女闻，即引命自坚，父母勿听。乃罢餐饭，涕泣不辍，百方隐譬，不少移，卒归董。而董疾久形败，秽臭甚。氏与处相爱无异，斥卖衣物，药饵备至。董所馂食，人争弃之，而氏独甘之，茹泪并咽。居数年，二十五而董逝，里人谓之曰："孺人所以为董者，至矣，情义已无憾。"而年少家贫，且无子，所宜自图。氏乃啮指誓，指碎血迸，众挢舌不敢复语。服除，归宁父家，其女兄素贵，微与之言，戟手大骂，遽呼舟去。又数岁，其伯氏始生子立为嗣，因名之曰"继宗"，曰："此吾所以偷旦夕，不即死者也。"邻里多怜苦□□□□□竭力营丧，缊絮盎瓮，斥卖殆尽。贫馁甚，乃归养父家，其弟妇。

之号恸数日，勉其子与其族人力控当道，而祖墓赖以安。乡人称其节孝，且好善知大义。

**蔡氏**[①]　庠生蔡国祚女，配朱赓孙朱曾奭为妻。弥月夫亡，遗腹一女，坚贞苦节四十年而终。

**某氏**　陶四一妻。无子，年二十一守节至七十八岁。

**孟氏**　薛允勋妻。早寡，苦节事姑，咸登上寿。

**徐氏**　张万祚妻。刲股愈姑疾。万祚任吴江，解饷，卒京邸，氏苦节抚孤。长子彩亦刲股救母，次子彬仕屯留县令，辞职归养，人称节孝之报。

**马氏**　梁一衡妻。一衡亡，氏年二十七，无子，家贫茕茕，姑媳几不能生，勤苦奉姑，八十九岁而终，氏年五十有七。邑令王安世表其门曰"节孝"。

**陈氏**　姚世治妻。氏随父居京师，世治南归，父谋改字，氏易衣辫发作征夫状，觅夫于济宁，泣曰："逆亲不孝，旅行无仪，即见君子，妾事已毕。"奋身投河死。

**来氏**　萧山来梦麟女，适会稽儒士史遴节。夫病，割股求代，二十四而寡，继侄义尊为嗣，苦节终身。

**章氏**　张汝乐妻，尚宝卿章伯辉之女。年十九适张，二十三而夫殁，一子甫弥月，哀痛欲绝。服阕，徙居母家，抚孤甚严。曰："是儿早丧父，不得不以义方责之。"名其子曰贞芳。氏年六十一而终。

**严氏**[②]　会稽庠生史在鎏之妇。二十而寡，上有耄姑，下有幼子，矢志自守，勤于针黹，菽水承欢，诗书课子，里称节孝，人无间言。府县给匾奖励，申请候旌。

**尉氏**　儒士范怀义妻。相夫诵读，年二十七而寡，遗孤甫八龄，抚养成立，有丸熊画荻之风。年至七十有四，无疾而终。范族自止水二女之后，世有贞操。万历间，邑令翁愈祥表其门曰"贞节"。康熙丁未，学宪李如桂额曰"止水嗣芳"。戊申，学宪金镜额曰"封发完贞"。巡抚范准候汇□题旌表。

**史氏**　李廷顺妻。于归六载，廷顺卒。家贫，以奁资易丧具。有劝其易志者，遂引刀截发以自誓。氏布褐不完，然事舅姑必尽孝养。孀居三十八载而卒。

**沈氏**　庠生袁大琰妻。年十五未字，兄文奎久出，侍母疾[③]，刲股以进，母病遂

① 国图本因前条脚注所述之装订错误，故"蔡氏"至"章氏"八条缺。

② 国图本"严氏"至"周氏"共九条此处无，其中"严氏""尉氏""沈氏""黄氏""周氏"录于同卷末，文字稍有异）。

③ "侍母疾"，内阁本作"值母疾"。

痊。后适琰，事姑至孝。及兄从宦南迁[①]，随母两抵淮署，孝养有加。及母病殁[②]，哀毁骨立。越数载，夫亦疾卒，遗孤茂育年甫七龄，氏益坚忍自励，治家严整，闺门雍肃。越十载，育年十七游庠，适氏遘剧疾卒，时年五十有九。

**鲁氏**　富盛乡童祖静妻。早寡，藐孤二：乾吉、坤吉。乾吉妻徐氏，早寡无子。坤吉妻章氏亦早寡，藐孤二：汝相、汝楫。汝相妻章氏又早寡，藐孤二：振德、振先。汝楫出继乾吉为嗣，妻范氏，太守范云岑曾孙女，无子早寡，继侄振先为后。其妾蔡氏亦无子，苦守三世，寡而贞，年皆二十余，苦节数十年而卒。此亘古所未有，而蔡妾尤为奇特云。

**唐氏**　儒士金国荣妻。青年苦节，抚孤文元成立，以孝行闻。孙培城，俱习诗书，皆天之报氏也。郡县俱给匾旌。

**章氏**　莫应期妻。十九而寡，无子，苦节以事舅姑，逾六载而犹子友仁始生，即抚养训诲，以续应期嗣。氏年五十六而卒。宗伯龚鼎孳表其门，曰“节孝”。

**黄氏**　陈湜[③]妻。同妾张氏苦节三十余年。孤子集善承母志。媳余氏，太史煌之妹，刲股疗父疾。于归后事嫡庶二姑，极其孝敬，宗党咸重之。

**周氏**　姚允逵妻。罄资助允逵，援例国学，逗京邸。家贫，奉舅姑尽礼，刲股愈姑疾。单居者五十余年，子士镇官长史，封氏为宜人，女适余增远。

**郑氏**　董昌十七妻。年二十四而寡，止遗一子。夜梦夫语之曰：“有迫汝者，将奈何？”氏应曰：“一死而已。”遂惊寤，次日果如夫言。氏方断菜，即自断发曰：“少有二心，即如此发！”辞色凛然。衣一絮衣二十余年，举以示媳曰：“此女舅在时衣也，虽岁久勿敢易，今无愧矣。”享年六十余而卒。

**沈氏**　章正宸妻。笃孝舅姑，贤而有气节。当正宸未第时，以纺绩佐读，及正宸登第，入谏垣[④]，两下狱，同官为之危惧。氏曰：“岂清白如此，圣明终不鉴耶！”不为变色。迨正宸离家后，布衣茹素，屡遭危险，以义命自持，乡党重之。

**倪氏**　孝廉董懋史妾。懋史卒，氏年仅二十有二，一无所出，矢志自守，苦节四十余载，卒年六十有八。

**王氏**　庠生柴震元妻。早寡，艰苦备尝，晚节益励。止一女，适余。

① “及兄从宦南迁”，内阁本作“迨兄从龙南还”。

② “及母病殁”，内阁本作“及母弃世”。

③ “湜”，内阁本作“漋”。

④ 谏垣：指谏官官署。

**某氏**[①]　某人妻。失其姓名。传闻氏早寡，父母谕其祝发为尼，氏泣曰："女祝发，异时舅姑天年终，谁带孝髻耶？"及舅姑丧葬毕，不食而终。如此奇节，姓名不著于人间，其他隐沦可胜道哉！

**祝氏**　金大绅妻。年二十三，大绅卒，氏毁容绝粒，誓以身殉。时子辂甫三龄，姑王氏泪谕以存孤，勉从姑命。家贫，朝夕饘粥，出自缃纺。居常独处一小楼，匪祭祀，家人罕睹其面。士民以苦节称之，享年八十六岁。曾孙[②]御史兰具疏旌表建坊，扁额曰"恩褒贞节"。

**李氏**　沈允德妻。本桑盆农家女，归允德三载，产一女。允德病亡，妇擗踊顿绝，矢以身殉。邻媪以年少劝勉之，氏曰："妇以夫为天，未闻夫死而可独存！"媪曰："有老姑弱女。"氏曰："恐身存有夺吾志者，虽欲养姑不可得。至区区[③]稚女，又乌足顾？"因乘间取醝饮之，复虑为人所救，投缳而绝，距允德之死仅五日。

**张氏**　李永昌妻。性至孝，姑卧病三载，夫远出，氏竭诚奉汤药。姑殁，治丧如礼。及永昌卒于京邸，氏数千里奔其丧，返葬祖茔。顺治戊子，潢池弄兵，氏叹息谓诸妇姒曰："吾守志垂二十年，已誓一死。"比寇氛渐逼，氏潜启户而出，其子若妇急迹之，莫知所往。后于河滨得一遗帨，网其尸弗获。有顷，半里外乘流而至，颜色如生，笑容可掬。舁归，谛视之，衣裾缝纫，绵密不可解。

**金氏**　徐国仕妻。年甫十九而嫠，几欲殉夫地下，以子赤垣方幼，忍死抚孤，朝夕训诲，卒底成立。母子拮据起家，里中称为素封。县尹周燦旌其庐曰"媲美怀清"。氏年九十五，姻党推始终完节云。

**倪氏**　庠生李卓妻。氏年二十九，卓入闱，得病不起[④]。氏几不欲生，以抚孤自存。历二十余年，端庄勤俭，慈爱训诲，有子五人：亹、昇、晨[⑤]、星、景，皆能成立。

**徐氏**　莫如玉妻。年二十九，夫死，遗腹三月，生子名京。亲族凌逼，氏志凛冰霜，教子成立，身列黉宫[⑥]。享年六十四卒。

**俞氏**　刘子壮妻。年二十七而寡，遗孤二，俱在襁褓，姑嫜相继亡。内外皆欲

① "某氏"条起至卷末，国图本均未录。
② "曾孙"，内阁本作"鲁孙"。
③ "区区"，内阁本作"区匕"。
④ "得病不起"，内阁本作"得疾不起"。
⑤ "晨"，内阁本作"晟"。
⑥ 黉宫：学校。

灭孤肆毒，氏专志备患，凌加者恬受之，垂涎者慨畀之[①]。训子慈而兼严，卒能成立，守节二十二年而卒，名公钜卿多有赠言。

**周氏**　马子秀妻。夫病，刲股以疗。年甫二十而寡。家素贫，事耄姑，抚稚子，孝养罔怠，逾八秩乃卒。子大韶，勤苦成立，母疾，亦两刲股以进，咸称纯孝聚于一门。邑令杨鹏翼旌其门，曰"鹤龄松节"。

**傅氏**　庠生曹伯企妻。伯企青年力学，氏与伯企同庚，于归仅数月即孀居，遗腹一女，柏舟自誓。工针指，以奉舅姑，寿七十八岁，堪称节孝。

**郁氏**　国学生白绍礽妻。氏二十八岁，礽卒，生二子一女，长璧、次锡俱幼。舅姑早逝，亲族无依，然必躬勤纺绩，延师训子，每冬夜亲为董课。二子学业为时流所推重，抚长孙有程，恩逾母。氏享年七十有三而卒。后孙有程以干才任太和县尉，曾孙肇嘉以贡举授县佐。

**沈氏**　儒士陈景信妻。景信早卒，氏为尽哀守节，抚孤子有临，教诲成立，得继先业。

**傅氏**　庠生吴士标妻。姑病，家贫，刲股以进，姑病竟愈[②]。后以伯氏获罪，系京狱，追所侵欠，促其夫入都代系，俾伯氏还里办纳。夫以病卒于京，氏年二十五岁，遗一子一女，俱孩稚，家益贫。值崇祯辰巳[③]年间大歉，手削木皮劚草根以自给，亲故屡以改适之事进，氏以自誓[④]，年七十三。

**傅氏**　庚午科举人傅克相女，年十七，适庚辰进士王三俊之子士浩为妻。越二年，士浩病故，氏年十九，矢志守节。抚遗腹一子，家贫以女红自给，历三十余年如一日云。

**黄氏**[⑤]　儒士王飏妻。年二十六而寡，姑葛氏守节行善。黄氏奉姑孝养备至，抚孤子勤于课读，补庠生。病剧，其媳金氏系举人葮女，刲股救姑，姑苦节五十余卒。后金氏亦复孝养祖姑十余载，宗戚共钦。子诚黯、诚照、诚煦，无失家声。

**鲁氏**　伧塘民金润妻，年二十夫亡。事姑抚孤，动有礼法，姑尝病笃，氏吁天

① "氏专志备患，凌加者恬受之，垂涎者慨畀之"，内阁本作"氏专志抚孤，逆加者恬受之，垂涎者慨异之"。

② "姑病竟愈"，内阁本作"姑病得愈"。

③ 辰巳年，误。崇祯十四年（辛巳年）至十七年（甲申年），绍兴持续大旱、鉴湖竭。

④ "氏以自誓"，内阁本作"氏以死自誓"。

⑤ 国图本"黄氏"录于卷末，文字如下：黄氏，儒士王飏妻，年二十六而寡。柏舟自矢，世称"冰霜劲节"，孝事舅姑，族党推重。抚孤王格，苦节五十余载。病剧，媳金氏刲股以救，节孝出自一家如此。

请代，竟获痊。氏至一百十四岁乃卒，始终完节，旌表建坊曰“百岁冰霜”。

**金顺姐**　伧塘人。父大惠，任保定府通判。崇祯九年，以守城功加升四级。顺姐随父于宦，寓昌平州，遇难破城，投井死，时年十九。

**王氏**　俞一理侧室。婉娩雍容，无忝妇职。一理疾且革，氏刲股露祷，愿以身代，衣不解带者旬日。生子有章，稍长，诲之，尊礼师傅，篝灯课诵。有章恪凛庭训，顺治丙戌举人，历任礼部仪制司主事。氏早卒，不及禄养，覃恩诰赠宜人。

**孙氏**　儒士诸瓒妻。瓒早卒，氏止生一遗腹子，孀居四十七年，孝慈恭俭，冰壶玉润，宗党称为节孝。

**陶氏**　会稽陶奭龄女，中丞徐如翰子廷玠妻。事舅姑至孝。媳张氏，张元忭女。姑病不起，氏目不交睫，日夕侍左右，刲股以进，病俱得愈，人咸谓孝思所感。孙媳张氏，亦孝闻亲族。既卒，铭其旌曰“贞顺”。三世俱以孝称。

**宋氏**　庠生陈彩妻。彩死，时年二十有一，无子，抚继子辛勤倍至。甲寅岁，山寇突临，独抱夫木主奔入府城，曰：“吾事已毕，即死无憾。”父庠生宋深疾甚，刲股疗治[①]，人咸称之为节孝。

**陈氏**　郡庠生孟继锦妻。继锦早亡，氏奉耄姑四十余年，夙夜罔怠，曲尽孝养，抚二孤，躬纺绩[②]，乡里咸颂为贤母。

**沈氏**　徐守谦妻。二十四岁，守谦亡，遗一子，未几复夭，乃继伯子为嗣。饘粥不给，事姑以孝闻。

**陈氏**[③]　徐守道妻。二十五岁而寡，一子方幼，纺绩糊口，妯娌矢志，贫守终身。康熙十八年，乡党共白其事，郡同知署县事许公虬[④]旌之曰“一门双节”。

会稽县志卷第二十七终

① “刲股疗治”，内阁本作“辄刲股疗治”。

② “躬纺绩”，内阁本作“躬辟绩”。

③ “陈氏”条，内阁本文字紧接“沈氏”条，与“沈氏”条并作一条。

④ “许公虬”，乾隆《绍兴府志》卷之二十六“同知”载：“许虬，长洲人，字竹隐。戊戌进士，康熙十五年任，以慈为政，温文尔雅，鼓厉人材，士林至今称之。”

# 会稽县志卷第二十八

## 序志

旧志序　旧志凡例　旧志总论

旧志修于明万历之甲戌岁[①]，厘为四书：曰地书，曰治书，曰户书，曰礼书，著总论四。地书之目六：曰沿革，曰分野，曰形胜，曰山川，曰风俗，曰物产；治书之目二：曰设官，曰作邑；户书之目四，曰户口，曰徭赋，曰水利，曰灾异；礼书之目七：曰官师，曰宦绩，曰选举，曰人物，曰祠祀，曰古迹，曰寺观。目之中各有所属著论于其后，计十有五首。新志方之府志条目，去“四书”之名，增为三十四论，自旧志十五首而外，其十九首与府志同。迄全稿授梓，继奉檄辑县志。余亟取其编，力芟繁芜，摘疵颣[②]，遍采舆评，备为稽核。凡四阅月，再易梨枣[③]，未敢曰可续旧志之后也。相传旧志著论，出徐文学渭笔也。其十五首即列篇端，所益十九首，俾俞生嘉谟踵为之。其总论无所属，乃于篇终重梓旧志各序、凡例以次而及于总论，志不忘也。

## 会稽县志旧序

万历癸酉冬，元忭以告归越，适杨侯维新自松阳移令会稽。甫下车，首询兴废，知邑未有志，乃过余，愕然曰：“会稽自夏后氏会计诸侯时已闻域中，迄今几千载，

① “明万历之甲戌岁”，即明万历二年(1574)。

② “疵颣”：缺点，毛病。

③ “梨枣”：古时印书刻板多用梨木或枣木，因以“梨枣”代称书板。

而志尚阙，斯非有位者之羞，抑贤士大夫亦与有责焉。子太史也，曷图之？”余曰：“此吾志也，顾才愧史耳。盖闻诸故老，往华侯舜钦尝谋诸邑人金乐会阶、马金溪尧相，而书未成。即而张侯鉴又尝谋诸姚之岑山人原道，而又未成。比杨侯节亦且经纪其事，而寻以召行。夫事之难成也如此。然前所云二草固在也，而今之文学士优于史，无如徐生渭者。余即不敏，然合众长，采舆论，以赞成一时之盛举，则何敢辞？”杨侯喜曰：“若是，是会稽之山川徼惠于子也！”于是走使于姚访之，适岑已殁，书不复存。又访之金溪所，得所藏草，以嘱徐氏，专编摩之役。而余亦忘其固陋，为之严义例、核名实，互相雠校[1]，凡数月而书成。书凡四：曰地，曰治，曰户，曰礼。夫治邑犹治亩也。农夫之于亩，不察其方之南北、土之肥硗[2]，则播种之法无所施。治邑者亦若是，故首地书，夫即察其南北与肥硗矣，而播种之无法，可乎？故次治书。治书者，择农之人、办农之具，与其庐也。治之之要，养之教之而已。养之教之者，举农与具以培谷。即培之，而必别其佣之勤惰，与其种之美恶，以为久远计也。故次户书以明养，次礼书以明教。呜呼！四书具而为邑之道略备矣。使禄于兹邑者，因是书以察地之宜，与治之要，拊循其民，而导之以向方，如农之于亩。使他日谓是刻也，不足于华，而有裨于实用，则余小子其斯可以释愧也夫？（修撰张元忭撰）

夫陈彝表极，征信考衷，以镜得失，昭鉴戒者，莫善于志。古者小史掌邦国之志，而后之志郡邑者宗之。是故则壤成赋，本诸《禹贡》；辨方正位，稽之《周礼》；纪年系事，取法史迁。体备诸家之作，义兼列国之史矣，而可易言哉？会稽本以山得名，又禹所巡也，遂以名胜擅于东南。自封建罢而为郡，郡析而为邑，并分因革，世道污隆于其间矣。从而志之，以维世也。爰稽往牒，若王龟龄之赋，工词翰而少典则；陆务观之志，务该博而乏体要。迄今旷阙，又三百年矣。例以今之会稽，事多不类，奠丽有定，经制莫详焉在。嘉靖初，郡守以志事檄属县，维时长吏暨文学士一加搜辑，尚无成书，岂事有待而时有会耶？万历纪元，杨侯惺泉莅兹邑，其为政识先务，达远猷，锐意修举。适张太史阳和以归省家居，遂以志事为请，曰：“此史氏之职也。古有立言以垂不朽，惟执事图之。”太史氏慨然曰：“余昔侍家大夫修

① “互相雠校”，国图本作“互相雠榷”。

② 硗：地坚硬不肥沃。

《山阴县志》，尝与闻其义矣，敢不良图？”于是删订旧稿，旁采近事，定例以正义，分门以聚类，挈纲以统目，为图经，为年表，为传志，为论述，厘为一十六卷。历数月而书成，即刊布矣。杨侯谓予当序其端，予谓太史氏之义例严而名实核矣，予复何言[①]？辞不获，则申告之曰：天下者，一邑之积也；一邑者，天下之积也[②]。知所以治邑，则知所以治天下矣，而可无志乎？志者，政之纪也，教之轨也。审于斯二者，则于治几矣，而可不知所重乎？将欲载之空言，不若见诸行事。是故观于户口之登耗，而劳来休息之惠，不可不务也；观于赋役之烦简，而剂量均一之规，不可不守也；观于土田之腴瘠，而改擿冒隐之禁，不可不严也；观于风俗之美恶[③]，而化导转移之几，不可不审也；观于人才之盛衰，而条教课试之法，不可不慎也。其他稽星土以察灾祥，审形势以示守御，修陂塘以时蓄泄，秩祀典以昭崇报，明职守以叙勋绩，皆志之所以为训也。稽于古而有获，通其变而使不倦，此在司民牧者加之意而已。则斯志也，固经世之典也，岂待余言而后传哉！（仆卿商廷试撰）

会稽自建邑以来，千有余年，至杨令君维新图于太史张公而始有志。又四月而刻始成且布也，请序于余。余读之，见其列书四，首地书，次治书，再次曰户曰礼，为养与教之书。而括其意谓养关于地之物产，教关于地之风俗。夫地当其始也，芒芒一物耳，虽未尝截然自为九州，又犂然自为郡与邑，而风气物产之呈，固隐然有九州郡邑之界存于其间，而养与教之具亦无烦于舍此而别有所取。然而地之道止于是矣。于是州与郡邑之域兴，长吏之治作，而养与教之道举。盖天地之权，有所不行于风气物产之后，而始假吏以济之。是道也，高冠而谈者类知之，及书于册，则往往若有若无，杂见而错于纪，岂谓书志者与论治者固不相谋也？其殆未知天地之与长吏，交相济以为治之理矣。而今四书中所列正其义也。是义也，非太史不阐，非令君不能信之深而行之敏若是。噫，吾于是而有以卜会稽之治矣。（万历三年知府滇南彭富撰）

邑之贵志，非特为令者取旧政之可师与才贤之可表，于以佐化理于一二而遂已也。盖将察风俗之美恶，稽物产之沃瘠，验户口稼穑之登耗，约徭赋之重轻与山

① “予复何言”，国图本、内阁本作“予更何言”。

② “一邑者，天下之积也”，国图本、内阁本作“一邑者，天下之推也”。

③ “观于风俗之美恶”，国图本、内阁本作“观于风俗美恶”。

川水旱之所由，以出利而入弊，时调剂而张弛之。殆举百里之大聚方册中目注心营而坐致其理，不烦下堂而得之。此邑之所以贵志者，贵纲举而目不能逃也。然其道虽全而寡验，即验且缓，不若簿书期会与奔走将迎之事一得则共指以为得，一失则共指以为失，其为效明而且速也。惟其如此，是以仕者往往多急于此而缓于彼①，即有志于为其全，亦泄泄然，倏然云兴，忽然风散矣。余昨叨会稽者三年，既而觉志之贵于邑者如彼，已上记白省中，将料费设馆，颇有端绪，顾谬以召行矣。继余者为丹徒杨侯，首下车，值太史张公在，告以图之，而书遂成，至是谬以序来属。予读之感曰：是书也，余当时颇以不及亲举为己咎，及今观之，使当时而果成，则未及太史之南，安得董狐丘明笔一光简册若今日哉！然则余之咎，殆书之幸也。虽然，余始而侯能终之，固深幸矣。抑余图于趋召之终，而侯能举于下车之始，余诚不能无愧于侯之早见也欤。（知县内召给事祥符杨节撰②）

会稽以山称始夏，至于今四千有余年。以邑称始隋，至于今千有余年。地非不名，世非不久，长兹土者非不多也，而志则尚缺。万历甲戌，新自松阳移令是邑，念之。检礼牍，得前令杨公节所图，已有绪可举，遂以请于太史张公元忭，阅六月而书成，又四月而竣刻，是为万历乙亥之三月。余始览而喜之③，即复叹曰：会稽以千余年之久未有志，然而邑未尝不治也④。志果关于邑而不可一日缺乎？未尽然也。然而今之谱奕者，非谓无谱则奕者尽不能奕，顾必谱者，以为宁谱而备善奕者之或遗，毋宁恃其善奕，遂决于废谱，而卒果不免于遗也。志果无关于邑而可以千余年缺乎？亦未尽然也。噫！此余之所以必有事于志欤？然而前此图之者亦屡矣，而竟不克就也。旁观者严于责备曰："志必超于人，如是如是，不则不称。"任事者苦于得谤，曰："志必徇于人，如是如是，不则不免于人言。"而不知任事者，不问其尽称与否，果肯握管以书，即不能悉副旁观者之所云，然岂无一二之补，不犹愈于历千有余年，无一字徵于文献者乎？今太史者，古所称备史之三长者也。矧邑之志即间有遗，殆亦咨讨者之未豫欤？《吕览》出，悬千金易一字，都人不敢易，是文信之威箝之也。而《史通》一书，徒能诋前作者，又无所追益于其间，是刘子之

① "而缓于彼"，国图本、内阁本作"而忽于彼"。

② 据《徐渭集》知，此文及后知县杨维新文，系徐渭代笔。

③ "余始览而喜之"，国图本、内阁本作"余始览而欤之"。

④ "然而邑未尝不治也"，国图本作"然而治未尝不治也"，内阁本将前"治"字挖去作阙。

妄也。今邑何所籍哉？且又未敢谓是书必不可追益诸君子。在今日诚可易则易，而畜之以俟，慎毋为都人。其在他日必有继此而修之者，正可举所畜者以酬其追益，慎毋为刘子，斯不负于会稽矣。（知县杨维新撰）

旧志[①]庠生　季寅
金钟
马鸣春
儒士　王云鹤
陈大壮校正

## 旧志凡例

一、志诸书，大约稍因邑人金阶、马尧相氏家所藏两旧草，如署屋之纪直曰几间，山川之纪直曰某山、某川，壤亩、钱谷之纪直曰几亩、几两、几石，物产之纪直曰某物者，俱不改其旧。彼摹数语数字于《禹贡》《周礼》《山海经》，若《史记·货殖传》诸书者，以避俚俗之讥，则似矣。而于考正顾不若直书之明核，故不敢取彼而舍此也。

一、户书所关者尤大，故颇详。比征法复大变，故亦无取于旧草。弊所终，利所始，非移不悉，故悉载诸移。正如上条所云，特重于考实，不敢避俚俗之讥云尔。

一、制作诸人，虽在先辈，直书其姓名曰某，窃取于临文不讳之义。而姓名之上，初见则书某朝，再见则否。如三五人同是唐朝，则以首一人系唐字，其他则否。如三五人俱唐人而中有一宋人初见者杂其中，则亦系一宋字。至于纲之书，或目之序事，已著朝代者，姓名上以圆圈、方围，别例不一，并取随文便览，观者当自得之。

一、志中有一事屡见，虽繁而实不可杀者，特从宾主之分，而详略其文耳。

一、诸制作各列其目之下，以不立文字门，故不甚省。至所著书目当正典籍者，以各见其人物传中，故省之。

一、传类凡六，曰：宦迹、列传、寓贤、贞烈、艺术、仙释。非殁久、论定不传。间书数语于两表中若墓者，为传之别；或见闻所不及者，俟续书焉。夫作舍道旁，三

① 国图本“旧志”后又有“校正姓氏”四字。

年不成。故是志也，忭与徐子稍因旧文而裁定之；于乡先生未暇遍咨，特为之草创云尔。正讹补阙，不无望于后之君子。（张元忭）

一、古开国时，皆借前代之忠义，留为种子。明初克金陵，元臣有死节者，礼葬福寿庙，祀余阙，不一年而遂有花云殉节之事。迨至逊国，则记之不胜记矣。语曰："种薭获薭，种秫获秫。"历溯前朝，百不爽一。迩自甲申以来，有西山殍饿者，有止水自沉者，并为采入，以砺世风。盖周武克殷即释箕囚，复封干墓，阐幽旌异，谅为盛世之所乐闻也。（录康熙十一年《会稽志》张岱补凡例一则。）[①]

## 旧志总论

余志会稽，首《地书》，而地之目六：曰沿革、分野、形胜、山川、物产、风俗是也。考之《王制》曰："广谷大川异制，民生其间异俗，刚柔、轻重，迟速异齐，五味异和，器械异制，衣服异宜，修其教，不易其俗；齐其政，不易其宜。"夫所谓川谷即《地书》中之山川也。其曰广大，则形胜也；曰民生刚柔、轻重、迟速，则风俗之所由也；曰味，曰器，曰衣，则物产之流也。四物者之受成于地也，亦犹冶之于器，剑不可以为戟，而卮不可以为壶，工人者亦就其近而稍砻之耳。故曰：五方之民，皆有性也，不可以推移。其教可循，其政可齐，而俗与宜不可易。今夫天下大器也，会稽亦冶中之一器也。长是邑者，犹工也。告工以其器，故必先冶；告长以其治，故必先地。或者曰："地先而邑之沿革则后。若夫分野，则天也，天又先于地。子志地而首沿革，何也？"曰："呼马者，呼骊马，则他马不得应；徒曰马，则他马得应之。今志邑者不首沿革，是呼马而不呼骊马也，他邑者且纷起而应之矣，亦何有于分野？"

夫有地如会稽，则不改辟，而教养之政可施矣。然地不能以自施也，必付之能者，曰设官。官不能以露而出，政与民之露而处也，必付之匠，曰作邑。自周之有官曰正始，以至明之有官曰知县而止，其属凡以数十百计，悉官之设也。自居县之官曰署始，以至卫民之居曰烽堠而止，其类凡以九计，悉邑之作也。斯二者，因地以为治也，故统之曰治书。计邑口以料民[②]，自军灶至僧道，其类十有七，其数六万有奇。计邑亩以料土，自田至溇，其类七，其数七十万七千有奇。而口之役于上者二：曰银以雇役，曰力以自役（今悉用雇役）。其人五百八十有九，其往役之所六十

① 该条旧志凡例，不见于国图本、内阁本、哈佛本。

② "计邑口以料民"句为旧志"户书总论"之首句。底本误。

有八。亩之赋于其上者二：曰本色以便近输，曰折色以便远输，其目七。其总会之数，米五万二千六百六十二石有奇，钞九千三百四十五贯八百文有奇，而名之贡与诸榷之不出于亩，水利、灾祥之不关于赋者不与焉。夫是口与亩、名之贡与诸榷，上资其养于民，亦上所以养乎民者也。凡养之义，类属户作户书。户书者，与地书中之物产则关也。而物产出乎山川，山川，地也。地从星，星从邑之沿革。

夫民有养则可教，官若师皆教之之人也，教之则必有以风之。故宦迹、选举，人物出焉。而若寓贤、若贞烈、若艺术与仙释，皆人物之类也，故悉隶于人物。志祠祀，以追崇其贤有德者也；志古迹，以不忘其贤有德者也。其于人物亦类也，而继之以寺观，何耶？寺观固二氏之贤有德者栖也，亦听其徒以贤祀之耳。且彼二氏之教，与吾圣人之教，迭为消长者也。寺观之盛衰，吾以是征世教焉，故不可得而遗也。噫！邑而至是亦备矣，而总之不外乎教。凡教之义，类属礼，作礼书。礼书者，与地书中之风俗则关也。而风俗因乎山川，山川，地也。地从星，星从邑之沿革。（徐渭）

## 凡例（续）

一、史书禹崩于会稽，又书少康封无余于於越，以祀禹墓。少康之世，去禹未远，始祖王陵，岂容少溷？杨升庵所据者，谓蜀中掘地得古碑，有李白所书“禹穴”二字。按：蜀之石纽乡，禹所生地，其所谓禹穴者，乃生禹之穴，非葬禹之穴也。太史公上会稽、探禹穴，是连属语。升庵故作剖裂，以咨舌辨。此皆文人谬执己见，以乱古典，悉应删去，不必存疑。

一、古会稽郡所辖最广。今以闽论，则除福州为闽越；以浙论则除温、衢为东瓯，其他皆郡地也。合江南之苏、松、常、镇，则所谓会稽郡者，今且为府二十。朱买臣以吴人出守会稽，汉武帝曰：“子今衣绣归故乡矣。”建治姑苏，后世不考。或传买臣为越人，且以太公望覆水事附会之。而会稽一邑则有覆盆、仰盆并香桥等地。香桥之说，则以买臣还乡①，名香桥也。不知香桥在梅园衖②侧，陆放翁种梅，行人多于桥上闻香，故名之。世俗尽附买臣，则陋甚矣。如此类者，并加订正。

一、会稽与山阴，其界止一水，故邑之人互置产弗问，互徭役弗问，互讼狱弗

① “则以买臣还乡”，国图本、内阁本作“则曰买臣还乡”。

② “衖”，即“弄”。

问，互考校弗问。且郡城为八邑之人所聚，多迁居焉。其姓之最著者，余姚之孙、之王、之吕、之姜，上虞之徐、之倪、之李，嵊县之商，皆登山阴、会稽之版籍久矣。然孙忠烈、王新建、吕文安、姜宗伯、徐中丞、徐少司马、李中丞、倪文正、商冢宰，志之山会者，未尝不志之原籍、比入府志，咸归一焉。

一、会稽东有娥江，北有大海，南有杉木、驻日、崿山诸岭，恃为天险，而西界山阴，并皆平壤。考之《晋书》《五代史》《保越录》，凡险隘之处，俱知保守，而独于山阴平壤膜不关心。近濒海无事，而小盗反在萑苻近地，则戍守巡逻，可不加之意乎？马援曰："臣历井陉之险，忧马蹶，执辔甚恭，幸而无失。比至平路，放辔自逸，俄而颠越。"此言虽小，可以喻大。

一、陵谷虽未变迁，而山水显晦，亦有其时。城中向传八山，而八山之内即失蛾眉；八山之外，复遗黄琢。《水经注》之失记补陀，犹可委之海外。今且近在城郭，岂可听其迷失乎？悉为表出，以补缺遗。

一、两浙之赋役，自甲首钱行，富者立破其家，贫者至不有其妻子。庞御史尽为裁革，制一条鞭法以苏民生，至今百有余年。然日久弊生，而今之最苦则在包役。夫包役则踵事增华，变本加厉，犹夫僦载者恐轴之折，而加轴其上以为备，而不知加轴之趣轴折也。当事者痛除此弊，则赋役自清。

一、物产遍天下，而独于是地书某物某物者，非表异也。凡物有天造，有地宜，有人巧。陶宴之肉芝，了溪之禹余粮，从天也。日铸之茶，兵坑之笋，罗纹之莎角，瓦窑之银鱼，临山之瓜，道墟之李、之橘，从地也。会稽之纱罗、之竹箭，陶堰之火笼、之团扇、之皮箧，从人也。今茶笋依然，焙煮非法，瓜果犹是，栽植失宜，则物产与风俗皆趋于衰也。于戏！北弓、燕撬、越镈、秦卢，亦存其名焉，可乎？

一、甲第科名，至艳事也。黄榜一出，深山穷谷，无不传其姓氏，而身殁之后，烟销影灭。一榜中除立德、立功、立言之人，则鲜有传于身后者矣。树立其可缓哉？昔韩昌黎而后，并不闻有衮。以此知人贵自立，甲第科名，可艳而不可恃也。

一、越中古迹，其在稽邑者，岣嵝之碑，雷门之鼓，王右军之墨池、题扇桥、笔飞楼，禹陵之窆石、梅梁与金简玉字之书，曹娥之齑臼碑，欧冶之铸剑灶见之遗文，固未可尽信。至如土城山西施歌舞之足迹，龙瑞宫钱拖船之山坳，其为荒唐之言尤甚矣。有人于此，挝雷门之鼓而必求其声闻伊洛，荒禹庙之田而必待其象耕鸟耘，其不为人所窃笑乎？姑存之，无尽信可也。

一、所谓三不朽者，今之人有言未必有德，有德未必有功，有功未必有言。前之修志者，凡属名公钜卿，得其片楮，以为鸿宝。所载诗文，间多庸陋。今或去其皮毛，存其威沈。若今之诗文足以光郡县者，未能遍为搜辑，盖有所俟也。（张岱）

会稽县志卷第二十八终

# 会稽县志后跋[①]

会稽自隋开皇九年建县以来，山川灵秀，风物奇尤。中间仕斯、寓斯、生斯者，理学、忠孝、政事、文章，往往冠冕一世。其前代施郡判所作《志》（陆待制序之者）久不及睹。至明嘉靖中，金乐会、马金溪两先生始事草创，张阳和、徐文长两先生乃纂成之。于是称名志者，必及会稽。迄今百年，旧者宜仍，新者难嗣。前邑侯吕公甫下车，拳拳嘱意钦德，以亟成是书为言。小子何心敢弗黾勉从事。适殉难，章公尚絅仲子[②]章闻从函关旋，示以新修《陕西通志》。展卷玩之，义例精详。因知志之有关治道、宜增补者，正复不少。如旧志阙学校，钦德本之《阙里志》，考之《苏州府学志》，参酌成之，故较各志为最详。其新总论十五篇，乃钦父所手定，载之卷首。是书初成，为学使刘夫子所欣赏，上之督抚，聘修省志。钦德自揣会稽一邑尚惧不敏，矧夫通省，曷敢滥膺。越十载，圣天子厘定会典，复有纂修之命。玉峰王夫子以文章宗匠来莅兹土，持采刍荛[③]，爰命再辑。钦德更加详慎，以答裁成。但部限甚严，时值盛暑，尚多缺略，以俟君子，幸为订正。谨跋。

康熙二十二年岁在癸亥，会稽董钦德拜手书[④]

---

① 国图本所录“会稽县志后跋”，为董钦德于康熙十二年(1673)所题跋，参见本书附录。

② “仲子”，国图本作“胤子”，内阁本作“仲子”。

③ “持采刍荛”，内阁本作“特采刍荛”。

④ “拜手书”，内阁本作“拜首书”；拜首、拜手同。

# 重刊康熙会稽县志后叙

右《会稽旧志》二十八卷，清康熙二十二年董氏钦德所辑书也。前乎此者，有张文恭、徐天池所纂《万历志》；后乎此者，有王蓉坡[①]、沈墨庄[②]所纂《道光志》。似会稽一部份，不专系“董志”之有无矣。不知万历之志，其精华全归纳“董志”中，而蓉坡、墨庄之本，皆百余年后事。近且整部发刊，贡献于社会。惟康熙旧志，尤有托始之必要。其时承王、刘讲学之后，易姓观念，刺激颇深。天末孤臣，百折不改。窃读《海东逸史》《谢山文集》等作，未尝不废书三叹也。按康熙十二年，董氏原有会稽之志，甫隶十棋，便事赓续。中间网罗放失，乡邦文献，搜讨靡遗，其书之价值可知。惜乎版本参差，鲁鱼多舛。今修志会诸君子，以绍兴建县，由山会并成，不得两邑方书，则绍志无从著手。然会稽有《康熙志》，山阴有《嘉庆志》，而《嘉庆志》尤不如《康熙志》之更为难得。于是遍搜藏书之家，其有孤本保存，不惜重金相赎。至字迹模糊、卷叶残阙者，则承蔡孑民、邵翼如、宋紫佩、沈伯钦诸先生在外补钞，先后寄示，举三百年前不朽事业，重布于人间，何其盛也！宋薛居正纂《五代史》，自金章宗以欧阳“新史”立于学官，此书遂成散佚。其后清人从《永乐大典》中录出，间有缺遗，则遍考《太平御览》《策府元龟》《锦绣万花谷》等书，参互考订，以臻完备，今之《旧五代史》是也。而《会稽旧志》，亦经常委诸君子多方采访，纠缪订讹，以陈农之求书，兼刘向之校理，抱残守缺，遂为绍志之先河。以后由“会志”而及“山

① 王蓉坡，即王藩，清会稽人，《民国绍兴县志资料第一辑》有人物传。

② 沈墨庄，即沈元泰，清会稽人，《民国绍兴县志资料第一辑》有人物传。

志”，再由“山志”而及古越之新旧各资料，次第刊布，然后编辑成书，其声价自不在古人下也。

前署绍兴县县长、实授海宁县县长、浦江陈焕[①]谨撰
中华民国二十五年二月朔日

① 陈焕（1884—1936），字承先，号敬之，庠名焕，邑庠生，浙江浦江人。《浦江百年人物》载其事迹：在绍兴，岁亦大旱，乃举办冬赈，发义仓粟，以施粥散谷，继办春赈，向上海甲戌救灾会购米万石平粜灾民，绍兴律师公会称其“不啻于赵抃后先辉映”。辞职海宁时，当地绅商恭送云“自绍移宁未及一载，公正廉明，舆论翕然”。

# 康熙会稽县志校误

按：是志乃康熙二十二年应认诏刻期急就之书，原版多羼杂十二年旧椠，乌焉讹舛，触处皆是。兹经广征秘府庋储，世家藏刻，獭祭群编，悉心雠校。虽秋阶落叶，未易扫除；而淮雨别风，略资订正。间有俄空，仍循旧本，区盖之谊，俟诸方闻。

序第一页前幅第三行区宇，宇误寓。

凡例中缝，一误八。

又，后幅第二行，倪鸿宝谥文贞，贞字漏。

卷一第三页前幅第八行堙塞，堙误湮。

又，第四页前幅第七行第十三都领图四，三误二。

又，又，又，第十三行第二十五都，五字漏。

又，第五页前幅第一行注，御史尹崇，御误卸。

又，第七页前幅第八行，从者相赴，相误忭。

又，又，后幅第一行，御史，御误卸。

卷二第一页后幅第一行第一字，尺误丈。

卷二第一页后幅第九行伺新轸，新字作□，应补。

又，第三页前幅第五行，注曰匹，二字颠倒。

卷三第二页前幅第六行余涨，涨误张。

又，又，又，第十二行会稽山辨，辨误辩。

又，又后幅第六行，行东巡，东误束。

又，第五页前幅第三行，曰化鹿之山，曰误日。

又，又，又，第六行，且静僻，且误旦。

又,又,又,又,纡余,纡误纾。

又,又,又,第十三行,羽盖参差,下漏似字。

又,第六页后幅第七行,了无有,了误丁。

又,第九页后幅第八行,碎者裂,者误则。

又,第十页前幅第三行注,越王作土城,土误士。

又,又,后幅第九行,且黄琢大过蛾眉,且误旦。

又,又,又,又,向年里中有筑山曲池者,向误何。

卷四第三页前幅第七行,岂有饥溺,饥误讥。

又,又,又,第八行,玉箫,箫误萧。

又,又,又,第九行,蜂蝶,蜂误峰。

又,又,后幅第二行,其东曰郭家洋,曰误日。

又,又,又,第十三行,瑰艳,瑰误块。

又,第六页前幅第六行,东南曰马石潭,曰误日。

又,又,后幅第八行,三柏一井,柏误百。

又,第七页前幅第八行,欸乃,欸误款。

又,第九页后幅第八行,晴雪,晴误睛。

又,第十页前幅第一行,历久,久误人。

卷五第四页前幅第十一行,迴深,迴误回。

又,第五页前幅第十行,表其居曰,日误日。

又,又,又,第十四行,柳花毡,柳误榴。

又,又,后幅第四行,载与俱归,载与字颠倒。

卷五第六页前幅第十三行,老僧,僧误侩。

又,第七页前幅第十二行,欸乃,欸误款。

又,又,后幅第十四行,兰楯,楯误輴。

卷六第一页后幅第六行,粒斑,斑误班。

又,第三页后幅第八行,刘寄奴,奴字漏。

又,又,又,第十一行,茯神,神误仁。

又,第四页后幅第六行,蝘蜓,蜓误蜒。

卷九第二页前幅第九行,里胥,胥误书。

又,第三页前幅第三行,五尘,尘误厘。

又，第七页后幅第一行，折色算之，算误畀。

又，第八页前幅第十二行，寿金，寿字横置。

又，第九页前幅第八行，全科地，科误料。

又，又，又，第十行，五厘，厘误毫。

又，第十页前幅第十三行，临量易知，量误撞。

卷九第十一页后幅第二行，责办，办误辨。

卷十第五页前幅第十四行，丁祭两字颠倒。

又，又后幅第四行，以备抵赎，抵误纸。

又，又，又，第五行，抵赎，抵误纸。

又，又，又，第六行，抵赎，抵误纸。

又，第八页后幅第六行，木柜，木误本。

又，第九页后幅第一行并柴薪，并误井。

又，又，又，第五行，挪移，挪误那。

又，又，又，第十二行，南米，米误本。

又，第十页前幅第五行，灶户，灶误宠。

又，第十一页后幅第七行，置盐场于浙东西，于误干。

又，第十二页前幅第十三行，诸暨割没余盐，暨诸字颠倒。

又，又，后幅第十二行，言利之臣，言误商。

卷十一第十三页前幅第四行，连闰，连误遇。

卷十一第十四页前幅第四行，陆路，陆误六。

又，第十七页后幅第七行，公宴，宴误晏。

又，第二四页前幅第五行，侵挪，挪误那。

又，又，又，第八行，新编，新误薪。

又，又，后幅第四行，奸弊，弊误敝。

卷十二第二页后幅第十行注，其三门，其误共。

又，第三页前幅第二行注，汤绍恩，绍误诏。

又，又、又，第四行，周公汝贞，贞误员。

又，又，又，第五行，秣粥灰土，土误上。

又，又，又，第八行，有闸以为之泄，之误以。

又，第四页后幅第二行注，南峿口。峿误湾。

又，第五页后幅第十三行，一雨则放声，雨误两。

又，第六页前幅第十四行，窿水，水误永。

又，又，后幅第十三行，利于公家也，利误科。

卷十二第七页前幅第五行，鱼人民之患，鱼误渔，人字漏。

又，又，后幅第六行，灾伤不作，作误足。

卷十三第二页前幅第七行，商榷，榷误确。

又，又，后幅第四行，香烛，烛误独。

又，又，又，第六行，引至殿傍，殿误厂。

又，又，又，第十一行，粢盛，粢误粢。

又，第四贡前幅第八行，其兴举之也，兴误典。

又，第六页后幅第十行，朋分银米，朋误烹。

又，第七页前幅第四行，乡贤祠主，主误生。

卷十四第三页后幅第七行，栋桡，桡误挠。

又，又，又，第十二行，迄底康乂，康下漏乂字。

又，又，又，第十三行，维丽牲宜有碑，丽下漏牲字。

又，第四页前幅第一行，涂塈丹雘。塈误暨，雘误艧。

又，又，又，又，灵旍肸饰，饰误饬。

卷十四第五页前幅第四行，揆才非美箭，美箭字颠倒。

又，又，又，第九行，圭璧斯皇，璧误壁。

又，又，后幅第十四行，葬罢桓碑，桓误垣。

又，第六页前幅第二行，禹庙空山裹，禹字漏。

又，第七页前幅第三行，芳菲菲兮未沫，未误末。

又，又，又，第五行，习婆娑以为戏，为字漏。

又，又，又，又，哀层波，哀误袁。

又，又，又，又，旬七日而罔食，罔误不。

又，又，又，第六行，抱父尸以印出兮，印误即。

又，又，又，第七行，完父于伤槐兮，槐误魄。

又，又，又，第九行，深石阴之诠语兮，深误探，诠误旌。

又，又，又，又，过灵祠，过误遇。

又，又，又，第十行，激清流，清误涛。

又，又，又，第十一行，孝魄，魄误魂。

卷十四第七页前幅第十四行，王楼，王误玉。

又，第八页前幅第四行，庙额，额误頞；赐额，额误頞。

又，又，又，第十一行，风华第一，风误凤。

又，又，后幅第一行，黥髡盗贩，黥误无。

又，又，又，第五行，言水利，水字漏。

又，又，又，又，悼一言，悼误卓。

又，又，又，又，得贤侯，侯字漏。

又，又，又，第七行。畚锸，锸误插。

又，第九页后幅第三行，庙则依墓，墓误基。

又，又，又，又，永慕，慕误思。

又，第十一页后幅第十一行，唐公珏，珏误○。

又，第十二页后幅第一行，并绾长令，长误批。

又，又，又，又，故批逆鳞，批误长，与旁行互误。

又，又，又，第十行，知逾几，知误之。

卷十五第一真前幅第七行，惟自雄其乡，惟误推。

又，又，后幅第八行，光宗绍熙，绍误治。

又，第三页后幅第七行，首衍一诗字。

又，第四页前幅第十二行，大宗正，大误太。

又，又，后幅第十一行，知郡淞，淞误松。

又，第五页后幅第八行，董学土[①]，士误土。

又，第六真前幅第三行，流寇，寇误冠。

卷十六第三页后幅第八行，稃松，稃误稃。

又，又，又，第十二行：晗呀而喷薄，晗误喊。

又，第四页前幅第三行，予适吴与之游，与误兴；未尝不道云门也，道误过。

又，又，又，第九行，五色云见其上，上误山。

又，又，又，第十行，智果、智楷二智均误知。

又，又，又，第十一行，六祖慧能，能误德。

① 根据上下文，此"土"字应是"士"字。

又，又，后幅第一行天禧，天误大。

卷十六第四页后幅第一行，智圆，图误图。

又，又，又，第十一行，山空见月多，见月误月色。

又，又，又，第十三行，足安禅，足误定。

又，第五页前幅第三行松已斑，斑误班。

又，又，后幅第九行，溪回路转，回误四。

又，第七页前幅第六行，皓月，皓误浩。

又，又，后幅第五行，富春垂钩，垂误雨。

又，第八页前幅第六行纵尔齐腰，纵误总。

又，又，后幅第六行，镠竦然，镠误○。

又，第九页后幅第十二行，峭崿，峭误赵。

卷十八第三页后幅第一行，王宗圣（十四年任，贡生），全行与下第二行互误。

又，又，又，第二行，簿字误置第一行。

又，又，又，第十三行，亳州人，两亳字均误毫。

又，第四页前幅第七行，诏遣鞫问，鞫误鞠。

卷十八第五页后幅第四行，芜湖二字颠倒。

卷十九第二页前幅第九行，柱、梁、楣、楔、樀、榱、枅、栌，楣误楫，樀误榈。

卷二一第五页后幅第二行，殿试第一，第一字颠倒。

卷二二第五页前幅第九行，其婿邢纯，邢纯字颠倒。

又，第六页后幅第七行，方干，干误千。

又，又，又，第十三行，凭霄衔土，衔误御。

卷二三第六页前幅第七行，武宗时，武宗字颠倒。

又，第十一页后幅第七行，擅权误国，擅误檀。

又，又，又，第十三行，卢凤淮扬，扬误阳。

又，第十三页后幅第三行，摘首祸者，首误者，者误首。

卷二四第二页后幅第八行，陈大绶，绶误授。

又，第九页后幅第七行，曰简要录，曰误日。

又，第十一页前幅第九行，能文陈子龙，文误子，子误文。

卷二五第十页前幅第七行，光华映梓里，映误暎。

卷二五第十一页后幅第七行，太仆胡琳，太误大。

又，第十三页前幅第十行，半膳嫠媳，嫠误婺。

按：康熙二十二年志，删本卷“忠节”章士奎、张焜芳两传，附入前二十三卷，又取张传尾节去抵临清以下数语，作“抵济遇变，不屈而死”。盖原志乃进御之本，虑抵忌讳，曲意修改，与嘉庆《山阴县志》载祁班孙事将毋同。兹仍依十二年本，以从其朔。

卷二七第十六页前幅第六行，区区稚女，下衍人字。

又，第十七页后幅第五行，瓒早卒，瓒字漏。

又，又，又，第十二行。曲尽孝养，曲误典。

卷二八第四页后幅第五行，列传，传误贤。

后跋前幅第三行，陆待制，待误侍。

一九九二年十二月重印
绍兴县地方志编纂委员会
绍兴鲁迅印刷厂承印

# 附录

## 重修绍兴府志并八邑志檄[1]

习尚殊风，太史勤輶轩之采；山川异势，职方辨物土之宜。故郡有志而邑有书，纪载灿如指掌；凡节可嘉而善可录，古今较若列肩。盖欲临民者，考镜其浇淳，调宽济猛，无难整枢而范俗；抑令在下者，劝惩夫淑慝，入作出休，庶几遵路以格心。诚政治之大闲，风化之首务也。越为浙省名区，东南都会，山川秀丽，俊髦蔚兴。八邑之节义勳名，百年之文章风雅，虽从嘉泰四百余年而后垂订，固有传书；然自孙、张两大君子以来，远湮不无缺载。况乎本朝鸿文不著，景运方新，损益之善多端，因革之政不一。本府滥竽兹土，史治无才；振铎斯邦，经术鲜效。折衷文献，愿借掌故之前车；披览舆图，半属荒芜之断简。续凫截鹤，致损全书；亥豕鲁鱼，尤乖原锲。今复因循不举，以待后人，恐后人仍待后人，终为抱残守缺。前既荏苒失时，以至今日，必今日无负今日，乃见踵事增华。为此布告荐绅先生，遍谕通庠多士，逖稽已往，悉访今兹。如事迹孔嘉，行谊卓绝，以及泉石佳胜，山水灵奇，或前此未经阐扬，亟需慈搜讨；或今日须登记载，更假研求。据实开呈，以凭采纳，共襄盛事，勿负虚怀。非徒炫奇博雅之林，聊为巡方问俗之助云尔。

计开：

一、八邑各为一志，以郡志冠其首；分之则为邑志，合之则为郡志。

一、逐项分汇：一疆域，一城池，一署廨，一山川，一图画，一古迹，一物产，一风俗，一灾祥，一田赋，一水利，一学校，一祠祀，一武备，一职官，一选举，一人物，一

① 录自国家图书馆藏民国抄本康熙《会稽县志》（索取号：地 240.123/32.1）。绍兴知府张三异撰于康熙十年(1671)二月。

序志，凡十八则。

一、每县各举博雅淹通者数人，不拘绅衿、隐逸、高贤，共襄盛美。

一、预备剞劂工价若干，纸张笔墨若干，廪饩膏火若干。

一、逐项分任，仰藉多贤。中以若干位总其成，以若干位管疆域、城池、署廨、山川、古迹六事，以若干位管物产、风俗、炎祥、田赋、水利、学校六事，以若干位管祠祀、武备、赋官、选举、人物、序志六事，庶各有专责，不致推诿，通观厥成。

一、选择宽大洁净公所，众位齐集其中，日夜考订，庶志专而业精。

一、出示晓谕，采访稗乘野史及忠孝节烈等事，以备考录。

会稽太守张三异檄。

# 修志申约[①]

邑之有志，上以敷扬圣化，下以缕析舆图。方今四海升平，皇威遐畅，国不异政，家不异俗矣。而乡有乡风，方有方言，里有里域，土有土宜，十里之外，声音不同，百里之内，趋尚不一，志之所由昉也。班扶风以分野应列宿，马伏波以聚米识山川，其遗制犹可考焉。本府莅越三载，每思博稽掌故，如古藩宣牧伯之所为，一睹禹服之旧，而职掌所记，则刑名是问，钱谷是司，属员贤否是核，水旱灾荒是忧，王事鞅掌，不遑启处，虽绘图在胸，而目力未逮，恐或录十而间遗其一，或采瑜而并存其瑕，字非金玉，文不雅驯，德音未昭，汉宣所以思良二千石也。若夫听胪言于市，询乡老于庭，山之高者下者，俗之贞者淫者，川原之污者潦者，田赋之腴者瘠者，户齿之顽者良者，传闻记载之醇者疵者，宜芟除者芟除之，宜更改者更改之，宜避讳者避讳之，此贤有司之责也。

令甲森严，敢弗祗畏。本府不任编辑之劳，亦安能受指摘之咎。昔司马长卿以谕巴蜀，而父老传太守之意，会本府不能以谕于越哉。愿各有司临文而严汰之，毋忽！

① 录自国家图书馆藏民国抄本康熙《会稽县志》(索取号:地 240.123/32.1)。绍兴知府张三异撰于康熙十年(1671)二月。

# 金炯《续修会稽县志序》[1]

今夫邑之有志，犹朝廷之有史也。史则胪列善恶，而施以褒贬之法；志则有是而无非，有美而无刺。要以善者登诸纪载，凡以示长厚之心，而寓鼓舞之义。俾一邑之人，共欣欣于为善以去恶，意至善也。会稽名区绣壤，回环岩壑之秀，而南镇并峙于西北，禹陵独胜于商周，以至秦望、宛委之标奇，耶溪、镜湖之争丽。其间莅兹邑者，唐之吴、李，宋之曾、韩，明之戴鹏举、陈秉钧、罗澄溪、赵莀庵诸公，吏治得人，加意抚绥，鸣琴宣化，四境乂安，猗欤盛哉！庚申春，玉峰王公来宰此土，甫下车，辄建学明伦，校士课文，菁莪棫朴之化，洋溢于稽山鉴水间。未数月，政绩厘然一新，视一邑之黎庶，不啻赤子而顾复之。每值耕种时，辄为亲诣阡陌，躬课农桑，以酒食劳其父老子弟。视夫贾彪之治新息，郑覃之尹邵陵，陈寔之令太丘，或号为神宰，或称为慈父，后先彪炳，著美史册。是以邦之大夫人士，无不颂声载道。非公之深仁厚泽，汪濊无涯，何以致此哉！顷者天子允礼垣疏，纂修郡邑志书，公承命为之广搜博征，凡昔之所未备，今之所未彰者，爰取而厘定焉。细心考究，搜录无遗，访老成之典型，询刍荛之奥谕。是役也，分类纂辑，文献聿昭，地灵人杰，照耀史乘。而学校之重脩，田赋之议复，河渠之疏浚，以迄忠孝昭垂，义行焕著。兴儒林之文雅，爍若云汉；妇德之节烈，皎如日星。此固一时有其可征，千秋信为不刊者也。炯以谫劣之材，承汉阳范公命，修山阴邑乘，深愧不文，以为大典辱。今公复勿弃葑菲，屡勤下问，举是编而悉为综览，觉龙门、扶风逊其华渗，庐陵、涑水让其简严，不第缺者补之，冗者汰之，谬者正之，溢誉缥缃，摛辞月露已也。则輶轩之使，采而进诸太史，以备石渠、天禄之遗，岂非经国不朽之宏业，天下之文章，莫大于是者哉！

时康熙二十二年岁在癸亥季秋月朔，山阴庠生金炯撰。

---

① 录自内阁本(卷首王元臣序后)。

# 康熙十二年《会稽县志》姜希辙序[①]

（前原缺）怨是非，无人肯任之耶？故公志之难，不如私志之易。宋景濂之《浦阳人物记》，文章尔雅；程敏政之《新安文献志》，考核精详。他如《襄阳耆旧》《荆楚岁时》《吴地》《华阳》，不可枚举，以其无五者之累也[②]。唯会稽旧志，出自张阳和、徐文长两先生，可以侪诸四川、平凉而无愧。盖文长当王、李盛焰之时，宁受推筑，不肯一撇衣其门，故能立言不苟如此。今欲取其书而似续之，不亦戛戛乎其难哉！前邑侯始嘱之张岱、张文成诸子，役未竣而去。邑侯吕公嘱董子钦德编辑成书，俞子嘉谟相与参订，擒藻启秀，不可谓非其人矣。此引商而彼刻羽[③]，琴瑟不专，婆娑乎术艺之场，不可谓之猥杂也。举其宏纲，撮其机要，排奡之才，难掩于行墨之间，宁为体格之所拘乎？数子兼爱好奇，搜牛箧，抄断碣，参合真假，以绳旧业，考索不遗余力矣。吕公之言，日排众议，抒素心，德怨置于不问。孙樵所谓规避其间，其书可烧者，亦既不犯之矣。夫既无五者之果，则亦何难比美于旧志乎？虽然，志之为用，不徒以其文也。观地形，察土宜，种、蠡之所经营，钱、董之相攻取，吕珍之为守御，断隍残垒，历历在目。西带兰亭，晋人之风流未泯；北闻潮汐，乃天地之呼吸也；南探禹穴，而思夏后氏之功；东扪邯郸之碑，而知人性之皆善。莅其地者，树之风声，使农夫逸豫于疆畔，女工吟咏于机杼，则此志未必非筌蹄也[④]。

时康熙癸丑岁孟夏吉旦，顺天府府丞前户礼二科掌印给事中邑人姜希辙顿首撰。

---

① 录自《绍兴丛书》第一辑第7册之"康熙会稽县志"（中国国家图书馆藏康熙十三年刻本）。姜希辙（？—1698），明末清初浙江会稽人。康熙间，历顺天、奉天府丞。

② 文出清黄宗羲《再辞张郡侯修志书》。张郡侯，即张三异，绍兴知府。文中有"更不然，则乡邦之恩怨是非，无人肯任之耶"句。

③ 引商刻羽：指讲究声律、有很高的音乐演奏成就。

④ 筌蹄：比喻达到目的的手段或工具。

# 康熙十二年《会稽县志》后跋①

会稽自隋开皇九年建县以来，山川灵秀，风物奇尤。中间仕斯、寓斯、生斯者，理学、忠孝、政事、文章，往往冠冕一世。其前代施郡判所作《志》、陆待制序之者，久不及睹。至明嘉靖中，金乐会、马金溪两先生，始事草创。张阳和、徐文长两先生乃纂成之。于是称名志者，必及会稽。迄今百年，旧者宜仍，新者难嗣。□邑侯吕公甫下车，拳拳嘱意钦德，以亟成是书为言。小子何心，敢弗黾勉从事。适殉难章公尚絅、胤子章闻，从函关旋，示以新修《陕西通志》。展卷玩之，义例精详。因知志之有关治道，宜增补者，正复不少。如旧志阙学校，钦德本之《阙里志》，考之《苏州府学志》，参酌成之，故较各志为最详。其新总论十五篇，乃钦父所手定，载之卷首。是书初成。为学使刘夫子所欣赏，上之督抚，聘修省志。钦德自揣会稽一邑，尚惧不敏，矧夫通省，曷敢滥膺。特文章知遇，虽在一日，敬勒千秋，谨跋。

康熙十二年岁在癸丑暮春三月，会稽董钦德跋。

① 录自国图本。

# 致　谢

本书的出版得到了绍兴市档案馆的大力支持。

本志整理过程中，得到众多专家学者的指导和帮助。整理之初，绍兴市委党史室（市志室）调研员李能成给予悉心指导。后期“专家试用本”阶段，任桂全、屠剑虹、鲁先进等一大批专家学者试用并提出宝贵意见建议。绍兴文理学院人文学院王锦楠、杜诺希、傅晓莺、朱恺四位学生在后期文字校对和通读上给予帮助。

出版前夕，还得到中国文联出版社有关专家的细心审阅。《浙江通志》副总纂颜越虎同志在主编《杭州亚运会志》的间隙挤出时间为本书作序。

向以上单位以及专家学者和朋友们致以最诚挚的谢意！

金水福

2023 年 10 月

**图书在版编目（CIP）数据**

康熙会稽县志 ： 校注本 / （清） 王元臣修 ； （清） 董钦德， （清） 金炯纂 ； 金水福校注 ； 绍兴市档案馆编 . -- 北京 ： 中国文联出版社， 2024.4

ISBN 978-7-5190-5504-2

Ⅰ. ①康… Ⅱ. ①王… ②董… ③金… ④金… ⑤绍… Ⅲ. ①绍兴—地方志—清代 Ⅳ. ①K295.53

中国国家版本馆CIP数据核字（2024）第083077号

作　　者　(清)王元臣 修；(清)董钦德、金炯 纂；金水福 校注；绍兴市档案馆 编

责任编辑　潘世静

责任校对　叶立钊

装帧设计　浙江越生文化创意有限公司

出版发行　中国文联出版社有限公司

社　　址　北京市朝阳区农展馆南里 10 号　　邮编　100125

电　　话　010-85923025（发行部）　010-85923091（总编室）

经　　销　全国新华书店等

印　　刷　绍兴市越生彩印有限公司

开　　本　787 毫米 × 1092 毫米　1/16

印　　张　31.5

字　　数　506 千字

版　　次　2024 年 4 月第 1 版第 1 次印刷

定　　价　520.00 元